Ramona Bräu

Die Plünderung Polens

Das Reichsfinanzministerium im Nationalsozialismus

herausgegeben von Jane Caplan, Ulrich Herbert,
Hans Günter Hockerts, Werner Plumpe,
Adam Tooze, Hans-Peter Ullmann, Patrick Wagner

Band 4

Ramona Bräu

Die Plünderung Polens

Die Reichsfinanzverwaltung in den Jahren der Besatzung (1939–1945)

DE GRUYTER
OLDENBOURG

Diese wissenschaftliche Arbeit wurde im Rahmen des Forschungsprojektes „Geschichte des Reichsfinanzministeriums in der Zeit des Nationalsozialismus" durch das Bundesministerium der Finanzen gefördert.

Dissertation an der Philosophischen Fakultät der Albert-Ludwigs-Universität Freiburg

ISBN 978-3-11-071793-8
e-ISBN (PDF) 978-3-11-071802-7
e-ISBN (EPUB) 978-3-11-071808-9

Library of Congress Control Number: 2021949852

Bibliografische Information der Deutschen Nationalbibliothek
Die Deutsche Nationalbibliothek verzeichnet diese Publikation in der Deutschen Nationalbibliografie; detaillierte bibliografische Daten sind im Internet über http://dnb.dnb.de abrufbar.

Umschlagabbildung: Polnische Grenzstation auf der Straße Zoppot-Gdingen am 1.9.1939, Foto: Hans Sönnke, BArch, Bild 183-51909-0003.
Satz: le-tex publishing services GmbH, Leipzig
Druck und Bindung: CPI books GmbH, Leck
www.degruyter.com

Inhaltsverzeichnis

https://doi.org/10.1515/9783110718027-201

Einleitung

Alfred Spindler verließ am 18. Dezember 1946 in einem Güterzug gemeinsam mit über hundert Mitgefangenen das Dachauer Lager für Zivilinternierte der Prisoner of War Enclosure (PWE) Nr. 29 in Richtung Polen.[1] Drei Monate zuvor war der ehemalige Oberfinanzpräsident nach einjähriger Haft in Bremen in das Internierungslager auf dem Gelände des ehemaligen Konzentrationslagers überstellt worden.[2] Die britischen Besatzungsbehörden hatten ihn aufgrund seiner Tätigkeit im höheren Dienst der Finanzverwaltung Weser-Ems im Juni 1945 verhaftet.[3] Spindler, der zwar der SA und der NSDAP, nicht aber den von den Alliierten als verbrecherisch eingestuften Organisationen der SS oder der Gestapo angehörte, stellte umgehend einen Freilassungsantrag, um seine Entnazifizierung zu beschleunigen.[4] Dem Antrag wäre wohl – wie in tausenden anderen Fällen von inhaftierten Verwaltungsbeamten – stattgegeben worden, hätte nicht der polnische Verbindungsoffizier bei der Kriegsverbrecherermittlungsgruppe der US-Armee ein Auslieferungsgesuch gestellt.

So fand sich der Finanzbeamte am Nachmittag jenes Wintertages 1946 in einfacher Häftlingskleidung und in Schuhen ohne Schnürsenkel in einer der Käfigzellen des Transportzuges wieder. In den zehn für den Spezialzug von der amerikanischen Militärverwaltung zur Verfügung gestellten Güterwagen saßen neben Spindler mutmaßliche Kriegsverbrecher, die an Polen ausgeliefert wurden. Auf der Transportliste standen die Namen von 82 SS-Männern, die im Konzentrations- und Vernichtungslager Auschwitz eingesetzt gewesen waren und die nun in Krakau vor Gericht gestellt werden sollten.[5] Außerdem befanden sich noch weitere 64 Männer unter den Passagieren, die in anderen Lagern Dienst getan oder der Gestapo und Polizei im besetzten Polen angehört hatten. Einer von ihnen war Franz Konrad, der Adjutant von Jürgen Stroop, der 1943 als SS-Befehlshaber für die grausame Niederschlagung des Warschauer Ghettoaufstandes verantwortlich gewesen war. Dazu kamen zwei ehemalige Verwaltungsführer des Generalgouvernements (GG), also jenes Gebietes der Zweiten Polnischen Republik, das von 1939 bis 1945 besetzt und durch eine deutsche Zivilverwaltung regiert, aber nicht durch das Deutsche Reich annektiert worden

[1] Vgl. Bericht Stefan Stroińskis, Mitglied der polnischen Armeekommission zu Erforschung deutscher Kriegsverbrechen in Augsburg, über die Durchführung des Transportes deutscher Kriegsverbrecher aus Dachau, 18.-22.12.1946, IPN, GK 162/967, Bl. 1 f.

[2] Das Zivilinterniertenlager bestand seit Mai 1946 und war von der US-Lagerverwaltung geschaffen worden, um Personen, deren Schuld nicht feststand oder festgestellt werden konnte, bis zu ihren Spruchkammerverfahren zu internieren. Vgl. Meyer; Hammermann.

[3] Vgl. Akte in der Sache gegen Alfred Ernest [sic] Georg Spindler, IPN Kr, 502/1349, Bl. 1–6.

[4] Vgl. ebd., Bl. 7.

[5] Vgl. Kapitel: Das Najwyższy Trybunał Narodowy in Krakau, S. 408.

https://doi.org/10.1515/9783110718027-201

war. Der eine, Friedrich Egen, war der vormalige Vizegouverneur des Distriktes Radom. Der andere, Edmund Hinkel, war der einstige Generalarbeitsführer im GG.[6] Allen Zuginsassen gemein war, dass ihnen die polnische Staatsanwaltschaft vorwarf, Verbrechen an polnischen Staatsbürgern begangen zu haben.

Alfred Spindler war Beauftragter der Reichsfinanzverwaltung im Bereich Steuern bei der Militärverwaltung im besetzten Polen und von Oktober 1939 bis Dezember 1941 Leiter der Hauptabteilung Finanzen bei der Regierung des Generalgouvernements gewesen. Er musste sich wegen Raubes und Konfiskation polnischen Eigentums vor einem polnischen Gericht verantworten.[7] Der Jurist war einer von tausenden Beamten, Angestellten und Mitarbeitern der reichsdeutschen Fachverwaltungen, NS-Dienststellen und Parteigliederungen, die nach Kriegsbeginn in die von der Wehrmacht besetzten Gebiete entsandt worden waren, darunter auch Frauen.[8] Ihr Auftrag bestand darin, die nationalsozialistische Expansionspolitik umzusetzen.[9]

Mit dem Einmarsch der Wehrmacht in Polen im September 1939 begann ein Raub- und Vernichtungskrieg gegen die polnische und jüdische Bevölkerung, durch den der Raum für die rassistische Siedlungskolonisation erobert und Ressourcen für weitere Expansionskriege erbeutet werden sollten. Die Ausplünderung Polens war integraler Bestandteil der völkisch-rassistischen Neuordnung Europas. Terror, Gewalt, Raub und Massenmord prägten die Besatzungspolitik: Es gab weder politische noch moralische Schranken, ja, es war ideologisch geboten, brutal und erbarmungslos vorzugehen.[10] Finanzpräsident Spindler und die ihm unterstellten Finanzbeamten waren Teil dieser menschenverachtenden Politik. In welcher Form und in welchem Umfang die Beamten des Reichsministeriums der Finanzen in Berlin und die Steuer- und Zollbeamten der Reichsfinanzverwaltung vor Ort den Terror des Besatzungsregimes bzw. die Finanzierung des Krieges durch Plünderung, Raubmord, Enteignung oder schlicht durch eine gezielte Steuer- und Währungspolitik unterstützten, umsetzten oder vorantrieben, wurde bisher in der Forschung kaum oder lediglich verallgemeinernd am Rande untersucht. Das Reichsfinanzministerium (RFM) oder der Reichsfinanzminister spielten dabei eher

[6] Vgl. Liste der an die Republik Polen ausgelieferten Kriegsverbrecher, IPN, GK 162/967, Bl. 3–19.

[7] Vgl. ebd., Bl. 18; Vgl. Kapitel: Das Najwyższy Trybunał Narodowy in Krakau, S. 408.

[8] Frauen waren als Sekretärinnen, Krankenschwestern, Lehrerinnen, als Angehörige von Bund Deutscher Mädel (BDM) und Reichsarbeitsdienst (RAD) oder als sogenannte Ansiedlerbetreuerinnen und Ehefrauen im „Osteinsatz". Im Rahmen der vorliegenden Studie wurde aufgrund des Umfangs der Fragestellung auf eine erweiternde Betrachtung der weiblichen Angestellten bei der Finanzverwaltung im besetzten Polen verzichtet – ebenso auf eine Analyse der familiären Sphäre der Finanzbeamten. Vgl. Harvey; Schwarz; Lower.

[9] Vgl. Mazower; Jüngerkes; Reichhardt/Seibel; Kilian.

[10] Vgl. Böhler, Auftakt.

eine Nebenrolle: Sie stehen am Ende der bürokratischen Verwertungskette und werden zu technischen Vollzugsgehilfen gemacht, und das, obwohl Reichsfinanzminister Johann Ludwig Graf Schwerin von Krosigk im Nürnberger „Wilhelmstraßenprozess", dem vorletzten und umfangreichsten der zwölf Nachfolgeprozesse, als einer der Verantwortlichen aus Politik und Verwaltung und im Besonderen für die schonungslose Plünderung und Ausbeutung Polens angeklagt und für schuldig befunden wurde.[11] Ein Grund für dieses Manko war die durchaus erfolgreiche Selbstdarstellung der Verwaltungselite nach dem Krieg. Das Bild einer unbeteiligten, in die nationalsozialistischen Verbrechen nicht verstrickten Fachverwaltung und Berufsbeamtenschaft hielt sich ebenso wie der Mythos einer sauberen Wehrmacht in der deutschen Öffentlichkeit über Jahrzehnte hinweg. Der nach nur zweijähriger Haft 1951 amnestierte Schwerin von Krosigk prägte und verfestigte diese Wahrnehmung ebenso wie andere höhere Militärs und Politiker – manche Historiker wie Joachim Fest untermauerten ihre Legenden sogar.[12]

Dieser Befund zum Forschungsstand überrascht zunächst, da in den vergangenen Jahrzehnten gerade zur deutschen Kriegsführung und Besatzung in Polen eine Vielzahl an Publikationen erschienen ist. Ja, man kann sogar sagen, dass der Umfang dieser vielschichtigen Studien einen kompakten oder gar vollständigen Überblick über die Forschungsliteratur zur deutschen Besatzung Polens während des Zweiten Weltkrieges heute kaum mehr möglich macht. Die einschlägige Literatur füllt ganze Fachbibliotheken. Zunächst standen die Kriegsziele der NS-Führung, später der Holocaust sowie die Verbrechen an der polnischen Bevölkerung und die Ausbeutung durch Zwangsarbeit im Fokus der deutsch- und englischsprachigen Forschung. Was erforscht wurde, hing häufig von der Erinnerungskultur und -konjunktur in Deutschland und Polen ab, allerdings ebenso von der Zugänglichkeit von Quellen. Erst mit der Öffnung der mittel- und osteuropäischen Archive ab Mitte der 1990er-Jahre war es deutschen wie internationalen Historikern und Historikerinnen möglich, bisher nicht zugängliches Material zu bearbeiten und Desiderate zu schließen. Wegweisend zur Geschichte der Besatzungsverwaltung bleiben jedoch die älteren Arbeiten von Martin Broszat und Gerhard Eisenblätter, die mit ihren knappen wie präzisen Studien Maßstäbe gesetzt haben.[13] Himmlers

[11] Vgl. Kapitel: Kriegsverbrecherprozesse, S. 387.

[12] Vgl. Schwerin von Krosigk, Memoiren; Schwerin von Krosigk, Staatsbankrott; Schwerin von Krosigk, Zweite Weltkrieg; Speer, Sklavenstaat; Fest; Halder.

[13] Vgl. Broszat, Zweihundert Jahre; Broszat, Polenpolitik; Eisenblätter. An dieser Stelle kann nur eine Auswahl an Publikationen stehen: Löw/Roth; Gruner/Osterloh; Młynarczyk/Böhler; Alberti, Verfolgung und Vernichtung; Alberti, Exerzierplatz; Löw; Löw/Robusch/Walter; Steinbacher; Gruner; Aly, Endlösung; Aly, Volksstaat; Sandkühler, Endlösung; Pohl, Judenverfolgung; Pohl, Judenpolitik; Aly/Heim, Ökonomie; Reitlinger; Lehnstaedt, Der Kern des Holocaust; Lehnstaedt, Mobilisierungsreserve; Lehnstaedt/Böhler; Naasner,

SS-Ämter, Görings Vierjahresplanbehörde, Sauckels Arbeitseinsatz, die deutsche Rüstungsindustrie sowie andere NS-Dienststellen und deren Vertreter wurden mehr oder minder ausgiebig untersucht.[14] Ein gezielter Blick auf die Verwaltung – oder genauer: die Fachverwaltungen des Besatzungsregimes – fehlt indes bis heute. Mit Ausnahme der Studie zur Rolle der Zivilverwaltung bei der Judenverfolgung im Distrikt Lublin von Bogdan Musial[15] liegen keine Untersuchungen vor.

Eine Monographie, die sich mit dem Vorgehen oder dem Personal der deutschen Zivilverwaltung bei der Regierung des Generalgouvernements auseinandersetzt, fehlt gänzlich. Erstaunlich ist auch, dass die umfangreiche Überlieferung des sogenannten Diensttagebuchs des Generalgouverneurs weiterhin nur in einer nunmehr über vierzig Jahre alten Teiledition vorliegt. In der Publikation von Werner Präg und Wolfgang Jacobmeyer stehen – dem damaligen Forschungsinteresse sowie der öffentlichen Diskussion geschuldet und so bis heute nachvollziehbar – Aspekte der Judenverfolgung sowie des Besatzungsterrors im Vordergrund. Allgemeine Verwaltungsaufgaben sowie finanz- und wirtschaftspolitische Entwicklungen wurden mit Blick auf den Umfang oft stark gekürzt oder ausgespart.[16] Auch die in polnischer Sprache veröffentlichten Quelleneditionen des Diensttagebuchs konzentrieren sich weniger auf Fragen der Administration als auf die vordringlichen Themenkomplexe von Gewalt, Terror und Widerständigkeit.[17] Eine Überblicksdarstellung zur Besatzungsverwaltung fehlt trotz der umfangreichen Studien zu den verschiedenen Aspekten der deutschen Besatzungsherrschaft von Czesław Łuczak und Czesław Madajczyk, die als Standardwerke gelten können, in der polnischen Historiographie bis heute.[18] Und das, obwohl die wissenschaftliche Auseinandersetzung mit den Folgen der Besatzung bereits während des

SS-Wirtschaft und SS-Verwaltung; Naasner, Neue Machtzentren; Kaienburg; Chodakiewicz; Młynarczyk, Judenmord in Zentralpolen; Winstone.

14 Vgl. Strippel; Wildt, Generation des Unbedingten; Schenk, Die Krakauer Burg; Schenk, Hans Frank; Housden; Klessmann; Browning, Ganz normale Männer; Curilla; Klein, Behördenbeamte oder Gefolgschaftsmitglieder?; Lehnstaedt, Ostnieten; Roth; Klein, Gettoverwaltung; Mallmann/Böhler/Matthäus; Mallmann; Mallmann/Paul. Rosenkötter; Dingell.

15 Vgl. Musial, Zivilverwaltung. Einen weiteren biografischen Ansatz für Oberschlesien bietet: Kaczmarek, Pod rządami gauleiterów.

16 Vgl. Präg/Jacobmeyer.

17 Vgl. Piotrowski, Dziennik; Piotrowski, Dziennik; Kotarba.

18 Vgl. Kozyra. Zu den Forschungsschwerpunkten von Łuczak u. Madajczyk: Łuczak, Dzieje Polski; Łuczak, Wysiedlenia ludności polskiej; Łuczak, Grabież polskiego mienia; Łuczak, Polityka ludnościowa; Łuczak, Polityka ekonomiczna; Łuczak, Praca przymusowa; Łuczak, Położenie ludności polskiej; Łuczak, Polska i Polacy; Łuczak, Praca przymusowa Polaków; Madajczyk, Generalna Gubernia; Madajczyk, Hitlerowski terror; Madajczyk, Polityka III Rzeszy; Madajczyk, Generalny Plan Wschodni.

Krieges begonnen hatte. Mit Blick auf eine kommende Nachkriegsregelung der Schäden und Verluste waren verwaltungsrechtliche, wirtschaftliche und finanzielle Aspekte der Besatzung früh Gegenstand umfangreicher Analysen.[19] In der unmittelbaren Nachkriegszeit knüpfte die polnische Forschung, die umfangreichen Zugriff auf das seitens der Główna Komisja Badania Zbrodni Niemieckich w Polsce (GKBZNwP) gesammelte Quellenmaterial sowie die Ermittlungsergebnisse der verschiedenen Prozesse hatte, an diese Arbeiten an.[20] Dabei entstanden auch erste Darstellungen zur Finanz- und Steuerpolitik der Besatzer. Diese blieben jedoch oft auf regionale oder rechtliche Aspekte beschränkt.[21]

Im Folgenden soll also die Rolle der Reichsfinanzverwaltung bei der Ausplünderung und Ausbeutung der besetzten polnischen Gebiete wie auch die Aufgabenverteilung bei der Umsetzung der rassistischen Bevölkerungspolitik in den annektierten Territorien und im Generalgouvernement untersucht werden.[22] Neben der Forschungsliteratur stützt sich die vorliegende Studie auf Archivbestände sowohl in Deutschland als auch in Polen: Die umfangreiche, wenn auch nicht vollständige Überlieferung im Bundesarchiv, die eine Auswertung der Ministerialakten und erhaltenen Vorgänge bei Behörden, NS-Dienststellen, Parteiorganisationen wie auch der Militärs auf Reichsebene ermöglichte, konnte durch umfassende Recherchen vor allem in den staatlichen polnischen Archiven ergänzt werden. Teilweise konnten so die Überlieferungslücken geschlossen werden, die vor allem für die Ministeriumsspitze in den Beständen des Reichsfinanzministeriums (R 2) und der Reichshauptkasse (R 2104) im Bundesarchiv Berlin besonders eklatant sind. Sowohl für das Ministerbüro als auch für das Büro des Staatssekretärs und die Beutebücher der Reichshauptkasse findet sich hier nur eine äußerst fragmentarische Überlieferung, die eine gezielte Aktenvernichtung am Kriegsende oder später vermuten lässt.[23] Bestärkt wird dieser Eindruck

[19] Vgl. Anonymous, German Occupation of Poland; Segal; Baranowski; Kozłowski; Janta-Połczyński.

[20] Vgl. exemplarisch: Silberschein; Polnische Kommission für Kriegsverbrechen; Dąbrowski; Klafkowski, Okupacja; Pospieszalski; Jastrzębowski; Klosiński; Kula; Orłowski; Berenstein; Berenstein/Rutkowski; Brustin-Berenstein.

[21] Vgl. Ostrowski, Hitlerowska Polityka Podatkowa; Ostrowski, De politica tributoria dominationis; Ivánka.

[22] Die Studie ist Teil des Forschungsprojektes zur Geschichte des Reichsfinanzministeriums im NS. Weitere Einzelstudien zur Institutionsgeschichte des Ministeriums (Stefanie Middendorf), zur Steuergeschichte (Ralf Banken), zur Beraubung der deutschen Juden (Christiane Kuller), zur Enteignung sogenannter Reichsfeinde (Josephine Ulbricht) und zur Ausbeutung des besetzten Europas (Jürgen Killian) liegen vor oder sind in Bearbeitung: Kuller, Bürokratie und Verbrechen; Kilian; Banken, Hitlers Steuerstaat.

[23] Die Verwaltung der Archivbestände des RFM wurde nach dem Krieg durch ehemalige Ministerialbeamte durchgeführt, so dass sich ausreichend Möglichkeit zur gezielten Aktenvernichtung noch unter Kontrolle der Alliierten bot.

durch die auffallende Konformität der Personalakten, die nahezu sämtlich nach 1933 keine Vorgänge bzw. Einträge aufweisen.

Die im Rahmen der Tätigkeit der Hauptkommission (GKBZNwP) in Polen gesammelten und erweiterten Bestände, die sich heute im Instytut Pamięci Narodowej (IPN) Warschau und seinen Außenstellen bzw. in den polnischen Staatsarchiven befinden, sind ein bisher durch die Forschung kaum ausgewerteter Quellenkorpus, der nunmehr umfassend erschlossen ist. Dieser konnte hinsichtlich der Finanzverwaltung umfassend ausgewertet werden. Ein Quellenzugriff auf andere Bereiche der Zivilverwaltung musste aus praktischen Gründen auf eine sehr eingegrenzte Auswahl reduziert bleiben. Die sehr ertragreiche Quelle des Diensttagebuches des Generalgouverneurs wurde hingegen ausführlich aufbereitet. Als problematischer zeigte sich die Quellenbasis sowohl für die in der Peripherie gelegenen Verwaltungseinheiten als auch hinsichtlich der Erfahrungsebene der betroffenen Bevölkerung. Hierbei wurde einerseits auf die Korrespondenz mit der Berliner und Krakauer Regierungszentrale zurückgegriffen und anderseits nach Möglichkeit auf Ego-Dokumente als Perspektiverweiterung eingegangen.

Auf Basis der umfangreichen Überlieferung zur Tätigkeit des Berliner Ministeriums als auch der im besetzten Polen agierenden Beamten konnten Rolle und Aufgabengebiet der Reichsfinanzverwaltung detailliert empirisch rekonstruiert werden. Die dichte historische Beschreibung, die die einzelnen Handlungsebenen und Funktionsträger beleuchten und das häufig sehr langwierige Verwaltungshandeln konzentriert darstellt, verlangt dem Leser nicht zuletzt aufgrund des zugegeben teils spröden fachspezifischen Untersuchungsgegenstandes eine gewisse Geduld ab. Die unvermeidlichen Fachtermini der Haushalts- und Steuerpolitik werden nicht umgangen, denn sie machen eines deutlich: eine NS-spezifische Adaption einer funktionalistischen Fachverwaltungssprache zur Umsetzung der ideologischen Leitlinien war nicht nötig.

Die Gliederung der Kapitel erfolgt chronologisch entlang der historischen Ereignisse. Da Polen während des Zweiten Weltkrieges zu den am längsten besetzten und konstant kontrollierten Gebieten zählt, ist eine umfassende Darstellung der Besatzungsphasen zwingend. Die Geschichte der Ausplünderung beginnt mit der Besetzung und Teilung Polens. In der ersten Phase der Besatzung bis ins Jahr 1940 (Kapitel 1) wurden die Grundlagen der späteren Besatzungsrealität verhandelt und die Grundsatzentscheidungen für nahezu jegliche Entwicklung der kommenden Jahre getroffen. Dies trifft im Besonderen auch auf die Positionierung der Reichsfinanzverwaltung in der Haushalts-, Steuer-, Währungs-, Devisen- und Zollpolitik zu.

Denn, und das ist als Charakteristikum der deutschen Besatzungspolitik in Polen herauszustellen, das Kriegsziel in diesem Beutezug im Osten war nicht eine lediglich temporäre Militärbesatzung, sondern die Gewinnung von Lebensraum. In keinem anderen während des Zweiten Weltkrieges vom Deutschen Reich besetzten Gebiet wurden die Vorstellungen einer Ausdehnung des deutschen Siedlungs- und Hegemoniegebietes, einer Unterjochung und völligen Entrechtung der ansässigen Bevölkerung durch Vertreibung, Vermögensumverteilung, Zwangsarbeit, Ressourcenplünderung und Massenmord so konsequent ins Werk gesetzt wie im besetzten und teilannektierten Polen.

Die Frage nach dem Beutewert ist also zentral, da dieser nicht wie bei den im Westen, Norden und Süden Europas besetzten Ländern in einer vorübergehenden Ausbeutung für die deutsche Kriegskasse und späteren ökonomischen Abhängigkeit der Wirtschaftsräume lag, sondern in einem unbegrenzten Zugriff. Das gesamte Land war davon betroffen, mitsamt der Bevölkerung und ungeachtet des Völkerrechts.[24] Damit war „die Kriegsbeute“[25] anarchisch definiert, was in der völkischen Blut-und-Boden-Ideologie mit Bezügen zu einem mythischen Germanenkult nur folgerichtig war. Die ideologische Abwertung der Kultur und wirtschaftlichen Leistungsfähigkeit der Länder Mittel- und Osteuropas und die damit einhergehende Vorstellung, quasi leere, also zu besetzende und zu zivilisierende Räume zu erobern[26], machte den Raum selbst zum herausragenden Beutewert. Das „Volk ohne Raum“ sollte einen Siedlungskolonisationsraum mit Rohstoffen, Produktionsstandorten, landwirtschaftlicher Ertragsfläche und billigen Arbeitskräften erhalten.[27]

Vor dem Hintergrund globaler Handelsbeziehungen, die Rohstoffabhängigkeiten in komplexen internationalen Wirtschaftskreisläufen und entsprechend abhängige Währungssysteme mit sich führen, war die Rolle des Reichsfinanzministeriums in der Besatzungspolitik durchaus ambivalent. Die Beamten mussten sich innerhalb einer hoch arbeitsteiligen und spezialisierten Verwaltung ständig in einem Aktionsrahmen bewegen, der einerseits die Ressourcen des Landes anzueignen verlangte, andererseits das Interesse verfolgte, eine funktionierende Exekutive zu gewährleisten. Ebenso sollten die Akteure dem Imperativ des rassistischen Vernichtungskrieges folgen und gleichzeitig den Erfordernissen

[24] Um Überschneidungen mit der Untersuchung von Jürgen Kilian zu vermeiden, ist eine topografische Abgrenzung des Untersuchungsraumes notwendig. Die Gebiete, die vor dem Krieg zu Ostpolen gehörten und nach Beendigung der sowjetischen Besatzung 1941 verschiedenen Gebietskörperschaften und damit deutschen Besatzungsverwaltungen unterstellt wurden, werden nicht einbezogen. Vgl. Kilian.

[25] Als Kriegsbeute wird im völkerrechtlichen Sinne verstanden: sämtliches ohne Zahlung vereinnahmtes Kriegsgerät, bewegliche Werte wie Rohstoffe oder Geldwerte aus staatlichem Besitz, die während oder unmittelbar nach der kriegerischen Auseinandersetzung durch das Militär vereinnahmt werden. Die Kriegsbeute ist aber nur ein Teil der erbeuteten Werte. Es werden sämtliche mobilen und immobilen Werte (Waren, Dienstleistungen, Geldmittel, Sachwerte) als Beute verstanden. Vgl. Klemann/Kudryashov, S. 75, 98–100, 189 f.; Vgl. Scherner, Bericht; Scherner, Europas Beitrag zu Hitlers Krieg; Scherner, Der deutsche Importboom.

[26] Vgl. Jureit.

[27] Vgl. Klemann/Kudryashov, S. 75.

der Kriegsfinanzierung Rechnung tragen. Die Effektivität und Effizienz, die der deutschen Verwaltung trotz dieser manchmal widersprüchlichen Herausforderungen häufig auch in der Forschung unterstellt wird, gilt es anhand konkreter Ereignisabläufe zu überprüfen. Das zweite Kapitel rekonstruiert deshalb die sich ab 1940 und dann nochmals mit dem Überfall auf die Sowjetunion im Folgejahr dezidiert unterschiedlich entwickelnden Teilungsgebiete und das jeweilige Agieren der Finanzbeamten vor Ort bzw. den machtpolitischen Standort des Ministeriums. Die per Annexion dem Reich zugeschlagenen Territorien im Westen Polens waren einerseits Beutewert und anderseits Basis für den Aufbau der NS-Germanisierungspolitik und entwickelten sich rasch zu einem Subventionsgebiet. Das Generalgouvernement – ab 1941 erweitert um Galizien – wurde daneben immer rücksichtsloser im Interesse der Kriegswirtschaft gleich einem Kolonialgebiet ausgeplündert.

Vorweggenommen sei an dieser Stelle, dass eine abschließende monetäre Bilanz, die in einer reinen Auflistung und Verrechnung von wenig aussagekräftigen Beträgen in Zahlen ausdrücken könnte, wie sehr das Ministerium in die verbrecherische Kriegsführung des NS-Regimes verstrickt gewesen war, nicht Ziel dieser Untersuchung ist. Geschuldet ist dies auch dem Charakter des Geldes, das gerade im Krieg seine Wertbeständigkeit verliert. Aufschlussreicher ist es dagegen, die Schäden und Verluste zu ermitteln und die Beteiligung der Finanzbeamten an den Verbrechen aufzuzeigen, da sich darin zudem ein für die Analyse notwendiger Perspektivenwechsel findet, der in den letzten beiden Kapiteln (3 und 4) dargestellt wird.

1 Der Überfall auf Polen

1.1 Der Angriff

In unmittelbarer Nähe des Hauptzollamtes Kreuzburg in Oberschlesien eröffnete das motorisierte Infanterieregiment der Waffen-SS unter SS-Obergruppenführer Sepp Dietrich „mit einem gezielten Treffer auf die polnische Grenzbude" in den frühen Morgenstunden des 1. September 1939 unter den Augen des Befehlsstellenleiters des Zollgrenzschutzes Martini den Angriff auf Polen.[1] Einige Stunden später fuhren Martinis Kollegen, Nestler und Wennrich aus dem mährischen Neutitschein, „nach Eröffnung der Feindseligkeiten [...] in das angrenzende polnische Gebiet".[2] Sie stellten fest, dass „die offensichtlich überraschten polnischen Zollbeamten ihre Dienststellen fluchtartig verlassen hatten. [... und] die deutschen Truppen in geschlossenen Formationen nach Polen einmarschierten."[3]

Die Zöllner, die an diesem Tag entlang der deutsch-polnischen Grenze von der Ostsee bis nach Mähren ihrem regulären Dienst nachgingen, wurden zu den ersten Zeugen des Einmarsches der Wehrmacht in Polen. Begonnen hatte der Feldzug gegen 4:45 Uhr mit der Bombardierung der Stadt Wielun und dem Beschuss des polnischen Militärstützpunktes auf der Westerplatte durch das deutsche Linienschiff SMS Schleswig-Holstein, das im Hafen der Freien Stadt Danzig vor Anker lag. Zur selben Zeit überschritten 54 Divisionen der deutschen Wehrmacht die Grenze zum Nachbarland.[4] In Marsch gesetzt worden war auch Hermann Rausch, einer von zwölf Uniformierten, die wenige Stunden später an der verlassenen polnischen Grenzstation Kolibki zwischen den Küstenorten Sobbot und Gdynia nach dem Durchmarsch der ersten Truppenverbände für den Danziger Fotografen Hans Sönnke und ein Team der Wochenschau den Grenzbruch nachstellten.[5]

Die Einstellung, auf der die Männer in ausgelassener Stimmung einen bereits zerschmetterten polnischen Schlagbaum beiseite stemmen, wurde gleichsam zur Bildikone für den Beginn des Zweiten Weltkrieges und ging ins globale

[1] Vgl. Bericht von Spieß an Eulitz v. 31.3.1964, BArch, R 110 Anh., 13, n. p.
[2] Bericht Nestlers an Eulitz ohne Datum, vermutlich 1964, ebd.
[3] Ebd.
[4] Vgl. Böhler, Überfall, S. 91 ff.; United States War Department.
[5] Sönnke schoss an diesem Vormittag mindestens sieben Fotos. Vgl. Bilder des Digitalarchivs des Bundesarchivs, BArch, Bilder 183-E10457, 146-1979-056-18A, 183-51909-0003, 183-E10458, 183 H27915, 183 H27992. Gezeigt wurden die Bilder ebenfalls als Film in der Ufa-Tonwoche v. 7.9.1939. Vgl. Paul, Idylle mit Schlagbaum; Paul, Bilder einer Diktatur, S. 199–210.

https://doi.org/10.1515/9783110718027-002

Abbildung 1 - Polnische Grenzstation auf der Straße Zoppot-Gdingen am 1.9.1939. Für die NS-Propaganda nachgestellte Szene der Beseitigung des Schlagbaums durch Wehrmachtssoldaten und Grenzbeamte

Bildgedächtnis ein. Rausch erinnerte sich Anfang der 1990er Jahre an das Ereignis und identifizierte dabei die drei Männer, die nicht in Wehrmachtsuniformen gekleidet waren als polnische Grenzbeamte, „die beherzt bei der Beseitigung ihrer eigenen Amtsgrundlage mit Hand anlegten!"[6] Um Grenzbeamte handelte es sich zweifellos, doch waren die beiden scheinbar schwarz Uniformierten am rechten Bildrand Angehörige der Danziger Landespolizei. Der leicht abseitsstehende Mann am linken Ende des Schlagbaums war ein Zöllner der Reichsfinanzverwaltung, der vermutlich in der wenige hundert Meter entfernten Grenzwache Steinfließ eingesetzt war.[7]

Zeugen der deutschen Aggression gegenüber Polen waren „die Männer der vordersten Linie", wie ihr Dienstherr, Staatssekretär Fritz Reinhardt, sie nannte[8], bereits in der Nacht zuvor geworden. Neben dem inszenierten Über-

[6] Knopp, S. 36.

[7] Die Reichsfinanzveraltung hatte ihre Beamten zusammengezogen, damit sie als Verstärkter Grenzaufsichtsdienst (VGAD) auf die militärische Absicherung vorbereitet waren. Vgl. Kapitel: Der Generalinspekteur des Zollgrenzschutzes, S. 40.

[8] Vgl. Rede Reinhardts auf der Zollgrenzschutztagung im Sommer 1939, BArch, R 110/92, Bl. 2.

fall auf den Radiosender Gleiwitz hatten auch auf die deutschen Zollämter Hochlinden, Pfalzdorf und Geyersdorf arrangierte Übergriffe stattgefunden.[9] Allerdings deutet nichts darauf hin, dass die zuständigen Stellen im Reichsfinanzministerium von den geplanten Aktionen Kenntnis hatten.[10] Der Überfall auf den Sender Gleiwitz, kommandiert von SS-Sturmbannführer Alfred Naujocks, diente Hitler letztlich als Vorwand für den geplanten Angriff auf Polen. Der deutsche Einmarsch war der Schlusspunkt einer seit Ende des Jahres 1938 eskalierenden Polenpolitik.

Der Weg in den Krieg

Die Spannungen in den deutsch-polnischen Beziehungen hatten sich nach dem Münchner Abkommen vom Herbst 1938 zusehends verstärkt. Waren die Bündnispartner nach München noch gemeinsam gegen die Tschechoslowakei vorgegangen,[11] so trat der polnische Außenminister Józef Beck den Forderungen Hitlers „zur endgültigen Bereinigung" der deutsch-polnischen Beziehungen entschieden entgegen. Eine Abtretung Danzigs an das Deutsche Reich und die Forderung nach einer exterritorialen Verkehrsverbindung durch den Korridor, der Ostpreußen und Danzig vom Reichsgebiet trennte, kam für die polnische Führung nicht in Frage. Nach dem Einmarsch deutscher Truppen in die Tschechoslowakei im März 1939 entschlossen sich Großbritannien und Frankreich, die nun als gefährdet eingeschätzte Unabhängigkeit Polens durch eine Garantieerklärung zu bestärken. Am 23. März leitete die polnische Regierung eine Teilmobilmachung ein und wies drei Tage später die territorialen Ansprüche Hitlers endgültig zurück. Das Deutsche Reich kündigte daraufhin Ende April den deutsch-polnischen Nichtangriffspakt von 1934 einseitig auf. Hitler hatte aber bereits am 25. März das Militär angewiesen, den „Fall Weiß" (Angriff auf Polen) vorzubereiten. Der konkrete Invasionsplan lag Mitte Juni vor.[12]

Der Reichsfinanzminister beauftragte indes Anfang Mai 1939 seine Haushaltsabteilung, ein Resümee zum Stand der Kriegsfinanzierung zu erarbeiten.

[9] Wildt, Generation des Unbedingten, S. 428; Runzheimer, Überfall; Runzheimer, Grenzzwischenfälle; Groscurth/Krausnick, S. 199, 268.; Jansen/Weckbecker, S. 26 f.; Madajczyk, Okkupationspolitik, S. 9–11. Sowohl Madajczyk, Runzheimer, als auch Wildt ist ein Fehler bei der geographischen Zuordnung unterlaufen. Es handelt sich nicht um Hohenlinde oder Hohenlinden (in Bayern), sondern um Hochlinden in Schlesien.

[10] Ebd.

[11] Polen nutzte wie auch Ungarn, allerdings ohne die Zustimmung von Großbritannien und Frankreich, die geschaffene Lage und besetzte am 2.10.1938 das südliche Oslagebiet um Teschen.

[12] Vgl. Broszat, Polenpolitik, S. 11–14; Vgl. Kosmala und Żerko.

Die Beamten bemühten sich beim Oberkommando der Wehrmacht (OKW), dem Reichsführer SS (RFSS), dem Reichsministerium des Innern (RMdI) sowie den anderen Ministerien und beim Reichsbankdirektorium um „einen Überblick über Art und Ausmaß der dem Reich in einem Zukunftskrieg erwachsenden Ausgaben und damit eine Unterlage für die zu treffenden Finanzierungsmaßnahmen". Die umfangreichen Bedarfsprognosen führten zu einem äußert besorgten Entwurf für ein Geheimschreiben Schwerin von Krosigks an die Ressorts.[13]

Während die außenpolitischen Entscheidungen der Reichsregierung immer deutlicher auf einen Krieg zuliefen, beunruhigte den Finanzminister vor allem, dass die Anmeldungen des Geldbedarfs der Wehrmacht für die ersten drei Mobilmachungsmonate und die aufgestellten Berechnungen der Zivilressorts für die Gesamtausgaben für das erste Kriegsjahr immense Summen erreicht hatten. Gegenüber den Annahmen des Jahres 1937 waren die Kalkulationen des Militärs und der Verwaltung um 20 Milliarden Reichsmark auf 75 Milliarden Reichsmark angestiegen. Damit schöpften die Kriegskosten das kalkulierte Jahresergebnis der nationalen Arbeitsleistung aus. Der Geldbedarf der öffentlichen Hand sowie die Bedürfnisse der Zivilbevölkerung waren dabei nicht einmal einbezogen. Was in den Augen des Ministers „bei Ausbruch eines Krieges ein[en] unhaltbare[n] Zustand ergeben" würde. Denn weder Steuererhöhungen noch Anleihen reichten aus, um diese Entwicklung aufzufangen. Allein eine weitere Verschuldung „in größtem Ausmaß" konnte die veranschlagten Ausgaben decken. Die Empfehlung des Ministers an die Ressorts wie das Militär konnte folglich bei dieser beschränkten Finanzkraft nur in der dringlichen Forderung nach einer Ausgabensenkung liegen.[14] Da das Reichsfinanzministerium für die Aufstellung des Wehrmachtshaushaltes allerdings seit 1933 seiner Haushaltskompetenz im Wesentlichen beraubt war und lediglich mit den Gesamtforderungen der Wehrmacht konfrontiert wurde[15], hatte Schwerin von Krosigk weder Einblick in die Verwendung der Mittel für die einzelnen Kriegszwecke noch über die persönlichen oder sachlichen Ausgaben.[16] Staatssekretär Reinhardt sah die Lage dagegen weniger drastisch und konnte den Minister

[13] Vgl. Vorlage eines Geheimschreibens Krosigks an die Reichsministerien und an das Reichsbankdirektorium v. Mai 1939, BArch, R 2, 24268, n. p. Vgl. Hockerts/Holmann, S. 313 f.

[14] Vgl. ebd.

[15] Vgl. eidesstattliche Aussage Reinhardts v. 18.6.1948 in Nürnberg, IfZ, ZS 327, Bl. 1 u. eidesstattliche Aussage Benders v. 16.4.1948, IfZ, ZS 362, Bl. 1.

[16] Das RFM und die Reichsbank verhandelten nur noch über die Höhe der Gesamtsumme. Eine Einflussnahme auf die konkrete Verwendung war mit dem Kabinettsbeschluss vom 4.4.1933 nicht mehr vorgesehen, sondern lediglich eine nachträgliche Rechnungsprüfung der bereits abgeschlossenen Haushalte durch das RFM. Diese entgegen die Reichshaushaltsordnung (RHO) durchgesetzte Sonderpraxis betrachtete Schwerin von Krosigk als nicht akzeptable Einschränkung. Vgl. Kilian, S. 23 ff.; Ullmann, S. 143; Oshima, S. 229 f.

überzeugen, das Schreiben zurückzuhalten.[17] Reinhardt ging im Kriegsfall von Kosten in Höhe von 55 Milliarden Reichsmark aus. Einer Summe also, die politisch besser zu kommunizieren war.[18]

Bereits ein Jahr zuvor hatte Schwerin von Krosigk seine Bedenken hinsichtlich der enormen Rüstungskosten Hitler in einer Denkschrift mitgeteilt, nachdem er nicht mehr beim Diktator vorsprechen durfte. Dem Finanzminister stand diese privilegierte Form der Kommunikation nicht mehr zu. Er fürchtete, wie Reichsbankchef Schacht, eine Inflation, da eine „Geldschöpfung ohne entsprechende Produktionssteigerung Selbstbetrug“ sei, wie er Hitler warnte.[19] Die 1937/38 erreichte Vollproduktion und damit das Ende der Produktionsausweitung, die Schuld des Reiches, die allein bei den Mefo-Wechseln[20] zur „geräuschlosen Rüstungsfinanzierung“ zwölf Milliarden Reichsmark erreicht hatte, und das zu niedrige Steueraufkommen hatten beim Finanzminister die Sorge um die zukünftige Finanzierbarkeit des Reichshaushalts wachsen lassen. Das Aufkommen an Reichssteuern war zwischen 1932 und 1938 zwar von 6,5 auf 17,7 Milliarden Reichsmark gestiegen[21], allerdings waren die Rüstungsausgaben im selben Zeitraum von 750 Millionen auf 14 Milliarden Reichsmark angewachsen und die Reichsschuld hatte sich von 12,5 auf 35,8 Milliarden Reichsmark bis zum Sommer 1938 verdreifacht, Tendenz steigend.

Mit der „Rückgewinnung Österreichs“, die nur begrenzt zu einer Entlastung des Haushaltes durch die einmalige Einbringung der österreichischen Devisenbestände beigetragen hatte, dem Ausbau der Befestigungsanlagen an der Westgrenze und der andauernden Beschleunigung der Aufrüstung waren die Ausgaben im Jahr 1938 abermals außerordentlich gestiegen.[22] Schwerin von Krosigk musste Hitler folglich berichten, dass die Kassenbestände des Reiches durch die Wehrmachtsausgaben (August 1938: 900 Millionen; September 1938: 1,2 Milliarden), trotz der Erhöhung der Körperschaftssteuer und der Übertra-

[17] Vgl. Reinhardts zur Vorlage eines Geheimschreibens von Schwerin von Krosigk an die Reichsministerien und an das Reichsbankdirektorium v. 13.5.1939, BArch, R 2, 24268, n. p. Hockerts/Holmann, S. 314.

[18] Vgl. ebd.

[19] Schreiben Schwerin von Krosigks an Hitler v. 1.9.1938, BArch, R 2, 24266, Bl. 1–13. Die Einschätzung der Reichsbank zur Stabilität der Währung weist im Herbst 1938 ebenfalls auf eine Inflation der Reichsmark hin. Tooze, S. 335–337.

[20] Die Wechsel waren ein staatliches Finanzierungsinstrument. Ausgaben des Staates konnten in Form eines Wechselkredits ohne Beteiligung der Banken finanziert werden. Benannt wurden sie nach der 1933 gegründeten Scheinfirma Metallurgische Forschungsgesellschaft mbH (Mefo), die einzig dem Zweck diente, auf diesem Wege die wachsende Verschuldung des Deutschen Reiches zu verschleiern. Vgl. Boelcke, S. 9–35.

[21] Darin enthalten waren für das Jahr 1938 320 Mio. aus Österreich und 500 Mio. „Judenvermögensabgabe“. Vgl. Reinhardt, Der neue Finanzplan, S. 9. Zur „Judenvermögensabgabe“ vgl. Kuller, Bürokratie und Verbrechen, S. 151–167; Banken, Hitlers Steuerstaat, S. 32 f.

[22] Vgl. Tooze, S. 316 ff.

gung von Gemeindesteuereinnahmen auf das Reich, bereits im Spätsommer 1938 vollkommen aufgezehrt worden waren.[23]

Eine Lösung sah der Reichsfinanzminister allein im Abfangen des Kaufkraftüberschusses und der weiteren Verschuldung, denn für ihn war die „Aufnahme von Schulden [...] zu allen Zeiten und [...] auch jetzt für große, einmalige nationale Aufgaben notwendig". Dabei hatte er allerdings weniger die Ausweitung der Rüstungsausgaben im Sinn als vielmehr eine Steigerung der Bedarfsgüterproduktion und die Ausgabe langfristiger Wertpapiere.[24] Von Hitler forderte Schwerin von Krosigk eine Politik des Abwartens, denn „jeder Krieg der Zukunft [müsste] nicht nur mit militärischen Mitteln gefochten werden [...], sondern als Wirtschaftskrieg größten Formats geführt werden".[25] Der Appell, noch fünf Jahre mit dem Krieg zu warten, verhallte. Goebbels notierte in seinem Tagebuch abfällig: „Papierkorb."[26]

Das Reichsfinanzministerium hatte so gut wie keinen Einfluss mehr auf den Umfang der Rüstungsfinanzierung, die Verschuldung des Reiches und die Wehrmachtskosten, auch nicht auf den Geldmengenumlauf. Nach der Entlassung Schachts und der Reichsbankspitze waren im Juni 1939 die Statuten der Reichsbank dahingehend geändert worden, dass einer Aufstockung der Geldmenge keine Grenze mehr gesetzt war. Hitler konnte praktisch das Geldmengenangebot beliebig bestimmen. Damit war der Weg zu einem unbegrenzten Militärhaushalt offen.[27]

Im geheimen Finanzplan des Reiches waren demnach für das Jahr 1939 für die Wehrmacht 20,86 Milliarden Reichsmark vorgesehen und in den ersten acht Monaten des Jahres stieg die schwebende Schuld des Reiches um 80 Prozent und der Währungsumlauf hatte sich im Vergleich zu beiden Vorjahren verdoppelt.[28] Die Rolle des Reichsfinanzministeriums, dabei die entsprechenden Finanzmarktmittel zu finden bzw. zu entwickeln, ist jedoch nicht zu unterschätzen. Mit dem Gesetz zum „Neuen Finanzplan" vom 20. März 1939[29] waren neben der Einführung einer Mehreinkommensteuer mit der Ausgabe von Steuergutscheinen die Mittel gefunden, „de[n] außergewöhnliche[n] Finanzbedarf des Reichs [...] soweit er das Steueraufkommen der Gegenwart übersteigt ab Mai 1939 grundsätzlich" zu decken, wie Reinhardt befriedigt feststellte.[30]

[23] Vgl. Banken, Hitlers Steuerstaat, S. 124–139.
[24] Vgl. Schreiben Schwerin von Krosigks an Hitler v. 1.9.1938, BArch, R 2, 24266, Bl. 1–13.
[25] Vgl. ebd.
[26] Vgl. Kilian, S. 35; Fröhlich, S. 106.
[27] Vgl. Tooze, S. 351. Der Außenwert der Reichsmark wurde weiterhin nach der Goldparität bewertet, die Abschaffung des Standards schien aber nun beschlossene Sache.
[28] Vgl. ebd., S. 351–353.
[29] Vgl. Gesetz über die Finanzierung nationalsozialistischer Aufgaben des Reichs (Neuer Finanzplan – NF –) v. 20.3.1939, RGBl. I (1939), S. 561.
[30] Vgl. Reinhardt, Der neue Finanzplan, S. 11; Banken, Hitlers Steuerstaat, S. 297–303.

Das Reich stand allerdings mit seiner Rüstungspolitik und nach der Invasion in die Tschechoslowakei, die noch nicht zum Kriegsausbruch geführt hatte, aber nur bedingt Mittel in die Kriegskasse gespült hatte,[31] im Sommer 1939 an den Grenzen seiner finanziellen Leistungsfähigkeit. Ein schnellstmögliches Vorgehen gegen Polen, das Hitler für unumgänglich hielt, rechtfertigte der Diktator nun wiederholt mit Verweis auf wirtschaftliche Zwänge: „Wir haben nichts zu verlieren, wohl zu gewinnen. Unsere wirtschaftliche Lage ist infolge unserer Einschränkungen so, dass wir nur noch wenige Jahre durchhalten.“[32]

Die Stimmung in der Öffentlichkeit war seit der Kündigung des Nicht-Angriffs-Paktes durch einen monatelangen Propagandafeldzug gegen Polen aufgeheizt worden. Im August gipfelte die anti-polnische Kampagne schließlich in Meldungen über Gewalttätigkeiten gegen die deutsche Minderheit, die eine endgültige „Klärung der Polenfrage“ als unumgänglich erscheinen lassen sollte.[33] Gegenüber der Generalität forderte Hitler nun offen die „Zerschlagung“ und „Vernichtung Polens“.[34] Um diese territorialen Neuordnungsvorstellungen im Osten verwirklichen zu können und um Polen weiter zu isolieren, strebte die Außenpolitik Hitlerdeutschlands auf einen Pakt mit der Sowjetunion hin.

Die letzten Tage vor dem Angriff

Der Hitler-Stalin-Pakt samt einem geheimen Zusatzprotokolls zur Abgrenzung der Interessensphären im mittleren und östlichen Europa und damit einer Aufteilung Polens wurde am 23. August 1939 von den Außenministern Ribbentrop und Molotow in Form des deutsch-sowjetischen Nichtangriffspaktes unterzeichnet. Hitler legte daraufhin den Angriff auf Polen für den Morgen des 26. August fest.[35] Schwerin von Krosigk verbrachte diese Augusttage auf einer Dienstreise in Italien bei Benito Mussolini. Von dort sandte er Ribbentrop unverzüglich seinen „herzlichen und aufrichtigen Glückwunsch zu dem großen Erfolg, der mit dem russischen Pakt erreicht“ war.[36] Schwerin von Krosigk

[31] Zur Reichsfinanzpolitik in Bezug auf die Tschechoslowakei vgl. ausführlich: Kilian, S. 129–154.

[32] Zitiert nach: Tooze, S. 369.

[33] Vgl. Bergen; Wolf, Die deutschen Minderheiten. Die Aggressivität des Nachbarstaates versuchte die Presse auch mit den militärischen Investitionen Polens zu belegen. Vgl. Berliner Nachrichten v. 2.6.1939: „Polens Mobilmachung kostete den Staat bisher 1,2 Mrd. Zloty“, „Gänzliche Aufgabe der Golddeckung erwogen“, BArch, R 2, 52739, Bl. 67. Sämtliche Pressemitteilungen zur Finanzlage Polens wurden im Reichsfinanzministerium gesammelt. Vgl. BArch, R 2, 52739.

[34] Vgl. Broszat, Polenpolitik, S. 11.

[35] Vgl. Overy, Die letzten zehn Tage.

[36] Vgl. Schreiben Schwerin von Krosigks an Ribbentrop v. 23.8.1939; BArch, R 2, 24243, Bl. 10. Vgl. Hofer, S. 176 f./186/87.

begrüßte die Entwicklung ausdrücklich. Daher war auch für ihn „eine Lösung der polnischen Frage unerlässlich".[37]

Obgleich ein Eingreifen Großbritanniens und Frankreichs zu befürchten war, scheint der Finanzminister seine Einstellung zu einem Krieg gegen Polen nach dem erzielten Verhandlungserfolg in Moskau geändert oder zumindest dem politischen Mainstream angepasst zu haben. Wenige Tage zuvor hatte er Ribbentrop jedenfalls noch vor einem Krieg gewarnt, der unter den bestehenden Umständen und den Nachwirkungen des Weltkrieges eher zu einem „Raum ohne Volk" führen könne. Zudem stand für ihn fest, dass das Deutsche Reich „wirtschaftlich noch in keiner Weise für einen längeren Krieg kriegsbereit" war.[38]

Hitlers Befehl erwartend, stand die Wehrmacht ab dem 25. August in ihren Bereitstellungsräumen entlang der polnischen Grenze. Den Angriffsbefehl nahm Hitler jedoch nach den Meldungen, dass Italien nicht kriegsbereit sei, der englische Beistand für Polen aber vertraglich fixiert worden war, kurzfristig zurück.[39] Im Reichsfinanzministerium bereitete man sich auf die zu erwartenden steigenden Ausgaben vor. Staatssekretär Reinhardt ersuchte bei Hitler erfolgreich um die Genehmigung, den Höchstbetrag des Reichswechselkontingents bei der Deutschen Reichsbank von drei auf zehn Milliarden Reichsmark zu erhöhen und den Kreditbeschaffungsrahmen für das Reichsfinanzministerium zusätzlich ebenfalls um sieben Milliarden auf 41 Milliarden Reichsmark anzuheben.[40] Hitler genehmigte die Maßnahmen umgehend per Erlass.[41] Um den Betriebsmittelbedarf der Reichsressorts im Mobilmachungsfall zu sichern, kürzte Reinhardt außerdem mit „Rücksicht auf die Anspannung der Finanz- und Kassenlage [...] die für Sachausgaben für den Monat September 1939 zugewiesenen Betriebsmittel [aller Zivilressorts] um die Hälfte."[42] Seinen Minister informierte er über die Maßnahmen zur „Betriebsmittelfinanzierung im Spannungsfall" und die getroffenen „Finanzierungsmaßnahmen seit der Anordnung des X-Falls" ausführlich am 29. August.[43]

[37] Vgl. Schreiben Schwerin von Krosigks an Ribbentrop v. 23.8.1939, BArch, R 2, 24243, Bl. 10 f. Schwerin von Krosigk, Memoiren, S. 193.

[38] Vgl. Schreiben Schwerin von Krosigks an Ribbentrop v. 20.8.1939, BArch, R 2, 24243, Bl. 12 f.; Vgl. auch Dok. 136 abgedruckt in: Hockerts/Holmann, S. 519 f.

[39] Da nicht alle Einheiten rechtzeitig informiert werden konnten, kam es bei Lublinitz, am Jablunkapass und in Dirschau zu Grenzverletzungen und Zusammenstößen mit polnischen Truppen. Overy, Die letzten zehn Tage, S. 25 ff.

[40] Vgl. Schreiben Reinhardts an Hitler v. 25.8.1939, BArch, R 2, 24185, n. p.

[41] Vgl. Abschrift Antwort v. 26.8.1939, BArch, R 2, 24185, n. p.

[42] Schnellbrief Reinhardts an die Obersten Reichsbehörden, die Reichsschuldenverwaltung, die Reichshauptkasse v. 26.8.1939, BArch, R 2, 24185, n. p.

[43] Vgl. Vorlage des GenB an den Minister v. 29.8.1939, BArch, R 2, 24185, n. p. „X-Fall" war der Code für die Mobilmachung ohne öffentliche Verkündung. Vgl. Umbreit, Kontinentalherrschaft, S. 29.

Anträge der Zivilressorts, „die im Zusammenhange mit der Durchführung von besonderen jetzt notwendig werdenden Maßnahmen benötigt" wurden, stellte der Leiter der Haushaltsabteilung I, Ministerialdirigent von Manteuffel, nur mehr „in der unerlässlich notwendigen Höhe bereit".[44] Alle Ausgaben wurden vorschussweise im Abschnitt „Durchführung besonderer Maßnahmen" gebucht. Die endgültige Verrechnung vertagte man auf später.[45] Um die Finanzierung der Familienunterstützung für Wehrmachtsangehörige abzusichern, teilte Ministerialdirektor Otto Maaß den Oberfinanzpräsidenten mit, dass zur Vorfinanzierung der Unterstützungsleistung Kassenmittel beim Reichsfinanzministerium angefordert werden konnten.[46] Das Ministerium war bereit, die Finanzierung des Krieges über eine weitere Verschuldung des Reiches abzusichern. Wie kostspielig das militärische Unternehmen gegen Polen werden würde, oder wie es konkret gegenfinanziert werden sollte, dazu finden sich in den überlieferten Akten weder ausgearbeitete Pläne noch Denkschriften.

Das Zögern Hitlers in den letzten Augusttagen, den „Fall Weiß" auszulösen, war spätestens mit dem für Polen unannehmbaren 16-Punkte Ultimatum zum 31. August hinfällig.[47] Am selben Tag berief Hitler den Ministerrat für die Reichsverteidigung ein.[48] Dieser sollte als ständiger Ausschuss des Reichsverteidigungsrates[49] unter Vorsitz des Beauftragten für den Vierjahresplan, Hermann Göring, als zentrale Stelle die einheitliche Leitung von Verwaltung und Wirtschaft im Kriegsfall durch ein vereinfachtes Verordnungs- und Gesetzgebungsverfahren gewährleisten. Der Reichsfinanzminister gehörte dem Gremium nie offiziell an, obgleich er ab der zweiten Sitzung als Gast an den

44 Vgl. Schreiben von Manteuffels an die Obersten Reichsbehörden v. 26.8.1939, BArch, R 2, 24185, n. p.

45 Vgl. ebd.

46 Vgl. Schreiben Maaß' an Oberfinanzpräsident (OFP) v. 26.8.1939, BArch, R 2, 24185, n. p.

47 Vgl. Overy, Die letzten zehn Tage, S. 47–71; Vgl. Peter, S. 7 f.

48 Vgl. Erlass des Führers über die Bildung eines Ministerrats für die Reichsverteidigung, RGBl. I (1939), S. 1539 f. Neben Göring gehörten dem Rat in der Funktion des Geschäftsführers der Chef der Reichskanzlei Hans Lammers, der Stellvertreter des Führers Rudolf Heß (später ersetzt durch den Chef der Parteikanzlei Martin Bormann), Innenminister Wilhelm Frick, der Chef des Oberkommandos der Wehrmacht Wilhelm Keitel und Reichswirtschaftsminister und Reichsbankpräsident Walther Funk in seiner Eigenschaft als Generalbevollmächtigter für die Wirtschaft an. Vgl. Rebentisch, Führerstaat, S. 117–131.

49 Bereits am 4. April 1933 hatte die neue Reichsregierung unter Hitler mit dem Reichsverteidigungsrat ein Gremium geschaffen, das Politik, Wirtschaft und Propaganda gemäß aller künftigen militärischen Planungen koordinieren sollte. Also ein engeres Kabinett, das die Chefs der drei Wehrmachtteile und die Ministerien zusammenführen sollte. Der Rat selbst ist zwar nicht tätig geworden, aber bot eine Grundlage für die Arbeitsebene auf Referenten- und Sachbearbeiterniveau. Vgl. ebd., S. 118. Der Rat trat zweimal zusammen, am 18.11.1939 und am 23.6.1939. Legislatorische Entscheidungen wurden dabei nicht getroffen. Vgl. ebd., S. 120 f.

wenigen Zusammenkünften teilnahm.[50] Auch wenn es den Eindruck erweckt, war der Ministerrat kein „Kriegskabinett“ unter Führung Görings, denn die Rechtsetzung wurde zu keinem Zeitpunkt Hitlers Kontrolle entzogen. Deutlich machen dies auch die gescheiterten Bemühungen des Reichsfinanzministers, zur Finanzierung des Krieges umgehend Kriegssteuern zu erheben. Gemeinsam mit dem Generalbevollmächtigten für die Wirtschaft (GBW), Walther Funk, hatte Schwerin von Krosigk einen Verordnungsentwurf über Kriegssteuern in den Rat eingebracht. Der Entwurf war nach schwierigen Verhandlungen durch den Generalbevollmächtigten für die Reichsverwaltung (GBV) Frick, den GBW und den Chef des Oberkommandos der Wehrmacht, Keitel, ratifiziert, dann jedoch auf die plötzliche und strikte Weisung Hitlers umgehend fallengelassen worden.[51] Schwerin von Krosigk konnte erneut nicht bei Hitler vorsprechen.

Zu Kriegsbeginn wurde somit auf Steuererhöhungen und auf die Einführung neuer Steuern verzichtet. Allerdings wurden mit der Kriegswirtschaftsverordnung, die durch den GBW in den Ministerrat für Reichsverteidigung eingebracht und die am 4. September erlassen wurde, ein Kriegszuschlag von 50 Prozent auf die Einkommens- und Lohnsteuer bei Einkommen über 2.400 Reichsmark erhoben sowie Kriegszuschläge auf Bier, Tabak, Sekt und Branntwein eingeführt. Auch mussten Länder und Kommunen Kriegsbeiträge an das Reich abführen.[52] Dies war aus Sicht des Reichsfinanzministerium allerdings bei Weitem nicht genug. Der Minister und sein Staatssekretär wollten einen möglichst hohen Anteil der Ausgaben durch Steuereinnahmen decken.[53]

Eine Beschleunigung oder Rationalisierung der Rechtsetzung wurde durch den Rat kaum erreicht. Zwar erließ man in den ersten Wochen des Polenfeldzugs etwa 20 teilweise bereits vorbereitete Verordnungen, die Tatsache aber, dass Ressorts wie das Finanzministerium, das Auswärtige Amt oder das Propagandaministerium nicht formell vertreten waren und für die Kriegsfinanzierung notwendige Verordnungen ohne Begründung auch gegen die Position des Generalbevollmächtigten für die Wirtschaft (GBW), des Generalbevollmächtigten für die Reichsverwaltung (GBV) und der Wehrmacht durch Hitler verworfen

[50] Der konstituierenden Sitzung am 1.9.1939 folgten bis zur letzten am 15.11.1939 nur wenige Treffen, die zumeist aus einem mehrstündigen Vortrag Görings ohne anschließende Diskussion bestanden. Vgl. ebd., S. 117–128. Ab der dritten Sitzung erschienen auch Goebbels, Popitz und Himmler. Der allgemeinen Einladung Görings folgten letztlich etwa 30 Personen.

[51] Vgl. Banken, Hitlers Steuerstaat, S. 140 ff., 304.

[52] Vgl. die Kriegswirtschaftsverordnung (KWVO) v. 4.9.1939, RGBl. I (1939), S. 1609 ff. Der Reichsfinanzminister war nicht unter den Unterzeichnern der VO. Vgl. Eichholtz, S. 696 f.; Banken, Hitlers Steuerstaat, S. 140 ff.

[53] Vgl. eidesstattliche Aussage Reinhardts v. 18.6.1948 in Nürnberg, IfZ, ZS, 327, Bl. 3. Zur Entwicklung der Steuerpolitik ab 1939 vgl. auch: Ebd., S. 153 ff.

wurden, zeigt den begrenzten Machteinfluss des Gremiums und verweist generell auf die Stellung der Zivilressorts zu Beginn des Krieges.[54]

Auch wenn die Schilderung Reinhardts bei den Nürnberger Prozessen, dass er und der Reichsfinanzminister völlig überrascht und unvorbereitet vom Kriegsausbruch durch die Zeitung erfahren haben wollen, eine haltlose Lüge war,[55] so lässt sich doch sagen: Das Reichsfinanzministerium wurde tatsächlich nur in einem geringen Maße in die Vorbereitung auf den Krieg einbezogen. Erstaunlich ist aber, dass sich das Ministerium offenbar nicht einmal bemühte über einen *think tank* Denkschriften und Verordnungsentwürfe bereitzuhalten, oder den Kontakt zu den Entscheidungsgremien zu pflegen. Die Vorbereitungen der zivilen Reichsressorts für den Fall militärischer Auseinandersetzungen und die Einstellung der inneren Verwaltung auf die moderne Kriegsführung waren im Sommer 1939 allerdings generell unzureichend. Denn über traditionelle Mobilmachungspläne und Verteidigungsmaßnahmen gingen diese nicht hinaus. Dem vorbereiteten und hochgerüsteten Militär stand keine schlagkräftige und kriegsbereite Verwaltung zur Seite.[56]

Das Regime plante nach der Ausschaltung der polnischen Streitkräfte, den polnischen Staat zu zerschlagen und damit die Grundlage für ein vom Deutschen Reich dominiertes Mittel- und Osteuropa zu legen – zunächst mit Stalins Sowjetunion als Partner. Konkrete Besatzungspläne, die über die unmittelbare Eroberung des Gebietes hinauswiesen, existierten jedoch lediglich hinsichtlich der weiträumigen Annexion und Germanisierung der westpolnischen Landesteile.[57] Was mit dem restlichen eroberten Polen geschehen sollte, musste „fast vom Nullpunkt aus improvisiert werden.“.[58] Auch die Frage nach der Finanzierung dieser Vorhaben war nicht geklärt, ebenso die finanzpolitischen Vorstellungen und das wirtschaftliche (Selbst)Verständnis der Regimespitze. Bezeichnend ist, dass Hitler in seiner „Erklärung der Reichsregierung“ vor dem Reichstag in der Krolloper wenige Stunden nach dem Beginn der militärischen Operationen gegen Polen verkündete, dass für die Rüstung des Deutschen Reiches über 90 Milliarden Reichsmark verausgabt worden seien.

Der in Begleitung seines Staatssekretärs ebenfalls anwesende Finanzminister war über diese Aussage einigermaßen verblüfft. Zwar hatte das Regime immense Summen in die Aufrüstung der Wehrmacht gesteckt, doch überstiegen diese finanziellen Anstrengungen nach Einschätzung Schwerin von Krosigks selbst bei Einbeziehung personeller Kosten nicht die Höhe ebenso beachtlicher

54 Vgl. Rebentisch, Führerstaat, S. 125 f.
55 Vgl. eidesstattliche Aussage Reinhardts v. 18.6.1948 in Nürnberg, IfZ, ZS, 327, Bl. 4.
56 Vgl. ebd., S. 117; Tooze, S. 758 ff.
57 Vgl. Wolf, Ideologie, S. 79.
58 Overy, Die letzten zehn Tage, S. 114.

Abbildung 2 – Hitler neben seinem Stellvertreter Heß, dahinter rechts Reichsfinanzminister Schwerin von Krosigk am 1.9.1939 in der Krolloper zu Berlin

50 Milliarden Reichsmark.[59] Doch nicht Austerität oder langfristige finanzwirtschaftliche Kalkulationen bestimmten die politischen Zielsetzungen und ideologischen Leitlinien der Regimespitze, sondern vielmehr eine auf Expansion und Hegemonie ausgerichtete Politik. Die „Neuordnung Europas" sollte dabei nicht durch finanzpolitisches Geschick oder wirtschaftliche Kooperation erreicht werden, sondern durch Krieg, Raub, Vertreibung und letztlich Massenmord. In den größenwahnsinnigen Vorstellungen Hitlers und seiner ideologischen Sachwalter standen kurzfristige Ausbeutung und Plünderung widerspruchslos neben einer kostspieligen Kriegsführung samt vermeintlich nachhaltiger Lebensraumutopie. In seinen Erinnerungen schilderte Schwerin

[59] Vgl. Aussage Reinhardts in Nürnberg am 18.6.1948, IfZ, ZS-0327, Bl. 5.; Adolf Hitler, Erklärung der Reichsregierung vor dem Deutschen Reichstag in der Krolloper am 1.9.1939, in: Domarus, S. 1315.

von Krosigk Hitler als in finanzpolitischen Belangen ebenso unerfahren wie desinteressiert. Sowohl Hitler als auch Göring und Goebbels gingen in Geldangelegenheiten vom „Kinderglauben an die Wunderquelle" aus. Reichsbankchef Schacht hatte das Sprudeln dieser Quelle zugesagt, damit war das Problem gelöst. Mit zunehmender innerstaatlicher Machtausweitung und -festigung verfügte Hitler letztlich auch ohne Schacht über diesen Hort.[60] Hitlers persönliche Einstellung zum Steuerstaat war zudem die eines Kleinbürgers, der sich durch das Finanzamt (München-Ost) um den Ertrag seiner Arbeit gebracht sah. Weshalb der zum prominenten Großverdiener aufgestiegene Parteiführer alsbaldig seine generelle Steuerbefreiung durchsetzte.[61]

Der Reichsfinanzminister stand aber trotz seiner Kritik und der Befürchtungen um die wirtschaftlichen Folgen eines zu früh begonnenen Krieges keineswegs außerhalb der NS-Ideologie. Er entzog sich der Teilhabe an der politischen Ausrichtung und Umsetzung dieser Weltanschauung nicht durch einen möglichen Rücktritt, sondern führte die Reichsfinanzverwaltung auch nach dem Überfall auf Polen weiter und damit in den Krieg.

1.2 Deutsche Ostraumentwürfe

Die imperialen Träume in Deutschland hatten vor 1939 bereits eine Tradition, auf die die Besatzung Polens aufbauen konnte. Bereits im Ersten Weltkrieg gab es ein Besatzungsregime und noch davor formulierte die preußische Polenpolitik Begehrlichkeiten und Ansprüche, die Hitler nun abrief. Das betraf auch die

60 Vgl. Schwerin von Krosigk, Memoiren, S. 159; Schwerin von Krosigk, Staatsbankrott, S. 189 f.

61 Zur Steuerbefreiung von NSDAP u. Regimeeliten vgl. Banken, Hitlers Steuerstaat, S. 211–252. Hitlers Privatvermögen wie auch seine Steuerschulden waren seit den 1970er Jahren immer wieder Gegenstand von Debatten. Noch der betagte Schwerin von Krosigk steuerte dem Spiegel seine Variante von Hitlers kladestinem Weg zur Steuererleichterung und -verweigerung bei. Schließlich befeuerte der Fund der „Finanzakte Hitler" abermals die Skandalreflexe und Dokumentationsimpulse um den „Mythos Hitler" Vgl. Hitler. Von Steuern befreit, in: Der Spiegel 15 (1970), S. 92 f.; Kellerhoff, Sven Felix, Hitlers Schwarzgeld-Milliarden in der Schweiz, in: Welt v. 27.6.2014; Zips, Martin, Hitlers Schulden. Nach Hitler als Frauenheld, Hundefreund und Tagebuchverfasser beschäftigt uns nun Hitler, der Steuerhinterzieher, in: Süddeutsche Zeitung v. 10.5.2010; Mühlbauer, Peter, „Abenteuerliche Vermischung von Privateinnahmen, Staats- und Parteigeldern", (Interview mit Frank Bajohr) in: Telepolis v. 7.7.2014; Akinyemi, Aaron, New Documentary Reveals Adolf Hitler's Secret Fortune, in: International Business Times v. 22.6.2014; The Hunt For Hitler's Millions, Dokumentation auf Channel 5, letzte Ausstrahlung 2.1.2016; Nazi Underworld: Nazi Gold, Dokumentation des National Geohraphic Channel, Erstausstrahlung am 17.3.2016.

wirtschaftliche Ausbeutung des Nachbarlands. Die nationalsozialistische Ideologie des Lebensraums bezog sich auf Raumbilder und Raumentwürfe, die lange zuvor bereits gereift waren.

„Der Osten“ als geografischer wie kultureller, aber auch wirtschaftlicher Bezugsraum in den *mental maps* der Deutschen als Traumland, Mythenlandschaft oder Feind- und Grenzland, apokalyptische Wildnis, leere Weite und verdreckte Ödnis prägte die Besatzer zweifellos.[62] Hitlers Vorstellung „des Ostens“ lag weniger in einem imperial konzipierten Kolonialgebiet als ausschließlich auf dem Gewinn eines Gebietes, das die Grundfläche des Deutschen Reiches als Siedlungs- und Wirtschaftsraum erweitern sollte. Diese Perspektive setzte dezidiert nicht an die Zwischenkriegszeit an, sondern an den deutschen Siedlungskolonialismus des Mittelalters. „Der Osten“ war dafür als Beute zu erobern.[63] Mit dem Zweiten Weltkrieg begann „der wahre Triumphzug des Konzepts ‚Raum‘ […] mit dem Ineinanderfließen der ideologischen Denkmodelle Krieg, Raum, Rasse und Osten“[64] mit aller Radikalität mit dem Einmarsch in Polen. Doch auf welches Polenbild bezog sich diese Sicht auf „den Osten“?

Ein polnischer Staat hatte nach den Teilungen des 18. Jahrhunderts für über ein Jahrhundert nicht mehr existiert. Die Teilungsmächte Russland, Österreich-Ungarn und Preußen und in dessen Nachfolge das Deutsche Reich hatten in ihren Teilungsgebieten eine sehr unterschiedliche Wirtschafts-, Sozial- und Bevölkerungspolitik betrieben,[65] so dass sich die Gebiete des ehemaligen polnischen Königreiches äußerst unterschiedlich entwickelten. Während die Regierungen in Wien und Moskau keine Politik der Russifizierung bzw. Austrifizierung betrieben, verfolgte Preußen eine Germanisierungs- und Kampfpolitik gegenüber den Polen[66] Die Verhinderung einer polnischen Staatlichkeit galt seit Bismarck als Angelpunkt der preußischen Polenpolitik.[67] Dabei verstand die Reichsregierung die Germanisierung als staatliche Aufgabe, die auch mit Mitteln wie Ausweisung und Deportation umgesetzt wurde.[68] Neben einer rigiden Sprachen- und Kulturpolitik versuchte das Deutsche Reich über die Königliche Ansiedlungsgesellschaft ab 1886, durch das Aufkaufen von Grundbesitz die Besitzverhältnisse in den Ostprovinzen zu Gunsten der Deutschen zu verschieben. Als diese Form der „Germanisierung des Bodens“

[62] Vgl. Wippermann, Der „deutsche Drang nach Osten“; Wippermann, Die Deutschen und der Osten; Liulevicius, The German myth of the East; Thum.

[63] Vgl. Hitler, S. 1, 28, 735 u. 741; Exemplarisch: Grimm.

[64] Liulevicius, Kriegsland im Osten, S. 326.

[65] Vgl. Davies, Im Herzen Europas, S. 144–253; Borodziej, Geschichte Polens, S. 13–96; Buchhofer, S. 21–28.

[66] Vgl. Broszat, Zweihundert Jahre, S. 96 f.; Wolf, Ideologie, S. 35–52.

[67] Vgl. Broszat, Zweihundert Jahre, S. 97.

[68] Vgl. Wolf, Ideologie, S. 48–51.

scheiterte[69], erweiterte man im März 1908 das Enteignungsrecht, das fortan auch die Enteignung im „Sinne des Ideals der nationalen Homogenität" ermöglichte.[70] Anwendung fand das Gesetz jedoch nur in wenigen Fällen. Die Abwanderungsbewegung der deutschen Bevölkerung nach Westen und nach Übersee konnte so allerdings nicht gestoppt werden.[71] Die Tätigkeit der Ansiedlungskommission verschlang bis 1913 eine Milliarde Reichsmark[72] und erwies sich wie auch andere Repressionsmaßnahmen nicht als Erfolg.

Im Ersten Weltkrieg zielte die deutsche Politik im Osten auf die Schaffung eines unter deutscher Hegemonie stehenden Osteuropas. Die Region sollte politisch wie wirtschaftlich vom Deutschen Reich abhängig sein. „Pufferstaaten" zwischen dem Deutschen Reich, Russland und Österreich-Ungarn waren geplant.[73] Während des Krieges kontrollierte das Deutsche Reich zum einen das Gebiet Ober Ost[74] und das Generalgouvernement Warschau.[75] Die Besatzungspolitik in den beiden Gebieten unterschied sich erheblich. In Warschau betrieb Hans von Beseler als Generalgouverneur[76], der direkt Kaiser Wilhelm II unterstand, eine gemäßigte Politik. Diese zielte nach der Proklamation des Königreichs Polen am 5. November 1916 auf eine Kooperation der polnischen Bevölkerung gegen Russland. Eine Besatzungspolitik, die auf eine Germanisierung des Gebietes und eine Diskriminierung der polnischen Mehrheitsbevölkerung abzielte, wurde nicht verfolgt.[77] Zwar wurde auch demontiert und requiriert, so dass sich die Versorgung und damit die Lebensbedingungen

[69] Vgl. Broszat, Zweihundert Jahre, S. 148.

[70] Vgl. zur gesetzlichen Erweiterung des staatlichen Enteignungsrechts v. März 1908: Sten. Ber. pr. AH, 20 Leg. Per., IV Sess. 1907/08, Bd. 3, Sp. 3103–3130; Vgl. Wolf, Ideologie, S. 43.

[71] Vgl. Herbert, Ausländerpolitik, S. 74–84.

[72] Vgl. Wolf, Ideologie, S. 46.

[73] Vgl. ebd., S. 47; Fischer, S. 117 f.

[74] Kurzbezeichnung für die unter der Besatzung des Oberbefehlshabers Ost der deutschen Streitkräfte im Osten stehenden Gebiete im nördlichen Polen, Litauen, Lettland und Teile des heutigen Belarus.

[75] Im ehemals russischen Teilungsgebiet/Kongresspolen wurden das unter deutscher Zivilverwaltung stehende Generalgouvernement Warschau und das unter österreichungarischer Verwaltung stehende Militärgouvernement Lublin geschaffen. Der Begriff Gouvernement oder Generalgouvernement war zum einen üblich für die russischen Verwaltungsbezirke zum anderen bezeichnet er ein besetztes unter Zivil- bzw. Militärverwaltung stehendes Gebiet, dessen Zugehörigkeit/Eingliederung zu einem souveränen Staat nicht abschließend festgelegt ist. Als Gouvernements wurden auch Gebiete in den deutschen Kolonien bezeichnet. Vgl. Eisfeld/Hausmann/Neuratz; Lehnstaedt, Imperiale Polenpolitik. Vgl. zum Begriff Generalgouvernement: Hirschfeld/Krumeich/Renz, S. 524 f.; Stempin, Das vergessene Generalgouvernement, S. 21–27. Vgl. zu Ober Ost: Liulevicius, Kriegsland im Osten.

[76] Vgl. Spät.

[77] Vgl. Stempin, Deutsche Besatzungsmacht, S. 155; Stempin, Das vergessene Generalgouvernement, S. 98–157.

der polnischen Bevölkerung verschlechterten, doch stand die Gewinnung von Arbeitskräften für die Landwirtschaft im Vordergrund. Bereits vor dem Krieg waren auf den ostpreußischen Gütern eine erhebliche Zahl von polnischen Saisonarbeitern aus Kongresspolen beschäftigt gewesen. Einem Großteil war die Rückkehr nach Kriegsausbruch verweigert worden. Nun verstärkten die deutschen Behörden in Warschau den Druck, indem sie die Arbeitslosigkeit im Land forcierten, um die Menschen für den Arbeitseinsatz im Reich zu gewinnen. Bis zu 240.000 polnische Arbeiter wurden so nach Deutschland „vermittelt".[78] Die Verwaltung unter von Beseler verfolgte Ordnungsvorstellungen, die weniger auf eine Kolonisierung im Sinne der maritimen Kolonialreiche als vielmehr auf die imperiale Absicht hinauslief, Polen in den eigenen Herrschaftsverbund einzugliedern.[79]

Die im Gebiet Ober Ost unter den Befehlshabern Paul von Hindenburg und Erich Ludendorff betriebene Besatzungspolitik zielte hingegen auf eine sukzessive Einführung deutscher Ordnungs- und Verwaltungsregularien. Ab Herbst 1916 rückte aufgrund des Kriegsverlaufes die rücksichtslose Ausbeutung des wirtschaftlichen Potenzials ins Zentrum der Planungen.[80] Diese Planungen umfassten neben der Kontrolle über Handel, Gewerbe, Industrie, Landwirtschaft und die Finanzverwaltung die Forderungen nach weiträumigen Enteignungen und umfangreichen Umsiedlungen.[81] Die Politik im Bereich Ober Ost unter Ludendorff trug deutliche Zeichen einer kolonialen Unterjochung und perspektivischen Germanisierung des Gebietes.

Das Kriegsende und die umfangreichen Gebietsabtretungen ließen die Vorstellungen eines unter deutscher Hegemonie stehenden Osteuropas in sich zusammenfallen. Der Nährboden für deutsche Revisionsansprüche auf Kosten der polnischen Staatlichkeit war jedoch gelegt. Der erste Außenminister der Weimarer Republik Ulrich Graf Brockdorff-Rantzau, der Polens Existenz als unerträglich und unvereinbar mit den Lebensinteressen des Deutschen Reichs ablehnte, verstieg sich zu der Aussage, dass Polen durch die eigene Schwäche und durch Russland, mit deutscher Hilfe, verschwinden werde.[82] Gänzlich unbegründet waren Brockdorff-Rantzaus Hoffnungen nicht. Die Situation in Ostmitteleuropa am Ende des Ersten Weltkrieges war geprägt von Chaos, Gewalt und Unübersichtlichkeit. Das Gebiet und in dessen Herzen Polen war von zahlreichen Konflikten gezeichnet. Jochen Böhler bezeichnet diese Situation zutreffend als „Europas wilden Osten".[83]

[78] Vgl. Westerhoff, S. 198–210.
[79] Vgl. Lehnstaedt, Imperiale Ordnungen, S. 230 f.; Lehnstaedt, Imperiale Polenpolitik.
[80] Vgl. Westerhoff, S. 67–84.
[81] Vgl. Wolf, Ideologie, S. 51; Geiss, S. 91–96.
[82] Vgl. Broszat, Zweihundert Jahre, S. 169.
[83] Vgl. Böhler, Europas „wilder Osten", S. 143. Bis in die 1920 Jahre entluden sich Bürgerkriege, Staatenkriege, Staatsbildungskriege, Revolutionskriege, Eroberungs- und

Die Unklarheit über Grenzverläufe und die Begehrlichkeiten auf den verschiedenen Seiten führten wie im Fall des (zwar unerklärten) polnisch-sowjetischen Krieges zu einer militärischen Auseinandersetzung, die den jungen Staat fast vernichtet hätte.[84] Die Berliner Regierungs- und Verwaltungsspitze begrüßte die militärischen Entwicklungen zugunsten der Roten Armee.[85] Die sowjetischen Truppen standen bereits an der Weichsel, als die hastig zusammengewürfelte Armee General Piłsudskis im sogenannten Wunder an der Weichsel die Angreifer zurückschlagen und in der Folge ein polnisches Staatsgebiet ausgedehnt über die östlichen Grenzen des ehemaligen Kongresspolens schaffen konnte.[86] Dies hieß jedoch keineswegs, dass die Auseinandersetzungen in den östlichen Teilen der Zweiten Polnischen Republik sofort beigelegt waren. Es sollte noch Jahre dauern bis auch dort ein funktionierender Sicherheits- und Verwaltungsapparat errichtet werden konnte. Der Kampf an der Ostgrenze Polens umfasste auch Auseinandersetzungen mit den litauischen und den ukrainischen Nachbarn.[87] Zugleich kam es zu Konflikten bezüglich des Grenzverlaufes im Norden und Westen, den ehemaligen preußischen Gebieten, und im Süden zur neugeschaffenen Tschechoslowakei.[88] Die Frage des Minderheitenschutzes, die Auseinandersetzungen um die ehemaligen deutschen Gebietsteile im südlichen Ostpreußen und in dem mehrheitlich von Polen bewohnten Industrierevier in Ostoberschlesien waren immer wieder Ausgangspunkt für Konflikte.[89] Die Situation am Vorabend der Aufstände in Oberschlesien erlebte der spätere Reichsfinanzminister Lutz Graf Schwerin von Krosigk während seiner kurzen Zeit als Assessor im oberschlesischen Zabrze/Hindeburg zu Beginn des Jahres 1919. Jedoch verließ er den von ihm als trostlos empfundenen Ort vor Ausbruch der Aufstände.[90]

Die Außenpolitik der Weimarer Republik ließ die polnische Regierung fürchten, dass als Folge des Vertrages von Rapallo zwischen der Sowjetunion und dem Deutschen Reich Polen aufgerieben werden könnte. In der Tat gab es in der Reichswehr unter General Hans von Seeckt Hoffnungen auf eine gemeinsame militärische Aktion, die die deutschen Grenzen von 1914 wiederherstellen würde. Dazu kam es nicht. Doch die außenpolitische Zielvorgabe einer Revision der Gebietsabtretungen im Osten blieb auch unter Reichskanzler

Befreiungskriege, Angriffs- und Verteidigungskriege sowie ethnische, religiöse oder schlicht kriminelle Auseinandersetzungen. Vgl. Leonhard, S. 811–826 u. 939–978; Mick, S. 311; Wróbel; Böhler/Borodziej/von Puttkamer; Prusin; Böhler, Civil war, S. 105 ff.

[84] Vgl. MacMillan; Davies, White Eagle, Red Star; Conrad.

[85] Vgl. Kotowski, S. 196–203; Jonca.

[86] Vgl. Templin, S. 105–115.

[87] Vgl. Czubiński; Kessler; Galuba.

[88] Vgl. Tooley; Kamiński.

[89] Vgl. Kosmala, S. 19 f.; Wilson; Traciewicz; Jaworski, Feindbilder.

[90] Vgl. Schwerin von Krosigk, Memoiren, S. 81–83.

und Reichsaußenminister Gustav Stresemann aktuell. Die polnischen Hoffnungen, auf den Vertrag von Locarno, der die Garantie der Westgrenze festschrieb, würde ein „Ost-Locarno“ folgen und die Grenze zwischen dem Deutschen Reich und der Polnischen Republik würde keine Grenze „zweiter Klasse“ mehr sein, wurden enttäuscht.[91] Vielmehr strebte die Regierung unter Stresemann über einen Zoll- und Wirtschaftskrieg die Schwächung des Nachbarn an.[92] Der Wirtschaftskrieg betraf vor allem die landwirtschaftlichen Erzeugnisse der Posener Region sowie die Rohstoffe und Produkte des ostoberschlesischen Industriereviers. Die Absicht, Polen so zu Zugeständnissen in Grenzfragen zu drängen, scheiterte. Die polnische Industrie fand andere Absatzmärkte und konnte so auch Kapital akkumulieren. In der Folge des Staatsstreiches vom Mai 1926 hatte Polen unter der autoritären Führung Piłsudkis international an Ansehen und Gewicht gewonnen und erreichte eine wirtschaftliche Stabilisierung.

Die Hoffnung, der polnische Staat würde nicht zuletzt an seinen wirtschaftlichen Problemen und den allgemeinen Schwierigkeiten des internationalen Kapitalmarktes scheitern, waren jedoch nicht unbegründet gewesen. Die Kriegsverluste aus den Jahren 1914 bis 1920 beliefen sich auf materielle Schäden in Höhe von etwa 30 Prozent des Staatsbesitzes. Das Produktionsniveau betrug ebenfalls nur noch knapp 30 Prozent des Standes von 1913. Die Gesamtschäden wurden auf etwa 73 Milliarden französische Franc geschätzt, von denen etwa zehn Milliarden auf die Industrie entfielen.[93] Mit Ausnahme von Belgien hat kein Land größere Verwüstungen im Ersten Weltkrieg erlitten.[94] Die Industrie im ehemaligen Kongresspolen war vollkommen kollabiert. Vor allem die Textilindustrie um Łódź und Białystok litt unter den Demontagen und Rohstoffabtransporten durch die deutschen Besatzer. Im Zuge der Kampfhandlungen und weiterer Demontagen waren im Verlaufe des Krieges Kohlengruben und Hüttenwerke aber auch Teile der galizischen Ölindustrie zerstört worden. Insgesamt waren von den Besatzern 4.259 Elektromotoren und Maschinen, 3.844 Werkbänke demontiert, zwei Millionen Rinder, eine

[91] Vgl. Höltje.

[92] Vgl. Puchert; Lippelt; Strobel.

[93] Vgl. Eckert, S. 116. Andere Schätzungen geben die Schäden mit einem Wert von 10 Mio. französischen Goldfranc an. Vgl. Jaworski, Integrationsprobleme, S. 54. Die Bewertungen dieser Schätzgrößen fällt schwer, da auch in anderen Quellen immer wieder variierende Währungsangaben zu finden sind. So bemisst die 1916 im Militärgouvernement Lublin eingesetzte österreich-ungarische Kommission die Schäden in diesem Gebiet bis Jahresende auf 92 Mio. österreichische Kronen, wovon 16 Mio. auf das Staatseigentum vornehmlich die Eisenbahn entfallen. Dies entspräche einem Wert von etwa 368 Mio Euro. Vgl. Lehnstaedt, Imperiale Ordnungen, S. 223.

[94] Der Vergleich zu Belgien wird auch von der Exilregierung in London 1939 aufgenommen. Vgl. Polish Ministery of Information, S. 17–20.

Millionen Pferde, über eine Millionen Ziegen und Schafe requiriert, sechs Millionen Hektar Forst zerstört worden. Vor dem Abzug der deutschen und österreichischen Einheiten waren 7.500 Brücken gesprengt, 940 Bahnstationen ganz oder teilweise zerstört, 1,8 Millionen Gebäude zerstört oder beschädigt worden und etwa elf Millionen Hektar landwirtschaftliche Nutzfläche zerstört worden.[95]

Die deutsche Wirtschaftspolitik umfasste ebenfalls eine verdeckte Subventionierung der deutschen Bevölkerung, die als Minderheit auf polnischem Gebiet „zurückgeblieben war". Damit sollte die nach 1918/19 einsetzende Abwanderungsbewegung gestoppt und der Besitzanspruch an ehemals deutschem Eigentum aufrechterhalten werden.[96] Während das staatliche Eigentum in den preußischen Ostprovinzen an den polnischen Staat übergegangen war,[97] befanden sich ein großer Teil des Privatbesitzes noch in deutscher Hand.[98]

Die Regelung der Eigentumsverhältnisse vor dem deutsch-polnischen Schiedsgerichtshof und die Frage nach Entschädigungen beschäftigte die Beamten der Berliner Ministerien noch bis zu Beginn der 1930er Jahre.[99] Unter ihnen befand sich auch Schwerin von Krosigk, der zunächst als Hilfsarbeiter und später als selbstständiger Referent in der Abteilung zur Durchführung des Versailler Vertrages im RFM für die Entschädigungen des in den abgetretenen Gebieten liquidierten deutschen Eigentums sowie den Währungsumtausch zuständig war.[100] Später erinnerte er sich an die Schlangen von Antragsstellern vor seinem Büro im Berliner Ministerium. Die Enteignung, die in „die Heiligkeit des Privateigentums" eingriff, empfand er als tiefes Unrecht.[101]

Um die deutsche Minderheit wirtschaftlich zu unterstützen und die Abwanderung zu verhindern, wurden nach 1920 Tarnorganisationen gegründet, die es der deutschen Regierung ermöglichten, Staatsgelder über vermeintlich private Einrichtungen nach Polen zu transferieren.[102] Zunächst engagierten sich die „Konkordia Literarische Gesellschaft mbH" unter Max Winkler und die

95 Vgl. Buell, S. 82.
96 Vgl. Krekeler; Wolf, Ideologie, S. 53–64; Krekeler.
97 Zu den erheblichen Abtretungen an staatlichem Besitz vgl. Aufstellungen der Waffenstillstandskommission zu den deutschen Vermögenswerten in Polen, BArch R 904, 104/105, n. p.
98 Vgl. Kapitel: Polens Wirtschaft, S. 81; Wolf, Ideologie, S. 62–64; Kaczmarek, Penetration, S. 260.
99 Vgl. Prozesse und Entschädigungsverfahren: BArch R 2, 922–926, 929 u. 930, 933–936, 938, 1115 u. 1115a.
100 Vgl. Schwerin von Krosigk, Memoiren, S. 94. Für die Waffenstillstandskommission war mit diesen Aufgaben auch der spätere stellvertretende Leiter der Haupttreuhandstelle Ost Erich Krahmer-Möllenberg als Polenreferent tätig.
101 Vgl. ebd.
102 Vgl. Luther, S. 30–42.

„Deutsche Stiftung" unter Erich Krahmer-Möllenberg in diesem Bereich.[103] Die Mittel in Höhe mehrerer Millionen Reichsmark wurden vom preußischen Finanzministerium und vom Reichsfinanzministerium zur Verfügung gestellt.[104] Nach Stresemanns Denkschrift „betreffend der Gewährung von 30 Millionen Reichsmark für die Gewährung von Krediten an das bodenständige Deutschtum im europäischen Ausland"[105] wurde die „Ossa Vermittlungs- und Handelsgesellschaft mbH" unter der Leitung von Winkler und Krahmer-Mölleberg gegründet. 1928 stellte die Reichsregierung bereits 63,8 Millionen Reichsmark für die Ossa bereit.[106]

Mit der kulturellen und wirtschaftlichen Förderung der deutschen Minderheit in Polen verband die Reichsregierung das Ziel, den deutschen Anspruch auf Grenzrevision „volkstumspolitisch" zu untermauern.[107] Über die beträchtlichen Summen verfügte das Auswärtige Amt, das die Deutsche Stiftung und die Ossa nutzte, um auf diesem Wege Einfluss auf die deutsche Minderheit nehmen zu können.[108] Trotz der schwierigen wirtschaftlichen Gesamtlage des Reiches und angesichts der Diskussionen um die Höhe der Osthilfe[109] musste das Auswärtige Amt um diesen „Unteretat" jenseits des regulären Reichshaushalts nicht bangen. Allein für das ostoberschlesische Industrierevier wurden bis 1933 an die 70 Millionen Reichsmark über die Ossa transferiert.[110] Der zuständige Generalreferent und spätere Leiter der Etatabteilung des Finanzministeriums war ab 1925 bis zu seiner Ernennung zum Reichsfinanzminister Schwerin von Krosigk[111], der als Vertreter des RFM auch im Hauptkontrollausschusses der Ossa saß.[112]

Der Regierungsantritt Hitlers brachte zunächst wenig Veränderungen in der deutschen Polenpolitik. Am 7. April 1933 forderte daher der deutschnationale Außenminister Konstantin von Neurath: „Unser Hauptziel bleibt die Revision der Ostgrenze. Nur eine totale Lösung kommt in Frage. Zwischen- und Teillö-

103 Vgl. Rosenkötter, S. 30–47.

104 Vgl. ebd., S.31, 40.

105 Neben den ehemaligen preußischen Provinzen im Osten sollten auch die Deutschen in Nordschleswig, Eupen-Malmedy und Hultschin finanziell unterstützt werden. Vgl. Luther, S. 40.

106 Vgl. Rosenkötter, S. 56.

107 Vgl. Broszat, Zweihundert Jahre, S. 176.

108 Vgl. Krekeler, S. 89–96.

109 Die sogenannte Osthilfe war ein Subventionsprogramm des Reiches und des Landes Preußen, das zwischen 1926 und 1937 zum Zweck der Förderung der Agrarwirtschaft in den östlichen Regionen Preußens aufgelegt worden war.

110 Vgl. ebd., S. 104.

111 Schwerin von Krosigk war bereits seit 1925 Generaletatsreferent und nahm seitdem an den Sitzungen des Finanz- uns Haushaltsausschusses teil. Vgl. Schwerin von Krosigk, Memoiren, S. 98 u. 115.

112 Vgl. Krekeler, S. 95.

sungen sind abzulehnen [...] Eine Verständigung mit Polen ist weder möglich noch erwünscht. Die Spannung mit Polen muss aufrechterhalten werden [...]"[113] Eine überraschende Kehrtwende des Kurses gegenüber Polen begann indes im Sommer und Herbst 1933. Einer Phase der diplomatischen Annäherung folgten Vorverhandlungen für einen Nichtangriffsvertrag. Der polnische Außenminister Józef Beck war seinerseits bemüht, Polen zwischen dem Deutschen Reich und der Sowjetunion durch eine geschickte Ausgleichspolitik zu stabilisieren. Die polnische Regierung konnte ihre geopolitische Zwangslage bereits 1932 mit dem polnisch-sowjetischen Nichtangriffspakt entschärfen. In Berlin ebnete der polnische Botschafter Józef Lipski schließlich den Weg zum Nichtangriffspakt vom 26. Januar 1934.[114] Man hatte sich darauf geeinigt, dass die Zeit gekommen sei „durch eine unmittelbare Verständigung von Staat zu Staat eine neue Phase in den politischen Beziehungen zwischen Deutschland und Polen einzuleiten".[115] Der auf zehn Jahre befriste deutsch-polnische Pakt ließ die Hoffnungen auf eine Grenzrevision auf deutscher Seite schwinden und entkräftete zugleich die Befürchtungen um Hitlers Kriegsabsichten in Polen.

Die Ossa sollte nach Plänen von Rudolf Heß im neuerrichteten Volksdeutschen Rat aufgehen.[116] Damit wäre auch die Kontrolle über die Finanzmittel an die Organisation der NSDAP übergegangen. Dies rief im November 1933 den heftigen Protest Schwerin von Krosigks hervor. In einem Brief an Heß lehnte er die Übernahme der ausschließlich aus Reichsmitteln finanzierten Ossa durch eine nichtbehördliche Stelle strikt ab. Eine Zusammenarbeit mit dem Volksdeutschen Rat sicherte er jedoch zu.[117]

Wie ernsthaft Hitlers Absichten gegenüber Polen waren, ist in der Forschung viel diskutiert worden. Hitler selbst betonte in seiner Rede vor dem Reichstag am 30. Januar 1934 die Notwendigkeit und den Nutzen des Vertrags.[118] In Partei- und Regierungsstellen des Dritten Reiches empfand man die offizielle Freundschaft mit Polen nur als „Sprachregelung" auf Zeit.[119] Zunächst folgte in wirtschaftlicher Hinsicht eine Zeit der Annäherung und der Entspannung. Der Zoll- und Wirtschaftskrieg wurde am 7. März 1934 durch die Unterzeichnung eines Zollfriedensprotokolls beendet, an das im Herbst des Folgejahres ein die Wirtschaftsbeziehungen normalisierender Handelsvertrag anschloss. Marschall

113 Zitiert nach: Broszat, Zweihundert Jahre, S. 185.
114 Vgl. Lapter.
115 Zitiert nach: Broszat, Zweihundert Jahre, S. 188.
116 Die Ossa firmierte später als Vereinigte Finanzkontore. Der Volksdeutsche Rat war ein Vorläufer der Volksdeutschen Mittelstelle (VoMi). Mit Unterstützung der VoMi sollten die sogenannten Volksdeutschen in der Aktion „Heim ins Reich" vor allem in den 1939 annektierten polnischen Gebieten angesiedelt werden.
117 Vgl. Luther, S. 90 f.
118 Vgl. Müller, Der Feind steht im Osten, S. 50.
119 Broszat, Zweihundert Jahre, S. 191.

Piłsudski äußerte sich wenige Wochen nach Abschluss der Verträge mit Nazi-Deutschland trotz der scheinbar gefestigten außenpolitischen Position Polens skeptisch und warnte davor zu glauben, dass die friedliche Lösung ewig Bestand haben würde. Vier Jahre könne die gute Beziehung zwischen Polen und Deutschland wohl halten, für mehr wolle er sich aber nicht verbürgen.[120]

Von den Soldaten und Beamten, die im Herbst 1939 im Feldzug gegen Polen eingesetzt waren, verfügte aufgrund des Alters nur eine Minderheit über persönliche Erfahrungen aus der deutschen Besatzung während des Ersten Weltkrieges. Lediglich höherrangige Militärs und Ministerialbeamte konnten auf eine solch lange Karriere im Staatsdienst zurückblicken. Die nationalsozialistische Polenpolitik bezog sich auch nicht auf das imperial agierende Kaiserreich und reproduzierte ebenso wenig die Besatzungsrealität in Ober Ost oder dem Generalgouvernement Warschau. Ähnlichkeiten in Verwaltungsaufbau und -gliederung oder in den Begrifflichkeiten (Gouvernement, Gouverneur, Distrikte) sind hingegen durchaus augenfällig.[121] Die Generation der deutschen Männer und Frauen, die in den Besatzungsverwaltungen ab 1939 eingesetzt wurden, waren jedoch durch die nationalsozialistische Propaganda einer rassistischen Lebensraumideologie beeinflusst, die bestimmte Raum- und Feindbilder als Ordnungs- und Kommunikationsmodell vorgab.[122]

1.3 Die Zollsoldaten

Am 25. August 1939 rief der Reichsfinanzminister – den Einmarsch in Polen erwartend – an allen Reichsgrenzen den sogenannten Verstärkten Grenzaufsichtsdienst (VGAD) zusammen. Nach dem Einmarsch in Polen rechneten das Militär und die Berliner Regierung aufgrund der Beistandserklärungen mit einem Eingreifen Frankreichs und Großbritanniens im Westen. Die Grenzbeamten hatte Reinhardt bereits auf der Zollgrenzschutztagung im Juni auf eine bevorstehende Aktion „gegen das militärisch mobilisierte Polen" eingestimmt, dem „seit Ende März 1939 [...] der Deutsche Zollgrenzschutz in erhöhter Aufmerksamkeit auf seinem Posten an der polnischen Grenze" entgegenstehe.[123]

Der VGAD rekrutierte sich aus ehemaligen Soldaten, SA- und SS-Männern, die als Hilfsangestellte (Higa) aus den grenznahen Gebieten die Zollgrenzschutzbeamten kurzfristig als paramilitärische Grenzschutztrup-

[120] Vgl. Borodziej, Geschichte Polens, S. 187.

[121] Vgl. Lehnstaedt, Imperiale Polenpolitik, S. 455–466.

[122] Vgl. Jureit, S. 13 u. 118–126; Nelson; Liulevicius, Kriegsland im Osten, S. 189–216.

[123] Vgl. Rede Reinhardts bei der Zollgrenschutztagung in Ilmenau vor 400 Zollbeamten am 8.6.1939, BArch, R 110, 92, Bl. 43. Reinhardt, Aufgaben.

pe im Mobilmachungsfall unterstützten sollten.[124] Beim Einsatz außerhalb der Reichsgrenzen besetzte der bewaffnete VGAD gemeinsam mit der Grenzwacht, die Teil der Wehrmacht war[125], sobald ein militärisches Ziel erreicht war die von der Wehrmacht festgesetzte Sicherungslinie und übernahm dort die Überwachung des Personen- und Warenverkehrs. Wenn die Kampfhandlungen noch nicht beendet waren, war dies die Linie zwischen Operations- und rückwärtigem Heeresgebiet.[126]

Der Staatssekretär verlangte eine enge Zusammenarbeit an diesem „vordersten Schützengraben", um die Reichsgrenzen abzusichern und das eroberte Gebiet abzuriegeln und zu besetzen. Von seinen Beamten erwartete er, dass sie „vom Nationalsozialismus durchdrungen [...] einer Berufsauffassung allerhöchsten Grades" folgen sollten.[127] Erfahrungen dieser Art hatten die Beamten bereits „in den grenzbewegten Monaten seit dem Frühjahr 1938" – wie Reinhardt den Einmarsch deutscher Truppen in Österreich, dem Sudetengebiet, der Tschechoslowakei und ins Memelgebiet euphemistisch umschrieb – gesammelt. Der Oberbefehlshaber des Heeres, Generaloberst von Brauchitsch lobte derweil die „ausgezeichnete Mithilfe" des Grenzschutzes bei der Besetzung Böhmens und Mährens.[128]

Ab dem 1. September 1939 agierte der VGAD in Polen unmittelbar hinter der Wehrmacht. Anders als bei den bisherigen Einsätzen fielen nun auch Zollgrenzschützer in direkten Kampfhandlungen oder wurden verwundet.[129] Ziel war das Vorrücken bis zur im Hitler-Stalin-Pakt festgelegten Demarkationslinie und an die südlichen Grenzen Polens sowie an die vorgeschobene noch nicht genau festgelegte neue Reichsgrenze.[130] Zur Koordination mit der Wehrmacht waren die Regierungsräte Mundt und Nestler als Verbindungsbeamte zu den Stäben der Grenzabschnittskommandos des OKH abgeordnet worden, und

124 Vgl. Vermerk zur Aufstellung des VGAD und Zollgrenzschutzes v. Oktober 1934, BArch, R 110 Anh., 12, n. p.; Bestimmungen für die Vorbereitung eines Verstärkten Grenzaufsichtsdienstes an den Grenzen des Reiches gegen Holland, Belgien, Luxemburg, Frankreich, Schweiz, Österreich, Tschechoslowakei, Polen und Litauen vom September 1937, und die Statistik der abwehrpolizeilichen Tätigkeit der Gestapo (Spionage und Landesverrat) für die Jahre 1936–1938 nach „Angriffsländern", BArch, R 110 Anh., 18, n. p.

125 Neben dem VGAD wurden zur Verstärkung der Grenzsicherung auch SA- und SS-Kompanien und Polizeibataillone aufgestellt. Die Ende August 1939 zusammen mit ZGS und Grenzpolizei u. a. Verhaftungen im Grenzgebiet durchführten. BArch Freiburg, RH 53-23, 11, Bl. 3–102 und RH 15, 418a, Bl. 31 f.

126 Vgl. Eulitz, S. 130.

127 Rede Reinhardts auf der Zollgrenzschutztagung im Sommer 1939, BArch, R 110, 92, Bl. 16.

128 Vgl. ebd., Bl. 42.

129 Vgl. Schreiben Reinhardts an die OFP Grenze v. 9.9.1939, BArch, R 110, 4, n. p.

130 Vgl. Bericht des Verbindungsbeamten des ZGS beim Militärbereich Oberschlesien in Kattowitz Spieß an Eulitz v. 19.4.1963, BArch, R 100 Anh., 14, n. p.

im Berliner Ministerium liefen im Referat unter Ministerialrat von Dietz beim Generalinspekteur des Zollgrenzschutzes die Informationen zusammen.[131] Der Zollgrenzschutz unterstand im Einsatzgebiet der Wehrmacht. Die logistische und personelle Umsetzung der Grenzsicherung- und -besetzung koordinierte aber das Referat Dietz gemeinsam mit den anderen Referaten der Abteilung II (Zoll) und der Personalverwaltung.[132] Da der Zollgrenzschutz (ZGS) besonders im Süden Polens rasch vorrückte – am 6./7. September erreichten die ersten Beamten mit der Wehrmacht Krakau und stießen dann schnell bis nach Krosno, Rzeszów und Sanok vor –, waren die eintreffenden Zöllner oftmals die ersten deutschen Beamten vor Ort. In Rajcza übernahmen die Zollgrenzschützer vor Eintreffen von Sicherheitspolizei und SS die Polizeigewalt und setzten die aus dem örtlichen Gefängnis entlassenen 22 Häftlinge umgehend fest.[133] Reinhardt, der militärische Bezüge nicht scheute, verglich die Rolle des Grenzschutzbeamten in Polen mit der des „Soldat[en] an der Front, [der] durch seinen vorbildlichen Einsatz wesentlich dazu beiträgt, die Absichten der Feinde Deutschlands zunichte zu machen".[134]

Verhältnis zu Wehrmacht und Gestapo

Zwischen Reichsfinanzverwaltung und Wehrmacht bestand hinsichtlich der Grenzsicherung traditionell ein enges Verhältnis, und zwar bereits vor 1933.[135] Denn „die Grenze sollte schon in Spannungszeiten geschützt und in Friedenszeiten die Beobachtungstätigkeit im Zollgrenzdienst verstärkt werden".[136] Zur praktischen Einübung des gemeinsamen Grenzschutzes hatte das Reichswehrministerium 1932 im Taschenbuchformat ein taktisches Planspiel herausgebracht und – im Rückblick verblüffend – hieß es darin: „Achtung

131 Vgl. Geschäftverteilungsplan des RFM von 1940, BArch, R 2, 55, Bl. 2.

132 Allein an der polnischen Südgrenze waren 2.400 Zöllner abzuordnen, unterzubringen und auszustatten. Vgl. Bericht Nestlers an Eulitz, BArch, R 110 Anh., 13, n. p.

133 Vgl. Bericht Lieneks aus Schreiben von Spieß an Eulitz v. 31.3.1964, BArch, R 110 Anh., 13, n. p.

134 Schreiben Reinhardts an die OFP Grenze u. die Verbindungsbeamten des Zollgrenzschutzes beim Oberfehlshaber Ost u. beim Militärbefehlshaber Krakau v. 3.1.1940, BArch, R 110, 4, n. p.

135 Die ersten Besprechungen zwischen dem damaligen Ministerialdirigenten im RFM, Hoßfeld, und der Reichswehr vertreten durch Oberstleutnant Keitel fanden 1930 statt und führten 1931 zu einer Vereinbarung zwischen RFM und Reichswehrministerium über die Aufstellung eines verstärkten Grenzaufsichtsdienstes, der auch als eine getarnte Verstärkung der Reichswehr fungieren sollte. Vgl. Schreiben Hoßfelds an Schwerin von Krosigk v. 22.5.1944, BArch, R 2, 24256, n. p.

136 Vgl. Schreiben Schminkes an Eulitz v. 21.6.1965, BArch, R 110 Anh., 12, n. p.

Ostmarkenrundfunk! Polnische Truppen haben soeben die deutsche Grenze überschritten."[137]

Die Zollstellen sollten die „Reichsverteidigung in Frieden und in Spannungszeiten“ unterstützen, indem sie die Zollverwaltung für militärische Zwecke zur Verfügung stellte[138] Daneben hatten die Zollstellen die Grenze zu überwachen und auch grenzpolizeiliche Aufgaben zu erfüllen. Spionage, Sabotage und Nachrichtenschmuggel sollten durch den Grenzaufsichtsdienst verhindert werden. Die Beziehung zwischen dem Grenzaufsichtsdienst, ab 1937 Zollgrenzschutz, und der Grenzpolizei bzw. Gestapo gestaltete sich allerdings nicht gänzlich frei von Spannungen. Das Aufgabenspektrum des Zolls umfasste wirtschaftliche, politische und militärische Aspekte. Neben der Kontrolle von Waren- und Personenverkehr zur Verhinderung von Schmuggel und zur Sicherung der territorialen Integrität nahmen die Zollbeamten mit Passkontrollen, Personenuntersuchungen und auch Festnahmen Aufgaben wahr, die Heydrich und Himmler im Verantwortungsbereich ihres Polizeiapparates sahen. So kam es bereits in den ersten Jahren der Naziherrschaft zu einer Konkurrenz bezüglich der grenzpolizeilichen Zuständigkeit. Schwerin von Krosigk erkannte Ende 1935 die Zuständigkeit der Gestapo für den politischen Grenzschutz an. Die allgemeinen grenzpolizeilichen Aufgaben verblieben aber bei der Reichsfinanzverwaltung (RFV).[139]

Die Zöllner wurden in den von Staatssekretär Reinhardt errichteten Reichsfinanz- und Reichszollschulen[140] in Zusammenarbeit mit Heydrichs Stellvertreter Werner Best geschult.[141] Zudem war der unterbesetzte Grenzschutz personell verstärkt worden. Seit 1933 waren 2.000 SS-Leute als Hilfszöllner in den Grenzaufsichtsdienst übernommen worden.[142] Das geschah ganz im Sinne von Reinhardt, denn die deutsche Volkswirtschaft bedurfte seiner Auffassung nach „eines wesentlich gründlicheren Zollgrenzschutzes als früher, und das Deutsche Volk eines wesentlich gründlicheren polizeilichen und politischen Zollgrenzschutzes“.[143]

137 Martin.
138 Eulitz, S. 102.
139 Vgl. Runderlass des Reichsminister der Finanzen (RdF) u. der Preußischen Geheimen Staatspolizei v. 31.12.1935, Vorlage Reinhardts für Reichsleiter Bormann v. 27.4.1942, BArch, R 2, 31100, n. p.
140 Vgl. Groth, S. 21 f.
141 Vgl. Zusammenstellung von Schulungsmaterial, BArch, R 110, 40, n. p. Auf dem Bildungsplan standen auch Besichtigungen des KZ Sachsenhausen sowie Vorträge zur Rassenfrage durch NS-Führer. Zur Rekrutierung und ideologischen Ausrichtung der Zollgrenzschutzbeamten vgl. Sandkühler, Zollgrenzschutz, S. 105–109.
142 Vgl. Schreiben Hoßfelds an Schwerin von Krosigk v. 22.5.1944, BArch, R 2, 24256, n. p.
143 Vgl. Rede Reinhardts bei der Zollgrenschutztagung in Ilmenau am 8.6.1939, BArch, R 110, 92, Bl. 21.

Die Nähe zur Partei und ihren Gliederungen und im Besonderen zur SS war im Zolldienst durchaus gewünscht, mehr als in der Steuerverwaltung. Reinhardt forderte im Fachblatt „Die Steuerwarte", dass Beamte der Steuerverwaltung grundsätzlich Mitglieder der SA oder des Nationalsozialistisches Kraftfahrkorps (NSKK) sein sollten, Beamte der Zollverwaltung hingegen grundsätzlich der SS angehören müssten.[144] Mit dem Bezirkszollkommissar Curt Reppich, der während des Berliner Verkehrsbetriebestreiks 1932 erschossen worden war, befand sich auch ein Zöllner unter den „Blutzeugen" der NSDAP.[145] Viele höhere Beamte des Zolls begrüßten zudem den Aufstieg Hitlers in der Hoffnung, die neuen Machthaber würden neben der Verjüngung und Aufstockung des Grenzpersonals auch ein härteres Vorgehen „bei der Abwehr feindlicher Angriffe" an den Grenzen des Reiches anstreben.[146]

Der Generalinspekteur des Zollgrenzschutzes

Die Zusammenarbeit mit der Grenzpolizei der Gestapo gestalte sich über die Jahre hinweg erfolgreich und wurde immer enger.[147] Allein für das Jahr 1937 verzeichnete der Zoll über 120.000 Festnahmen.[148] Mit dem Dritten Gestapo-Gesetz vom Februar 1936[149], das die Machtbasis von Himmlers Polizeiapparat zementiert hatte, forderten Heydrich und Best den Übergang des Grenzaufsichtsdienstes in die Abwehrpolizei und damit die Alleinzuständigkeit der Gestpao für grenzpolizeiliche Belange. Göring folgte aber der Position des Reichsfinanzministeriums, dass der Grenzaufsichtsdienst bei der Reichsfinanzverwaltung verbleiben müsse und die bisherige Aufgabenspanne von den Grenzschützern in Zusammenarbeit mit der Gestapo abgedeckt werden konnte. Er bestand lediglich auf der Ausarbeitung von Richtlinien zur Kompetenzabgrenzung und Kooperation.[150]

144 Vgl. Die Steuerwarte (1937), S. 367. Über die tatsächlichen Mitgliedschaften in der NSDAP bzw. deren Gliederungen liegen jedoch keine belastbaren Zahlen vor. Vgl. hierzu die Studie von Stefanie Middendorf (zum Zeitpunkt der Abgabe des Manuskripts noch nicht veröffentlicht).

145 Über die Bedeutung des Märtyrertums und der sogenannten „Blutzeugen" allgemein: Thieme.

146 Vgl. Besprechungsprotokoll v. 11.10.1934, BArch, R 110 Anh., 12, n. p.; Sandkühler, Zollgrenzschutz, S. 105.

147 Vgl. ebd., S. 100–103.

148 Vgl. Kuller, Bürokratie und Verbrechen, S. 74.

149 Vgl. § 4 des 3. Gestapo-Gesetzes v. 10.2.1936, PGS 1936, 21.

150 Hoßfeld und sein Stellvertreter Mitze erarbeiteten gemeinsam mit Heydrich und Best die Vereinbarung. Vgl. Schreiben Hoßfelds an Schwerin von Krosigk v. 22.5.1944, BArch, R 2, 24256, n. p.; Vorlage Reinhardts für Reichsleiter Bormann v. 27.4.1942, BArch, R 2, 31100, n. p.

Im Reichsfinanzministerium reagierte man auf die Ansprüche der Gestapo, indem man eine neue Dienststelle schuf. Der Grenzaufsichtsdienst wurde unter dem neu geschaffenen Generalinspektor des Zollgrenzschutzes (GIZ), Johannes Hoßfeld, als Zollgrenzschutz direkt dem Staatssekretär unterstellt. Damit wurde die Position des Zollgrenzschutzes innerhalb des Ministeriums gestärkt. Hoßfeld erhielt zwei Referate, eines zur Abstimmung mit der Gestapo (Referat Schuster) und eines für die Zusammenarbeit mit der Wehrmacht (Referat von Dietz). Die Referate der Abteilung II (Zoll) unterstellte Reinhardt dem Generalinspektor des Zollgrenzschutzes (GIZ), soweit sie die Grenze betreffende Angelegenheiten berührten.[151] Innerhalb der Reichsfinanzverwaltung entwickelte sich das Amt des GIZ fortan zu einem Karrieresprungbrett für Beamte, die aus dem Dienstbereich Zoll der Oberfinanzpräsidien über das Ministerium aufstiegen.[152]

Hoßfelds Dienststelle war also eine äußerlich an die Ministeriumsspitze angegliederte Zentralstelle mit klarer Kompetenz in Grenzfragen. Sein Vorgesetzter Reinhardt erließ „das unerlässliche Gebot", dass Zollgrenzschutz und Gestapo bei den grenzpolizeilich politischen Aufgaben „kameradschaftlich" vorgehen sollten. Der Zöllner sei im Grenzgebiet Repräsentant des deutschen Volkstums und „Werber für das Deutschland Adolf Hitlers".[153] Vor allem für jüdische Auswanderer hinterließen die Begegnungen mit diesen Repräsentanten Deutschlands einen fürchterlichen Eindruck. Zum Arbeitsfeld des Zollgrenzschutzes zählte nämlich die Überwachung der Devisenausfuhrverbote und -beschränkungen, die sich zu einem zentralen Instrument der Ausplünderung entwickelten. Daneben wurden Flüchtlinge, die das Land ohne Genehmigung verlassen wollten, in der Regel festgenommen.[154] An dieser Stelle wird deutlich, wie sich zöllnerisch-wirtschaftliche und grenzpolizeilich-politische Tätigkeit überschnitten.

Die Zusammenarbeit mit der Gestapo wurde im Januar 1938 in einer Vereinbarung zwischen Reichsfinanzministerium und dem Reichsführer SS geregelt. An der grünen Grenze und an den Wassergrenzen und an all den Grenzübergängen, an denen eine Dienststelle der Gestapo nicht vertreten war, führten die Amtsträger der Reichsfinanzverwaltung die grenzpolizeilichen Aufgaben

[151] Vgl. Erlass Schwerin von Krosigks zur Einrichtung des GIZ v. 2.4.1937, BArch, R 110, 3, n. p. Die Schaffung der Dienststelle des GIZ scheint aber auch im Zusammenhang mit dem Tod des langjährigen Leiters der Zollabteilung Willy Ernst im März 1937 zu stehen.Vgl. Mehl, S. 31. Ein erheblicher Teil der Zollabteilung wurde aus der Abteilung II herausgelöst und dem GIZ zugewiesen. Die Personal- und Organisationsfragen wurden in einem eigenen Verwaltungsbereich der Abteilung VI neu zusammengefügt. Kuller, Bürokratie und Verbrechen, S. 62.

[152] Sandkühler, Zollgrenzschutz, S. 110.

[153] Erlass Reinhardts v. 29.5.1937 (Münchner Anordnung), BArch, R 110, 57, Bl. 1–1d.

[154] Vgl. Kuller, Bürokratie und Verbrechen, S. 72.

„im Auftrag und in Anordnung des Reichsführers SS und Chefs der Deutschen Polizei" durch.[155] Diese Kooperation ist keineswegs als Unterstellung des Zollgrenzschutzes zu verstehen, vielmehr waren nun die Kompetenzen – auch wenn es weiterhin zu Spannungen bzgl. der Weisungsbefugnis einzelner Beamter kam – klarer abgestimmt und die Zusammenarbeit wurde intensiver. Die Festgenommenen übergab der ZGS an die Gestapo, die wiederum reichte ihre Fahndungslisten an die Zollgrenzschützer weiter. Außerdem wurden dem Zoll 3.000 weitere SS-Männer zur Verstärkung zugewiesen, so dass sich die Anzahl der SS-Angehörigen auf 5.000 Mann bei einem Stammpersonal von 20.000 Zollgrenzschützern im Sommer 1938 erhöhte.[156] Bis zum Kriegsausbruch wurde das Stammpersonal bei einer Grenzlänge von 9.880 Kilometern nochmals auf 30.702 Männer erhöht.[157]

Über die Anzahl der Zöllner, die der SS beitraten, liegen keine Daten vor. Es ist aber davon auszugehen, dass nach den ideologischen Schulungen und gemäß des Wunsches Reinhardts die Beamten – dem Vorbild ihres Dienstherren Hoßfeld folgend – zu Mitgliedern der SS wurden und so auch außerdienstlich Kontakt zu Heydrichs Männern pflegten. Unbestritten ist, dass der Zollgrenzschutz im September 1939 sowohl zur Wehrmacht als auch zur Gestapo ein enges und eingespieltes Dienstverhältnis pflegte, das nach dem Einmarsch im Nachbarland unter brutalen Vorzeichen fortgesetzt wurde.

Grenzsicherung und Terror

Die Aufgabe des Zollgrenzschutzes im Operationsgebiet bestand zunächst in der Abrieglung der südlichen Grenze zur Slowakei und zu Ungarn und nach dem 17. September der Demarkationslinie zum sowjetisch besetzten Teil Polens. Es sollte jeglicher nicht-militärische Personen- und Warenverkehr über die Grenze und die Demarkationslinie verhindert werden. Unerwünschte Personen sollten das besetzte Gebiet nicht betreten, Polen das Gebiet nicht verlassen, der private und kommerzielle Warenverkehr über die Grenze einschließlich

155 Vereinbarung zwischen RFSS u. RFM zur Mitwirkung der Behörden der RFV, Abteilung Zoll, im Grenzpolizeidienst v. 27.1.1938, BArch, R 2, 24256, n. p.

156 Die Zuweisung der SS-Männer erfolgte schrittweise bis 1938. Sie wurden als Zollbetriebsassistenten auf Widerruf auf die OFP mit Grenze verteilt. Vgl. Schreiben von Hoßfeld an die OFP Grenze v. 5.7.1937, BArch, R 110, 3, n. p.; Vgl. Sandkühler, Zollgrenzschutz, S. 99–101. Mit der Aufnahme der österreichischen Finanzverwaltung kamen weitere 2.500 Beamte zum ZGS. Vgl. zur Herkunft und dienstlichen Tätigkeit des Zollgrenzschutzpersonals: ebd., S. 109–115.

157 Vgl. Aufgaben und Bedeutung des Zollgrenzdienstes ohne Datum, nach 1942, BArch, R 2, 58933, n. p.

des kleinen Grenzverkehrs und über den San war zu unterbinden.[158] An der Südgrenze verhinderte der Zollgrenzschutz vor allem die Flucht von polnischen Soldaten, die sich in Frankreich der polnischen Exilarmee anschließen wollten.[159] Polen, die die Beamten, beim Versuch die Grenze zu überqueren, aufgegriffen, wurden unverzüglich an die Gestapo überstellt. Einen Großteil dieser „Grenzgänger" erschoss die Gestapo unmittelbar nach Übergabe. Nach Erinnerung des Befehlsstellenleiters des ZGS in Krosno, Wilhelm Tegtmeier, ermordete die Gestapo nach einer solchen Überstellung 150 Polen in Neu Sandez.[160] Weiter hielt Tegtmeier in seinen Aufzeichnungen fest: „Die Gestapo übt[e] im Bezirk Krosno wie in ganz Galizien eine Terrortätigkeit aus, die offensichtlich eine Dezimierung, Diskriminierung und Verkümmerung der Bevölkerung zum Ziel hat z. B. planmäßige Festnahme von Leuten der Intelligenz, Einfangen von Arbeitskräften aus der Bevölkerung [...]."[161]

Über die gesamte Länge der Demarkationslinie flohen im Herbst 1939 Tausende Juden und Angehörige der polnischen Führungsschicht vor dem Terror der Gestapo und der Einsatzkommandos des Sicherheitsdienstes (SD) gen Osten, oder sie wurden von SS und Polizei regelrecht ins sowjetisch besetzte Gebiet getrieben.[162] So hatte die Vertreibung der Juden im Raum Hrubieszów für den in Strzyzów am Bug stationierten Zollgrenzschutz zur Folge, „dass Juden, denen die Flucht gelungen war, beim Zollgrenzschutz um Schutz baten, der ihnen leider nicht gewährt werden konnte, und dass der Zollgrenzschutz plötzlich keine Handwerker mehr hatte, die ihm aus dem jüdischen Teil der Bevölkerung stets reichlich zur Verfügung gestanden hatten".[163] Doch waren die Zöllner nicht nur *bystander* der Verbrechen. Sie zogen aus dem Schicksal der Verfolgten auch Kapital, oder unterstützten direkt die Aktionen der SS. In der Nähe der Befehlsstelle Ostrów Mazowiezka lag im Bug eine Insel, die weder von deutscher noch von sowjetischer Seite beansprucht wurde. Auf diese Insel hatten sich hunderte Flüchtlinge, in der Mehrheit polnische Juden, gerettet, die nun weder nach Osten noch nach Westen weiter gelassen wurden. Die Flüchtlinge bestachen offenbar mit Erfolg die Zollbeamten, um zumindest die Insel verlassen zu können. In der Folge ermittelte das Reichsfinanzministerium gegen etwa 50 Beamte wegen Bestechlichkeit im Dienst. Disziplinarische Maßnahmen folgten scheinbar nicht.[164] Grundsätzlich galt für den Zollgrenzschutz wie für die Wehrmacht

158 Vgl. Bericht Tegtmeiers auf Grundlage seiner Aufzeichnungen aus dem Jahr 1939 an Eulitz v. Mai 1964, BArch, R 110 Anh., 13, n. p.

159 Vgl. Berichte des Grenzabschnittskommandos Süd, BArch Freiburg, RH 53-23, 15, Bl. 171, 194.

160 Vgl. Bericht Tegtmeiers an Eulitz v. Mai 1964, BArch, R 110 Anh., 13, n. p.

161 Ebd.

162 Vgl. Bericht Hellmuths an Eulitz, ohne Datum, BArch, R 110 Anh., 13, n. p.

163 Vgl. Bericht Spieß an Eulitz, ohne Datum, ebd.

164 Vgl. Bericht Haenschels an Eulitz v. 12.6.1962, ebd.

der Befehl, dass die Rückkehr von Personen über die Demarkationslinie auch mit Waffengewalt zu verhindern war.[165] Die Wehrmacht hatte den Zollgrenzschutz zu diesem Zweck mit leichten Minenwerfern und Maschinengewehren ausgestattet.[166] Vor allem jüdische Flüchtlinge wurden in der Folge meist erschossen.[167] Ebenso sollten die grenznahen Ortschaften „aus Abwehrgründen von allen unzuverlässigen Elementen gesäubert werden".[168] In vielen Fällen unterstützten SS-Einsatzkommandos und Polizeieinheiten die Austreibungen.[169]

Am 25. September 1939 wurden Hunderte von Juden aus der Stadt Jarosław unter Schüssen von SS-Einheiten an die Ufer des San getrieben und auf Flöße gesetzt, wobei etliche ertranken oder tödlich getroffen wurden.[170] In welchem Umfang der ZGS an solchen Erschießungen beteiligt war, ist schwer abschätzbar. Die feldgraue Uniform der Zollbeamten unterschied sich nur durch eine grüne Armbinde mit Hoheitszeichen, die grünen Kragenspiegel und das silberne Abzeichen der Reichsfinanzverwaltung von den regulären Uniformen der Wehrmacht, so dass aus ebenfalls überlieferten Augenzeugenberichten kaum sicher zu schlussfolgern ist, welche Einheiten sich an den Verbrechen beteiligten.[171] Eine strafrechtliche Verfolgung mussten die Zollgrenzschutzbeamten, die operativ der Wehrmacht unterstellt waren, dank des Geheimen Gnadenerlasses Hitlers nicht befürchten. Sie waren wie SS, Polizei und Wehrmacht von strafrechtlicher Verfolgung ausgenommen.[172]

Die Grenze zum sowjetisch besetzten Gebiet wurde erst später für einen stark eingeschränkten Grenzverkehr geöffnet. Die Verträge zwischen den Besatzern schlossen einen umfangreichen Bevölkerungsaustausch ein, der zur Umsiedlung mehrerer Zehntausend Deutscher aus dem Einflussbereich der Sowjetunion führte.[173] Dieser Personenverkehr sowie die vertraglich zugesicherten Lebensmittellieferungen wickelte der Zollgrenzschutz über die wenigen Grenzübergänge zolltechnisch ab.

165 Vgl. Sandkühler, Zollgrenzschutz, S. 126, 150.

166 Vgl. Brief von Rister an Eulitz v. 29.3.1965, BArch, R 110 Anh., 18, n. p.

167 Vgl. Sandkühker, Zollgrenzschutz, S. 126 f.

168 Vgl. Abwehrbericht Ic/AO III des AOK 14 an Ic/AO III Süd, 23.9.1939, Nbg. Dok. NOKW-129, zitiert nach: Wildt, Generation des Unbedingten, S. 463.

169 Vgl. Curilla, S. 43.

170 Vgl. Reitlinger, S. 56.

171 So rettete sich eine Gruppe polnischer Juden nur mit knapper Not vor der „wilden Schießerei der deutschen Wachmannschaften". Und die 8.12.1939 aus Hrubieszów und Chełm abgeschobenen 1.900 Juden wurden bei ihrer erzwungenen Rückkehr ebenfalls von „deutschen Wachen" beschossen. Vgl. Silberschein, S. 6; Aussage von Róza Wagner in: Borwicz/Rost/Wulf, S. 143.

172 Vgl. Geheimer Gnadenerlass des Führers und Reichskanzlers v. 4.10.1939 u. Einbeziehung der SS in den Gnadenerlass v. 1.9.1939, RGBl. I (1939), S. 1549 ff.

173 Besonders sogenannte Baltendeutsche sollten in den neuen Reichsgebieten angesiedelt werden. Vgl. Bericht Spieß an Eulitz, ohne Datum, BArch, R 110 Anh., 13, n. p.

Die geplante Wiederangliederung der westlichen Gebietsteile Polens an das Deutsche Reich umfasste umfangreiche Deportations- und Umsiedlungsaktionen, die „Lebensraum im Osten“ schaffen sollten. Die polnische und jüdische Bevölkerung in Posen, Pommerellen und Ostoberschlesien sollte nach Osten vertrieben und dafür sogenannte Volksdeutsche aus Osteuropa angesiedelt werden.[174] Am 7. Oktober ernannte Hitler den RFSS Heinrich Himmler zum Reichskommissar für die Festigung deutschen Volkstums (RKF) und betraute ihn mit der Umsetzung dieser „volkstumspolitischen Flurbereinigung“. Das Reichsfinanzministerium stellte für „die Umsiedlung der aus dem Ausland in das Reich zurückkehrenden Reichs- und Volksdeutschen sowie die Ansetzung von landwirtschaftlichen Siedlern in den bisher polnischen Gebieten“ vorläufig zehn Millionen Reichsmark bereit[175] und übernahm darüber hinaus direkt Aufgaben bei der Umsetzung der Siedlungspolitik.

1.4 Raubkommandos

In den ersten Tagen und Wochen des Feldzuges in Polen waren auf deutscher Seite verschiedenste Uniformierte im Einsatz. Neben der Wehrmacht, operierten SS-Einsatzgruppen, Zollgrenzschutz, Sicherheitspolizei und die Devisenschutzkommandos im besetzten Gebiet. Dabei kam es zu gezielten und gewalttätigen Plünderungen gegenüber staatlichen Einrichtungen und der Zivilbevölkerung. Auf dem Vormarsch requirierte die Wehrmacht nicht nur zur Versorgung der Truppe, sondern beschlagnahmte auch Werte aus staatlichem und privatem Besitz.[176] Die Wehrmachtssoldaten plünderten dabei massenhaft vor allem Genussmittel wie Tabak und Alkohol, aber auch Wertgegenstände.[177] Vor allem die jüdische Bevölkerung litt unter willkürlichen Razzien und Beschlagnahmen auf offener Straße und in ihren Geschäften und Wohnungen.[178]

Die Einsatzgruppen der SS setzten die Entscheidung Hitlers zur „völkischen Flurbereinigung“ mit der „Bekämpfung aller reichsfeindlichen und deutschfeindlichen Elemente in Feindesland rückwärts der fechtenden Truppe“[179] um, indem sie die Angehörigen der polnischen Elite verhafteten oder erschossen und unter brutalster Gewaltanwendung gegen die jüdische und polnische Be-

[174] Vgl. Kapitel: „Volkstumsgrenze“, S. 137.
[175] Vgl. vertrauliches Schreiben Lammers an Schwerin von Krosigk v. 28.9.1939, abgedruckt in: Hockerts/Holmann, S. 865.
[176] Vgl. Kapitel: Die Beutestelle der Reichshauptkasse, S. 99.
[177] Vgl. Böhler, Auftakt, S. 181–185; Łuczak, Wysiedlenia ludności polskiej, S. 16 f.
[178] Vgl. Banken, Großraubwirtschaft, S. 448.
[179] Zitiert nach: Herbert, Best, S. 239.

völkerung vorgingen.[180] So zwangen die Einsatzkommandos die jüdischen Gemeinden bereits in den ersten Kriegstagen, Vermögensverzeichnisse zu erstellen und erlegten den Gemeinden willkürliche Kontributionen auf.[181]

Neben diesem wilden und zum Teil – wie im Falle der Wehrmachtssoldaten – von den Befehlshabern missbilligten und verfolgten Plünderungen, agierten die Zollbeamten der Devisenschutzkommandos koordiniert und auf Befehl.[182] Die mobilen Kommandos waren 1938 bereits in Österreich, im Sudetenland und im 1939 besetzten Protektorat Böhmen und Mähren eingesetzt worden.[183] Die etwa zehn bis zwanzig Mann starken Kommandos setzten sich ausschließlich aus Beamten der Zollfahndungsstellen der Reichsfinanzverwaltung zusammen.[184] Koordiniert wurden sie vom Devisenfahndungsamt in Berlin, das Heydrichs Gestapo angegliedert war und seit 1936 die verschiedenen mit der Devisenverfolgung betrauten Behörden der Reichsfinanzverwaltung, der Gestapo und Görings Vierjahresplanbehörde koordinierte.[185] Personalrechtlich, also in Angelegenheiten der Dienstaufsicht und der disziplinarischen Unterstellung, blieben die Beamten jedoch dem Reichsfinanzminister unterstellt.[186] Auch übernahm mit Herbert Staffeldt[187] ein abgeordneter Zolloberinspektor die Ab-

[180] Vgl. Wildt, Generation des Unbedingten, S. 426; Herbert, Best, S. 238–245; Alberti, Verfolgung und Vernichtung, S. 35–37; Mallmann/Böhler/Matthäus.

[181] Vgl. Wildt, Generation des Unbedingten, S. 430.

[182] Banken, Großraubwirtschaft, S. 442–450.

[183] Vgl. ebd., S. 397–416.

[184] Vgl. Verzeichnis der Zollbeamten (36 Personen vor allem aus Düsseldorf, Köln und Hamburg), die als Devisenschutzkommando nach Polen abgeordnet sind, ohne Datum, BArch, R 2, 5834, Bl. 403 f.

[185] Ausführlich zur Gründung und Arbeit des Devisenfahndungsamtes sowie zum Devisenrecht im NS: Banken, Devisenrecht; Banken, Devisenschutzkommandos, S. 377 f.

[186] In der Eigenwahrnehmung der abgeordneten Beamten blieb jedoch die Zugehörigkeit zum Zoll und zur Reichsfinanzverwaltung ausschlaggebend. Sowohl August Galleiske als auch Hermann Bollenhagen betonen in ihren Stellungnahmen zur Tätigkeit und Zuordnung der Devisenschutzkommandos, die sie im Herbst 1948 an den Ministerialdirigenten Siegert bei der Abwicklungsstelle des Reichsfinanzministeriums sandten, diesen Umstand. Vgl. BArch, R 2 Anh., 82, Bl. 122–131. Bollenhagen leitete das Referat Zollfahndungswesen im RFM bis er 1941 in die Niederlande versetzt wurde. Vgl. auch: Kilian, S. 10 f. Galleiske übernahm nach Bollenhagens Versetzung das Zollfahndungswesen. 1948 war Galleiske der Vorsteher des Abwicklungsstabes für das Wehrmachtsvermögen. BArch, R 2 Anh., 82 n. p.

[187] Herbert Staffeldt (* 29.7.1905, † ?) war 1936 von seiner Stelle bei der Zollfahndung des Landesfinanzamtes Köln ins Berliner Devisenfahndungsamt abberufen worden. Er war Mitglied der SS (Hauptsturmführer) und Direktor der Geheimen Feldpolizei. Im Devisenfahndungsamt übernahm er ab 1940 die Leitung der Abteilung westliche Länder. Nach Auflösung des Devisenfahndungsamtes kehrte er 1941 in die Reichsfinanzverwaltung zurück. Vgl. BArch, R 2 Anh., 82, Bl. 139; Krähling, S. 90–96. Zur Tätigkeit der Devisenschutzkommandos im besetzten Westeuropa: Meinen; Aly, Volksstaat, S. 110 ff. Nach der Erinnerung von Hermann Bollenhagen brachte Staffeldt auch andere Zollbeamte ins

stimmungsaufgaben zwischen den Reichsbehörden sowie die Koordination des Einsatzes der Devisenschutzkommandos. Die Erfahrung der Zollfahndungsbeamten, die sie bereits bei der Enteignung der deutschen Juden gesammelt hatten, war also gefragt.

In Zusammenarbeit mit den Devisenstellen bei den Oberfinanzpräsidenten, der Steuerfahndung, den Hauptzollämtern, dem Devisenfahndungsamt und in enger Verbindung mit Polizei und Staatsanwaltschaft hatten die Zollfahndungsstellen bereits vor 1939 als Vollzugsorgane bei der Beraubung der jüdischen Emigranten fungiert. Sie unterstützen die Buch- und Betriebsprüfungen, sicherten Beweismittel und Vermögenswerte, beteiligten sich an Befragungen und Festnahmen.[188] Die so in der „Bekämpfung der Devisenverbrechen" erfahrenen Beamten verfügten nach Einschätzung Rudolf Tischers, dem zuständigen Sachbearbeiter im Devisenfahndungsamt,„daher über ausgedehnte praktische Erfahrungen" für den Einsatz im besetzten Polen.[189] Die nach Polen abgeordneten Zollbeamten waren in der Mehrheit zwischen 35 und 55 Jahre alt und seit mehreren Jahren bei der Reichsfinanzverwaltung beschäftigt.[190]

Devisenschutz und Terror

Den Auftrag für den Einsatz in Polen hatte Göring, dem das zuständige Devisenfahndungsamt direkt unterstand, bereits im August erteilt.[191] Daraufhin wies Staffeldt in Einvernehmen mit dem Reichsminister der Finanzen die Zollfahndungsstellen in Königsberg, Stettin, Brandenburg, Breslau und Troppau an, in dem ihrem jeweiligen Bezirk vorgelagerten Teil des von deutschen Truppen besetzten Polen, den Devisenschutz in Absprache mit den Devisenschutzkommandos zu übernehmen.[192] Dafür richtete er in Rücksprache mit dem Reichsfinanzministerium unter der Leitung des Zollrates Alexander Koch, der bis dato Vorsteher der Zollfahndungsstelle Düsseldorf war, ein Devisenschutzkommando für Warschau und Umgebung und unter Zollrat August Barg, dem Vorsteher

Devisenfahndungsamt und eine große Zahl der Vorsteher der Zollfahndungsstellen zur SS. Vgl. Schreiben Bollenhagens an das Archiv des ehemaligen RFM v. 22.12.1948 BArch, R 2 Anh., 82, Bl. 122 f.

188 Zur Ausbeutung der jüdischen Auswanderer: Vgl. Bajohr, Arisierung, S. 189–223; Kuller, Bürokratie und Verbrechen, 224–226.

189 Vgl. Schreiben Tischers an Frank v. 8.11.1939, AAN, 111, 1291, Bl. 77 ff.

190 Vgl. Beamtenverzeichnisse der Devisenschutzkommandos Krakau und Warschau, BArch, R 2, 6006, 54 ff.

191 Vgl. Bericht des Referenten für den Devisenschutz in den besetzten polnischen Gebieten v. 15.3.1940 zur Einrichtung und Tätigkeit der Devisenschutzkommandos, ebd., Bl. 54 f.

192 Vgl. Tischer zum Einsatz des Devisenfahndungsamtes u. der Devisenschutzkommandos bei den CdZ im Gebiet der Heeresgruppe Nord u. Süd v. 4.9.1939, AAN, 111, 1291, Bl. 8.

der Zollfahndungsstelle in Bremen, ein ebensolches Kommando für die Stadt Krakau ein.[193]

Die Aufgabe der Devisenschutzkommandos bestand in der Beschlagnahme der durch die Militärverwaltung für meldepflichtig erklärten Vermögenswerte. Die Grundlage für dieses Vorgehen wurde mit der Anordnung des Chefs der Zivilverwaltung beim Oberkommando 14 der im südlichen Polen operierenden Heeresgruppe Süd vom 3. September 1939 gelegt. Die zwölf Paragraphen umfassende Anweisung enthielt Bestimmungen zur Ablieferungspflicht ausländischer Devisen, Edelmetalle, Wertpapiere und anderer Wertgegenstände. Außerdem wurden Bank- und Bargeldvermögen der jüdischen Bevölkerung unter die Kontrolle der Besatzungsmacht gestellt.[194] Zuwiderhandlungen wurden mit Geld- und Haftstrafen belegt und mit der Beschlagnahme der Vermögenswerte geahndet.[195] Zusammengestellt hatten diese Bestimmungen, die auf das gesamte besetzte Polen ausgedehnt wurden, Regierungsoberinspektor Tischer und Zollinspektor Kunze[196] vom Devisenfahndungsamt, Zollamtmann Wapenhensch vom Devisenschutzkommando Prag sowie Vertreter der Reichsbank und des Reichswirtschaftsministeriums.

Die bewaffneten Beamten agierten mit polizeilichen Befugnissen, so dass sie ohne personelle Unterstützung von Polizei oder Gestapo Durchsuchungen, Vernehmungen und Festnahmen durchführten. Sie durchsuchten Wohnungen, Bankschließfächer, Firmensafes und Einrichtungen der jüdischen Gemeinden nach Bargeld und Vermögenswerten. Da die Anordnung des Armeeoberkommandos (AOK) erst mit Verzögerung veröffentlicht werden konnte und die überwiegende Mehrheit der Banken und Sparkassen geschlossen und die Einrichtung der Reichskreditkassen noch im Aufbau befindlich war, existierten zunächst keine Annahmestellen für die melde- und abgabepflichtigen Vermögenswerte.[197] So durchkämmten die Kommandos die größeren und kleineren polnischen Städte und holten bei der örtlichen Bevölkerung Auskunft ein, wie

193 Vgl. Schreiben Staffeldts an alle Zollfahndungsstellen und Sachbearbeiter des Steuerfahndungsdienstes beim OFP v. 11.10.1939, AAN, 111, 1291, Bl. 60 f. Anweisung des Devisenfahndungsamtes v. 13.9.1939 an Koch, BArch, R 2, 6006, Bl. 5, Anweisung des Devisenfahndungsamtes an August BargBarg, August v. 14.9.1939, ebd., Bl. 9.

194 Bereits am 6.9.1939 hatte der CdZ beim OKH per VO die Veräußerung jüdischen Vermögens im besetzten Gebiet verboten. Vgl. Friedrich/Löw, S. 80.

195 Vgl. Banken, Großraubwirtschaft, S. 443.

196 Tischer und Kunze waren auf Anforderung des OKW und mit Einverständnis Görings am 25.8.1939 vom Devisenfahndungsamt zur Zollfahndungsstelle Troppau abgeordnet worden, um den Einsatz der Devisenschutzkommandos im südlichen Polen (Oberschlesien und Oslagebiet) vorzubereiten. Vgl. Tischer zum Einsatz des Devisenfahndungsamtes und der Devisenschutzkommandos v. 4.9.1939, AAN, 111, 1291, Bl. 6 f. Für die nördlichen Gebiete angrenzend an Danzig und Ostpreußen wurde Regierungsoberinspektor Bunke eingesetzt.

197 Vgl. Kapitel: Die Beutestelle der Reichshauptkasse, S. 99.

viele Juden in der Stadt lebten, wie viele Personen aus den Städten geflohen waren, welche Vermögenswerte sie mitgenommen hatten, wem die Geschäfte, Fabriken und Unternehmen vor Ort gehörten und wo sich deren Inhaber aufhielten. Außerdem drangen die Zöllner in Banken, Sparkassen und Verwaltungsgebäude ein, durchsuchten diese nach Wertgegenständen, Devisen, Papieren und Geschäftsbüchern und überprüften das Vorhandensein von Bankschließfächern in den Geldhäusern.

Die Fahndungsarbeit im Oslagebiet westlich von Krakau ergab, dass in den Städten Skozów, Bielsko, Biała, Żywiec, Zabłocie und im vormals tschechischen Freistadt und Oderberg die Mehrheit der jüdischen Bevölkerung geflohen, die Banken und Sparkassen geschlossen und kaum Schließfächer vorhanden waren. Die zurückgebliebenen Juden bewerteten die Kommandos als arm und mittellos. Die vorhandenen Industrie-, Handwerks- und Handelsbetriebe sowie die Bankhäuser wurden hinsichtlich ihrer Eigentümer in jüdische und nichtjüdische eingeteilt.[198] Im Ergebnis verfügten die Devisenschutzkommandos – nicht zuletzt durch die Kooperation der örtlichen Bevölkerung – binnen weniger Tage über eine Übersicht der Vermögenslage und -verteilung in den polnischen Städten, die später als Grundlage für Beschlagnahmen diente.

Das Devisenschutzkommando Koch ging in den Städten Lublin, Radom, Mińsk Masowiecki und Siedlce auf gleiche Weise vor. Koch stellte in seinem Bericht an Tischer fest, dass in keiner der vier Städte für die Banken ein besonderes Einsatzkommando erforderlich sei. In Warschau veranschlagte er bei voller Auslastung seiner Beamten hingegen etwa fünf Monate allein für die Öffnung der vorhandenen rund 15.000 Schließfächer. Dem plakatierten Aufruf zur Abgabe von Devisenwerten war die Bevölkerung in allen vier Städten kaum gefolgt. In Lublin waren nur ein Rubel und ein Dollar, in Radom lediglich der Gegenwert von 1.500 Reichsmark und in Mińsk Masowiecki und Siedlce gar nichts abgeliefert worden. Koch forderte daraufhin, dass nur mit „freier Fahndung“ eingeschritten werden könne und in Lublin und Radom eine „systematische Ausflöhung“ der Bevölkerung, insbesondere der zahlreichen Juden, notwendig sei.[199] Die Vorgehensweise der Devisenschutzkommandos unterschied sich nicht von den Maßnahmen der SS oder der Polizeieinheiten.

Da viele Juden im südlichen Teil Polens nach Krakau geflohen waren und auch eine größere jüdische Bevölkerung in der Stadt ansässig war, entschieden Tischer und Staffeldt, rasch ihre Tätigkeit auf Krakau zu konzentrieren und ein weiteres Kommando für Lemberg aufzustellen.[200] Der Lemberg-Plan wurde

198 Vgl. Vermerk eines Zollinspektors des Devisenschutzkommandos Barg ohne Datum, AAN, 111, 1291, Bl. 23 f.

199 Vgl. Bericht Kochs an Tischer v. 13.11.1939; AAN, 111, 1291, Bl. 86 f.

200 Vgl. Vermerk Tischers v. 8.9.1939 u. 14.9.1939 zur Arbeit des Devisenschutzkommados Wapenhensch in Teschen, AAN, 111, 1291, Bl. 17.

allerdings durch den Vormarsch der Roten Armee bis zur Demarkationslinie hinfällig. An der neuen Ostgrenze arbeiteten die Zollbeamten eng mit ihren Kollegen vom Zollgrenzschutz zusammen, um eine Kapitalflucht in die sowjetisch besetzten Gebiete Polens zu verhindern. Im ostoberschlesischen Industrierevier um Kattowitz arbeitete zeitgleich das Devisenschutzkommando Heiland und in der Textilmetropole Łódź operierte unter Zollamtmann Kurt Ebert, dem Vorsteher der Zollfahndungsstelle Breslau, ein siebenköpfiges Beamtenteam. Aufgrund des hohen jüdischen Bevölkerungsanteils, erklärte Ebert die Stadt Łódź sogar zum wichtigsten Einsatzort für die Devisenschutzkommandos in Polen.[201]

In Krakau, wo die zehn Beamten des Kommandos unter Zollamtmann Johannes Wapenhensch Ablieferung der Gold- und Devisenwerte überwachte und vor allem die Bankschließfächer und Safes vornehmlich jüdischer Bankkunden und Geschäftsinhaber überprüften, bezog Tischer seinen repräsentativen Dienstsitz im ehemaligen jüdischen Bankhaus Holzer in der ul. św. Gertrudy 11 in unmittelbarer Nähe zum Wawel. In der Stadt wurden allein bis zum 19. September Gold und Devisen in Höhe von 502.000 Złoty zur Ablieferung gebracht. In der Zwischenzeit hatten auch Bankinstitute eröffnet werden können, die die Annahme der Werte übernahmen.[202]

Da die Zollbeamten noch weit größere Devisenvermögen bei den Juden vermuteten, planten sie in enger Zusammenarbeit mit der Staatspolizei und der Schutzpolizei „eine umfangreiche Fahndung im Judenviertel".[203] Allein im September wurden vom Devisenschutzkommando Barg vier Strafverfahren eingeleitet, wobei 13.700 Złoty vereinnahmt wurden. Darüber hinaus beschlagnahmte das Kommando den aus wertvollen Gold- und Silbergegenständen bestehenden Schatz der Nationalen Verteidigung der Stadt Krakau und übergab ihn an die Reichskreditkasse Krakau zu Überführung an die Reichsbank. Bis Anfang Oktober erhöhte sich der Wert der abgelieferten Gold- und Devisenwerte auf 700.000 Złoty.[204]

201 Vgl. Vermerk Eberts v. 30.9.1939, BArch, R 2, 6006, Bl. 12.

202 Vgl. Vermerk Tischers v. 22.9.1939, AAN, 111, 1291, Bl. 36 f.; Schreiben Tischers an Regierungsrat Hoffmann im Devisenfahndungsamt v. 23.9.1939, ebd., Bl. 43 ff. Vgl. auch Herbst/Weihe/Krause, S. 256 f.

203 Diese Razzien wurden wiederholt im Viertel Kazimierz durchgeführt. So geht aus dem Bericht des Grenzabschnittskommandos Süd v. 15.12.1939 hervor, dass „vom 4. Dezember früh morgens bis 5. Dezember nachmittags, [...] im Judenviertel von Krakau eine Grossrazzia zur Erfassung versteckter Devisen, Geld- und Warenbestände [stattfand]. Die Aktion wurde von dem zur Erfassung der Devisen und Geldbestände eingesetzten Devisenschutzkommando sachlich und einwandfrei durchgeführt. Dagegen hat die mit der Absperrung beauftragte SS ohne Grund und planlos geschossen. [...] Ohne dass sich die Juden zur Wehr setzten oder Zuwiderhandlungen begingen, wurden Erschießungen vorgenommen.", BArch Freiburg, RH 53-23, 15, Bl. 57.

204 Vgl. Vermerk Tischers v. 2.10.1939, AAN, 111, 1291, Bl. 49 ff.

Der im Reichsfinanzministerium für die Zollfahndungsstellen und damit für die abgeordneten Zollbeamten des Devisenfahndungsamtes zuständige Referent Hermann Bollenhagen schätzte die Tätigkeit der Devisenschutzkommandos in Krakau und Warschau in einem Reisebericht für seine Vorgesetzten wie folgt ein: „Bei der großen Zahl von Juden ist es verständlich, dass die beiden Devisenschutzkommandos ein ergiebiges Betätigungsfeld haben. [...] Die Leiter beider Devisenschutzkommandos haben vorgetragen, dass ihre Beamtenkräfte nicht ausreichen, um die ihnen gestellten Aufgaben so zu erfüllen, wie es im Interesse der deutschen Volkswirtschaft erwünscht ist. So haben sie sich in ihrer Tätigkeit – von kleineren vorübergehenden Einzelaktionen abgesehen – bis jetzt auf die Städte Krakau, Warschau und Tschenstochau beschränken und alle die übrigen größeren Städte und das ganze Land unbearbeitet lassen müssen. Sie haben um recht baldige Verstärkung gebeten, da sie die Beobachtung gemacht haben, dass Juden auf allen möglichen Wegen versuchen – leider oft mit Erfolg – über die Grenze zu entkommen. Damit sind die von ihnen mitgeschleppten Gold- und Devisenbestände unwiederbringlich verloren. Es handelt sich also bei der Tätigkeit der beiden Devisenschutzkommandos, die im Übrigen sofort in Zollfahndungsstellen umgewandelt werden sollen, um eine einmalige und nur jetzt zu erfüllende Aufgabe.“[205]

Die „vorübergehenden Einzelaktionen“ im „Interesse der deutschen Volkswirtschaft“ waren Razzien in den umliegenden jüdischen Gemeinden. Allein die sechs Beamte des Kommandos Barg beschlagnahmten in Tarnów bei der „Überholung des dortigen Ghettos“ neben 27.000 Złoty weitere erhebliche Werte an Gold und Devisen.[206] Mit dieser Erfolgsmeldung bat Barg zugleich um eine „Verstärkung des Beamtenkörpers“ und fügte eine Liste seiner Wunschkandidaten aus den Zollfahndungsstellen Köln, Bremen und Hamburg an, da er diese Beamten für die „Erledigung schwierigster Aufgaben“ für geeignet hielt. Der zuständige Ministerialdirektor im RFM, Otto Maaß,[207] lehnte eine Aufstockung des Personals zunächst ab. Erst auf Grundlage einer „neuen Erfolgsübersicht“ entsandte er weitere Beamte.[208]

Die Umwandlung der Devisenschutzkommandos in Zollfahndungsstellen, die dem Beauftragten der Reichsfinanzverwaltung (Zoll) im besetzten Polen[209] unterstellt werden und damit auch Ermittlungsarbeit wegen Verstößen gegen die Zoll- und Verbrauchssteuergesetze übernehmen sollten, stieß im

205 Reisebericht Bollenhagens v. 8.12.1939, BArch, R 2, 6006, Bl. 46 f.

206 Vgl. Schreiben Bargs an Bollenhagen v. 27.11.1939, ebd., Bl. 48.

207 Vgl. Kuller, Bürokratie und Verbrechen, S. 43.

208 Vgl. Brief Franks an Schwerin von Krosigk v. 15.11.1939, AAN,111, 1291, Bl. 92; Privatbrief von (vermutlich) Herbert Staffeldt Devisenfahndungsamt Berlin an Rudolf Tischer v. 9.12.1939, ebd., Bl. 113 f.

209 Das Devisenschutzkommando Krakau wurde mit Wirkung zum 18.10.1939 zur Dienststelle Zollfahndungsstelle Krakau. VO über die Errichtung einer Zollfahndungsstelle im

Devisenfahndungsamt zunächst auf Widerstand. Man wollte die Kontrolle über die Devisenschutzkommandos nicht allein dem RFM überlassen.[210] Bis zur Errichtung der Hauptzollämter und Zollfahndungsstellen pflegten die Devisenschutzkommandos aber weiterhin eine enge und erfolgreiche Zusammenarbeit mit dem Zollgrenzschutz und den SS-Einsatzkommandos unter SS-Sturmbannführer Bruno Müller und SS-Brigadeführer Bruno Streckenbach.[211] Diese Zusammenarbeit wurde auch nach der Umwandlung der Devisenschutzkommandos in Zollfahndungsstellen[212] ab Ende des Jahres 1939 weitergeführt. Personell und finanziell unterstanden die 18 Beamten der Zollfahndungsstelle Krakau und die 23 Beamten der Zollfahndungsstelle Warschau nun der Abteilung Finanzen bei der Regierung des Generalgouvernements in Krakau.[213] Damit fielen auch die Aufgaben des Devisenschutzes an die geschaffenen Zollfahndungsstellen und somit wieder an die Reichsfinanzverwaltung.[214] Für die Koordination blieb Rudolf Tischer vom Devisenfahndungsamt zuständig.[215]

Bis zum März 1940 beschlagnahmten die Devisenschutzkommandos/Zollfahndungsstellen Gold im Wert von 1.661.991,25 Reichsmark und Banknoten im Wert von 356.259,05 Reichsmark. Im Rahmen von 519 Unterwerfungsverfahren nahmen die Beamten nochmals 1.715.991,46 Złoty (ca. 858.000 Reichsmark) an Geldstrafen bzw. eingezogenen Werten ein. Insgesamt wurden wegen Devisenvergehen Haftstrafen in Höhe von 16 Jahren und 9 Monaten verhängt.[216] Auf dem Wege der Unterwerfungsverfahren urteilten die Zöllner im Schnellverfahren jedwede Missachtung der Abgabepflicht von Gold und

Bezirk des Beauftragten der Reichsfinanzverwaltung (Zoll) beim Verwaltungschef des Militärbezirks Krakau v. 18.10.1939, BArch, R 2, 5077, Bl. 4.

210 Vgl. Schreiben Staffeldts an Barg v. 25.10.1939, AAN, 11, 1291, Bl. 74 f.; Vermerk Tischers v. 2.10.1939, AAN, 111, 1291, Bl. 49 ff.

211 Vgl. ebd.

212 Vgl. 3. DVO zur Zollverordnung v. 17.11.1939 VBlGG II, S. 10

213 Vgl. zu den Beauftragten der Reichsfinanzverwaltung und zum Aufbau der Abteilung Finanzen bei der Regierung des Generalgouvernement (GG) Kapitel: Steuereintreiber, S. 57.

214 Vgl. Schreiben Quettings v. Devisenfahndungsamt an den Vorsteher der Zollfahndungsstelle Troppau v. 6.12.1939. BArch, R 2, 6006, Bl. 28–32. Quetting war gemeinsam mit Staffeldt aus der Reichsfinanzverwaltung ins Devisenfahndungsamt gewechselt und kehrte ebenfalls 1941 ins RFM zurück.Vgl. Vorgang, BArch, R 2 Anh., 82, Bl. 139.

215 Vgl. Banken, Großraubwirtschaft, S. 447.

216 Vgl. Schreiben Tischers an Frank v. 15.3.1940, AAN, 1291, Bl. 160–163. Im Bericht an Generalgouverneur Frank gibt Tischer zum 31.3.1940 nochmals höhere Zahlen an Gold- und Banknoten wurden 2.238.149,30 RM an die Reichshauptkasse (RHK) überwiesen. Aus Strafverfahren gingen 1.718.402,46 Zł an die HAFin des GG. Vgl. Diensttagebuch v. 18.4.1940, BArch, R 52II, 176, Bl. 44.

Devisen, aber auch Kleinstvergehen im Bereich des Devisenhandels rigoros ab.[217]

Die Rettung des polnischen Staatsschatzes

Das Gold der polnischen Nationalbank konnten jedoch weder Wehrmacht und SS noch das Devisenschutzkommando Koch aus den Safes der Zentrale der Bank Polski in der ul. Bielańska in Warschau rauben.[218] Der Wehrmacht war es lediglich gelungen, das Silber der Polnischen Staatsmünze im Wert von 46.000 Reichsmark zu erbeuten.[219] Das polnische Gold – im August 1939 hatte die Bank Polski im In- und Ausland insgesamt über 64 Tonnen Gold in Barren und Münzgold mit einem Wert von 463,6 Millionen Złoty (rund 87 Millionen US-Dollar) verfügt – war rechtzeitig in Sicherheit gebracht worden.[220] In Erwartung des deutschen Angriffs waren die ersten Evakuierungstransporte mit Gold im Gegenwert von 170 Millionen Złoty nach Lublin und Zamość verschickt worden. Ebenso bereitete die Regierung die Evakuierung des gesamten Goldbestandes aus Warschau (etwa 193 Millionen Złoty) vor.[221] Am 4. September, als der Vormarsch der Wehrmacht auf die polnische Hauptstadt in rasantem Tempo voranschritt, veranlasste Vizepremier und Finanzminister Eugeniusz Kwiatkowski die endgültige Verbringung der nationalen Goldreserve nach Osten. Gleichzeitig mit der Evakuierung der polnischen Regierung, die nach Rumänien floh, gelangten die knapp 64 Tonnen Gold auf teils abenteuerlichen Wegen per LKW und Zug nach Rumänien.[222] Obwohl die deutsche Diplomatie die rumänische Regierung unter Druck setzte, gelang es den Bankangestellten und ihren Begleitern in der knappen Frist von 48 Stunden, fast die gesamte Goldmenge, die mitgeführten Wertpapiere, Bargeldbestände, Geschäftsbücher und Druckmatrizen sicher durch Rumänien und weiter per Schiff in die Türkei und von dort über Syrien nach Frankreich zu bringen.

Nach dem deutschen Einmarsch in Frankreich am 10. Mai 1940 begann die erneute Evakuierung des Goldes, gemeinsam mit Beständen der Banque

[217] Vgl. Vernehmungsprotokolle des Devisenschutzkommandos Tschenstochau v. Oktober 1939, ANK, 316, 22, n. p.

[218] Den Deutschen fiel allerdings das Gold der Bank in Danzig im Wert von 4 Mio. US-Dollar zu. Vgl. Banken, Großraubwirtschaft, S. 447.

[219] Vgl. Schreiben der Hauptkasse der RB an die Regierung des GG v. 23.9.1942, BArch, R 2, 9172a, Bl. 377; Schreiben der RHK an das Ref. Maedel/Kriegsbeutestelle v. 17.11.1942, ebd., Bl. 379 f.; Kapitel: Die Beutestelle der Reichshauptkasse, S. 99.

[220] Vgl. Karpiński, S.201. Vgl. zur Golddeckung Kapitel: Polens Wirtschaft, S. 81. Gold im Wert von etwa 100 Mio. Złoty lag bei Banken in England, Frankreich, Amerika u. der Schweiz.

[221] Vgl. Wróbel, S. 55.

[222] Vgl. Smith, S. 8.

de France und des aus Belgien evakuierten Goldes. Von Lorient verließ das Gold kurz nach der Kapitulation per Schiff Frankreich in Richtung Dakar im Senegal.[223] Die deutschen Besatzer forderten sowohl von der französischen Nationalbank als auch von der Vichy-Regierung, in deren Einflussbereich sich das polnische Gold nun befand, dessen Herausgabe.[224] Über die genaue Menge indes spekulierten die Beamten des Reichsfinanzministeriums und der Reichsbank.[225] In Berlin ging man von 1.208 Kisten aus, die neben Gold auch Wertpapiere enthalten sollten.[226]

Mit Unterstützung der „Deutschen Waffenstillstandskommission in Wiesbaden“ und dem für Finanz- und Wirtschaftsfragen im besetzten Frankreich zuständigen Regierungsrat Hans Richard Hemmen[227] führten die Beamten bis 1942 Verhandlungen mit der Banque de France und der Regierung Vichy, um das polnische Gold aus Dakar doch noch zu vereinnahmen.[228] Die Franzosen widersetzten sich diesem Ansinnen mit dem Hinweis, dass das polnische Gold weder an die französische Regierung noch an die Nationalbank übergeben worden sei, sondern vielmehr durchgehend unter Verwaltung der polnischen Bankmitarbeiter gestanden habe. Damit lehnten sie auch das Ansinnen der Deutschen ab, das Gold an die unter deutscher Besatzung in Polen geschaffene Emissionsbank abzuführen.[229] Nach Ansicht von Ministerialrat Litter, dem zuständigen Referenten im RFM, war das erstrebte Ziel demnach „mit rechtlichen Erwägungen allein schwerlich zu erreichen“.[230] Mit der Niederlage des deutschen Afrikakorps endeten die Bemühungen um die Rückführung des polnischen Goldes endgültig.[231]

223 Vgl. die akribische Beschreibung bei: Rojek, S. 127–132; Smith, S. 9 f.

224 Vgl. die Noten der Waffenstillstandskommission v. 20.12.1940 u. Antworten, BArch, R 2, 25175a, Bl. 27–41; Loose, Kredite, S. 66–68.

225 Vgl. Gutachten der RB über das Eigentum, insbesondere die Goldbestände der Bank Polski in Frankreich (Abschrift), Nov. 1940, BArch, R 2, 10280, Bl. 175–177.

226 Vgl. Vermerk Breyhans v. 11.11.1942, BArch, R 2, 370, Bl. 76 f.; Schreiben des Reichsbankdirektoriums v. 25.8.1941, BArch, R 2, 25175, Bl. 83. Im RFM waren mit der Rückführung des polnischen Goldes MinDir Fritz Berger u. Johannes Schwandt sowie Fritz Litter, der mit der Abwicklung der Folgen des Versailler Vertrages betraut war, beschäftigt. Vgl. Kuller, Bürokratie und Verbrechen, S. 65.

227 Hemmen war schon länger im Auswärtigen Amt tätig und bereits 1934 für die Verhandlungen um das Handelsabkommen mit Polen zuständig gewesen. Vgl. Vernehmung von Hans Richard Hemmen v. 27.5.1947, IfZ, Z-1076-7.

228 Vgl. Loose, Kredite, S. 64–67; Rojek, S. 218–235.

229 Vgl. Kapitel: Reichskreditkassen, S. 151.

230 Vgl. Schreiben Litters an das AA v. 23.12.1941, BArch, R 2, 25175, Bl. 94.

231 Vgl. Smith; Wróbel; Schilderungen des ehemaligen Direktoriumsmitglieds der Bank Polski Zygmundt Karpiński: Karpiński.

Abbildung 3 – Schatzkammer der Bank Polski in der ul. Bielańska 10 in Warschau

Polen als erster Raubeinsatz

Konnte das polnische Staatsgold gerettet werden, so verblieben im Zugriffsbereich der deutschen Raubkommandos neben staatlichem mobilen und immobilen Vermögen vor allem Privatvermögen. Diese wurden rücksichtslos geplündert. Der tatsächliche Ertrag der Tätigkeit der Devisenschutzkommandos kann aufgrund der lückenhaften Quellenlage nicht rekonstruiert werden.[232] Auch wissen wir nicht, wie groß der Anteil der Zollbeamten an diesen Einsätzen war, denn die Opfer konnten oft nicht unterscheiden, ob

[232] Vgl. Bericht Tischers zur Einrichtung u. Tätigkeit des Devisenschutzkommandos Generalgouvernement v. 15.3.1940. BArch, R 2, 5105, Bl. 24–26. Die RKK und die Deutsche Bank in Krakau und die Landesgenossenschaftsbank in Bromberg führten allein bis

sie es mit Soldaten der Wehrmacht, Gestapobeamten oder Zöllner zu tun hatten. Viele Zollbeamte trugen die feldgraue Uniform, manche aber auch die schwarze Uniform der SS.[233] Man kann davon auszugehen, dass ein Teil der den SS-Kommandos, der Gestapo oder Wehrmacht zugeschriebenen Aktionen durch die Devisenschutzkommandos oder mit deren Beteiligung durchgeführt worden sind.[234]

In Tschenstochau arbeite das örtliche Devisenschutzkommando eng mit dem Einsatzkommando 5/II der Sicherheitspolizei unter SS-Hauptsturmführer Hans Krüger zusammen. Dabei gab die SS vor allem Adresslisten von Wohnungen und Geschäften, die in jüdischem Besitz waren, an die Zöllner weiter. Die Durchsuchungsergebnisse meldete das Devisenschutzkommando wiederum an die SS.[235] Nahm die SS Durchsuchungen vor, übergab sie die Beute an das Devisenschutzkommando und führte die verhafteten Personen für die Ermittlungsverfahren vor.[236] In Warschau wurden gezielt ganze Wohnquartiere durch die SS abgeriegelt und sukzessive durchsucht.[237] Ebenso lässt sich, gestützt auf die Berichte der Sopade über die „deutsche Schreckensherrschaft in Polen", hinter dem Vorgehen der Gestapo in Warschau die Tätigkeit des Devisenschutzkommandos Koch/Knobloch vermuten: „Die Gestapo hält eigentlich die ganze Stadt unter Terror. Ihre Hauptsorge ist die Suche nach Wertpapieren, ausländischen Schuldtiteln, Devisen, Gold und sonstigen Wertgegenständen. Eine nicht abreißende Kette von Haussuchungen bei allen Firmen und Privathaushalten wird von der Gestapo durchgeführt, sowohl bei Polen als auch bei Juden. Es wird da nicht der geringste Unterschied gemacht, alles wird

November 1939 knapp 2,6 Mio. RM ab. Vgl. Loose, Kredite, S. 59; Banken, Großraubwirtschaft.

233 Das wesentliche Unterscheidungsmerkmal zu den Uniformen der Wehrmacht – die grüne Armbinde der Reichsfinanzverwaltung – war für den Rangabzeichenunkundigen schwer zu erkennen. Vgl. Anweisungen des RFM zur Abordnung nach dem GG mitzunehmende Sachen, AAN, 111, 1291, Bl. 118. Daneben gab es auch die grünen Zolluniformen, die eher Polizeiuniformen glichen. Vgl. Vermerk Bollenhagens v. 13.10.1939 mit der Bitte um Anweisung des RFM, dass alle Beamten der RFV die Uniform des ZGS und nicht Zivilkleidung oder SS-Uniform tragen sollen, BArch, R 2, 6006, Bl. 17 f. Die zum Devisenfahndungsamt abgeordneten Beamten trugen mehrheitlich die SS-Uniform. Vgl. Besprechungsvermerk Quettings v. 24.8.1939, AAN, 111, 1291, Bl. 2.

234 Vgl. Banken, Großraubwirtschaft, S. 448 f.; Polish Ministery of Information, S. 93–97.

235 Vgl. Schreiben des Führers des Einsatzkommandos 5/II an das Devisenschutzkommando Tschenstochau v. September 1939, ANK, 316, 22, n. p.

236 Vgl. Aussage von Calel Potasiewicz v. 8.11.1939, ebd.

237 Vgl. Schilderungen von Chaim Kaplan in: Levin, S. 41–51. Levin verweist auf die Dienststelle „Werterfassung" unter SS-Obersturmführer Franz Konrad, die jedoch erst 1942 vor Beginn der Massendeportationen beim SS- und Polizeiführer (SSPF) Warschau eingerichtet wurde, um die zurückgelassene Habe der Deportierten zu verwerten. Vgl. Weinstein u. a., S. 515. Vgl. auch die Tagebuchauszüge bei: Banken, Großraubwirtschaft, S. 449.

ausgeraubt."[238] Den jüdischen Bewohnern der Stadt verlangte die SS zusätzlich enorme Kontributionen ab. Innerhalb weniger Tage sollte der Warschauer Judenrat im November 1939 300.000 Złoty aufbringen. In bar übergab Adam Czerniaków in seiner Funktion als Vorsitzender des Judenrates 40.000 Złoty. Die Einlösung des Schecks über die restlichen 260.000 Złoty aus den Guthaben gesperrter Konten musste er jedoch erst von den Beamten der Devisenstelle genehmigen lassen.[239]

Dies zeigt wie flächendeckend, eng und kooperativ die Zusammenarbeit zwischen den Zöllnern der Devisenschutzkommandos und der Gestapo wie der SS beim Raub von Beginn an war. Nach dem Probelauf in Polen wechselte Herbert Staffeldt dann auch sein Einsatzgebiet und war ab 1940 zuständig für den Einsatz der Devisenschutzkommandos im Westen. Mit der Auflösung des Devisenfahndungsamtes im Mai 1941 fielen die Kompetenzen für den Devisenschutz zwar wieder vollumfänglich an das RFM und Staffeldt kehrte in die Reichsfinanzverwaltung zurück, doch verblieb – wie Ralf Banken feststellte – mit der Geschäftsgruppe Devisen bei der Vierjahresplanbehörde die eigentliche Koordinationszentrale für den Einsatz der Kommandos außerhalb des Ministeriums. Dies zeigt zum einen, dass die Kooperationsbereitschaft des RFM mit anderen Reichsbehörden bei der Beraubung der Juden und der Bevölkerung der besetzten Länder hoch war, verweist aber auch darauf, dass Göring und Heydrich den Zugriff auf diese Werte und die Koordination der ausführenden Beamten nicht in der Zuständigkeit des Ministeriums belassen wollten. Obwohl die Kommandos damit dauerhaft verschiedenen Reichsbehörden und Verwaltungsdienststellen unterstellt waren, hat diese Mehrfachunterstellung die Tätigkeit der Kommandos in keiner Weise hemmend beeinflusst.[240]

1.5 Steuereintreiber

Während die Beamten des Zollgrenzschutzes und der Devisenschutzkommandos im Gefolge von Wehrmacht und SS vorrückten, folgten ihnen auf Anweisung von Staatssekretär Reinhardt am 2. September 1939 „vorsorglich bereits in Marsch gesetzte" Beamte der Reichsfinanzverwaltung zur Unterstützung der bei den Militärbefehlshabern eingesetzten Verwaltungsstäbe.[241] Ebenso hatten die

[238] Vgl. Behnken, Deutschland-Berichte 1940, S. 39.

[239] Vgl. Tagebucheinträge von Adam Czerniaków v. 17.-20.11.1939, in: Czerniaków/Fuks, S. 62 f. u. Dok. 39: Friedrich/Löw, S. 140 f.

[240] Vgl. Banken, Devisenschutzkommandos, S. 391.

[241] Vgl. Schreiben an OKW v. 5.9.1939, BArch, R 2, 5834, Bl. 55. Reinhardt entsandte seine Beamten aufgrund der Kampfhandlungen zunächst nach Stettin, Oppeln, Breslau und Königsberg, von dort sollten sie unverzüglich mit der Militärverwaltung in das zu beset-

Oberfinanzpräsidenten (OFP) Brandenburg und Schlesien Sonderkommandos in das besetzte Gebiet geschickt, um Gebäude und Aktenbestände der Finanzbehörden zu sichern.[242] Zunächst agierten die Finanzbeamten gemeinsam mit den von anderen Reichsministerien und Behörden entsandten Verwaltungsfachleuten recht unkoordiniert im Rücken der Wehrmacht.

Der Aufgabenbereich der den Befehlshabern der vier Militärbezirke beigestellten zivilen Verwaltungsstäbe wurde erst mit den „Richtlinien für die Errichtung einer Militärverwaltung im besetzten Ostgebiet" am 8. September 1939 per Führererlass konkretisiert.[243] Die Chefs der Zivilverwaltung (CdZ) agierten in den Militärbezirken Łódź (Hans Frank), Krakau (Arthur Seyß-Inquart), Posen (Arthur Greiser) und Westpreußen (Albert Forster) neben der Wehrmacht als vollziehende Besatzungsgewalt. Sie sollten mit den durch das RMdI abgeordneten Beamten „Ruhe und Ordnung" wiederherstellen.[244] Zum Oberverwaltungschef für das gesamte besetzte Polen mit Dienstsitz in Łódź ernannte Hitler den Reichsleiter der NSDAP Reichsminister Hans Frank. Der Aufbau der Verwaltung in den besetzten Gebieten stand unter der Zielvorgabe, auf der Kreis- und Stadtebene zunächst die Handlungsfähigkeit zu gewinnen und das Wirtschaftsleben in Gang zu bringen. Vor allem war es dringend nötig, das Verkehrs- und Kommunikationssystem wieder zu errichten, das durch die Kriegshandlungen zum Erliegen gekommen war, und die Lebensmittelversorgung der Bevölkerung und vorrangig der Wehrmacht zu sichern.[245] Dabei setzte die NS-Führung mit den Verwaltungschefs auf bewährte und zuverlässige Nationalsozialisten, die für eine „energische Polenpolitik" standen.[246] Die Verwaltung sollte sofort damit beginnen, die rassenpolitischen Ziele des NS-Regimes in Polen umzusetzen.

Bei der Auswahl der Verwaltungsbeamten ging die zuständige Abteilung im RMdI unter Staatssekretär Stuckart allerdings mehr nach Verwaltungserfahrung als nach Parteibuch vor.[247] Obgleich Verwaltungschef Frank sich

zende Gebiet vorrücken. Vgl. Antrag des RFM an das OKW auf Erteilung von Ausweisen mit der Erlaubnis zum Betreten des Operationsgebietes v. 2.9.1939, BArch, R 2, 5834 Bl. 47.

242 Vgl. Vermerk des Referats VU/10 v. 28.9.1939, BArch, R 2, 5837, Bl. 43.

243 Vgl. Moll, S. 93.

244 Das RMdI fungierte als Zentralstelle für den Verwaltungsaufbau in den besetzten Ostgebieten und übernahm die Auswahl und Bereitstellung der Beamten für die Sonderstäbe. Vgl. Lehnstaedt, Ostnieten, S. 703 f.

245 Vgl. Musial, Zivilverwaltung, S. 14 f.; Rebentisch, Führerstaat, S. 163–188; Umbreit, Militärverwaltungen, S. 13–24.

246 Vgl. Broszat, Polenpolitik, S. 29.

247 Die im RMdI gebildete Abteilung V hatte bereits vor dem Krieg bei den nachgeordneten Verwaltungsbehörden Listen mit geeigneten Personen angefordert. So wurden bis 4.10.1939 insgesamt 936 Beamte der inneren Verwaltung nach Polen abgeordnet.Vgl. Lehnstaedt, Ostnieten, S. 706–708.

für den Einsatz in Polen „einen Idealtypus des politisch entscheidungsfreudigen Verwaltungsbeamten" wünschte und keine „müde[n], verstaubte[n] Aktenmenschen" für den Osteinsatz wollte, sondern den „Abguss wahrer Tüchtigkeit" in seiner Gefolgschaft „absolut polenvernichtungsentschlossene[r] Recken" einzusetzen gedachte,[248] fanden sich in den Verwaltungsstäben Beamte, die aus verschiedensten Gründen von ihren Heimatbehörden abgeordnet wurden. Das RMdI griff auf zuvor angelegte Personallisten zurück oder forderte die Behördenleiter auf, umgehend Personal abzugeben. So traf bei den Zivilverwaltungsstäben eine in ihrer Altersstruktur, Ausbildung und Herkunftsbehörde heterogene Gruppe Beamter und Verwaltungsangestellter ein. Darunter befanden sich neben politisch überzeugten Bürokraten auch unliebsame oder in ihrer Leistung als unterdurchschnittlich beurteilte Männer, die man in den Osten wegloben wollte.[249]

Deshalb aber pauschal nur von „Ostnieten"[250] oder Vernichtungsexperten zu sprechen, würde den Verwaltungsbeamten und ihrer Tätigkeit nicht gerecht und enthöbe sie zum Teil ihrer Verantwortung.[251] Denn es handelte sich – wie Bogdan Musial treffend feststellte – keinesfalls um einen anonymen, bürokratischen Apparat, dessen Mitarbeiter relativ wenig Spielräume gehabt hätten,[252] sondern vielmehr um Männer und Frauen der deutschen Verwaltung, die entsandt wurden, um maßgeblich bei der Organisation und Durchführung von Vertreibung, Raub und Völkermord zu helfen.[253] Neben der Beteiligung an Verbrechen gegenüber der Zivilbevölkerung spielte die Schaffung und später Aufrechterhaltung einer alltäglichen Ordnung durch die Beamten der Kommunal-, Schul-, Gesundheits-, Forst-, Verkehrs- und Finanzverwaltung eine nicht zu unterschätzende Rolle in der Besatzungsrealität.[254]

Das Reichsfinanzministerium entsandte für diese Aufgabe mit Max Dingler[255] einen 67-jährigen Oberfinanzpräsidenten a. D. als Vertreter an Franks

248 Präg/Jacobmeyer, S. 18.

249 Vgl. Lehnstaedt, Ostnieten, S. 709.

250 Der Begriff „Ostniete" als Bezeichnung für die in die Verwaltung nach Osten geschickten, unliebsamen und unfähigen Beamten war schon zeitgenössisch populär. Vgl. ebd., S. 702; Dallin, S. 112.

251 Vgl. Lehnstaedt, Ostnieten; Lehnstaedt, Okkupation im Osten, S. 52–64.

252 Vgl. Musial, Zivilverwaltung, S. 4.

253 Vgl. Lehnstaedt, Ostnieten, S. 701.

254 Es liegen bereits verschiedene Studien zu den im Verwaltungsapparat im besetzten Polen tätigen deutschen Beamten und Angestellten und ihrem Alltag vor, wobei vor allem Polizei und SS und die Kreishauptleute im Fokus standen: Vgl. Mallmann; Mallmann/Paul; Lehnstaedt, Okkupation im Osten; Seidel; Musial, Zivilverwaltung; Browning, Ganz normale Männer; Rebentisch, Führerstaat; Birn; Curilla; Roth.

255 Max Dingler (* 26.3.1872 in Stallupönen Ostpreußen; † 2.2.1945 in Dresden) begann seine Laufbahn 1900 als Gerichtsassessor beim Magistrat der Stadt Danzig. Über den Posten als Amtsrichter zuletzt in Strasburg/Westpreußen wechselte er 1907 als Vorstand beim

Oberverwaltungsstab Ost. Dingler war für alle Angelegenheiten zuständig, die die Ausgaben oder Einnahmen des Reichshaushalts oder des Haushalts des besetzten Gebietes[256] betrafen, sowie für alle sonstigen Angelegenheiten, die finanzielle Auswirkungen auf das Reich hatten. Außerdem beaufsichtigte er die abgeordneten Beamten und wirkte bei der Einführung neuen Rechts in den besetzten Gebieten mit, das die Interessen des Reichsfinanzministeriums berührte.[257] Ihn sollte der Oberregierungsrat Christian Breyhan[258] unterstützen, der aus dem Büro des Staatssekretärs kam und für alle allgemeinen Fragen und für die Organisation des Verwaltungsaufbaus zuständig war.

Fritz Reinhardt strebte eine schnellstmögliche Errichtung der Finanzverwaltung an, so dass die Finanzquellen „so schnell wie möglich so ergiebig wie möglich“ flössen.[259] Denn alle Kosten zur Aufrechterhaltung des zivilen Lebens und alle Kosten der Militärverwaltung hatte gemäß des Führererlasses über die Or-

Stempel- und Erbschaftssteueramt in Stettin in die Finanzverwaltung. 1912 trat er als RegRat seinen Dienst als Hilfsarbeiter im preußischen Finanzministerium an. Im Ministerium machte er Karriere bis zum stellvertretenden Bevollmächtigten Preußens zum Reichsrat (1920), kehrte dann aber als Leiter der Abteilung für direkte Steuern an das Landesfinanzamt Stettin zurück. Von November 1933 bis zu seinem Ruhestand am 1.7.1937 war er Präsident des Landesfinanzamts (01.04.1937 Oberfinanzpräsident) Würzburg. Vgl. Bathe/Kumpf, S. 91 f.

256 Vgl. Erlass des Führers über die Organisation der Militärverwaltung in den besetzten ehemals polnischen Gebieten v. 25.9.1939 Moll, S. 97–99. Für die Militärbesatzung hatte das Ministerium eine Milliarde Reichsmark bereitgestellt, diese aber nicht in den Haushalt des besetzten Gebietes eingestellt. Unklar war für den zuständigen Referenten Breyhan auch, ob und wer über diese Summe verfügen konnte. Die Finanzabteilungen bei den CdZ nutzen zunächst die Armeefeldkassen. Ob auch die Besatzungsarmee aus der Milliarde zu finanzieren wäre, war den Beamten zunächst auch unklar. Vgl. Bericht Breyhan an Reinhardt v. 10.10.1939, BArch, R 2, 5834, Bl. 422.

257 Vgl. Mitteilungen Reinhardts an die Beauftragten der RFV in den besetzten ehemals polnischen Gebieten vom 4.10.1939, BArch, R 2, 11872 n. p.

258 Christian Breyhan (* 13.5.1903 in Bremen; † 23.8.1977) trat nach seiner Promotion 1929 eine Stelle als Assessor in Hamburg an, wechselte aber schon 1934 als RegRat ins RFM, wo er 1935 Leiter des Staatssekretärbüros wurde. Als ORR wurde er im September 1939 in den Verwaltungsstab Hans Franks geschickt und blieb bis Mai 1940 in Warschau. Anschließend leitete er bis August im besetzten Norwegen die Abteilung Finanzen beim Reichskommissar Norwegen. Nach der Rückkehr ins RFM übernham Breyhan in der Abteilung V das neu gegründete Referat für die Regelung der finanziellen Beziehungen des Reiches mit dem Ausland. Dort koordinierte er die Tätigkeit der in den verschiedenen Ländern Europas eingesetzten Beamten der RFV. Nach dem Krieg war er zunächst Angestellter der Bremischen Finanzverwaltung, bevor er 1950 als Ministerrat Bremischer Finanzsenator und später Senatsdirektor wurde. Das letzte Jahr vor seinem Ruhestand 1959 war er OFP in Bremen. Vgl. Kilian, S. 99.

259 Vgl. Mitteilungen Reinhardts an die Beauftragten der RFV in den besetzten ehemals polnischen Gebieten vom 4.10.1939, BArch, R 2, 30915, n. p.

ganisation der Militärverwaltung das besetzte Gebiet zu tragen.[260] Die Auswahl der unter Dingler und Breyhan bei den einzelnen Verwaltungsstäben tätigen Beamten nahm die Abteilung VI (Personal) des RFM vor. Wilhelm Stuckart hatte von Reinhardt lediglich mindestens 1.000 Arbeitskräfte gefordert.[261]

Abbildung 4 – Alfred Spindler um 1940

Abbildung 5 – Hermann Senkowsky um 1940

Reinhardt hatte unabhängig von dieser Forderung neben Dingler und Breyhan bereits weitere Beamte aus dem höheren Dienst mit Stab als Beauftragte der Reichsfinanzverwaltung nach Polen abgeordnet.[262] Der Staatssekretär hielt es für dringend erforderlich, dass jeweils ein Beauftragter aus dem Bereich Steuern und einer aus den Bereich Zoll die Tätigkeit der CdZ in Angelegenheiten der Reichsfinanzverwaltung beratend unterstützte. Der Beauftragte der Abteilung Steuer sollte dafür Sorge tragen, dass die Steuerbehörden möglichst

260 Vgl. Führererlass v. 25.9.1939 Moll, S. 97–99; Mitteilungen Reinhardts an die Beauftragten der RFV in den besetzten ehemals polnischen Gebieten vom 4.10.1939, BArch, R 2, 30915, n. p.

261 Vgl. Vermerk v. Groth v. 21.9.1939 BArch, R 2, 5834, Bl. 124.

262 Militärbezirk Posen: Reichsrichter Gebhard (Steuer) u. Finanzpräsident Doerfel (Zoll), Militärbezirk Łódź: Finanzpräsident Spindler (Steuer) u. Regierungsdirektor Liman (Zoll), Militärbezirk Krakau: Reichsricher Krappe (Steuer) u. Finanzpräsident Senkowsky (Zoll), Militärbezirk Westpreußen: Finanzsenator Hoppenrath (Steuer u. Zoll). Vgl. Schreiben an das OKH v. 19.9.1939, BArch, R 2, 5834, Bl. 119. Hoppenrath war der einzige der Beamten, der bedingt durch seine Tätigkeit als Finanzsenator der Freien Stadt Danzig an seinem bisherigen Dienstort verblieb. Vgl. Vermerk v. 5.9.1939 zur Anforderung Hoppenraths bei Schwerin von Krosigk durch Forster, BArch, R 2, 5834, Bl. 60.

ohne Stockung ihre Arbeiten fortsetzten und dass wichtige Akten sichergestellt würden. Der Vertreter des Zolls sollte hingegen die Angelegenheiten des Zollgrenzschutzes und der Zölle und Verbrauchsteuern im Interesse des Reiches vorantreiben.[263] Die Beamten forderte Reinhardt auf, die Abordnung nach Polen nicht als Strafe, sondern als einen Vertrauensbeweis anzusehen. Sie sollten sich der „besonderen Aufgabe bewusst" sein, für den Wirkungsbereich des Reichsfinanzministeriums den „größtmöglichen Erfolg zu erzielen."[264]

Da es dauerte, bis die Finanzbeamten bei den Verwaltungsstäben in Łódź, Kielce und Warschau eintrafen, ermächtigten die CdZ zwischenzeitlich teilweise die bereits eingesetzten Landräte und Bürgermeister, Abgaben und Steuern einzuziehen.[265] Reinhardt, der den Zugriff auf die Einnahmen und die Kontrolle über die Ausgaben vor Ort gefährdet sah, betrachtete dies als erheblichen Eingriff in die Zuständigkeit seiner Beamten und forderte wiederholt gegenüber den CdZ die alleinige Zuständigkeit der Reichsfinanzverwaltung in Fragen von Abgaben und Steuern ein.[266] Unbegründet war diese Kompetenzbehauptung des Ministeriums nicht, denn gemäß des Führererlasses zur Organisation der Militärverwaltung[267] war die Eigenständigkeit der Finanzverwaltung als Fachverwaltung gegenüber der Unterstellung der inneren Verwaltung unter die politische Führung der Landräte und Stadtkommissare keineswegs eindeutig abgegrenzt.[268]

Die entsandten Regierungsräte und Reichsrichter hatten fortlaufend Bericht an ihren Staatssekretär über den Fortgang und Erfolg ihres Auftrages nach Berlin zu senden.[269] Diese Berichte sind vollständig überliefert und wurden fast ausnahmslos von Reinhardt persönlich bearbeitet. Aus diesem Grund lohnt es, dieses Quellenmaterial genauer zu betrachten – besonders was die Übernahme der polnischen Finanzverwaltung, den Aktionsradius der Beamten und die Kooperation mit bzw. die Konkurrenz zu anderen Verwaltungsstellen und dem Militär betraf. Die Berichte zeigen auf, wie detailliert die Ministeriumsspitze über die Ereignisse in Polen informiert war und versuchte auf die Entwicklungen vor Ort Einfluss zu nehmen.

[263] Vgl. Schreiben Reinhardts v. 5.9.1939, ebd., Bl. 53.
[264] Vgl. Mitteilungen Reinhardts an die Beauftragten der RFV in den besetzten ehemals polnischen Gebieten v. 4.10.1939, BArch, R 2, 30915, n. p.
[265] Vgl. Schreiben Rüdigers vom CdZ des AOK 10 an Reinhardt v. 21.9.1939, BArch, 5837, Bl. 41–44.
[266] Vgl. Mitteilungen Reinhardts an die Beauftragten der RFV in den besetzten ehemals polnischen Gebieten v. 4.10.1939, BArch, R 2, 30915, n. p.
[267] Vgl. Moll, S. 97–99.
[268] Vgl. Mitteilungen Reinhardts v. 4.10.1939, BArch, R 2, 11872, n. p.
[269] Vgl. Vermerk an den Staatssekretär im RFM v. 5.9.1939, BArch, R 2, 5834, Bl. 56; Vermerk des GenB zur Behandlung der Berichte der Beauftragten im besetzten Gebiet v. 28.9.1939, BArch, R 2, 24235, n. p.

Nachdem die Stadt Krakau am 6. September 1939 als erste polnische Großstadt kampflos von der 14. Armee besetzt worden war, zogen die Stäbe in die von der polnischen Verwaltung zurückgelassenen Amtsgebäude ein. Reichsrichter Ernst Krappe[270] und Regierungsrat Josef Lodde, Beauftragte der Reichsfinanzverwaltung (Steuer), nahmen am 11. September ihre Tätigkeit auf. Diese konnten sie, wie Lodde seinem Chef in Berlin berichtete, selbstständig und weitgehend unbeeinflusst von den CdZ ausüben. Die Besetzung der polnischen Finanzämter, Monopolbetriebe und Zollgebäude war schnell vonstattengegangen, auch wenn die Mehrheit der Zolllager geplündert und Kassenbestände nicht vorhanden waren.[271] Die vorgefundenen Steuerakten waren größtenteils zerstört. Zur Überraschung der deutschen Finanzbeamten hatten sich jedoch viele polnische Beamte wieder in ihren Amtsstuben eingefunden.

Ein Teil der polnischen Beamtenschaft – wie der Vizepräsident der Finanzkammer Krakau der ehemalige österreichische Offizier der Reserve Władysław Arzt, – verfügten außerdem über Erfahrung mit der deutschen bzw. österreichischen (Besatzungs-) Verwaltung aus dem letzten Weltkrieg.[272] So sah Arzt offenbar keinen Anlass zur Flucht und kam dem Evakuierungsbefehl der Warschauer Regierung nicht nach, sondern hatte den Amtsbetrieb mit 122 seiner Beamten bereits wieder aufgenommen, als Lodde und Krappe eintrafen.[273] Die Zollbeamten des Krakauer Postzollamtes brachten ihre Kooperationsbereitschaft mit den deutschen Besatzern zur Freude Loddes sogar dadurch zum Ausdruck, dass ein Bild des „Führers" eigenhändig aufgehängt hatten. Für viele Beamte war die Unterstützung der deutschen Verwaltung aber schlicht

270 Ernst Krappe (* 31. Oktober 1891 in Soest, † 12. Mai 1977 in Minden in Westfalen) war während des Ersten Weltkriegs sowohl an der Westfront als auch in Galizien als Feldartillerist und Ordonnanzoffizier eingesetzt. Nach dem Krieg beendete er sein Jurastudium mit der Promotion *Beiträge zur Lehre von der Notverordnung* in Breslau und brachte es in der Reichsfinanzverwaltung bis zum RegRat und Finanzamtsvorsteher in Lemgo. 1929 trat Krappe der NSDAP bei und betätigte sich als Gauwirtschaftsreferent, Gauinspekteur und Gauredner für Wirtschaftsfragen im Gau Westfalen Nord. 1932 zog Krappe für die NSDAP in den Reichstag ein. Im Februar 1933 wurde er vom Landtag in Lippe zum Ministerpräsidenten gewählt, wurde aber schon im Mai auf eigenen Antrag entlassen. In den 1930er Jahren wechselte er in die RFV und war als Reichsrichter am Reichsfinanzhof in München tätig. 1939 wurde Krappe Beauftragter der RFV beim AOK 14 in Polen. Vgl. Stockhorst, S. 249.

271 Vgl. Berichte von Lodde an Reinhardt v. 8.9.1939, BArch, R 2, 5836, Bl. 6.

272 Vgl. Kapitel: Deutsche Ostraumentwürfe, S. 27.

273 Vgl. Bericht Lodde an Reinhardt v. 11.9.1939, BArch, R 2, 5836, Bl. 7 f. Auch in anderen Ämtern wie in Bochnia baten die Beamten um Wiedereinstellung, nachdem sie zunächst dem Evakuierungsbefehl v. 4.9.1939 gefolgt waren, Fluchtgelder ausgezahlt hatten und mit den Büchern und Steuerunterlagen irgendwo im Chaos der Flucht steckengeblieben waren. Vgl. Aussage des polnischen Steuerbeamten August Dobrowolny ohne Datum, ebd., Bl. 98 f.

die einzige Möglichkeit nach dem Zusammenbruch des polnischen Staates, der Flucht der Regierung und der nur teilweise erfolgten Auszahlung eines Fluchtgeldes, ihren Lebensunterhalt zu bestreiten. Die Preise stiegen in den ersten Kriegstagen immens und die Zukunft war ungewiss. Die Beschäftigung für den Besatzer versprach zumindest eine gewisse Sicherheit.[274]

Um seine Berliner Kollegen über die Lage ins Bild zu setzen und um die möglichen Einnahmen einzuschätzen, fügte der Regierungsrat seinen Berichten ausführliche Aufstellungen des Vorjahres über Steuern und Monopole sowie über die Struktur des polnischen Steuersystems bei.[275] Damit die Steuereintreibung so schnell als möglich beginnen konnte, erging per Erlass des CdZ die Aufforderung mit Strafandrohung an die Krakauer Bevölkerung, unverzüglich ihrer Pflicht zur Steuerentrichtung nachzukommen. Die Beamten begannen unmittelbar mit der Steuererhebung.[276] Waren die Tageseinnahmen zunächst mit 248,17 Złoty spärlich, entrichteten die Steuerpflichtigen trotz einer katastrophalen Versorgungslage – die Mehrheit der Geschäfte und Unternehmen war geschlossen, die städtische Infrastruktur begann erst langsam wieder zu arbeiten – aber im Bewusstsein der ständig drohenden Gewalt Mitte September bereits 23.408,20 Złoty. Lodde erwartete nach den jüdischen Feiertagen und dank der „tatkräftige[n] Unterstützung" der polnischen Beamten und Landräte, ohne die „eine Inbetriebnahme so schnell nicht möglich gewesen wäre", eine rasche Steigerung der Einnahmen.[277]

Auch die vorgefundenen Bedingungen erschwerten die gewohnten Verwaltungsabläufe. In den Krakauer Ämtern gab es weder Telefonanschlüsse noch eine Telefonzentrale mit Fernschreiber. Wenn die Steuerpflichtigen ein Anliegen hatten, sprachen sie beim Vorsteher direkt vor. Die Aktenführung und der Briefverkehr waren indes übersichtlich. Die Gewährung von Stundungen war übliche Praxis und die Rückstände dementsprechend hoch. Allein die Finanzämter Krakau III und Krakau IV, so ermittelte deren neuer Leiter Regierungsrat Meibuhr, hatten Rückstände in Höhe von 5.648.000 Złoty Einkommens- und Umsatzsteuer ausstehend. Mit Amtsverfügung untersagte Meibuhr sofort die Stundungspraxis. Bei Juden, die die Finanzbeamten analog zur Verfahrensweise im Reich sofort als Steuerzahler mit minderen Rechten einstuften, wurde die Steuerschuld sogar direkt und ohne jedes Widerspruchsrecht eingeholt.[278] Auch wenn sie die Praxis der Steuereintreibung veränderten, hielten die Beamten es für zweckmäßig, sowohl das polnische Steuerrecht als auch die Struktur der Staats- und Kommunalsteuern beizubehalten. Die eingenommenen Beträge

274 Vgl. ebd.
275 Vgl. Bericht Lodde an Reinhardt v. 11.9.1939, BArch, R 2, 5836, Bl. 7–11.
276 Vgl. Erlass des CdZ Krakau v. 13.9.1939, BArch, R 2, 56027, Bl. 14.
277 Vgl. Bericht Krappes an Reinhardt v. 29.9.1939, BArch, R 2, 5836, Bl. 26–28.
278 Vgl. Bericht Meibuhrs an Krappe v. 20.10.1939, ebd., Bl. 122–124.

zahlten sie in Ermangelung einer Alternative auf ein Konto bei der Deutschen Bank Krakau ein. Eine Reichsbankfiliale bzw. eine Zweigstelle der Reichskreditkasse[279], die als zentrale Verwaltungskasse der Besatzungsverwaltung hätte dienen können, war noch nicht errichtet worden.[280]

Sein Vorgesetzter, Reichsrichter Ernst Krappe, bemühte sich derweil um gute Kontakte zu Stadtpräsident Zörner, Polizeichef Zech und zum Stab des AOK 14, der Reichsbank und anderen Beamten im Amt des CdZ, um die Interessen der Reichsfinanzverwaltung, wie sie Reinhardt festgelegt hatte, entschieden zu vertreten.[281] Die 54 Beamten, die in Krakau eingetroffen waren, sollten umgehend in die polnische Steuerverwaltung eingewiesen werden, um den „alsbaldigen Eingang der Steuern unter allen Umständen sicherzustellen." Außerdem ersuchte Krappe bei Karl Groth dem Leiter der Abteilung VI (Personal) im RFM um sofortige Verstärkung, da im Bezirk Krakau „ein Mehr an Steuern herauszuholen sei, als zunächst angenommen". Groth sollte erfahrene Buchprüfer und Fahndungsbeamte senden, um gemäß Krappes Vorstellungen vor allem jüdische Firmen umgehend prüfen zu können.[282]

Mit der Mehrheit seiner Beamten war Krappe unzufrieden, da diese Männer „nicht die ganzen Kerle" seien, die er benötige und bat um deren sofortige Ablösung. Besonders Regierungsrat Lodde sei „den Polen gegenüber zu gutmütig".[283] Unter den Finanzbeamten befanden sich zur Freude des NSDAP-Mitglieds Krappe aber auch mehrere Träger des goldenen Ehrenzeichens der NSDAP und alte Parteigenossen.[284] Zu ihnen zählte Obersteuerinspekteur Wieczorek, dem Krappe gleich vier Steuerämter anvertraute. Wieczorek selbst sah seine Aufgabe darin, durch die Umstellung der Ämter „nach preußischem Muster" die Steuereinnahmen rasch zu maximieren.[285]

Zur Unterstützung von Krappes Plänen, gezielt bei jüdischen Firmen alle Mittel der Steuerprüfung und -fahndung einzusetzen, hob der CdZ Krakau mit der „Verordnung zur Bekämpfung der steuerlichen Unzuverlässigkeit der Juden" am 12. Oktober 1939 das Bankgeheimnis auf. Alle Geldhäuser waren fortan verpflichtet, den Beamten der Reichsfinanzverwaltung jede Auskunft zu Vermögen

279 Vgl. Kapitel: Besatzungsgeld, S. 149.
280 Vgl. Berichte Lodde ohne Datum, BArch, R 2, 5836, Bl. 15–17.
281 Vgl. Bericht Krappes an Reinhardt v. 29.9.1939, ebd., Bl. 26–28.
282 Vgl. Bericht Krappes an Reinhardt v. 10.10.1939, ebd., Bl. 29 f.
283 Schreiben Krappes an Groth v. 12.10.1939, ebd., Bl. 57 f.
284 Der Anteil der NSDAP-Mitglieder lässt sich nicht genau ermitteln, da die Personallisten nur zum Teil mit dem Vermerk der Parteimitgliedschaft geführt wurden. In den überlieferten Listen liegt der Anteil bei unter einem Drittel. Allerdings wurden diese Beamten als besonders geeignet für leitende Positionen markiert. Vgl. Personalliste, BArch, R 2, 5834, Bl. 72 ff.
285 Vgl. Bericht Wieczoreks an Krappe v. 17.10.1939 zur Übernahme des Finanzamtes Krakau VI (Land), BArch, R 2, 5836, Bl. 146–148.

und Geschäftstätigkeit von Juden zu erteilen, sowie Kundenverzeichnisse abzuliefern. Die Verzeichnisse sollten den Beamten helfen, jüdische Kontoinhaber und Unternehmer aufzuspüren. Als „jüdische Firmen" galten alle Geschäfte, die sich ganz oder zu mehr als 50 Prozent in jüdischen Händen befanden.[286] Um der Steuerbeitreibung entsprechenden Nachdruck zu verleihen, bat Regierungsrat Masius „zur Wahrung des Ansehens gegenüber den Behörden und zur nachdrücklichen Geltendmachung gegenüber der polnischen Zivilbevölkerung" bei Krappe um die baldige Ausstattung der Beamten mit Uniformen und Dienstwaffen.[287] Eine einheitliche Ausrüstung der Beamten mit Waffen und Uniformen in Berlin war bis dahin nicht erfolgt. Ein Großteil der Beamten war in Zivilkleidung abgeordnet worden oder trug wie im Falle der Devisenschutzkommandos bei Mitgliedschaft in der SS die entsprechende Uniform.[288]

Berlin hatte die Frage noch nicht geklärt, ob und wie das deutsche Steuersystem im besetzten Gebiet einzuführen sei. Krappe sprach sich gegen eine baldige Einführung der deutschen Steuergesetze im Militärbezirk Krakau aus. Denn Łódź und Krakau seien anders zu beurteilen als die ehemaligen preußischen Provinzen Posen, Westpreußen oder Ostoberschlesien. Außerdem hielt er das bestehende polnische System besonders hinsichtlich der Lohnsteuer, die anders als im Reich keine Berücksichtigung des Familienstandes und ebenso wenig Werbungskosten und Sonderleistungen kannte, für die Ziele der Besatzer für besonders geeignet. So lehnte er die Einführung der Umsatzsteuer nach deutschen Maßstäben ab, da eine Aufzeichnungspflicht kaum bestand. Das polnische Pauschalisierungsverfahren, nach dem bei etwa 90 Prozent aller Umsatzsteuerpflichtigen die Steuerschuld ermittelt wurde, sah er als überaus praktisch an, da dies eine beliebige Anhebung der Sätze ermöglichte.[289] Zudem strebte Krappe eine generelle Beschränkung der Rechtsmittelverfahren an und wollte die Möglichkeit nutzen, mit „liberalistisch-juristischen Spitzfindigkeiten aufzuräumen". Nicht nur für das zunächst geplante „Hereinholen der Rückstände", sondern auch aus Gründen der Machbarkeit und Effizienz sollte also nach seinen Vorstellungen das polnische System beibehalten werden.[290]

Im Berliner Ministerium verfolgte man indes eine andere Strategie. Bereits am 20. September hatte eine Besprechung unter Leitung des Staatssekretärs stattgefunden, in der die Rolle Dinglers als „Beauftragten des Reichsfinanzministeriums beim Zivilgouverneur Ost" dahingehend erweitert wurde, dass

286 Vgl. VO des CdZ Krakau v. 12.10.1939, abgedruckt als Dok. 21 in: Friedrich/Löw, S. 107.

287 Vgl. Bericht Masius' an Krappe v. 10.10.1939, BArch, R 2, 5836, Bl. 74.

288 Ausgerüstet waren die Beamten mit einer Schreibmaschine, Papier und Druckvorschriften. aber nur teilweise mit Waffen. Vgl. Vermerk von Dietz' v. 13.9.1939, BArch, R 2, 5834, Bl. 96; Bericht Spindlers an Reinhardt v. 25.10.1939, ebd., Bl. 440–442.

289 Vgl. Schreiben Krappes an Spindler v. 12.10.1939, BArch, R 2, 5836, Bl. 57 f.; Bericht Breyhans an Reinhardt v. 16.10.1939, BArch, R 2, 56027, Bl. 345.

290 Vgl. Schreiben Krappes an Spindler v. 12.10.1939, BArch, R 2, 5836, Bl. 57 f.

er neben der Errichtung der Reichsfinanzverwaltung im besetzten Gebiet für den Erlass von Verordnungen zur Einführung des Deutschen Steuerrechts federführend gemacht werden sollte.[291] Es war geplant, das polnische Recht etappenweise in deutsches Steuerrecht zu überführen. Zunächst sollte die Umsatzsteuer eingeführt werden, ab 1940 dann schrittweise Lohn-, Einkommens- und Körperschaftssteuer folgen. Ausgebremst wurden die Pläne der Ministerialspitze jedoch durch das Auswärtige Amt. Denn Karl Groth konnte Erich Albrecht den stellvertretenden Leiter der Rechtsabteilung des Auswärtigen Amtes (AA), nicht von der Notwendigkeit einer schnellstmöglichen Rechtsüberführung überzeugen. Das AA sah in der Einführung deutschen Rechts eine Unvereinbarkeit mit der Haager Landkriegsordnung, die eine Erhebung von Abgaben nach fremdem oder neuem Recht durch den Besatzer nur sehr begrenzt gestattete.[292] Albrecht riet Groth hingegen, die weiteren Entwicklungen abzuwarten, da eine Eingliederung der westlichen Teile Polens in das Reich zu erwarten sei. Dann stehe der Einführung deutschen Rechts nichts mehr im Wege. Für das Restgebiet sah Albrecht keine zukünftigen Interessen des Reichsfiskus, denn dort würden keine Umsätze stattfinden.[293]

Um die Sicherung der Einnahmen im besetzten Polen zu gewährleisten, versuchte das Ministerium weiterhin, eine Überleitung bzw. Erweiterung des Steuerrechts umzusetzen. In der Erwartung, dass die noch ungeklärte staatliche Zukunft des besetzten Gebietes alsbaldig geklärt werden würde, wandte sich der Direktor der Abteilung III für Besitz und Verkehrssteuern Otto Hedding in einem Schnellbrief an das RMdI, um die Absicht des RFM das deutsche Steuerrecht und die Reichsabgabenordnung schnellstmöglich einzuführen, zu untermauern. Vor allem betonte er, dass gleichgültig, welche Entwicklung sich abzeichne, die notwendigen Verordnungsentwürfe bereit lägen und er durch eine sofortige Übermittlung die unverzügliche Inkraftsetzung gewährleisten könne.[294]

Die nötigen Abstimmungsarbeiten für die Erarbeitung jener Entwürfe hatten im Hause die Referate Zülow und Haußmann übernommen. Kurt Zülow hatte, als Leiter des Referats acht in der Abteilung III zuständig für die Reichsfluchtsteuer[295], seit Beginn der NS-Herrschaft die fiskalische Judenverfolgung

291 Vgl. Vermerk zur Besprechung v. 20./21.9.1939, BArch, R 2, 5834, Bl. 132–134.

292 Vgl. Art. 48 u. 49 des IV. Abkommens der Haager Friedenskonferenz v. 1907.

293 Vgl. Vermerk Groth über eine Besprechung im AA am 7. u. 9.10.1939 mit Geheimrat Albrecht u. Legationsrat Günther (Rechtsabteilung) v. 11.10.1939, BArch, R 2, 5834, Bl. 392.

294 Vgl. Schnellbrief Heddings an Hubrich im RMdI ohne Datum, vermutlich um den 11.10.1939, ebd., Bl. 393 f.

295 Die Reichsfluchtsteuer war mit der „Vierten Notverordnung des Reichspräsidenten zur Sicherung von Wirtschaft und Finanzen und zum Schutze des inneren Friedens“am 8.12.1931 als eine Kapitalfluchtsteuer eingeführt worden. Nach 1933 wurde der Steuersatz von 25 Prozent schrittweise erhöht und die ursprüngliche Intention, Vermögende von der

maßgeblich vorangetrieben. Bereits 1933 hatte er eine Verschärfung der Regelungen für jüdische Emigranten als Sondergruppe der Reichsfluchtsteuer gefordert. Aber nicht nur Zülows Referat, sondern auch die anderen Referate in Heddings Abteilung, so das Referat Haußmann, hatten in den Vorkriegsjahren dem weltanschaulichen Fanatismus Reinhardts in der Umsetzung einer rassistisch ausgerichteten Steuerpolitik mit Fachexpertise zur Seite gestanden und die steuerliche Sonderbehandlung von „Nichtariern" vorbereitet.[296]

Nun mit der Aufgabe betraut, die Steuerpolitik im besetzten Polen zu gestalten, formulierte Richard Mußfeld, Mitarbeiter Zülows und ebenfalls Experte für die Reichsfluchtsteuer[297], einen Entwurf für eine „Verordnung über eine Auswanderungssteuer in den von den deutschen Truppen besetzten Gebieten der ehemaligen Republik Polen".[298] Die Beamten der Abteilung III gingen davon aus, dass die Einnahmen aus bestehenden polnischen Steuern nicht ausreichen würden, um die erwarteten Kosten der Besatzung zu decken. Deshalb schien es den Finanzbeamten zweckmäßig, „innerhalb der durch die Haager Landkriegsordnung von 1907 gezogenen Grenzen zusätzliche Einnahmequellen zu erschließen."[299] Im Wesentlichen lehnte sich der Entwurf an die Reichsfluchtsteuerverordnung von 1931 an.[300] In der Auffassung der Ministerialbeamten entzogen sich demnach alle polnischen Staatsbürger, die vor Kampfhandlungen oder dem Terror der SS und der Wehrmacht aus ihren Häusern und Wohnungen gen Osten und Süden flohen oder brutal vertrieben worden waren, der Pflicht, die dem Reich entstehenden Besatzungskosten durch Steuern und Abgaben zu decken. „Es liege [daher] nahe", argumentierte Reinhardt, „zu diesem Zweck auf diejenigen Personen zurückzugreifen, die durch Flucht aus den besetzten Gebieten diesen ihre wirtschaftliche und steuerliche Leistungskraft entzogen

Übersiedlung ins Ausland abzuhalten, wurde mehr und mehr abgewandelt in ein Enteignungsinstrument gegenüber den jüdischen und politischen Flüchtlingen. Vgl. Mußgnug; Friedenberger/Gössel/Schönknecht, S. 12 f.; Kuller, Bürokratie und Verbrechen, S. 185–201. Vgl. zur Anwendung der Reichsfluchtsteuer gegenüber politisch Verfolgten und Flüchtlingen auch die Studie von Josephine Ulbricht.

296 Vgl. Kuller, Bürokratie und Verbrechen, S. 55–57.

297 Vgl. Zülow; Mußfeld.

298 Vgl. Schreiben Reinhardts an das AA und des RMdI v. 8.10.1939 nebst VO-Entwurf, AAN, 111, 1027, n. p.

299 Vgl. ebd. Gemäß der Haager Landkriegsordnung war es der besetzenden Macht nach Art. 48 gestattet, zugunsten des Staates bestehende Abgaben, Zölle und Gebühren nach Maßgabe der für die Ansetzung und Verteilung geltenden Vorschriften zu erheben. Art. 49 begrenzt die zusätzliche Erhebung von Abgaben und anderer Auflagen in Geld jedoch hinsichtlich der Bedingung, diese nur zur Deckung der Bedürfnisse des Heeres oder der Verwaltung dieses Gebietes zu verlangen. In Art. 50 wird die Auferlegung von Strafabgaben eingeschränkt, da eine Strafe in Geld oder anderer Art nicht über eine ganze Bevölkerung verhängt werden dürfe. Vgl. IV. Abkommen der Haager Friedenskonferenz von 1907.

300 Vgl. RGBl. I 1931, S. 699.

haben".[301] Der Steuersatz sollte sich nach Zülows und Mußfelds Vorschlag auf ein Viertel des Vermögens der Abgabepflichtigen belaufen. Auch dieser Vorstoß des Ministeriums wurde vom Auswärtigen Amt mit dem Verweis auf die Haager Landkriegsordnung und die noch unklare staatsrechtliche Entwicklung des Gebietes abgelehnt. Das Reichsministerium des Innern gab zudem zu bedenken, dass in den ehemals polnischen Gebieten noch nicht geklärt sei, welche Staatsangehörigkeit den Bewohnern zuzuordnen sei. Es herrschte sowohl im Reichsministerium des Innern als auch im Auswärtigen Amt noch allgemeine Unklarheit über den Umfang der geplanten Annexionen und den exakten Verlauf der neuen Reichsgrenze, aber auch über die geplanten Zwangsumsiedlungen und Neuansiedlungen.[302]

Himmler, der in seiner neuen Funktion als RKF seit dem 7. Oktober mit der Aufgabe betraut war, in den westlichen polnischen Gebieten deutsche Siedler aus dem Ausland anzusiedeln und die polnische Bevölkerung zu vertreiben, hatte erst begonnen, die entsprechenden Stellen zu beauftragen bzw. zu schaffen. Die Pläne betrafen mehrere Millionen Menschen und sollten über die ersten wilden Vertreibungen hinaus mit dem zu errichtenden Verwaltungsapparat die Vorstellung vom „Lebensraum im Osten" in die Realität umsetzen.[303] Dabei spielten fiskalische Argumente keine Rolle. Das Vorhaben zur Auswanderungssteuer wurde in der Folge zurückgestellt[304] und später aufgegeben, da es sich auch verwaltungstechnisch als zu aufwändig und nicht umsetzbar erwies.[305]

Hatte Reinhardt mit der Entsendung der Beamten, den Plänen zur Rechtsangleichung und dem Verordnungsentwurf zur Auswanderungssteuer schnell auf die Ereignisse reagiert, blieb im Ministerium selbst eine größere strukturelle Veränderung hinsichtlich der neuen Lage aus. Zwar wurde am 9. Oktober 1939 mit Ministerialdirigent Albert Trapp auch im Reichsfinanzministerium ein Generalreferent für alle Fragen der besetzten Ostgebiete ernannt, ein Generalreferat für Polen aber nicht gebildet. Stattdessen ordnete Reinhardt an, dass

301 Schreiben Reinhardts an das AA und RMdI v. 8.10.1939 nebst VO-Entwurf, AAN, 111, 1027, n. p.

302 Vgl. Schreiben Mußfelds an ORR Jung beim OFP Posen v. 2.12.1939, ebd.

303 Vgl. Heinemann, Rasse- und Siedlungshauptamt.

304 Mußfeld selbst beurteilte die mögliche Einführung einer an der Reichsfluchtsteuer angelehnten Auswanderungssteuer negativ: „Die Verhältnisse im Generalgouvernement sind noch sehr im Fluß. Es finden hier im Rahmen der vom Führer angeordneten Maßnahmen zur Festigung des Deutschen Volkstums fortgesetzt Umsiedlungen im größten Maßstab statt. Soweit dabei Personen ausgesiedelt werden, können sie nach den zwischenstaatlichen Abmachungen einer Auswanderungssteuer nicht unterworfen werden." Schreiben Mußfelds an ORR Jung beim OFP Posen v. 2.12.1939, AAN, 111, 1027, n. p.; Vgl. Mußfeld.

305 Vgl. Vermerk Spindlers v. 14.2.1940, AAN, 111, 1027, n. p. Daneben überholten die Entwicklungen hinsichtlich der Verwertung polnischer Vermögen die Intention des VO-Entwurfs. Vgl. Kapitel: Die Rechtsgrundlagen für das Rauben, S. 114.

in allen sechs Abteilungen und im Generalbüro für die Bearbeitung der Fragen betreffend der besetzten Ostgebiete ein Referent zu bestimmen sei.[306] Mit Blick auf die geplante Wiederangliederung der ehemaligen preußischen Provinzen und die noch nicht näher bestimmte wirtschaftliche Marginalisierung des restlichen Gebietes schienen Aufwand, wie auch künftige An- und Einbindung einer dann ausgedehnten Reichsfinanzverwaltung für die Ministeriumsspitze so realisierbar.

Die Koordination und Kommunikation mit den Beauftragten der Reichsfinanzverwaltung im besetzten Gebiet lief aber weiterhin über das Staatssekretärsbüro und somit über Herbert Gündel, den persönlichen Referenten Reinhardts bzw. über den Schreibtisch des Staatssekretärs selbst.[307] So erreichten die Berichte Alfred Spindlers, der erst Ende September seine Tätigkeit als Beauftragter der Reichsfinanzverwaltung bei Franks Stab in Łódź aufnehmen konnte weiterhin direkt Reinhardt. Spindler, der vom Münchner Oberfinanzpräsidium zum Einsatz im besetzten Gebiet abgeordnet worden war, verfügte über reichlich Erfahrung in der Reichsfinanzverwaltung. Im Vergleich zu Krappe wirkt sein Vorgehen strukturierter: Der langjährige Finanzbeamte nummerierte die Berichte an seinen Chef, gab ihnen eine wiederkehrende Struktur und referierte gern und ausführlich über verwaltungsstrukturelle Maßnahmen. Von einem übermäßigen Eifer zur Umsetzung rassepolitischer Ziele durch Sofortmaßnahmen am Rande der Verwaltungstätigkeit und ohne legalistische Basis hielt er offenbar wenig. Nach Berlin berichtete er von der guten Zusammenarbeit mit dem Chef der Zivilverwaltung (CdZ) in Łódź und der teilweise schwierigen Übernahme der polnischen Steuerämter, Zolllager, Veredelungsbetriebe, Brauereien, Zigarrenfabriken, Zuckerfabriken, Fettherstellungsbetriebe und Zündholzfabriken. Vor allem die Monopolbetriebe der Brauereien waren durch die Zollbeamten als von der Wehrmacht chaotisch geplündert vorgefunden worden.[308]

Die Beamten in Łódź setzten die Steuereintreibung ähnlich rasch wie ihre Kollegen in Krakau in Gang. Im Zeitraum vom 2. bis 10. Oktober 1939 vereinnahmten die Finanzämtern der Stadt an die 900.000 Złoty, was Spindler hinsichtlich der noch erwartenden Einnahmen positiv bewertete. Das Mindestziel lag in der Eintreibung des bisherigen Jahresertrags an Steuern (1938/39 für die Stadt Łódź 101.000.000 Zł), weshalb der Finanzpräsident seine Beamten noch

[306] Vgl. Rundschreiben des RMdI in Nachrichten des Reichsfinanzministeriums v. 9.10.1939, BArch, R 2, 11872, n. p. Die Liste der Referenten stand aber erst im Dezember fest.

[307] Vgl. Anweisung Reinhardts an die Abteilungsleiter des RFM, das GenB u. RegRat Gündel zur Behandlung der Berichte der Beauftragten im besetzten Gebiet v. 28.9.1939, BArch, R 2, 56027, Bl. 17.

[308] Vgl. Bericht Spindlers an Reinhardt v. 30.9.1939, ebd., Bl. 180; Bericht Gleich an Spindler v. 10.9.1939, BArch, R 2, 5837, Bl. 6 f.

im Oktober 40.000 Mahnungen anfertigen ließ.[309] Die hohe körperliche und psychische Belastung führte unter den deutschen Beamten[310] schnell zu ersten Ausfällen, weshalb Spindler bei seinem Chef um personelle Verstärkung mit den Worten bat, dass „den Verhältnissen hier draußen sich jedenfalls nur Männer anpassen können, die völlig gesund, von überdurchschnittlicher Tatkraft und mit vollem Herzen einsatzfreudig sind".[311] Spindler zeigte sich ebenso wie Krappe und Lodde überrascht von der hohen Zahl polnischer Finanzbeamter und Angestellter, die im Dienst verblieben waren. Die Weiterbeschäftigung machte er aber nicht an ihrer Nützlichkeit oder Volkszugehörigkeit fest, sondern forderte alsbald eine Prüfung aller polnischen Beamten und Angestellten gemäß der Regelungen des „Arierparagraphen" aus dem Jahr 1933.[312]

Mit der Kapitulation der nach schweren Luftangriffen stark zerstörten polnischen Hauptstadt am 27. September und dem Einmarsch der Wehrmacht am 1. Oktober gehörte fortan auch Warschau in Spindlers Zuständigkeitsbereich. Da aufgrund der Zerstörungen jegliches Wirtschaftsleben in der Stadt lahmgelegt war, schloss er allerdings eine baldige Aufnahme der Amtsgeschäfte der Finanzverwaltung aus.[313] Die deutsche Militärverwaltung stand jedoch vor dem Problem, die Bevölkerung mit dem Nötigsten zu versorgen. Doch mussten zuerst die Trümmer beseitigt und ein Minimum der städtischen Infrastruktur instand gesetzt werden.[314] Deshalb gelangten Harry von Craushaar, ziviler Verwaltungschef in Warschau, und Oskar Dengler, ehemaliger Stadtkämmerer

309 Vgl. Bericht Spindlers an Reinhardt v. 15.10.1939, BArch, R 2, 56027, Bl. 374.

310 Die Regierungsräte, die als Beauftragte der Reichsfinanzverwaltung nach Polen abgeordnet waren, entstammten den Jahrgängen 1883 bis 1903. Vgl. Personalaufstellung, BArch, R 2, 5834, Bl. 56. Sie waren damit deutlich jünger als ihr Dienstherr vor Ort, Max Dingler, der vom RFM aus dem Ruhestand geholt worden war. Ein Großteil von ihnen führte einen Doktortitel und hatte die Verwaltungslaufbahn entweder im RMJ oder direkt im RFM begonnen. Die ihnen unterstellten Beamten des gehobenen Dienstes gehörten überwiegend den Jahrgängen 1880 bis 1890 an. Vgl. Verzeichnis der Beamten des gehobenen Dienstes aus dem Altreich, die als Kassenleiter für die besetzten Gebiete im Osten bestimmt waren, ebd., Bl. 72 ff. Am jüngsten war die Gruppe der Zöllner, die fast ausschließlich aus den Jahrgängen nach 1900 stammten. Vgl. ebd., Bl. 76 ff. In den Reihen der Regierungsräte und der Zöllner kam es nach Aktenlage kaum zu Ausfällen oder Rückversetzungsgesuchen. Ein Großteil verblieb für die gesamte Kriegszeit in Polen.

311 Bericht Spindlers an Reinhardt v. 17.10.1939, BArch, R 2, 5837, Bl. 80.

312 Vgl. Bericht Spindlers an Reinhardt v. 1.10.1939, ebd., Bl. 58 f. Der sogenannte Arierparagraph war Teil einer der ersten gesetzgeberischen Maßnahmen der NS-Regierung, die die Entlassung von Gegnern des Regimes und vor allem von jüdischen Beamten und Angestellten aus dem öffentlichen Dienst umsetzte. Vgl. § 3 des Gesetzes zur Wiederherstellung des Berufsbeamtentums vom 7.4.1933, RGBl. I (1933), S. 175. „Arierpragraphen" fanden sich darüber hinaus in einer Vielzahl von Gesetzen, Verordnungen und Satzungen staatlicher und nichtstaatlicher Einrichtungen.

313 Vgl. Bericht Spindlers an Reinhardt v. 7.10.1939, BArch, R 2, 5834, Bl. 333.

314 Vgl. Ivánka, S. 373–375.

Würzburgs und nun Vize des Reichskommissars in Warschau, schnell zu der Auffassung, dass die Ingangsetzung der Steuererhebung zur Finanzierung dieser Maßnahmen unumgänglich sei. Auch der noch amtierende polnische Stadtpräsident Starzyński rief die Warschauer und Warschauerinnen zur Wiederaufnahme der Steuerzahlung auf, um die Wiederbelebung der Stadt zu realisieren.[315] Von den 1.300 städtischen Finanzbeamten meldeten sich 800 wieder zum Dienst. Spindler sah darin einerseits den praktischen Nutzen, weigerte sich aber zugleich, die Finanzverwaltung in polnischen Händen unter einem polnischen Stadtpräsidenten zu belassen.[316]

Über die weitere Entwicklung in den besetzten polnischen Gebieten informierte Regierungsgrat Breyhan seinen Staatssekretär am 20. Oktober. Verwaltungschef Frank hatte bekannt gegeben, dass Posen, Westpreußen und Süd-Ostpreußen ins Reich eingegliedert und ein polnischer „Reststaat" mit Frank als Generalgouverneur, der Hitler direkt unterstand, geschaffen wurde. Damit war die Militärverwaltung beendet und die endgültige Abgrenzung der Bezirke erfolgte zum 1. November 1939. Für die Zeit danach war geplant, dass Frank mit einem Gouverneursstab von etwa 200 Mitarbeiterin nach Krakau übersiedele. Um die Zahl der nötigen Finanzbeamten überschaubar zu halten und da sich „für den polnischen Reststaat [...] hinsichtlich des Steueraufkommens keine rosigen Aussichten" boten, schlug Breyhan die Einsparung einer Mittelbehörde vor, wie sie im Reich und in den annektierten Gebieten mit den Oberfinanzpräsidenten bestand bzw. im Aufbau begriffen war und in Polen bisher existierte. Um seine Beamten vorzubereiten, erbat der Regierungsrat in Berlin die Übersendung „der in Betracht kommenden Bestimmungen der Haager Landkriegsordnung und der wichtigsten Akten betr. Finanzverwaltung Oberost 1914/18".[317] Gemäß der Landkriegsordnung sollte schnell überprüft werden, ob Steuererhöhungen im Rahmen der polnischen Steuergesetzgebung möglich seien. Auch die Erfahrungen der deutschen Besatzungsverwaltung in Polen während des Ersten Weltkrieges[318] wollte Breyhan für das nun entstehende neue Generalgouvernement nutzen.[319]

Während in Berlin, Łódź und Krakau die Vorbereitungen für die neue Verwaltungseinteilung getroffen wurden, herrschte in vielen Dienststellen noch das blanke Chaos. Auf der Suche nach evakuierten Steuerakten und Verwaltungsunterlagen, die von den polnischen Beamten nach Osten transportiert oder von der Wehrmacht und der SS in den ersten Beutezügen nach Westen geschickt

315 Starzyński hatte bereits ein erstes Notfall-Finanzprogramm zum Wiederaufbau der Stadt entwickelt und einen Aufruf an die Bevölkerung erlassen. Vgl. ebd., S. 378–381, 384.

316 Vgl. Bericht Spindlers an Reinhardt v. 13.10.1939, BArch, R 2, 5837, Bl. 73–75.

317 Vgl. Bericht Breyhans an Reinhardt v. 16.10.1939, BArch, R 2, 56027, Bl. 342 ff.; Kapitel: Das polnische Steuer- und Währungssystem, S. 87.

318 Vgl. Kapitel: Deutsche Ostraumentwürfe, S. 27.

319 Vgl. Bericht Breyhans an Reinhardt v. 20.10.1939, BArch, R 2, 5834, Bl. 423–426.

worden waren, irrte ein nicht geringer Teil der abgeordneten Beamten noch von Stadt zu Stadt.[320] Trotz dieser Schwierigkeiten gelang es ihnen erstaunlich schnell, die Ämter zu besetzen und den Dienstbetrieb aufzunehmen. Die Priorität, so kann man fast allen Berichten mit wenigen Ausnahmen[321] entnehmen, lag für die Finanzbeamten, neben der Behebung der aus ihrer Sicht untragbaren hygienischen Zustände und der peniblen Auflistung der vorgefundenen Unzulänglichkeiten und Zerstörungen[322], in der gesonderten Auflistung der jüdischen Steuerschuld.[323] Die steuerliche Diskriminierung der jüdischen Bevölkerung und die rasche Einführung einer nach rassistischen Gesichtspunkten ausgelegten Steuerungerechtigkeit zählte durchgängig zu den ersten Amtshandlungen.

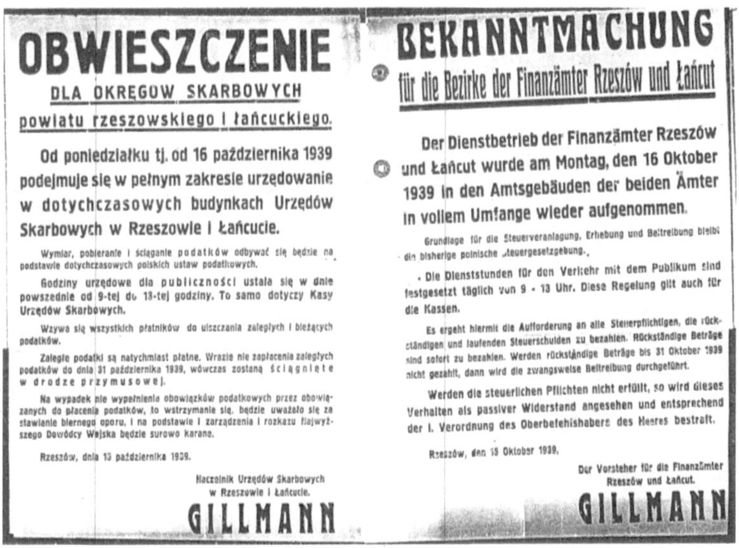

OBWIESZCZENIE

DLA OKRĘGÓW SKARBOWYCH powiatu rzeszowskiego i łańcuckiego.

Od poniedziałku tj. od 16 października 1939 podejmuje się w pełnym zakresie urzędowanie w dotychczasowych budynkach Urzędów Skarbowych w Rzeszowie i Łańcucie.

Wymiar, pobieranie i ściąganie podatków odbywać się będzie na podstawie dotychczasowych polskich ustaw podatkowych.

Godziny urzędowe dla publiczności ustala się w dnie powszednie od 9-tej do 13-tej godziny. To samo dotyczy Kasy Urzędów Skarbowych.

Wzywa się wszystkich płatników do uiszczania zaległych i bieżących podatków.

Zaległe podatki są natychmiast płatne. Wrazie nie zapłacenia zaległych podatków do dnia 31 października 1939, wówczas zostaną ściągnięte w drodze przymusowej.

Na wypadek nie wypełnienia obowiązków podatkowych przez obowiązanych do płacenia podatków, to wstrzymanie się, będzie uważało się za stawianie biernego oporu, i na podstawie i zarządzenia i rozkazu Najwyższego Dowódcy Wojska będzie surowo karane.

Rzeszów, dnia 13 października 1939.

Naczelnik Urzędów Skarbowych w Rzeszowie i Łańcucie.

GILLMANN

BEKANNTMACHUNG

für die Bezirke der Finanzämter Rzeszów und Łańcut

Der Dienstbetrieb der Finanzämter Rzeszów und Łańcut wurde am Montag, den 16 Oktober 1939 in den Amtsgebäuden der beiden Ämter in vollem Umfange wieder aufgenommen.

Grundlage für die Steuerveranlagung, Erhebung und Beitreibung bleibt die bisherige polnische Steuergesetzgebung.

Die Dienststunden für den Verkehr mit dem Publikum sind festgesetzt täglich von 9 - 13 Uhr. Diese Regelung gilt auch für die Kassen.

Es ergeht hiermit die Aufforderung an alle Steuerpflichtigen, die rückständigen und laufenden Steuerschulden zu bezahlen. Rückständige Beträge sind sofort zu bezahlen. Werden rückständige Beträge bis 31 Oktober 1939 nicht gezahlt, dann wird die zwangsweise Beitreibung durchgeführt.

Werden die steuerlichen Pflichten nicht erfüllt, so wird dieses Verhalten als passiver Widerstand angesehen und entsprechend der I. Verordnung des Oberbefehlshabers des Heeres bestraft.

Rzeszów, den 15 Oktober 1939.

Der Vorsteher für die Finanzämter Rzeszów und Łańcut.

GILLMANN

Abbildung 6 – Bekanntmachung über die Wiedereröffnung der Finanzämter Rzeszów und Lancut durch Steueramtmann Gillmann vom 15.10.1939

320 Vgl. exemplarisch die Reiseberichte der Obersteuerinspektoren Mader und Schneider aus Kattowitz v. 13. u. 23.-28.10.1939, BArch, R 2, 5835, Bl. 27 ff.

321 Vgl. Bericht Schirmers an Krappe u. Reinhardt v. 14.10.1939, BArch, R 2, 5836, Bl. 55.

322 Vgl. Bericht Gillmanns an Krappe v. 22.10.1939, ebd., Bl. 161–178.

323 Vgl. Bericht des RegRat Antonetty an Krappe v. 12.10.1939, ebd., Bl. 113–119; Bericht Göhls, Vorsteher der FÄ Bochnia u. Brzesko, an Krappe v. 18.10.1939, ebd., Bl. 88–99; Bericht Wodraschkes, Steueramt Przeworsk, an Krappe v. 19.10.1939, ebd., Bl. 109; Bericht Gillmanns an Krappe v. 22.10.1939, ebd., Bl. 161–178.

Da die Monopole die Haupteinnahmequelle des Polnischen Staates darstellten, bemühten sich die Beamten um eine zügige Ingangsetzung sowohl der Monopolbetriebe als auch der Abführung aus den Monopolen. Senkowsky als Beauftragter der Reichsfinanzverwaltung (Zoll) traf Mitte Oktober 1939 zunächst Anordnungen zum Salzmonopol, Tabakmonopol, Branntweinmonopol und schuf eine Zentrale für die Verwaltung der polnischen Monopole in Krakau. Vor allem die Salzbergwerke in Wieliczka und Bochnia wie auch die zahlreichen Brennereien, Tabakfabriken und -lager in Krakau und Radom sollten schnellstmöglich die Produktion wiederaufnehmen. Die Nachfrage seitens der Wehrmacht war beträchtlich.[324] Allein bis Mitte Oktober wurden durch den Verkauf von Tabakwaren über 3,7 Millionen Złoty und von Branntwein 1,4 Millionen Złoty vereinnahmt.[325]

Betrachtet man das Vorgehen der Beamten vor Ort und in Berlin, fällt auf, dass sie in den ersten Wochen der Besatzung kaum koordiniert oder gar geplant vorgingen. Ungeachtet dessen gelang es sowohl den Steuer- als auch den Zollbeamten erstaunlich rasch, ihren Aktionsradius abzustecken und sich eine Informationsgrundlage aufzubauen. Das Reichsfinanzministerium war hingegen vollkommen auf die Berichte und Einschätzungen seiner Beamten angewiesen. Informationen über die Einnahmensituation, das polnische Steuerrecht, die Besitzverhältnisse und die Staatsverschuldung wurden so erst mühsam zusammengetragen. Lediglich die Danziger Steuerverwaltung hatte vorab Material gesammelt und dabei festgestellt, dass das polnische Abgabensystem erhebliche Unterschiede zum deutschen aufwies,[326] die Gliederung der Finanzverwaltung der deutschen aber im Wesentlichen entsprach.[327] Dies ist erstaunlich, bedenkt man, dass deutsche Finanzbeamte 20 Jahre zuvor aktiv am Aufbau des polnischen Fiskalsystem beteiligt gewesen waren.[328]

Christian Breyhan, der als Beauftragter der Reichsfinanzverwaltung im besetzten Polen an der Schnittstelle zwischen routinierter Ministerialverwaltung und Improvisationsdruck vor Ort saß, erinnerte sich als Zeuge bei den Nürnberger Kriegsverbrecherprozessen an die Situation im Herbst 1939: „Erst allmäh-

[324] Vgl. Kundmachungen zur DVO des Verwaltungschefs beim Militärbefehlshaber Krakau über die Einrichtung der Verwaltung der Zölle, Verbrauchssteuern und Monopole im Bereich des Militärbefehlshabers Krakau v. 17.10.1939, BArch, R 2, 5077, Bl. 85 ff.; Niederschrift der Besprechung mit den Vorstehern der HZÄ beim Beauftragten der Reichsfinanzverwaltung Zoll in Krakau v. 18.10.1939, ebd., Bl. 66 ff. Zur Rolle der Monopole in der Vorkriegszeit vgl. Kapitel: Polens Wirtschaft, S. 81.

[325] Vgl. Bericht Senkowskys an Reinhardt v. 24.10.1939, BArch, R 2, 5069, Bl. 8 ff.

[326] Vgl. Bericht Hoppenraths an Reinhardt v. 29.9.1939, BArch, R 2, 56027, Bl. 37.

[327] Vgl. Aufstellung aller Steuerbehörden in Polen nach dem Rocznik Polityczny i Gospodarczy 1938, BArch, R 2, 5834, Bl. 19 ff.; Übersicht über die Steuer- und Zollverwaltung in Polen, ebd. Bl. 42.

[328] Vgl. Kapitel: Das polnische Steuer- und Währungssystem, S. 87.

Abbildung 7 – Umschlaggestaltung das Heftes „Schlag nach über Polen", Leipzig 1939

lich wurden klare Prinzipien über die rechtliche und etatsmäßige Behandlung der Besatzungskosten aufgestellt. Das Fehlen klarer Grundsätze und klarer Zuständigkeiten zu Anfang des Krieges und noch in der ersten Kriegszeit zeigt, dass man sich bis dahin mit diesen Dingen nicht befasst hatte und dass man 1939 – jedenfalls im RFM – mit der Möglichkeit derartiger Finanzprobleme nicht gerechnet hatte. Es war übrigens zu Kriegsbeginn auch das notwendige statistische Material über die Feindländer im RFM nicht vorhanden."[329] Um sich über das gerade eroberte Land und dessen Beutewert für den Reichsfiskus

[329] Eidesstattliche Erklärung Breyhans v. 25.6.1948, IfZ, ZS 0482, Bl. 15.

klar zu werden, griffen die Beamten auf Handreichungen wie das Heftchen mit dem Titel *Schlag nach über Polen. Wissenswerte Tatsachen, Übersichten, Tabellen und Karten nebst einer sechsfarbigen Übersichtskarte von Polen* für 50 Reichspfennige zurück.[330]

1.6 Die Beute

Umfang und damit der Wert, der der Beute zugesprochen wird, bestimmen maßgeblich die Motivation nicht nur zur Kriegsführung, sondern auch den Umgang mit dem Erbeuteten und die Wertschöpfung aus dem Erbeuteten. Die Definition des Begriffs Beute hat sich in der Geschichte ebenso verändert wie die Art der Beutewerte.[331] Die Kriegsbeute als Lohn der Gewalt umfasst immer etwas, das unter den beteiligten Kriegsparteien bzw. ihren (staatlichen) Vertretern und unter den Kämpfenden selbst zu verteilen war. Es kann sich dabei um bewegliches wie nicht-bewegliches Gut handeln.

Die Rechtmäßigkeit oder Unrechtmäßigkeit des Beutemachens im Krieg wurde dabei über die Jahrhunderte hinweg unterschiedlich gesehen, bewertet und reglementiert.[332] Gebietsgewinne und der damit verbundene Zugriff auf Rohstoffquellen, Arbeitskräfte wie auch monetäre, kulturelle oder technologische Ressourcen des eroberten, besetzten oder annektierten Staatsgebildes oder seiner Einwohnerschaft wurden ebenso wie Kulturgüter von jeher als potenzielles Beutegut angesehen. Die Rückeroberung abgetretener oder zuvor verlorener Gebiete oder Werte führten Aggressoren nicht selten als Legitimation an. Dagegen zielt expansionistische Kriegsführung auf den Zuwachs von Macht. Neben der Schwächung des Gegners geht es dabei um die Ausdehnung des eigenen Einflussbereiches und die eigene Wirtschaftskraft. Die entstehenden eigenen

[330] Vgl. Handreichung, BArch, R 2, 5834, Bl. 2 ff.; Fachschriftleitungen des Bibliographischen Instituts.

[331] Unter dem Begriff Beute wird gemeinhin der Gewinn einer Jagd, eines Einbruchs oder Diebstahls aber auch der Ertrag eines Krieges zusammengefasst. Ursprünglich umschrieb der Beutebegriff aber eine Art der Verteilung, oder des Tausches – also das eigentlich zu Verteilende. Erst später wurde die Beute zu etwas Gestohlenem bzw. Erobertem und wird seit dem Spätmittelalter fast ausschließlich mit Krieg und den einhergehenden Plünderungen in Zusammenhang gestellt. Vgl. Bömelburg.

[332] Vgl. Haager Landkriegsordnung (HLKO), Abkommen, betreffend die Gesetze und Gebräuche des Landkriegs v. 18.10.1907, RGBl. 1910, S. 107–151; Gutachten des Sejm bzgl. des Anspruches auf Reparationsleistungen durch die Bundesrepublik Deutschland: Opinia prawna w sprawie możliwości dochodzenia przez Polskę od Niemiec odszkodowani a za szkody spowodowane przez drugą wojnę światową w związku z umowami międzynarodowymi, BAS – WAP- 1455/17 v. 6.9.2017.

Kriegskosten werden mit der Perspektive auf eben diesen Beutegewinn in Kauf genommen.[333]

Bereits im Ersten Weltkrieg hatte das Deutsche Kaiserreich anders als Großbritannien und Frankreich den Krieg nicht über Vermögenssteuern finanziert, sondern mit der Notenpresse. Kriegsanleihen sollten nach dem geplanten „Siegfrieden" durch die Kriegsbeute – also die Reparationsleistungen der Besiegten – die staatlichen wie privaten Kassen wieder auffüllen. Im Ergebnis der deutschen Niederlage standen jedoch Inflation, Gebietsabtretungen und hohe deutsche Reparationszahlungen an die Alliierten. Die „Rückgewinnung" oder „Heimholung" der abgetretenen Gebiete stand so bereits früh auf der nationalsozialistischen Agenda. Darüber hinaus sollte eine Expansion den deutschen Machtanspruch deutlich machen und die Ausnutzung der durch Eroberung gewonnenen Wirtschaftskraft den Krieg ökonomisch absichern.

Welchen konkreten Ertrag oder wirtschaftlichen Zugewinn die deutsche Kriegswirtschaft unmittelbar aus der Eroberung halb Polens ziehen konnte, bereitete allerdings schon den zeitgenössischen Beobachtern erhebliche Schwierigkeiten. Die polnische Statistik war unvollkommen, es fehlte an einer allgemeinen Produktionsstatistik. Verschiedene Berichterstatter versuchten im Herbst 1939, auf Grundlage der vorhandenen Wirtschaftsdaten, den Gewinn Deutschlands am Polenfeldzug zu bemessen.[334] Die unzureichende Datenbasis erschwerte dieses Unterfangen ebenso wie die im Herbst 1939 noch kaum abzusehenden Entwicklungen der nationalsozialistischen Polenpolitik und die schwer abzuschätzenden Schäden des Feldzuges. Ein vergleichbarer Bericht findet sich in den überlieferten Akten des Reichsfinanzministeriums nicht. Die Art der Informationsbeschaffung deutet zudem darauf hin, dass das Ministerium den tatsächlichen wirtschaftlichen und finanziellen Nutzen des Kriegszuges gegen Polen nicht abschätzen konnte, auch die Kosten übrigens nicht. Es fehlte den Berliner Beamten schlicht an Informationen zu den polnischen Staatsfinanzen, zur Verschuldung, zum Finanz- und Steuersystem und zu den Eigentumsverhältnissen. Damit waren sie jedoch keineswegs allein. Auch an anderer Stelle war das Wissen über das besetzte Land mangelhaft bis ungenügend.[335]

Zwar hatte die deutsche Ostforschung Daten gesammelt, doch lag der Schwerpunkt vor allem auf Staatsgründung, Bevölkerungsstruktur und Wirtschaftsentwicklung und nicht auf fiskalischen Aspekten.[336] Neben der

[333] Vgl. Jucker; Bömelburg; Aly, Volksstaat; Deuchler; Schnabel/Tatzkow.; Linne/Dierl; Lehnstaedt, Exploitation, S. 89 f.

[334] Beispielhaft hierzu der Bericht der Sopade v. 15.11.1939: Behnken, Deutschland Berichte 1939, S. 1057.

[335] Vgl. Lehnstaedt, Mobilisierungsreserve, S. 238.

[336] Vgl. Ahlers; Arbeitswiss. Institut der Deutschen Arbeitsfront.

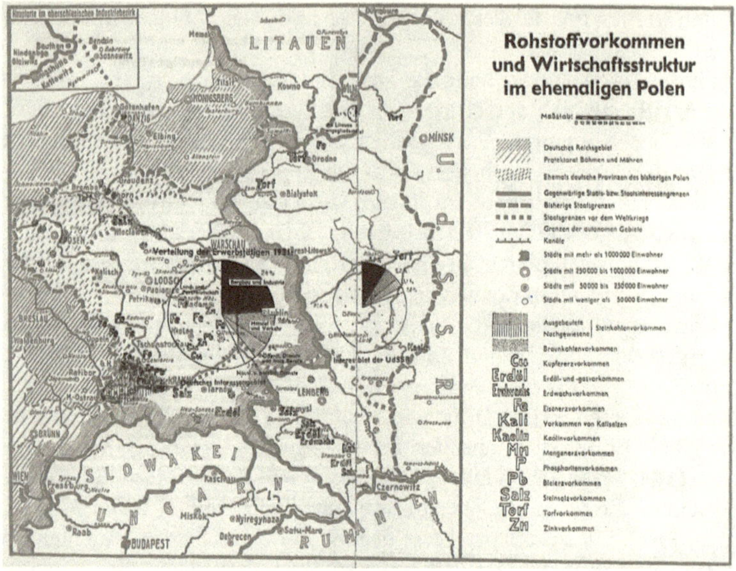

Abbildung 8 – Darstellung zu den Rohstoffvorkommen aus der Publikation der Dresdner Bank: Volk und Wirtschaft im ehemaligen Polen, 1939

Wirtschaft des östlichen Nachbarn standen vor allem die ländliche Überbevölkerung und die jüdische Minderheit zunehmend im Fokus.[337] Überblickswerke wie Peter-Heinz Seraphims Atlas *Polen und seine Wirtschaft* von 1937 erreichten durchaus Breitenwirkung.[338] Auskunft über die wirtschaftliche Situation in Polen gaben ab Dezember 1939 unter anderem die Studie der Dresdner Bank zu *Volk und Wirtschaft im ehemaligen Polen*, die „interessierten Geschäftskunden [. . .] die wirtschaftliche Struktur und Bedeutung des neuen deutschen Wirtschaftsraumes" näherbringen sollte[339], außerdem die von der Reichsstelle für Raumordnung herausgegebene Datensammlung *Volk und Wirtschaft des deutschen Interessengebietes im ehemaligen Polen*[340] und die Studie *Der deutsche Wirtschaftsraum im Osten*, die über die Zugehörigkeit der Gebiete schon

337 Vgl. Seraphim, Polen; Seraphim, Judentum; Schacht; Wingendorf; Conze. Seraphim als Polenexperte des Instituts für Osteuropäische Wirtschaft unter Leitung Theodor Oberländers an der Universität in Königsberg publizierte bis in die Nachkriegszeit mit diesem Schwerpunkt: Seraphim, Wirtschaftsstruktur; Seraphim, Bevölkerungs- und wirtschaftspolitische Probleme; Seraphim, Ostwärts.

338 Vgl. Petersen, S. 135.

339 Vgl. Volk und Wirtschaft, S. 3.

340 Vgl. Reichsstelle für Raumordnung.

keinerlei Zweifel mehr ließ.[341] Die zugrundeliegende Datenbasis ging zumeist nicht über das Jahr 1931 hinaus und gab so kaum einen zutreffenden Eindruck zur aktuellen Wirtschafts- und Finanzlage. Eine tatsächliche Vorbereitung zur wirtschaftlichen Nutzbarmachung Polens fand einerseits im Wehrwirtschafts- und Rüstungsamt des OKW statt, wo man seit 1936 Daten sammelte, zum anderen beobachtete die deutsche Industrie die Konkurrenzunternehmen: Unter anderen aktualisierte die IG Farbenindustrie AG ab 1934 regelmäßig ihre Daten zur polnischen Chemieindustrie.[342]

Im Reichsfinanzministerium gingen belastbare Wirtschaftszahlen „des ehemaligen Staates Polen unter besonderer Berücksichtigung des Interessengebietes des Deutschen Reiches" erst im Februar 1940 ein, nachdem Ministerialdirektor Kiefer, Haushaltsreferent für Reichspost und Reichsbahn und ehemaliger Finanzdezernent bei der Reichsbankdirektion München, diese Zusammenstellung vom 2. Oktober 1939 bei der Deutschen Reichsbahn angefordert hatte.[343] Die in der Zusammenstellung ausgewiesenen allgemeinen Wirtschaftszahlen gingen aber ebenfalls kaum über das Jahr 1937 hinaus und bezogen sich großteils auf Daten des Jahres 1931. Über die wirtschaftliche Leistungskraft, die der junge Staat seit Beginn der 1930er Jahre aufgebaut hatte, herrschte also nicht nur im Reichsfinanzministerium offenbar weitestgehend Unkenntnis vor. Dies dürfte nicht zuletzt an der Wahrnehmung und Einschätzung Polens in weiten Teilen der deutschen Bevölkerung und in den Berliner Regierungskreisen gelegen haben.

Im Sommer 1939 waren binnen weniger Wochen die alten Ressentiments gegen den kurzzeitigen Bündnispartner reaktiviert und durch gezielte Propaganda befeuert worden. Die deutschen Gebietsabtretungen im Osten und die Bildung eines souveränen polnischen Staates 1919[344], die bereits in der Weimarer Republik ein steter Konfliktherd in den deutsch-polnischen Beziehungen gewesen waren, sowie die polnische Minderheitenpolitik wurden instrumentalisiert. Die Revision der Ostgrenzen des Reiches stand seit Kriegsende auf der außenpolitischen Agenda und bildete einen parteiübergreifenden

341 Vgl. Splettstösser.

342 Vgl. Rosenkötter, S. 20.

343 Vgl. Schreiben der Deutschen Reichsbahn, Ministerialrat Hardt, an Ministerialdirektor Kiefer (RFM) v. 7.2.1940 mit einer Zusammenstellung von Wirtschaftszahlen des ehemaligen Staates Polen v. 2.10.1939 samt Karten. Aus der Akte ist nicht ersichtlich, ob das Dokument vom Verkehrsministerium, aus dem Wirtschaftsressort oder einer anderen Dienststelle stammt. Da im Kartenmaterial ein deutlicher Schwerpunkt auf dem Straßen- und Eisenbahnnetz liegt, stammt das Dokument höchstwahrscheinlich aber aus dem Reichsverkehrsministerium. Vgl. Lehnstaedt, Mobilisierungsreserve, S. 238 ff.

344 Vgl. Friedensvertrag von Versailles v. 28.6.1919, Teil II. Deutschlands Grenzen, Artikel 27 bis 30, 87 bis 93: Krüger.

Konsens.[345] Die Existenz Polens galt als unbeständig, Begriffe wie „Saisonstaat" oder „Zwangsgebilde" waren auch in der liberalen Presse bis hinein ins Auswärtige Amt gebräuchlich.[346] Die Polen galten als unterlegen, als ein Volk ohne die Fähigkeit, einen Staat zu bilden oder zu erhalten, in wirtschaftlicher wie politischer Hinsicht.[347]

Das Polen östlich der ehemals deutschen Provinzen bestand in der Vorstellung vieler Deutscher aus nichts als Ödnis und schlammigen Feldwegen. Ein geregeltes wertschöpfendes Wirtschaftsleben vermutete man dort nicht. Diese Vorstellung wurde auch auf die polnischen Nachbarn übertragen, die als unterentwickelt und zivilisatorisch rückständig abqualifiziert wurden.[348] Der Begriff der „polnischen Wirtschaft" prägte das Polenbild der Deutschen seit dem 18. Jahrhundert.[349] Die schlechten Wege und die Weite des östlichen, russischen Polens ließen die Weichsel zu einer Kulturgrenze in den Köpfen werden.[350] So war das Wissen um diese Gebiete schon während der Besatzung im Ersten Weltkrieg gering und die Beurteilung dieser Gebiete negativ konnotiert.[351]

Das Mosaik des Feindbildes setzte sich aus vier Bausteinen zusammen: Der polnische Staat galt als künstliche und existenzunfähige Schöpfung, die die europäische Ordnung störte. Die Polen verwehrten dem Deutschen Reich rechtmäßige Ansprüche und bedurften aufgrund ihrer Unterlegenheit einer deutschen Führung. Die Bevölkerung wurde als „rassisch-minderwertig" angesehen und sollte deportiert und vernichtet werden. Zugleich bedrohte das überbevölkerte und aggressive Polen aber die deutsche Minderheit und das Reich.[352] Als Grundlage einer volkswirtschaftlichen Einschätzung des eroberten Raumes taugte diese Herangehensweise freilich wenig, noch gab sie den Verwaltungsinstanzen ein brauchbares *manual* zur Seite, wie die Besatzungsrealität auszugestalten sei.

Polens Bedeutung für das europäische Politik- und Wirtschaftsgefüge der Zwischenkriegszeit wird auch heute noch häufig auf die außenpolitische Rolle während der unmittelbaren Vorkriegszeit reduziert. Die durchaus enormen Fortschritte, die das Land in nur 20 Jahren erzielte, rücken allzu oft in den Hintergrund. Um den Zugewinn an Wirtschaftsleistung und Vermögen, der durch die Eroberung, die Besetzung und die Teilannexion Polens an das Deutsche Reich ging, beurteilen zu können, ist eine genauere Betrachtung der

345 Krekeler; Vgl. Kellermann; Vgl. Winkler; Rosenkötter, S. 30.
346 Vgl. Kosmala, S. 22; Wagner, S. 40.
347 Vgl. Broszat, Zweihundert Jahre, S. 155 f.
348 Vgl. Bömelburg/Musial, S. 44.
349 Der Begriff erschien in Hermann Frischbiers Sammlung preußischer Sprichwörter von 1864. Vgl. Orłowski, S. 331.
350 Vgl. ebd.
351 Vgl. Lehnstaedt, Imperiale Ordnungen, S. 221.
352 Vgl. Bömelburg/Musial, S. 44–46; Król, S. 574–577.

Entwicklung Polens seit dem Ende des Ersten Weltkriegs unabdingbar. Die „German phrase" von der „polnischen Wirtschaft", die sämtliche Fortschritte ignorierte, traf für das industrielle Schwellenland mit hohem wirtschaftlichen Entwicklungspotenzial keineswegs mehr zu – wie der amerikanische Ökonom Raymond Buell im Sommer 1938 seinen Wirtschaftsbericht über Polen zusammenfasste.[353]

1.7 Polens Wirtschaft

Polen war nach dem Ersten Weltkrieg das Land mit der am schnellsten wachsenden Bevölkerung Europas und zugleich eines der ärmsten Länder des Kontinents. Die Einwohnerzahl stieg in den 20 Jahren nach Kriegsende um etwa 10 Millionen auf 35,1 Millionen.[354] Mit einem Staatsgebiet von 389.772 Quadratkilometern war Polen zudem der sechstgrößte Staat im Nachkriegseuropa. Allerdings hatte dieses neue Staatsgebilde in seiner ökonomischen Entwicklung einen Rückstand von einem Jahrhundert auf den Stand der westlichen Industrienationen. Die Unabhängigkeit war Zusammenbruch und Neubeginn zugleich. Die Frage an Politik und Verwaltungsspitze lautete bei allem wiedererstarkten Nationalstolz: *How to run a state?*[355]

Die Ausgangslage mit den Hinterlassenschaften der Teilungsmächte war denkbar schlecht. Nicht nur die wirtschaftliche Differenz, sondern auch die unterschiedlichen Ordnungsvorstellungen, Rechtsauffassungen, Strukturen und Verwaltungstechniken stellten die neue Warschauer Zentralregierung vor immense Herausforderungen. Die Finanzierung dieses Staatsbildungsprozesses war dabei eine der drängendsten Fragen und eines der größten Probleme. Die wirtschaftliche Eingliederung und Stabilisierung der drei Teilungsgebiete zu einem funktionierenden Wirtschaftsraum als ökonomische Grundlage war primäres Ziel.[356]

Die vormals unter preußischer Herrschaft stehenden westlichen Regionen Posen und Pommerellen sowie der östliche Teil des oberschlesischen Industriereviers waren den südlichen und östlichen Landesteilen überlegen. Industrialisierung und Rationalisierung waren dort im Zuge der Germanisierungspolitik weit vorangeschritten. Die Siedlungs-, Verkehrs- und Industriedichte war hoch, die bäuerlichen Kleinst- und Kleinbetriebe im Zuge der Landwirtschaftsreform

353 Vgl. Buell, S. 25.
354 Vgl. Tab. 2 in: Główny Urząd Statystyczny Rzeczypospolitej Polskiej, Mały Rocznik Statystyczny 1939, S. 10; Główny Urząd Statystyczny Rzeczypospolitej Polskiej, Statystyka.
355 Vgl. Loose, How to run a state.
356 Vgl. Polonsky; Machray, S. 97–135.

beinahe verschwunden. Ein Großteil der Industrie und Landwirtschaft verblieb nach 1918 allerdings bei ausländischen Inhabern.[357] 1921 befanden sich 36 Prozent aller landwirtschaftlichen Großbetriebe in Großpolen und 43,7 Prozent in Pommerellen weiterhin in deutschem Privatbesitz. Bis 1931 änderte sich auch dank der verdeckten deutschen Subventionierung daran wenig, und obwohl der Anteil der deutschen Bevölkerung in Großpolen nur noch bei etwa zehn Prozent lag, gehörten 29 Prozent der Nutzfläche in Großpolen und immerhin noch 22 Prozent in Pommerellen deutschen Eigentümern. In Pommerellen befanden sich sogar 60 Prozent des Bodens weiterhin in deutschen Händen. Für Oberschlesien fällt der Befund noch drastischer aus. Vor Kriegsausbruch gehörten über 55 Prozent der Schwerindustrie weiterhin deutschen Unternehmen.[358] Im Jahre 1939 wurde bei der Prüfung von 2.890 Industrieunternehmungen mit einem Gesamtkapital von 4,1 Milliarden Złoty eine ausländische Kapitalbeteiligung von 1,56 Milliarden Złoty (38 Prozent) festgestellt. Mit 412 Millionen Złoty war der Anteil des Deutschen Reiches vor Belgien, Frankreich und den USA am größten.[359] Die Folge war, dass die größten Steuerzahler im wirtschaftlich starken Westen Polens weiterhin Deutsche waren und diese auch über die Investitionsleistung in ihren Unternehmen entschieden.

Die südlichen und östlichen Regionen Polens verfügten bei Weitem nicht über eine vergleichbare wirtschaftliche Potenz. Das Verkehrsnetz und die industrielle Infrastruktur waren kaum vorhanden oder marode, wenn überhaupt davon die Rede sein kann. Gemeinsam war allen drei Teilungsgebieten, dass die vorhandene Infrastruktur auf die Zentren Berlin, Wien und St. Petersburg ausgerichtet war und ein Personen- oder Warenverkehr zwischen Warschau, Krakau und Posen nur sehr erschwert möglich war. Mit dem Frieden von Riga 1921 waren Gebiete um Pinsk und Lemberg und 1922 das Gebiet um Wilna an Polen gefallen, doch kamen dadurch wenig Industrie und Rohstoffe ins Land.

Von der erwerbstätigen Bevölkerung waren 60,6 Prozent in der Landwirtschaft und nur 19,4 Prozent in Industrie, Bergbau und Handwerk beschäftigt.[360] Die Bevölkerung insgesamt setzte sich zu 65 Prozent aus Polen, 16 Prozent Ukrainern, zehn Prozent Juden, sechs Prozent Belarussen und drei Prozent Deutschen zusammen.[361] Die Regierung begegnete – allerdings nur teilweise erfolgreich – der Überbevölkerung und Selbstversorgerwirtschaft auf dem Land, die mit Arbeitslosigkeit und Analphabetismus einherging, mit Agrarreformen. Bis Anfang der 1930er Jahre blieben die Emigrationszahlen hoch und

357 Vgl. Landau/Tomaszewski, Kapitały obce.

358 Vgl. Wolf, Ideologie, S. 62–64; Kaczmarek, Penetration, S. 260.

359 Vgl. Rochlin, S. 51.

360 Vgl. Landau/Tomaszewski, Wirtschaftsgeschichte, S. 112 ff.; Kowal; Tomaszewski, Historische Forschungen.

361 Vgl. Główny Urząd Statystyczny Rzeczypospolitej Polskiej, Rocznik polityczny, S. 16; Landau/Tomaszewski, Kapitały obce, S. 117.

in den östlichen Gebieten nahm die Zahl der bäuerlichen Kleinbetriebe sogar wieder zu. Die Weltwirtschaftskrise und ein kapitalschwacher Binnenmarkt führten zu Massenarbeitslosigkeit. Die Arbeitslosenzahlen stiegen in Polen von 185.000 im Jahr 1929 rasant an und erreichten im September 1938 mit 859.000 ihren Höchststand.[362]

In den 1930er Jahren blieb das Bild ähnlich: Der Vielvölkerstaat hatte weiterhin wirtschaftlich stark differierende Regionen und ungelöste Wirtschaftsprobleme. Die Überwindung der Teilungsfolgen und die schrittweise Angleichung der Strukturen, vor allem der fehlenden Verkehrsanbindungen zwischen dem preußischen und russischen Teilungsgebiet, eine allumfassende Agrarreform und ein Ausbau der Industrie in den südlichen und östlichen Regionen, waren eben eine Jahrhundertaufgabe für die polnische Finanz-, Wirtschafts-, Innen- und Regionalpolitik. Um dieser Aufgabe gerecht zu werden, wurde ein umfangreiches staatliches Investitionsprogramm aufgelegt.

Das Eisenbahnnetz wurde um 1.770 km erweitert. Die Kohlemagistrale – die Eisenbahnverbindung zwischen dem oberschlesischen Industrierevier und den Ostseehäfen wurde zusammen mit dem Hafenneubau in Gdynia geplant und umgesetzt.[363] Eine Angleichung der unterschiedlich dichten Infrastruktur konnte aber weder im Straßenbau noch im Eisenbahnverkehr oder im Fernmeldewesen bis zu Beginn des Zweiten Weltkriegs erreicht werden.[364]

Neben dem Ausbau der Verkehrsinfrastruktur versuchte der polnische Staat mittels verschiedener Investitionsprogramme die Wirtschaft und vor allem die Schwerindustrie zu fördern. Dabei trat der Staat nicht nur als Kreditgeber auf, sondern war als Folge des hohen Anteils an Staatsbesitz in vielen Fällen Eigentümer von Unternehmen geworden. Polen war mit Ausnahme der Sowjetunion und Schweden der Staat in Europa mit dem höchsten Anteil an Staatsbesitz.[365] Der polnische Staat besaß 1938/39 über hundert industrielle Betriebsstätten bestehend aus über 1.000 Einheiten. Neben klassischen Staatskonzernen wie Bahn (93 Prozent), Flugverkehr (100 Prozent), Post (95 Prozent), Telegraphie (95 Prozent), Telefon (95 Prozent) und Rundfunk (95 Prozent) zählten dazu ein beträchtlicher Forstbesitz (3/8 des Gesamtbestandes), Kohlegruben (30 Prozent) Hüttenunternehmen (70 Prozent), Salzbergwerke (99 Prozent), Chemiewerke (80 Prozent), Ölraffinerien (20 Prozent), metallverarbeitende Unternehmen (50 Prozent), Rüstungsindustrie (100 Prozent), zahlreiche Fabri-

362 Vgl. Żarnowski, S. 12; Główny Urząd Statystyczny Rzeczypospolitej Polskiej, Mały Rocznik, S. 268; Buell, S. 140.

363 Vgl. Dopierała; Borowik; Widernik. Der Kohleumschlag im Hafen von Gdynia übertraf 1938 mit 9 Mio. t sogar den des Nachbarhafens in Danzig. Vgl. Landau/Tomaszewski, Kapitały obce, S. 166.

364 Vgl. Tab. 7 in: Główny Urząd Statystyczny Rzeczypospolitej Polskiej, Mały Rocznik, S. 86; Landau/Tomaszewski, Kapitały obce, S. 165.

365 Vgl. Buell, S. 155–189.

ken u. a. der Auto- und Flugzeugindustrie sowie die Hälfte der Versicherungen. Zudem wurde der Kreditmarkt von Staatsbanken dominiert. Denn es fehlte eine finanzstarke, unternehmerisch tätige Mittelschicht mit entsprechendem Kapital. Die Mobilisierung ausländischen Investmentkapitals gelang trotz der zunächst positiven Grundstimmung nach der Staatsneugründung nur schleppend.[366] Für 1932 gibt Buell den Staatsbesitz mit einem Wert von mehr als 18 Milliarden Złoty oder 15 bis 25 Prozent des gesamten nationalen Besitzes an. Im Ergebnis war der Staat zugleich der größte Arbeitgeber – mit über einer Million Bediensteter außerhalb der Armee.[367]

Der Anteil des Staatsbesitzes stieg in den Jahren nach 1932 durch verschiedene Investitions- und Infrastrukturprogramme nochmals beträchtlich an. Im Kern des Investitionsprogramms stand ab 1937 die Errichtung eines Zentralen Industriegebietes, des Centralny Okręg Przemysłowy (COP), im Südosten Polens in der industriearmen Region um Lublin, Rzeszów und Kielce.[368] Dieser Industriekomplex mit Flugmotorenwerken, Waffenfabriken, Maschinenfabriken und Hydrierwerken sollte – anders als das Oberschlesische Revier mit seinem hohen Anteil an Fremdkapital – den Aufbau einer polnischen, grenzfernen Rüstungsindustrie ermöglichen und die wirtschaftsschwache Region Zentralpolens stärken.[369] Die ungünstige Wirtschafts- und Infrastruktur – das Gebiet verfügte über kaum Rohstoffe und eine schlechte Verkehrsanbindung – erschwerten den Auf- und Ausbau des COP jedoch maßgeblich. Bis Kriegsausbruch waren im COP 36 Industriebetriebe fertiggestellt und 43 weitere Großbetriebe befanden sich im Bau. Ein Großteil der knapp 2,2 Milliarden Złoty staatlicher Investitionen waren zwischen 1937 und 1939 in die Umsetzung des COP-Projektes geflossen.[370]

Die weitere Wirtschaftsförderung sollte ab 1939 in einem 15-Jahresplan umgesetzt werden. Der polnische Ministerpräsident und Finanzminister Eugeniusz Kwiatkowski stellte diesen im Dezember 1938 vor. Zunächst sollte bis 1942, bedingt durch die aktuelle geopolitische Bedrohung, die Kriegsfähigkeit erhöht werden. Bereits 1938/39 investierte der polnische Staat etwa ein Drittel seiner Einnahmen in Militär und Rüstung (825 Millionen Złoty).[371] In den Jahren bis 1945 sollte die Infrastruktur – vornehmlich Bahn und Straßenbau – verbessert werden, anschließend ab 1945 in weiteren Reformen die Landwirtschaft rationalisiert und das Bildungssystem ausgebaut werden. Bis 1951 war die Indus-

366 Vgl. Gibson; Buell, S. 158.

367 Vgl. ebd., S. 159. Segal geht von nur 4 Mrd. Zł aus, bewertet den Staatsbesitz dennoch als substantiellen Teil des nationalen Vermögens: Segal, S. 113.

368 Vgl. Zawadzki; Gołębiowski; Morawski, Centralny Okręg Przemysłowy.

369 Vgl. Radocki.

370 Vgl. Rochlin, S. 52.

371 Vgl. Tab. 59 in: Główny Urząd Statystyczny Rzeczypospolitej Polskiej, Mały Rocznik, S. 59; Vgl. Buell, S. 21.

Abbildung 9 – Sitzung des Sejm 1939 über den Entwurf eines Investitionsgesetzes für den Dreijahreszeitraum des von Finanzminister Eugeniusz Kwiatkowski vorgelegten 15-Jahresplans

trialisierung und Urbanisierung des gesamten Landes geplant und die Jahre bis 1954 waren zur Vollendung des Aufbaus und der Angleichung veranschlagt.[372] Um dieses gewaltige Vorhaben zu finanzieren, verschlangen die öffentlichen Investition 1939 mit 27 Prozent fast ein Drittel des gesamten Staatshaushaltes (zum Vergleich: Frankreich 19 Prozent, Belgien 20 Prozent, Italien 15 Prozent).

Die Einkünfte aus den staatlichen Unternehmen betrugen 1938/39 810 Millionen Złoty, davon entfielen auf die Monopole allein 721 Millionen Złoty. Das entsprach einem Drittel der staatlichen Haushaltseinnahmen (2.458 Millionen Złoty).[373] Ob diese Form der staatlichen Wirtschaftstätigkeit gewinnbringend

[372] Vgl. Winiarski, S. 118.
[373] Vgl. Główny Urząd Statystyczny Rzeczypospolitej Polskiej, Mały Rocznik, S. 156.

war, ist schwer zu beurteilen. Aufgrund des fehlenden Privatkapitals ist es fraglich, ob die Steuereinnahmen nach einer Privatisierung höher ausgefallen wären. In den Jahren nach dem Ersten Weltkrieg war der Staat vielmehr gezwungen, Garantieankäufe zu tätigen und verschuldete Unternehmen zu übernehmen oder Finanzhilfen zu gewähren. Dies hatte jedoch die Hyperinflation des Jahres 1923 nicht verhindern können, und auch der kurze wirtschaftliche Aufschwung 1927 wurde von der Weltwirtschaftskrise erstickt. Den industriellen Höchststand von 1929 konnte Polen erst 1938 wieder erreichen.[374] Von den 468.774 registrierten Unternehmen im Jahr 1938 zählten aber nur 6.529 als Industrieunternehmen, die restlichen 462.245 waren als Handelsunternehmen eingetragen.[375]

Der Außenhandel mit den direkten Nachbarn und ehemaligen Teilungsmächten verlief zunächst nicht reibungslos und erforderte eine Umorientierung und Neuausrichtung der Exportwirtschaft. Vor 1914 entfielen 85 Prozent des Handels in den ehemals polnischen Gebieten auf die jeweilige Teilungsmacht.[376] Der deutsch-polnische Zollkrieg traf ab 1925 die Kohle- und Stahlindustrie in Oberschlesien, die mit der Forstindustrie allein 32 Prozent des polnischen Exports stellte, und die Agrarindustrie in Großpolen und Pommerellen, die zuvor ihre landwirtschaftlichen Produkte fast ausschließlich ins Deutsche Reich verkauft hatte.[377] Zudem verfügte Polen trotz seiner Größe über kaum nennenswerte Rohstoffe. Infolgedessen stellten Rohstoffe die Hälfte aller Importe. Auch während des Zollkriegs blieb das Deutsche Reich wichtigster Handelspartner. 1928, mitten im Zoll- und Wirtschaftskrieg, kamen mit 26,9 Prozent die meisten Importe aus Deutschland und gingen mit 34,3 Prozent die meisten Exporte an den westlichen Nachbarn. Bis zum Kriegsausbruch blieb das Reich wichtigster Handelspartner, auch wenn der Außenhandel Polens generell zurückging (1938: Importe: 23 Prozent und Exporte: 24,1 Prozent).[378]

Auf die Folgen der Weltwirtschaftskrise reagierte die Regierung mit Maßnahmen ähnlich denen der deutschen Politik. Neben der Devisenkontrolle und der Regelung des Im- und Exports, der Suspendierung von Zahlungen aus den bestehenden Auslandsschulden, schloss Polen zehn Clearingabkommen ab, die fast ein Drittel des Außenhandelsvolumens umfassten.[379] Mit Beendigung des deutsch-polnischen Zollkrieges 1934 stabilisierten sich auch die wirtschaftlichen Beziehungen. Anders als die Reichsregierung setzte Warschau jedoch auf eine rigorose Deflationspolitik. Um die Goldreserven der Bank Polski durch

[374] Vgl. Landau/Tomaszewski, Kapitały obce, S. 143 f.; Rochlin, S. 49–51.
[375] Vgl. Tab. 1: Główny Urząd Statystyczny Rzeczypospolitej Polskiej, Mały Rocznik, S. 41.
[376] Vgl. Buell, S. 83.
[377] Vgl. Lippelt.
[378] Vgl. Tab. 8: Główny Urząd Statystyczny Rzeczypospolitej Polskiej, Mały Rocznik, S. 78.
[379] Vgl. Buell, S. 130.

die Importüberschüsse nicht unter das gesetzliche Limit von einem Drittel des Notenumlaufs fallen zu lassen[380], wurde der Notenumlauf reduziert, die öffentlichen Ausgaben für die Schwerindustrie um 30 Prozent gesenkt und eine weitere Verschuldung im Ausland zurückgefahren.[381] Trotzdem fiel die Golddeckung im September 1938 auf 26,8 Prozent.[382] Die protektionistische Politik der Nationalstaaten erschwerte es dem jungen Staat durch einen Außenhandelsüberschuss (Polen war der viertgrößte Kohleproduzent Europas), Kapital für die Industrialisierung des Landes zu akkumulieren.[383] Die Deflationspolitik sollte die Auslandsverschuldung zwar niedrig halten, doch stieg diese in Folge der Krisenjahre auf 4.762 Millionen Złoty Ende 1937 (139 Złoty pro Einwohner).[384]

Polen im Sommer 1939 war ein Land, das binnen einer kurzen Frist von knapp 20 Jahren trotz Kriegen, Grenzstreitigkeiten, Überbevölkerung und Weltwirtschaftskrise eine bemerkenswerte wirtschaftliche Entwicklung genommen hatte, die wohl von den meisten und vor allem von den deutschen Nachbarn so nicht erwartet worden war. Durch die staatlichen Investitionen begann das Land sukzessive zusammenzuwachsen, auch wenn Verschuldung, mangelndes Kapital, ein großer Anteil von Fremdkapital, der Staatskapitalismus und die Krise der politischen Führung der wirtschaftlichen Weiterentwicklung im Wege standen. Im Vergleich zum Deutschen Reich waren die Lebensverhältnisse außerhalb der ehemals preußischen Teilungsgebiete bescheiden und die Rohstofflage wie auch die Industriedichte gering.

Das polnische Steuer- und Währungssystem

Die drei unterschiedlichen Steuersysteme und die Finanzverwaltung mussten nach 1918 ebenso wie die anderen staatlichen Hoheitsaufgaben angeglichen und reformiert werden.[385] Noch unter von Beseler hatten Verhandlungen begonnen, in deren Folge ein sukzessiver Verwaltungsaufbau in polnischer

380 Die Außenhandelsbilanz entwickelte sich von einem Defizit von 298 Mio. Zł im Jahr 1929 zu einem Maximalüberschuss von 176 Mio. Zł im Jahr 1934. Allerdings war der Binnenmarkt zu schwach, so dass das auf Importe angewiesene Land 1938 abermals mit einem Defizit von 144 Mio. Zł in der Bilanz abschloss. Vgl. ebd., S. 150.

381 Vgl. Knakiewicz; Buell, S. 130 f.

382 Vgl. ebd., S. 137.

383 Vgl. ebd., S. 124.

384 Vgl. Fachschriftleitungen des Bibliographischen Instituts, S. 21. Größte Gläubiger waren die USA, Frankreich und Großbritannien. Vgl. Główny Urząd Statystyczny Rzeczypospolitej Polskiej, Mały Rocznik, S. 154.

385 Der Wissensstand um das Finanzwesen der Zweiten Polnischen Republik ist bis heute auch in der polnischen Forschungsliteratur sehr überschaubar. Vgl. Wikowski. Zur Finanzpolitik allgemein: Ostrowski, Polityka finansowa Polski.

Hand und damit die Schaffung polnischer Ministerien angedacht war.[386] Zunächst verblieb sogar ein Teil des deutschen Verwaltungspersonals zu Schulungszwecken, um eine gewisse Kontinuität[387] im Verwaltungshandeln in der ohnehin unübersichtlichen Lage zu gewährleisten. Die polnische Politik zielte auf eine Inklusion und anschließende Reform der verschiedenen Rechts- und Verwaltungsstrukturen ab. Nicht nur die Finanzierung des Krieges gegen die Sowjetunion, sondern auch die Aufrechterhaltung der öffentlichen Ordnung durch Auszahlung von Gehältern, Pensionen und die Finanzierung von Einrichtungen wie Schulen und Krankenhäusern oder der Polizei waren von fundamentaler Bedeutung, sollte das Projekt Staatsgründung nicht scheitern. Die Sicherstellung einer funktionierenden Steuer- und Finanzverwaltung war eine der wichtigsten Aufgaben der Regierung, um eine nun polnische Sozial- und Wirtschaftspolitik umzusetzen. Der Rückgriff auf bestehende Strukturen und das jeweilige Verwaltungsrecht der Teilungsmächte war dabei konfliktfreier und schneller umsetzbar als die vollständige Neuausrichtung.[388]

Im Osten Polens existierten aber weder eine moderne Staatsbürokratie, die Steuern erhob und Leistungen wie Infrastruktur und Sozialfürsorge bereitstellte, noch ein Rechts- und Verfassungsstaat.[389] Die Arbeit begann demnach auf der Grundlage des russischen Steuerrechts und der bestehenden Bestimmungen der deutschen Besatzungsverwaltung. Die Verwaltung außerhalb des ehemaligen Kongresspolen wurde separat geregelt. So existierte bis 1922 ein Ministerium für die Angelegenheiten der ehemaligen preußischen Provinz in Posen. Und das ostoberschlesische Industrierevier wurde vor allem wegen des umfangreichen ausländischen Kapitals steuerrechtlich gesondert behandelt.[390] Die Situation war vor allem durch einen starken Personalmangel sowie mangelnde Fachkenntnis – die Beamten waren nur mit dem Recht des jeweiligen Gebietes vertraut – geprägt.[391]

Zunächst schuf die neue Regierung in Warschau eine Zentralbehörde. Der schrittweise Aufbau der fiskalischen Administration der neuen Gebiets-

386 Das erste polnische Büro für eine vorübergehende Organisation des Departements Finanzen war bereits Ende des Jahres 1917 unter dem vorübergehenden Staatsrat in Warschau eingerichtet worden. Aus Mangel an polnischen Fachkräften wurden einige Juristen und Notare mit Zustimmung der deutschen Besatzungsverwaltung angestellt. Vgl. die Erinnerungen von Herman Wiesenberg in: Stowarzyszenie Urzędników Skarbowych Rzeczypospolitej Polskiej, S. 33–46. Eine schrittweise Übergabe der Verwaltungshoheit und der Steuergewalt erfolgte jedoch erst im Sommer 1918. Im Generalgouvernement Lublin übergab die österreichische Verwaltung Ende 1918 die Finanzhoheit an die polnischen Beamten.

387 Vgl. Loose, How to run a state, S. 149–192.

388 Vgl. ebd., S. 149 f.

389 Vgl. Osterhammel, S. 820.

390 Vgl. Stowarzyszenie Urzędników Skarbowych Rzeczypospolitej Polskiej, S. 183–191.

391 Vgl. ebd.

einheiten und die Vereinheitlichung des Finanzkassensystems konnte 1922 abgeschlossen werden.[392] Die Angleichung des Steuer- und Abgabensystems war Mitte der Zwanzigerjahre vollzogen. Dabei galt es vor allem hinsichtlich der direkten Steuern, des Zolls, der Verwaltungsgebühren, der Verbrauchssteuern, der staatlichen Monopole und des Steuerstrafrechts Regelungen und gesetzliche Grundlagen zu schaffen, die der Ungleichheit der Gebiete hinsichtlich ihrer Bevölkerung, Besiedlung und bisherigen Erhebungspraxis entgegenkamen. So gab es im ehemaligen russischen Gebiet kein Kataster als Grundlage für die Grundsteuer, wohingegen die Finanzverwaltung der vormals preußischen Gebiete weit entwickelt und zentralisiert war.[393] Weitere Reformen des Steuersystems wurden bis zu Beginn der 1930er Jahre in Angriff genommen oder zumindest geplant.[394] Der polnische Staatshaushalt konnte binnen kürzester Zeit mit Hilfe einer reformierten Rechnungslegung und der Einführung eines einheitlichen Kassenwesens auf eine stabile Grundlage gestellt werden.[395] Die Gliederung der polnischen Finanzverwaltung änderte sich bis 1939 kaum und entsprach vom Aufbau dem deutschen dreigliedrigen Modell. Dem Finanzministerium unterstanden 15 Finanzdirektionen und die Finanzabteilung Kattowitz für Schlesien, vier Zolldirektionen und die Zollinspektionen Kattowitz für Schlesien und die Zollinspektion in Danzig. In den 15 Wojewodschaften waren den Finanzdirektionen 361 Steuerämter und neun Gebührenstellen sowie 60 Monopolämter zugeordnet. Den Zolldirektionen waren 192 Zollämter unterstellt.[396]

Die Steuergesetzgebung der Zweiten Republik war geprägt zum einen durch die rasche Erschaffung eines funktionierenden Systems und zum anderen durch einen Reformstau hinsichtlich der Ausgestaltung des Steuersystems und der Beitreibungspraxis auf der anderen Seite. Eine große Steuerreform, die von vielen Seiten gefordert wurde, da eine zu hohe Steuerlast auf den kleinen Einkommen lag und damit die wirtschaftliche Potenz der Bevölkerungsmehrheit schwächte, kam bis zum Kriegsausbruch nicht zustande.[397] Auch blieb die Verteilung der Steuereinnahmen zwischen den Kommunen und der Zentralgewalt ein ungelöstes Problem der Zwischenkriegszeit.[398] Steuern wurden vom Staat

[392] Vgl. ebd., S. 47–60.
[393] Vgl. Taylor.
[394] Vgl. Stowarzyszenie Urzędników Skarbowych Rzeczypospolitej Polskiej, S. 61–72.
[395] Vgl. ebd., S. 139–158.
[396] Vgl. Schema zur polnischen Finanzverwaltung BArch, R 2, 5834, Bl. 43. Ausnahme blieb Schlesien, das eine besondere Finanzverwaltung aufgrund seiner wirtschaftlichen Stellung besaß. Zu den Unterschieden in der Organisation der Finanzverwaltung in Schlesien vgl. ebd., S.183-191. Gesetz v. 15.7.1920, enthaltend das Statut der Wojewodschaft Schlesien, Gesetzblatt der Republik Polen, Nr. 73 Pos. 497.
[397] Vgl. Buell, S. 168.
[398] Die Gegner der strikten Trennung zwischen Staat und Kommunen wiesen auf die Gefahr einer Überfiskalisierung und signifikanten Ungleichbehandlung der verschiedener Bevölkerungsteile hin. Die Anhänger einer finanzwirtschaftlichen Trennung sahen in dieser

auf das Einkommen und Vermögen, auf den Vermögensverkehr, den Umsatz sowie auf Zölle und Verbrauch erhoben. Verbrauchsteuern waren auf Stärkezucker, Rüben- und Rohzucker, Fette, Kohlensäure, Bier, Mineralöl, Essigsäure, Hefe, Gold, Silber und Süßstoffe zu entrichten.[399] Zudem nahm der Staat Monopolabgaben auf Salz, Branntwein, Tabak, Glücksspiel und Zündwaren.[400]

Ein weiteres Problem war das Währungssystem. Zum Zeitpunkt der Unabhängigkeit waren auf polnischem Gebiet fünf Währungen emittiert: der russische Rubel, die Deutsche Mark, die österreichische Krone, die von der deutschen Besatzungsverwaltung im Generalgouvernement Warschau ausgegebene Polnische Mark und der Ostrubel im Bereich Ober-Ost.[401] Die Kaufkraft der verschiedenen Währungen variierte stark, je nach Abhängigkeit von der Finanzpolitik der Zentralbanken der Teilungsmächte. Demzufolge war die Entscheidung von 1920, die Polnische Mark zu übernehmen, für die Vereinheitlichung des Staats- wie des Wirtschaftsgebietes von großer Bedeutung.[402]

Die entscheidenden Reformen, die Steuer- und Währungspolitik zu vereinheitlichen, waren zum Ende der 1920er Jahre weitestgehend umgesetzt. Die Hyperinflation der Jahre 1918 bis 1923 hatte das junge Finanz- und Steuersystem mit der Einführung einer eigenen Währung überstanden. Die Einnahmeseite des Staates war bis zum Zusammenbruch im Chaos der Weltwirtschaftskrise aufgrund hoher Steuern und vor allem der Monopoleinnahmen stabil. Der ab 1927 eintretende Wirtschaftsaufschwung ließ sogar auf eine Zukunft mit dauerhaft höheren Monopol- und Steuereinnahmen hoffen. Trotzdem blieb der Anteil der Steuern am Anteil der Staatseinnahmen im Vergleich zu anderen Staaten gering. Für das Jahr 1929 belief sich dieser in Polen auf 13,5 Prozent, in Großbritannien auf 21,3 Prozent, in Frankreich

den einzigen Weg den Kommunen Handlungsfreiheit und damit die Stärkung der wirtschaftlichen Potenz vor Ort durch eine den Gegebenheiten angepasste Besteuerung zu gewährleisten. Was eine Wiedervereinigung und Angleichung zwischen den ehemaligen Teilungsgebieten fördern sollte. Vgl. Młynarczyk; Tarnowska.

399 Vgl. Stowarzyszenie Urzędników Skarbowych Rzeczypospolitej Polskiej, S. 61–72 u. 87–96.

400 Vgl. ebd., S. 97–112; Mateńko.

401 Vgl. Stowarzyszenie Urzędników Skarbowych Rzeczypospolitej Polskiej, S. 173–182; Zilch, S. 242–367.

402 Vgl. Morawski, Od marki do złotego. Die Einführung einer neuen Staatswährung scheiterte. Deshalb wurde die ehemalige Besatzungswährung, die Polnische Mark, beibehalten und ihr Geltungsbereich ausgedehnt, um dann sukzessive alle weiteren Währungen einzuziehen und umzutauschen. So emittierte die polnische Landesdarlehenskasse PKKP (Polska Krajowa Kasa Pożyczkowa), die noch unter deutscher Verwaltung eingerichtet worden war, bis 1924 die Polnische Mark. Erst am 29. April 1924 gelang die erfolgreiche Ausgabe des Złoty durch die Bank Polski mit dem Wert von 9/31 reinen Goldes.

auf 23,1 Prozent und im Deutschen Reich auf 26,6 Prozent.[403] Dies lag nicht zuletzt darin begründet, dass die unterste Ebene der Steuerbeitreibungsbehörden, die Steuerämter, vor allen in den ehemaligen russischen Teilungsgebieten nicht nur mit weitläufigen und größtenteils schlecht erschlossenen Bezirken, sondern auch mit einer Landbevölkerung konfrontiert waren, in deren Alltag Geldwirtschaft als auch behördliche Registratur und Verwaltung nur begrenzt Fuß gefasst hatten.

Auch wurden die notwendigen Reformen, die auf eine den Angleichungsprozess unterstützenden Steuerpolitik abzielten und die die wirtschaftlich schwächeren Gebiete im Norden, Osten und Südosten in Form von steuerlichen Sonderzonen hätte unterstützen können, nicht in Angriff genommen. Der polnische Staat setzte die Steuergesetzgebung als politisches Gestaltungs- und Lenkungsinstrument zur gezielten Förderung einer bestimmten Wirtschafts- und Sozialpolitik kaum ein.[404] Anders als im Deutschen Reich gab es zum Beispiel keine Unterschiede in der Besteuerung von Alleinstehenden und Familien.[405] Die Steuerbelastung pro Kopf betrug für 1935/36 49,2 Złoty bei insgesamt 1.654,8 Millionen Złoty Steueraufkommen. Die größten Posten waren dabei die Einkommens- und Vermögenssteuer mit knapp 34 Prozent und die Verbrauchsteuern mit über 50 Prozent.[406] Für das Steuerjahr 1938/39 beliefen sich die Staatseinnahmen und -ausgaben auf 2.475.000.000 Złoty.[407] Aufgrund der hohen Investitionssummen wurden die Steuern fast vollständig vom Staat für Industrie- und Rüstungsprogramme absorbiert. Trotz der vergleichsweise geringen Steuerquote war die Belastung für den Einzelnen hoch. Vor allem die niedrigen Einkommen litten unter der hohen Steuerlast.[408]

1.8 Zwischenbilanz

Für die erste Phase der Besatzung lässt sich festhalten, dass dem Deutschen Reich mit dem Einmarsch in Polen wirtschaftlich durchaus potente Gebiete

403 Vgl. Buell, S. 167.

404 Vgl. Weinfeld; Ostrowski, Hitlerowska Polityka Podatkowa; Ostrowski, Finanse i prawo finansowe; Drozdowski.

405 Zur Steuerbelastung im Deutschen Reich: Vgl. Banken, Hitlers Steuerstaat; Aly, Volksstaat.

406 Vgl. Fachschriftleitungen des Bibliographischen Instituts, S. 21.

407 Vgl. Buell, S. 131.

408 Der US-Finanzexperte Charles S. Dewey, der bis 1930 als Finanzberater der polnischen Regierung und Direktor der Bank Polski arbeitete, forderte vergeblich eine Senkung der Steuern und Staatsausgaben zur Förderung des privaten Investitionsvolumens. Vgl. ebd., S. 167.

zufielen, nachdem der polnische Staat in den zwei Jahrzehnten der Zwischenkriegszeit stark in die Infrastruktur investiert hatte. Trotz der erheblichen Verluste des Ersten Weltkrieges, des konfliktreichen *nation building*, der Rückschläge in Folge der Weltwirtschaftskrise und der schwierigen innenpolitischen Entwicklungen hatte die Rzeczpospolita sich am Ende der 1930er-Jahre politisch wie wirtschaftlich stabilisiert und die verschiedenen Reformen begannen zu greifen. Die westlichen Gebiete der Zweiten Polnischen Republik und die zentral gelegenen Ballungszentren um die Hauptstadt Warschau sowie das oberschlesische Industrierevier und die Textilmetropole Łódź, vor allem aber die stark subventionierten Rüstungsstandorte waren die Motoren der sich modernisierenden und wachsenden polnischen Volkswirtschaft. Die Standorte waren verglichen mit reichsdeutschen Industriezentren im Ruhrgebiet oder in Mitteldeutschland in ihrer technischen Ausstattung zwar rückständig, wiesen neben Rohstoffvorkommen aber vor allem das *know how* einer wachsenden Zahl von Facharbeitern auf.

In den nach dem Ersten Weltkrieg abgetretenen Gebieten fanden die deutschen Invasoren zudem neben den Überbleibseln der ehemals preußisch-deutschen Verwaltungsinfrastruktur (Postämter, Schulen, Behördenbauten etc.) einen gewissen Anteil an deutschen Steuerzahlern vor, da ein nicht unerheblicher Teil des Privatvermögens an Industrie und landwirtschaftlichen Grundflächen – nicht zuletzt durch die Unterstützung der Reichsregierung seit den 1920er-Jahren – in deutschen Händen verblieben war. Darüber hinaus war sowohl das Steueraufkommen als auch die Durchsetzung der staatlichen Steuerhoheit in diesen Gebieten höher als in den östlichen Landesteilen. Die Begründung sowohl des Steuer- als auch Währungssystems auf Basis des preußisch-deutschen Steuerrechts und der ehemaligen Besatzungswährung der Polnischen Mark verweisen auf die deutsche wie österreichische Besatzung während des Ersten Weltkrieges. Persönliche Erfahrungen aus der Militäradministration in den beiden Gouvernements oder in Ober Ost während des Ersten Weltkrieges lagen bei den Polen oder den deutschen Besatzern im Jahr 1939 nur in Ausnahmefällen vor, obgleich die Besatzungszeit von 1915 bis 1918 und deren Folgen im allgemeinen Bewusstsein durchaus noch tief verankert waren. Ebenso fest hatten sich die deutschen Vorurteile gegen Land und Bevölkerung gehalten und waren durch die völkische Ideologie noch verstärkt worden.

Am deutschen Beutezug, der unmittelbar mit dem Einmarsch der Wehrmacht begonnen hatte, war zunächst vor allem der Zoll beteiligt – neben dem Bereich Steuer der zweite große Zweig der Reichsfinanzverwaltung. Der Zollgrenzschutz war nicht nur Zeuge des Vorrückens der deutschen Verbände, sondern folgte der Wehrmacht als Verstärkter Grenzaufsichtsdienst (VGAD) ins Kriegsgebiet und war im Rücken der kämpfenden Truppe an den militärischen Operationen beteiligt. Außerdem unterstützten Zöllner der Devisenschutzkommandos die Polizei- und SS-Einheiten bei der sogenannten

Sicherung von Devisen und Wertgegenständen. Zur Übernahme der Finanzverwaltung und zur Sicherung der Einnahmen im Besatzungsgebiet waren den Zivilstäben der Wehrmacht zusätzlich auch Beamte der Steuerverwaltung beigestellt.

Die enge Kooperation des Zollgrenzschutzes mit der Wehrmacht und dem Reichssicherheitshauptamt (RSHA) machte die Zöllner bereits während der Besetzung Polens und im Besonderen im Rahmen ihrer Tätigkeit an den neuen Grenzen zu aktiven Mittätern in der Vertreibungs- und Verfolgungspolitik. Die bereits durch den Einsatz an den Reichsgrenzen und bei der Besetzung von Gebieten bis zum Frühjahr 1939 erworbene paramilitärische Kompetenz wurde von der Spitze des Reichsfinanzministeriums auch gegen die Begehrlichkeiten der Polizeibehörden behauptet. Der Aktionsradius der Zöllner außerhalb der Amtsstuben verdeutlicht, dass im Wirkungsbereich der Reichsfinanzverwaltung auch jenseits einer diskriminierenden Steuergesetzgebung oder der Erpressung von Sonderabgaben[409], die ideologischen Zielsetzungen des Regimes umgesetzt wurden. Neben der „Grenzsicherung" beteiligten sich die Zollbeamten an der direkten Beraubung der jüdischen und polnischen Bevölkerung.[410]

Der Zugriff auf Vermögenswerte durch Beschlagnahme, Entzug und schlichten Raub wurde von den Beamten der Reichsfinanzverwaltung offenkundig in keiner Weise in Frage gestellt. Auch von Seiten des Reichsfinanzministeriums gab es keinerlei Einwände gegen diese Art der „Devisensicherung". Völkerrechtliche Bedenken bestanden weder im Finanzministerium noch bei den zum Devisenfahndungsamt und den Devisenschutzkommandos abgeordneten Zollbeamten. Ganz im Gegenteil unterstützte das Ministerium durch Entsendung der geforderten Beamten die Schlagkraft der Kommandos. Die Rechtssicherheit der Zivilbevölkerung durch den Schutz des Privateigentums gemäß Artikel 46 der Haager Landkriegsordnung galt nichts mehr. Die deutschen Besatzer missachteten auch das Plünderungsverbot.[411]

Das diskriminierende und brutale Vorgehen gegenüber der jüdischen Minderheit hatten die Beamten zuvor im Deutschen Reich, Österreich und in der annektierten Tschechoslowakei bereits eingeübt. Dieser Praxis folgte nun in den ersten Tagen und Wochen des Polenfeldzugs unter den Bedingungen der Ausnahmesituation Krieg eine Radikalisierung, die sich auch auf die polnische Mehrheitsbevölkerung ausweitete. Dienstbeflissenheit und ideologischer Eifer der Zollbeamten im Devisenfahndungsamt, bei den Devisenschutzkommandos und im Reichsfinanzministerium und die enge Zusammenarbeit mit SS und Gestapo machten diese Form des Beutemachens möglich. Die Beamten schufen

[409] Vgl. Kuller, Bürokratie und Verbrechen; Banken, Hitlers Steuerstaat, S. 487–578.
[410] Vgl. Kapitel: „Volkstumsgrenze", S. 137.
[411] Vgl. IV. Abkommen der Haager Friedenskonferenz von 1907, Artikel 46 und 47.

sich ein Normengerüst für ein neues „Rechtshandeln", das – auf der Grundlage der seit 1933 sukzessive eingeführten Entrechtung der jüdischen Bevölkerung aufbauend – einen bis dahin beispiellosen Raubzug einleitete.

Der zügige Aufbau der Steuer- und Zollverwaltung unter Alfred Spindler und Hermann Senkowsky ermöglichte bereits in den ersten Wochen der Besatzung und zum Teil sogar noch vor der eigentlichen Kapitulation eine regulierte Eintreibung von Geldmitteln jenseits von Requirierung oder Raub. Die Steuerhoheit ermöglichte nicht nur die fiskalische Ausbeutung der besetzten Gebiete, sie war auch die Voraussetzung für die Absicherung und Gestaltung der Besatzungspolitik und des zukünftigen Besatzungsalltags. Gleichwohl bestanden im Ministerium und in den Behörden zu Kriegsbeginn keineswegs klare Vorstellungen oder eine gezielte Vorbereitung, weder für die Besatzungspolitik noch für die Ausbeutung Polens. Klar war allerdings, dass das nicht-annektierte polnische Restgebiet ähnlich einer Kolonie behandelt werden sollte, wobei Argumente zur steuerlichen Leistungsfähigkeit gar nicht erst einbezogen wurden.

Binnen weniger Monate hatten die deutschen Besatzer das eroberte Gebiet mit Terror und Gewalt – gemäß Hitlers Vorstellungen einer „völkischen Flurbereinigung" – unter ihre Kontrolle gebracht. Für die Polen war der Alltag fortan geprägt von Ungewissheit und schierer Angst vor Vergeltungsaktionen, Razzien, Vertreibung und Raub. Doch neben diesen brutalen Maßnahmen, um die Bevölkerung gefügig und die Ressourcen zugänglich zu machen, hatte sich rasch eine Okkupationsverwaltung mit dem Anspruch auf Regelhaftigkeit etabliert. Jedoch war dies ebenso wenig entlang einer stringenten Planung erfolgt wie das Völkerrecht oder eine allgemeine Rechtssicherheit als Norm angenommen worden wären. Der Radikalisierungsfaktor Krieg setze zunächst Zivilität wie auch rationale Ausbeutungsstrategien außer Kraft.

Geplündert, geraubt und beschlagnahmt wurde faktisch überall und alles. Während des kurzen Beutezuges von nur wenigen Kriegswochen waren Wehrmacht, SS, Gestapo und Devisenschutz rücksichtslos gegen die polnische Bevölkerung vorgegangen. Die ebenso bereits in den ersten Tagen der Invasion ausgesandten Beamten und Mitarbeiter der Zivilverwaltungsstäbe versuchten diesem unkoordinierten Beutezug – zumeist ohne größeren Erfolg –, Einhalt zu gebieten. Trotz erster Verteilungskämpfe, ungenügender Vorbereitung und so mancher Differenz in der Umsetzung der ideologischen Zielvorstellungen, war es den Beamten und darunter besonders denen der Reichsfinanzverwaltung durch die Übernahme bestehender Strukturen jedoch gelungen, sowohl die Einnahmen für die Besatzung, als auch die Wiederbelebung eines rudimentären Wirtschafts- und Finanzlebens zu sichern.

2 Die Besatzung ab 1940 und die Verteilung der Beute

2.1 Die vierte Teilung

Mit dem deutsch-sowjetischen Grenz- und Freundschaftsvertrag vom 28. September 1939 wurde die endgültige territoriale Aufteilung Polens beschlossen.[1] In Zahlen bedeutete dies, dass das Deutsche Reich von den 389.772 Quadratkilometern und 35.339.000 Einwohnern etwas weniger als die Hälfte des Gebietes okkupierte, damit aber zwei Drittel der polnischen Bevölkerung verteilt auf 417 Städte, darunter vier der fünf Großstädte[2] und 2.259 Gemeinden unter deutsche Herrschaft kamen.[3] Zudem fiel die Mehrheit der Industrieunternehmen, Handelsbetriebe und der Infrastruktur an das Deutsche Reich.[4] Lediglich der Anteil an der Öl- und Gasindustrie (90 bis 100 Prozent) sowie der landwirtschaftlichen Nutzfläche (51 Prozent) und der Forstwirtschaft (Staatswald 59,5 Prozent, Privatwald 54,8 Prozent) war im sowjetisch besetzten Osten höher.[5] Die Mehrheit der ansässigen Bevölkerung im deutschen Teilungsgebiet war in Industrie, Bergbau und Handel beschäftigt. Im größtenteils dörflich geprägten sowjetischen Teil[6] arbeiteten die Einwohner mehrheitlich in landwirtschaftlichen Kleinbetrieben unter 50 Hektar.[7] Kurzum, Hitler konnte den wirtschaftlich beträchtlich wertvolleren Teil Polens durch die völkerrechtswidrige Teilung, Annexion und Okkupation für das Deutsche Reich beanspruchen.[8]

Kurz darauf, am 8. Oktober 1939, wurde der Revision der deutschen Ostgrenze durch Wiedereingliederung der ehemaligen preußischen Provinzen mittels Führererlass bestimmt.[9] Mit der Bildung der neuen Reichsgaue West-

[1] Vgl. Fleischhauer.

[2] Warschau mit 1.289.000 Einwohnern, Łódź mit 672.000 Einwohnern, Poznań mit 272.000 Einwohnern und Krakau mit 259.000 Einwohnern Vgl. Tabelle 25: Główny Urząd Statystyczny Rzeczypospolitej Polskiej, Mały Rocznik, S. 17.

[3] Sowjetunion: 201.015 km^2; 13.199.000 Einwohner; 65,7 Einwohner pro km^2/ Der Slowakei wurden im Süden zudem 752 km^2 mit 30.000 Einwohnern abgetreten.Vgl. Tabelle 9: ebd., S. 4.

[4] Vgl. Abbildung: Das geteilte Polen 1939, ©Hannah Meyer, S. 96.

[5] Vgl. Główny Urząd Statystyczny Rzeczypospolitej Polskiej, Mały Rocznik, S. 36–94.

[6] Es existierten im besetzten Ostpolen 194 Städte, darunter die einzige Großstadt im sowjetischen Einflussgebiet, Lwów mit 318.000 und 936 Gemeinden. Vgl. ebd., S. 5.

[7] Vgl. ebd., S. 12.

[8] Vgl. Anonymous, German Occupation of Poland, S. 4 ff.

[9] Vgl. Erlass des Führers und Reichskanzlers über die Gliederung und Verwaltung der Ostgebiete v. 8.10.1939, RGBl. I (1939), S. 2042.

https://doi.org/10.1515/9783110718027-003

Abbildung 10 – Das geteilte Polen 1939

preußen und Posen, später Wartheland, sowie der Angliederung polnischer Gebiete an Ostpreußen (Bezirk Zichenau) und Oberschlesien (Regierungsbezirk Kattowitz) wurde dem Deutschen Reich vom deutsch besetzten polnischen Territorium etwa die Hälfte angegliedert.[10] Vier Tage später, am 12. Oktober, wurde das verbliebene Gebiet, dessen staatsrechtliche Stellung bis dato noch ungeklärt war, ebenfalls per Führererlass zum Generalgouvernement unter deutscher Zivilverwaltung erklärt.[11]

Hitler skizzierte seine Vorstellungen über die Zukunft des besetzten Polen am 17. Oktober zunächst vor Wehrmacht, SS und seiner Verwaltungsspitze. Das Generalgouvernement definierte er faktisch als „Ausbeutungskolonie und Reservat". In den annektierten Gebiete sollte ein „harter Volkstumskampf" geführt werden, der „keine gesetzlichen Bindungen" gestatte.[12] Somit war die Bindung an die Haager Landkriegsordnung negiert, die vorschrieb, dass der besetzte Staat weiter bestehe, das Privateigentum seiner Bewohner geschützt sei, Kollektivstrafen untersagt und die Eintreibung von Leistungen nur hinsichtlich der tatsächlichen Besatzungskosten gestattet wären.[13] Das folgte dem, was ohnehin bereits von den deutschen Militär- und Verwaltungseinheiten in die

10 Vgl. Główny Urząd Statystyczny Rzeczypospolitej Polskiej, Mały Rocznik, S. 4.
11 Vgl. Erlass des Führers und Reichskanzlers über die Verwaltung der besetzten polnischen Gebiete v. 12.10.1939, RGBl. I (1939), S. 2077 f.
12 Vgl. Broszat, Polenpolitik, S. 24.
13 Vgl. Haager Landkriegsordnung (HLKO); Vgl. auch: Musial, Recht und Wirtschaft, S. 33.

Praxis umgesetzt worden war. Das Reichsfinanzministerium wurde formal, wie die übrigen Reichsministerien, vom Staatssekretär des Inneren Wilhelm Stuckart in einer geheimen Ressortbesprechung über die Planungen hinsichtlich der „heimgekehrten Gebiete" und des Generalgouvernements „streng vertraulich" in Kenntnis gesetzt.[14]

Mit dem Ende der Militärverwaltung zum 26. Oktober 1939[15] und der Inkraftsetzung der Erlasse vom 8. und 12. Oktober war die Aufteilung Polens endgültig abgeschlossen. Das Generalgouvernement sollte als eine Art koloniales „Nebenland" im Interesse des Reiches ausgeplündert und seiner noch bestehenden industriellen Wirtschaftskraft weitestgehend beraubt, zurückgeworfen auf die Stufe eines Agrarlandes, als Zulieferer von Rohstoffen, landwirtschaftlichen Produkten und Arbeitssklaven dienen.[16] Die „eingegliederten Ostgebiete" hingegen sollten in einem „Wiedervereinigungsprozess" schrittweise an die wirtschaftliche und finanzielle Leistungsfähigkeit des Reiches herangeführt werden.

Durch die Annexionen waren dem Deutschen Reich unter anderem 100 Prozent der Kohle-, Eisen- und Zinkreserven sowie 74 Prozent der polnischen Hüttenindustrie, die hauptsächlich im schlesischen Industrierevier lagen und 90 Prozent der Textilverarbeitung zugeschlagen worden.[17] Allein mit dem Warthegau, der aus dem größten Teil der früheren preußischen Provinz Posen und den westlichen Gebieten Kongresspolens um die Textilmetropole Łódź gebildet wurde, kamen 4,7 Millionen Einwohner und 46.000 Quadratkilometern mehrheitlich fruchtbare Agrarflächen zum Reich. Die Zollgrenze des Reiches sollte schnellstmöglich an die Grenze zum Generalgouvernement vorgeschoben und die Reichsmark eingeführt werden.

Für das RFM war dies eine erste erfreuliche Bilanz. Reichlich Forst- und Landbesitz, die Filetstücke der polnischen Industrie und, neben günstigen Arbeitskräften für das Reich, Millionen neuer Steuerzahler waren nach einem kurzen wie kostengünstigen Feldzug unter überschaubaren deutschen Verlusten an Männern und Material zur wirtschaftlichen Verfügungsmasse des Reiches ge-

14 Vgl. Einladungsschreiben Pfundtners v. 20.10.1939 u. Schilderungen zur Besprechung bei: Broszat, Polenpolitik, S. 24. Das RMdI hatte den Erlass vom 8.10.1939 ausgearbeitet, der das Ministerium zur „Zentralstelle für die Neuordnung der Ostgebiete" bestimmte. Vgl. Erlass über die Gliederung und Verwaltung der Ostgebiete v. 8.10.1939, RGBl. I (1939), S. 2042. Der Reichsfinanzminister war bereits zuvor durch Göring in den Sitzungen des Ministerrats für Reichsverteidigung in Kenntnis gesetzt worden. Vgl. Kapitel: Die letzten Tage vor dem Angriff, S. 21.

15 Vgl. unveröffentlichten Erlass des Führers und Reichskanzlers über die Überleitung der Verwaltung im Generalgouvernement auf den Generalgouverneur v. 19.10.1939, der mit dem Erlass v. 12.10.1939 in Kraft trat.Moll, S. 103–105.

16 Vgl. Madajczyk, Okkupationspolitik, S. 76 ff.

17 Vgl. Tabelle 12: Główny Urząd Statystyczny Rzeczypospolitej Polskiej, Mały Rocznik, S. 54.

treten. Schwerin von Krosigk erinnerte sich nach dem Krieg an seine damals euphorische Stimmung: „[...] als im September 1939 unser Heer in so atemberaubendem Tempo durch Polen stürmte, schlug mir trotz allem das Herz höher."[18] Das Reich konnte eine weitere Vermehrung der industriellen Produktionskapazität und einen erleichterten Zugriff auf Rohstoffe und Arbeitskräfte verbuchen,[19] auch wenn die „Eroberung halb Polens [...] für die Lösung des industriellen Leistungsproblems weniger Bedeutung als vordem die Einverleibung der industriell höher entwickelten Tschechoslowakei"[20] hatte, was nicht zuletzt an dem bereits in der Vorkriegszeit in Polen bestehenden Investitionsstau lag.[21] Dieser musste, sollten die ehemals preußischen Provinzen nun rasch wirtschaftlich und finanziell an das Reichsgebiet aufschließen, durch staatliche Kredite und Subventionen abgebaut werden.

Zunächst war zu klären, wer über die potenziellen neuen Steuereinnahmen und Reichsliegenschaften zu verfügen und wer über die geplanten Enteignungsmaßnahmen und die anschließende Vermögensverwertung zu Gunsten oder im Interesse des Reiches zu entscheiden und diese umzusetzen habe. Noch fehlte eine Regelung, wie mit den bereits erbeuteten Werten zu verfahren sei. Immerhin waren neben den Beutewerten der SS und der Devisenschutzkommandos in den ersten Kriegswochen überwiegend von der Wehrmacht beladene 25.000 Waggons mit unterschiedlichsten Beutegütern in einem geschätzten Gesamtwert von mehreren Milliarden Reichsmark ins Reich verbracht worden.[22] Angesammelt hatten sich diese Mengen auf Befehl des OKH, nachdem die Beschlagnahme sämtlicher land- und forstwirtschaftlicher sowie aller für die Industrieproduktion relevanten Rohstoffe und Erzeugnisse für die gesamten „besetzten ehemals polnischen Gebiete mit Ausnahme der zum Militärbezirk Oberschlesien gehörenden Teile dieser Gebiete" durchzuführen war.[23] Diese Verfahrensweise war allerdings keineswegs im Interesse des Reichsfiskus, da eine Plünderung und wirtschaftliche Schwächung der annektierten Gebiete in den Augen der staatlichen Finanzverwaltung kontraproduktiv sein musste. Doch es wurde weiter geplündert. In der Folge fielen immer mehr Devisenbestände, Wertpapiere, Edelmetalle, Schmuck und andere Wertgegenstände an. Eine Kriegsbeutestelle zur Verwertung dieser Raubgüter war aber weder von

[18] Persönliche Erinnerungen v. Lutz Graf Schwerin von Krosigk 1920–1945, IfZ, ZS/A 20, 12, S. 221.

[19] Vgl. Behnken, Deutschland-Berichte 1939, S. 1063.

[20] Behnken, Deutschland-Berichte 1940, S. 283.

[21] Vgl. Kapitel: Polens Wirtschaft, S. 81.

[22] Vgl. Łuczak, Polska i Polacy, S. 201.

[23] Vgl. VO des Oberbefehlshabers des Heeres über die Beschlagnahme in den besetzten ehemals polnischen Gebieten (ohne Oberschleisen) v. 5.10.1939, zitiert nach: Rosenkötter, S. 21.

der Wehrmacht noch der SS noch der Vierjahresplanbehörde für den Feldzug eingerichtet worden.

Ebenso wenig existierten Verfahrensvorgaben, wie die immensen Vermögensmassen – nach den anfänglich wilden Beutezügen – gesichert, geordnet und verwertet bzw. umverteilt werden sollten. Die ersten Interessenten meldeten sich aber schnell. Die IG-Farbenindustrie und die Deutsche Bank hatten bereits am 7. September 1939 ihre Ansprüche im Reichswirtschaftsministerium vorgetragen.[24] Es scheint eine regelrechte „Aufbruchsstimmung" unter deutschen Unternehmern geherrscht zu haben, ihre Geschäftstätigkeit in die annektierten Gebiete auszudehnen.[25] Zudem hatten sich verschiedene deutsche Dienststellen und Funktionsträger daran gemacht, das Machtvakuum vor Ort zu füllen. Die Beamten der Reichsfinanzverwaltung koordinierten schon die Steuereintreibung und hatten die meisten staatlichen Monopolbetriebe längst übernommen.[26] Für die reibungslose Umsetzung des angestrebten massiven Eigentumstransfers mussten also schnellstmöglich die Voraussetzungen unter Einbeziehung der Kreditinstitute, der Wirtschafts- und Finanzverwaltung geschaffen werden.[27]

2.2 Die Beutestelle der Reichshauptkasse

Am 9. Oktober 1939 wurden auf Befehl der Kommandantur Warschau aus dem Bestand der Polnischen Staatsmünze 23.831,859 Kilogramm Feinsilber und 27.400 Silbermünzen im Gegenwert von 46.000 Reichsmark erbeutet. Die Sicherstellung in den Tresoren der Reichsbank Berlin erfolgte am 11. Oktober. Das Oberkommando der Wehrmacht forderte am 5. Februar 1940 die Reichsbank auf, die Silberbestände an die Reichshauptkasse zu überstellen, woraufhin die Reichsbank mit Schreiben vom 30. April um die Abnahme des Silbers durch das Reichsfinanzministerium ersuchte.[28]

Erst ein gutes Jahr nach dem Raub in Warschau am 6. Dezember 1940 erfolgte auf Anweisung des Reichsfinanzministeriums dann die Überstellung der Silberbestände aus den Tresoren der Reichsbank in die Niederlassung der

24 Vgl. ebd., S. 22.
25 Vgl. Loose, Wartheland, S. 244.
26 Vgl. Kapitel: Steuereintreiber, S. 57.
27 Vgl. Loose, Kredite, S. 74 ff.; Gruner/Osterloh, S. 199–310; Alberti, Endlösung der Judenfrage.
28 Das Beutesilber sollte gemäß Anweisung des GenB an das Referat Weiß „bei einer späteren Verwertung für die Herstellung von Münzen bereit gestellt" werden. Vgl. Schreiben Reunings an das Referat Weiß v. 12.7.1940, BArch, R 2104, 2, n. p.

Abbildung 11 – Tresor mit den Silberbeständen der Polnischen Staatsmünze in Warschau

Reichshauptkasse Berlin in der Jägerstraße 49–51.[29] Dort erfasste die Beutestelle die Einlieferung der 527 Feinsilberbarren, sieben Feinsilberbänder, zwei Säcke Silbermedaillen, vier Fässer Silberspäne und Legierungsreste sowie der zwei Fässer gefüllt mit Złotymünzen im „Beutebuch Polen" unter der Depotnummer P 212/101 und informierte das Referat Patzer im Generalbüro des RFM.[30] Die Münzen wurden dann auf Anweisung der Abteilung VI am 9. Dezember über die Reichsbank verkauft.[31] Die restlichen Silbergegenstände des Depots verblieben in den Tresoren der Reichshauptkasse in der Mauerstraße 63/65.[32] Dieses langwierige wie bürokratisierte Verfahren steht exemplarisch für den Ablauf der Beutesicherung, -erfassung und -verwertung durch die Beutestelle der Reichshauptkasse und das Reichsfinanzministerium.[33]

29 Vgl. Schreiben der Deutschen Reichsbank-Hauptkasse an die Regierung des Generalgouvernements HA Fin v. 23.9.1942, BArch, R 2, 9172a, Bl. 13 f.

30 Vgl. Depotlisten der Beutestelle der Reichshauptkasse (Beutebuch Polen), R 2104, 68, n. p.

31 Vgl. Schreiben RHK an Maedel v. 17.11.1942, BArch, R 2, 9172a, Bl. 379 f. Weitere 400 Kg Münzen, Silberspäne, Legierungs- und Stanzreste wurden nach Anordnung des GenB v. 11.2.1942 im Einvernehmen mit dem Referat Maedel in der Abteilung VI an die Preußische Staatsmünze ausgeliefert. Vgl. Schreiben der Reichshauptkasse, Lässig, an Maedel v. 3.4.1943, BArch, R 2, 9172a, Bl. 389; Schreiben des Referats Maedel an die Beutestelle der RHK v. 25.3.1942, BArch, R 2104, 50, n. p.

32 Vgl. Schreiben RHK, Lässig an die Regierung des GG, HA Fin v. 8.4.1943, BArch, R 2, 9172a, Bl. 391. Weitere Lieferungen an polnischen Silbermünzen gingen an die Reichsbank und die Preußische Staatsmünze, so dass mindestens 66 t Silber dort eingingen. Vgl. Banken, Großraubwirtschaft, S. 440 ff.

33 Vgl. Kapitel: Das Leeren der Tresore, S. 377.

In den ersten Wochen und Monaten wurden neben anderen polnischen Silberbeständen in einem Wert von 84,8 Millionen Złoty[34] von Wehrmacht, Gestapo, SS- und Polizeieinheiten, Devisenschutzkommandos, Zollgrenzschutz, Kriegsgerichten, Gefangenenlagern und verschiedenen deutschen Verwaltungsstellen Beutewerte unterschiedlichster Art in die Reichsbankstellen zur raschen Überstellung nach Berlin abgeliefert. Neben Edelmetallen und Schmuckgegenständen erbeuteten die Deutschen vor allem Devisen, diverse Wertpapiere, Sparkassenbücher, Wechsel, Schecks, Versicherungspolicen und andere Wertgegenstände aus staatlichem und privatem Besitz. Zudem nahm die Wehrmacht den Kriegsgefangenen sämtliche Wertgegenstände ab.[35] Die Vorgehensweise, wie diese Werte dem Reich zur Verwertung übertragen werden sollten, um der Kriegskasse zugeschlagen zu werden, blieb jedoch zunächst unklar. Dies erklärt den langen Verbleib der Gegenstände in den Tresoren der Reichsbankstellen, der nicht allein auf logistische Probleme zurückzuführen ist. Auch die späte Erfassung der Werte in den Depots der Beutestelle der Reichshauptkasse, die erst Ende Januar 1940 ihre Arbeit aufnahm und die weitere Bearbeitung dieser Depots durch die zuständigen Stellen im Reichsfinanzministerium belegen, dass es zu Kriegsbeginn keine Vorbereitung zur verwaltungstechnischen Erfassung und Verwertung von Beutewerten gegeben hat.

Im Herbst 1939 wurden Beutewerte, die bei den Wehrmachtseinheiten anfielen und nicht in den Taschen der Soldaten und Offiziere verschwanden, durch die Feldkassen der Armeeoberkommandos (AOK) gesammelt. So nahm die Feldkasse der 10. Armee bereits am 6. September die ersten Goldmünzen entgegen.[36] In Ermangelung von Richtlinien herrschte Unklarheit über das weitere Vorgehen. Schnell sammelten sich die unterschiedlichsten Gegenstände bei den Zahlstellen an. Die aus Banken, Privatwohnungen, Geschäften, Kirchen, Synagogen, Verwaltungen oder direkt von Privatpersonen zusammengerafften und geraubten Gegenstände erfassten die Zahlmeister penibel mit Herkunft und Wert. Vor allem die jüdische Bevölkerung wurde rücksichtslos und brutal beraubt. In Rawa wurden Mitte September „[…] im Verfolg einer Schiesserei bei einer Durchsuchungsaktion einer Anzahl von Juden“ neben Devisen, Wertpapieren und Wertgegenständen vor allem Sparkassenbücher geraubt, bei

34 Vgl. Banken, Großraubwirtschaft, S. 440.

35 Vgl. Schreiben OKW an RFM v. 10.1.1940 zu Kriegsgefangenengeldern im Kriegsgefangenenlager Stalag IV B in Mühlberg/Elbe, wo dem polnischen Soldaten Andreas Pachecka 70.030 Zł, die er bei der Evakuierung kurz vor Gefangennahme erhalten hatte, wie alle anderen Werte abgenommen wurden, BArch, R 2104, 69a, n. p. Vgl. zu weiteren Ablieferungen die Depotliste Beutebuch Polen, BArch, R 2104, 68, n. p.

36 Vgl. Schreiben der Feldkasse der 10. Armee an die RHK v. 14.9.1939, BArch, R 2104, 66, n. p.

Abbildung 12 – Beutesammelstelle bei einem Gefangenenlager in Polen am 11.10.1939

deren Erfassung die Feldkasse neben dem Wert auch Namen und Adresse der jüdischen Besitzer erfasste.[37]

Unsicher über die weitere Verfahrensweise wandte sich schließlich der Oberfeldzahlmeister der 10. Armee, Weinhold, Rat suchend, an die Reichshauptkasse.[38] Das Reichsfinanzministerium bestätigte umgehend, dass die „aufgefundenen polnischen Obligationen" an die Reichshauptkasse abzuliefern seien.[39] Wenige Tage später berichtete Weinholds Vorgesetzter, dass der größte Teil der „erbeutete[n] oder herrenlose[n] Zahlungsmittel (Zloty) [...] von den Zahlstellen der 10. Armee zum Ankauf von Gegenständen in Polen verwendet [worden sei]. Andere erbeutete oder herrenlose fremdländische Zahlungsmittel und Goldmünzen durch Vermittlung der Feldkassen an die Reichsbank abgeführt" worden waren. Des Weiteren erbat er Anweisung, wie mit den „herrenlosen Wertpapieren und Sparkassenbüchern" umzugehen sei oder wie mit den bei „Durchsuchungsaktionen und Schießereien den Juden

[37] Vgl. Abschrift Aufstellung der Korpsintendant XIV AK an Armeeintendant 10. Armee v. 11.9.1939 im Beutebuch Polen, BArch, R 2104, 66, n. p.

[38] Vgl. Schreiben Weinholds an die RHK v. 14.9.1939, BArch, R 2, 70047, Bl. 16.

[39] Vgl. Schreiben des GenB, Weiß an Weinhold v. 21.9.1939, BArch, R 2, 70047, Bl. 17. Die RHK war die für die Zentralkassengeschäfte des Deutschen Reiches bestimmte Stelle und dem Reichsfinanzministerium direkt unterstellt.

und anderen polnischen Staatsangehörigen" abgenommenen und in Banken beschlagnahmten Werten zu verfahren sei.[40]

Eine Unterscheidung der Beute in privates und staatliches Vermögen gemäß der Haager Landkriegsordnung wurde dabei nicht vorgenommen.[41] Erbeutete Werte wurden gleich welcher Herkunft als „herrenloses Gut" deklariert. Ob sie durch Raub, Beschlagnahme oder Enteignung den rechtmäßigen und teils sehr wohl bekannten Eigentümern abgezwungen worden waren, spielte dabei keine Rolle.[42] Dieser Einschätzung schlossen sich auch Reichsbank und Reichsfinanzministerium an. Um „die Verrechnung der sichergestellten Werte im Einvernehmen mit dem Herrn Reichsminister der Finanzen zu regeln," erklärte sich das Reichsbankdirektorium gegenüber dem Generalquartiermeister des OKH und dem RFM einverstanden, dass „erbeutete oder herrenlose Złotynoten und -scheidemünzen von den Zahlstellen der Armee zum Ankauf von Gegenständen in Polen verwendet werden [...] und andere erbeutete oder herrenlose ausländische Zahlungsmittel und Goldmünzen von den Feldkassen gegen Quittung" entgegen zu nehmen waren. Weiter versicherte man Regierungsrat Wilhelm Bender, dem Militärreferenten im RFM[43], dass die Reichsbank gemäß ihren Bestimmungen „derartige Werte" ankaufen und zur „auftragsweisen Verwertung" entgegennehmen werde. Rechtliche oder gar moralische Bedenken über die Herkunft der Wertpapiere, Devisen, Sparkassenbücher und Geldbeträge hegte das Reichsbankdirektorium nicht. Dem Reichsfinanzministerium oblag es festzulegen, an welche Stelle der Gegenwert nach Verwertung zu überweisen war.[44]

Da vor Ort, aber auch Wochen nach der Invasion, weder eine einheitliche Rechtsgrundlage noch Praxis bestand und die Militärverwaltungsstellen recht unkoordiniert vorgingen, drängte der Generalquartiermeister beim OKH Wilhelm Bender, dass alle Militärbefehlshaber und Armeeoberkommandos jeweils Anordnungen über den Zahlungs- und Geldverkehr in

[40] Vgl. Schreiben des Armeeintendanten der 10. Armee an den Heeresintendanten v. 22.9.1939, BArch, R 2, 70047, Bl. 2.

[41] Vgl. HLKO Art. 46, der die Beschlagnahme von Privatvermögen verbietet.

[42] Die Rechtsfigur des „herrenlosen Gutes" existiert im BGB seit 1896. Derjenige, der eine herrenlose bewegliche Sache in Eigenbesitz nimmt, erwirbt gleichzeitig das Eigentum an der Sache, sofern nicht das Recht eines Anderen verletzt wird. Als herrenlos gilt eine bewegliche Sache allerdings nur dann, wenn der Eigentümer zuvor absichtlich auf sein Eigentum verzichtet hat und den Besitz der Sache aufgegeben hat. Diese Freiwilligkeit lag den Beschlagnahmen und Enteignungen jedoch nicht zu Grunde.

[43] Bender war im Reichsfinanzministerium der zuständige Haushaltsreferent für OKW, OKH und OKM.

[44] Vgl. Schreiben des Reichsbankdirektoriums, Hoffmann an den Generalquartiermeister beim Oberkommando des Heeres (OKH) u. abschriftlich an RegRat Bender v. 14.10.1939, BArch, R 2, 70047, Bl. 5.

ausländischen Zahlungsmitteln, in Gold und Wertpapieren, erließen.[45] Um die verwaltungstechnische Bearbeitung innerhalb des RFM und gegenüber den Ablieferungsstellen festzulegen, schlug Bender eine endgültige Regelung zwischen OKH, Reichsbank und Finanzministerium vor.[46]

Bei einer Besprechung Ende November im Bendlerblock wurde im Einvernehmen mit den Oberkommandos vereinbart, dass „grundsätzlich sämtliche Beutegelder der Reichshauptkasse zugeführt werden“. Münzen und Noten sollten hingegen der Feldkasse in Krakau gutgeschrieben werden und dort zur Kassenbestandsverstärkung neben den grünen Schecks dienen.[47] Erbeutete oder beschlagnahmte Wertpapiere, Sparkassenbücher und Aktien waren fortan durch die Wehrmachtskassen an die Reichshauptkasse zur Verwahrung oder Verwertung abzuliefern. Sonstige Devisen waren auf kürzestem Weg der nächsten Reichsbankanstalt zu übergeben, die den Gegenwert auf ein Verwahrkonto der Reichshauptkasse abzuführen hatte.[48] Nicht kursfähige Zahlungsmittel und Wertgegenstände (Schmucksachen und dergleichen) wurden von den Feldkassen und der Reichsbank zunächst in Ermangelung eines anderen Verwertungsweges wie Wertpapiere behandelt.[49] Sämtliche Dienststellen waren angehalten, die Herkunft und den Wert der Beutegegenstände möglichst genau zu dokumentieren. Noch gingen die Beamten davon aus, dass „diese Unterlagen für die Beurteilung etwaiger Rück- oder Ersatzforderungen unentbehrlich“ seien.[50] Auf diese Weise kamen erstaunlich umfangreiche Berichte über die Vorbesitzer und die Umstände der Erbeutung selbst in die Unterlagen der Reichshauptkasse und verschafften den Beamten einen verbürgten Eindruck über die Geschehnisse vor Ort. In der Mehrheit der Fälle war die widerrechtliche Inbesitznahme als brutaler Raub zu erkennen.[51]

[45] Eine solche Anordnung hatte der Chef der Zivilverwaltung beim Armeeoberkommando 14 bereits am 3.9.1939 erlassen. Vgl. Kapitel: Devisenschutz und Terror, S. 47.

[46] Vgl. Schreiben GenB an den Heeresintendanten beim OKH Generalquartiermeister v. 7.11.1939, BArch, R 2, 70047, Bl. 12.

[47] Vgl. Kapitel: Besatzungsgeld, S. 149.

[48] Vgl. Vermerk GenB zu Beutegeldern v. 18.1.1940, BArch, R 2, 9172a, Bl. 339 f.; Schreiben Bayrhoffers an OKW u. RHK zur Behandlung von erbeuteten Geldmitteln u. Wertpapieren v. 1.12.1939, ebd., Bl. 341; Schreiben Bayrhoffers an OKW zur Behandlung der im ehemals polnischen Gebiet erbeuteten oder beschlagnahmten Zahlungsmittel, Wertpapiere und Wertgegenstände v. 22.6.1940, ebd., Bl. 245.

[49] Vgl. Schreiben des OKW an das Oberkommando der Marine (OKM), das OKH u. Bayrhoffer zur Behandlung von Beutewerten v. Februar 1940, ebd., Bl. 345 f.

[50] Schreiben des OKH an Reichsbankdirektorium, OKW u. RHK zur Behandlung von Beutewerten v. 28.2.1940, ebd., Bl. 343 ff.

[51] Zu Rückerstattungen oder Entschädigungen kam es während des Krieges nur in Ausnahmefällen. Das Referat Bußmann vertrat nach dem Überfall auf die Sowjetunion grundsätzlich den Standpunkt, „dass ohne der Entscheidung der rechtlichen Frage der etwaigen Verpflichtung zur Rückgabe der eingelieferten Stücke vorgreifen zu wollen, kein Gold und keine echten Devisen zurück gegeben werden“. Vgl. Vermerk RFM zur Frage

Als zuständige Verwaltungsstelle zur Beuteerfassung und -verwertung wurde auf Anordnung des Reichsfinanzministeriums vom November 1939 schließlich die Kriegsbeutestelle bei der Reichshauptkasse gegründet.[52] Sie gehörte somit – anders als im Ersten Weltkrieg, als die Beutestelle dem preußischen Kriegsministerium unterstand – in den unmittelbaren Verantwortungsbereich des Reichsfinanzministers.[53] Untergebracht wurde die neue Dienststelle im Gebäude des vormaligen Bankhauses Mendelsohn & Co. in der Jägerstrasse 49–51 in Berlin Mitte. Das Bankhaus war kurz zuvor im Zuge der „Arisierung" in die Liquidation gezwungen worden.[54] Ihre Arbeit nahm die mit nur sechs Beamten besetzte Dienstelle ab Januar 1940 auf. Die Beamten, die „sehr bald mit Einlieferungen aus dem Felde überschüttet" wurden, erfassten die Ablieferungen in fortlaufend nummerierten Depots und protokollierten den Inhalt gemeinsam mit dem Ablieferungsbericht im Beutebuch, bevor die Gegenstände bis zur weiteren Bearbeitung und Verwertung eingelagert wurden.[55] Dabei wurden die eingelieferten Mengen vielfach „ungeordnet in den Tresoren aufgestapelt", da die Beamten mit der Bearbeitung nicht nachkamen.[56]

Bei der Mehrheit der so registrierten Beutewerte handelte es sich also keineswegs um tatsächlich „herrenloses Gut" oder gemäß dem Völkerrecht durch die Armee requirierungsfähiges Vermögen.[57] Zunächst führte diese Praxis bei den Bearbeitern in der Beutestelle aber zu einer gewissen Verunsicherung. So hatten die Beamten im Depot P 2 neben Schmuck und Devisen vor allem Wertpapiere und Sparbücher erfasst, die eindeutig einem Eigentümer zugewiesen werden konnten. Routinemäßig wandte sich die Beutestelle nach der Erfassung – wie bei allen Depots – mit der Bitte um weitere Weisung an das im Generalbüro zuständige Referat Weiß: „Die vorbezeichneten Werte sind von der Feldkasse des AOK 10 von verschiedenen Formationen eingeliefert worden. Sie bemerkt dazu,

der Rückgabe von Geldern, die zunächst als Beutegut angesehen worden sind v. 19.6.1941, ebd., Bl. 375.

52 Infolge der Umorganisation der Reichsbank wurde die Reichshauptkasse 1924 direkt dem Reichsfinanzministerium (Abteilung I) angegliedert. Die wichtigsten Aufgaben der Reichshauptkasse als Zentralkasse des Reiches bestanden in der Verwaltung der Reichsguthaben und der Wertpapiere des Reiches. Als Einheitskasse war sie für die Buchführung und Rechnungslegung z. T. auch der Kassengeschäfte der Reichsministerien und der ihnen nachgeordneten Behörden verantwortlich. Vgl. zur Behördengeschichte das Findbuch zur Reichshauptkasse R 2104 im Bundesarchiv Berlin.

53 Vgl. Schreiben des ehemaligen Direktors der Beutestelle, Fiebig, v. 20.12.1947, IfZ, ZS/A-20, 3, Bl. 188–194; Banken, Großraubwirtschaft, S. 643.

54 Vgl. Schoeps, S. 262–265 u. 376–381.

55 Vgl. Schreiben Fiebigs v. 20.12.1947, IfZ, ZS/A-20, 3, Bl. 188.

56 Diese Situation verschärfte sich mit zunehmender Beutemenge ab Frühsommer 1940 zusehends, da die Personaldecke der Beutestelle nicht verstärkt wurde. Vgl. ebd. u. zum Kriegsende Kapitel: Das Leeren der Tresore, S. 377.

57 Vgl. HLKO Art. 49, 51, 52; Toppe, S. 397–417.

dass die Werte nicht von der kämpfenden polnischen Armee erbeutet, sondern Zivilpersonen abgenommen bezw. in polnischen Banken usw. herrenlos vorgefunden wurden. Ob es sich infolgedessen um Privateigentum polnischer Staatsangehöriger handele oder nicht, müsse der Entscheidung des RFM vorbehalten bleiben."[58] Da man im Generalbüro offenbar mit keinen unmittelbaren Rückforderungen seitens der mehrheitlich jüdischen Eigentümer rechnete und eine Klärung der Verwertung und damit Überführung in Reichsvermögen für die Beutewerte mit Ausnahme der kursfähigen Devisen noch nicht geregelt war, fuhren die Beamten mit ihrer als „Verwahrung" deklarierten Tätigkeit ohne weitere Einwände fort. So erfassten beispielsweise die Beamten, die von der Feldwache in Kuzawka von „jüdischen Grenzgängern", die man bei einem Fluchtversuch über den Bug gestellt hatte, geraubten 13.640 Złoty, 135 Rubel und 25 Goldrubel. Genauso verfuhren sie mit den Sparkassenbüchern der Familie Kaplan, die von der Feldkasse der 213. Infanterie Division im Januar 1940 entgegengenommen worden waren.[59]

Ab Frühjahr 1940 traf regelmäßig weitere „Siegesbeute" der Wehrmacht in der Jägerstraße in Berlin ein – wie die in der Synagoge in Leslau geraubten 41 Silberstücke mit einem Gewicht von 11,6 Kilogramm. Ebenso überstellten die Devisenschutzkommandos und die SS-Einheiten ihr Raubgut.[60] Anfang Mai 1940 traf eine erste umfangreiche Einlieferung der Dienststelle des Reichsführers SS (RFSS) in der Beutestelle ein. Die SS hatte im besetzten Polen eine oder mehrere Kirchen geplündert und überführte nun unter anderem einen fünfteiligen silbernen Bischofsstab, mehrere Messkelche und Weihrauchkessel neben anderem Kircheninventar aus Silber und Schmuck mit der ausdrücklichen Bitte um „Mitwirkung bei der Verwertung" an die Hauptkasse.[61] Der Gegenwert der abgelieferten Gegenstände sollte auf ein Konto der NSDAP an die Kasse des persönlichen Stabs des RFSS überwiesen werden, um für „ soziale Maßnahmen" Verwendung zu finden.[62] Das Referat Patzer im Generalbüro lehnte dieses Anliegen des RFSS allerdings ab, da „der Erlös sämtlicher Einlieferungen dem Beutefonds zugeführt werden müsse, über dessen Verwendung am Ende des Krieges bestimmt werde".[63]

Der Direktor der Beutestelle, Fiebig, betrachtete seine Dienststelle ohnehin nur als „Treuhänderin für die eingelieferten Werte", und das Ministerium verschob die rechtliche Regelung einfach in die Zukunft.[64] Die Bearbeitung der mit Fortschreiten des Krieges immer umfangreicher werdenden Beutewerte und

[58] Vgl. Liste im Beutebuch Polen Depot 2 v. 28.2.1940, BArch, R 2104, 66, n. p.
[59] Vgl. Liste im Beutebuch Polen, BArch, R 2104, 66, n. p.
[60] Vgl. Kapitel: Devisenschutz und Terror, S. 47.
[61] Vgl. Depotlisten der Beutestelle der RHK (Beutebuch Polen), BArch, R 2104, 68, n. p.
[62] Vgl. Liste im Beutebuch Polen v. 22.5.1940, BArch, R 2104, 66, n. p.
[63] Vgl. Schreiben Fiebigs v. 20.12.1947, IfZ, ZS/A-20, 3, Bl. 189.
[64] Vgl. ebd., Bl. 188.

deren Verwahrung in den Tresoren der Reichshauptkasse sichteten und prüften die zuständigen Mitarbeiter des Reichsfinanzministeriums. Grundsätzlich wurden Einlieferungen durch die SS – teilweise sogar in Anwesenheit der zuständigen Ministerialbeamten Maedel, Patzer, Schwarzat, Eylert und Oberfinanzpräsident Hans Casdorf – in den Tresorkellern des „arisierten" Bankhauses Mendelsohn & Co. in Berlin Mitte entgegengenommen.[65]

Insgesamt legte die Beutestelle nachweislich mindestens 190 Depots im „Beutebuch Polen" an, deren Übernahme zwischen dem 13. Januar 1940 und 30. Juli 1943 datiert ist. Die genaue Depotzahl ist durch die äußerst lückenhafte Überlieferung der Reichshauptkasse nicht mehr rekonstruierbar. Zudem wurden Depots zusammengelegt und Depotnummern geändert. Die in den Beutebüchern I und II für Polen erfassten Devisen und Wertpapiere ergaben nach Umrechnung einen recht überschaubaren Beutewert von 521.840,21 Reichsmark.[66] Zu beachten ist dabei, dass ein Großteil der eingelieferten Werte aus nicht mehr kursfähigen Devisen und Wertpapieren bestand, aber ungeachtet dessen penibel in den Büchern verzeichnet wurde.[67]

Nach der Besetzung von Dänemark und Norwegen und mit Beginn des Westfeldzuges wurde die für Polen getroffene Regelung mit Erlass des OKH auf alle besetzten Gebiete und Länder ausgedehnt.[68] Die Reichshauptkasse hatte vom Reichsfinanzministerium von nun an eine Daueranweisung, alle von den Dienststellen der Wehrmacht eingehenden fremden Geldsorten nach Prüfung und Buchung in den hierfür eingerichteten Zeit- und Sachbüchern an die Reichsbank zur Verwertung abzuliefern und die Erlöse monatlich anzuzeigen.[69] Auch festigte sich 1940 die Zuständigkeit für die Kriegsbeuteangelegenheiten innerhalb des Ministeriums. Verantwortlich war zum einen das Generalbüro, das als anordnende Stelle für die Verwaltung und Verwertung der Wertpapiere zeichnete und als entscheidende Stelle für Angelegenheiten grundsätzlicher Art fungierte. Zum anderen hatte das Referat Maedel in der Abteilung VI als anordnende Stelle für die Behandlung und Verwertung der sonstigen Beutewerte wie Schmucksachen, Edelsteine, Gold, Silber, Gebrauchsgegenstände, Sparbücher,

[65] Vgl. ebd.

[66] Vgl. Beutebücher I u. II, BArch, R 2104, 72 u. 73.

[67] Die Deutschen erbeuteten in Polen ungeachtet des aktuellen Wertes umfangreiche Bestände an alten Rubel und Polnischer Mark. Vgl. Kapitel: Das polnische Steuer- und Währungssystem, S. 87. Ein Großteil der eingelieferten Wertpapiere verlor durch die Enteignung des polnischen Staates und der Zerstörung und Demontage von Unternehmen ihren Wert.

[68] Vgl. Erlass des OKH v. 7.6.1940 zur Behandlung von erbeuteten u. beschlagnahmten Geldmitteln, Wertpapieren und Wertgegenständen aus den besetzten Gebieten, BArch R 2104, 69a, n. p.

[69] Vgl. Verfügung des RdF v. 27.6.1940, BArch, R 2, 9172a, Bl. 227.

Wechsel, Schecks, Briefmarken usẃ. Weisungsbefugnis.[70] Dieses Referat 13 in der Abteilung VI unter Leitung von Oberregierungsrat Walter Maedel wurde eigens für die neuen Aufgaben im Zusammenhang mit der Besetzung und Ausbeutung Polens zwischen November 1939 und Januar 1940 geschaffen.[71] Da Maedel, der aus dem Ministerbüro über das Vermögenssteuerreferat der Steuerabteilung in die Abteilung VI gewechselt war, nur ein Mitarbeiter unterstellt wurde, ging man wohl zunächst von einem überschaubaren Arbeitsaufwand aus. Das Referat blieb eines der kleinsten in der Abteilung.[72]

Entscheidend für die Schaffung des Referats 13 war zum Ende des Jahres 1939 der Umstand, dass die in Polen enteigneten bzw. beschlagnahmten Werte zwar für das Reich verwertet werden sollten, die genauen Zuständigkeiten sowie der tatsächliche Verwaltungsakt der Vermögensübertragung aber noch nicht geklärt waren. Die Art und Weise der Einbringung möglicher Erlöse in den Reichshaushalt war ebenso offen.[73] Bisher war dies lediglich für einen verschwindend geringen Teil der Beute mit dem Beuteverwahrfonds des OKW geregelt worden. Die mit der Zerschlagung Polens geplante Enteignungspolitik ging weit über diese ersten Raubzüge hinaus. Nicht nur der Schutz des Eigentums im Kriegsfall, sondern das Recht auf Eigentum an sich – sowohl des polnischen Staates als auch seiner nicht-deutschen Bewohner – sollte gemäß den Vorstellungen der Besatzer erlöschen. Polen wurde in Gänze als Beutegut betrachtet, das es galt, für das Reich zu verwerten.

Mit der Verwertung respektive Umverteilung des Hauptteils der mobilen und immobilen Beutewerte beauftragte Göring die Haupttreuhandstelle Ost. Die Zuständigkeit für die Erfassung, Verwaltung und Verwertung der Beutewerte lag fortan bei dieser neugeschaffenen Behörde außerhalb der Reichsfinanzverwaltung. Das Reichsfinanzministerium, das mit seinen im Aufbau begriffenen Strukturen in den annektierten Gebieten weder in der Lage

[70] Vgl. Bericht der Restverwaltung der Reichshauptkasse an das RFM Restverwaltung v. 17.1.1946, BArch, R 2, 9172a, Bl. 228 f. Die Verwertung von Wertpapieren war bereits 1934 zentralisiert worden und ab März 1939 in einem eigenen Referat unter Ministerialrat Max Patzer im neu eingerichteten Generalbüro untergebracht worden.Vgl. Kuller, Bürokratie und Verbrechen, S. 65.

[71] Vgl. Kapitel: Die Treuhand, S. 109 u. „Reichsghetto Litzmannstadt", S. 204.

[72] Vgl. Geschäftsverteilungsplan v. 2.8.1940, BArch, R 2, 55, Bl. 28. Die Abteilung VI war erst im April 1938 im Zuge der Umstrukturierung des Ministeriums geschaffen worden. Der Abteilungsleiter Otto Maaß war neben Staatssekretär Reinhardt und dem Personalreferenten im Zollbereich Zschaler der dritte alte Kämpfer in zentraler Position. Die Abteilung übernahm das recht allgemein formulierte Arbeitsgebiet der Personal- und Verwaltungsangelegenheiten. Das konkrete Aufgabenspektrum konnte im Verlauf des Krieges also flexibel angepasst werden. Vgl. Organigramm: Organigramm Abteilungsebene Reichsfinanzministerium 1940, S. 427; Kuller, Bürokratie und Verbrechen, S. 61–71.

[73] Bemerkenswert ist, dass das Referat nicht innerhalb der Haushaltsabteilung I oder IA, sondern in der Abteilung VI eingerichtet wurde.

war, diese Aufgabe ad hoc zu übernehmen, noch auf absehbare Zukunft diese zusätzlich zum Verwaltungsaufbau würde übernehmen können, begnügte sich einstweilen mit der Schaffung eines *interface*. Das Referat Maedel übernahm die Verwaltung des Reichsvermögens (soweit es nicht in Wertpapieren oder sonstigen Beteiligungen bestand) und gemeinsam mit den Abteilungen I[74] und IA[75] alle Angelegenheiten zur Haupttreuhandstelle Ost.[76]

2.3 Die Treuhand

Die Haupttreuhandstelle Ost (HTO) wurde am 19. Oktober 1939 per unveröffentlichtem Erlass Görings als eine seiner Vierjahresplanbehörde unterstehende, aber selbstständig agierende Reichsbehörde zur Verwaltung des Beutevermögens im besetzten Polen gegründet. Somit handelte es sich um eine Stelle staatlicher Verwaltung, die aber nicht aus einem der klassischen Ressorts – adäquat wären sowohl das Finanz- wie das Wirtschaftsministerium gewesen –, sondern aus einer Sonderbehörde des NS-Regimes hervorging.[77] Über die Aufgaben der neuen Dienststelle hatte Göring wenige Tage zuvor in der Sitzung des Ministerrats für Reichsverteidigung im Zusammenhang mit den „Richtlinien für die wirtschaftliche Verwaltung der besetzten Gebiete“ auch Reichsfinanzminister Schwerin von Krosigk informiert.[78]

Für das annektierte Westpolen plante Göring den „Auf- und Ausbau der Wirtschaft, die Erhaltung ihrer Produktionskraft und ihrer Vorräte und die möglichst rasche und vollständige Eingliederung in die gesamtdeutsche Wirtschaft“ im Sinne des angestrebten Wiedervereinigungsprozesses. Aus dem Generalgouvernement hingegen sollten alle für die deutsche Kriegswirtschaft brauchbaren Rohstoffe, Altstoffe und Maschinen ausgeschlachtet werden. Göring, der sich ebenfalls per Erlass die „einheitliche Lenkung in Wirtschaftsfragen“ für das besetzte Polen machtpolitisch gesichert hatte, versuchte mit

74 Reichshaushalt und Finanzwesen der Gebietskörperschaften

75 Finanzwesen der Länder, der Reichsgaue als Selbstverwaltungskörperschaften, der Gemeinden und sonstigen Gebietskörperschaften, Reichsreform, Finanzausgleich

76 Vgl. Geschäftsverteilungsplan v. 2.8.1940, BArch, R 2, 55, Bl. 28; Organigramm: Organigramm Reichsfinanzministerium, S. 426 u. Organigramm Abteilungsebene Reichsfinanzministerium 1940, S. 427.

77 Der Erlass war ohne Beteiligung von RFM oder Reichswirtschaftsministerium (RWM) erarbeitet worden. Vgl. Rosenkötter, S. 81 f.

78 Vgl. Umlauf der Abschrift des Sitzungsprotokolls des Ministerrats für Reichsverteidigung v. 13.10.1939, BArch, R 2, 14575, Bl. 66a–f; Schreiben Görings an die Reichsminister und die Geschäftsgruppen und Generalbevollmächtigten des Vierjahresplans v. 19.10.1939, BArch, R 2, 13730, Bl. 1–3. Zum Ministerrat für Reichsverteidigung vgl. Kapitel: Der Angriff, S. 15.

der Behördenneugründung den Zugriff auf und die Zuständigkeit für das polnische Staatsvermögen wie das Privatvermögen in seinem Einflussbereich sichern.[79] Bisher hatten sich Wehrmacht, SS und Verwaltungsdienststellen unkoordiniert am Beutezug beteiligt und somit aus Perspektive der Regimespitze unerwünschte Tatsachen geschaffen.[80]

Der Oberbefehlshaber des Heeres, Generalfeldmarschall Walther von Brauchitsch, hatte umfangreiche Beschlagnahmen von Unternehmen, Betrieben, Grundstücken, Warenlagern und sonstigen Vermögenswerten per Verordnung legitimiert und auch teilweise bereits kommissarische Verwalter durch die Wehrmachtsdienststellen eingesetzt. Von besonderem Interesse für das OKH waren dabei Lebensmittel, landwirtschaftliche Erzeugnisse, Rohstoffe und die polnische Rüstungsindustrie in toto wie auch deren Zulieferer.[81]

Göring, in seiner Funktion als Beauftragter für den Vierjahresplan und damit verantwortlich für die Versorgung der deutschen Kriegs- und Rüstungswirtschaft, wollte vorrangig dem wilden Raubzug Einhalt gebieten und jedwede Beschlagnahme, Enteignung oder Verwertung der Oberaufsicht seiner Behörde unterstellen. Gegenüber den Reichsministern, Behördenleitern, Gauleitern und Reichsstatthaltern wie auch dem Generalgouverneur rechtfertigte er sein machtpolitisches Vorgehen damit, dass „das der Beschlagnahme verfallene polnische Vermögen im Interesse des Reichs, d. h. der Allgemeinheit, aber nicht zugunsten Einzelner verwertet" werden solle, was nur eine einheitliche Verwaltungsstruktur gewährleisten könne.[82]

Das Aufgabenspektrum der Haupttreuhandstelle Ost (HTO) umfasste folglich für das gesamte deutsch besetzte Polen: (a) die Erfassung und Verwaltung des polnischen Staatsvermögens wie des Privatvermögens, (b) die Regelung des Geld- und Kreditwesens, (c) die Anordnung aller wirtschaftlichen Maßnahmen, (d) die Auseinandersetzung mit fremdstaatlichen Gläubigern, (e) die Koordination der zu schaffenden regionalen Treuhandstellen, (f) die alleinige Durchführung aller weiteren Beschlagnahmen bzw. die Bestätigung der bereits erfolgten Beschlagnahmen sowie die Einbestellung von kommissarischen Ver-

79 Vgl. ebd.

80 Vgl. Plünderungsmaßnahmen der deutschen Wehrmacht in Inowrrocław, Raub polnischen Gutes in den ersten Kriegsmonaten, Raub polnischen gutes und Verwüstung der technischen Ausstattung gewisser Betriebe der Textilindustrie: Łuczak, Dyskryminacja Polaków, S. 195–197.

81 Vgl. VO des OKH über die Einsetzung von kommissarischen Verwaltern für Unternehmungen, Betriebe und Grundstücke in den besetzten ehemals polnischen Gebieten v. 29.9.1939, VOBl. Oberbefehlshaber des Heeres (OBdH) für die besetzten Gebiete in Polen Nr. 7/39, S. 21; VO des OKH über die Beschlagnahme in den besetzten ehemals polnischen Gebieten (ohne Ostoberschlesien) v. 5.10.1939, VOBl. OKH für die besetzten Gebiete in Polen Nr. 8/39, S. 25.

82 Vgl. Schreiben Görings an die Reichsminister und die Geschäftsgruppen und Generalbevollmächtigten des Vierjahresplans v. 19.10.1939, BArch, R 2, 13730, Bl. 3.

waltern, (g) den Erlass von Verwaltungsvorschriften zur Durchführung ihrer Aufgaben. Als Behördenleiter ernannte Göring den ehemaligen Graudenzer Bürgermeister Max Winkler.[83]

Winkler, der sich selbst gern als „Reichstreuhänder“ sah, hatte bereits vor 1933 über mehrere Jahre hinweg als „Wirtschaftsberater“ und „Wirtschaftstreuhänder in Ostfragen“ in enger Zusammenarbeit mit dem Reichsfinanzministerium, dem Auswärtigen Amt und dem Reichswirtschaftsministerium mit Hilfe eines Netzes von Scheinstiftungen und -verlagen im In- und Ausland die finanzielle Unterstützung des „Deutschtums im Ausland“ im Staatsauftrag betrieben. Direkter Ansprechpartner im Finanzministerium war seinerzeit Schwerin von Krosigk gewesen.[84] Außerdem verfügte er über Erfahrungen in „Arisierungsangelegenheiten“[85] und der Enteignung sogenannter Reichsfeinde.[86]

Als Göring Winkler Mitte Oktober 1939 beauftragte, im besetzten Polen eine treuhänderische Verwaltung in seinem Sinne aufzubauen[87], war dieser noch mit der Gleichschaltung der deutschen Filmindustrie für Reichspropagandaminister Goebbels befasst.[88] Auch dies geschah in enger Abstimmung mit den Haushalts- und Finanzexperten des RFM in der Unterabteilung I C unter Joachim von Manteuffel. Zuständiger Sachbearbeiter und Interessenvertreter in den Aufsichtsräten der Filmgesellschaften war der ehemalige Referent beim Reichskommissar für die Osthilfe[89] und seit 1935 Ministerialrat im

83 Vgl. ebd; Deresiewicz, S. 10–22.

84 Vgl. Kreuzverhör durch Kempner im August 1947 und Aussagen Winklers in Nürnberg im April 1948, IfZ, ZS-517-1 ff.; Vgl. Kapitel: Deutsche Ostraumentwürfe, S. 27.

85 Goebbels hatte Winkler mit der „Arisierung“ des Ullsteinverlages betraut, dem damals der ehemalige Staatssekretär im RFM Hans Schäffer vorstand. Vgl. Ullstein; Lindner; James/Barkai, S. 48 ff.; Wandel.

86 Zur Rolle Winklers bei der Gleichschaltung der Presse und speziell bei der Enteignung von sozialdemokratischen und kommunistischen Verlagen und Stiftungen vgl. die Teilstudie von Josephine Ulbricht. Vgl. auch Rosenkötter, S. 65–71; Lerg; Wermuth. Winklers Treuhänder hatten ihre Tätigkeit 1938/39 auch auf Österreich und das Protektorat ausgeweitet. Vgl. Spiker, S. 162–189.

87 Rosenkötter geht hier v. 12.10.1939 aus. Vgl. Rosenkötter, S. 81. Allerdings nahm Winkler in seiner Funktion als künftiger Treuhänder bereits am 12.10.1939 an einer Besprechung im RWM über die Geld- und Währungsverhältnisse im besetzten Polen teil, BArch, R 2, 30915, n. p.

88 Verwaltungschef im Propagandaministerium und maßgeblich verantwortlich für den Aufbau eines leistungsfähigen Verwaltungsapparates war seit 1933 Erich Greiner, der vormals Ministerialdirektor im Finanzministerium gewesen war. Vgl. Hachtmann, S. 82; Becker, S. 147.

89 Die Osthilfe war ein agrarpolitisches Subventionsprogramm der Reichsregierung und der Preußischen Staatsregierung für die preußischen Provinzen im Osten, um den Trend der Landflucht und der Überschuldung zu stoppen. Die Maßnahmen umfassten zwischen 1926 und 1937 zahlreiche Gesetze, Verordnungen und Erlasse u. a. das sogenannte Osthilfegesetz von 1931. Vgl. Bracher, S. 453.

Abbildung 13 – Kundgebung der Filmschaffenden im Reichstagssitzungssaal der Krolloper in Berlin, untere Reihe v. r.: Reichsminister Goebbels, Präsident der Reichsfilmkammer Lehnich, Produktionschef der Ufa Leichtenstein, Winkler, Generaldirektor der Ufa Klitzsch und Schauspieler Emil Jannings am 11.3.1939

Reichsfinanzministerium Hermann Burmeister.[90] Vor dem Hintergrund seiner Erfahrung und Vernetzung war Winkler also geradezu die ideale Wahl für

[90] Hermann Burmeister (* 1894 in Stettin, † ?) war nach seiner Teilnahme am Ersten Weltkrieg (1914–1918, West- und Ostfront) zunächst von August 1919 bis März 1930 Oberleutnant der Sicherheitspolizei in Danzig, Hauptmann der Polizei Danzig und Landwehr, bevor er zwischen 1919 und 1931 als Beamter in der Freien Stadt Danzig Dienst tat. Ab 1932 wechselte er als Reichsbeamter zum Osthilfe-Ministerium in Berlin und schließlich im Frühjahr 1933 ins RFM. Im November 1934 trat er der SS bei und galt als zuverlässiges Mitglied, obwohl ihm der ehemalige Danziger Finanzsenator und spätere Gauleiter des Warthelandes, Arthur Greiser eine problematische politische Vergangenheit bescheinigte. Der Arztsohn, der nach dem Tod seiner Eltern bei seinem Großvater, einem Pfarrer, in Stettin aufgewachsen war, machte rasch Karriere im Ministerialdienst. Er begann als Hilfsarbeiter des General-Haushaltsreferenten, bis er 1935 eigenständiger Referent (Haushaltsreferat I/10) und im Jahr darauf zum MinR befördert wurde. Burmeister war zudem Mitglied des Aufsichtsrates der Bavaria-Filmkunst GmbH in München, Kreditanstalt der Deutschen GmbH in Reichenberg, Tobias-Filmkunst GmbH Berlin, Tobias-Tonbild-Syndikat AG Berlin, Wien-Film GmbH Wien. In der SS stieg er vom Sturmbannführer (1939) zum Obersturmbannführer (1943) auf. Vgl. BArch, BDC SSO 123; Stockhorst, S. 88; Organigramme: Organigramm Reichsfinanzministerium, S. 426 u. Organigramm Abteilungsebene Reichsfinanzministerium 1940, S. 427.

die bis dato in ihrem Umfang beispiellose Treuhandverwaltung. Sowohl der Reichsfinanzminister Schwerin von Krosigk als auch der Reichswirtschaftsminister und ehemalige Staatssekretär im Propagandaministerium Walther Funk empfahlen Göring eine Besetzung mit Winkler.[91]

Die eigentliche Errichtung der Behörde mit Dienstsitz in Berlin erfolgte Ende Oktober 1939 wohl recht überhastet und ohne eine weiter präzisierte Wirtschaftsplanung. Einrichtung und Aufgabenumfang wurden nachträglich in einer Bekanntmachung Görings veröffentlicht,[92] deren genaue Zielrichtung allerdings noch an Himmlers Vertreibungs- und Siedlungspläne und Franks Machtanspruch angepasst werden musste. Der Generalgouverneur reagierte auf Görings Vorstoß kurzerhand mit der Errichtung einer eigenen Treuhandverwaltung für das Generalgouvernement[93] und wies parallel die Beschlagnahme sämtlicher Vermögenswerte des polnisches Staates auf dem Gebiet des Generalgouvernements an.[94] Damit war der Aktionsradius der HTO auf die annektierten Gebiete reduziert und musste noch im Ausgleich mit den zeitgleich entstehenden RKF-Dienststellen konkretisiert werden. Himmler hatte seiner Verwaltung in Abgrenzung zur HTO die Zuständigkeit für die Beschlagnahme und Verwaltung aller landwirtschaftlichen Vermögen zuerkannt.[95] Die Bewirtschaftung übernahm die eigens durch das Reichsernährungsministerium gegründete Ostdeutsche Landwirtschaftsgesellschaft „Ostland".[96]

Die Haupttreuhandstelle Ost befand sich im Herbst 1939 also mitten im Verteilungswettstreit um die polnische Kriegsbeute und zugleich im Machtkampf um die Einflussnahme auf die eroberten Gebiete. Weder Himmlers Machtzuwachs noch Franks Ansprüche fochten Winkler an, und er begann unverzüglich mit dem Aufbau. In der Potsdamer Straße 28 in Berlin versammelte er sein Kompetenzteam und setzte dabei auf alte Beziehungen. Neben Erich Krahmer-Möllenberg (stellvertretender Leiter), Hermann Höpker-Aschoff (Chefjurist

91 Vgl. Rosenkötter, S. 81.

92 Vgl. Bekanntmachung des Ministerpräsidenten Göring über die Errichtung der HTO v. 1.11.1939, Deutscher Reichsanzeiger und Preußischer Staatsanzeiger Nr. 260/39.

93 Vgl. VO über die Einrichtung einer Treuhandstelle für das Generalgouvernement v. 15.11.1939, VOBl GG für die besetzten polnischen Gebiete Nr. 6/39, S. 36.

94 Vgl. VO des Generalgouverneurs über die Beschlagnahme des Vermögens des früheren polnischen Staates innerhalb des GG v. 15.11.1939, ebd., S. 37.

95 Vgl. Erlass des RFSS betreffend der Zusammenarbeit der Behörden des RFSS mit der HTO v. 10.11.1939, S I V 1 Nr. 886/39-176, nicht zur Veröffentlichung bestimmt; Rundverfügung des Leiters der HTO betreffend Zusammenarbeit mit dem RFSS und dessen Dienststellen v. 10.11.1939, Nr. 1/39, nicht zur Veröffentlichung bestimmt, BArch, R 2, 5043, Bl. 219 f.

96 Die „Ostland", spätere „Reichsland", bewirtschaftete Ende 1942 im annektierten Teil Polens 391.509 Betriebe mit einer Gesamtfläche von 4,5 Mio. Hektar. Insgesamt erfasst waren 864.545 Betriebe mit 7,7 Mio. Hektar wovon 576.233 Betriebe mit 5,6 Millionen Hektar beschlagnahmt worden waren. Vgl. Umbreit, Kontinentalherrschaft, S. 147–149.

und Vermögensexperte), Friedrich Merten (Kredit- und Versicherungswesen), Bruno Pfennig (Rechtsabteilung) und später Karl Reetz (Sonderabteilung Altreich) kamen mit Hans Henckel und Friedrich Reuning so auch zwei Oberregierungsräte aus dem RFM als stellvertretende Abteilungsleiter zur HTO.[97] Himmler konnte sogar einen Generalreferenten für die Festigung deutschen Volkstums (SS-Obersturmbannführer Galke) durchsetzen. Ein Verbindungsstab sicherte die Kommunikation mit den anderen Reichsbehörden. Insgesamt versammelte Winkler knapp 50 Mitarbeiter um sich.[98]

Die Rechtsgrundlagen für das Rauben

Die HTO gründete zunächst Treuhandstellen in Posen, Kattowitz, Zichenau und Danzig sowie eine Nebenstelle in Łódź[99] und gliederte ihren Aufgabenbereich in die Fachgebiete Geld und Kreditwesen, Forstwirtschaft, Landwirtschaft, Industrie sowie Handel und Handwerk.[100] Im RFM waren neben dem Referat Burmeister in der Haushaltsabteilung auch das Referat Maedel in der Abteilung VI und das Generalbüro mit Angelegenheiten der HTO befasst. Weitere Beamte wurden zudem als Haushaltsreferenten und Steuerexperten zur HTO abgeordnet, um „auch im Interesse des RFM, die notwendig werdende ständige enge Fühlungsnahme und Zusammenarbeit" zu gewährleisten.[101] Sie sollten die beschlagnahmten Betriebe auf steuerrechtlichem Gebiet betreuen und die Ver-

97 Krahmer-Möllenberg war nach dem Ersten Weltkrieg Polenreferent bei der deutschen Waffenstillstandskommission und ab 1920 Geschäftsführer des Ausschusses für Ostfragen des Reichstages. Zugleich gründete und leitete er die Deutsche Stiftung und arbeitete eng mit Max Winkler zusammen. Vgl. http://www.bundesarchiv.de/aktenreichskanzlei/1919-1933/0000/adr/adrhl/kap1_4/para2_239.html. Höpker-Aschoff war preußischer Finanzminister (1925–1931) und trat für eine zentrale Reichsfinanzverwaltung ein. Als Finanzexperte leitete er die Abteilung IV (Öffentliches Vermögen) der HTO. Vgl. https://www.hdg.de/lemo/biografie/hermann-hoepker-aschoff.html; Spieker; Höpker-Aschoff. Merten war seit 1933 für Winklers Vereinigte Finanzkontore und ab 1937 für die Cautio GmbH tätig und galt als Fachmann für die Filmwirtschaft; Pfennig arbeitete seit 1937 für die Cautio GmbH; Reetz war seit 1935 in der Vera GmbH tätig.

98 Vgl. Übersicht der Abteilungsleitergliederung der HTO Berlin Rosenkötter, S. 297; Geschäftsverteilungsplan der HTO (1940), BArch, R 2, 5043, Bl. 46–55. Den Personalhöchststand erreichte die HTO mit 356 Mitarbeitern zum Jahresende 1941. Vgl. ebd., S. 88.

99 Vgl. Kapitel: „Reichsghetto Litzmannstadt", S. 204.

100 Vgl. Materialsammlung zum inneren Dienstgebrauch der HTO für Behörden und Parteidienststellen mit Stand 10.1.1940, BArch, R 2, 56140, Bl. 35–78; Ebd.; Deresiewicz.

101 Schreiben Pfennigs an Patzer v. 29.8.1940, BArch, R 2, 5043, Bl. 69 f. Abgeordnet wurden die RR Wilhelm Hommer, Karl Grabow, Rudolf Tyka, Hans Georg Ritter und Steuerinspektor (StI) Max Schmolling. Vgl. Vermerk Referat Burmeister v. 17.12.1940, BArch, R 2, 5043, Bl. 134 ff.

walter in deutscher Gesetzgebung wie dem Steuer- und Devisenrecht bis hin zu betriebswirtschaftlichen Entscheidungen oder Mietfestsetzungen schulen. Dabei agierten die Beamten nicht mehr nur als Einzelfallprüfer, sondern arbeiteten an der „Neuordnung der Ostgebiete durch Einführung bezw. Vorschlag entsprechender Verwaltungs- und gesetzgeberischer Maßnahmen".[102] Schließlich galt es, ein Vermögen von geschätzten 20 bis 30 Milliarden Reichsmark zu verwalten und gemäß der rassistischen Neuordnungskonzeption des NS-Regimes umzuverteilen.[103] Der Verbindungsmann zum Auswärtigen Amt, Otto Bräutigam, bezeichnete die Arbeit der HTO deshalb als „eine der radikalsten Räubereien der Weltgeschichte und einen Hohn auf das Völkerrecht".[104]

Die Zuständigkeiten über die Beutewerte und die völkerrechtsrelevante Fragestellung nach deren Inbesitznahme beschäftigten die Berliner Dienststellen bereits seit Kriegsausbruch. Für die vorwiegend mobilen Güter, die in den ersten Wochen zur Ablieferung kamen, hatte man sich zu Beginn des Jahres 1940 in Absprache mit den Militärs zu einer ersten Regelung durchgerungen, gemäß der auch Fiebigs Beamte in der Beutestelle der Reichshauptkasse (RHK) ihre Arbeit aufgenommen hatten.[105]

Nach Winklers Auslegung von Görings Auftrag an die HTO, gehörten diese „Zahlungsmittel, Wertpapiere und Wertgegenstände, die erbeutet oder beschlagnahmt worden sind, [...] zu den von der HTO zu erfassenden Vermögenswerten, insoweit sie nicht ausnahmsweise als Kriegsbeute im engeren Sinne des Wortes angesehen werden müssen". Als Kriegsbeute verstand der HTO-Chef offenbar die unmittelbar durch die Wehrmacht erbeuteten Werte und das Kriegsgerät der polnischen Armee. Gegenüber dem RFM betonte er, dass „auch nicht kursfähige Zahlungsmittel und Wertgegenstände (Schmucksachen und dergleichen)" in seinen und nicht in den Zuständigkeitsbereich von Maedels Referat fielen.[106] Krahmer-Möllenberg bekräftigte diese Position auch gegenüber Reichsrechnungsdirektor Patzer, der Ende März 1940 eine erste Aufstellung, der bei der RHK mittlerweile eingegangenen Gegenstände, zur Verfügung stellte. Zur Feststellung, ob es sich bei den Einlieferungen um Kriegsbeute handelte, zog man die genauen „Angaben über den Eigentümer der Werte und die Art des Anfalls" als Entscheidungsgrundlage heran.[107]

Überdies machte der stellvertretende HTO-Leiter deutlich, dass ein Verstoß gegen die Anordnung Görings auch Folgen für das Ministerium haben würden

102 Schreiben Pfennigs an RFM v. 25.11.1940, BArch, R 2, 5043, 132 f.

103 Vgl. Kreuzverhör Winklers durch Kempner im August 1947 u. Aussagen Winklers in Nürnberg im April 1948 bzgl. des Wertes, der von der HTO verwalteten Vermögen. IfZ, ZS-517-1 ff.

104 Bräutigam, S. 269.

105 Vgl. Kapitel: Die Beutestelle der Reichshauptkasse, S. 99.

106 Vgl. Schreiben Winklers an RdF u. Bayrhoffer v. 26.2.1940, BArch, R 2, 13730, Bl. 4 r.

107 Vgl. Kapitel: Die Beutestelle der Reichshauptkasse, S. 99.

und baute so deutlichen Handlungsdruck auf. Im Ergebnis einigte man sich auf das Zugeständnis, dass lediglich die Verwertung der Wertpapiere in Patzers Referat verblieb und die RHK zukünftig Mitteilung über die Eingänge an die HTO machte. Diese verfügte fortan über Verwaltung und Verwertung, stimmte der Ablieferung an die Reichshauptkasse vorläufig aber noch zu.[108] Damit ging auch ein möglicher Erlös aus der Verwertung der Gegenstände, die sich „im vorläufigen Gewahrsam" der Hauptkasse des Reiches befanden, unmittelbar der HTO zu. Allerdings strebte das Reichsfinanzministerium an, dass diese Erlöse „nicht als eine Art Sondervermögen behandelt, sondern als Haushaltseinnahme dem Abschnitt des außerordentlichen Reichshaushaltes, in dem die HTO ohnehin mit ihren Einnahmen und Ausgaben" erschien, zufließen sollten. Das Ministerium wollte sicherstellen, dass für die „Vermögensgegenstände aus Polen die Vorschriften und Bestimmungen der Reichshaushaltsordnung (RHO) und der Reichskassenordnung (RKO) maßgebend" blieben. Für eine außerhalb des bestehenden gesetzlichen Rahmens durchzuführende Verbuchung oder Verwaltung fehlte es an einer gesetzlichen Grundlage.[109]

Betrachtet man die Gesamtvermögensmasse, die im Verantwortungsbereich der Treuhandstelle lag, erscheint dieses Scharmützel um die Zuständigkeit beinahe absurd. In den überlieferten Beutebüchern für Polen finden sich Angaben zum Eingang von Wertpapieren im Wert von 3.375.978 Zloty, 2.785 US-Dollar, 200 Pfund, 88.150 französischen Franc, 200 Schweizer Franken, 111.650 belgischen Franc sowie weiteren 5.000 Papieren ohne Wertangabe sowie für diverse andere Wertpapiere, Wertgegenstände, Sparkassenbücher, Schmuck, Fotoapparate, Bücher und anderes mehr, die mit einer Stückzahl von insgesamt 20.425 Stück angegeben wurden. Hinzu kamen verschiedene Devisenwerte, die zum Teil nach Währung und Wert, oft aber auch nach der Anzahl aufgeführt wurden. Die Beamten verzeichneten für die kursfähigen Devisen einen Umrechnungswert von knapp über 520.000 Reichsmark.[110] Die Hauptaufgabe der HTO, das gesamte polnische Staats- und Privatvermögen in den annektierten Gebieten in enger Zusammenarbeit mit den RKF-Dienststellen letztlich an das Reich und an aus rassischen Gesichtspunkten für Wert Befundene neu zu verteilen, warf weit schwerer wiegende völkerrechtliche wie verwaltungstechnische Fragen auf.

[108] Vgl. Vermerk Patzers v. 13.4.1940, BArch, R 2, 13730, Bl. 4; Schreiben des OKW an das OKH, Generalquartiermeister u. OKM v. 24.4.1940, BArch, R 2, 13730, Bl. 6.

[109] Vgl. Vermerk Ref. Weiß an Bayrhoffer v. 26.6.1940, BArch, R 2, 13730, Bl. 10 f.

[110] Vgl. Aufstellung aus den verschiedenen Beutebüchern zu Polen, BArch, R 2104, 66, 68, 71, 72, 73. Da die Überlieferung in den Beutebüchern zu Polen recht dicht ist, dürften die ermittelten Gesamtwerte nah an der tatsächlich abgelieferten Wertmenge liegen. Wie groß der Anteil der über die Reichsbank verwerteten westeuropäischen bzw. amerikanischen Wertpapiere war und welche Geldwerte ausländischer Währungen tatsächlich in Reichsmark dem Reich gutgeschrieben wurden, lässt sich anhand der lückenhaften Überlieferung jedoch nicht feststellen. Vgl. Banken/Bräu.

Mit der sogenannten Staatsvermögensverordnung vom 15. Januar 1940 legte Göring die entscheidende Rechts- und Verfahrensgrundlage für den Raub des polnischen Staatsvermögens. Laut § 1 wurde das gesamte unbewegliche und bewegliche Vermögen (nebst allem Zubehör) des bisherigen polnischen Staates einschließlich aller Forderungen, Beteiligungen, Rechte und Interessen aller Art sichergestellt und beschlagnahmt.[111] Da der Staatsanteil am polnischen Volksvermögen hoch war, betraf diese Maßnahme einen beträchtlichen Teil der volkswirtschaftlichen Gesamtrechnung.[112] Die völkerrechtliche Legitimität dieser Vorgehensweise mussten sich die Beamten der verschiedenen Berliner Ressorts aber erst noch konstruieren.

Zunächst ging das OKW davon aus, dass ein polnischer Staat, mit dem das Deutsche Reich sich im Krieg befinde, nicht mehr existierte. Ein möglicher Einsatz der Wehrmacht im Bereich der deutschen Zivilverwaltung gegen einen polnischen Widerstand war demnach ein innerstaatlichen Hilfseinsatz und keinerlei Kriegshandlung.[113] Das Auswärtige Amt bestärkte diese Rechtsauffassung mit dem Verweis auf die Folgen des deutsch-sowjetischen Grenz- und Freundschaftsvertrages, der regelte, wie die Gebiete der ehemaligen Polnischen Republik nach der Vernichtung des polnischen Heeres unter die Souveränität der beiden Vertragsparteien gestellt worden waren.[114] Die polnische Exilregierung in Paris wurde in der Folge als „Scheinregierung ohne jede rechtliche Bedeutung" abgetan.[115] Da kein polnischer Staat mehr existierte, war dieser auch nicht besetzt und somit galten nicht die Regularien der Haager Landkriegsordnung. Das Reichsfinanzministerium schloss sich dieser Interpretation weitestgehend an. Jedoch bestand hinsichtlich der tatsächlichen Eigentumsverhältnisse am polnischen Staatsvermögen im Hause und bei der HTO noch Klärungsbedarf. Denn laut Verordnung war ausdrücklich jedwedes Vermögen, „das öffentlichen Zwecken des ehemaligen polnischen Staates diente und von einer Obersten Reichsbehörde oder einer ihr nachgeordneten Stelle verwaltet"[116] wurde, von der Beschlagnahme durch die HTO ebenso ausgenommen worden wie das durch die Wehrmacht genutzte Vermögen. Mit der Übernahme der Liegenschaften hing unmittelbar die weitergehende Frage zusammen, wer formaljuristisch überhaupt Eigentümer des polnischen Staatsvermögens

[111] Vgl. VO des Beauftragten für den Vierjahresplan über die Sicherstellung des Vermögens des ehemaligen polnischen Staates v. 15.1.1940, RGBl. I (1940), S. 174.

[112] Vgl. Kapitel: Polens Wirtschaft, S. 81.

[113] Vgl. Schreiben des OKW an das AA v. 15.4.1940, BArch, R 2, 29997, Bl. 68 f.

[114] Vgl. Deutsch-sowjetischer Grenz- und Freundschaftsvertrag v. 28.09.1939, RGBl. (1940) II, S. 4.

[115] Vgl. Abschrift eines geheimen Schreibens von v. Weizsäcker an den Chef der Reichskanzlei, Lammers v. 15.5.1940, BArch, R 2, 29997, Bl. 67.

[116] VO des Beauftragten für den Vierjahresplan über die Sicherstellung des Vermögens des ehemaligen polnischen Staates v. 15.1.1940, RGBl. I (1940), S. 174.

geworden war. Winklers Standpunkt war dahingehend sehr eindeutig und an die Stellungnahme des Auswärtigen Amtes angelehnt. Entsprechend der Haager Landkriegsordnung, stellte die Okkupation – seiner Auffassung nach – noch keinen Eigentumsübergang dar, eine Annexion, zumal eines durch *debellatio* nicht mehr vorhandenen Staates, hingegen betrachtete er als einen originären Erwerbstitel. Somit waren nach dem Erlass vom 8. Oktober 1939 die Gebiete dem Reich einverleibt und damit auch in Staatseigentum des Reiches übergegangen.[117]

Der letztlich vom Reichsfinanzminister genehmigte Haushalt der HTO umfasste für das Rechnungsjahr 1940 8.758.550 Reichsmark, die sämtlich aus der Treuhandmasse stammten. Die Treuhandstellen und ihre Nebenstellen verwalteten geschätzte 200.000 bebaute und unbebaute Grundstücke sowie 240.000 Gewerbebetriebe, darunter Kleinbetriebe wie Großbetriebe, Banken, Versicherungen, Eisenhütten, Bergwerke und andere Unternehmen. Hinzu kamen die bei den Banken beschlagnahmten Kontobeträge und Einlagen. Dabei handelte es sich allerdings großteils um privaten und keineswegs polnischen Staatsbesitz, der von den Treuhändern nicht nur behördlich beaufsichtigt, sondern auch wirtschaftlich geführt werden sollte, um den bestehenden Wert zu sichern.[118]

War der Umgang mit dem beschlagnahmten polnischen Staatsvermögen rasch bürokratisiert, stand die Legalisierung der Erfassung und Verwertung des Privatvermögens, also des schlichten Raubes an der polnischen Bevölkerung, noch aus. Zwar waren allein zwischen September 1939 und Januar 1940 über 40 Erlasse, Verordnungen und Durchführungsanweisungen in Bezug auf das Beschlagnahme- wie Eigentumsrecht an Vermögenswerten des polnischen Staates und seiner Einwohner von den unterschiedlichen Stellen erlassen worden, doch fragten nicht nur die Beamten in der Beutestelle nach der rechtlichen Grundlage des staatlich forcierten Raubes.[119] Da die HTO selbst über die Befugnis zur Rechtsetzung verfügte, wandte sich Winkler in Vorbereitung einer Verordnung über den Einsatz von Vermögen der Angehörigen des ehemaligen polnischen Staates im gesamten Reichsgebiet im März 1940 an Göring. Eine allgemeine Beschlagnahme des gesamten Vermögens aus polnischer und jüdischer Hand erschien aber selbst dem „Reichstreuhänder" aus „völkerrechtlichen und aus sonstigen Gründen bedenklich". So plante er, eine kleine Freigrenze einzuführen, um auch „die HTO von der geringwertigen Habe zu entlasten, die irgendwelchen Verwertungswert doch nicht besitzt

117 Vgl. Einladung Winklers an Schwerin von Krosigk zur Frage der Sicherstellung des Vermögens des ehemaligen polnischen Staates v. 26.6.1940, BArch, R 2, 9099, Bl. 12 f.

118 Vgl. Haushaltsvoranschlag der HTO für das Rechnungsjahr 1940, BArch, R 2, 5043, Bl. 18 ff.

119 Vgl. Materialsammlung zum inneren Dienstgebrauch der HTO für Behörden und Parteidienststellen mit Stand 10.1.1940, BArch, R 2, 56140, Bl. 35–78; Vgl. Kapitel: Die Beutestelle der Reichshauptkasse, S. 99.

und praktisch nicht oder nur mit unverhältnismäßigen Kosten erfasst werden kann".[120]

Die beschlagnahmten Höfe, Häuser, Wohnungen, Grundstücke, Betriebe und Unternehmen samt Ausstattung sollten vordringlich den von Himmlers Dienststellen anzusiedelnden Baltendeutschen zur Verfügung gestellt werden. Ab Mitte Oktober 1939 plante Himmler, durch die Vermögensstelle bei der Einwandererzentralstelle (EWZ) in Gotenhafen die „Sicherstellung der Vermögensansprüche der Einwanderer" und sogar Aufgaben des Steuer- und Devisenrechts übernehmen zu lassen. Für Ministerialrat Bänfer im RFM kam es indes in einer ersten rechtlichen Einschätzung nicht in Frage, Vermögensgegenstände, Landbesitz, Häuser und Mobiliar unentgeltlich zur Verfügung zu stellen, da „eine Konfiskation des polnischen Privatvermögens im Widerspruch stehen dürfte zu Grundsätzen der Unverletzlichkeit des Privateigentums im Kriege".[121] Aus der verbliebenen immensen Vermögensmasse sollte ein nicht unerheblicher Teil bis zum siegreichen Kriegsende treuhänderisch verwaltet werden, um hiernach die heimkehrenden Soldaten an der von ihnen erkämpften Kriegsbeute Anteil haben zu lassen.[122]

Das RFM war entgegen seiner Erwartung nicht an der Ausarbeitung des Entwurfs beteiligt, aber zu abschließenden Beratungen des Verordnungstextes im Verlaufe des Sommers 1940 hinzugezogen worden. Die beteiligten Referatsleiter Burmeister, Bänfer und Schwandt vermerkten dazu für ihren Minister, dass die Verordnung weit über die Maßnahmen gegen das Vermögen von Staatsangehörigen von Feindstaaten[123] hinausgehe und sich nicht an die in der Haager

[120] Vgl. Einladung Winklers an Schwerin von Krosigk zur Frage der Sicherstellung des Vermögens des ehemaligen polnischen Staates v. 26.6.1940, BArch, R 2, 9099, Bl. 12 f.

[121] Vermerk über die Besprechung bei SS Oberführer Müller v. 12.10.1939; Vermerk des Ref. Bänfer v. 20.10.1939, BArch, R 2, 30011, Bl. 7 ff. u. 15 ff.

[122] Vgl. Schreiben Winklers an Göring zum Entwurf einer Verordnung (VO) über den Einsatz von Vermögen der Angehörigen des ehemaligen polnischen Staates v. 15.3.1940, BArch, R 2, 29997, Bl. 77–82. Die Umsiedler erhielten von der HTO entweder unmittelbar oder über die Deutsche Umsiedlungs-Treuhand GmbH (DUT) gewerbliche Betriebe ohne Barzahlung zugewiesen. Die Barzahlung an die HTO wurde ersetzt durch Verrechnungsscheine der DUT. Dabei kam es zu weit überhöhten Ausgleichen. So erhielt ein Koch aus Riga ein ganzen Hotel in Posen. Vgl. Vermerk über die Besprechung des RdF mit Winkler über Fragen zur HTO v. 25.4.1941, BArch, R 2, 56154, Bl. 27 ff. Die Verrechnungsscheine waren in Zuständigkeit des Ref. Burmeister und nach Bestimmung des GenB eingeführt worden, um Barzahlungen zwischen der DUT als Dienststelle des RKF und der HTO als eigenständiger Reichsbehörde zu vermeiden und eine abschließende als notwendig angesehene Abrechnung des „Polenvermögens" zwischen den beiden Reichskassen nach Ende der Umsiedlungen bzw. Kriegsende vornehmen zu können. Vgl. Vermerk des GenB v. 9.10.1943, BArch, R 2, 14580, Bl. 152 f.

[123] Vgl. VO über die Behandlung feindlichen Vermögens v. 15.1.1940, RGBl. I (1940), S. 191. Bei den Beratungen über die VO zur Behandlung feindlicher Vermögen am 13.1.1940 wurde bewusst davon abgesehen, Staatsangehörige der ehemaligen Republik Polen zu

Abbildung 14 – Beschlagnahme polnischer Geschäfte in Gdynia/Gotenhafen, Februar 1940

Landkriegsordnung niedergelegten völkerrechtlichen Grundsätze hielt. Offenbar wiesen die Vertreter des RFM die Kollegen der involvierten Ressorts auch auf diese Problematik hin. Abschließend kamen die Referate allerdings zu der Einschätzung, „dass die grundsätzliche Entscheidung über die zu treffenden Maßnahmen bereits vorliege", und daher „lediglich die moralische Parallele" zu beachten wäre. Letztlich begrüßte das RFM die nun einheitliche Rechtslage. Uneinigkeit herrschte hingegen hinsichtlich der Entschädigungspflicht. Grundsätzlich sprachen sich das Reichsfinanzministerium und das Auswärtige Amt gegen eine entschädigungslose Enteignung aus. Die HTO sah, wenn überhaupt, das Generalgouvernement oder einen möglichen späteren polnischen Staat für eine gering zu bemessende Entschädigung in der Pflicht.[124]

Besonderes Interesse hatte das Finanzministerium verständlicher Weise an den Entgelten, die die HTO als Erlöse aus Verkäufen aus der Treuhandmasse als Einnahmen erzielte. Burmeister schätze deren Höhe als durchaus beträchtlich ein. Winkler und Krahmer-Möllenberg gedachten, diese Summen indes für die Aufgaben der HTO zurückzuhalten und weder an die Reichskasse abzuführen noch für Entschädigungszahlungen aufzuwenden. Neben der ungeklärten Entschädigungsfrage sorgten sich die Berliner Finanzbeamten aber vor allem um eine mögliche überregionale Strahlkraft der antipolnischen Treuhandpolitik, weshalb die „Auswirkung dieser außergewöhnlichen Sondermaßnahmen möglichst einzuschränken", also auf die annektierten polnischen Gebiete und

Feinden zu erklären. Soweit diese Personen im Gebiet eines feindlichen Staates ihren Wohnsitz oder dauernden Aufenthalt hatten, fielen sie ohnehin unter den Feindbegriff. Vgl. Schreiben des Reichswirtschaftsministers an das Auswärtiges Amt (AA), den RdF, den Reichsminister der Justiz (RdJ) u. den RKF v. 11.3.1940, BArch, R 2, 29997, Bl. 57 f.

124 Vgl. ebd.

ebenso zeitlich begrenzt gehalten werden sollten. Man fürchtete, dass nach der im Mai 1940 erfolgten Kapitulation Frankreichs dort nun ähnliche Maßnahmen angewandt werden könnten. Im RFM wollte man eine Kapitalflucht in den besetzten Gebieten im Westen (Niederlande, Belgien und Luxemburg) und Norden (Dänemark und Norwegen) vermeiden.[125]

Um eine unmittelbare völlige Pauperisierung großer Bevölkerungsteile zu verhindern, drang das RFM erfolgreich auf die Gewährung der von Winkler bereits in Aussicht gestellten Freibeträge zur Lebenserhaltung. Konkret setzte das Ministerium eine Kapitalfreigrenze von bis zu 1.000 Reichsmark und das Verfügungsrecht über bestimmte bewegliche Sachen der persönlichen Lebensführung durch. Die Verordnung, die schließlich am 17. September 1940 in Kraft trat, enthielt den entsprechenden Passus, der in der Realität jedoch kaum eine Rolle gespielt hat.[126] Den von der SS in das Generalgouvernement zu Zehntausenden abgeschobenen Polen blieben oft nicht mehr als wenige Habseligkeiten und ein Betrag von zehn Reichsmark.[127] Die polnischen Staatsbürger, die mit der Verordnung das Verfügungsrecht über ihre Vermögen auf Reichsgebiet verloren hatten, jedoch (noch) nicht abgeschoben worden waren, drohte jederzeit der Verlust ihrer gesamten Habe. Die Verwaltung ihrer Vermögenswerte durch kommissarische Treuhänder mussten sie hinnehmen. Besonders jüdische Polen bekamen die Folgen der Treuhandpolitik unmittelbar zu spüren und wurden seit Jahresbeginn nun nicht nur koordiniert von den Treuhandstellen enteignet, sondern auch in Ghettos zusammengepfercht.[128]

Die sogenannte Polenvermögensverordnung bestätigte somit weitgehend die bereits eingeübte Praxis, also die unmittelbare Beschlagnahme von Vermögen von Juden und nicht jüdischen Polen, die geflüchtet oder deportiert worden waren. Mit der Verordnung konnten nun aber auch die Vermögen von polnischen Staatsbürgern, die nach dem 1. Oktober 1918 in das damalige Reichsgebiet zugezogen waren im gesamten Reichsgebiet beschlagnahmt werden. Darüber hinaus konnten Beschlagnahmen mit der Maßgabe, dem öffentlichen Wohl und insbesondere der Reichsverteidigung wie auch der Festigung des deutschen Volkstums zu dienen, jederzeit und gegenüber allen polnischen Staatsbürgern durchgeführt werden.[129]

Ein Recht auf Eigentum existierte de facto für polnische Staatsangehörige, gleich, ob sie jüdischen Glaubens waren oder nicht, auf dem Gebiet des Großdeutschen Reiches fortan nicht mehr. Allein in den annektierten Gebie-

[125] Vgl. Vermerk RFM über die VO über die Behandlung von Vermögen der Angehörigen des ehem. polnischen Staates v. 9.8.1940, BArch, R 2, 29997, Bl. 115 ff.

[126] Vgl. VO über die Behandlung von Vermögen der Angehörigen des ehemaligen polnischen Staates v. 17.9.1940, RGBl. I (1940), S. 1240 f.

[127] Vgl. Kapitel: „Volkstumsgrenze“, S. 137.

[128] Vgl. Kapitel: „Reichsghetto Litzmannstadt“, S. 204.

[129] Vgl. § 2 Polenvermögensverordnung, RGBl. I (1940), Bl. 1240.

ten betraf dies zunächst pauschal zehn Millionen Menschen.[130] Wer nicht zu den „Eindeutschungsfähigen“ zählte und keine Chance hatte, von den RKF-Dienststellen als Volksdeutscher anerkannt zu werden, verlor den Besitz und oft auch die Möglichkeit zum Einkommenserwerb. Die Entscheidung vieler in den annektierten Gebieten ansässiger Polen, in der Folge für die Deutsche Volksliste (DVL) zu optieren, steht also im unmittelbaren Zusammenhang mit der Treuhandpolitik.

Der Forderung des Finanzministeriums, eine spätere Entschädigung durch rasche und genaue Vermögensaufstellungen zu ermöglichen, widersetzte sich die HTO vehement mit dem Verweis auf die Überlastung der Verwalter.[131] Für Burmeister verfestigte sich nicht zuletzt mit dieser Ablehnung der Eindruck, dass die „HTO alle anderen Stellen ausschalten wollte und sich dabei auf den ihr durch Göring erteilten Auftrag berief“. So hatten sich auch andere Ressorts wie das Reichsernährungsministerium oder der Reichsstatthalter Arthur Greiser mit ihren Interessen nicht durchsetzen können.[132] Damit war auch die Kostenrechnung des Reichsfinanzministers vom Tisch, der von einer Entschädigungssumme von 200 bis 300 Millionen Reichsmark aus der Treuhandmasse ausgegangen war. Zwar vertrat selbst das RFM die Auffassung, dass die Baltendeutschen den Gegenwert ihres bisherigen Besitzes durch Übernahme polnischer Vermögen kompensiert bekommen sollten. Doch handelte es sich bei „der Einweisung von Volksdeutschen, Baltendeutschen und früher Verdrängten in den Besitz […] nicht um die Erfüllung eines Rechtsanspruchs, sondern nur um die Verwirklichung eines moralischen Anspruchs“, wie Schwerin von Krosigk die Staatssekretäre der beteiligten Ressorts bereits im Februar 1940 auf einer Besprechung mit der Rechtsauffassung seines Ministeriums vertraut gemacht hatte. In einer entschädigungslosen Enteignung der polnischen Bevölkerung zu diesem Zwecke und gemäß der Verordnung allgemein sah der Minister jedoch vor allem das Risiko, dass die polnischen Bauern nicht mehr bereit wären, das ihnen genommene Land zu bestellen.[133]

[130] Darüber hinaus fielen auch das sogenannte Protektorat Böhmen und Mähren, das Sudetenland, das annektierte Österreich, das Memelgebiet und die ehemals Freie Stadt Danzig unter die Regelungen der Polenvermögensverordnung. Vgl. Schreiben der HTO an RdF v. 24.2.1941, BArch, R 2, 56159, Bl. 15.

[131] Diese Aufgabe übernahmen in der Folge rasch verschiedene Wirtschaftsprüfungsunternehmen, die teilweise Zweigniederlassungen in den annektierten Gebieten eröffneten, da die HTO mit ihrer stetig wachsenden Revisionsabteilung fortwährend Prüfungen und Gutachten in Auftrag gab. Vgl. Bähr/Lesczenski/Ziegler, S. 87–98.

[132] Vgl. Vermerk der Referate Burmeister, Bänfer u. Schwandt über die VO über die Behandlung von Vermögen der angehörigen des ehem. polnischen Staates v. 9.8.1940 zur Vorlage beim Minister, BArch, R 2, 29997, Bl. 115 ff.

[133] Vgl. ebd.

Außerdem sprach er sich für die Herausnahme von Klein- und Handwerksbetrieben aus dem Treuhandverhältnis aus, so dass sich die Zahl der gewerblichen Treuhandbetriebe von rund 240.000 mit etwa 80.000 Treuhändern möglichst rasch reduzieren würde.[134] Aus der Perspektive des Ministeriums war eine kontinuierlich funktionierende Wirtschaftstätigkeit dieses Sektors nicht nur hinsichtlich der Steuereintreibung erstrebenswert, sondern gewährleistete auch die Versorgung der Bevölkerung und minderte damit das Risiko, dass die Reichsfinanzen belastet würden. Schwerin von Krosigk hielt vor diesem Hintergrund nicht nur den Abbau der Treuhandverwaltung für geboten, sondern vertrat die Auffassung, dass „eine Treuhandverwaltung nur da noch notwendig [war], wo kein Eigentümer mehr vorhanden und wo besondere volkswirtschaftliche Interessen zu wahren [waren]". Des Weiteren sprach er sich, offenbar in Verkennung der tatsächlichen Lage, dafür aus, den polnischen Besitzern teilweise die Verwaltung ihres Eigentums zurück zu übertragen. Winkler machte allerdings klar, dass dies „aus politischen Gründen nicht mehr durchführbar" sei, seine Dienststellen zwar um eine stetige Verkleinerung der Treuhandverwaltung bemüht wären, doch die Forderung der Wehrmacht bis Kriegsende mit der endgültigen Verteilung zu warten, für das weitere Vorgehen ausschlaggebend bleiben müsse.[135]

Allerdings bestand die Lösung dieser Vorgabe für die HTO in umfangreichen Stilllegungen von gewerblichen Kleinbetrieben, aus deren Liquidationsmasse die Erlöse an die HTO flossen. Zudem war die rasche Übertragung von bis zu 15.000 Objekten an Volksdeutsche aus Wolhynien und dem Baltikum geplant.[136] Eine vom Minister geforderte Gesamtübersicht des durch die HTO verwalteten Treuhandvermögens blieb Winkler unterdes schuldig.

[134] Vgl. Vermerk über die Besprechung beim Reichsfinanzminister über Fragen zur HTO am 14.2.1940 mit den Staatssekretären Landfried (Reichswirtschaftsministerium), Backe (Reichsministerium für Ernährung und Landwirtschaft (RMEL)), Neumann (Beauftragter für den Vierjahresplan), Winkler (HTO), Kehr (Generalreferent RWM und Vierjahresplan) und für das Generalbüro des RFM Bayrhoffer, BArch, R 2, 5615, Bl. 38 ff. Die Regelung der Entschädigung, die durch die Beschlagnahme und Einziehung des polnischen Vermögens entstand, sollte keinesfalls zu Lasten des Reiches gehen. Jedoch wären bei einer ordnungsgemäßen Verwertung der Vermögen genügend Mittel zur Entschädigung vorhanden gewesen. Vgl. Vermerk Bänfers zur Besprechung mit Winkler am 25.11.1940, BArch, R 2, 56140, Bl. 96 ff.

[135] Vgl. ebd.

[136] Vgl. Vermerk Ref. Burmeister zur Besprechung Schwerin vom Krosigks mit Winkler am 29.5.1940, BArch, R 2, 56143, Bl. 48; Kapitel: Das Treuhandvermögen, S. 224.

Das Haushaltsrecht als begrenzter Kontrollmechanismus

Um bei der Verwaltung der unterschiedlichen Vermögenswerte möglichst eigenständig und unabhängig agieren zu können, hatte Winkler seit Beginn des Jahres 1940, wie vormals schon mit der Cautio und der Cura, verschiedene Gesellschaften gegründet.[137] Diese dienten ihm als „kaufmännisch-technischer Apparat", um die Treuhandverwaltung jenseits einer reinen Verwaltungsbürokratie aufziehen zu können.[138] Zunächst übernahm die Handelsaufbau Ost GmbH (HAO) den Auftrag, gemeinsam mit der Reichsgruppe Handel, „die Förderung eines deutschen bodenständigen Handels in den neuen deutschen Ostgebieten" zu realisieren.[139] Wenig später begann die Grundstücksgesellschaft der HTO mbH (GHTO) den gesamten beschlagnahmten und zu beschlagnahmenden Wohngrundbesitz einschließlich allen Baulandes zu erfassen, zu verwalten und zu verwerten. Alsdann folgten die Gründung der Hotel- und Gaststättengesellschaft, zuständig für Hotels, Gaststätten und Fremdenheime, und der Handwerksaufbau-Ost GmbH, die beauftragt war, gemeinsam mit dem Reichsstand des Deutschen Handwerkes die Einrichtung von Handwerksbetrieben für den Einsatz deutscher Handwerker vorzunehmen. Mit der Verwaltungs- und Verwertungsgesellschaft der HTO (VVG) wurde außerdem eine Gesellschaft ins Leben gerufen, die mit der Regelung des ehemaligen polnischen internationalen Warenverkehrs und der Erfassung und Verwaltung von Rohstoffen und Wirtschaftsgütern betraut war.[140] Das Reichsfinanzministerium bemühte sich hier von Beginn an, seinen Einfluss durch eine Vertretung in den Gremien zu sichern.[141] In die Aufsichtsräte der Gesellschaften wurde nach dem bereits bewährten System zunächst Referatsleiter Hermann Burmeister entsandt, dem Walter Maedel nachfolgte.[142]

Anders als bei seinen früheren Gesellschafts- und Treuhandmodellen versuchte Winkler, sich mit seinen HTO-Gesellschaften allerdings weitestgehend der Kontrolle durch das Reichsfinanzministerium zu entziehen. Dieses verfügte zwar ebenso wenig wie die anderen Reichsministerien über Anordnungsbefugnisse gegenüber der HTO, verlangte aber auf Grundlage der Reichshaushalts-

[137] Vgl. Kapitel: Deutsche Ostraumentwürfe, S. 27.

[138] Vgl. Schreiben Winklers an RdF v. 20.8.1940, BArch, R 2, 56143, Bl. 53 ff.

[139] Vgl. Gründungsurkunde der HAO v. 20.2.1940, BArch, R 2, 56143, Bl. 91 ff.; Rosenkötter, S. 101 ff.

[140] Vgl. Wagner, Karola, Findbuch des Bundesarchivs zum Bestand BArch R 144 (Haupttreuhandstelle Ost (HTO) und Treuhandstellen), Koblenz 2007. Zu den Gesellschaften im Bestand R 2: 56143/56144/56145/56146/56147/29889/56148.

[141] Vgl. Vermerk Burmeisters zur Vorlage beim RdF zur Beteiligung der RFV bei der Grundstücksgesellschaft der HTO v. 18.7.1940, BArch, R 2, 56143, Bl. 51 f.

[142] Vgl. Schreiben des RdF an HTO v. 13.8.1940, BArch, R 2, 56143, Bl. 54; Vermerk RFM v. 28.7.1941, BArch, R 2, 56146, Bl. 11.

und der Reichskassenordnung eine haushaltsrechtliche Mitsprache und Kontrolle. So forderte Burmeister die HTO auf, ihn generell in die Entscheidungen einzubeziehen.[143] Der Leiter der HTO vertrat hingegen den Standpunkt, dass es sich bei der von seiner Dienststelle verwalteten Treuhandmasse um ein Sondervermögen des Reiches handelte und da dieses nicht aus Reichsmitteln stammte, könnten folglich die haushaltsrechtlichen Vorschriften und Kontrollmechanismen keine Anwendung finden.[144] Der Generalreferent für Haushaltsangelegenheiten und Haushaltsrecht im Reichsfinanzministerium, Josef Mayer, widersprach dieser Rechtsauffassung jedoch energisch indem er auf die Reichshaushaltsordnung verwies. Dort war nämlich geregelt, dass Sondervermögen, die der alleinigen Verfügung des Reiches unterlagen, im Reichshaushalt nachzuweisen seien.[145]

Mit einer Prüfung der HTO und ihrer Gesellschaften sollte schließlich der Reichsrechnungshof die staatsrechtliche Stellung der HTO und die vermögensrechtliche Lage der Treuhandmasse im Rahmen des Reichshaushaltsrechtes klären.[146] Die Beamten des Rechnungshofes bemängelten nicht nur eine unzureichende Verwaltungsorganisation und Aktenführung, sondern bewerteten auch eine eigenständige Kreditvergabe aus der Treuhandmasse als problematisch. Mit der sogenannten Polenvermögensverordnung hatten die vormaligen Eigentümer durch die Beschlagnahme nämlich lediglich die Verfügungsbefugnis über ihre Vermögen verloren. Daraus ergab sich noch kein tatsächlicher Eigentumserwerb an einem Sondervermögen durch die HTO oder das Reich.[147] Außerdem operierten die HTO-Gesellschaften als reichseigene Unternehmungen keinesfalls außerhalb der Haushaltsgesetzgebung. Denn die aus der Verwertung der beschlagnahmten Objekte fließenden Mittel stellten – nach Auffassung des Rechnungshofes wie des Ministeriums – vor der Einziehung zugunsten des Reiches eine Treuhandmasse dar, aber mitnichten

143 Vgl. Schreiben Burmeisters an HTO v. 7.8.1940, BArch, R 2, 56143, Bl. 53 ff.

144 Vgl. Schreiben Winklers an RdF v. 20.8.1940, ebd.

145 Vgl. Reichshaushaltsordnung v. 31.12.1922, RGBl. II (1923), S. 17 ff.; Zavelberg, S. 43–65. Demnach war eine Prüfung durch das Reichsfinanzministerium, das für den Reichshaushalt und dessen Anlagen die Einhaltung der RHO zu gewährleisten hatte, legitim, und die Gründung von Unternehmungen aus Sondervermögen im Vorfeld dort anzuzeigen. Vgl. Schreiben Referat Mayer an Referat Burmeister v. 28.8.1940, BArch, R 2, 56143, Bl. 54 f. Noch im Januar 1941 fehlte Burmeister ein Überblick über alle von der HTO gegründeten Gesellschaften. Vgl. Vermerk Burmeisters v. 16.1.1941, BArch, R 2, 56143, Bl. 57.

146 Vgl. Niederschrift über die Besprechung am 16.10.1940 beim Beauftragten für den Vierjahresplan zwischen Vierjahresplan und Rechnungshof v. 18.10.1940, BArch, R 2, 5043, Bl. 174 ff.

147 Damit war auch die Kreditvergabe der HTO aus eben diesen Mitteln nicht gedeckt. Die Ablösung der reichsverbürgten Kredite in den annektierten Gebieten war seitens des RFM erwünscht, um Reichsbürgschaften für andere Kredite frei zu machen. Vgl. Vermerk Burmeisters zur HTO v. 18.5.1940, BArch, R 2, 13729, Bl. 48 f.

ein „Sondervermögen sui generis", über das einzig nach „pflichtmäßigem Ermessen" die HTO verfügen konnte. Mit der tatsächlichen oder geplanten Einziehung zugunsten des Reiches war das polnische Privatvermögen vielmehr werdendes Reichsvermögen.[148]

Der Rechnungshof teilte also die Auffassung des RFM, was für Winkler kaum überraschend gewesen sein dürfte und ihm doch deutlich machte, dass von Seiten des Ministeriums mit durchaus starkem Gegenwind zu rechnen war. Winklers Versuch, seine Behörde als ein Zwittergebilde aus Verwaltungsbehörde und geschäftlichem Unternehmen zu definieren, war damit allerdings noch keineswegs gescheitert. Sein Ziel, nämlich die Investitionslast für die Instandsetzung von Häusern, Geschäften und Betrieben, aber auch für Kredite aus Verkaufserlösen und liquiden Mitteln der Treuhandmasse im Rahmen einer Geschäftstätigkeit außerhalb der Kontrollmechanismen der Haushaltsgesetzgebung zu etablieren, gelang zunächst. So blieben die bis zum Jahresende 1940 erzielten 60 Millionen Reichsmark an Verwertungserlösen im Portfolio der HTO, die aber zumindest einen Teil in Reichsschatzanleihen anlegte.[149]

Mag diese Auseinandersetzung in der Rückschau in Anbetracht der Realität des Raubens beinahe müßig erscheinen, so offenbart sie doch den Kern eines Konfliktes, der sich zwischen Ministerialbürokratie und Winklers Verständnis einer eher freihändig praktizierten Treuhandverwaltung immer deutlicher auftat. Die Frage wann, wie, wohin und in welcher Form (direkte Einnahmen oder z. B. Schatzanleihen), die durch die Treuhandstellen und die HTO-Gesellschaften erzielten Erlöse dem Reichshaushalt zufließen sollten, blieb allerdings ebenso wie die Eigentumsfrage weiterhin eine nicht abschließend geklärte Problematik. Zur Lösung dieser Angelegenheit schlug der OFP Danzig-Westpreußen, Julius Hoppenrath, dem Finanzminister geradewegs „die Schaffung eines eigentumsähnlichen Begriffs mit den Auswirkungen und Folgen des Eigentums ohne dessen Namen" vor. So könnte ohne jede Schwierigkeit der „vielfach schon bestehende wirkliche Zustand des Eigentums" im okkupierten Polen mit Rücksicht auf das Völkerrecht im quasi treuhänderischen

[148] Vgl. Niederschrift über die Besprechung zur HTO v. 17.10.1940, BArch, R 2, 5043, Bl. 150 ff. Am 26.10.1940 wurde das RFM, Referat Burmeister, über die Prüfung des Rechnungshofes (RH) in einer Besprechung informiert. BArch, R 2, 5043, Bl. 138 ff.; Vgl. Vermerk des Referates Burmeister zur Besprechung des RFM mit dem Rechnungshof (RH) am 26.10.1940, BArch, R 2, 5043, Bl. 136 ff.

[149] Vgl. Vermerk über die Besprechung zwischen RFM und der HTO unter Vorsitz des RdF am 14.12.1940 über Zweifelsfragen betreffend die HTO (anwesend vom RFM: Schwerin von Krosigk, Kluge, Burmeister, Kuhn; von der HTO: Winkler u. Krahmer-Möllenberg), BArch, R 2, 56154, Bl. 21 ff.

Zustand fortbestehen.[150] Den so zu kreierenden Begriff blieb Hoppenrath allerdings schuldig.

Ein anderes Problem und besonderes Ärgernis waren in den Augen der Beamten der Reichsfinanzverwaltung die als zu niedrig befundenen Verkaufspreise. So berichtete Karl Gebhard der OFP Wartheland im Sommer 1940, dass die erzielten Preise oft nur einen Bruchteil der jeweiligen Jahresgewinne der Unternehmen darstellten und somit Reichsvermögen verschleudert würde.[151] Die ersten Berichte über Unregelmäßigkeiten bei der Treuhandverwaltung, respektive der sich daraus ergebenden Probleme auf regionaler und lokaler Verwaltungsebene hatten das Ministerium bereits früher erreicht. Oberfinanzpräsident Hoppenrath hatte ausführlich direkt an Schwerin von Krosigk über Missstände berichtet. Die Beschlagnahmen von Vermögen seitens der Landräte und Bürgermeister als unterste Treuhandstellen bedienten oftmals eigene Interessen oder Parteiansprüche, und die Belange der Finanz- und Zollverwaltung wurden bis hin zu einer „steuerfeindlichen Einstellung" abgewiesen. Das führte dazu, dass Hoppenrath auf einen stärkeren Einfluss der RFV drängte und weitere Gründungen von Gesellschaften der HTO strikt ablehnte. Er sah vielmehr die Reichsfinanzverwaltung als Fachverwaltung mit einem ausgedehnten Ämternetz vor Ort und ihrer vermeintlichen Immunität gegen Korruption als einzige funktionierende Administration an, die „Ordnung und Sauberkeit in diese Dinge hineinbringen" könnte. Die HTO als „Kriegsgesellschaft" betrachtete er als unproduktive, aufgeblähte und schwer auflösbare Dienststelle, die zudem nicht über ausreichend verwaltungstechnisch geschulte Treuhänder mit einem Mindestmaß an wirtschaftlicher und kaufmännischer Vorbildung verfügte. Nach seinem Urteil richteten die eingesetzten Treuhänder Schaden an, der im Oberfinanzpräsidium „ernsteste Sorge bezüglich der Verwaltung und Verwertung des […] verwalteten Vermögens" habe aufkommen lassen.[152]

Der Reichsfinanzminister selbst gewann durch verschiedene Dienstreisen einen direkten Eindruck von der Lage in den annektierten Gebieten. Bei einem Aufenthalt in Kattowitz, wo er das oberschlesische Industrierevier besichtigte, wandte sich der Oppelner Landrat Seifarth an den Minister und berichtete, dass

150 Vgl. Bericht des OFP Danzig-Westpreußen, Hoppenrath an Schwerin von Krosigk, persönlich, zur Treuhandstelle Danzig-Westpreußen v. 22.4.1940, BArch, R 2, 56143, Bl. 18–27.

151 Vgl. Vermerke Burmeisters zur haushaltsrechtlichen Stellung der HTO bzgl. des polnischen Privatvermögens, des polnischen Staatsvermögens, Bewertung verkaufter ehemals polnischer Grundstücke u. Geschäftsbetriebe, Entschädigung aus Anlass der Verwertung des polnischen Privatvermögens vom November 1940, BArch, R 2, 21941 u. 56140, n. p.; Vgl. auch: Umbreit, Kontinentalherrschaft, S. 147.

152 Vgl. Bericht des OFP Danzig-Westpreußen, Hoppenrath an Schwerin von Krosigk, persönlich, zur Treuhandstelle Danzig-Westpreußen v. 22.4.1940, BArch, R 2, 56143, Bl. 18–27.

die Beschlagnahmepraxis der Treuhandstelle die oberschlesische Wirtschaft hemme, da Treuhänder „unkontrolliert in die eigene Tasche" wirtschafteten und, im Gegensatz zu den polnischen Eigentümern, wenig pfleglich mit dem Besitz umgingen. Darüber hinaus stehe die Kommunalverwaltung vor dem massiven Problem, dass durch die gänzliche Beschlagnahme des polnischen Grundbesitzes ganze Städte unter öffentliche Bewirtschaftung gestellt worden seien und die ausstehende Regelung der Vorkriegsverbindlichkeiten, die Steuereintreibung wie die allgemeine Wirtschaftstätigkeit zusätzlich erschwere. Große Teile der polnischen Bevölkerung müssten in der Folge durch die öffentliche Hand versorgt werden. Die Polenvermögensverordnung war in Seifarths Augen nur geeignet, um den willkürlichen Maßnahmen einen „legaleren Anstrich" zu geben.[153]

Über die unmittelbaren und weitreichenden allgemeinen Folgen der kurzsichtigen Treuhandpolitik hatte zuvor schon Christian Breyhan dem Staatssekretär und dem Minister berichtet. Besorgt meldete der Oberregierungsrat nach Berlin, dass sich selbst „in dem gut erhaltenen und vermögenden Bezirk Posen der täglich zunehmende Ausverkauf zeigt[e]. In der Stadt Posen [müssen] immer mehr Läden geschlossen werden, weil ihnen die Waren ausgegangen [waren]." In Łódź existierten zwar große Textilfabriken und Textilhandelsunternehmen, „die lagernden Rohstoffe [würden aber] über kurz oder lang nach Deutschland geschafft".[154]

Ungeachtet dieser Sachlage, aber wohl auch in Ermangelung einer tatsächlichen Alternative, gab Schwerin von Krosigk wenig später seine Zustimmung für den Verkauf auch von großen Objekten. Ausdrücklich bestätigte er den Verkauf der Friedenshütte in Nowy Bytom, der Saline in Hohensalza und des Maschinenbauers Cegielski in Posen. Für die Preisberechnung wurde Einigkeit darüber erzielt, dass eine schnelle Veräußerung einer langwierigen Verkaufsverhandlung vorzuziehen sei.[155] Doch suchte Winkler auch den Rückhalt des Ministers. So verweigerte sich der Treuhandchef der von Göring erhobenen Forderung, die ostoberschlesischen Kohlegruben kostenfrei den Reichswerken Hermann

153 Vgl. Bericht des Landrates in Oppeln, Seifarth an Schwerin von Krosigk v. 13.5.1940, BArch, R 2, 56143, Bl. 29–32. Der Oberbürgermeister von Sosnowitz forderte die Treuhandstelle in Kattowitz sogar auf, von einer „Arisierung" der jüdischen Geschäfte im bereits zu Beginn des Jahres 1940 gebildeten Ghetto abzusehen, da in der Folge die öffentliche Wohlfahrt noch stärker herangezogen werden müsste. Vgl. Schreiben des Oberbürgermeister (OB) von Sosnowitz an die Treuhandstelle in Kattowitz v. 21.3.1940; Vgl. Dok. 97, abgedruckt in: Friedrich/Löw, S. 258 f.

154 Vgl. Bericht Breyhans an Reinhardt v. 16.10.1939, BArch, R 2, 56027, Bl. 342 ff.; Kapitel: Das Subventionsgebiet, S. 191.

155 Vgl. Vermerk Krahmer-Möllenbergs für das RFM v. 30.5.1940 über die Besprechung zwischen Winkler und dem RdF am 29.5.1940, BArch, R 2, 5043, Bl. 148.

Göring zu überlassen. Dank der Unterstützung des Ministers flossen zumindest 180 Millionen Reichsmark auf die Konten der HTO.[156]

Um einen Überblick über den möglichen Missbrauch zu erhalten, verlangte der Minister eine Aufstellung über die durch die Partei, die Kommunen oder andere Dienststellen beanspruchten Vermögensobjekte. Als diese Übersicht im Herbst des Jahres 1940 bei Burmeister einging, fanden sich darin nicht unerhebliche Beträge, wobei diese nur einen Bruchteil der auf solche Weise in Anspruch genommenen Werte dargestellt haben dürften. An den SS-Abschnitt Wartheland waren 300.000 Reichsmark gezahlt worden. Der Generaltreuhänder für die Ziegeleien hatte ein Darlehen von 4.050.000 Reichsmark erhalten. Als Stammkapital in die HTO-Gesellschaften waren insgesamt 4.540.000 Reichsmark eingezahlt worden. 2.800.000 Reichsmark waren aus den Liquidationserlösen der Sparkassen im Bezirk der Treuhandstelle Posen dem Reichsstatthalter überlassen worden. Eine Vorschusszahlung in Höhe von 100.000 Reichsmark war allein an den Gauleiter Danzig-Westpreußen geflossen, um die zu erwartenden Strafverfahren gegen kommissarische Verwalter abzuwenden.[157]

Ebensolche, nicht taxierten Zahlungen waren direkt an die Partei abgeführt worden. Barbeträge, die den deportierten Polen und Juden im Bezirk der Treuhandstelle Posen abgenommen worden waren, wurden für Zwecke der Partei im Reichsgau Wartheland zur Verfügung gestellt. Größter aufgeführter Posten waren aber die 25.000.000 Reichsmark, die der Gettoverwaltung Litzmannstadt als Kredit in Aussicht gestellt worden waren.[158] Einer solchen, unentgeltlichen Abgabe von Vermögenswerten oder Verwertungserlösen, die schwarze Fonds füllen sollten, versuchte sich das RFM vergeblich entgegenzustellen. Winkler betonte, in allen Fällen durch die „politischen Verhältnisse" zum Handeln gezwungen gewesen zu sein, gleichgültig der Tatsache, dass finanzielle Angelegenheiten zwischen Partei und Reich Sache des Finanzressorts waren.[159]

[156] Vgl. Kreuzverhör durch Kempner im August 1947 u. Aussagen Winklers in Nürnberg im April 1948, IfZ, ZS-517-1 ff. Der Kontakt zu den Reichswerken ging dabei wohl nicht direkt über Göring, sondern über den von ihm als Generaldirektor Paul Pleiger, den Schwerin von Krosigk persönlich seit Mitte der 1930er Jahre kannte. Vgl. Schwerin von Krosigk, Memoiren, S. 177. Ob die Gelder tatsächlich auf den Konten der HTO eingingen, ist nicht zweifelsfrei rekonstruierbar. Vgl. Kapitel: Das Treuhandvermögen, S. 224.

[157] Vgl. Vermerk Krahmer-Möllenbergs für das RFM v. 30.5.1940 über die Besprechung zwischen Winkler und dem RdF am 29.5.1940, BArch, R 2, 5043, Bl. 148.

[158] Vgl. Beispiele für Verfügungen der HTO über Erlasse aus der Verwertung des ehemals polnischen Privatvermögens, Referat Burmeister, BArch, R 2, 56140, Bl. 94; Aufstellung über die HTO-Gesellschaften, BArch, R 2, 56143, Bl. 116; Kapitel: „Reichsghetto Litzmannstadt", S. 204.

[159] Vgl. Vermerk über die Besprechung zwischen RFM und der HTO unter Vorsitz des RdF am 14.12.1940 über Zweifelsfragen betreffend die HTO, BArch, R 2, 56154, Bl. 21 ff.

Immerhin konnte der Minister eine Beteiligung der Reichsfinanzverwaltung erwirken, wenn es darum ging, Privatvermögen zu verwerten. Durch einen steten Informationsaustausch zwischen den Treuhandstellen und den örtlichen Finanzämtern sollte die Zusammenarbeit bei der Verwaltung von Grundstücken und bei Liquidationsverfahren verbessert werden.[160] Bei der Veräußerung von Betrieben und Grundstücken wurden fortan die Oberfinanzpräsidien bei den Reichsstatthaltern vor Vertragsabschluss um Stellungnahme gebeten. Wurde Verschleuderung vermutet, konnte umgehend Einwendung erhoben werden. Auch sollte die Abgabe von bei der HTO noch verwalteten Vermögensteilen des polnischen Staates – vornehmlich von Grundstücken und Verwaltungsgebäuden – an in Betracht kommende Reichsverwaltungen, beziehungsweise als Reichsliegenschaften an das Reichsfinanzministerium, beschleunigt werden. Hier verteidigte der Minister die Interessen des Reiches deutlich gegenüber denen der Gemeinden und anderer Dienststellen.[161]

In langer Sicht galt die Treuhandverwaltung als Übergangsphase, an deren raschen erfolgreichen Abschluss baldigst die Überführung der verbleibenden Aufgaben an die Reichsfinanzverwaltung stehen sollte.[162] Treuhandkritiker Hoppenrath begriff die HTO in dieser Logik gar als einen „Teil der Reichsfinanzverwaltung, da sie [schließlich] Reichsvermögen" verwaltete und verwertete, um dieses in enger Zusammenarbeit mit den Oberfinanzpräsidenten für die „Eindeutschung der Gebiete" dienlich zu machen. Besonders hinsichtlich der Steuereintreibung betonte er aber die Notwendigkeit einer engen, vertrauensvollen und unbürokratischen Zusammenarbeit. Die Bereitschaft seitens der eingesetzten kommissarischen Verwalter, Steuern zu entrichten, blieb allerdings gering und strapazierte die Kooperation mit den lokalen Finanzämtern.[163]

Steuerschulden

Die Beitreibung von Steuern hatte im Rahmen der Tätigkeit der Beauftragten der Reichsfinanzverwaltung bereits unter der Militärverwaltung im September 1939 begonnen. Seitdem waren teilweise steuerrechtliche Bestimmungen des Deutschen Reiches übernommen worden. Insgesamt wurde das Steuersystem aber schrittweise angepasst, so dass zunächst das polnische Steuerrecht über-

[160] Vgl. Schreiben des OFP Danzig-Westpreußen an RFM v. 29.1.1941, BArch, R 2, 56143, Bl. 58.

[161] Vgl. Vermerk über die Besprechung zwischen RFM und der HTO unter Vorsitz des RdF am 14.12.1940 über Zweifelsfragen betreffend die HTO, BArch, R 2, 56154, Bl. 21 ff.

[162] Vgl. Kapitel: Das Treuhandvermögen, S. 224.

[163] Vgl. Vermerk des OFP Danzig-Westpreußen, Hoppenrath, v. 24.1.1941 mit Vorschlägen für die Zusammenarbeit zwischen RFV u. HTO, BArch, R 2, 56143, Bl. 60 ff.

wiegend in Kraft blieb. Die Beamten trieben rücksichtslos Forderungen (auch Rückstände aus der Zeit vor dem 1. September) der polnischen öffentlichen Hand gegenüber der unter deutscher Verwaltung stehenden Bevölkerung ein.[164] Allerdings fehlte es an einer allgemeinen Regelung zur Begleichung von Vorkriegsverbindlichkeiten und daraus ableitbaren Ansprüchen. Da sich das Deutsche Reich nicht als Rechtsnachfolger des polnischen Staates begriff, sollten Forderungen gegen die polnische öffentliche Hand nur in Ausnahmefällen durch das Reich übernommen werden. Forderungen volksdeutscher und reichsdeutscher Gläubiger waren nach Möglichkeit zu befrieden. Ansprüche von treuhänderisch verwalteten Betrieben gegen das Reich, also eine Zahlung aus der deutschen öffentlichen Hand an ein Sondervermögen des Reiches, hatten hingegen zu unterbleiben beziehungsweise mussten einer späteren Regelung unterliegen.[165] Dagegen wurden die Forderungen an die Steuerpflichtigen innerhalb der Treuhandmasse durch den Reichsfiskus nicht ausgesetzt. Eine Zahlung aus dem Sondervermögen des Reiches an die deutsche öffentliche Hand, also an Reich, Länder und Kommunen, sollte demnach gemäß dem geltenden Steuerrecht erfolgen. Mit dem Aufbau der dreigliedrigen Reichsfinanzverwaltung in den annektierten Gebieten waren die Beamten bestrebt, eine geregelte Steuereintreibung gegenüber allen Steuerpflichtigen durchzusetzen.[166]

Dies gestaltete sich in Folge der Beschlagnahme, der daraus resultierenden Liquidationen und teilweisen Stilllegungen sowie des schleppenden Prozesses der Überführung in kommissarische Verwaltung schwierig. Die polnische Bevölkerung, um das Verfügungsrecht über ihre Vermögen gebracht, zahlte folglich keine Steuern und Abgaben auf diese Vermögen. Die Treuhänder hingegen wurden durch Anordnung einer allgemeinen Zahlungssperre durch die HTO seit Beginn des Jahres 1940 faktisch von jeglichen Zahlungen befreit. Erst mit der fünften Anordnung der HTO vom 19. Juni waren sie aufgefordert, öffentlich-rechtliche Verbindlichkeiten, insbesondere Steuern und Abgaben, zu entrichten. Dies galt allerdings nur für die seit dem 1. September 1939 aufgelaufenen Forderungen.[167]

Um die wirtschaftliche Entwicklung, wie die Etablierung der Treuhandpolitik in den annektierten Gebieten, zu unterstützen, hatte der Reichsfinanzminister steuerliche Erleichterungen angeordnet. Die Treuhänder waren allerdings zur Entrichtung der Einkommens-, Vermögens- und Umsatzsteuer gemäß § 104 der Reichsabgabenordnung grundsätzlich verpflichtet. Jedoch waren

164 Vgl. Kapitel: Steuereintreiber, S. 57.
165 Vgl. Vermerk der Haushaltsabteilung des RFM v. 25.5.1940, BArch, R 2, 56157, Bl. 22 ff.
166 Vgl. Kapitel: Ost-Steuerhilfe, S. 194.
167 Vgl. Schreiben der HTO an den OFP Danzig-Westpreußen v. 30.8.1940, BArch, R 2, 56157, Bl. 44.

Ermäßigungen auf die Landessteuern sowie die Umsatzsteuer, die vor dem Einmarsch der deutschen Truppen fällig waren, gewährt geworden. Begünstigte waren ausschließlich Reichsdeutsche und Volksdeutsche sowie Körperschaften, Personenvereinigungen und Vermögensmassen, die zum Jahresende 1939 überwiegend in deutschem Besitz waren, ebenso die Treuhänder, die landwirtschaftliche und gewerbliche Betriebe, Hausgrundstücke oder Wirtschaftsgüter für das Reich verwalteten. Staatssekretär Reinhardt dehnte diese Vergünstigungen sogar auf die Verkehrssteuern mit Ausnahme der Erbschaftssteuer aus.[168] Dem Wunsch der HTO, ebenso rückwirkend auf die Entrichtung der Zölle und Verbrauchsteuern zu verzichten und durch das temporäre Aussetzen der Einkommens- und Grundstückssteuer das letzte Quartal 1939 faktisch steuerfrei zu stellen, widersetzte sich das RFM heftig. Die gezahlten Steuern waren ohnehin zumeist den Gemeinden zugeflossen, die dringend der Einnahmen bedurften und auf weitere Steuerzahlungen schwer verzichten konnten.[169]

Winkler, der die Treuhänder als Vertragspartner des Reiches für die gemeinsame Zielsetzung der Germanisierung von Wirtschaft und Besitz in den annektierten Gebieten ansah, forderte im Sommer 1940 eine gesonderte steuerrechtliche Regelung für die neuen Reichsgaue. An der konkreten Ausgestaltung dieser „Oststeuerhilfe“ beteiligte sich die HTO in der Folge intensiv.[170] Auch in punkto Enteignung der polnischen Staatsangehörigen intensivierte sich die Zusammenarbeit zwischen der Treuhand und der Reichsfinanzverwaltung.

Adaption der „Arisierungspolitik“

Um auf polnische Vermögen im Reichsgebiet zugreifen zu können, gründete Winkler Anfang Dezember 1940 eine weitere Abteilung in der Berliner Zentrale. Die „Sonderabteilung Altreich“ fungierte ähnlich einer regionalen Treuhandstelle, nur, dass ihre Zuständigkeit außerhalb des annektierten polnischen Staatsgebietes lag. Notwendig war diese Erweiterung geworden, da es nach der Veröffentlichung der Polenvermögensverordnung zu gehäuften und mehrheitlich unaufgeforderten Anmeldungen polnischer Vermögen in Berlin gekommen war. Bisher hatte die HTO-Zentrale lediglich die vom

[168] Vgl. Runderlass des RdF v. 24.1.1940, BArch, R 2, 56031, Bl. 93 ff.; Schreiben Reinhardts an die HTO v. 22.7.1940, BArch, R 2, 56157, Bl. 45.

[169] Vgl. Schreiben Reinhardts an HTO zu steuerlichen Erleichterungen in den eingegliederten Ostgebieten v. 22.7.1940, BArch, R 2, 56157, Bl. 45; Vermerk RFM vom Juli 1941, BArch, R 2, 56031, Bl. 94 ff.

[170] Vgl. Vermerk über die Besprechung zwischen RFM und der HTO unter Vorsitz des RdF am 14.12.1940 über Zweifelsfragen betreffend die HTO, BArch, R 2, 56154, Bl. 21 ff.; Kapitel: Ost-Steuerhilfe, S. 194.

Reichskommissar für die Behandlung feindlicher Vermögen gemäß der Feindvermögensverordnung abgetretenen Fälle übernommen.[171]

Ende des Jahres 1940 kam es nun als Spätfolge und zugleich Weiterentwicklung der „Arisierungspolitik" des Jahres 1938 zu dem gehäuften Arbeitsaufwand für die Berliner Treuhänder und die Finanzverwaltung, so dass sich eine weitere Kooperationsebene auf dem Wege der Amtshilfe entwickelte. Zunächst gingen Anmeldungen über Vermögen aus der „Polenaktion" ein. In den letzten Oktobertagen 1938 waren zwischen 12.000 und 17.000 Juden mit polnischer Staatsangehörigkeit ohne Ankündigung und gewaltsam nach Polen abgeschoben worden.[172]

Darunter befanden sich auch die Eltern von Herschel Grynszpan. Als Vergeltung für die Deportation verübte dieser am 7. November den tödlichen Anschlag auf den Botschaftsrat vom Rath in Paris, der wiederum den Nationalsozialisten als Vorwand für die Novemberpogrome diente. Der Familie Gryszpan wie den anderen Deportierten, die zunächst im Niemandsland hinter der deutsch-polnischen Grenze festsaßen, war devisenrechtlich nur die Mitnahme von zehn Reichsmark gestattet worden. Ihr restliches Vermögen verblieb im Reich. Die Oberfinanzpräsidien und Treuhänder übernahmen die Verwaltung. Entsprechend der Polenvermögensverordnung meldeten nun die kommissarischen Verwalter diese Vermögen der HTO in Berlin. Geht man davon aus, dass nur ein Teil der als „Ostjuden" verunglimpften Deportierten über derart verwaltete Vermögen verfügte, wird es sich dennoch um mehrere Tausend Objekte gehandelt haben. Auch die durch die Finanzverwaltung verwalteten Kontobeträge, Wertpapiere, Policen und Wertgegenstände der Vertriebenen gingen entsprechend der Verordnung in den Zuständigkeitsbereich der HTO über. Hinzu kamen überdies sämtliche Vermögenswerte nicht ausgewiesener Juden polnischer Staatsangehörigkeit und nicht-jüdischer polnischer Eigentümer, die sich im gesamten Reichsgebiet befanden und bis September 1940 noch keiner Anmeldepflicht unterlegen hatten. Da die Polenvermögensverordnung alle Vermögen polnischer Staatsangehöriger, die nach dem 1. Oktober 1918 in das damalige Reichsgebiet zugezogen waren oder sich auf dem Gebiet des Reiches einschließlich Österreichs und des Protektorats aufhielten, der Beschlagnahme durch die HTO unterstellte, dürfte die Zahl der Betroffenen in die Zehntausende gegangen sein.[173]

171 Im Verlauf des Jahres 1940 waren in Folge der Feldzüge und Annexionen polnische Vermögen im europäischen Ausland angefallen. Vgl. Rosenkötter, S. 146–149.

172 Aufgrund der lückenhaften Überlieferung über die Anzahl der mit Sonderzügen über die Grenze bei Zbąszyń (Bentschen) und Chojnice (Konitz) in Pommern und Beuthen in Oberschlesien abgeschobenen Personen variieren die Angaben. Vgl. Tomaszewski, Preludium zagłady, S. 102–146.

173 Da es keine Überlieferung zur „Sonderabteilung Altreich" gibt, ist eine Angabe zum Umfang der verwalteten Vermögenswerte nicht möglich. Vgl. Rosenkötter, S. 149.

Gemäß HTO-Bekanntmachung zur Anmeldung der polnischen Vermögen nahmen die Finanzämter die eingehenden Anmeldungen ab Jahresende 1940 entgegen. Die Oberfinanzpräsidien und örtlichen Finanzämter wurden per Rundscheiben des Reichsfinanzministers aufgefordert, die entsprechenden Formulare bereitzustellen.[174] Die Beamten konnten dabei auf Erfahrungswerte aus der zwischen April und Juli 1938 durchgeführten Anmeldung jüdischer Vermögen zurückgreifen.[175]

Die Reichsfinanzverwaltung hatte seinerzeit mit dieser Erfassung die Grundlage für die Vermögenseinziehungen nach den Novemberpogromen geschaffen. Die von Göring per Verordnung am 12. November 1938 festgelegte „Sühneleistung" in Höhe von einer Milliarde Reichsmark wurde letztlich als zwanzigprozentige Zwangsabgabe auf die zuvor angemeldeten Vermögen durch die Finanzverwaltung eingetrieben.[176] Allerdings deckte diese Summe nicht mehr als den Rüstungsbedarf eines halben Monats ab.[177] Das verbliebene wirtschaftliche Potenzial der noch nicht geflohenen Juden konnte vom Regime so für die steigenden Rüstungskosten kontrolliert vereinnahmt werden. Im Reichsfinanzministerium waren mit der Durchführung dieser sogenannten Judenvermögensabgabe die Steuerabteilung, genauer die Referate Uhlich und Eylert, mit ihren damaligen Sachbearbeitern Maedel und Schwarzat, beauftragt, deren Verantwortungsbereich nun auf den Raub an der polnischen Bevölkerung ausgedehnt worden war[178] – eben jener Abteilung also, die mit ihren Referaten nach 1933 sukzessive in die Enteignungspolitik gegenüber sogenannten Reichsfeinden eingebunden worden war und auch eigeninitiativ eine antijüdische Steuerpolitik forcierte. Die Finanzbehörden beteiligten sich auch an der Enteignung innenpolitischer Gegner und kirchlicher Einrichtungen.[179] Vor allem die aus der Weimarer Zeit stammende Reichsfluchtsteuer wurde gezielt als Instrument der fiskalischen Vermögensentziehung ausgebaut. Die Referate Uhlich und Eylert waren auch hier zuständig.[180]

Maßgebend für diese Enteignungen zugunsten von Partei und Fiskus, aber auch für die Vermögenseinziehungen mittels Sonderabgaben und Steuerun-

[174] Vgl. Bekanntmachung über die Anmeldung polnischer Vermögen v. 20.11.1940, DRAnz. Nr. 73./ Rundschreiben des RdF v. 12.11.1940, BArch, R 2, 516, Bl. 111 f.

[175] Vgl. VO über die Anmeldung des Vermögens von Juden v. 26.4.1938, RGBl. I (1938), S. 414 f.

[176] Vgl. VO über eine Sühneleistung der Juden deutscher Staatsangehörigkeit v. 12.11.1938, RGBl. I (1938), S. 1579.

[177] Vgl. Kilian, S. 36.

[178] Vgl. Kuller, Bürokratie und Verbrechen, S. 60.

[179] Vgl. hierzu ausführlich die Studie von Josephine Ulbricht.

[180] Ab 1939 zog der Staat 96 Prozent vom Vermögen der Flüchtenden und Emigrationswilligen ein. Das entsprach de facto einer Enteignung. Vgl. Barkai, S. 112; Kuller, Bürokratie und Verbrechen, S. 185 ff.

gleichheit, war der neue Eigentumsbegriff der Nationalsozialisten.[181] Entgegen des liberalen Eigentumsbegriffes der Weimarer Reichsverfassung stand das private Eigentum nun ebenfalls im Dienst des Staates oder vielmehr der Volksgemeinschaft.[182] Das Recht auf Eigentum wurde nicht mehr als allgemeines Grundrecht angesehen. Zwar war eine generelle Verstaatlichung von Privateigentum nicht Ziel des NS-Regimes, doch konstruierte die NS-Rechtsauffassung eine Gemeinschaftsbindung des Eigentums, eine Art Pflichtbindung an einen ideologisch fundierten Gemeinnutz. Rechtmäßiger Eigentümer konnte nur ein vollwertiges Mitglied der Volksgemeinschaft sein. Die Volksgemeinschaft gab das Eigentum dem einzelnen Gemeinschaftsglied folglich auch nur zur treuhänderischen Verwaltung.[183] Demnach konnte das Verfügungsrecht über privates Eigentum bei einer Verletzung der Bindungen und Pflichten an die Volksgemeinschaft, zum Beispiel durch oppositionelles oder staatsfeindliches Handeln, eingeschränkt werden oder verwirkt sein. „Gemeinschaftsfremden", die als „Reichsfeinde" oder „Rassefeinde" außerhalb der Rechtssicherheit standen, aber auch Emigranten oder Angehörigen von Feindstaaten, wurde das Verfügungsrecht über ihr Eigentum bzw. allgemein das Recht auf Eigentum „zum Wohle des Staates" und damit der Volksgemeinschaft aberkannt oder gar nicht erst zuerkannt. Umgesetzt wurden diese Enteignungen durch verschiedene Einziehungsgesetze[184]: das Ausbürgerungsgesetz,[185] die Reichsfluchtsteuer, die Judenvermögensabgabe, die Übertragung von Gewerkschaftsvermögen, die Überführung von Vermögen in deutsche Hände im Zuge der „Arisierungen" und schließlich die Polenvermögensverordnung.

Mit der „Sonderabteilung Altreich" vollzog sich nicht nur eine Zuständigkeitsverlagerung hin zur HTO, sondern es wurde ein weiteres *interface* zwischen Treuhand und Reichsfinanzverwaltung etabliert. Im RFM war zudem das „Vermögensverwertungsreferat" Maedel als Auskopplung aus den

[181] Vgl. für folgende Ausführungen wie zum „neuen" Eigentumsbegriff des NS-Regimes sowie zur entsprechenden Rechtslehre die Studie von Josephine Ulbricht. Die Vertreter dieser Rechtsauffassung wie Ernst Rudolf Huber, Franz Wieacker und Werner Weber waren allesamt Mitglieder von Hans Franks Akademie für Deutsches Recht.

[182] Zwar ermöglichte auch die Weimarer Reichsverfassung nach § 153 eine entschädigungslose Enteignung zum Wohle des Volkes, schloss aber ausdrücklich eine Enteignung zur Bereicherung des Fiskus als verfassungswidrig aus.

[183] Vgl. Huber, S. 453; Wieacker, S. 61.

[184] Vgl. Gesetz über die Einziehung volks- und staatsfeindlicher Vermögen v. 14.7.1933, RGBl. I (1933), S. 479 f.; Gesetz über die Einziehung kommunistischen Vermögens v. 26.5.1933, RGBl. I (1933), S. 293. Zu beachten sind auch die jeweiligen VO und Durchführungsverordnung (DVO) zu den Gesetzen.

[185] Vgl. Gesetz über den Widerruf von Einbürgerungen und die Aberkennung der deutschen Staatsangehörigkeit v. 14.7.1933, RGBl. I (1933), S. 480 f. Im Berliner Finanzamt Moabit-West wurde eine reichsweit zuständige „Judenausbürgerungsstelle" geschaffen. Vgl. Friedenberger, S. 56–66.

Referaten Uhlich und Eylert eingerichtet worden, weiter die Beutestelle bei der Reichshauptkasse. Daneben wurden die Aufgaben des Haushaltseferates Burmeister erweitert und die Rechtsreferate Bänfer und Schwandt im Verlauf des Jahres 1940 in diesen Komplex einbezogen. Das alles zielte darauf ab, die notwendigen verwaltungsstrukturellen Veränderungen für den Raub im besetzten Polen umzusetzen.[186] Teilweise wurde dabei auf die bereits bestehende Expertise im Haus zurückgegriffen. Zeitgleich zum Raub an den Polen, der „Arisierung" im „angeschlossenen" Österreich und im zum deutschen Verwaltungsraum geschlagenen Protektorat begann hinsichtlich der Zuständigkeit für die Einziehung und Verwertung der Vermögen der deutschen Juden eine Zentralisierungstendenz hin zur Reichsfinanzverwaltung. Die uneinheitliche Kompetenzverteilung und unübersichtliche Rechtslage, durch welche Institution, auf welcher Verwaltungsebene und zu welchem Zwecke Vermögen von Juden und „Reichsfeinden" auf Reichsgebiet beschlagnahmt und verwertet werden durfte, beanspruchte jedoch eine wesentlich längere Abstimmungsphase.[187] Erst der Erlass Hitlers über die Verwertung des eingezogenen Vermögens von „Reichsfeinden" vom 29. Mai 1941 wies der Reichsfinanzverwaltung reichsweit die führende Rolle zu.[188]

Deutlich zeigt sich, wie die Tätigkeit der HTO als eine Weiterentwicklung jener Zielsetzungen und Instrumentarien der Enteignungspolitik gegenüber „Reichsfeinden" und Juden im Vorkriegsdeutschland begriffen werden muss.[189] Grundsätzlich aber war die Idee keineswegs neu, eine Treuhandverwaltung zum Ziele einer Vermögensumverteilung zu schaffen. Vielmehr deutet vieles darauf hin, dass Göring seine Idee aus dem Jahr 1937 wieder aufgriff. Gemeinsam mit Innenminister Frick plante er seinerzeit eine solche Stelle zur Koordinierung und Zentralisierung der bis dato auf Reichsgebiet vorwiegend ohne staatliches Eingreifen ablaufenden „Arisierungen". Dem hatten sich aber Reichsfinanzminister Schwerin von Krosigk und Reichsbankchef Schacht mit Verweis auf mögliche negative Wirkungen auf den Haushalt und auch auf die Außenpolitik noch entgegengestellt.[190] Mit der Annexion Österreichs kam es

186 Vgl. Organigramme: Organigramm Reichsfinanzministerium, S. 426 u. Organigramm Abteilungsebene Reichsfinanzministerium 1940, S. 427.

187 Vgl. Kuller, Normenstaat, S. 220 ff. Reinhardt sprach sich für die Zuständigkeit der OFP aus. Schreiben Reinhardts an RMdI v. 13.9.1940, BArch, R 2, 11372, Bl. 125.

188 Vgl. Erlass des Führers und Reichskanzlers über die Verwertung des eingezogenen Vermögens von Reichsfeinden v. 29.5.1941, RGBl. I (1941), S. 303.

189 Rosenkötter verweist hier nur auf die Parallelen zur „Arisierung". Dies scheint mit Blick auf die Entwicklung und Ausrichtung einer weit gefassten Enteignungs- und Raubpolitik des Regimes zu kurz gedacht. Vgl. Rosenkötter, S. 149.

190 Vgl. ebd., S. 150–171. Im RFM strebte man ab 1936 allerdings in Form einer steuerlichen Mehrbelastung der deutschen Juden die Schaffung einer Art Sondervermögen an. Dazu wurde in der Abteilung III im Referat Zülow eifrig an Vorschlägen für neue Steuern gearbeitet. Letztlich griff der Fiskus aber nur eine Gewinnbeteiligung über die Ausgleichs-

dort im Frühjahr 1938 zu massiven Gewaltausschreitungen und massenhaften „Arisierungen“. Vor allem „alte Kämpfer“ bedienten sich hemmungslos an den Vermögen der Juden. Es begann ein regelrechter „Arisierungswettlauf“. Dies stellte keine schleichende Verdrängung mehr dar, wie sie zuvor seit 1933 im Reich durch Druck und Boykottmaßnahmen vorwiegend durch Parteidienststellen und die örtliche Wirtschaft aggressiv umgesetzt worden war. Es bildete sich in Österreich eine Art Kommissarsystem heraus, das in Wien mit der Schaffung der Vermögensverkehrsstelle (VVSt) – einer Quasitreuhandstelle – nachträglich koordiniert und legitimiert werden sollte.[191]

Im Rahmen der Besprechung am 12. November 1938, bei der die Vorgehensweise für die endgültige Verdrängung der deutschen Juden aus dem Wirtschaftsleben festgelegt wurde,[192] bezog sich Göring nach den gewalttätigen Pogromen im „Altreich“ nicht nur auf die bereits in Österreich geschaffene Rechtsgrundlage, sondern griff auch die Treuhandidee abermals auf.[193] Dieses Ansinnen war jedoch durch die aktuellen Entwicklungen überholt. Eine staatliche Lenkung der Zwangsverkäufe und Liquidationen war in Folge der Effektivität, die durch die bisher beteiligten Stellen und Interessenten erreicht worden war, unnötig geworden. Die Ziele des NS-Regimes, die deutschen Juden zugunsten der Staatskasse restlos zu berauben, sie sozial und wirtschaftlich zu isolieren, um sie endgültig aus dem Deutschen Reich zu vertreiben, wurden in enger Zusammenarbeit aller bereits beteiligten Stellen mit dem Vierjahresplan und der Sicherheitspolizei umgesetzt.

2.4 „Volkstumsgrenze“

Die Beraubung der polnischen Bevölkerung erfolgte nicht allein mittels der Maßnahmen der HTO im Rahmen der Polenvermögensverordnung. Gestapo und Sicherheitspolizei raubten private Vermögenswerte auch innerhalb der festgehaltenen Freigrenzen im Zuge der Vertreibungsaktionen. So wies das Einsatzkommando 11 der Sicherheitspolizei Mitte November 1939 den

abgabe bei den Arisierungsverkäufen ab, die der Käufer an die Staatskasse abzuführen hatte. Vgl. Kuller, Bürokratie und Verbrechen, S. 151 ff.

191 Vgl. Fuchs; Felber/Melichar, S. 65–103.

192 Unter den etwa 100 Teilnehmern befanden sich Vertreter aller Ministerien und höheren Reichsbehörden, unter ihnen Reichspropagandaminister Joseph Goebbels, Wirtschaftsminister Walther Funk, Finanzminister Lutz Schwerin Graf von Krosigk sowie Reinhard Heydrich, der Chef der Sicherheitspolizei und des SD.

193 Vgl. Stenographische Niederschrift eines Teils der Besprechung am 12.11.1938 über die antijüdische Politik nach dem Pogrom unter dem Vorsitz Görings, abgedruckt als Dok. 146 in: Heim, S. 408–436.

Bürgermeister von Aleksandrów Kujawski an, die jüdische Bevölkerung vor der Ausweisung zu enteignen, da ihr Vermögen „für volksdeutsche Zwecke verwandt" werde.[194]

Wenig später erörterten die zuständigen Stellen im Warthegau die „Behandlung der jüdischen und polnischen Vermögenswerte, die im Zuge der Evakuierungsmaßnahmen der Beschlagnahme zu Gunsten des Reiches verfallen" sollten. Neben den Bevollmächtigten des Höheren SS- und Polizeiführers (HSSPF) Posen und der HTO waren auch die Wirtschaftsstelle des Reichsstatthalters, die Industrie- und Handelskammer (IHK), die Deutsche Umsiedlungs-Treuhand GmbH (DUT), der Treuhänder der Arbeit und für die Devisenschutzkommandos der SS-Untersturmführer und Zollamtmann Geißler sowie für den OFP Posen Oberfinanzrat Rose vertreten. Als Folge der Abschiebungen befürchteten die Vertreter von Wirtschaft und Fiskus schwerwiegende wirtschaftliche Probleme und drangen vor allem auf die rasche und arbeitsteilige Erfassung, Erhaltung und Sicherung aller zu beschlagnahmenden Werte. SS-Sturmbannführer Rapp (Sonderstab für die Aussiedlung der Polen und Juden) verlangte von Oberfinanzrat (OFR) Rose aber zunächst einen Überblick über die Vermögen der Polen und Juden. Liefern konnte das Oberfinanzpräsidium aufgrund der mangelnden statistischen Grundlage jedoch nicht.[195] Ungeachtet dessen und auch ungeachtet der geschilderten, zunächst noch unzureichenden Zugriffsmöglichkeiten der HTO griff die Schutzstaffel (SS) ungehindert auf die bei der Zwangsabschiebung mitgeführten Vermögenswerte zu.[196] Überfallartig holte die SS die Menschen aus ihren Wohnungen und Häusern, aus ihren Geschäften und von ihren Höfen, raubte dabei rücksichtslos und internierte die Entrechteten bis zur Abschiebung ins Generalgouvernement. Um die Vertriebenen im Generalgouvernement nicht gänzlich mittellos eintreffen zu lassen, wurde die Mitnahme von Barmitteln in Höhe von 100 Złoty ohne besondere Genehmigung gestattet.[197] Ein Zeuge schilderte das Vorgehen der Deutschen in Posen:

[194] Schreiben des Einsatzkommandos 11 der Sicherheitspolizei an den Bürgermeister von Aleksandrów Kujawski v. 14.11.1939, abgedruckt als Dok. 36 in: Friedrich/Löw, S. 134.

[195] Vgl. Protokoll der von SS-Sturmbannführer Rapp geleiteten Besprechung beim HSSPF Posen v. 25.11.1939, abgedruckt als Dok. 44 in: ebd., S. 151.

[196] Vgl. Sonderbefehl des (HSSPF) über die körperliche Durchsuchung auf Waffen, Wertsachen und überzähliges Geld v. 22.11.1939, BArch, R 70 Polen, 198, Bl. 21.

[197] Zunächst sollten Polen Barmittel in Höhe von 200 Zł und Juden lediglich 50 Zł ins GG ausführen können. Mitnahme von Wertpapieren, Devisen, Edelmetallen, Schmuckstücken und Kunstgegenständen war verboten. Sichergestellte Barmittel wurden dem Konto „Zur Verfügung des Reichsstatthalters" bei der Bank für Handel und Gewerbe in Posen eingezahlt. Vgl. Schreiben des Höherer SS- und Polizeiführer (HSSPF) Posen v. 12.11.1939, BArch, R 70 Polen, 198, Bl. 2 ff.

They said they were taking us off to an unknown destination. I asked that some consideration be shown my old mother, 78 years of age. The answer was ‚Die Alte muss raus'. At the same time the head of the detachment entered my wife's bedroom, she was still in bed, and told her brutally to get dressed. Meanwhile all my staff had been lined up in the hall, examined and guarded by two sentries, without being allowed to move. Ten minutes later, my family, my daughters and son, were gathered in the hall and the examination of our handbags began. Everything was thrown on the floor. My pocketbook contained 20,000 zlotys, which was taken away from me as was my wife's engagement ring and our wedding rings. Out of the 20,000 zlotys, 700 were returned to me for expenses at the rate of 100 per person in my family. A small leather cushion was taken from my wife with the words ‚Was, ein Kissen, du sollst am Stroh verrecken, du verdammtes Aas¡ [...] After my family had left the whole of my place was searched in my presence, including the cellars and lots. I was obliged to open every drawer and the contents were thrown on the floor, but all objects of value such as gold watches, cigarette cases, etc. disappeared into the pockets of the police who accompanied me. At the same time, all the furs, blankets, linen, overcoats, mantles, etc. were loaded on to a big motor lorry, without any receipt being given. The motor truck drove off. The search had lasted three hours. [...] Early on the morning of December 10 we were piled into third class carriages, men and women separated. This train also carried evacuees from two other concentration camps in the neighborhood. In all some 400 to 500 people, old men, children, newborn babes, on an average 10 to 15 people in each compartment. At the station were gathered the German Administrators of Seized Property (Treuhänder) who took pictures of us. Among them I recognized several great landed proprietors of the neighborhood, Germans I knew well before the war and who had always protested their loyalty to Poland.[198]

Um diese Praxis zu verstetigen, lud Eichmann am 4. Januar 1940 Vertreter des Reichsverkehrsministeriums, des Reichswirtschaftsministerium, der Reichsbank und des Reichsfinanzministerium ins Reichssicherheitshauptamt (RSHA). Regierungsrat Hoffmeister vom RFM erfuhr dort, dass bereits über 100.000 Polen vertrieben worden waren und für das Folgejahr noch weit umfangreichere Deportationen geplant waren. Die Mitnahme von geringen Barmitteln sollte gestattet bleiben, um „aus sicherheitspolizeilichen Gesichtspunkten unzuträgliche Zustände“ im Generalgouvernement zu vermeiden. Da in den annektierten Gebieten die polnische Währung bereits aufgerufen und durch die Reichsmark ersetzt worden war,[199] hätte das RFM einem Rücktausch ausgegebener Reichsmark in Złoty zustimmen müssen, um die Mitnahme des Freibetrages überhaupt zu gewährleisten. Dafür wären die Złotybestände, die das Reich beim Währungsumtausch vereinnahmt hatte, grundsätzlich vorhanden gewesen. Die Reichsbank hatte einen monatlichen Bedarf von elf Millionen Złoty ermittelt. Allerdings lehnte Hoffmeister diese Vorgehensweise seitens des RFM rundheraus ab und legte sich auf die Position Eichmanns fest, der bei den Enteigneten immer noch immense Vermögenswerte vermutete. Die

198 Anonymous, German Occupation of Poland, S. 235 ff.

199 Vgl. Kapitel: Besatzungsgeld, S. 149.

„Evakuierungsbehörden“ sollten deshalb selbst die Barmittel ohne Umschweife unter den Auszuweisenden direkt umverteilen.[200]

Diesem Vorgehen widersetzte sich der Generalgouverneur allerdings vehement. Um den Notenumlauf im GG kontrollieren zu können, wies er den Zoll und Zollgrenzschutz an, das bestehende Devisenrecht des Reiches anzuwenden und die Mitnahme von maximal 20 Złoty zu gestatten.[201] Dieser, für die Betroffenen noch fataleren Verfahrensweise, schlossen sich alle beteiligten Ressorts ohne jegliches Zögern an. Die Deportierten trafen im Generalgouvernement ausgeraubt und völlig mittellos ein. Um diese Maßnahmen der „Umvolkung“ bei gleichzeitiger Ausplünderung aber dauerhaft umsetzten zu können und die ideologisch fundierte Systematisierung territorialer Einverleibung wirksam durchzusetzen, bedurfte es vor allem einer effektiven Sperrlinie.

In seiner Rede am 6. Oktober 1939 hatte Hitler vor den Mitgliedern des Reichstages und der deutschen Öffentlichkeit seine Pläne für das geschlagene Polen bekanntgegeben. Hitler, der gerade von einem Truppenbesuch in Polen zurückgekehrt war, wo er tags zuvor in Warschau die Siegesparade abgenommen hatte, sah sich in seinen Vorurteilen über die „Polnische Wirtschaft“ und die Minderwertigkeit der Polen bestätigt. Für die Zukunft plante er nicht weniger als die „Neuordnung der ethnographischen Verhältnisse“ und damit die Gliederung des Gebietes zum Nutzen des Reiches. Nicht die Revision der Versailler Grenzen war das Ziel seiner deutschen Ostpolitik, sondern die Umsetzung der Vision vom „Lebensraum im Osten“.[202]

Das besetzte Gebiet, verstanden als biologisierter Raum, der durch rassische Homogenisierung erster Baustein eines germanischen Großraumkonzeptes werden sollte, musste für diese Zielsetzung nicht nur in Besitz genommen, sondern auch als Raum geleert werden.[203] Erreicht werden sollte dies, durch „eine Umsiedlung der Nationalitäten, so dass sich am Abschluss der Entwicklung bessere Trennlinien ergeben“. Konkret sollte die Reichsgrenze als Besiedlungsgrenze allmählich immer weiter nach Osten verschoben werden und an der bisherigen Grenze ein „Siedlungsgürtel“ zur Germanisierung und Kolonisierung entstehen. Das Gebiet war als „Lebensraum nach Nationalitäten“ neu zu ordnen und damit zugleich das „jüdische Problem“ zu lösen.[204]

200 Vgl. Vermerk zur Besprechung im RSHA zur Evakuierung von Polen und Juden am 4.1.1940, BArch, R 2, 14575, Bl. 180 ff.; Vermerk GenB an Bußmann v. 12.12.1939, ebd., Bl. 170 ff.

201 Vgl. Erlassentwurf des RWM v. 8.1.1940 zur Mitnahme von Zahlungsmitteln durch Juden und Polen bei der Auswanderung nach dem Generalgouvernement; Schreiben des Reichsbankdirektoriums an RdF v. 15.1.1940; Schreiben Franks an RWM v. 31.1.1940 u. Antwort RWM an Frank v. 20.2.1940, BArch, R 2, 14576, Bl. 4 ff.

202 Vgl. Wildt, Eine neue Ordnung.

203 Vgl. Jureit; Kapitel: Die Beute, S. 76.

204 Zu Beurteilung Polens durch Hitler vgl. Kershaw, Hitler, S. 564; Redeauszüge zitiert nach: Domarus, S. 1377–1393 u. Wildt, Eine neue Ordnung.

Ein „fremdsprachiger Gau“ jenseits dieser Grenze war – wie Heydrich bereits am 21. September 1939 vor den Befehlsleitern der Einsatzgruppen ausgeführt hatte – als Abschieberaum für deutsche und polnische Juden und unliebsame Polen angedacht.[205] Eichmann veranlasste unmittelbar erste Schritte zur Einrichtung eines „Judenreservats“. Bei Nisko am San entstand ein erstes Lager für deportierte Juden aus Wien.[206] Der Terror der Einsatzgruppen richtete sich seit Beginn des Feldzuges aber nicht nur gegen Juden, die gedemütigt, verletzt, vertrieben und ermordet wurden. Mit der „Intelligenz-Aktion“ verfolgten und töteten die Einsatzgruppen in enger Zusammenarbeit mit dem Volksdeutschen Selbstschutz und der Sicherheitspolizei, teilweise nach vorbereiteten Listen, Politiker, Ärzte, Lehrer oder Geistliche. Insgesamt fielen der Aktion etwa 60.000 Polen zum Opfer.[207] Weitere Tausende wurden Richtung Osten vertrieben oder deportiert. Hitler prägte für diese Vorgehensweise gegenüber seiner Verwaltungs- und Polizeispitze den Begriff der „völkischen Flurbereinigung“.[208]

In den neuen Reichsgauen entwickelten die Reichsstatthalter eigene Strategien, um den „Lebensraum nach Nationalitäten“ neu zu ordnen. Gauleiter Forster wollte möglichst viele polnische Staatsbürger in die Gruppe 3 der DVL aufnehmen, um seinen Gau möglichst rasch einzudeutschen. Greiser hingegen hatte im Sinn, den Warthegau mittels Massendeportationen der polnischen Bevölkerung zum deutschen Mustergau zu machen.[209]

Gemäß Heydrichs Ankündigung vom September, die Juden und die Mehrheit der polnischen Bevölkerung weiter nach Osten zu vertreiben, übernahmen die Dienststellen des RKF, die Beamten im RSHA und Wissenschaftler um Konrad Meyer an der Friedrich-Wilhelm-Universität in Berlin im Frühjahr 1940 die Planungshoheit. Nach den ersten wilden Vertreibungen entstand so ein gestaffelter Vertreibungsplan. Der Warthegau wurde zu einem ersten raumplanerischen Laboratorium entwickelt. Zunächst waren im Rahmen des „1. Nahplans“ 87.883 Polen und Juden zwischen dem 1. und 17. Dezember abgeschoben worden. Hinzu kamen mehrere Zehntausend Vertriebene, die zu Fuß ohne organisierten Zugtransport Richtung Osten getrieben worden waren. Perspektivisch sollten zu Beginn des Jahres 1940 innerhalb weniger Monate weitere 600.000 Personen abgeschoben werden. Bis Ende März 1940 vertrieben SS und Gestapo weitere 40.000 Menschen. Hitlers „Siedlungsgürtel“ wurde in konkrete Siedlungszonen mit siedlungspolitischen Kerngebieten eingeteilt.[210]

205 Vgl. Protokoll der Besprechung v. 21.9.1939, BArch, R 58, 825, Bl. 26–30.

206 Vgl. Moser; Goschen.

207 Vgl. Jansen/Weckbecker, S. 82 ff.

208 Vgl. Musial, Zivilverwaltung, S. 20; Eisenblätter; Alberti, Verfolgung und Vernichtung, S. 126 ff.; Herbert, Best, S. 242–248.

209 Vgl. Kershaw, Hitler, S. 570; Kranz; Wolf, Ideologie.

210 Das Fernziel war die vollständige „Entjudung“ und die Ausweisung von 3,4 Millionen Polen. Unterteilt wurde dies planerisch in mehrere Nah-, Zwischen- und Fernpläne. Vgl.

In der Folge trafen ab Herbst 1939 auch im süd-östlichen Grenzgebiet zwischen den Zollgrenzschutzstellen Krosno, Sanok und Przemyśl „bei Frostwetter Transporte ein, die in offenen Viehwagen Menschen polnischer Staatsangehörigkeit aus dem Warthegau brachten".[211] Die Menschen wurden in geschlossenen Viehwagons, auf Lastwagen oder zu Fuß und ohne Verpflegung ins Generalgouvernement getrieben. An den Ankunftsorten war für die Aufnahme von Tausenden keinerlei Infrastruktur bereitgestellt.[212] Die Juden aus Ostoberschlesien wurden kurzerhand über den San abgeschoben.[213] Jüdischen Kriegsflüchtlingen hatte der Chef der Zivilverwaltung beim Grenzabschnittskommando 3 bereits Mitte September die Rückkehr nach Kattowitz verboten.[214]

Abbildung 15 – Angehörige des VGAD beim Entfernen eines polnischen Grenzsteins, September 1939

Roth; Alberti, Verfolgung und Vernichtung, S. 132; Aly, Endlösung, S. 59–139; Madajczyk, Generalplan Ost; Heinemann, Homogenisierungsplanungen, S. 187–232.

211 Vgl. Bericht Tegtmeiers auf Grundlage seiner Aufzeichnungen aus dem Jahr 1939 an Eulitz v. Mai 1964, BArch, R 110 Anh., 13, n. p.

212 Vgl. Anonymous, German Occupation of Poland, S. 24 f.; Aussage von Kardinal Hlond zur Ankunft der Deportierten in Mielec: ebd., S. 238.

213 Vgl. Fernschreiben des Chefs des Stabs des Generalquartiermeisters des Heeres, Eduard Wagner an die Heeresgruppe Süd v. 12.9.1939, abgedruckt als Dok. 7 in: Friedrich/Löw, S. 83.

214 Vgl. Schreiben des CdZ beim Grenzabschnittskommando 3 v. 15.9.1939, abgedruckt als Dok. 11 in: ebd., S. 87.

Grundlegend für jegliche Siedlungsvisionen blieb die Abgrenzung der zu schaffenden Räume. Grenzen mussten gezogen, „Trennlinien“ zu klaren Grenzverläufen definiert und diese in der Realität zur unüberwindbaren Barriere gemacht werden. In der Vorstellung Heydrichs und Himmlers sollte ein „Ostwall“ den deutschen Siedlungsraum der neuen Reichsgaue vom Generalgouvernement als Abschiebegebiet trennen.[215] In der Umsetzung gestaltete sich der Bau dieses „Ostwalls“ allerdings alles andere als trivial. Zwar war der Zollgrenzschutz schon seit September bei der Sicherung der Grenzen zum sowjetischen Interessengebiet wie auch zur Slowakei und Ungarn eingesetzt, doch die Absicherung der neuen Reichsgrenze war in Ermangelung ihrer endgültigen Festlegung zunächst nur provisorisch möglich. Grund dafür waren die sehr unterschiedlichen Vorstellungen über den Verlauf der Grenzlinie. Die auf eine Wiedereingliederung der ehemaligen preußischen Provinzen begrenzte Planung des Reichsministeriums des Innern wurde ebenso wie andere Planungen zu einer Angliederung weiterer Gebiete im Osten Oberschlesiens obsolet, weil Hitler auf die Einverleibung weiter Teile des ehemaligen russischen Teilungsgebietes bestand.[216]

Die Reichsgrenze verlief nun 15 Kilometer nördlich von Warschau und reichte weit nach Kleinpolen hinein. Insgesamt sicherte der Zollgrenzschutz eine Grenze von 689 Kilometern zum Generalgouvernement und nochmals 1.607 Kilometer Grenzlinie zur Sowjetunion, Ungarn und der Slowakei.[217] Die Annexion der wirtschaftlich wertvollsten Gebiete Polens hatte zur Folge, dass Großstädte mit einer fast rein polnischen Bevölkerung wie Łódź und Kattowitz nun auf Reichsgebiet lagen.[218] Vor allem in der praktisch über Nacht zur Grenzstadt gewordenen polnischen Hauptstadt verschlechterte sich die wirtschaftliche Situation, was zunächst vor allem die unter den deutschen Repressionen besonders leidenden Juden traf. Chaim Kaplan beschrieb die Situation, die viele Warschauer Juden zur Flucht in die sowjetische Zone drängte: „Das polnische Judentum erlebt eine vollständige und umfassende Vernichtung. Zehntausende junger Juden sind ohne Lebensunterhalt.“[219]

Die vorläufige Grenzlinie wurde ab dem 8./9. November 1939 schrittweise durch den Zollgrenzschutz besetzt. Dieser übernahm damit die beidseitige Si-

[215] Vgl. Protokoll der Besprechung v. 21.9.1939, BArch, R 58, 825, Bl. 26–30.

[216] Vgl. zum Gesetzentwurf des RMdI v. 7.10.1939 für ein Gesetz über die Heimkehr der entrissenen Ostgebiete in das Deutsche Reich: Jureit, S. 331.

[217] Vgl. Finanz- und wirtschaftsstatistische Zahlen. Stand 31.5.1944. Geheim! Nur für den Dienstgebrauch, BArch, R 2, 24250, n. p.

[218] Vgl. Wolf, Ideologie, S. 93–95.

[219] Vgl. Tagebucheintrag von Chaim Kaplan v. 15.11.1939, abgedruckt als Dok. 37 in: Friedrich/Löw, S. 135.

cherung der Grenze.[220] Der Zollgrenzschutz beteiligte sich umgehend an „der Säuberung und Sicherung der befreiten ehemaligen deutschen und der besetzten polnischen Ostgebiete von Partisanen und verstreuten Einzelangehörigen der polnischen Armee in Ortschaften und im Gelände", wie sich der ehemalige Zöllner Walter Goebel an den Einsatz erinnert.[221] Das erwartete Verhalten der Zollgrenzschutzmänner gegenüber der polnischen Bevölkerung fasste der Oberfinanzpräsident Ostpreußen Zschaler unter dem Grundsatz zusammen: „Der Pole war, ist und bleibt unser Feind."[222]

Allerdings blieb der vom RMdI bestimmte Grenzverlauf, die sogenannte „blaue Linie" zunächst Geheimsache.[223] Die neue Reichsaußengrenze wurde offiziell zum 20. November formal zu einer Zoll- und Devisengrenze erklärt. Die bisherige Reichsgrenze, die „rote Linie", wurde ab diesem Zeitpunkt durch Polizeikräfte gesichert. Wenige Tage später nahm Finanzminister Schwerin von Krosigk mit seinem obersten Zollgrenzschützer, Hoßfeld, die neue Außengrenze selbst in Augenschein.[224] Die Polizeigrenze verblieb auf Drängen Himmlers an der alten Reichsgrenze. Man fürchtete, dass eine Vorverlegung auch der Polizeigrenze zu einer Bevölkerungsfluktuation führen, den Ausverkauf der Gebiete bedingen, die Wohnungsnot steigern und vor allem die Siedlungsprogramme stören könne.[225] Mit bis zu 20 Beamten auf einen Kilometer (an den anderen Reichsgrenzen im Schnitt fünf) wurde die neue Grenze fortan gesichert.[226] Personen, die sich der Abschiebung widersetzten und auf Reichsgebiet zurückkehrten, waren nach Erlass Himmlers „sofort standrechtlich zu erschießen" oder umgehend den Gestapodienststellen zuzuführen.[227]

[220] Für das GG ergingen die Anweisungen durch die Regierung des GG, grenzpolizeiliche Anordnungen erfolgten durch den RFSS. Vgl. Schnellbrief RFM zur Besetzung der neuen Zollgrenze gegen das GG v. 10.11.1939, BArch, R 2, 13002, Bl. 15 f.

[221] Vgl. Bericht Goebels an Eulitz v. 31.7.1962, BArch, R 110, 14, n. p.

[222] Vertrauliche Rundverfügung des OFP Ostpreußen Zschaler betr. Verhalten der Männer des ZGS im besetzten Gebiet v. 25.2.1940, BArch, R 110, 3, Bl. 23.

[223] Vgl. Schnellbrief des RMdI v. 20.10.1939, BArch, R 43 II, 647, Bl. 1.

[224] Vgl. Geheimen Schnellbrief des GIZ, Hoßfeld, an die Abteilungen des RFM u. das GenB v. 10.11.1939, BArch, R 2, 13002, Bl. 15; Diensttagebuch v. 1.11.1939, BArch, R 52 II, 174, Bl. 18; Schreiben Mertens an Eulitz v. 30.7.1960, BArch, R 110 Anh., 13, n. p.

[225] Vgl. Broszat, Polenpolitik, S. 37; Richtlinien des GBW für die Angleichung des Wirtschaftslebens in den neuen Reichsgauen v. 11.11.1939, BArch, R 2, 23717, n. p.; Aufzeichnung Kluges über die Staatssekretärsbesprechung v. 23.10.1939, R 2, 5112, Bl. 16–21, abgedruckt in: Hockerts/Holmann, S. 645 ff. Tischvorlage Hubrichs, R 43 II/646, Bl. 82–87. Der endgültige Verlauf der Grenze hinsichtlich wirtschaftlicher und bevölkerungspolitischer Probleme blieb Gegenstand weiterer Auseinandersetzung zwischen den Ressorts, der Wehrmacht und dem Generalgouverneur und führte teilweise zu Anpassungsmaßnahmen. Vgl. Niederschrift über die Besprechung am 24.2.1940, BArch, R 43 II, 647b, Bl. 32 ff.

[226] Vgl. Sandkühler, Zollgrenzschutz, S. 126.

[227] Berenstein u. a., S. 47.

Grundsätzlich galt für den Zollgrenzschutz weiterhin das „Gesetz über den Waffengebrauch des Grenzaufsichtspersonals der Reichsfinanzverwaltung" vom Juli 1922[228], das ein solches Vorgehen beim Gebrauch der Dienstwaffe untersagte und meldepflichtig machte. Da sich die Verhältnisse für den Zollgrenzschutz an der Reichsgrenze aber maßgeblich verändert hatten, forderte der Leiter der Abteilung Personal und Verwaltungsangelegenheiten, Otto Maaß, nur noch je einen kurzen Bericht, sollten durch Gebrauch der Dienstwaffe „Personen verletzt worden" sein.[229] Zum Gebrauch der Schusswaffe informierte der Generalinspekteur des Zollgrenzschutzes Hoßfeld seine Männer, dass mehrfaches Anrufen ebenso wie „überflüssige Warnschüsse" zu unterbleiben hätten. Bereits nach dem ersten Anruf sei auf flüchtige Personen gezielt zu schießen: „Ein zögernder Gebrauch der Schusswaffe verlockt den Schmuggler dazu, die Drohung mit der Waffe nicht ernst zu nehmen. Eine falsche Milde reizt zu dreistem Auftreten und Widerstand. [...] Gerade den Polen gegenüber ist aber ein energisches Durchgreifen erforderlich. Ein richtiger und energischer Waffengebrauch wird abschreckend wirken."[230]

Zur Umsetzung dieser Maßgaben verstärkte Hoßfeld die militärische Ausbildung zum Gebrauch der Schusswaffe (Gewehr, Pistole, Maschinenpistole). Um die allgemeine Treffsicherheit zu erhöhen, lobte Staatssekretär Reinhardt Preisschießen aus.[231] Gegenüber Generalgouverneur Frank versprach der GIZ eine Verstärkung der Grenze zu Ungarn, wo es zu Gefechten mit und zur Festnahme von flüchtenden Polen gekommen war.[232] Die enge Zusammenarbeit mit Himmlers Grenzpolizei wurde ausgebaut. Das Verhältnis an der Grenze belief sich zwischen ZGS und Polizeibeamten allerdings auf neun zu eins. Die Zöllner waren befugt, Personen an der Grenze und im Grenzgebiet auf Verdacht festzunehmen oder selbstständig Beschlagnahmen durchzuführen.[233] Im Winter

228 Vgl. Gesetz über den Waffengebrauch des Grenzaufsichtspersonals der Reichsfinanzverwaltung v. 2.7.1922, RGBl. I (1922), S. 935.

229 Vgl. Schreiben von Otto Maaß an die OFP Grenze v. 23.9.1939, BArch, R 110, 3, n. p.

230 Schreiben Hoßfelds an OFP Wartheland, Troppau und Niederschlesien v. 17.6.1941, BArch, R 110, 3, n. p.

231 Vgl. Schreiben des Verbindungsbeamten des ZGS bei OberOst an die Befehlsstellenleiter v. 15.4.1940; Erlass der RdF v. 25.5.1941; Schreiben Reinhardts an die Verbindungsbeamten des ZGS v. 3.1.1940, BArch, R 110, 4, n. p.

232 Vgl. Diensttagebuch v. 1.12.1939, BArch, R 52 II, 174, Bl. 43. Der Weg über die Grenze zur Slowakei nach Österreich und schließlich in die Schweiz blieb aber auch für die Zukunft eine der Hauptfluchtrouten – vor allem für jüdische Polen und ehemalige Militärs. So wurden immer wieder größere Gruppen von flüchtenden Juden in Materialtransporten der Bahn von den Zöllnern aufgegriffen. Vgl. Schnellbrief des GIZ an die OFP und Kommandostellen des Zollgrenzschutzes v. 5.2.1943, BArch, R 110, 3, n. p.

233 Vgl. Druckvorlage der Zollgrenzschutzfibel ausgearbeitet v. OFP Köln 1943/1944, R 110, 1, n. p.

1939/40 gingen die Aufgriffe an der Grenze zum Generalgouvernement in die Tausende.[234]

Wurden Polen oder Juden, die im Herbst 1939 aus den annektierten Gebieten ausgewiesen worden waren, nach ihrer Abschiebung bei einer verbotenen Rückkehr aufgegriffen, überstellte der ZGS sie in den meisten Fällen umgehend an die Gestapo. Besonders für jüdische Polen bedeutete dies das Todesurteil. So auch für Moschek Eitelsberg und Max Finkelstein, die durch die Stapostelle Zichenau abgeurteilt und im Mai 1940 hingerichtet wurden.[235] Da der Schmuggel besonders von Textilien für die Bevölkerung von Litzmannstadt und auch für die dortigen Ghettobewohner überlebenswichtig wurde, arbeite der Zollgrenzschutz hier besonders eng mit der Stapoleitstelle Litzmannstadt zusammen. Personen, die festgenommen, aber nicht hingerichtet wurden, erhielten Gefängnisstrafen, wurden abgeschoben oder an die Arbeitsämter und damit in die Zwangsarbeit überführt. Ein Beispiel für diese Willkür sind die polnischen Ehepaare Baumgart und Buchner, die wegen unerlaubten Grenzübertritts, Grenzschmuggels (geringe Mengen an Lebensmitteln) und Beschäftigungslosigkeit festgenommen und der Gestapo übergeben wurden. Zahlreiche andere Personen übergab der Zollgrenzschutz wegen Textilschmuggels der Kriminalpolizei. In der Mehrheit der überlieferten Berichte führte der Waffengebrauch der Zöllner zu Verletzungen, festgenommene Personen ob Polen oder Juden, darunter häufig Frauen, Kinder und Jugendliche, wurden ärztlich versorgt und dann erst an die Polizeistellen übergeben, teilweise sogar ins Generalgouvernement zurückgewiesen.[236]

Neben Textilien wurden vor allem Lebensmittel wie Brot und Fleisch geschmuggelt, zumeist nur in Bagatellmengen. In Einzelfällen überstellte man aufgegriffene Juden direkt in das nächste Ghetto. So auch den fünfzehnjährigen Wolf Gold, der mit einem schweren Bauchschuss dem Ghettoarzt in Löwenstadt übergeben wurde. Wie dem Bericht an den Bezirkszollkommissar von Plöhnen, der wie alle Berichte an den GIZ in Berlin weitergeleitet wurde, zu entnehmen ist, kümmerten sich die Grenzschützer, „weil es sich lediglich um Juden" handelte, meist wenig um derlei Schicksale.[237] Wie groß die Dunkelziffer tödlicher Grenzvorfälle war, ist nicht abschätzbar. In jedem Fall hatten die Zollgrenzschützer einen weiten Spielraum, ob sie von der Waffe Gebrauch machten, wie intensiv sie illegale Grenzgänger verfolgten und wohin sie diese unter welchen

234 Vgl. Schreiben Mertens an Eulitz v. 30.7.1960, BArch, R 110 Anh., 13, n. p.

235 Vgl. Akten der Gestapo Stapostelle Zichenau v. April 1940, BArch, R 70, Polen 439, Bl. 3 ff.

236 Vgl. Brief Lorecks an Eulitz ohne Datum, BArch, R 100 Anh., 13, n. p.; Tätigkeitsberichte der Abteilung III und II B der Kriminalpolizei Litzmannstadt 1.10.1940–1.10.1941, BArch, R 70, Polen 414, Bl. 5 f.

237 Vgl. Tagesmeldungen der Kriminalpolizeistelle Litzmannstadt 1942/1943, BArch, R 70, Polen 614, n. p.; Berichte des OFP Posen zu Grenzvorfällen 1941–1942, BArch, R 2, 25269, n. p.

Bedingungen überstellten. Jedoch blieb der illegale Grenzübertritt an der grünen Grenze lebensgefährlich – ob als Schmuggler, Flüchtling oder Rückkehrer.

Die Zöllner regelten nicht nur den Personenverkehr zwischen dem annektierten Gebiet und dem Generalgouvernement im Sinne der NS-Bevölkerungspolitik, sondern sie sicherten auch die wirtschaftliche Zweiteilung in ein Subventionsgebiet einerseits und ein auszubeutendes Kolonialgebiet anderseits. Gemäß den Vorschlägen des Ministerrats für die Reichsverteidigung sollte die sofortige Eingliederung der neuen Reichsgaue als Zoll- und Deviseninland durch Preis- und Lohnangleichung für Deutsche und Volksdeutsche (für Polen war ein niedrigeres Niveau angedacht), die Regelung des freien und begrenzten Warenverkehrs und die sukzessive Einführung des deutschen Steuerrechts schnellstmöglich umgesetzt werden.[238] Demnach mussten die Hauptzollämter an der Grenze, die Befehlsstellen und Bezirkszollkommissariate des Zollgrenzschutzes möglichst rasch beiderseits der Grenze auch reguläre Zollaufgaben übernehmen. Die Beamten wachten über Ein- und Ausfuhrverbote, Ein- und Ausfuhrzölle und die strengen Devisenvorschriften.[239] Allein im Jahr 1940 erfasste der GIZ über 34.000 Straftaten im Zusammenhang mit Schmuggel an der Grenze des Warthegaus.[240]

Das Aufgabenspektrum der insgesamt bei der Reichsfinanzverwaltung tätigen 30.703 Zollgrenzschutzmänner (Stand 1. September 1939), das Wirtschaft und Währung ebenso umfasste wie militärische und grenzpolizeiliche Aufgaben, sollte sich ausgehend von den Erfahrungen im besetzten Polen auf die später besetzten Gebiete ausdehnen, wobei die Bedeutung der tatsächlichen Zolleinnahmen kontinuierlich abnahm. Verbuchte das Reich 1939 noch 1,7 Milliarden Reichsmark und 1940 1,5 Milliarden Reichsmark aus regulären Zöllen, sank dieser Betrag analog zur Ausdehnung des besetzten Gebietes. Der Zollgrenzschutz konzentrierte seine Tätigkeit nun vor allem auf Schmuggel und Devisenvergehen, wurde dafür personell aufgestockt und übernahm in der Folge verstärkt Weisungsaufgaben der Wehrmacht und der Gestapo.[241] An der Grenze zum Generalgouvernement bedeutete dies aber zunächst, dass die

238 Vgl. Schreiben des GBW an den RdF v. 18.11.1939 zu den Richtlinien für die Angleichung des Wirtschaftslebens in den neuen Reichsgauen und Regierungsbezirken, BArch, R 2, 23717, n. p.; Schreiben des Generalbevollmächtigter für die Wirtschaft (GBW), Posse, an RFM, Burmeister v. 18.11.1939, BArch, R 2, 13002, Bl. 27 f.

239 Vgl. Schreiben des RdF an OFP, Reichsstatthalter (RStH) u. Generalgouverneur (GenGouv) v. 7.12.1939, BArch, R 2, 58933, n. p.

240 Vgl. Schreiben Mertens an Eulitz v. 30.7.1960, BArch, R 110 Anh., 13, n. p.; Niederschrift über die Tagung des OFP Wartheland mit seinen FA- und ZA-Vortehern am 28/29.10.1942 in Posen, BArch, R 2, 56156, Bl. 59.

241 Vgl. Schreiben RdF an RWM, RMEL, Reichskanzlei, Göring, AA, RMdI, Reichsministerium für die besetzten Ostgebiete (RMfdbO), OKW, Regierung des GG v. 27.8.1942, BArch, R 2, 58933, n. p.; Kapitel: „Grenzsicherung Ost", S. 244.

Zusammenarbeit mit den Zollfahndungsstellen Warschau und Krakau intensiviert und die Überholung der zahlreichen Personen- und Güterzüge vorrangige Aufgabe wurde. Zu einem der Hauptverkehrsknotenpunkte entwickelte sich der kleine Ort Trzebinia, an dem der gesamte Verkehr nach und von Krakau abgewickelt wurde.

Nur knapp 25 Kilometer von Auschwitz gelegen, wurde dieser Halt ab Juni 1940 für zahllose Menschen in den Transporten nach dem Konzentrations- und Vernichtungslager zum letzten Stopp vor der Rampe. Für Tausende Zwangsarbeiter war Trzebinia ebenso letzter Halt, bevor sie in die Fabriken und auf die landwirtschaftlichen Güter im Reich verteilt wurden. Allerdings waren „die vielen unter SS-Bewachung stehenden Transportzüge mit Ostarbeitern", wie sich der Vorsteher des Zollamtes Trzebinia nach dem Krieg erinnerte, verplombt und wurden wie andere Sonderzüge nicht zolltechnisch oder grenzpolizeilich abgefertigt, sondern fuhren nach kurzem Aufenthalt weiter.[242] Allerdings wurden in Absprache mit der Reichsbahndirektion in Kattowitz und der Gestapo Absperrungen um den Bahnhof herum erweitert, die Durchsuchungsräume ausgebaut und ausbruchssichere Räume und Arrestzellen eingerichtet. Dies geschah vor allem, da es zahlreiche Fluchtversuche und einen regen Schmuggel an Devisen, vor allem Reichsmark aber auch Edelmetallen, Textilien und Lebensmitteln gab. Die monatlichen Zolleinnahmen mit nicht mehr als 100.000 Reichsmark waren auch hier zu vernachlässigen.[243]

Waren die Zolleinnahmen auch gering, so darf man die Bedeutung der Devisengrenze für die gezielte Ausbeutung der verbliebenen polnischen Volkswirtschaft im Generalgouvernement nicht unterschätzen. Neben dem Abtransport von Rohstoffen, Waren und ganzen Fabrikanlagen entwickelten sich die Währungspolitik und die fiskalischen Manipulationen zu entscheidenden Aspekten der deutschen Raub- und Ausbeutungsstrategie.

[242] Vgl. Brief Poschmanns an Eulitz ohne Datum; Brief von Erich Kurth, Vorsteher Zollamt Trzebinia an Eulitz v. 26.8.1964, BArch, R 110 Anh., 13, n. p.

[243] Vgl. ebd. Ab August 1944 wurde in der Erdöl-Raffinerie Trzebinia unweit des Bahnhofes eines der größten Außenlager des KZ Auschwitz eingerichtet.Vgl. Rudorff. Im Juli 1943 flohen 15 bewaffnete ukrainische und jugoslawische Wachmänner aus dem KZ Auschwitz. Die Gestapo Kattowitz bat bei der Verfolgung „der Bande" um Mithilfe des Zollgrenzschutzes, der aber offenbar mangels der korrekten militärischen Ausbildung keine überzeugende Unterstützung war. Unverzüglich forderte die Befehlsstellenleitung eine verbesserte Ausbildung der Zöllner an der Waffe. Vgl. Funkspruch der Befehlsstelle Neu Sandez an BZKom G v. 5.7.1943. Schreiben Kdo ZGS GG an Befehlsstellen v. 23.8.1943, BArch, R 110, 33, n. p.

2.5 Besatzungsgeld

Am 1. September 1939 betrug der nominelle Wechselkurs ein Złoty gleich 0,47 Reichsmark.[244] Der Geldmengenumlauf hatte zum 20. August in Banknoten knapp zwei Milliarden und an Scheidemünzen etwa eine halbe Milliarde Złoty betragen, dieser bereits erhöhte Notenumlauf wurde bis zum deutschen Einmarsch abermals durch die polnische Regierung beträchtlich erhöht. Hunderte Millionen wurden in der täglichen Erwartung des Angriffs in der letzten Mobilmachungsphase auf Geheiß von Militärs und Behörden ausgeschüttet. Teilweise erhielten die Beschäftigten des öffentlichen Sektors Löhne und Gehälter sechs Monate im Voraus. Die Bevölkerung sollte so auf die Schließung der Kreditinstitute und damit eine Geldknappheit wie auch weitere Evakuierungsmaßnahmen vorbereitet werden. Man versuchte den Zusammenbruch des alltäglichen Warenaustauschs zu vermeiden und vor allem die Grundversorgung in den Städten aufrechtzuerhalten. Allerdings war die Geldverteilung innerhalb des polnischen Staatsgebietes höchst ungleich. Etwa 75 Prozent der gesamten Geldmenge entfielen auf die deutsch besetzten Landesteile (35 Prozent annektierte Gebiete, 40 Prozent GG), der Rest mit 24 Prozent auf das von den Sowjets annektierte Territorium und ein Prozent auf das Ausland.[245] Über die Hälfte der geschätzten drei bis vier Milliarden entfiel zudem auf die rasch und massenhaft ausgegebenen 100 und 500 Złoty-Noten.[246] In der Folge war die Umlaufmenge an Geldmitteln explosionsartig angestiegen und die Bevölkerung spürte die ersten inflatorischen Tendenzen.

Die Wehrmachtsverbände waren für den Erwerb von Gütern mit Reichsmark ausgestattet, die umgehend zum gesetzlichen Zahlungsmittel erklärt wurde. In den ersten Wochen des Feldzuges deckte die Truppe ihren Geldbedarf zusätzlich durch die erbeuteten Złoty-Beträge.[247] Um den Zahlungs- und Devisenverkehr

[244] Da Polen im Gegensatz zum Deutschen Reich an einer partiellen Golddeckung der Währung festgehalten hatte und sich die wirtschaftliche Lage der Zweiten Republik in den 1930er Jahren gebessert hatte, stand die polnische Währung recht stabil. Vgl. Kapitel: Polens Wirtschaft, S.81. Der Złoty wurde zuletzt mit einer gesetzlichen Parität von 168,792 mg und die Reichsmark demnach mit einer Parität von 0,47093 gehandelt. Vgl. Fachschriftleitungen des Bibliographischen Instituts, S. 22.

[245] Vgl. Berichte des Leiters der Reichskreditkassen (RKK) Warschau und des Bankdirektors Laschtowiczka über die gegenwärtige Lage der früheren Bank Polski v. 6.11.1939, BArch, R 2, 14575, Bl. 272 ff.; Bericht einiger leitender Herren der Bank Polski über den Geldumlauf des polnischen Staates beim Kriegsausbruch, ebd., Bl. 283 ff.; Deutsches Institut für Bankwissenschaft und Bankwesen. Das polnische Kreditwesen, Ende September 1939, BArch, R 2, 24235, n. p.

[246] Vgl. Vermerk Bayrhoffers zur Besprechung beim GBW am 30.10.1939, BArch, R 2, 5102, Bl. 29 ff.

[247] Vgl. Kapitel: Die Beutestelle der Reichshauptkasse, S. 99.

zu regeln und eine Annahmepflicht für Reichsmark zu einem festen Wechselkurs zu erzwingen[248] sowie eine Ingangsetzung des Bank- und Kreditwesens zu ermöglichen, erließen die Militärdienststellen umgehend Verordnungen für das Geld- und Kreditwesen.[249] Allerdings war die Ausgabe an Reichsmark nicht sehr umfangreich, um eine generelle Überlastung der Reichswährung zu verhindern. Da in Folge der Kriegsereignisse und der Evakuierungsmaßnahmen der polnischen Regierung neben der Bank Polski auch die Mehrheit der staatlichen und privaten Bankhäuser geschlossen war, konnten zunächst weder der Bedarf der Wehrmacht noch der der Bevölkerung an Barmitteln gedeckt und die Entgegennahme, Verbuchung und Weiterleitung von Beutegeldern, Kontributionen, Steuereinnahmen sowie von Devisen und Edelmetallen, die einer Zwangsabgabe unterlagen, nicht umgesetzt werden.[250]

Um die Wehrmacht rasch mit Barmitteln auszustatten, entschloss man sich in Berlin „kurzerhand" in einer „Augenblickslösung",[251] die in der Kellern der Reichsbank lagernden Reichskreditkassenscheine als weiteres vorläufiges gesetzliches Zahlungsmittel in Polen einzuführen. Die Reichsbank hatte, in Erwartung einer möglichen Einziehung und kriegswirtschaftlichen Verwertung der deutschen Scheidemünzen, eben diese Kreditkassenscheine drucken und einlagern lassen. Nun sollten diese als „einheitliches und wirkungsvolles Mittel der Wirtschaftskriegsführung" im Währungsapparat der Militärverwaltung zum Einsatz kommen.[252] Die Reichskreditkassenscheine fungierten fortan als Requisitionsgeld der Truppe, also als „in Zahlungsmittelform gekleidete Requisitionsscheine".[253] Denn anders als im Ersten Weltkrieg, als die Regierung durch den Ankauf der im Inland befindlichen Devisen die Versorgung der Reichswehr zu gewährleisten versuchte, sollte zwar weiter am Vorteil der Barzahlung gegenüber einer reinen Requirierungspraxis festgehalten werden, diese

248 Barzahlungen der Wehrmacht bis zu einem Wert von 500 RM und mit einem Umrechnungsverhältnis 1 RM = 2 Zł; Vgl. VO über die gesetzlichen Zahlungsmittel im besetzten polnischen Gebiet v. 11.9.1939, in: VOBl. für die besetzten Gebiete in Polen, Nr. 3 (1939), S. 7; Skubiszewski, S. 67 ff.

249 Vgl. u. a. VO des GBW über den Zahlungsverkehr in Ostoberschlesien v. 7.9.1939, RGBl. I (1939), S. 1691, VO über den Geldverkehr v. 14.9.1939 u. VO des OKH über Zahlungsmittel in Ostoberschlesien v. 22.9.1939, VOBl. für die besetzten Gebiete in Polen, Nr. 4 (1939), S. 4; VO des Grenzabschnittskommandos 3, Nr. 11, S. 5; VO des CdZ im Militärbereich Oberschlesien betreffend den Zahlungs- und Geldverkehr v. 12.10.1939, VOBl. des Militärbereichs Oberschlesien, Nr. 16, o. S.; Vgl. auch Loose, Kredite, S. 55 f. Zur Übernahme des polnischen Bankensektors allgemein vgl. Deutsches Institut für Bankwissenschaft und Bankwesen. Das polnische Kreditwesen, Ende September 1939, BArch, R 2, 24235, n. p.

250 Vgl. Kapitel: Devisenschutz und Terror, S. 47.

251 Vgl. die Schilderung bei: Kasten, S. 28.

252 Ebd., S. 28 f.

253 Kretzschmann, S. 117.

aber nicht auf Kosten des Reiches, sondern des besetzten Gebietes erfolgen, ohne eine sofortige Inflation durch die Ausgabe von Notgeld auszulösen.[254] Zur Ausgabe der Reichskreditkassenscheine sowie der Ingangsetzung des Banken- und Kreditwesens wurden mit Verordnung vom 23. September 1939 die Reichskreditkassen als eine Art vorläufige Notenbank gegründet.[255] An ihrer Spitze stand ein Verwaltungsrat, dem neben Vertretern der Reichsbank, des OKW, des OKH, des RWM auch Ministerialdirigent Walther Bayrhoffer vom Reichsfinanzministerium angehörte.

Reichskreditkassen

Seit Mitte September 1939 herrschte bei den Vertretern des Reichsbankdirektoriums, des Reichsfinanzministerium, des Reichswirtschaftsministeriums und der Haupttreuhandstelle Ost ein grundsätzliches Einverständnis zur Errichtung von Reichskreditkassen und damit der aktiven Emission eines Besatzungsgeldes.[256] Die Reichskreditkassenscheine wurden vor allem an die Militärkassen ausgegeben. Der Zahlungsverkehr erfolgte zudem in Złoty.[257] Ausgestattet mit dem Vordruckheft V 49 konnten die Wehrmachtskassen bei den Reichskreditkassen (RKK) Girokonten eröffnen und mit der Hingabe der darin enthaltenen grünen Reichsbankschecks ihre Konten verstärken.[258] Wollten die Armee-, Divisions- und Feldkassen kein Girokonto bei einer RKK eröffnen, konnten sie gegen grüne Schecks mit roten Streifen bei jeder beliebigen Kreditkasse Barbeträge zur Auszahlung bringen. Bei der Hauptverwaltung der RKK war ein Konto für die Reichshauptkasse eingerichtet, dem die ausgezahlten grün-roten

254 Bei der Besetzung Polens durch deutsche Truppen im Ersten Weltkrieg war kurz nach der Eroberung Warschaus Notgeld ausgegeben worden, was aber rasch zu einer Inflation führte. Am 1.9.1915 waren über 20 Mio. Rubel allein in Warschau im Umlauf. Später entschied sich die Besatzungsverwaltung zur Emission der Polnischen Mark als Besatzungswährung. Vgl. Kasten, S. 30 f.

255 Vgl. VO über die Reichskreditkassen v. 23.9.1939, VOBl. für die besetzten Gebiete in Polen (1939), S. 11; Protokoll der 1. Sitzung des Verwaltungsrats der RKK am 26.9.1939, BArch, R 2, 31773, n. p.

256 Vgl. Vermerk zu Besprechung von Fragen des Geld- und Kreditverkehrs in den befreiten Gebieten am 13.9.1939; anwesend: Puhl (Vizepräsident der Reichsbank), Kretzschmann (Reichsbankdirektorium), Bayrhoffer (RFM), Waldhecker (Reichsbankdirektor und Aufsichtsrat DUT), Witte, Riehle (RWM), Winkler, Kramer-Möllenberg, Merten (HTO und Vereinigte Finanzkontore), BArch, R 2, 31773, n. p.; Vgl. Kretzschmann.

257 Vgl. Protokoll der 2. Sitzung des Verwaltungsrats der Reichskreditkassen am 12.10.1939, BArch, R 2, 31773, n. p.

258 Im Heft enthalten waren fünf weiße Reichsbankschecks, fünf grüne Reichsbankschecks, fünf rote Reichsbankschecks, 15 rot-grüne Reichsbankschecks samt Verrechnungsnachweisen (Quittungen).

sowie die gutgeschriebenen grünen Schecks zu belasten waren.[259] Die Reichskreditkassenscheine, die „schnellen Truppen der Reichsbank“, bildeten damit sowohl die Vorhut unumgänglicher Besatzungskostenregelungen als auch den Vorlauf der Kriegsinflation. Die Finanzierung der Besatzungskosten mit Kreditkassenscheinen bedeutete, durch einen Kredit aus dem Emissionsrecht des besetzten Landes, einen Vorgriff auf die zu ihrer Deckung bestimmten Staatseinnahmen zu nehmen. Damit ersparte sich das Reich die „mit der Ausschreibung von Steuern, Kontributionen u. ä. Deckungsmitteln verbundenen Arbeit und Schwierigkeiten der Erhebung“.[260]

Abbildung 16 – Reichskreditkassenschein im Wert von einer Reichsmark, Vorder- und Rückseite

[259] Vgl. Schreiben Reichsbankdirektorium an Hauptverwaltung RKK u. RFM v. 30.9.1939, BArch, R 2, 5057, Bl. 2 ff.

[260] Vgl. Kasten, S. 58.

Um darüber hinaus den Zahlungs- und Kreditverkehr im besetzten Gebiet zu regeln, waren die RKK befugt, zinsbare Darlehen mit einer Laufzeit von sechs Monaten zu gewähren, Wechsel zu diskontieren, unverzinsliche Gelder im Überweisungsverkehr oder als Einlagen anzunehmen. Allein dem Reich gewährte die Hauptverwaltung der RKK ein Darlehen von einer Milliarde Reichsmark.[261] Die Darlehen stellten neben Guthaben bei der Reichsbank, die es de facto nicht gab, die Notendeckung für die Ausgabe der Reichskreditkassenscheine. Bis Ende 1939 waren 37 Millionen Reichsmark in Form von Kreditkassenscheinen im Umlauf.[262] Wer allerdings die Kreditmittel zur Gewährleistung der zivilen Betriebsmittelvergabe tatsächlich abrufen sollte, das Reich, also der Reichsfinanzminister, oder die Zivilverwaltung selbst, blieb unklar und löste im RFM starke Bedenken aus. Denn zunächst blieb das Reich sein eigener Schuldner. Einen Kontrollverlust durch Vergabe und Abruf der Mittel wollte das RFM vermeiden. Damit war die Währungsfrage im besetzten Polen eng mit der noch ungelösten Haushaltsfrage verknüpft, zumal mit dem zum 12. Oktober veröffentlichen Führererlass jegliche Besatzungskosten dem besetzten Gebiet auferlegt werden sollten und das Reich nicht mehr sein eigener Schuldner bleiben würde.[263] In Folge der Verwaltungsneugliederung stellten die RKK in Polen bereits Ende Oktober die Ausgabe der Reichskreditkassenscheine ein.[264] Nach der Entscheidung, den Złoty in den annektierten Gebieten aufzurufen, waren die RKK nur noch im Generalgouvernement aktiv und zahlten ausschließlich in Złoty.

Damit waren die RKK nicht mehr wie zu Beginn Notenbanken, die sich Betriebsmittel durch Ausgabe eigener Noten schafften, sondern wurden zur Quasi-Zentralbank, die sich Betriebsmittel durch Entgegennahme von Einlagen bildet. Ungeachtet dessen behielten sie aber „den Charakter einer gesetzlich privilegierten Bank eigener Art", wie der Vorstand der RKK in Łódź, Carl-Anton

261 Vgl. §§ 4 bis 8 der VO v. 23.9.1939, VOBl. für die besetzten Gebiete in Polen (1939), S. 11.

262 Vgl. Kretzschmann, S. 113 ff.

263 Vgl. Besprechungsvermerk Reunings (Referat 4 im Generalbüro) v. 2.10.1939, BArch, R 2, 24232,n. p.; Kapitel: Finanzhoheit, S. 169.

264 Die RKK als Währungsinstrument der Kriegsführung hatten sich in den Augen der deutschen Besatzer aber so bewährt, dass sie in den ab 1940 besetzten Gebieten eingeführt wurden und teilweise bis zum Kriegsende zirkulierten, da sie bei geringem Aufwand eine voraussetzungslose Verwertung der jeweiligen Mittel ermöglichten. Vgl. VO über die Reichskreditkassen v. 3.5.1940, RGBl. I (1940), S. 743; VO über die Veränderung der VO über die Reichskreditkassen v. 15.5.1940, RGBl. I (1940), S. 770; VO über die Errichtung und den Geschäftsbereich von Reichskreditkassen in den besetzten Gebieten, RGBl. I (1940), S. 771. Bis Ende 1940 waren 553 Mio. RM, bis Ende 1942 2.664 Mio. RM und im November 1943 die Höchstsumme von 3.352 Mio. RM in Kreditkassenscheinen in Europa im Umlauf. Vgl. ebd.. Allein 2,9 Mrd. RM in Reichskreditkassenscheinen waren in den besetzten sowjetischen Gebieten nicht eingelöst worden.Vgl. Boelcke, S. 108; Aly, Volksstaat, S. 107–113; Kilian, S. 318 ff.

Abbildung 17 – Auf die Geldausgabe Wartende vor der Reichskreditkasse in Krakau, Januar 1940

Schaefer, euphemistisch die Tatsache umschrieb, dass die RKK schlichte Geldschöpfungsinstitute waren, die den Besatzern als Notendurchleitungsstellen dienten. Allerdings war die Frage, wie das besetzte Gebiet für die Besatzungskosten aufkommen sollte noch nicht geklärt. Ein Kreditrahmen für das Reich war nach § 7 des Führererlasses zudem hinfällig geworden.[265] Außerdem stellte sich für die Berliner Behörden die Frage, was mit den in den annektierten Gebieten aufgerufenen Złoty-Noten geschehen sollte, die immerhin über mehr als ein Drittel der Gesamtumlaufmenge darstellten. Die Übernahme durch die Reichskreditkassen im GG barg ein deutliches Inflationsrisiko. Für

[265] Vgl. Kapitel: Finanzhoheit, S. 169.

das Reich konnte die Zuführung dieser Bestände „ein[en] fiskalische[n] und volkswirtschaftliche[n] Selbstbetrug“ bedeuten, wie Schaefer die Beamten im Finanzministerium warnte.[266]

Währungsunion und Besatzungskosten

Um das Ziel der „Wiedervereinigung“ mit dem Reich samt einer raschen wirtschaftlichen Angleichung der annektierten Gebiete zu erreichen, erarbeiteten Reichswirtschaftsministerium, Reichsfinanzministerium und Reichsinnenministerium eine gemeinsame Verordnung zur Einführung der Reichsmark.[267] Das RFM hatte, da eine Zoll- und Devisengrenze im Aufbau war, keine Bedenken gegen den Umtausch zu Lasten und auf Gefahr des Reiches. Die Reichsmark wurde zum 27. November alleiniges gesetzliches Zahlungsmittel in den „angegliederten Ostgebieten“. Złoty-Noten und das polnische Staatsmünzgeld wurden binnen einer kurzen Frist zum bereits praktizierten Kurs von zwei Złoty zu einer Reichsmark umgetauscht.[268]

Die eingehende Menge an Złoty-Noten konnte zunächst nur geschätzt werden. Die Umlaufmenge für die annektierten Gebiete wurde mit einer bis zwei Milliarden Złoty veranschlagt.[269] Bis Jahresende wurden auf diese Weise 290 Millionen Reichsmark ausgegeben und die 580 Millionen Złoty als Asservat des Reiches auf dem Konto „Złotyeinlösung“ bei der Reichshauptkasse verbucht und den Reichskreditkassen als Giroguthaben gutgeschrieben. Schwerin von Krosigk plante die Verwertung dieses „Guthabens“ im Rahmen der Verrechnung für den Bezug wehrwirtschaftlich wichtiger Güter aus dem GG und für Lohnzahlen der künftig im Reich eingesetzten polnischen Zwangsarbeiter. Die Papiernoten wurden physisch den RKK im Generalgouvernement übersandt.[270]

So stiegen die Bargeldreserven der Reichskreditkassen, die bei Weitem nicht über die von den Wehrmachtskassen abgerufenen und von der Bevöl-

266 Vgl. Vermerk Schaefers (Vorstand RKK in Łódź) zur Währung im Gebiete des GG v. 1.11.1939, BArch, R 2, 5102, Bl. 23 ff.

267 Vgl. VO betr. Einführung der Reichsmarkwährung in den nunmehr reichsdeutschen ehemals polnischen Gebieten, BArch, R 2, 14575, Bl. 84 f.

268 Vgl. Erlass des Führers und Reichskanzlers über die Gliederung und Verwaltung der Ostgebiete v. 8.10.1939, RGBl. I (1939), S. 2042; VO über die Einführung der Reichsmarkwährung in den eingegliederten Ostgebieten v. 22.11.1939, RGBl. I (1939), S. 2291; Vermerk des Referats Bußmann v. 20.11.1939, BArch, R 2, 14585, Bl. 101 ff.

269 Vgl. Vermerk GenB v. 4.12.1939, BArch, R 2, 14575, Bl. 239 f.

270 Vgl. Protokoll der 3. Sitzung des Verwaltungsrats der Reichskreditkassen am 24.10.1939, BArch, R 2, 31773, n. p.; Schreiben des Reichsbankdirektoriums an den RdF v. 22.12.1939, BArch, R 2 14575, Bl. 195; Schreiben der Hauptverwaltung der Reichskreditkassen an das Reichsbankdirektorium (RBD) v. 25.11.1939, ebd., Bl. 181.

kerung benötigten Barmittel verfügten. Vor den inflatorischen Folgen dieser Entscheidung, das GG nun mit den „toten Zlotybeständen" zu fluten, „die auch in der Form der Gutschrift auf Konten bei den RKK nicht lebendig, d. h. wirtschaftlich aktiv gemacht werden" konnten, warnte Carl-Anton Schaefer das Referat Bußmann eindringlich. Die Folgen waren schnell spürbar: einerseits wurde einstweilen der Wehrmachtsbedarf befriedigt, anderseits erhöhte sich aber der Geldumlauf jenseits des tatsächlichen Verkehrsbedarfs in kürzester Zeit rapide.[271] Da es sich beim Generalgouvernement nur mehr um ein Rumpfgebiet des früheren polnischen Staates handelte, das von seinen Rohstoff- und Absatzgebieten getrennt war, dessen wirtschaftliche Gesamtlage desolat war und das in Folge der NS-Siedlungspolitik mit dem Zuzug von Millionen Menschen konfrontiert wurde, musste diese Entwicklung rasch zu einer unkontrollierbaren Inflation und Destabilisierung des verbliebenen Wirtschaftsgefüges führen. Zudem war der Geldmengenumlauf bereits erheblich erhöht. Zugleich schwächten die Besatzer die Wirtschaftskraft des Gebietes zusehends, indem sie die die Juden aus dem Wirtschaftsleben ausschlossen, die landwirtschaftliche Zwangsbewirtschaftung einführten und damit begannen, Arbeitskräfte zu verschleppen, die Wirtschaftskraft des Gebietes zusehends. Hohe Arbeitslosigkeit, Lebensmittelmangel und enorme Preissteigerungen waren die unmittelbare Folge. Dies machte sogar Rohstoffreimporte aus dem Reich vor allem bei Kohle und Lebensmitteln im Wert von 15 Millionen Złoty unumgänglich. Belastend für die Wirtschaft des GG mit seinem notdürftigen Haushalt, der mit geschätzten 500 Millionen Złoty nur ein Fünftel des Vorkriegssteueraufkommens des Gebietes ausmachte,[272] waren die 35.000 polnischen Beamte und 25.000 Pensionäre, die zumindest notdürftig versorgt werden mussten. Allein 60 Millionen Złoty waren für die Arbeitslosenhilfe veranschlagt.

Ein weiteres Problem für den Wirtschaftsraum des Generalgouvernements ergab sich aus den unkontrollierten Geldrückströmen aus den Reichsgauen wie aus den der Sowjetunion (SU) zugeschlagenen Gebieten. Dort hatte man sich entschlossen, den Złoty nicht umzutauschen, sondern stellte die Währung wertlos und führte zum Jahreswechsel 1939/1940 den Rubel ein. Einer Einführung der Reichsmark als Zahlungsmittel im Generalgouvernement und einer somit raschen Währungsangleichung stellte sich jedoch das Reichsfinanzministerium mit, so Treuhandchef Max Winkler, „unüberwindlichem Widerstand" entgegen.[273]

271 Vgl. Vermerk Schaefers (Vorstand RKK in Łódź) zur Währung im Gebiete des GG v. 1.11.1939, BArch, R 2, 5102, Bl. 23 ff.

272 Vgl. Kapitel: Finanzhoheit, S. 169.

273 Vgl. Schreiben Winklers an Frank v. 23.11.1939, BArch, R 2, 5102, Bl. 35 f.

Friedrich Kadgien, Sonderbevollmächtigter und Finanzfachmann der Vierjahresplanbehörde,[274] schlug deshalb die Einführung eines „Edelzłoty" vor, dessen Vorteil darin gelegen hätte, dass er als einzige feste Währung im GG nur jenen geregelt zugänglich gewesen wäre, die sich in den Dienst des Reiches hätten stellen lassen.[275] Überdies wäre durch eine Liquidierung der Złoty-Währung die Realisierung von Auslandsguthaben vor allem von Fluchtgeldern erschwert und der Zugriff auf die offenbar gehorteten Silbermünzen erleichtert worden. Das Reichsfinanz- und auch das Reichswirtschaftsministerium lehnten diese Form der Geldmarktpolitik ebenso ab wie Generalgouverneur Frank.

Das vordringliche Problem blieb, wie die Währung im GG schnellstmöglich zu territorialisieren und langfristig zu stabilisieren wäre. Nicht nur der Geldumlauf musste reguliert und der Wechselkurs der einseitigen Ausnutzung des Gebietes durch das Reich flexibel angepasst werden, sondern es galt, das bereits massiv erschütterte Vertrauen der Bevölkerung in die Währung zurückzugewinnen, wollte man eine halbwegs stabile Ordnung auch jenseits einer reinen wirtschaftspolitischen Lenkung im Sinne der NS-Besatzungspolitik herstellen. Die volkswirtschaftliche und statistische Abteilung der Reichsbank schlug deshalb vor, den bestehenden Kurs beizubehalten, da es sich auch um ein einfach zu handhabendes Umrechnungsverhältnis handelte. Darüber hinaus empfahl man, den RKK zur Stabilisierung des Lohn- und Preisgefüges ein Aktivum in Höhe von 700 bis 800 Millionen Reichsmark zu schaffen. Genutzt werden sollten dafür öffentliche Schuldtitel des Reiches, da die Aktiva der Bank Polski als verloren oder wertlos gelten mussten.[276] Mit dieser Deckungsform gedachte man auch das Vertrauen der polnischen Bevölkerung in die Währungspolitik

274 Friedrich Kadgien (* 23. Juni 1907 in Elberfeld; † 1978 in Buenos Aires) war als Jurist zunächst Leiter der Geschäftsgruppe Devisen, also zuständig für die Beschaffung und Zuteilung von Devisen, und als Finanzexperte der Vierjahresplanbehörde auch für die Verwertung jüdischer Vermögen und für die Zwangsarbeit zuständig. Er verbrachte durch geheime Transaktionen über Schweizer Tarnfirmen und Banken Millionenbeträge aus dem Verkauf von geraubten Aktien und Wertpapieren ins Ausland (Schweiz, Südamerika). Kadgien hatte in dieser Funktion vertraulichen Zugang zu Göring und pflegte enge Kontakte zur deutschen Großindustrie. Im Frühjahr 1945 gelang es ihm, sich über die Schweiz abzusetzen. Dort hatte er weiterhin Zugriff auf das Milliardenvermögen und schleuste es nach Südamerika, wo er es in der Folgezeit mit Hilfe seiner alten Kontakte durch Immobilienkäufe „wusch". Vgl. Schmelzer.

275 Vgl. Bericht der Hauptverwaltung der RKK zur Wirtschaftslage im GG v. 4.3.1940 (Kopie für Bayrhoffer, BArch, R 2, 14577, Bl. 169 ff.; Lagebericht von Kadgien v. 5.2.1940, BArch, R 2, 14577, Bl. 89 ff.; Bericht über den Aufbau im Generalgouvernement bis 1.7.1940, BArch, R 52 II, 427, 248, 249, n. p.

276 Vgl. Bericht der volkswirtschaftlichen und statistischen Abteilung der Reichsbank zur Frage der Liquidierung der Zlotywährung v. 11.10.1939, BArch, R 2, 14575, Bl. 89 ff. Das Gold der Bank Polski war durch die polnische Regierung ins Ausland verbracht worden. Vgl. Kapitel: Die Rettung des polnischen Staatsschatzes, S. 53. Die vorhandenen Wertpapiere, mehrheitlich polnische Staatsanleihen, waren wertlos geworden.

der Besatzer zu stärken. Doch federführend in Währungsfragen blieb trotz Kadgiens abgelehnten Vorschlags weiterhin Görings Vierjahresplanbehörde. Dem sich immer deutlicher zum wirtschaftspolitischen *allrounder* für das besetzte Polen entwickelnden Treuhandchef Winkler gelang es nämlich, auch in Fragen der Währungspolitik, eine entscheidende Scharnierfunktion zwischen den beteiligten Ressorts einzunehmen. Er sah in der „Ordnung der Währung [...] die erste Voraussetzung für jede Ordnung der Wirtschaft" und wandte sich unter dieser Prämisse und die verschiedenen bereits existenten Vorschläge einbeziehend direkt an Schwerin von Krosigk:

Nach der Einführung der Reichsmark in den annektierten Gebieten, sollte das Generalgouvernement in einem hoheitlichen Akt von außen mit einer eigenen, von Berlin kontrollierten, jedoch von der Reichsmark scheinbar völlig unabhängigen und zu ihr in einem jederzeit anpassbaren Kurs stehenden Währung ausgestattet werden. Dafür plante man die Gründung einer Notenbank, die durch einen „polnischen Anstrich" die Bevölkerung von der Sicherheit der neuen Währung überzeugen sollte. Winkler schlug zur Vermeidung einer allzu national-polnischen Konnotation die Bezeichnung „Emissionsbank in Polen" vor. Standort für die Zentral- und Notenbank wurde die vormalige Hauptstadt Warschau und dort der Sitz der Bank Polski in der ul. Bielańska 10/12. Mit einer nennenswerten Deckung wollte man den neuen Złoty allerdings gar nicht versehen. Als Aktivum standen eigentlich nur die Altnoten zur Verfügung, die im Verhältnis 1:1 umgetauscht wurden. Die Aktiva und Passiva der Bank Polski wurden nicht übernommen. Eine mögliche zukünftige Deckung wollte der HTO-Leiter allerdings über eine allgemeine Vermögensausgleichsabgabe erreichen. Da die Währung aber „unter Zwang" stand, schien ihm dies „für ihren Start zu genügen", alles Weitere konnte schließlich in die Zukunft verschoben werden. Denn einstweilen war „nicht eine gesunde Wirtschaft, sondern allenfalls die Hoffnung auf eine Gesundung der Wirtschaft das einzige Aktivum", wie Winkler dem Reichsfinanzminister die Lage schilderte. Aus psychologischen Gründen schlug er vor, dass „irgendein, wenn auch uneinziehbarer Wert" wie zum Beispiel die Eisenbahn als Deckung genannt werden müsste. Um den Kaufkraftübergang, der unmittelbare Folge des hohen Notenumlaufs war, abzufangen, schlug Winkler den Aufruf der großen Noten vor. Der Umtausch sollte über eine Einzahlungspflicht auf Sperrkonten erfolgen, so dass ein Überblick über den tatsächlichen Notenumlauf gewonnen, die Geldhortung eingedämmt und die Liquidität der Banken wiederhergestellt werden konnte. Seitens des RFM gab es zu diesem Maßnahmenpaket keine Einwände oder Ergänzungen. Lediglich die Sperrkonten stießen innerhalb des Referates Bußmann nicht auf Zustimmung. Besonders interessierte man sich im Haus für die Möglichkeit einer künftigen Zwangsvermögensabgabe, sah aber generell keine Probleme in der Konstruktion der neuen polnischen

Abbildung 18 – Aushang zum Aufruf der großen Złoty-Noten, 1940

Notenbank. Die rechtsetzende Ausgestaltung überließ das Ministerium dann auch gleich Winkler.[277]

In Berlin und Krakau herrschte zudem Einigkeit über die Notwendigkeit der Schaffung einer solchen Notenbank für das Generalgouvernement: Sie sollte durch monetäre Ausbeutung zur Finanzierung des Krieges beitragen.[278]

277 Vgl. Begründung Winklers u. dessen Vorschlag zur Währungsplanung im besetzten Polen für Ministerialbesprechung beim GBW am 21./22.10.1939, BArch, R 2, 14575, Bl. 57 ff.; Vermerk des GenB über die Besprechung am 21.10.1939 v. 24.10.1939, ebd., Bl. 45 ff.; Schreiben Winklers an Schwerin von Krosigk v. 27.10.1939, ebd., Bl. 68 ff.; Vermerk über die Besprechung beim GBW zu Währungsverhältnissen im besetzten Polen 24.10.1939, BArch, R 2, 5102, Bl. 2 f.; Vermerk GenB über die Besprechung beim GBW zu den Währungsverhältnissen in den von den deutschen Truppen besetzten Teilen des ehemaligen Polen v. 23.10.1939, BArch, R 2, 14575, Bl. 51 f.

278 Vgl. Skalniak, Bank Emisyjny, S. 67.

Abbildung 19 – Mitarbeiterin der deutschen Besatzungsverwaltung mit abgestempelten polnischen Banknoten, Februar 1940

Frank sicherte Göring und Funk außerdem zu, dass zur finanziellen Entlastung des Reiches alle erforderlichen Schritte auch jenseits des Banken- und Währungssektors unternommen würden. Neben dem treuhänderisch verwalteten Staatsvermögen sollten auch jüdische, ausländische und sonstige Vermögen herangezogen werden.[279]

Emissionsbank in Polen

Die Notenbank wurde gemäß Winklers Vorschlag als Emissionsbank in Polen per Verordnung des Generalgouverneurs am 15. Dezember 1939 errichtet, obwohl sie ihre Tätigkeit zu diesem Zeitpunkt noch nicht aufnehmen konnte.[280] Damit war sie die einzige Einrichtung, die während der gesamten Besatzungszeit den Zusatz Polen im Titel tragen durfte. Ins Direktorium beriefen die Besatzer den früheren Vizepräsidenten der Bank Polski und Finanzberater des Völkerbunds, Feliks Młynarski, und Rudolf Jędrzejowski als dessen Stellver-

[279] Vgl. Diensttagebuch v. 4.12.1939, BArch, R 52 II, 174, Bl. 46 f.; Kapitel: Treuhandpolitik und Ghettoisierung, S. 250.

[280] Vgl. VO über die Emissionsbank in Polen, VOBlGG. (1939), S. 238 ff. Auf Vorschlag Winklers hatten sich auf einer von Bayrhoffer geleitetet Besprechung HTO, RWM und RFM (Bußmann, Hoffmeister) und die Reichsbank geeinigt, dass die VO von Frank zu erlassen war. Der Einfluss der Reichsbehörden war durch Begleitschreiben zur VO geregelt. Vgl. Aktenvermerk über die in der Reichsbank am 27.11.1939 abgehaltene Sitzung, BArch, R 2, 14575, Bl. 226 f.

treter.[281] Damit war der Bank der gewünschte äußere „polnische Anstrich" gegeben. Alle Entscheidungen der Bankenleitung bedurften jedoch der Zustimmung und Genehmigung des von Frank eingesetzten Bankdirigenten. Dieses Amt übernahm mit Fritz Paersch ein ehemaliger Reichsbankdirektor und vormaliges Mitglied des Verwaltungsrats der Reichskreditkassen. Im Reichsfinanzministerium übernahmen weiterhin – wie zuvor bereits für die RKK – Walter Bayrhoffer und das Referat Bußmann im Generalbüro die Angelegenheiten der Emissionsbank.[282]

Die Emissionsbank übernahm die Aufgaben der RKK beziehungsweise der Bank Polski, ohne deren Rechtsnachfolgerin zu sein. Neben der Erledigung der üblichen Bankgeschäfte (Wechsel und Schecks diskontieren, Darlehen vergeben, Einlagen und Depositen verwalten, Giroverkehr abwickeln) war die Bank verpflichtet, sämtliche die Verwaltung des Generalgouvernements betreffende Bank- und Kassengeschäfte zu führen. Die Hausbank der deutschen Besatzungsverwaltung sollte zur Umsetzung der währungs- und wirtschaftspolitischen Pläne des Regimes schnellstmöglich neue Banknoten als einziges unbeschränktes gesetzliches Zahlungsmittel ausgeben. Das Deckungsproblem wurde bedenkenlos gelöst, indem die Forderungen aus Diskont- und Darlehensgeschäften, die Bestände an Altnoten und deutschen Zahlungsmitteln sowie mögliche Guthaben bei der Reichsbank einfach um eine Grundlast von bis zu drei Milliarden Złoty auf die vom polnischen Staat durch Enteignung übernommenen Immobilien erweitert wurde.[283]

Die deutschen Besatzer übernahmen so auch die seigniorale Macht und konnten über den Ertrag aus der Notenemission verfügen.[284] Reichsbankvizedirektor Puhl fasste dies mit den Worten zusammen: „Der Staatsapparat in Polen arbeitet wieder, nun aber nicht mehr gegen, sondern für Deutschland."[285] Schaefer, der ehemalige Präsident der Bank von Danzig, verglich die Rolle des neuen Złoty gar mit dem Range der ehemaligen Kolonialwährung, der deutsch-ostafrikanischen Rupie.[286] Das Schicksal des Besatzungs-Złotys als Währung lag fortan in der Zahlungsbilanz des GG zum Reich, denn nur tatsächliche Reichsmarkguthaben stellten eine Kerndeckung des Bankausweises der Emissionsbank dar. Je nach Gestaltung dieser Zahlungsbilanz durch

281 Vgl. Młynarski, S. 401 ff.; Łuczak, Polityka ludnościowa, S. 303 f.; Łuczak, Polska i Polacy, S. 246.

282 Vgl. Organigramme: Organigramm Reichsfinanzministerium, S. 426 u. Organigramm Abteilungsebene Reichsfinanzministerium 1940, S. 427.

283 Vgl. Skalniak, Bank Emisyjny; Skalniak, Polityka pieniężna i budżetowa; Orłowski; Gójski; Kapitel: Das Treuhandvermögen, S. 224.

284 Vgl. Vogl.

285 Puhl, S. 1181.

286 Vgl. Vermerk Schaefers (Vorstand RKK in Łódź) zur Währung im Gebiete des GG v. 1.11.1939, BArch, R 2, 5102, Bl. 23 ff.

das Reich, musste sich die innere Wirtschaftslage im Generalgouvernement entwickeln. Eine wirtschaftliche Gesundung konnte also nur erfolgen, wenn das Reich das Generalgouvernement als wirtschaftliches Subventionsgebiet betrachten und dessen Budgetdefizit ausgleichen würde. Doch nichts war weiter entfernt von den Absichten des Regimes, dessen Ziel es vielmehr war, über die

Abbildung 20 – Informationstafel am Hauptsitz der Emissionsbank in Polen in der ul. Bielańska 10/12 in Warschau, Oktober 1940

binnenwirtschaftlichen Kosten hinaus dem Gebiet eine Reparationsschuld aufzuerlegen, um dem Reich sämtliche Kosten der Besatzung zu erstatten (§ 7 des Führererlasses v. 12.10.1939). Der Złoty musste demnach eine deflatorische Vasallenwährung werden, deren Deckung in der Zahlungsbilanz zum Reich durch maximale Exporte an das Reich erzeugt, in ausbeuterischer Zwangsarbeit und Zwangsbewirtschaftung durch einen Warenausfuhrüberschuss erreicht wurde.

Noch bevor die Emissionsbank ihre Tätigkeit Anfang April 1940 aufnahm, rief man im GG die 100 und 500 Złoty-Noten auf.[287] Diese Maßnahme reduzierte den Notenumlauf auf knapp unter eine Milliarde Złoty und erhöhte die Rücklagen der RKK, die auf die Emissionsbank übergingen. Der Umtausch in die neuen Noten erfolgte in einem Verhältnis 1:1.[288] Die Reichskreditkassen stellten ihre Tätigkeit nun auch im Generalgouvernement ein. Generalgouverneur Frank hoffte auf eine stabile, von der Bevölkerung angenommene Währung und einen geregelten Geldumlauf für seinen Herrschaftsbereich.[289] Allerdings löste der Aufruf der großen Noten und die verspätete Ausgabe der neuen Geldscheine vor dem Hintergrund der auf Ausbeutung angelegten Wirtschaftspolitik nur bedingt Vertrauen in der Bevölkerung aus. Die neuen Noten wurden im Volksmund fortan auch Młynarki genannt, nach dem zur Marionette abgestellten polnischen Notenbankchef.[290]

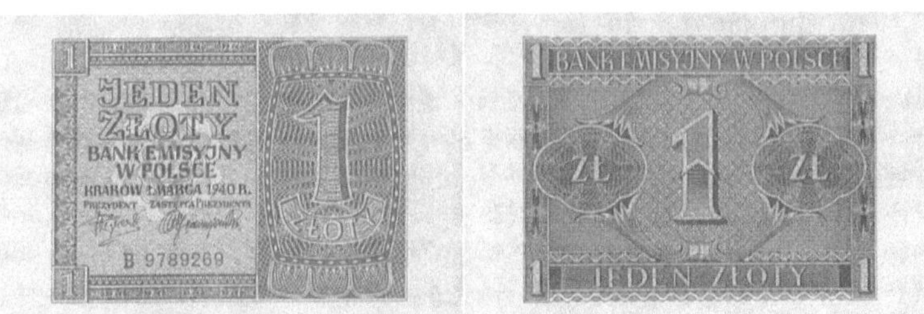

Abbildung 21 – Młynarki, Vorder- und Rückseite, im Wert von einem Złoty

Aber nicht nur die Bevölkerung und die Kreditinstitute waren in den Umtausch involviert, auch das Reich versuchte seine Bestände an Alt-Złoty loszuwerden. Neben dem Asservat an Umtausch-Złoty der Reichshauptkasse verfügte das Reich über Raub-Złoty. An Kriegsgefangenengeldern waren zehn Millionen angefallen, die noch nicht zur Abgabe bei der Beutestelle gelangt waren. Die Reichsbank verwahrte weitere Beutegelder in Höhe von 19.000 Złoty und für

287 Vgl. VO v. 10.1.1940, VOBlGG. (1940), S. 3.

288 Vgl. VO zur Vereinheitlichung des Zahlungsmittelumlaufs im GG v. 27.3.1940, VOBlGG. I (1939), S. 119.

289 Vgl. Diensttagebuch v. 1.2.1940, BArch, R 52 II, 227, Bl. 14 ff.

290 Vgl. Komorowski, S. 268; Landau/Tomaszewski, Wirtschaftsgeschichte, S. 228 ff.

Rechnung des RFM beschlagnahmte Beträge in Höhe von 432.000 Złoty. Auch die Deutsche Golddiskontbank disponierte noch über 100.000 Złoty.[291] Doch im Vergleich zu den Millionenbeträgen an aufgerufenen Złoty-Noten, die im Warthegau, in Ostoberschlesien und im Gau Danzig-Westpreußen angefallen waren, handelte es sich hierbei geradezu um Kleinstbeträge.

Die wirtschaftlich nur schwer verdauliche Złoty-Gutschrift auf dem Konto der Reichshauptkasse, die physisch bereits bei den RKK lag und einen Großteil der Rücklagen ausmachte, wollte der Reichsfinanzminister nun jedoch weiter nutzen, um die Wehrmacht über die Reichsbankschecks bei der Emissionsbank mit Geldmitteln vorrangig für die Besoldung zu versorgen. Die alte Gutschrift sollte als Gutschrift in neuen Noten bei der Emissionsbank fortbestehen.[292] Dagegen positionierten sich sowohl Görings Vierjahresplanbehörde als auch der Generalgouverneur. Die Ausgabe der aus dem Asservat stammenden Noten an Wehrmacht, SS, Polizei, ZGS und sonstige Reichsbehörden in Form neuer Złoty-Noten musste zu einem unerwünscht erhöhten Zahlungsmittelumlauf führen. Darüber hinaus war eine wichtige Frage noch völlig ungeklärt, nämlich wie der Verrechnungsverkehr zwischen dem Generalgouvernement und dem Reich geregelt werden sollte.

Verrechnungsverkehr

Auf mehreren Besprechungen beim Generalreferenten für Sonderaufgaben im Reichswirtschaftsministerium, Hans Kehrl, sprachen sich Reichsbank und Reichsfinanzministerium für die Verwendung der Gutschrift aus. Man ging grundsätzlich davon aus, dass das GG erheblich mehr Waren, Güter und Dienstleistungen ins Reich liefern werde als umgekehrt. Damit deklarierten die Finanzfachleute die ungelöste Verrechnungslage zu einer Waren- und nicht etwa Währungsfrage. Die rudimentäre Sicherung des Überlebens der Bevölkerung im GG sahen die Berliner Finanz- und Bankbeamten durch die zukünftig zu transferierenden Löhne von 700.000 im Reich eingesetzten polnischen Arbeitern gewährleistet. Kadgien, der für den Vierjahresplan anwesend war, berichtete zwar eindringlich von den enormen Preissteigerungen, den ersten inflationistischen Tendenzen, dem allgegenwärtigen Warenmangel, dem Misstrauen in die ständig an Wert einbüßende Währung und die folglich geringe Arbeitsmotivation, bei deutlich verringerter Kaufkraft, doch das focht

291 Vgl. Vermerk zur Besprechung zwischen RFM, Reichsbank (RB) u. OKW zur Verwertung der Zloty-Noten v. 11.4.1940, BArch, R 2, 14577, Bl. 381 ff.; Kapitel: Die Beutestelle der Reichshauptkasse, S. 99.

292 Vgl. Vermerk des GenB zur Gründung einer Emissionsbank in Polen – Verwertung der Złoty-Bestände des Reichs v. 4.11.1939, BArch, R 2, 14575, Bl. 239 f.

speziell Walther Bayrhoffer nicht an.[293] Im RFM war man vom bestehenden Kurs zur Stabilisierung der Währung und Wirtschaft überzeugt. Auch der Reichsfinanzminister, der selbst auf einer Dienstreise ins Generalgouvernement zu Jahresbeginn einen Eindruck von der Lebensrealität der polnischen Bevölkerung gewonnen hatte, betrachtete die Verwendung der Złoty aus dem Reichsguthaben lediglich als „intervalutarisches Transferproblem". Schließlich müsse die Wirtschaft des GG ausgenutzt werden, eine Gegenleistung des Reiches sei dabei nicht angedacht. Die Bedenken des Beauftragten für den Vierjahresplan und des Generalgouverneurs aufnehmend, plädierte im März 1940 dann aber auch das RWM für die Aufnahme eines geregelten Verrechnungsverkehrs.[294]

Für das Clearing, den Verrechnungsverkehr für den zwischenstaatlichen Warenverkehr, bedeutete dies, dass auf Dauer eine unerwünschte Verschuldung des Reiches gegenüber dem GG entstehen würde. Diese konnte durch die Verwendung der Umtausch-Złoty außerhalb des geregelten Verrechnungsverkehrs zumindest hinausgezögert werden. Um den Verrechnungsverkehr überhaupt abzuwickeln, war bei der Deutschen Verrechnungskasse in Berlin ein Reichsmarkkonto für das neu gegründete Verrechnungsinstitut Krakau eingerichtet worden. Das Verrechnungsinstitut führte dementsprechend für die Verrechnungskasse ein Waren- und ein Spezialkonto in Złoty.[295]

Im RFM favorisierte das Referat Bußmann eine Kontributionslösung, um eine Verschuldung des Reiches über den Verrechnungsverkehr auch nach Aufzehrung des Guthabens zu vermeiden. Immerhin hatte die Wehrmacht allein bis zum Jahresende über 117 Millionen Złoty abgerufen. Das Złoty-Guthaben würde also absehbar rasch zur Neige gehen. Sollten die direkten Steuern, Monopoleinnahmen und Verbrauchssteuern nicht ausreichen, müssten eben Schatz-

293 Vgl. Vermerk des RFM, Bußmann zur Besprechung im RWM am 13.2.1940, BArch, R 2, 14577, Bl. 120 ff.; Vermerk des RFM v. 9.2.1940, BArch, R 2, 14577, Bl. 110 ff.; Vermerk Bayrhoffers zur Besprechung im Preußischen Staatsministerium (RFM, RBD, RWM, Beauftragter für den Vierjahresplan (BV)) am 8.2.1940, BArch, R 2, 14577, Bl. 106 ff.; Vermerk des RFM zur Währungsbesprechung bei Kehrl am 16.2.1940 v. 19.2.1940, ebd., Bl. 111; Vermerk GenB v. 13.2.1940, ebd., Bl. 117 ff.; Schnellbrief RWM an RFM, Bußmann, v. 13.3.1940, ebd., Bl. 218 f. Das RFM erwartete sogar 2 Mio. Zwangsarbeiter ab 1940 und kalkulierte mit im Schnitt 25 RM pro Kopf, die nach dem GG überweisen werden sollten. Im Generalbüro ging man lediglich von einer sechsmonatigen Saisonarbeit aus und errechnete, dass nach einem Jahr bereits 300 Mio. RM transferiert sein würden. Vgl. Vermerk des GenB zur Gründung einer Emissionsbank in Polen – Verwertung der Złoty-Bestände des Reichs v. 4.11.1939, BArch, R 2, 14575, Bl. 239 f.

294 Vgl. ebd.

295 Vgl. § 20 Devisenverordnung für das Generalgouvernement v. 20.11.1939 u. Anordnung Nr. 2 des Leiters der Abteilung Devisen im Amt des Generalgouverneurs v. 20.11.1939 zum Verrechnungsverkehr, BArch, R 2 Anh., 82, Bl. 429 f.; Gesetz zur Errichtung einer Deutschen Verrechnungskasse v. 16.10.1934, RGBl. I (1934), S. 997.

Abbildung 22 – Mann vor Anschlag mit Hinweis zum Notenaufruf über den Wegweisern zur Verrechnungskasse und zur Reichskreditkasse, vermutlich in Krakau, Anfang 1940

wechseln oder Schatzanweisungen bei der Emissionsbank diskontiert werden. Welche Vorstellungen die Beamten dabei vom polnischen Kapitalmarkt hatten, bleibt fraglich.[296]

Unterdessen entwickelte sich zwischen dem Finanzminister und dem Generalgouverneur eine ernste Auseinandersetzung um die Übernahme des noch etwa 300 Millionen Złoty umfassenden Reichsguthabens auf die Emissionsbank. Frank verweigerte schlichtweg mit dem Verweis auf die Inflationsgefahr die Übernahme ohne entsprechende Gutschrift für das GG. Der Minister hingegen vertrat den Standpunkt, dass das Generalgouvernement ohnehin für die Kosten aufkommen müsse und dies sonst auf dem Wege des Kredits bei der Emissionsbank, also letztlich durch Gelddruck, zu bewerkstelligen habe, womit ebenso das Risiko der Inflation gegeben wäre. Eine Verschuldung des Reiches schloss er kategorisch weiterhin aus und belehrte Frank: „Ich übersehe dabei nicht, dass die von mir gewünschte Verwertung des Złotyguthabens eine nur dem Sachkenner erkennbare und verhältnismäßig wenig fühlbare Kontribution zu Lasten der polnischen Volkswirtschaft darstellt, da die von der polnischen Bevölkerung erarbeiteten, aus dem Złotyguthaben des Reiches bezahlten Leistungen dem Reich ohne eine wirkliche wirtschaftliche Gegenleistung anfallen. [...] Ich gebe zu, dass ein gewisser Schönheitsfehler darin erblickt werden kann,

296 Vgl. Vermerk des RFM, Bußmann zur Besprechung im RWM am 13.2.1940, BArch, R 2, 14577, Bl. 120 ff.; Vermerk des RFM v. 9.2.1940, BArch, R 2, 14577, Bl. 110 ff.; Bericht 6 der Hauptverwaltung der RKK v. 23.1.1940, BArch, R 2, 13499, Bl. 93 ff.

dass die ‚Schuld an die Deutsche Verrechnungskasse' in der Bilanz der Emissionsbank nach außen hin einen vielleicht nicht günstigen Eindruck macht."[297]

In Franks Augen handelte es sich um weit mehr als einen „Schönheitsfehler". Er ließ eine einseitige Belastung des GG durch Übernahme des Guthabens bei zeitgleich erbrachten immensen Lieferungen an das Reich nicht gelten. Der von Göring mit der Rohstofferfassung betraute Generalmajor Bührmann schätzte die bisherigen Lieferungen ohne Beutegut auf einen Wert von 300 Millionen Reichsmark.[298] Da diese nicht erfasst worden waren, stand das GG im Verrechnungsverkehr zudem passiv. Das hatte zur Folge, dass Überweisungen aus dem Generalgouvernement unmöglich waren.

Darüber hinaus war der Generalgouverneur bereit, im außerordentlichen Haushalt Millionenbeträge für die Erfordernisse der Wehrmacht auf dem Kreditwege auszubringen. So forderte Frank zumindest eine anteilige Verrechnung dieser Leistungen. Da die Emissionsbank allerdings anstandslos weiterhin die grünen Schecks der Wehrmacht einlöste, bestand „vom Standpunkt des RdF kein Interesse daran, die Angelegenheit beschleunigt vorwärts zu treiben". Zudem zweifelte das Ministerium die Beträge an. Die Wirtschaftliche Forschungsgesellschaft mbH (Wifo), die mit der Erfassung der aus dem GG geplünderten Rohstoffe beauftragt war, informierte, dass es über die 25.000 Waggons abtransportierten Materials keine Erfassung bzw. Abrechnung gab. Das Referat Burmeister kalkulierte aber gemeinsam mit der HTO, dass, wären alle Waggons mit Kupfer beladen gewesen, lediglich ein Betrag von 200 Millionen Reichsmark zustandegekommen wäre.[299] Bührmann wies diese Kalkulation als „Milchmädchenrechnung" zurück und lehnte ebenso die vorgeschlagene Anrechnungssumme über 147 Millionen Złoty, zu der sich das RFM bereit erklärte, als viel zu gering ab. Frank vertrat zunächst weiterhin den Standpunkt, dass das Generalgouvernement nicht zu Kontributionen verpflichtet sei und stellte in Aussicht, dem Reich einen Kredit in Höhe der 300 Millionen Złoty einzuräumen. Eine Schuld seitens des GG erkannte er nicht an.

297 Erklärung Franks v. 7.4.1940, BArch, R 2, 14577, Bl. 230; Schreiben Schwerin von Krosigks an Frank v. 16.4.1940, ebd., Bl. 231 f.; Schreiben Franks an RdF v. 24.4.1940, ebd., Bl. 234 f.; Schreiben Franks an RdF v. 7.5.1940, ebd., Bl. 239 f.

298 Vgl. Vermerk Ref. Burmeister zur Besprechung bei der HTO mit Winkler u. Bührmann (Dienststelle des BV im GG u. RFM (Burmeister, Bußmann) am 14.5.1940, BArch, R 2, 14577, Bl. 251. Für den Zeitraum bis zum 1.5.1940 erhöhte Frank den geschätzten Betrag sogar auf 500 Mio. RM. Vgl. Bericht über den Aufbau im Generalgouvernement bis 1.7.1940, BArch, R 52 II, 427, 248, 249, n. p.

299 Vgl. Erklärung Franks v. 7.4.1940, BArch, R 2, 14577, Bl. 230; Schreiben Schwerin von Krosigks an Frank v. 16.4.1940, ebd., Bl. 231 f.; Schreiben Franks an RdF v. 24.4.1940, ebd., Bl. 234 f.; Schreiben Franks an RdF v. 7.5.1940, ebd., Bl. 239 f.; Vermerk Referat Burmeister zur Besprechung bei der HTO mit Winkler und Bührmann (Dienststelle des BV im GG und RFM (Burmeister, Bußmann) am 14.5.1940, ebd., Bl. 251.

Allerdings willigte der Generalgouverneur letztlich in die Übernahme des Guthabens als „ein Geschenk des Generalgouvernements an das Reich" ein. Weitere Forderungen hinsichtlich einer finanziellen Ausgleichsregelung mit den Reichsgauen oder gar die Verzinsung der in Vorleistung ausgezahlten grünen Schecks sowie die Einrichtung eines Kreditrahmens von 50 Millionen Reichsmark wurden bis auf eine mögliche Kreditgewährung vom RFM ebenso rundheraus abgelehnt.[300] Lediglich die grundsätzliche Verrechnung aller Beträge und Guthaben, auch des Złoty-Guthabens des Reiches über den Verrechnungsverkehr konnte Frank durchsetzen.[301] Insgesamt fielen durch den Umtausch in den Ostgebieten 660,4 Millionen Złoty an, die die RKK und die Emissionsbank annahmen, umtauschten und zu Lasten des GG auszahlten.[302] Zu einem Ausgleich in der Leistungsbilanz, also einer Bezahlung der Güter und Dienstleistungen nach ihrem wirklichen Wert kam es ganz im Sinne der deutschen Ausbeutungsstrategie nie auch nur ansatzweise. Vielmehr war die Emissionsbank zukünftig gezwungen, ihre Guthaben im Clearing in Schatz-

Tabelle 1 – Clearing-Verschuldung des Reiches in Mio. RM[303]

Datum	Clearingschuld
31.03.1939	–2,4
31.03.1940	–5,9
30.06.1941	–7,8
31.12.1941	–6,8
30.06.1942	–25,5
31.12.1942	–76,8
30.06.1943	–29,7
31.12.1943	–75,2
01.03.1944	–93,4

[300] Der Kredit über 50 Millionen RM an das GG wurde schließlich durch ein Bankenkonsortium bestehend aus Deutscher Bank, Dresdner Bank, Commerzbank, Berliner Handelsgesellschaft, Creditanstalt-Bankverein, Länderbank Wien und Reichskreditgesellschaft gewährt. Vgl. Schreiben der Reichskreditgesellschaft an den Generalgouverneur ohne Datum, BArch, R 2, 14578, Bl. 45.

[301] Vgl. Schreiben Franks an RdF v. 31.5.1940, BArch, R 2, 14578, Bl. 270; Vermerk Bußmanns v. 27.6.1940, BArch, R 2, 14578, Bl. 276 ff.; Antwort Schwerin von Krosigks v. 27.6.1940, BArch, R 2, 5102, Bl. 120 f.; Schreiben Franks an RdF v. 16.6.1940, ebd., Bl. 134 f.; Schreiben RdF an Frank v. 29.8.1940, ebd., Bl. 137 f.

[302] Vgl. Vermerk Bußmanns v. 4.6.1941, BArch, R 2, 14578, Bl. 263.

[303] Vgl. Übersicht zum Generalgouvernement, R 2, 30512, n. p.

anweisungen des Reiches anzulegen.[304] So blieb die Schuld des Reiches im Clearing (Tab. 1) mit dem Höchststand von 93,4 Millionen Reichsmark (186,8 Mio. Zł) zum März 1944 recht überschaubar.

2.6 Finanzhoheit

Mit dem Ende der Militärverwaltung am 25. Oktober 1939 und der verwaltungsrechtlichen Unterstellung des östlichen Teils des besetzten Polen unter Generalgouverneur Hans Frank trat für dieses Gebiet der Erlass vom 12. Oktober in Kraft.[305] Hitler setzte damit die – seiner Auffassung nach – „zu weich und zu nachgiebig“ agierende Militäradministration ab. Die Zivilverwaltung sollte das „mangelnde Verständnis“ im Heer für die „bevölkerungspolitischen Maßnahmen“ im gemeinsamen Vorgehen mit Himmlers SS ablösen.[306] Dem Generalgouverneur wurden nach dem Prinzip „Einheit der Verwaltung“ sämtliche Verwaltungszweige unterstellt. Frank selbst unterstand direkt Hitler.[307] Für das Reichsfinanzministerium maßgeblich war vor allem § 7 des Erlasses, der regelte, dass (1) die Kosten der Verwaltung das besetzte Gebiet trägt, (2) der Generalgouverneur einen Haushaltsplan aufstellt, der (3) der Genehmigung des Reichsministers der Finanzen bedarf.[308] Damit war dem RFM neben dem RMdI

304 Vgl. Diensttagebuch v. 31.5.1940, abgedruckt in: Präg/Jacobmeyer, S. 220 ff. Die Anlagen der Emissionsbank (EB) im Reich zum 18.12.1941 betrugen zusammen 735 Mio. RM, davon 695 Mio. in langfristigen unverzinslichen Schatzanweisungen des Reichs. Auf dem verzinslichen Interimskonto bei der Reichsbank durfte die Bank hingegen nur geringe Guthaben halten. Auch stieg der Banknotenumlauf der EB zwischen dem 31.5.1940 von 933 Mio. Złoty auf 2.052 Mio. Złoty zum 31.10.1941. Vgl. Vermerk des GenB für Breyhan v. 3.1.19242, BArch, R 2, 14579, Bl. 156 f.; Kapitel: Reichsschuld, S. 304.

305 Vgl. Erlass des Führers und Reichskanzlers über die Organisation der Militärverwaltung in den besetzten ehemals polnischen Gebieten v. 25.9.1939; Moll, S. 97–99; Erlass des Führers und Reichskanzlers über die Überleitung der Verwaltung im Generalgouvernement auf den Generalgouverneur v. 19.10.1939, vgl. ebd., S. 104 f.

306 Vgl. Kershaw, Hitler, S. 567.

307 Damit bezog sich der Erlass nicht nur in der Bezeichnung des Gebietes als „Generalgouvernement“ auf die Besatzungszeit während des Ersten Weltkriegs, sondern schuf abermals eine höchste Verwaltungsstelle, die direkt der Reichsführung unterstellt wurde. Vgl. zu Begriff und Rolle des Generalgouverneurs von Beseler Kapitel: Deutsche Ostraumentwürfe, S. 27. Neben Frank wurden aber auch dem Ministerrat für die Reichsverteidigung und dem Beauftragten für den Vierjahresplan Rechtssetzungsbefugnisse zuerkannt.

308 Vgl. Erlass des Führers und Reichskanzlers über die Verwaltung der besetzten polnischen Gebiet v. 12.10.1939, RGBl. I (1939), S. 2077 f.

als einzigem Reichsministerium eine konkrete Kontroll- und Einflussmöglichkeit auf das Generalgouvernement zuerkannt worden.[309]

Auf der Ende Oktober in Breslau – Reinhardt hatte sich samt Stab im Luxuskotel Monopol näher am Einsatzgebiet eingerichtet – einberufenen Organisationsbesprechung wurden die nun bevorstehenden Veränderungen festgelegt. Finanzpräsident Spindler, der schon in Posen und Łódź als Beauftragter der Reichsfinanzverwaltung Frank zugeordnet war, folgte diesem nun als Leiter der Abteilung Finanzen zum neuen Regierungssitz des Generalgouverneurs nach Krakau. Als Stellvertreter wurde ihm Hermann Senkowsky, der bereits die Monopolverwaltung in Krakau übernommen hatte, zugewiesen.[310] Gesonderte Abteilungen für die Aufgabenbereiche Haushalt, Besitz- und Verkehrssteuern, Zölle und Verbrauchssteuern plante man zunächst nicht einzurichten. Die finanziellen Angelegenheiten der vorgesehenen 15 Fachabteilungen des Amtes des Generalgouverneurs sollten als Eingänge und Vorlagen an Frank zur Vorentscheidung über Spindlers Schreibtisch gehen.[311]

Damit übernahm Spindler mit seiner Abteilung zwar de facto die Funktion eines Finanzministers in der Regierung des in seiner staatsrechtlichen Stellung weiterhin vage als „Nebenland des Reiches" firmierenden Generalgouvernements, doch sah man eine ministerielle Binnenstruktur nicht als erforderlich an. Ausgänge und Berichte an das RFM sollten ebenso gesammelt und über Spindler nach Berlin geleitet werden. Den vier Distriktschefs wollte Reinhardt „besonders tatkräftige Oberregierungsräte" zuweisen, obgleich Frank erfahrene Ministerialdirektoren gefordert hatte. Vorgesehen war unter anderen der Reinhardt-Vertraute Christian Breyhan, der sich in den Augen seiner Vorgesetzten positiv hervorgetan hatte und der nach Warschau abgeordnet wurde.[312] Auf Breyhans Vorschlag hin ging man nun auch daran, eine lediglich zweigliedrige Finanzverwaltung für das GG aufzubauen.[313]

309 § 6 des Erlasses sah zwar vor, dass Göring als Vorsitzender des Ministerrats für die Reichsverteidigung und Beauftragter für den Vierjahresplan sowie die Obersten Reichsbehörden Anordnungen, die für die Planung des deutschen Lebens- und Wirtschaftsraumes erforderlich seien, auch für die dem Generalgouverneur unterstellten Gebiete treffen könne, doch war damit vor allem Görings Machtzuwachs abgesichert worden.

310 Vgl. Kapitel: Der Angriff, S. 15.

311 Vgl. Organigramme: Organigramm Regierung des Generalgouvernements, S. 428 u. Organigramm Geschäftsverteilungsplan der Hauptabteilung Finanzen bei der Regierung des Generalgouvernements, S. 429.

312 Vgl. Auszugsweise Abschrift Groths zur Besprechung in Breslau v. 31.10.1939, BArch, R 2, 5069, Bl. 25 ff. Neben Breyhan wurden die Oberregierungsräte Josef Lodde (Krakau), Walter Radtke und Reinhardt Hass (Lublin) mit jeweils einem Stellvertreter und Kassenbeamten zu den Distriktchefs bestellt. Vgl. Schreiben Spindlers an RdF v. 24.11.1939, BArch, R 2, 5834, Bl. 475.

313 Vgl. Kapitel: Steuereintreiber, S. 57.

Ausschlaggebend war die Entscheidung des Regimes, in Polen keine Aufsichtsverwaltung wie im Protektorat zu etablieren. Dort übte das Reich zwar dominierende Kontrollrechte unter dem Vorbehalt oberster Verwaltungsmaßnahmen und Rechtssetzungsakte aus, es bestand aber weiterhin eine landeseigene Verwaltung, die den Willen der Besatzer mehr oder weniger eigenverantwortlich umzusetzen hatte.[314] Die Verwaltung, die den deutschen Besatzern für das GG vorschwebte, charakterisierte Werner Best, Stellvertreter Heydrichs und Organisationschef beim Sicherheitsdienst (SD), als „Regierungsverwaltung". Die gesamte Führung und Lenkung erfolgte durch den Führungsstaat. Das Generalgouvernement stand unter ständiger Kontrolle und Aufsicht eines deutschen, von Berlin gesteuerten Regierungsapparates. Lediglich wenige verbliebene landeseigene Instanzen für bestimmte Selbstverwaltungsaufgaben auf der untersten Verwaltungsstufe blieben bestehen.[315]

In der Praxis bedeute dies einen nicht unerheblichen Personalaufwand. Zwar sollten auch die etwa 200 Steuer- und Finanzämter von einem deutschen Vorsteher geleitet werden, als entscheidende Aufsichts- und Kontrollinstanz setzte Spindler aber nicht mehr als 34 sogenannte Finanzinspekteure ein, die unterschiedlich große Verwaltungseinheiten von mehreren Steuerämtern betreuten.[316] Hinzu kamen acht weitere höhere Beamte samt Stab bei den Distriktschefs. Spindler nahm die Arbeit in Krakau zunächst mit etwas weniger als 50 Beamten auf. Der Personalpool für die Finanzverwaltung im GG setzte sich im Wesentlichen aus den Beamten zusammen, die bereits den Beauftragten der Reichsfinanzverwaltung zur Zeit der Militärverwaltung zugewiesen worden waren.[317] Vor allem die Finanzinspekteure sollten gemäß § 7 des Führererlasses dafür Sorge tragen, dass „ein genügend großes Aufkommen an Steuern eingeht", um die Kosten der Verwaltung zu decken.[318]

Breyhan, nun Finanzreferent in Warschau, schätzte die Lage hingegen skeptisch ein: „Für den polnischen Reststaat bieten sich hinsichtlich des Steueraufkommens keine rosigen Aussichten. Die meisten Städte sind zerstört. Nur wenige Fabriken arbeiten. Die Güter und Bauernhöfe sind ohne Mittel

314 Vgl. Kilian; Benz, S. 21.

315 Vgl. Arbeitswiss. Institut der Deutschen Arbeitsfront; Best, Verwaltung in Polen; Best, Aufsichtsverwaltungen; Best, Polnische Verwaltung; Best, Die bisherige polnische Verwaltung; Benz, S. 21.

316 Vgl. Bekanntmachung über die Finanzinspekteure im Distrikt Krakau (20.11.1939), im Distrikt Radom (7.12.1939), im Distrikt Warschau (13.12.1939), im Distrikt Lublin (20.1.1940); Rogge, VII.

317 Vgl. Geschäftsverteilungsplan v. 15.11.1939, BArch, R 2, 5069, Bl. 42 ff.; Ernennung Finanzinspekteure 20.11./7./13.12.1939, Finanzreferenten bei den Distriktschefs 24.11.1939; Organigram IIA Fin Chefs der Distrikte Finanzinspekteure, BArch, 5834, Bl. 459/461/480/475/486.

318 Vgl. Auszugsweise Abschrift Groths zur Besprechung in Breslau v. 31.10.1939, BArch, R 2, 5069, Bl. 25 ff.

und zum Teil verwahrlost. Die für die Gewerbebetriebe und landwirtschaftlichen Betriebe vorgesehenen Treuhänder werden zunächst eher Zuschüsse fordern, als Steuern zahlen."[319] Ähnlich problematisch beurteilte auch Frank die Lage. Er sah die Steuerkraft des GG in Folge von Krieg und Annexion stark geschwächt, so dass es auch bei voller Ausschöpfung aller Einnahmequellen schwierig werden würde, die Deckungsmittel zu beschaffen. Die Finanzabteilung mahnte er zu höchster Sparsamkeit. Ausgabenentscheidungen sollten einzig unter dem Gesichtspunkt ihrer Zweckmäßigkeit für das Deutsche Reich getroffen werden.[320] Er stattete Spindler mit allen nötigen Vollmachten für eine einheitliche Finanzführung aus. Frank wollte ihn zu seinem „Finanzdiktator" machen.[321]

Die Einnahmen sollten im Wesentlichen entsprechend der bestehenden polnischen Gesetzgebung aus Steuern erzielt werden.[322] Spindler forderte – wie zuvor schon in Łódź – umgehend die Steuerverwaltung auf, „die erheblichen Steuerreste und die laufenden Steuern ungehindert herein[zu]hol[en] und an [die] Hauptkasse ab[zu]liefer[n]". Jede eigenmächtige Erhebung von Steuern und Abgaben durch Dienststellen untersagte er strikt.[323] Alle Ausgaben, die die Höhe von 20.000 Złoty überschritten, bedurften der vorherigen Genehmigung durch Spindler.[324]

Trotzdem konnten für das GG bis zum Jahresende 1939 nur knapp 26 Millionen Złoty aus Besitz-, Verkehrs- und Verbrauchssteuern sowie Zöllen vereinnahmt werden. Der Großteil der überschaubaren Einnahmen wurde auch weiterhin über die Monopole mit 33 Millionen Złoty erzielt.[325] Da allerdings ein Großteil der Monopolbetriebe, vornehmlich Tabakfabriken und Destillerien, durch die Wehrmacht beschlagnahmt war und Alkohol wie Tabak in nicht geringen Mengen verbraucht wurden, konnte Senkowsky nur bedingt auf diese Einnahmequelle zugreifen. Für das Rechnungsjahr 26. Oktober 1939 bis 31. März 1940 wurde letztlich auch kein Rumpfhaushalt eingebracht. Spindler zweifelte die Etatplanung sogar generell aufgrund der desaströsen

319 Vgl. Bericht Breyhans an Reinhardt v. 16.10.1939, BArch, R 2, 56027, Bl. 342 ff.

320 Vgl. Diensttagebuch v. 28.10.1939, BArch, R 52 II, 174, Bl. 3.

321 Vgl. Schreiben Franks an die Abteilung Fin bei der Reg.GG und an die Chefs der Distrikte v. 23.11.1939, BArch, R 2, Bl. 79; Vermerk über die Besprechung beim Generalgouverneur am 31.1.1940, AAN, 111, 896/1, Bl. 33.

322 Vgl. VO des Generalgouverneurs über Steuerrecht und Steuerverwaltung v. 17.11.1939, VBlGG. I (1939), S. 60 f.

323 Vgl. Schreiben Spindlers an die Distriktschefs v. 3.12.1939, BArch, R 2, 5070, Bl. 19.

324 Vgl. Schreiben Franks an Abteilungen in Krakau und Distriktschefs v. 23.11.1939, BArch, R 2, 5033, Bl. 79.

325 Vgl. Haushaltsübersichten für das GG, BArch, R 2 5103, 5104; AAN, 111, 942; Kapitel: Steuereintreiber, S. 57.

Preisentwicklung in Folge der Plünderungen an. An Einnahmen gingen in diesem Zeitraum lediglich etwas über 175 Millionen Złoty ein.[326]

Um der Beitreibung von Steuern maximalen Nachdruck zu verleihen, bat Spindler um Unterstützung beim SS- und Selbstschutzführer des GG. Säumigen Zahlern sollte mit offener Gewaltandrohung der fällige Betrag abgepresst werden.[327] Um Steuerrückstände bei Juden, die mit Beginn des Jahres 1940 zunehmend ghettoisiert wurden, einzutreiben, regte der Abteilungsleiter an, die eingesetzten Ältestenräte vorzuladen und diese zu zwingen, die Steuerschulden für die Finanzinspekteure einzutreiben.[328] Offenbar zeigten diese Maßnahmen Wirkung. In den ersten drei Monaten 1940 wurden knapp 63 Millionen Złoty an Steuern und Zöllen eingenommen und 87 Millionen Złoty aus den Monopolen erwirtschaftet.[329] Für das Rechnungsjahr 1940 (1. April 1940 bis 31. März 1941) stellte die Hauptabteilung Finanzen dann erstmals einen vorläufigen Haushaltsplan über ein Gesamtvolumen von 1038.996.900 Złoty, gemäß den Bestimmungen der Reichshaushaltsordnung und in formeller Hinsicht an den Reichshaushalt angelehnt, auf und legte diesen dem Reichsfinanzminister zur Genehmigung vor. Im außerordentlichen Haushalt waren für den Verwaltungsaufbau zudem 20 Millionen Złoty als Betriebsmittelkredit des Reiches sowie kurzfristige Anleihen in Höhe von 258.100.000 Złoty eingestellt. Damit betrug der Haushalt des Generalgouvernements, das in etwa das Gebiet eines Viertels des besetzten und aufgeteilten Vorkriegspolens umfasste, knapp die Hälfte des polnischen Staatshaushaltes des Rechnungsjahres 1938.[330]

Eine Übernahme der Staatsschulden erfolgte nicht, da das GG nicht als Rechtsnachfolger der Zweiten Polnischen Republik angesehen wurde.[331] Notwendig waren die Kredite, da allein in Warschau für Instandsetzungsarbeiten

326 Vgl. Diensttagebuch v. 1.11.1939 u. 15.1.1940, BArch, R 52 II, 174, Bl. 17 u. ebd., 175, Bl. 15; Übersicht über die Einnahmen des GG im 1. Rechnungsvierteljahr 1940, AAN, 111, 942, Bl. 25 ff.

327 Vgl. Schreiben Spindlers an die Finanzinspekteure und Leiter der Finanzabteilungen bei den Distriktchefs v. 2.3.1940, BArch, R 2, 5834, Bl. 482 ff.

328 Vgl. Schreiben Spindlers an die Finanzinspekteure und die Finanzreferenten bei den Chefs der Distrikte v. 12.3.1940 zur Beitreibung u. Besprechung mit den Finanzinspekteure v. 1.3.1940, BArch, R 2, 5070, Bl. 41 f.

329 Vgl. Haushaltsübersichten für das GG, BArch, R 2 5103, 5104; AAN, 111, 942.

330 Vgl. Polens Wirtschaft, S. 81. Frank drang gegenüber dem RFM grundsätzlich auf eine deregulierte Anwendung der RHO, um seiner ideologisch-politischen Verwaltungsauffassung mehr finanziellen Spielraum zu gewähren. Vgl. Diensttagebuch v. 31.1.1940, BArch, R 52 II, 175, Bl. 32.

331 Vgl. VO über die Feststellung des Haushaltsplans des Generalgouverneurs für das Rechnungsjahr 1940 v. 3.3.1940, VBlGG. I (1940), S. 83; Haushaltsplan des Generalgouvernements für das Rechnungsjahr 1940.

zwecks Übernahme der Verwaltung 4.830.000 Złoty vorgesehen waren.[332] An Staatsvermögen hatte das GG zunächst vor allem mobile Werte übernommen. Das gesamte polnische Staatsvermögen, inklusive der ertragreichen Monopole, war analog zur Vorgehensweise in den annektierten Gebieten noch nicht in Eigentum des GG übergegangen, da auch hier zunächst nur beschlagnahmt wurde.[333] So war in dem zur Genehmigung vorgelegten Haushaltsplan noch keine Feststellung über den tatsächlichen Vermögensumfang des Generalgouvernements enthalten.[334]

Ebenso fehlte im Haushalt ein Nachweis über die Erstattung der Kosten der Besatzung selbst, also der Kosten, die neben der Verwaltung des Gebietes durch die Stationierung von Truppen angefallen waren und noch anfallen würden. Um die Frage der Kostenerstattung an das Reich, wie auch generelle Haushaltsangelegenheiten zwischen dem Berliner Ministerium und der Regierung des Generalgouvernements, zu klären, entschloss sich Schwerin von Krosigk, die Zuständigkeit in seinem Hause zu bündeln und ernannte Hermann Burmeister zum „Generalreferenten für sämtliche Haushalts- und Kassenfragen des Generalgouvernements".[335]

Kein Generalreferent für Polen

Burmeister, der im Herbst 1939 zunächst auch die Zuständigkeit für die Angelegenheiten der Haupttreuhandstelle Ost im RFM übernommen hatte[336], reiste Anfang November auf expliziten Wunsch seines Ministers als Verbindungsmann für zwei Wochen nach Krakau, um sich vor Ort über die Lage zu informieren und so „eine schnelle und reibungslose Zusammenarbeit auf

332 Vgl. Halbjahresbericht über den Aufbau und die Arbeit der Abteilung Finanzen im Amt des Chefs des Distrikts Warschau 17.7.1940, BArch, R 2, 372, Bl. 5 ff.

333 Vgl. VO über die Beschlagnahme des Vermögens des früheren polnischen Staates innerhalb des Generalgouvernements v. 15.11.1939, VBlGG. I (1939), S. 37. Die Übertragung erfolgte erst mit der VO über das Eigentum des früheren polnisches Staates v. 20.9.1940, VBlGG. I (1940), S. 313.

334 Es handelte sich dabei vorwiegend um Liegenschaften sowie um das Vermögen des polnischen Staates an Wertpapieren, Geschäftsanteilen und Kapitaleinlagen, wobei ein Großteil der wertvolleren Vermögensanteile durch Kriegshandlungen, Annexion und Plünderung vernichtet worden war. Post und Bahn wiesen ein Haushaltsdefizit aus und ein Großteil der staatlichen Infrastruktur, vor allem das Straßennetz, mussten kriegsbedingt saniert werden. Zudem war das GG zu 100 Prozent Eigentümer der Werke des Generalgouvernements AG, die den Betrieb und die Verwaltung von Industriewerken vor allem im COP übernommen hatten. Vgl. ebd.; Ausführungen von Spindler, Diensttagebuch v. 15.1.1940, BArch, R 52 II, 175, Bl. 15.

335 Vgl. Privatbrief Schwerin von Krosigks an Generalgouverneur Frank v. 31.10.1939, BArch, R 2, 5033, Bl. 2.

336 Vgl. Kapitel: Das Treuhandvermögen, S. 224.

dem Gebiet der zu lösenden finanziellen Fragen" zu erreichen.[337] Reinhardt hatte derweil in jeder Abteilung und im Generalbüro für die Angelegenheiten des besetzten Polen ein zuständiges Referat bestimmen lassen. Demnach fiel im Generalbüro Oberregierungsrat Bußmann die Zuständigkeit für Fragen der eingegliederten Gebiete zu. Für die restlichen Abteilungen übernahmen diese Aufgabe Referatsleiter Burmeister (Abt. I/10 Haushalt), Referatsleiter Thiel (Abt. II/13 Zölle und Verbrauchsteuern), Abteilungsleiter Trapp (Abt. III Besitz und Verkehrssteuern), Referatsleiter Fischbach (Abteilung IV/7 Beamten und Versorgungsangelegenheiten), Referatsleiter Litter (Abt. V/1 Finanzielle Beziehungen zum Ausland) und Referatsleiter Groth (Abt. VI/10 Personal und Organisation).[338]

Da man offenbar für das Generalgouvernement einen nur geringen Arbeitsaufwand erwartete, der außerhalb der Haushaltsabteilung wenig konkrete Ansatzpunkte bieten würde, blieb Burmeister hier allein zuständig.[339] Burmeister, der aus Stettin stammte und knapp zwölf Jahre als Beamter in der Freien Stadt Danzig tätig gewesen war, bevor er über das Ministerium für Osthilfe schließlich in die Haushaltsabteilung des Finanzministeriums gewechselt und dort zunächst für Angelegenheiten des Auswärtigen Amtes, den Kriegskostenhaushalt und für Sonderaufträge zuständig war, avancierte so zum Administrator und zentralen Sachwalter für das besetzte Polen.[340] Burmeisters Referat war nun federführend für das Auswärtige Amt, für koloniale Angelegenheiten, das Generalgouvernement, die Haupttreuhandstelle Ost und weiterhin für Sonderaufträge.[341] Das „Polenreferat" Burmeister wurde aber intern weder als Generalreferat benannt oder mit besonderen Vollmachten ausgestattet noch wurde es aus der Haushaltsabteilung ausgegliedert. Vorstellbar wäre eine Zuweisung an die Abteilung V gewesen, die sich mit allgemeinen Finanz- und Wirtschaftsfragen und besonders mit den Beziehungen zum Ausland beschäftigte.[342]

Ausschlaggebend für die Entscheidung, die Fragen zur Vermögensverwertung und zur Besatzungskostenfinanzierung in einem Referat der

337 Vgl. Privatbrief Schwerin von Krosigks an Frank v. 31.10.1939, BArch, R 2, 5033, Bl. 2. Verbindungsbeamter des RFM zum RMdI und damit „Generalreferent für Fragen der besetzten Ostgebiete" blieb indes Minsterialdirigent Trapp. Wohl weil über die tatsächliche zukünftige Stellung des Generalgouvernements zum Deutschen Reich weiterhin Unklarheit bestand.

338 Vgl. Organigramme: Organigramm Reichsfinanzministerium, S. 426 u. Organigramm Abteilungsebene Reichsfinanzministerium 1940, S. 427.

339 Vgl. Anordnung Reinhardts v. Dezember 1939; Nachrichten des RFM v. 11.12.1939, BArch, R 2, 11872, n. p.

340 Vgl. Geschäftsverteilungsplan des RFM v. 1.5.1937, BArch, R 2, 60579, Bl. 126–145; Geschäftsverteilungsplan v. 9.11.1935, BArch, R 2, 60580, Bl. 44 ff.

341 Vgl. Geschäftsverteilungsplan des RFM v. 2.8.1940, BArch, R 2, 55, Bl. 1 ff.

342 Vgl. zur Abteilung V: Kilian, S. 94–102.

Haushaltsabteilung zu bündeln, mag zum einen die mangelnde Vorplanung gewesen sein und zum anderen der Aspekt, dass das besetzte Polen nicht als Ausland und im rechtlichen Sinne auch nicht als militärisch besetztes Gebiet betrachtet wurde. Das stärkste Argument dürfte aber wohl gewesen sein, dass man im Reichsfinanzministerium die Einnahmen, die durch den Raub und die Treuhandverwaltung möglich schienen, aber auch die Besatzungskostenerstattung kurz- oder langfristig als einen Teil des ordentlichen bzw. des außerordentlichen Reichshaushaltes einzubringen gedachte. Demzufolge war neben der Kontrolle der Haushaltsführung des GG vor allem die Beitreibung des sogenannten Wehrbeitrages Burmeisters Hauptaufgabe. Die Ausgangslage allerdings war alles andere als vorteilhaft, denn Spindlers Finanzverwaltung hatte recht geringe Einnahmen aufzuweisen und auch die durchaus ambitionierten Instandsetzungs- und Umbauvorhaben wie auch Bereicherungsabsichten seitens des Generalgouverneurs und seiner Führungsclique kündigten hohe Kosten an. Überdies wurde im Generalgouvernement nicht nur durch die Wehrmacht fortwährend weiter auf die vorhandenen Wirtschaftsgüter und Vermögenswerte rücksichtslos zugegriffen. Die Ausplünderung des Gebietes war entsprechend Görings Richtlinien in Umsetzung.[343] Ungeachtet dessen bemühte sich Burmeister um einen ersten Überblick über die durch die stationierten Verbände von SS und Wehrmacht anfallenden Kosten, um diese dem Generalgouverneur möglichst noch für den Haushalt 1940 als „eine Art Matrikularbeitrag" in Rechnung zu stellen.[344] Aufgrund der schwankenden Belegungsstärke sah sich das OKH allerdings außerstande, eine vom allgemeinen Wehrmachtshaushalt getrennte Kostenaufstellung zu erheben.

Eine erste Schätzung stellte rund 184 Millionen Złoty pro Monat und damit für das Jahr 1940 2.230 Millionen Złoty als Gesamtkosten (ohne Luftwaffe) in Aussicht. Für die Luftwaffe veranschlagte man nochmals 1.100 Millionen Złoty. Allein in Form grüner Schecks waren durch Heer und Luftwaffe bis Ende Januar 1940 mindestens 51 Millionen Reichsmark aus dem Złoty-Guthaben der Reichshauptkasse bei der Hauptverwaltung der Reichskreditkassen einge-

343 Vgl. Kapitel: Besatzungsgeld, S. 149.

344 Die Bezeichnung Matrikularbeitrag geht auf finanzielle Leistungen der einzelnen Stände bzw. später der Gliedstaaten an das Reich zurück. Leistungspflichtige und Verteilungsschlüssel waren in einem „Reichsmatrikel" genannten Verzeichnis zusammengefasst. Eintragung und Zahlung eines Matrikularbeitrags waren seit 1521 gleichzeitig Beweis für die Reichsunmittelbarkeit. Während der Kaiserzeit waren die Matrikularbeiträge der Länder neben den Zöllen die wichtigste Einnahmequelle des Reichshaushalts. Erst nach 1918 wurde die Steuerhoheit des Reiches gestärkt. An diese begriffliche Tradition anknüpfend, musste das sogenannte Reichsprotektorat Böhmen und Mähren an das Deutsche Reich für seinen „Schutz" zwischen 1940 und 1945 insgesamt 42 Mrd. Kronen überweisen. Vgl. ebd., S. 129–154.

löst worden. Dieser Betrag, der 102 Millionen Złoty entsprach, dürfte für das gesamte Generalgouvernement um einiges höher gelegen haben, da noch keine abschließende Verbuchung der eingereichten grünen Schecks vorlag.[345] Allein die geschätzten Wehrmachtskosten für die etwa 270.000 stationierten Wehrmachtsangehörigen hätten demnach den Gesamthaushalt des GG für 1940 um knapp das Dreifache überschritten.

Hinzu kamen noch die von der SS für die im GG eingesetzten SS-Totenkopf- und Reiterstandarten geforderten Kosten. Der SS-Terror wurde der Bevölkerung des Generalgouvernements mit knapp 93 Millionen Złoty in Rechnung gestellt.[346] Die Kosten für den kaum weniger brutalen Einsatz von 13 Polizeibataillonen, bestehend aus Ordnungs- und Sicherheitspolizei (einschließlich SD und Kriminalpolizei) und damit insgesamt etwas mehr als 14.000 Mann, kalkulierte man auf weitere 377 Millionen Złoty.[347] Eingeplant waren darüber hinaus, als außerordentliche Ausgaben, weitere 90 Millionen Złoty für die Errichtung von vier Konzentrationslagern für die bereits Ende des Jahres 1939 flächendeckend geplante Zwangsarbeit der Juden. Für den Jahresetat 1940 hätte dies eine Belastung von 8,6 Prozent des Gesamthaushaltes betragen.[348]

Stellt man diese beachtlichen Kostenkalkulationen den tatsächlich erzielten Einnahmen und den voraussichtlich erzielbaren Einnahmen des GG aus Steuern und Monopolen gegenüber, wird schnell deutlich, dass selbst eine drastisch gekürzte Kostenforderung, ob nun als Matrikularbeitrag oder Wehrbeitrag bezeichnet, die finanziellen Möglichkeiten bei Weitem überschreiten musste. So hoffte man in Krakau, dass „das Reichsfinanzministerium sich entschließt, von den starren Grundsätzen abzugehen, dass alle Ausgaben, die im GG anfallen, auch vom Generalgouvernement getragen werden müssen."[349] Ungeachtet dessen und der Tatsache, dass dem Minister im Januar 1940 bei einem Besuch in Krakau die Einnahmeschätzungen vorgelegt wurden, entschied Schwerin von

345 Vgl. Vermerk des RFM zum Wehrbeitrag des GG v. 8.1.1940, BArch, R 2, 5085, Bl. 3 ff; Schreiben des RFM (Bender, Burmeister, Mayer) an den Haushaltsreferenten Tischbein beim OKW zur Kostenaufstellung für 1939/1940 v. 16.1.1940, ebd. Bl. 6 ff.; Schreiben des OKH an den RdF v. 26.2.1940, ebd. Bl. 14 ff.; Schreiben Benders an Burmeister v. 5.3.1940, ebd. Bl. 13 f.

346 Vgl. Schreiben des RFSS Hauptamt Haushalt und Bauten an Burmeister zur Kostenerstattung des GG v. 15.3.1940, BArch, R 2, 5085, Bl. 15 ff.

347 Vgl. Vermerk Burmeisters über eine Besprechung beim RFSS am 22.2.1940, IPN, GK 94/829, Bl. 10 f.

348 Vgl. Vortrag Spindlers, Diensttagebuch v. 15.1.1940, BArch, R 52 II, 175, Bl. 15; Musial, Zivilverwaltung, S. 111.

349 Vgl. Vortrag vom Haushaltsreferenten von Streit Diensttagebuch v. 8.1.1940, BArch, R 52 II, 175, Bl. 14.

Krosigk, dass sämtliche Kosten grundsätzlich in voller Höhe geltend zu machen waren.[350]

Die rechtliche Begründung für die horrenden Forderungen lieferte das Rechtsreferat Schwandt im RFM, indem es sich der Auffassung des Auswärtigen Amtes über die Nichtexistenz eines polnisches Staates anschloss und den Aufenthalt der im Generalgouvernement eingesetzten Verbände von Wehrmacht, SS und Polizei zynisch mit der „Aufrechterhaltung des Friedens und der Sicherheit in diesem Gebiet" begründete. Daraus leitete Schwandt den Anspruch auf die volle Erstattung der Besatzungskosten ab. Diesem unrealistischen Ansinnen stellte sich Frank vehement entgegen und betonte, dass das GG weder für das Jahr 1940 noch das Folgejahr eine Kostenerstattung werde leisten können. Zudem berief er sich auf den Umstand, dass Hitler mit Erlass vom 8. Juli 1940 den Zusatz „für die besetzten polnischen Gebiete" aus der offiziellen Bezeichnung für das Generalgouvernement hatte streichen lassen. Frank interpretierte dies als Aufwertung des Generalgouvernements, das nicht mehr nur „besetztes feindliches Gebiet, sondern [...] Teil des Reichsgebiets" sein sollte. Für den Generalgouverneur kam demnach eine Kostenübernahme nicht in Frage.[351]

Und tatsächlich erfolgte keine Kostenaufstellung für einen Wehrbeitrag im Haushalt 1940. Jedoch begann damit eine langwierige Auseinandersetzung zwischen dem Reichsfinanzminister und dem Generalgouverneur, die als Folge der sprunghaften und weit auslegbaren Rechtsetzung Hitlers für das besetzte Polen eine Sonderstellung des GG bei der fiskalischen Ausbeutung im Vergleich zu den ab 1940 besetzten Gebieten Europas bedeutete.[352]

Zu den „zu lösenden finanziellen Fragen" mit denen Burmeister betraut worden war, zählten neben der Realisierung des Wehrbeitrages aber auch sämtliche weiteren haushaltstechnischen und fiskalpolitischen Angelegenheiten des Generalgouvernements. Zwischen Berlin und Krakau entwickelte sich eine rege Reisetätigkeit und ein regelmäßiger Informationsaustausch, der neben den zuständigen Stellen im RFM und Spindlers Finanzabteilung auch die Vertreter von OKW, RFSS und anderen Reichsbehörden einbezog. Mögen Familienunterstützung, Ministerialzulagen, Dienstaufwandsentschädigungen, Beamtenabordnungen, Lehrkraftbesoldungen, Pensionszahlungen,

[350] Die HAFin kalkulierte für das Rj 1940 voraussichtliche Steuereinnahmen mit einem Höchstsoll von 146.550.530 Zł, Insgesamt hoffte man auf Einnahmen von 520,5 Mio. Zł, BArch, R 2, 5033, Bl. 130/168. Damit blieb diese Schätzung sogar hinter Spindlers Erwartung von 700 Mio. Złoty von Anfang Dezember 1939 zurück. Vgl. Diensttagebuch, BArch, R 52 II, 225, Bl. 5.

[351] Vgl. Schreiben Ref. Schwandt an Ref. Burmeister v. 19.1.1940, Bl. 23; Schreiben Franks an Schwerin von Krosigk v. 12.7.1940, BArch, R 2, 5085, Bl. 37 f.

[352] Vgl. Kapitel: Ausbeutungsstrategien, S. 269 u. Ausnutzung über das Maximum hinaus, S. 300.

Steuersätze, Doppelbesteuerung, Währungsschulden, Polizeikosten, allgemeine Besoldungsfragen, Schatzwechsel oder die Finanzierung des außerordentlichen Haushalts wie auch der Verrechnungsverkehr mit dem Reich als trockene Verwaltungsarbeit anmuten, so bestimmten diese Entscheidungen doch maßgeblich die Arbeits- und Lebenswelt der Besatzer und regelten rücksichtslos die Ausbeutung den Landes und den Terror gegenüber der Bevölkerung.[353] Senkowsky fasste „die Grundlagen der Finanzverwaltung des Generalgouvernements“ süffisant mit einer Anspielung auf die polnische Nationalhymne zusammen: „Jetzt ist Polen verloren. Von Osten kommen die Sowjetrussen, von Westen kommt die Finanzverwaltung.“[354]

Die Einheit der Verwaltung

Um die Einrichtung der deutschen Verwaltung in den neuen Reichsgauen möglichst rasch umzusetzen, fand am 23. Oktober 1939 im Reichsministerium des Innern eine eigens dafür einberufene Staatssekretärenbesprechung statt. Diskussionsgrundlage bildete der Führererlass vom 8. Oktober 1939, der die Gliederung und Verwaltung der annektierten Gebiete regelte und durch eine erste Durchführungsverordnung ergänzt werden sollte. Federführend war das RMdI gemäß § 12 des Erlasses als zuständige Zentralstelle. Wichtigster Tagesordnungspunkt war die Stellung der Reichsstatthalter. Diese sollte gemäß dem „Führerprinzip“ gestärkt werden und größere Selbstständigkeit erhalten. Demnach wies § 3 Absatz 2 des Erlasses dem Reichsstatthalter sämtliche Verwaltungszweige zu, denn es könne nicht angehen, dass „sofort mit der Abspaltung der Sonderverwaltungen begonnen werde“, wie der Staatssekretär des Innern Wilhelm Stuckart betonte. Auch die Sonderbehörden auf Kreisstufe sollten den Landräten unterstellt werden.[355]

Besonders das Justiz- und das Finanzministerium brachten scharfe Einwände vor. Reinhardt drängte darauf, dass diese Regelung nicht auf die Aufgabengebiete der Reichsfinanzverwaltung zutreffen dürfe. Auch Greiser, der als designierter Reichsstatthalter nicht die Aufgaben eines Oberfinanzpräsidenten also des obersten Steuereintreibers übernehmen wollte, vertrat diese Linie. Unter Gauleiter Forster hatte der OFP Danzig-Westpreußen, Hoppenrath, sogar unlängst begonnen, seine Sonderverwaltung entsprechend der

353 Vgl. Vermerk zur Besprechung im RFM am 22.2.1940, Vermerk zur Besprechung im RFM am 21.-24.2.1940, Vermerk zur Besprechung beim RFSS im RMdI am 22.2.1940, Vermerk über die Besprechung in Berlin am 15./16.4.1940, IPN, GK, 94/IV, 829, Bl. 4 ff.

354 Senkowsky, S. 253.

355 Vgl. Erlass des Führers und Reichskanzlers über die Gliederung und Verwaltung der Ostgebiete v. 8.10.1939, RGBl. I (1939), S. 2042; Aufzeichnung Kluges über die Besprechung, R 2, 5112, Bl. 16–21, abgedruckt in: Hockerts/Holmann, S. 645 ff.

Struktur des Reiches aufzuziehen. Karl Gebhard wollte diesem Beispiel rasch folgen und in Personalunion als OFP und Leiter der Abteilung Finanzen beim Reichsstatthalter in Posen eigenständig agieren. Reinhardt stärkte dessen Position mit der Zusicherung, „dass die Reichsfinanzbehörden selbstverständlich die Sonderfragen, die in den Reichsgauen Danzig und Posen vorkommen, genügend beachten werden, und dass sie insbesondere das große Werk der Umsiedlung im allgemeinen und in Einzelfällen fördern werden, soweit eine Förderung durch steuerliche und ähnliche Maßnahmen möglich ist."[356]

Der Finanzminister, den drohenden Kontrollverlust fürchtend, wandte sich mit einem Schreiben direkt an Hitler und mahnte: „Würden jedoch in dieser Zusammenfassung auch die Aufgabengebiete der Reichsfinanzverwaltung einbezogen werden, so würde ich die Verantwortung für eine ordnungsmäßige Durchführung des Zollgrenzschutzes an den neuen Reichsgrenzen und für eine ordnungsmäßige Durchführung der Zollverwaltung, der Steuerverwaltung und der anderen Gebiete, die in den Aufgabenbereich der Reichsfinanzverwaltung gehören, nicht tragen können." Schwerin von Krosigk machte drei Aufgabengebiete des Reiches aus, die auch in den neuen Reichsgauen unangetastet bestehen sollten: Wehrmacht, Verkehr und Reichsfinanzen. Zumal es in den annektierten Gebieten einen immensen Finanzbedarf gebe, der nur zu decken sei, wenn „die Ordnung der Reichsfinanzverwaltung in keiner Weise gestört ist". Der Minister befürchtete eine Einnahmeminderung, wenn die Sonderverwaltungen der politischen Führung unterstellt würden. Das hätte eine Zwischenschaltung in der dreigliedrigen Struktur der Reichsfinanzverwaltung bedeutet. Weder die Reichsstatthalter noch die Landräte konnten in seinen Augen die umfangreichen Aufgaben übernehmen. All dies würde zu einem personellen Mehraufwand, einer Erhöhung der Verwaltungskosten und zu Reibungen zwischen der Fachverwaltung und der politischen Leitung führen. Letztlich wären in Folge der bereits bestehenden ungeordneten Verhältnisse sogar die Reichsfinanzen gefährdet.[357]

Ob Hitler je persönlich Kenntnis von der mit Besorgnis vorgetragenen Bitte seines Finanzministers erhielt, bleibt fraglich. Jedoch beschäftigte die Kritik des RFM, die von ähnlichen Bedenken seitens des Justizministeriums flankiert war, nicht nur die Verwaltungsspitze, sondern auch die Parteiführung. Hitlers Stellvertreter Heß übermittelte dem Leiter der Reichskanzlei, Lammers, dass Hitler eine „besonders scharfe Zusammenfassung der Verwaltung in den neuen Reichsgauen wünsche" und betonte, dass für die Aufbauzeit die Verwaltung in der Hand der politischen Führung liegen müsse. Demnach genügte es, wenn das RMdI den Zeitpunkt für eine zukünftige Übergabe an die Reichssonderver-

356 Schreiben Schwerin von Krosigks an Hitler v. 24.10.1939, BArch, R 43 II, 646a, Bl. 43 ff.; Schreiben Heß' an Lammes zu Führererlass und Schreiben Krosigks v. 25.10.1939, ebd., Bl. 59 ff.

357 Vgl. Schreiben Schwerin von Krosigks an Hitler v. 24.10.1939, ebd., Bl. 43 ff.

waltungen bestimmte. Nur im Zuge einer echten Eingliederung im Sinne der „Einheit der Verwaltung" sollten den OFP wichtige bevölkerungspolitische Aufgaben obliegen. Sonst übernahmen diese Aufgaben direkt die Reichsstatthalter. Damit war die Stellung des Innenministeriums als Zentralstelle vermeintlich gestärkt und der Verwaltungsaufbau unter die parteipolitische Richtlinie gestellt. Die Bedenken Schwerin von Krosigks tat man ab, und Heß stellte lapidar fest, dass die fachliche Weisung des Ministers ja in keiner Weise berührt werde.[358] Diese vermeintliche Trennung von Fachverwaltung im Hintergrund und Verwaltung im politischen Auftrag scheint reichlich realitätsfern und zeugt von einem Unverständnis oder vielmehr Desinteresse an genuiner Verwaltungsarbeit. Welche Aufgaben der OFP als bevölkerungspolitisch relevant und welche lediglich als fiskalische Verwaltungstätigkeit zu gelten hatten, blieb dabei nebulös.

Im GG waren im Rahmen der Umsetzung der „Einheit der Verwaltung" die Finanzinspekteure und Hauptzollämter den Kreishauptleuten unterstellt worden und somit nicht mehr selbstständig. Dies führte ebenfalls zu einer längeren Auseinandersetzung zwischen RFM und der Regierung in Krakau. Reinhardt, der die Eigenständigkeit der Hauptabteilung Finanzen in Krakau mit ihrer starken Anbindung an das RFM gesichert sehen wollte, betonte energisch gegenüber seinem Parteifreund Frank, dass eine einheitlich wie zentral geführte Finanzverwaltung nicht als Gegensatz zur „Wahrung einer einheitlichen politischen Linie" im Sinne einer einheitlichen Verwaltungsführung stehe.[359]

Letztlich wurde im Rahmen einer Chefbesprechung in der Reichskanzlei ein recht vager Kompromiss gefunden. Die Aufgaben der Reichsfinanz- und der Reichsjustizverwaltung sollten lediglich für eine nicht näher bestimmte Phase der „Aufbauzeit", den Reichsstatthaltern zugewiesen werden und die Landräte nur bei Gefahr im Verzug von ihrem Weisungsrecht Gebrauch machen. Schwerin von Krosigk stimmte zwar den „Wünschen des Führers" zu, erhob aber erneut Einspruch, da er keine bei den OFP liegenden bevölkerungspolitischen Angelegenheiten erkannte, die unter die politische und verwaltungsrechtliche Führung der Reichsstatthalter hätte gestellt werden müssen. Dass künftig der Schriftverkehr an die Zentralbehörden über die Tische der fachfremden, aber

358 Vgl. Schreiben Heß' an Lammers zum Führererlass u. Schreiben Krosigks 25.10.1939, BArch, R 43 II, 646a, Bl. 59 ff.; Ebd., S. 655 ff; Schreiben Fricks an Lammers v. 26.10.1939, BArch, R 43 II, 646a, Bl. 60 f.

359 Vgl. 2. VO über den Aufbau der Verwaltung im GG v. 1.12.1940, VBlGG. I (1940), S. 357; 1. VO über den Aufbau der Verwaltung der besetzten polnischen Gebiete v. 26.10.1939 (VO über die Einheit der Verwaltung), VBlGG. I (1939), S. 3; Schreiben Reinhardts an Frank v. 20.1.1941 u. Antwort v. 21.4.1941, BArch, R 2, 5834, Bl. 531; Schreiben Reinhardts an Frank v. 20.2.1941, BArch, R 2, 372, Bl. 108 f.

nun weisungsberechtigten Landräte laufen sollte, kam für den Minister, der sich sichtlich übergangen fühlte, nicht in Frage.[360]

Lammers suchte indes Rat und wandte sich auf informeller Ebene an den OFP Troppau, Jancke. Der erfahrene Finanzbeamte verglich das Vorgehen mit den „selbe[n] Fehler[n] wie im Mittelalter als der Kaiser den Fürsten und Städten Finanzhoheit gab". Die aktuellen Maßnahmen stellten somit nicht weniger als eine „Gefahr für die Einheit des Reiches" dar. Sämtliche Einnahmen flössen nunmehr in die Oberkassen der Reichsstatthalter, und es sei kaum anzunehmen, dass diese Organisationsform – so wie es Lammers annahm – nach zwei Jahren wieder aufgelöst würde. Jancke warnte inständig vor den Folgen für die besetzten und annektierten Gebiete und sah Zuständigkeitsbereiche verschwimmen und verschwinden. Der Leiter der Reichskanzlei wich jedoch wie auch Innenminister Frick nicht von der parteipolitischen Linie ab. Auch Greiser und Forster lenkten, die machtpolitische Perspektive erkennend, ein.[361]

Für die Verwaltungspraxis bedeute dies eine schwer zu kontrollierende Einflussnahme. Von den Landräten über die Regierungspräsidenten bis zu den Reichsstatthaltern konnte die politische Führung nun fast uneingeschränkt Einfluss auf die Steuereintreibung und die Mittelverwendung nehmen. Arthur Greisers Absicht, den Warthegau als nationalsozialistischen Mustergau zu führen, indem er mit dem Prinzip „Einheit der Verwaltung" traditionelle bürokratische Hemmnisse abschüttele, stand damit auch finanzpolitisch nichts mehr im Wege.[362] Die im § 10 des Führererlasses dem RFM in Absprache mit dem RMdI zugewiesene Zuständigkeit für den Finanzausgleich der neuen Reichsgaue mit den Ländern blieb ein Papiertiger.

Ungeachtet dessen bemühte sich Schwerin von Krosigk fortwährend, die Finanzhoheit seiner Verwaltung gegenüber anderen Reichsbehörden zu wahren. Die Anfrage Stuckarts hinsichtlich der finanziellen Aspekte der Durchführungsverordnung des Führererlasses vom 7. Oktober 1939, der Himmler ermächtigt hatte, als RKF Dienststellen für „Umsiedlungsangelegenheiten" zu errichten, beantwortete der Minister dementsprechend höflich, aber bestimmt: „Ich setze hierbei voraus, dass sich die Befehlsbefugnisse des RKF nicht unmittelbar auf fachliche Angelegenheiten meiner Verwaltung bezieht. Z. B. halte ich es nicht für vertretbar, dass der Reichskommissar oder sein Beauftragter

360 Vgl. Vermerk zur Chefbesprechung am 27.10.1939, BArch R 43 II, 646a, Bl. 66; Abschrift zu den Ergebnissen der Chefbesprechung v. 27.10.1939, ebd., Bl. 107 f.; 2. DVO zum Erlass v. 8.10.1939, RGBl. I (1939), S. 2133; Schnellbriefe Schwerin von Krosigks an RMdI, RMJ, Reichskanzlei und Stellvertreter des Führers v. 6. u. 7.11.1939, BArch, R 43 II, 646a, Bl. 80 ff.; Schnellbrief Fricks an RdF und Chef der Reichskanzlei v. 18.11.1939, ebd., Bl. 110.

361 Vgl. privater Briefwechsel zwischen Lammers u. OFP Troppau Jancke im November 1939, BArch, R 43 II, 646a, 127 ff.

362 Vgl. Kranz.

unmittelbar in die Steuerveranlagung oder in die Steuereinziehung eingreift. Ich wäre dankbar, wenn in dem Erlass ausdrücklich klargestellt würde, dass der Reichskommissar oder sein Beauftragter sich in Fällen dieser Art an die zuständigen Dienststellen meiner Verwaltung erforderlichenfalls an mich, zu wenden hat."[363]

Insgesamt verlief der Verwaltungsaufbau für die Reichsfinanzverwaltung im Rahmen einer Angleichung der neuen Reichsgaue an das Finanzrecht des Reiches, wie im Erlass vom 8. Oktober 1939 vorgesehen, sukzessive.[364] Die Gliederung der Steuer- und Zollverwaltung wurde personalintensiv gemäß der Gliederung im Reich vorgenommen (Finanzamt- Oberfinanzpräsidium-Reichsfinanzministerium bzw. Zollamt – Hauptzollamt- Reichsfinanzministerium).[365] Auch hier übernahmen, wie im Generalgouvernement, großteils die bereits seit September 1939 eingesetzten Beamten die Aufgaben in Steuer- und Zollverwaltung, um möglichst rasch eine stabile Einnahmebasis für die neuen Reichsgebiete zu sichern. Das Reich hatte bisher nur eine „Reichswirtschaftshilfe" auf dem Wege einer Bürgschaft in Form einer 200 Millionen Reichsmark umfassenden Reichsgarantie bewilligt.[366]

2.7 Zwischenbilanz

Die zweite Besatzungsphase begann mit der Aufteilung der Beute. Mit der Teilung Polens in Interessensphären gemäß dem geheimen Zusatzprotokoll zum Hitler-Stalin-Pakt und dem Deutsch-Sowjetischen Grenz- und Freundschaftsvertrag wurde einerseits die Souveränität des polnischen Staates nach nur zwei Jahrzehnten der Unabhängigkeit erneut beendet, anderseits wurden durch die weitere Aufteilung des deutsch besetzten Gebietes die Grundlagen der deutschen Besatzungspolitik festgelegt.

Die beiden Regime teilten die Kriegsbeute während der 22 Monate währenden mörderischen Allianz unter sich auf und etablierten jeweils eine Terrorherrschaft. Deportationen, Enteignungen und Massenmord gehörten zur Gewalterfahrung der polnischen Bevölkerung in beiden Besatzungsgebieten.[367] Die Ausbeutung der wirtschaftlichen Ressourcen erfolgte im sowjetisch besetzten Ostpolen unter anderen politischen Vorzeichen, war aber ebenso

[363] Schreiben Stuckarts an Schwerin von Krosigk v. 1.12.1939 u. Antwort v. 6.12.1939, Barch, R 2, 5834, Bl. 380 ff.

[364] Zum Steuerrecht vgl. Kapitel: Ost-Steuerhilfe, S. 194.

[365] Vgl. Vermerk der Abteilung VI zum Aufbau der RFV in den Ostgebieten 31.10.1939, BArch, R 2, 5834, Bl. 342 f.

[366] Vgl. Abschrift betreffend Kreditversorgung in den eingegliederten Gebieten zu VO v. 16.9.1939, BArch, R 2, 24233, n. p.

[367] Vgl. Weber; Snyder, S. 135–167; Slutsch.

brutal und umfassend wie unter deutscher Besatzung. Die Kollektivierung der Landwirtschaft durch die Enteignung der Großgrundbesitzer und die Verstaatlichung von Industrie, Handel und Banken sowie die Einführung des Rubels trafen die Bevölkerung hart[368] und gaben die Rahmenbedingungen eines Besatzungsalltags zwischen Widerstand, Anpassung und Kollaboration vor.[369]

Die Aufteilung Polens war für die deutsche Seite insgesamt sehr vorteilhaft ausgefallen. Die wirtschaftlichen Filetstücke und die ertragreichen Ackerböden lagen samt und sonders innerhalb des deutschen Einflussbereiches. Mit den umfangreichen Annexionen im Westen Polens vergrößerte Hitler das Reichsgebiet erheblich. Er verleibte den neuen Reichsgauen dabei Gebiete ein, die über die vormaligen preußischen Ostprovinzen hinausgingen. Das unter deutsche Zivilverwaltung gestellte Generalgouvernement stellte in der Folge ein um beinahe jegliche wirtschaftliche Potenz beraubtes Rumpfgebiet dar. Innerhalb dieser neu geschaffenen Gebietskörperschaften wurde nun der Zugriff auf die verschiedenen Beutewerte geregelt und für eine gezielte wie umfangreiche Ausbeutung verstetigt. Nach den ersten wilden Raubzügen von Wehrmacht, SS und Devisenschutzkommandos positionierten und etablierten sich zum Ende des Jahres 1939 bzw. zu Beginn des Folgejahres die Ämter, Dienststellen und Behörden, die sich dieser Aufgaben annehmen sollten.

Mit der Schaffung der Beutestelle in der Zuständigkeit des RFM übernahm, anders als im Ersten Weltkrieg, ein Zivilressort die Aufgabe der Erfassung der mobilen Beutewerte, die nicht als unmittelbare militärische Kriegsbeute von der Wehrmacht weitergenutzt wurde. Erstaunlicherweise war die Einrichtung einer solchen Stelle nicht vor Kriegsbeginn beschlossen worden, sondern wurde situativ und getrieben von den Anforderungen der Besatzungsexekutive eilends innerhalb der Reichshauptkasse installiert. Die mangelnde Vorbereitung und die zugleich unzureichende personelle Ausstattung machten die Erfassung der Beutewerte von Beginn an zu einem zwar durchbürokratisierten, aber wenig effizienten, da in seinen Arbeitsprozessen langwierigem Provisorium. Die Regimespitze gab auch zu keinem späteren Zeitpunkt klare Vorgaben für die Verwertung. Das zuständige Reichsfinanzministerium vertagte diese dann, vor allem aufgrund der fehlenden Rechtssicherheit, auf die Nachkriegszeit. Die Beutestelle entwickelte sich so rasch zu einer Art Kriegshort, in dem sich unter den verwahrten und registrierten Wertgegenständen auch allerhand wertlose Dinge und so mancher Plunder ansammelte. Für die Entwertung eines Großteils der erbeuteten Devisen und Wertpapiere hingegen sorgte das Regime mit seiner auf Zerstörung ausgerichteten Kriegsführung selbst.

Das Ministerium schloss sich trotz anfänglicher Bedenken über die Rechtmäßigkeit des Raubzuges schnell dem Beuteverständnis anderer NS-

368 Vgl. Wierzbicki.
369 Vgl. Guryanov.

Dienststellen und der Wehrmacht an, die den Raub von Edelmetallen, Devisen und Wertgegenständen nicht zuletzt durch die im Deutschen Reich herrschende Devisenknappheit nicht hinterfragte, sondern als Handlungsmaxime interpretierte, die einer Legitimation nicht bedurfte. Gestützt wurde diese Sichtweise außerdem durch die Vorgaben Görings und seiner Vierjahresplanbehörde über umfangreiche Beschlagnahmen im besetzten Gebiet.[370]

Mit der Gründung der Haupttreuhandstelle Ost durch Göring wurde Ende des Jahres 1939 eine weitere Stelle geschaffen, deren Zuständigkeitsbereich sich auf die mobilen, aber vor allem immobilen Beutewerte im annektierten Gebiet erstreckte. Die HTO war beauftragt, die geraubten Werte neu zu verteilen. Mit der „Staatsvermögensverordnung" und der „Polenvermögensverordnung" wurden der polnische Staat und seine Bürger innerhalb der neu gesteckten Reichsgrenzen de facto enteignet und verloren jedes Recht an ihrem Eigentum. Diese Entwicklung muss ganz klar als eine Weiterentwicklung und Radikalisierung der „Arisierungspolitik" verstanden werden. Mit dem Überfall auf Polen hatte sich jedoch eine völlig neue Situation ergeben. Nicht nur die Dimension des Raubens hatte sich nochmals gesteigert, es tauchte vielmehr eine ganz andere Erschwernis auf. Es gab in den annektierten Gebieten keine deutsche Mehrheitsbevölkerung, die durch den Raub unmittelbar begünstigt worden wäre, oder diesen selbst hätte umsetzten können. Vielmehr wurde die Enteignungspolitik auf die Bevölkerungsmehrheit ausgedehnt, um die deutsche Minderheit zu begünstigen bzw. eine neue deutsche Mehrheit zu schaffen. Treuhänder war nun der Staat und die Treuhänder Angestellte im Staatsauftrag.

Die vordringlichen Aufgaben der HTO waren folglich, möglichst rasch polnische Vermögen zu erfassen, ihre ausschließliche Zuständigkeit für jegliche Beschlagnahmen auch vor Ort durchzusetzen, eine einheitliche Verwaltungsgrundlage zu etablieren, kommissarische Verwalter einzusetzen und zu betreuen und dabei die Interessen der Wehrwirtschaft wie der SS-Siedlungspolitik zu berücksichtigen. Aus Sicht des Finanzministeriums galt es vor allem die Eigenständigkeit der Behörde zu begrenzen, ihre Tätigkeit im Rahmen der Haushaltsgesetzgebung des Reiches zu halten, Einfluss auf die Geschäftstätigkeit, insbesondere hinsichtlich der künftigen Besteuerung, zu nehmen und die rechtliche Definition und damit den Zugriff auf die Vermögenswerte zu regeln.

Die Besetzung der HTO-Leitung mit Max Winkler gab dabei den entscheidenden Impuls für die Entwicklung der Treuhandstelle. Winkler war bereits vor 1933 bestens vernetzt und pflegte auch mit dem Reichsfinanzminister Schwerin von Krosigk persönlichen Kontakt. Die Männer kannten sich seit den 1920er-Jahren, als sie im Staatsauftrag durch die Finanzierung eines Netzes von Stiftungen und Scheinverlagen das „Deutschtum" in Polen unterstützten.

[370] Vgl. Banken, Großraubwirtschaft, S. 842–845.

Seine Erfahrung als Treuhänder hatte Winkler dann abermals im Auftrag von Reichspropagandaminister Goebbels bei der Gleichschaltung von Film- und Verlagswesen eingebracht. Die Position des Treuhandchefs war so stark, dass er bei der Normsetzung für den Raub den Ministerien die Verordnungsentwürfe faktisch diktierte und damit das (Un)Rechtsverständnis des Regimes durchsetzte. Mildernde Vorschläge des Finanzministeriums fanden in der Normdurchsetzung keinen Widerhall. Das bedeute aber keineswegs, dass das Ministerium gegenüber der HTO völlig einflusslos war.

Langjähriger Ansprechpartner Winklers im Reichsfinanzministerium war neben Schwerin von Krosigk Haushaltsreferent Hermann Burmeister. Dieser wurde nun durch Walter Maedel unterstützt, der das neu geschaffene Referat 13 in der Abteilung VI leitete, das sich durch die Zuständigkeit für die HTO (u. a. Vertretung in den Gremien) und die Beutestelle zum Beutereferat entwickelte. Die spekulativ geschätzten Treuhanderlöse von 20 bis 30 Milliarden Reichsmark ließen immerhin auf hohe Erträge für den Reichshaushalt hoffen. Maedels Referat, das in der Forschung aufgrund seiner Zuständigkeit für die dem Reich verfallenen Vermögen in Folge der Deportationen auch als Judenreferat bezeichnet wird, hatte tatsächlich einen viel größeren Geschäftsbereich und war tief in den Raub in Polen verwickelt.

Die Gründung der Haupttreuhandstelle Ost war also unmittelbar an die NS-Siedlungs- und Lebensraumpolitik gekoppelt und adaptierte auch mit Unterstützung der Finanzverwaltung die bereits bestehende Enteignungspraxis und Vermögensverwertung. Allerdings stand einer gewinnbringenden Verwertung der so gemachten Beute für das Staatssäckel sowohl auf dem Wege direkter Verkaufserlöse als auch der indirekten Form durch Besteuerung nicht nur das System der Winklerschen Treuhandpolitik entgegen, sondern vielmehr der Wahnwitz einer rassistischen Ideologie. Der wirtschaftliche Schaden der gesamtgesellschaftlich als auch individuell durch den Raub von Staats- und Privatvermögen binnen kürzester Frist angerichtet wurde, ist schwer zu bemessen. Der Gewinn in Form von Zahlungen auf die Konten der Reichshauptkasse blieb weit hinter den Erwartungen des Reichsfinanzministeriums zurück. Der Alltag in den annektierten Gebieten war in den Verwaltungen von Staat und Partei, die hier noch mehr ineinander übergingen, geprägt von schwer zu kontrollierender Bereicherungslust und Machtstreben. Die Treuhandstellen und ihre kommissarischen Verwalter bildeten da keine Ausnahme. Es gab zahlreiche Probleme bei Treuhändern, viele mussten ausgetauscht werden, neue waren schwer zu finden. In Behörden und Verwaltungen machte so rasch der Schmähruf von „Hermanns traurigste[r] Organisation" die Runde.[371] Zum Ärger der Ministeriumsspitze waren die Einflussmöglichkeiten der Reichsfinanzverwaltung auf die Arbeit und damit auf Erfolg und Ertrag der

[371] Vgl. Bräutigam, S. 269.

Treuhandstelle allerdings limitiert. Reinhardt, der früh zu der Einsicht kam, dass das RFM mehr Kontrolle über die HTO erwirken bzw. diese ganz in die Reichsfinanzverwaltung übernehmen sollte, versuchte, diesen Zustand fortan zu ändern.[372]

Um die nationalsozialistische Germanisierungspolitik zu ermöglichen, war die Trennung von Siedlungsgebiet und Abschieberaum von essentieller Bedeutung. Die Verlegung der Zollgrenze des Reiches an die Grenze zum Generalgouvernement war für die geplante, Vertreibungs-, Siedlungs-, Währungs- und Wirtschaftspolitik entscheidend. Die Definition dieser so wichtigen Trennlinie als „Volkstumsgrenze“ und die konkrete Absicherung des Personen- und Warenverkehrs oblag den Zöllnern der Reichsfinanzverwaltung. In enger Zusammenarbeit mit SS und Gestapo bewachten sie diese Grenze unter Einsatz von Waffengewalt. Dabei spielte die Sicherung der Zolleinnahmen eine untergeordnete Rolle. Vordergründige Aufgabe des Grenzschutzes war die Unterbindung von Schmuggel, der für viele Polen und Juden überlebenswichtig war, und die Verhinderung von Grenzübertritten von vertriebenen Polen zurück in die Reichsgaue. Die vom Reichsfinanzministerium geförderte Verwendung der Schusswaffe führte zu einem deutlichen Anstieg des Gewaltpotenzials innerhalb des Zolls.

Ähnlich unvorbereitet wie bei der Beuteerfassung gingen die Besatzer bei der Frage der Währungspolitik vor. Die Entscheidung, mit den Reichskreditkassenscheinen eine Besatzungswährung auszugeben, fiel ebenfalls erst nach dem Einmarsch in Polen und war ähnlich situativ wie die Schaffung der Beutestelle. Die als Münzersatzwährung auf Reichsgebiet gedachten Scheine und deren Ausgabe über die eilends geschaffenen Reichskreditkassen im besetzten Gebiet, ermöglichten einerseits eine rasche Ingangsetzung des Geld- und Bankenwesens und waren anderseits eine willkommene Möglichkeit der Währungsmanipulation. Aufgrund der erfolgreichen Erprobung in Polen wurden die Reichskreditkassenscheine fortan als Zahlungsmittel der Wehrmacht und anderer Verbände im vom Deutschen Reich besetzten Europa eingesetzt und trugen als Geldmittel maßgeblich zur Aufrechterhaltung der jeweiligen Geldwirtschaft und zugleich zur maximalen Ausnutzung der Wirtschaftskraft des besetzten Gebietes bei. Die Kaufkraft der nur im Ausland kursfähigen Scheine war flexibel je nach Gebiet anpassbar und bot die schnellstmögliche Lösung der Kopplung mit den Besatzungskosten.[373]

Im besetzen Polen ging man indes einen anderen Weg. Mit dem Ziel einer raschen wirtschaftlichen Angleichung der annektierten Gebiete an das Reich war

372 Vgl. Kapitel: Das Treuhandvermögen, S. 224.

373 Vgl. Ausarbeitung zur Rolle der RKK bei der Versorgung der besetzten Gebiete mit Geld und Krediten, ohne Datum, BArch, R 2, 30915, n. p.; VO zu den Reichskreditkassen v. 3.5.1940, RGBl. I (1940), S. 771 u. 15.5.1940, RGBl. I (1940), S. 774; Kilian, S. 127 ff.

eine Währungsunion unumgänglich. Die Ausgabe der Reichsmark spülte Hunderte Millionen eigentlich wertlos zu stellender Złoty in die Kriegskasse. Die Entscheidung des Reichsfinanzministers, diese in das bereits durch einen viel zu hohen Geldmengenumlauf belastete Generalgouvernement zu pumpen, war nur der Beginn einer auf Hyperinflation ausgelegten Politik. Die Entwertung des Geldes, die Einforderung eines immensen Besatzungskostenbetrages und die zugleich stattfindende Plünderung von Rohstoffen, Industrieanlagen, Produkten und Arbeitskräften sowie die Ausschaltung der Juden aus der Wirtschaft des GG führten zu einer nahezu absurden Finanzpolitik. Die Beamten in Krakau mühten sich um geordnete Steuereintreibung und Haushaltsaufstellung, die das RFM auch im Rahmen seiner Kontrollmacht und der Entrichtung von Besatzungskosten einforderte, anderseits unterminierte das Finanzministerium bewusst und hartnäckig jede von Generalgouverneur Hans Frank angestrebte wirtschaftliche Stabilisierung.

Die „Emissionsbank in Polen“, errichtet, um oberflächlich als vertrauensbildende Maßnahme zu dienen, aber real mit keiner Deckung versehen, war in dieser Konstruktion zwischen Ordnung und Willkür von Beginn an Ausbeutungsinstrument. Mit Emission des neuen Besatzungsgeldes wurde der Złoty endgültig zu einer Vasallenwährung, deren Deckung in der Zahlungsbilanz zum Reich durch einen Warenausfuhrüberschuss nur fingiert wurde, da das Reichsfinanzministerium nicht plante, diesen auszugleichen. Die negativen Auswirkungen auf die Wirtschaft des Generalgouvernements in Folge der einseitigen Exporte und ausbeuterischen Zwangsarbeit und Zwangsbewirtschaftung wurden bewusst in Kauf genommen.

Jenseits der Regelungen währungspolitischer Natur waren die Machthaber in Berlin, Posen, Danzig und Krakau aber vorrangig daran interessiert, ihre Machtbasis und ihre Einflussbereiche konkret abzustecken. Jedwede Form fiskalischer oder pekuniärer Einflussnahme musste demnach auf Grundlage der oft weit auslegbaren Erlasse Hitlers verhandelt und letztlich in Verwaltungspraxis überführt werden. Das Finanzministerium stand keineswegs außerhalb dieser Ränke, sondern strebte ganz im Gegenteil direkte Einflussnahme an, um eine maximale Heranziehung der erbeuteten polnischen Wirtschaftsleistung für das Reich zu erzielen. Die Erpressung von Besatzungskosten war dabei nur ein mögliches Instrumentarium.

Die Einrichtung der Abteilung Finanzen unter Spindler und Senkowsky in Krakau und der personalintensive Aufbau der Finanzverwaltung im Generalgouvernement standen von Beginn an unter den Vorzeichen einer brutalen, auf maximale Ausbeutung hin ausgerichteten Besatzungspolitik. Das Generalgouvernement sollte in allen Bereichen im Interesse des Reiches ohne Rücksichtnahme ausgeplündert werden. Die Währungs- und Finanzhoheit auszuüben, spielte also eine entscheidende Rolle. Trotzdem entschied man sich im Ministerium gegen die Gründung eines Generalreferats für Polen. Das

Referat Burmeister wurde wohl in Erwartung der als überschaubar bewerteten Aufgaben wie Einnahmen zum Sachwalter für das Generalgouvernement. Polen wurde nicht als Ausland angesehen, sondern als Verfügungsmasse des Reiches, so dass erzielte Einnahmen aus den Besatzungskosten direkt dem Reichshaushalt zufließen sollten. Die Haushaltsabstimmungen zwischen Berlin und Krakau waren geradezu detailversessen, und doch waren die Forderungen für den zu leistenden Wehrbeitrag utopisch überhöht.

Der Verwaltungsaufbau in den neuen Reichsgauen, der auch dort im Sinne „der Einheit der Verwaltung" sämtliche Verwaltungszweige unter die Prämisse der politischen Führung stellte, erregte spürbaren Widerstand des Reichsfinanzministeriums. Schwerin von Krosigk wandte sich erfolglos an Hitler. Den Machtzuwachs der Reichsstatthalter und Verwaltungsführer musste der Minister aber hinnehmen.

Nicht zuletzt dank dieses lokalen Machtzuwachses konnten Umsiedlung, Vertreibung und Eindeutschung so frühzeitig und energisch vor Ort realisiert werden. Die Bemühungen von Finanzminister und Staatssekretär, eine altbewährte, auf Zentralisierung der Finanzhoheit ausgerichtete Verwaltungsstruktur zu errichten, zielte vor allem auf die Sicherung der Reichseinnahmen und die Kontrolle über die Ausgabenhöhe. Langfristig galt es, die wirtschaftlichen und bevölkerungspolitischen Maßnahmen in den annektierten Gebieten solide zu finanzieren. Dabei nahm das RFM keine grundsätzliche Gegenposition zu den ideologischen Vorgaben der politischen Führung ein. Vielmehr bemühte man sich im Hintergrund nachhaltig darum, die der Reichsfinanzverwaltung zugewiesene Aufgabe der Staatsfinanzierung durch eine geschickte Organisation der Verwaltung umzusetzen. Konfliktpotenzial bestand vor allem in den abweichenden Auffassungen zur Aufgabe von Verwaltung sui generis, die selbst in die Regimespitze hinein bis zur offener Ablehnung und Geringschätzung reichte. Auch in Fragen des zeitlichen Horizonts und der Sinnhaftigkeit verwaltungsstruktureller Arbeitsabläufe liefen die Vorstellungen weit auseinander.

Im Ergebnis hatten sich die beiden Teilungsgebiete unter deutschem Einfluss in nur wenigen Monaten bis zum Frühjahr 1940 in diametral entgegengesetzte Richtungen entwickelt. War der Erfahrungshorizont der polnischen Bevölkerung durch den alltäglichen Terror, durch Raub, Vertreibung, Mord, Zwangsarbeit und Entbehrungen in beiden Gebieten faktisch gleich, so hatten die politischen Vorgaben und Zielsetzungen nach der anfänglichen Phase des Raubens und Plünderns mit Blick auf die zukünftige Stellung und Funktion der Gebiete an Gestalt gewonnen. Für das Reichsfinanzministerium bedeute dies, dass es einerseits für die Entwicklung eines Subventionsgebietes und anderseits für die Ausbeutung eines Kolonialgebietes die währungs- und finanzpolitischen Weichen in einem expandierenden Kriegsgeschehen zu stellen hatte.

3 Verwertung der Beute

3.1 Das Subventionsgebiet

Die Beute zu erfassen, zu bewerten, zu sichern und zu verteilen, war zunächst vordringliche Aufgabe der Okkupationsverwaltungen gewesen. Während des ersten Jahres der Besatzung wurden die Weichen für Erfolg oder Misserfolg gestellt. Ob eine längerfristige, effiziente Ausbeutung für das kriegführende Reich bzw. eine erfolgreiche Eingliederung der annektierten Gebiete während des entfachten Weltkrieges ansatzweise gelingen würde, entschied sich bereits vor Beginn des Krieges gegen die Sowjetunion.

Die „Völkische Neuordnung Europas", die mit der Aufteilung und Teil-Annexion Polens aus Sicht der Regimespitze erst begonnen hatte, würde immense Mittel an Geld, Rohstoffen, Arbeitskraft und Menschenleben kosten. Polen als erstes Opfer dieses Krieges musste – sollte eine gezielte und langfristige wie strukturelle Ausbeutung der eroberten Volkswirtschaft zur Kriegsfinanzierung taugen – hinsichtlich seines Wertes bemessen und für die deutsche Kriegswirtschaft nutzbar gemacht werden. Zugleich mussten die Mittel zur Verfügung gestellt werden, um das Wiedervereinigungsprojekt zu realisieren, das mit einer weit greifenden Ausdehnung des Reichsgebietes um die ideologische Komponente einer nationalsozialistischen Ostsiedlung erweitert worden war.

An verschiedene Reichsstellen erging der Auftrag, oder sie ermächtigten sich selbst, von der wirtschaftlichen Ausbeutung bis zur Siedlungskolonisation Tatsachen zu schaffen. Auch entstanden Neugründungen außerhalb der klassischen Reichsressorts wie die Dienststellen des Reichskommissars für die Festigung deutschen Volkstums oder die Haupttreuhandstelle Ost. Diese Einrichtungen wurden mit dem Ziel geschaffen, nach nationalsozialistischen Vorgaben, also jenseits gängiger Rechtsetzung und außerhalb des völkerrechtlichen Rahmens, zu agieren. Sie entwickelten eine ausdifferenzierte Bürokratie samt Rechtsetzung und konkurrierten nicht nur mit der bestehenden Reichsverwaltung, deren Aufgabenspektrum von Hitler weder klar ausgedehnt noch abgegrenzt worden war. So entstand ein schwer durchschaubares Konglomerat zwischen Reichsverwaltung, Sonderverwaltung und Besatzungsverwaltung.[1]

Neben der neuen Sonderverwaltung, die im politischen Auftrag handelte und doch nicht ohne die personelle Unterstützung aus bzw. die enge Verzahnung mit den klassischen Reichsressorts auskam, bildete sich eine Regional-

[1] Die Erlasse vom 8. und 12. Oktober 1939 hatten in der Praxis ein Mehr an Unbestimmtheit in Fragen der Zuständigkeiten geschaffen. Vgl. Kapitel: Die vierte Teilung, S. 95.

https://doi.org/10.1515/9783110718027-004

und Kommunalverwaltung in den annektierten Gebieten. Doch die Ziele dieser Verwaltungsstrukturen, gleich, ob sie der zentralen Berliner Ministerialverwaltung unterstellt bzw. angliedert waren oder als dezentral agierende Sonderverwaltung arbeiteten, konnte unterschiedlicher nicht sein.

Die per Annexion dem Reich zugeschlagenen Gebiete waren anders als das Generalgouvernement als Siedlungsraum bestimmt und sollten möglichst rasch als Teil des Großdeutschen Reiches an die Wirtschaftsverhältnisse im sogenannten Altreich aufschließen. Dementsprechend war die Reichsgrenze nach Osten verschoben und die Reichsmark eingeführt worden. Neue Verwaltungsgrenzen bestimmten die NS-Gaue in den annektierten Gebieten, auf die binnen kurzer Frist der Geltungsbereich der Reichsgesetzgebung sowie die Zuständigkeit der Reichsverwaltung ausgedehnt wurde. Bis Dezember 1940 waren über 150 Gesetze und Erlasse nach deutschem Recht eingeführt worden. Auf dieser rasch etablierten Rechtsbasis konnten Kommunalverwaltung, Strafrecht, öffentlicher Dienst sowie allgemeine Verwaltung und die Fachverwaltungen aufgebaut werden.[2] Parallel waren der polnische Staats- und Privatbesitz beschlagnahmt und in treuhänderische Verwaltung überstellt worden.

Generell vollzog sich der Aufbau der deutschen Finanzverwaltung trotz erheblichen Personalmangels und anderer Probleme recht schnell. In den Gauen Danzig-Westpreußen und Wartheland wurde unverzüglich das dreigliedrige Reichsmodell übernommen. Laut Schwerin von Krosigk war dies keine Erfolgsgeschichte: „Im übrigen wiederholten sich die Erfahrungen, die ich bei Österreich und dem Sudetenland gemacht hatte. Auch in diesem Fall war, finanziell gesehen, die Annexion für das Reich ein schlechtes Geschäft. Wir mussten an Zuschüssen wesentlich mehr hineinstecken, als die steuerlichen Einnahmen in diesen Gebieten erbrachten. [...]“[3]

Die annektierten Gebiete waren also aus Sicht des Reichsfiskus ein Subventionsgebiet. Nicht Ausbeutung und kurzfristige Ressourcenplünderung steckten den Rahmen der Politik, sondern die Verwertung durch Umverteilung und Umwertung der Beutewerte, sowie der materiellen als auch der sozialen Werte und Wertvorstellungen.[4] Jedoch war die Zielrichtung für einen „Aufbau Ost“ keineswegs klar vorgegeben. Denn unter nationalsozialistischen Vorzeichen handelte es sich nicht nur um eine Angleichung der wirtschaftlichen Lebensverhältnisse in den neuen Reichsgauen an das sogenannte Altreich, sondern um die Erschaffung und Gestaltung von Musterprovinzen und Siedlungsräumen,

2 Vgl. Anonymous, German Occupation of Poland, S. 7.

3 Schwerin von Krosigk, Memoiren, S. 203.

4 An dieser Stelle wird nicht der zentrale Begriff aus der Philosophie Nietzsches aufgegriffen, sondern dessen Interpretation und Vereinnahmung als Schlagwort durch die Nationalsozialisten. Vgl. Nietzsche. Zur Begründung einer nationalsozialistischen Ethik und deren Wertegerüst mit Bezug zu Nietzsche vgl. Rebentisch, Verfassungswandel, S. 136.

die nach den Vorgaben einer rassistischen Ideologie eine deutsche Hegemonie in Ostmitteleuropa und weiter im Osten Europas zementieren sollten.

Am 12. Februar 1940 trafen sich in Carinhall, dem Landsitz Görings, Vertreter der obersten Reichsstellen zu einer mehrstündigen „Sitzung für Ostfragen". Neben Göring nahmen teil: die Gauleiter und Reichsstatthalter (Greiser, Koch, Wagner und Forster), Himmler in seiner Funktion als RKF, Finanzminister Schwerin von Krosigk als einziger Reichsminister, die Staatssekretäre der Reichsministerien und Max Winkler für die HTO. Göring informierte die Anwesenden über die geplante wirtschaftliche und siedlungspolitische Ausrichtung der neuen Reichsgaue wie des Generalgouvernements. Er betonte dabei die unbedingte Ausrichtung auf die „Stärkung des Kriegspotentials des Reiches" und begründete damit die Verschiebung des nationalsozialistischen Aufbaus und der wirtschaftlichen Angleichung der Ostgebiete auf die Zeit nach dem Krieg.[5]

Die Gauleiter stellten eine umfangreiche wirtschaftliche Nutzbarmachung der neuen Reichsgebiete in Aussicht. Der Reichsfinanzminister sicherte zu, dass die verschiedenen Kreditformate des Reiches (Wiederaufbaukredite für Volksdeutsche, Betriebskredite für polnische, unter deutscher Treuhandverwaltung stehende, landwirtschaftliche und industrielle Betriebe und Siedlungskredite für die RKF-Dienststellen) weiterlaufen würden.[6] Er dürfte hinsichtlich der von Göring eingeforderten Zurückhaltung bezüglich möglicher weiterer kurzfristiger Reichsinvestitionen für den Wirtschaftsaufbau beruhigt gewesen sein. Die notwendigen Investitionsleistungen neben dem bestehenden Finanzausgleich für die als Zuschussgebiet eingestuften Gaue würden demnach erst nach Kriegsende anfallen. Allerdings hielten sich sowohl die Reichsstatthalter als auch Himmler und Winkler beim Ausbau ihrer Machtbereiche nur bedingt bis gar nicht an diese Vorgabe. Außerdem waren die fest einzukalkulierenden Kosten für Treuhand- und Siedlungspolitik offenbar ebenso wenig diskutiert worden wie die Einnahmeausfälle in Folge der Vertreibungs- und Enteignungsmaßnahmen.

[5] Vgl. „Sitzung für Ostfragen unter dem Vorsitz des Ministerpräsidenten Generalfeldmarschall Göring", abgedruckt in: IMG, Bd. 36, S. 299–307; Protokoll zur Besprechung der Abteilungsleiter v. 15.2.1940, Diensttagebuch, BArch, R 52 II, 225, Bl. 37–39; Präg/Jacobmeyer, S. 127.

[6] Vgl.„Sitzung für Ostfragen unter dem Vorsitz des Ministerpräsidenten Generalfeldmarschall Göring", abgedruckt in: IMG, Bd. 36, S. 306

3.2 Ost-Steuerhilfe

Als unmittelbare Folge der brutalen Bevölkerungspolitik nahm die Einwohnerzahl in den die annektierten Gebieten zunehmend ab. Die Mehrheitsbevölkerung wurde vertrieben, ghettoisiert oder war lediglich geduldet. Die Ansiedlung der Deutschen aus dem Baltikum und aus der Sowjetunion war erst noch zu organisieren, so dass Wohnungen und Häuser leer standen, Betriebe stillstanden und Geschäfte geschlossen waren. Auch die Übernahme der Unternehmen durch Treuhänder verlief schleppend.[7] Ein signifikanter Zuzug aus dem Reichsgebiet war nicht zu erwarten. Es bestand seit Jahrzehnten eine Tendenz zur Westwanderung in die industriellen Zentren, die bereits vor dem Ersten Weltkrieg und danach Anziehungspunkt gewesen waren. Um dieser demographischen Entwicklung entgegenzuwirken und eine größere Anzahl Reichsdeutscher für die Übersiedlung in die annektierten Gebiete zu motivieren, bedurfte es lukrativer Angebote. Für viele Deutsche aus dem Reichsgebiet ließen zahlreiche Faktoren eine Zuwanderung unattraktiv erscheinen. Der Lebensstandard war geringer, die Umgebung fremd, die „polnische Wirtschaft" galt als rückständig, die einheimische Bevölkerung wurde als minderwertig, unzivilisiert und deutschenfeindlich angesehen.[8]

Unmittelbare Maßnahmen, die die neue nationalsozialistische Ostsiedlung forcieren sollten, gingen eiligst in Planung. Dabei gerieten Großprojekte, wie der Umbau des Posener Schlosses, zu einer NS-Feste für Reichsstatthalter Greiser, oder überdimensionierte Wiederaufbaumaßnahmen kriegsbedingt zerstörter Ortschaften oft zu Prestigevorhaben. Das kostete Geld und führte nicht selten zu Unmut in der Ministerialbürokratie. So verbaute allein der Landrat von Jarotschin, Peter Orlowski, in dem durch den Krieg zerstörten Örtchen Wilhelmswalde (Radliniec) auf persönlichen Wunsch Greisers und mit finanzieller Unterstützung der Kreissparkasse in kürzester Zeit 1,5 Millionen Reichsmark.

Zum Richtfest der Mustersiedlung im November 1940 war auch der Reichsfinanzminister geladen. Als Ehrengast und Repräsentant des Reiches versprach er kurzerhand die Übernahme der Kosten durch das Reich. Allerdings folgte ein monatelanger Streit zwischen verschiedenen Ressorts, wer denn nun die 13 wiedererrichteten deutschen Gehöfte samt Spritzenhaus mit Feuerübungsturm, Schulgebäude mit Lehrerwohnung und Gemeinschaftshaus sowie 13 Arbeiter-

7 Vgl. Kapitel: Die Treuhand, S. 109.
8 Vgl. Kapitel: Deutsche Ostraumentwürfe, S. 27 und Der Weg in den Krieg, S. 17.

Abbildung 23 – Neu errichtetes Bauerngehöft in Wilhelmswalde, ca. 1940

Abbildung 24 – Bautafel in Wilhelmswalde, ca. 1940

wohnhäusern für deutschstämmige Familien und schließlich den Ausbau der Dorfstraße zu bezahlen hätte.[9]

Nicht alle Vorhaben waren derart überdimensioniert, doch flossen Millionenbeträge, um deutsche Siedlungsprojekte zu unterstützen und die „Ostwilligkeit" zu befördern. Dabei wurden Kriegsschäden und Kriegsfol-

[9] Vgl. Korrespondenz zwischen Reichsstatthalterei in Posen, dem Landrat von Jarotschin, RMdI u. RFM u. Vermerke im RFM zwischen Dezember 1940 u. August 1941, BArch, R 2, 11858, n. p.

geschäden behoben und die Regionen infrastrukturell zumindest rudimentär an das Reich angebunden. Bei diesen Subventionen standen traditionelle Instrumentarien wie Zuwendungen in Form von Zuschüssen oder Darlehen im Vordergrund, die den Gauen, Kommunen und Gemeinden teils direkt aus dem Reichshaushalt, teils als Reichsbürgschaft zur Verfügung gestellt wurden. Eine weitere Option zur Ausschöpfung vermögenswerter Begünstigungen mit Lenkungsfunktion bildeten für das Reichsfinanzministerium Steuervergünstigungen, auch wenn allgemeine Steuersenkungen die negative Ertragswirkung – die Steuerkraft war bereits durch Enteignungen und Vertreibungen deutlich reduziert – noch verstärken mussten.

Mit der Ost-Steuerhilfe-Verordnung (OStV) schöpfte das Ministerium die Möglichkeiten einer subventionierenden Steuerpolitik großzügig aus. Es wurden Anreize durch Steuervergünstigungen für deutsche Unternehmer, aber auch für Zuzugswillige und die ansässige deutsche Bevölkerung geschaffen, um den nationalsozialistischen Auf- und Umbau zu fördern. Die bestehenden Steuergesetze im Reich waren bereits vor dem Krieg nach nationalsozialistischer Weltanschauung ausgelegt worden[10] und sollten nun gezielt für die Bevölkerungspolitik in den annektierten Gebieten angepasst werden. Staatssekretär Reinhardt versicherte, dass die Reichsfinanzbehörden selbstverständlich „die Sonderfragen, die in den Reichsgauen Danzig und Posen vorkommen, genügend beachten werden, und dass sie insbesondere das große Werk der Umsiedlung im allgemeinen und in Einzelfällen fördern werden, soweit eine Förderung durch steuerliche und ähnliche Maßnahmen möglich ist".[11]

So führte die Besatzungsmacht das deutsche Steuerrecht ein, erweitert um Verordnungen und Erlasse, die ausschließlich in den annektierten Gebieten galten.[12] Die Verordnung über Steuererleichterungen zur Förderung der eingegliederten Ostgebiete (Ost-Steuerhilfe-Verordnung) trat zum 9. Dezember 1940 in Kraft. Es sollte „das Deutschtum in den eingegliederten Ostgebieten auch durch steuerliche Maßnahmen" gefestigt und gefördert werden.[13]

In den Reichsgauen Wartheland und Danzig-Westpreußen sowie in den angegliederten Kommunen der Provinzen Schlesien und Ostpreußen, galt die OStV uneingeschränkt. Nur für die vormals Freie Stadt Danzig wurden Einschränkungen festgelegt (§ 22). Profitieren sollten von den Maßnahmen ausschließlich „deutsche Staatsangehörige und Volkszugehörige", die ihren festen Wohnsitz oder gewöhnlichen Aufenthalt in den annektierten Gebieten

10 Vgl. Steueranpassungsgesetz v. 16.10.1934, RGBl. I (1934), S. 925; Kuller, Normenstaat, S. 232 f.; Ullmann, S. 149 f.

11 Vgl. Staatssekretärsbesprechung v. 23.10.1939, Aufzeichnung Kluge, BArch, R 2; 5112, Bl. 16–21. Kapitel: Die Einheit der Verwaltung, S. 179.

12 Vgl. Sellin/Adam, Das Steuerrecht in den eingegliederten Ostgebieten. Sammlung der in den eingegliederten Ostgebieten geltenden Verordnungen und Erlasse aller Steuerarten.

13 RGBl. I (1940), S. 1565 ff.; Reinhardt, Ost-Steuerhilfe; Voß, S. 120 ff.

1565

Reichsgesetzblatt

Teil I

1940	Ausgegeben zu Berlin, den 11. Dezember 1940	Nr. 207

Inhalt

Im Teil II, Nr. 42, ausgegeben am 10. Dezember 1940, sind veröffentlicht: Verordnung über die Änderung der preußisch-sächsischen Landesgrenze zwischen der Gemeinde Zitzschen, Kreis Merseburg, dem selbständigen Gutsbezirk Staatsforstrevier Naunhof und der Gemeinde Eythra, Kreis Leipzig. — Bekanntmachung über die deutsch-jugoslawischen Verträge 1. zur Ausgleichung der in- und ausländischen Besteuerung, insbesondere zur Vermeidung der Doppelbesteuerung auf dem Gebiet der direkten Steuern; 2. über Rechtsschutz und Rechtshilfe in Steuersachen. — Bekanntmachung über Erleichterungen auf dem Gebiete des Patent-, Muster- und Warenzeichenrechts in Norwegen.

Verordnung über Steuererleichterungen zur Förderung der eingegliederten Ostgebiete (Ost-Steuerhilfe-Verordnung — OStV —)

Vom 9. Dezember 1940

In dem Bestreben, das Deutschtum in den eingegliederten Ostgebieten auch durch steuerliche Maßnahmen zu festigen und zu fördern, verordnen wir auf Grund des § 13 der Reichsabgabenordnung:

Abschnitt I

Erleichterung der Lebenshaltung

§ 1

Freibetrag bei der Einkommensteuer

Deutsche Staatsangehörige und deutsche Volkszugehörige in den eingegliederten Ostgebieten können 3 000 Reichsmark von ihrem Einkommen abziehen. Voraussetzung ist, daß das Einkommen 25 000 Reichsmark nicht übersteigt. Der Betrag von 3000 Reichsmark erhöht sich um 300 Reichsmark für jedes minderjährige haushaltszugehörige Kind.

§ 2

Befreiung vom Kriegszuschlag zur Einkommensteuer

Der Kriegszuschlag zur Einkommensteuer wird in den eingegliederten Ostgebieten nicht erhoben.

§ 3

Befreiung von der Wehrsteuer

Die Wehrsteuer wird in den eingegliederten Ostgebieten bis auf weiteres nicht erhoben.

§ 4

Dreifache Freibeträge bei der Vermögensteuer

Die Freibeträge des § 5 des Vermögensteuergesetzes werden bei der Veranlagung deutscher Staatsangehöriger und deutscher Volkszugehöriger in den eingegliederten Ostgebieten verdreifacht.

§ 5

Befreiung von der Grunderwerbsteuer

Von der Grunderwerbsteuer sind befreit:

1. der Erwerb von Grundbesitz, der in den eingegliederten Ostgebieten gelegen ist, durch einen deutschen Staatsangehörigen oder einen deutschen Volkszugehörigen in den eingegliederten

Abbildung 25 – Ost-Steuerhilfe-Verordnung (OStV) vom 9. Dezember 1940, RGBl. I (1940)

hatten sowie deutsche Unternehmen (Körperschaften, Personenvereinigungen und Vermögensmassen), deren Geschäftsleitung dort lag oder zumindest eine Betriebsstätte. Das Unternehmen musste überwiegend in Besitz von deutschen Staats- oder Volksangehörigen sein. Alle von der HTO, der „Ostland" und den Reichsforstminister treuhänderisch verwalteten Betriebe konnten sämtliche Befreiungen und Vergünstigungen in Anspruch nehmen (§ 23). Die Geltungsdauer der einzelnen Regelungen war für den Zeitraum zwischen den Kalender- bzw. Rechnungsjahren 1940/41 und 1950/51 terminiert.

„Zur Erleichterung der Lebenshaltung" war ein großzügiger Freibetrag bei der Einkommenssteuer vorgesehen, der bei Einkommen unter 25.000 Reichsmark immerhin 3.000 Reichsmark jährlich betrug und sich für jedes minderjährige Kind abermals um 300 Reichsmark erhöhte (§ 1). Der Kriegszuschlag entfiel bei der Einkommenssteuer (§ 2), ebenso die Wehrsteuer (§ 3). Die Freibeträge bei der Vermögenssteuer wurden verdreifacht (§ 4) und der Grunderwerb steuerbefreit, wenn er nicht aus Mitteln eines Grundstücksverkaufs in den annektierten Gebieten stammte und zur Wiederherstellung einer Wirtschaftsbeziehung dorthin diente (§ 5). In diesem Sinne waren auch Umsätze, die zur Wiederherstellung einer solchen Wirtschaftsbeziehung eingesetzt wurden, von der Umsatzsteuer befreit (§ 6). Dies galt ebenso für die Erbschaftssteuer, wenn das Erbe oder die Schenkung in den Erwerb oder Erhalt eines Betriebes, eines Haushaltes oder eines Grundstückes in den annektierten Gebieten investiert wurde (§ 7).

Doch nicht nur Familien und Unternehmer sollten durch Steuererlass und großzügige Freibeträge in die annektierten Gebiete gelockt werden. Für Unternehmungen waren zahlreiche Maßnahmen zur „Erleichterung der Wirtschaftsführung" ersonnen worden. So führte man eine Bewertungsfreiheit für abnutzbare Anlagegüter des Betriebsvermögens ein (§ 8) und schuf die Möglichkeit, eine sogenannte Aufbaurücklage zu bilden (§ 9), die bis 1944 voraussichtliche Anschaffungskosten für abnutzbare Anlagengüter des Betriebsvermögens zur Bildung einer steuerfreien Rücklage in Höhe von bis zu 25 Prozent des Gewinns freistellte. Bis ins Jahr 1950 sollte zur „besonderen Begünstigung der Einzelkaufleute und Personengesellschaften" eine bis zu 50-prozentige Gewinnentnahme einkommenssteuerfrei bleiben (§ 10). Ebenso waren Körperschaften begünstigt, denen bis zu einem Einkommen von 300.000 Reichsmark 20 Prozent und bei über 300.000 Reichsmark 30 Prozent steuerfrei gewährt wurden. Um die Kreditvergabe zu erleichtern, war es Kreditgenossenschaften gestattet, auch Kredite an Personen zu vergeben, die nicht Genossenschaftsmitglieder waren (§ 12). Veräußerungsgewinne waren steuerfrei, wenn diese genutzt wurden, um Betriebe oder Grundstücke in den annektierten Gebieten zu erwerben, oder zur Neugründung oder Teilhaberschaften eingesetzt wurden und der so erworbene Betrieb bzw. Betriebsanteile mindestens 10 Jahre nicht veräußert oder aufgelöst würden (§ 13). Die Lieferung von Inventar an Betriebsstätten, die von der Grunderwerbssteuer befreit waren, war von der Umsatzsteuer befreit (§ 14) und Vermögen bis zu 250.000 Reichsmark waren vermögenssteuerbefreit (§ 15). Nicht erhoben wurden darüber hinaus die Aufbringungsumlage (§ 16), die Urkundensteuer (§ 17) und die Gebühren für Bergwerkseigentum (§ 18).

Neben dem Reich mussten aber auch die Gemeinden auf Steuereinnahmen verzichten: Die Bürgersteuer wurde bis zu einem Einkommen von 25.000 Reichsmark nur zu 50 Prozent erhoben (§ 19), und die Realsteuern, die die Gemeinden von der Grund-, Grundstücks- und Gewerbesteuer erhielten, waren um die Hälfte reduziert (§ 20). Außerdem wurde ein Freibetrag auf die Gewerbesteuer bei einem Einkommen bis 250.000 Reichsmark gewährt. Dies war ebenfalls für Unternehmen vorgesehen, die sowohl im Reich als auch in den annektierten Gebieten tätig waren und soweit der Gewinn gesondert ausgewiesen wurde (§ 21). Die Ausfälle übernahm das Reich, um die neuen Gemeinden nicht zusätzlich zu schwächen.

De facto war das Reichsfinanzministerium bereit, neben der Bezuschussung der annektierten Gebiete auf einen erheblichen Teil der dort zu erzielenden Steuereinnahmen zu verzichten.[14] Besonders erfreulich war diese Entwicklung für die Haupttreuhandstelle Ost, da sämtliche Vergünstigen auch den Treuhandbetrieben zugutekamen.[15] Die Einflussnahme Winklers auf die Ausarbeitung der Ost-Steuerhilfe-Verordnung bis in die Details hinein überrascht dabei wenig. Winklers Denkschrift für Minister und Staatssekretär, in der er die Bedeutung der Steuergesetzgebung, für das zu schaffende „Bollwerk aus deutschen Menschen" unter dem „Leitgedanken der Festigung des deutschen Volkstums" und natürlich der besonderen Bedürfnisse der Treuhandverwaltung hervorhob, verfehlte ihr Ziel nicht. Die Steuerlast in den annektierten Gebieten blieb im Vergleich zum Reich gering. Die zumeist mittellosen Siedler, die Himmlers RKF-Dienststellen um- und ansiedeln sollten, würden so dem Reich und nicht der HTO oder dem RKF zur Last fallen.

Zwar konnte Winkler sich mit seiner Forderung nach völliger Steuerbefreiung seiner HTO-Betriebe erneut nicht durchsetzen.[16] Seine Argumentation, dass es sich quasi um Reichseigentum handelte und damit indirekt andere Reichshaushaltsmittel geschont würden, verfing bei den Berliner Finanzbeamten nicht. Gleichwohl fand die Mehrheit seiner Vorschläge für ein Steuerprogramm Niederschlag in der Verordnung. Die umfangreiche Förderung zur „Sesshaftmachung" der verschiedenen Gewerbe und Gewerke und die Unterstützung der landwirtschaftlichen Betriebe lag ganz im Interesse der HTO, der es an fähigen Treuhändern und interessierten Käufern mangelte.

14 Vgl. Sellin/Adam, Das Steuerrecht in den eingegliederten Ostgebieten.
15 Vgl. Kapitel: Das Treuhandvermögen, S. 224.
16 Vgl. Kapitel: Die Treuhand, S. 109.

Damit hatte Winkler, ein wichtiges Ziel für die HTO und für die generelle Förderung des „Aufbau Ost" erreicht, nämlich, „dass sich die gesamte deutsche Volksgemeinschaft an der Aufbringung der großen Mittel zur Durchführung der gewaltigen kolonisatorischen Arbeit in den Ostgebieten beteiligt [...]".[17]

Die steuerlichen Erleichterungen waren vor allem für Unternehmen günstig, die eine Expansion im Osten planten. Sei es, um ihre Betriebsstätten zu erweitern und von den günstigeren Zwangs-Arbeitskräften zu profitieren, oder um Konkurrenten zu übernehmen und Märkte zu bedienen. Schließlich stand für Unternehmen nach Errichtung oder Erweiterung ihrer Betriebe eine vollständige Einkommensteuerbefreiung auf Betriebsgewinne und für die meisten Kapitalgesellschaften eine vollständige Körperschaftssteuerbefreiung für ein Jahrzehnt in Aussicht. Die vermögenssteuerliche Schonung von Betriebsvermögen durch hohe Freibeträge und das Erlassen der Erbschaftssteuer trugen das Übrige bei.

Die Entscheidung des IG-Farben-Konzerns zur Errichtung des gigantischen Werkes in Monowitz wurde kurz nach Inkrafttreten der OStV getroffen. Zunächst zögerte der Konzern, einen Fabrikneubau gerade im Osten zu konkretisieren, aber angesichts der umfangreichen Vergünstigungen und Steuerbefreiungen fiel die Entscheidung dafür nicht mehr allzu schwer. Durch Abschreibungen und Förderung im Rahmen der OStV konnte der Chemie-Riese etwa 60 Millionen Reichsmark einsparen. Ebenso waren mit dem wachsenden Konzentrationslager Auschwitz im südöstlichen Schlesien ausreichend Arbeitssklaven verfügbar.[18] Natürlich waren die annektierten Gebiete als Produktionsstandort in ständiger Konkurrenz zum nahen Generalgouvernement, in dem die Arbeitskraft noch billiger war und weitere zahlreiche Standorte der polnischen Rüstungs- und Chemieindustrie günstig zu übernehmen waren.[19] So entschied sich beispielsweise die Leipziger Rüstungsschmiede Hugo Schneider A.G. (HASAG) zur Übernahme der polnischen Rüstungsindustrie in Skarżysko Kamienna im Distrikt Radom und nicht für vergleichbare Standorte in den neuen Reichsgauen.[20] Andere Unternehmen nutzten die Gunst der Stunde und übernahmen zunächst konkurrierende Fabriken als Treuhänder unentgeltlich oder zum Spottpreis, um sie dann ins günstigere Generalgouvernement zu verlegen. Die H. Cegielski Eisenbahnwagon- und

[17] Vgl. Denkschrift der HTO über steuerliche Maßnahmen in den eingegliederten Ostgebieten 8.11.1940, BArch, R 2, 56030, Bl. 205 ff.; Vermerk RFM zur Besprechung mit der HTO am 14.12.1940 v. 3.1.1941, ebd., Bl. 62 f.; Vermerk des Finanzausgleichsreferats v. 16.11.1940, ebd., Bl. 238 f.; Entwurf RdF an OFP zur Mitwirkung der HTO bei Steuervergünstigungen November 1940, ebd., Bl. 227 f.

[18] Vgl. Rauschenberger/Renz, S. 110; Kapitel: Das Interessengebiet Auschwitz, S. 236; Steinbacher, S. 207.

[19] Vgl. Kapitel: Treuhandpolitik und Ghettoisierung, S. 250 u. Ausbeutungsstrategien, S. 269.

[20] Vgl. Bräu, Zwangsarbeit.

Landwirtschaftsmaschinenfabrik in Posen war einer der ältesten Eisenbahnfahrzeughersteller in Polen und von den Deutschen bereits kurz nach der Invasion beschlagnahmt worden. Mit dem durch Reichsfinanzminister Schwerin von Krosigk persönlich bewilligten Verkauf[21] an die Berlin-Karlsruher Industrie-Werke AG (BERKA) übernahm der deutsche Rüstungskonzern, zunächst als Treuhänder, die Werke in Posen und verlegte wenig später die Produktion ins Generalgouvernement.[22]

Den Zuzug von siedlungsbereiten Familien versuchte das Reichsfinanzministerium mit Ehestandsdarlehen, Siedlungs- und Kinderbeihilfen, Ausbildungsbeihilfen sowie Einrichtungsdarlehen und Einrichtungszuschüssen zu fördern.[23] „Das Deutschtum in den eingegliederten Ostgebieten muss mit allen Mitteln gefestigt und gefördert werden", forderte Staatssekretär Reinhardt und setzte, für die neue Ost-Steuerhilfe werbend, fort: „Es ist erforderlich, dass in den nächsten Jahren viele Volksgenossen und Volksgenossinnen ihren Wohnsitz in die eingegliederten Ostgebiete verlegen. Es ist auch dringend erforderlich, dass viele Volksgenossen in den eingegliederten Ostgebieten sich unternehmerisch betätigen, sei es als Landwirt, als Handwerker, als Gewerbetreibender oder als Angehöriger eines freien Berufs."[24]

Weiter begründete er die Position des RFM zur Steuerpolitik in den annektierten Gebieten im Rahmen des Vortrages in der Verwaltungsakademie Posen mit der simplen Feststellung: „Die Finanzkraft des Reichs ist stärker als je." Die Entwicklung des Steueraufkommens durch „die nationalsozialistische gelenkte Deutsche Wirtschaft" verlief aus Sicht des Reichsfiskus so außerordentlich günstig, dass das Reich allen weiteren Kreditbedarf risikolos über Verschuldung decken konnte. Deshalb empfahl Reinhardt der deutschen Bevölkerung der annektierten Gebiete, das Geld zur Sparkasse zu tragen und in Schuldtiteln des Reiches oder der Industrie anzulegen.[25] Die Finanzlage des Reiches stellte Reinhardt so positiv dar, dass es „infolgedessen auch möglich sein [wird], den Deutschen Aufbau in den eingegliederten Ostgebieten ohne Schwierigkeiten zu finanzieren und die Finanzierung der anderen riesengroßen Aufbauwerke zu bewältigen [...]. Deutsche Menschen werden die neuen Ostgebiete bevölkern. Handel und Wandel und damit auch das kulturelle Leben werden in diesen Gebieten einen gigantischen Aufschwung erfahren. Die eingegliederten Ostgebiete

21 Vgl. Kapitel: Das Haushaltsrecht als begrenzter Kontrollmechanismus, S. 124.

22 Vgl. Segal, S. 104.

23 Vgl. VO zur Einführung von Ehestandsdarlehen, Siedlungs-Kinderbeihilfen, Ausbildungsbeihilfen, Einrichtungsdarlehen und Einrichtungszuschüssen in den eingegliederten Ostgebieten v. 9.12.1940, RGBl. I (1940), S. 1570 ff.

24 Hier und folgend zitiert nach Pressestelle des Reichsfinanzministeriums: BArch, R 2, 372, Bl. 74–93; Vgl. Reinhardt, Der Deutsche Osten ruft.

25 Zum „Eisernen Sparen", dem seit 1941 eingeführten, staatlich geförderten Sparprogramm vgl. Loose, Kredite, S. 195–201.

werden kerndeutsche Gebiete froher Deutscher Menschen werden!" Reinhardt war euphorisiert von seiner Vision vom „Aufbau Ost".[26]

Im Resultat war die Steuerlast der deutschen Bevölkerung in den annektierten Gebieten geringer als im Reich. Für die Oberfinanzpräsidenten zeigten sich die Folgen dieser Politik jedoch mit zeitlicher Verschiebung bei den tatsächlich erzielten Steuereinnahmen. Das Finanzamt Posen-Ost stellte fest, dass in Folge der Ost-Steuerhilfe-Verordnung ein Ausfall von etwa 22 Prozent des Solls bei der Einkommenssteuer und neun Prozent bei der Körperschaftssteuer für 1941 zu verbuchen war.[27] Ein weiterer Effekt war in der Grenzregion zu den annektierten Gebieten zu beobachten: Da die steuerliche Förderung nur wenige Kilometer weiter ostwärts Handel und Gewerbe erheblich günstiger machte, verlagerten zahlreiche Unternehmen ihren Sitz in die annektierten Gebiete oder mussten, wenn sie dazu nicht bereit waren, Wettbewerbsnachteile in Kauf nehmen. Das spürten letztlich auch die Finanzämter. Zwar war beispielsweise das Steueraufkommen in Niederschlesien kontinuierlich gestiegen, doch geschah dies langsamer als im Reichsdurchschnitt und war von der ökonomischen Randlage zu den Subventionsgebieten betroffen. Besonders die Vermögenssteuer und die Aufbringungsumlage im Rechnungsjahr 1941 waren sowohl in den annektierten Gebieten als auch auf Reichsgebiet erheblich beeinträchtigt. Eine vollständige Ausfallübersicht legten die Oberfinanzpräsidenten jedoch nicht vor. In Breslau summierte man die Ausfälle auf über zehn Millionen Reichsmark für 1941 bei einem Gesamtsteueraufkommen von knapp 580 Millionen Reichsmark, rechnete jedoch mit weit höheren Ausfällen für die Folgejahre.[28]

Auch in der Bevölkerung wuchs der Unmut und die Forderung nach einer steuerlichen Gleichstellung der grenznahen Gebiete mit den angrenzenden neuen Reichsgauen. Eine steigende Bereitschaft zur Abwanderung in die annektierten Gebiete löste bei der politischen Führung Besorgnis aus.[29]. Das Reichsfinanzministerium reagierte bereits im Februar 1941 auf diese Entwicklung mit der Ausweitung der Regelungen der OStV auf zehn Finanzamtsbezirke entlang der vormaligen Reichsgrenze.[30]

[26] Die annektierten Gebiete wurden in zahlreichen Gebieten zum neuen boomenden Wirtschaftsraum ausgerufen: Vgl. exemplarisch: Schürmann; Müller; Prinzhorn; Splettstösser.

[27] Vgl. Niederschrift über die Tagung des OFP Wartheland mit seinen FA- und HZA-Vorstehern am 28./29.10.1942 in Posen, BArch, R 2, 56156, Bl. 50 ff.

[28] Vgl. Niederschrift zur Besprechung mit den Finanzamts- und Hauptzollamtsvorstehern v. 4.9.1942 in Breslau, BArch, R 2, 56156, Bl. 8 ff.; Niederschrift zur Tagung des OFP Wartheland mit seinen FA- u. ZA-Vortehern am 28/29.10.1942 in Posen, ebd., Bl. 50 ff.

[29] Vgl. Boberach, S. 1999 f.

[30] Vgl. 2. u. 3. OStVO v. 20.2.1941 u. 19.11.1941, Sellin/Adam, Das Steuerrecht in den eingegliederten Ostgebieten, S. 7 f.; Niederschrift zur Besprechung der Finanzamts- u. Hauptzollamtsvorsteher v. 4./5.9.1942 in Breslau, BArch, R 2, 56156, Bl. 8 ff. Anwesende u. a.: Wapenhensch, Hoppenrath, Jancke.

Steuerdiskriminierung

Nicht zuletzt, um die Einnahmeausfälle zu kompensieren, und vielmehr noch, um die Bevölkerungspolitik zu exekutieren, entwickelte sich die Steuerpolitik in den annektierten Gebieten zum einen zu einem Subventionsinstrument, zum anderen zu einer fiskalischen Diskriminierung der Polen. Denn nicht nur die Arbeitskraft der Polen, sondern auch ihre Kaufkraft und ihre gesamte wirtschaftliche Leistungsfähigkeit konnten nicht „gänzlich entbehrt werden", wie Winkler die Lage für das RFM umriss. Zunächst sollten die Polen die Wirtschaft mittragen, dabei dürften ihnen aber auf keinen Fall „die steuerlichen Vergünstigungen der Ostgesetzgebung [...] zugute kommen".[31]

Mit der Verordnung über die Erhebung einer Sozialausgleichsabgabe vom 5. August 1940 wurden Polen zu einer Abgabe in Höhe von 15 Prozent ihres Einkommens herangezogen. Diese wurde von der Einkommens- bzw. Lohnsteuer erhoben und war für alle steuerpflichtigen Polen ungeachtet der familiären Verhältnisse gleich hoch. Die Abgabe, die eigentlich einer zusätzlichen Steuer gleichkam, floss direkt dem Reich zu (§ 4). Befreit von der Abgabe waren lediglich Geringverdiener mit einer jährlichen Einkommenssteuerbelastung von maximal 300 Reichsmark.[32] Der vermeintlich notwendige Ausgleich, der durch die im Reich arbeitenden Polen, aber ebenso von deren in Polen ansässigen Landsleuten zu leisten war, wurde damit begründet, dass die Polen bei gleichem Lohn nicht zu den gleichen Lasten (Wehrsteuer, DAF- und NSV-Beiträge, Winterhilfswerk) herangezogen würden. Der Tatsache, dass die Mehrheit keineswegs freiwillig im Reich oder für das Reich arbeitete und die Entlohnung mitnichten der der Deutschen entsprach, wurde ebenso wenig Rechnung getragen wie dem Umstand, dass die polnische Bevölkerung aus rassistischen Gründen von Beitragszahlungen und öffentlichen Sammlungen ausgeschlossen war.

Joseph Oermann[33], Regierungsrat im Reichsfinanzministerium, rechtfertigte in seinem Kommentar zur Sozialausgleichsabgabeverordnung, dass die Abga-

[31] Vgl. Denkschrift der HTO über steuerliche Maßnahmen in den eingegliederten Ostgebieten v. 8.11.1940, BArch, R 2, 56030, Bl. 205 ff.; Vermerk RFM zur Besprechung mit der HTO am 14.12.1940 v. 3.1.1941, ebd., Bl. 62 f.

[32] Vgl. VO über die Erhebung einer Sozialausgleichsabgabe v. 5.8.1940, RGBl. I (1940), S. 1077; Anonymous, Lohnsteuer und Sozialausgleichsabgabe der Polen und Juden mit Tabellen; Oermann; Soziale Betriebsabgabe der Polen in den eingegliederten Ostgebieten (Sozialausgleichsabgabe) zugunsten der Deutsche Arbeitsfront (DAF) 1942–1943, BArch, R 2, 31093, n. p.; Voß, S. 157 ff.

[33] Joseph Oermann (* 1901 Heiligenhaus-Isenbügel, † 1987) studierte Mitte der 1920er Jahre Rechtswissenschaften. 1930 bis 1932 war er in Essen als Rechtsanwalt tätig und wechselte dann in den preußischen Verwaltungsdienst, zunächst beim Finanzamt Essen-Nord. Nach der Promotion setzte er seine Karriere in der Reichsfinanzverwaltung fort, wo er zum Re-

be notwendig und gerechtfertigt sei, da Deutsche den Arbeits-und Heeresdienst leisteten und neben ihrer Berufsarbeit in der Partei, ihren Gliederungen und in den angeschlossenen Verbänden „im Interesse des Volksganzen Dienst tun müssten". Polen hingegen konnten, so die Auffassung, ungehindert ihrer Beschäftigung nachgehen und trugen zudem nichts „zum Schutz des deutschen Lebensraums" bei.[34]

Das Reichsfinanzministerium verfügte über die Einnahme und Verwendung der Erträge der zunächst nur für Polen geschaffenen Sozialausgleichsabgabe. Mit Ermächtigung durch den Ministerrat für Reichsverteidigung dehnte der Finanzminister das Regelwerk schrittweise auf andere diskriminierte Gruppen wie Juden und Zwangsarbeiter aus.[35]

3.3 „Reichsghetto Litzmannstadt"

Mit der Eingliederung der Großstadt Łódź in den Reichsgau Wartheland verleibte sich das Reich nicht nur die zweitgrößte polnische Stadt und einen bedeutenden Textilstandort ein, sondern auch eine der größten jüdischen Gemeinden Europas.[36] Mit ihren 680.000 Einwohnern wurde Lodsch[37] zur viertgrößten Stadt des Reiches. Allerdings begriffen sich lediglich 60.000 Stadtbewohner als Deutsche. Der Anteil der 230.000 Einwohner jüdischen Glaubens an der Gesamtbevölkerung war mit 34 Prozent fortan der höchste in einer Großstadt innerhalb der Reichsgrenzen.[38] Auch war der Anteil der jüdischen Unternehmen mit über zwei Dritteln aller angemeldeten Gewerbetreibenden[39]

gierungsrat aufstieg. Von 1936 bis 1938 besuchte Oermann die Finanzschule in Ilmenau und wechselte dann direkt nach Berlin ins RFM. Ab 1941 war er Oberregierungsrat und ab 1944 Ministerialrat. Nach dem Krieg war er kurze Zeit in der Oberfinanzdirektion Hamburg tätig, bevor er dann ins Finanzministerium nach NRW wechselte. Von 1954 bis 1958 war er OFP in Köln und amtierte im Anschluss bis zum Ruhestand 1965 als Staatssekretär und Chef der Staatskanzlei in NRW. Vgl. Kabinettsprotokolle der Landesregierung von NRW: http://protokolle.archive.nrw.de.

34 Oermann, S. 31.

35 Mit der 2. DVO der VO über die Erhebung einer Sozialausgleichsabgabe v. 24.12.1940, RGBl. I (1940), S. 1666; Aly, Volksstaat, S. 183.

36 Der Grenzverlauf des Reichsgaus Wartheland war erst am 9. bzw. 20.11.1939 so korrigiert worden, dass die Stadt samt Umland zum Reichsgebiet annektiert wurde. Ein Gutachten der Publikationsstelle Berlin hatte noch am 11.11.1939 von der Einbeziehung der Industriestadt abgeraten. Vgl. Jureit, S. 309.

37 Die Schreibweise bzw. Namensgebung der Stadt orientiert sich folgend an der zeitgenössischen Benennung, um den Zusammenhang zwischen den geschaffenen deutschen Einrichtungen zu verdeutlichen.

38 Vgl. Mroczka, S. 44; Roesler.

39 Vgl. Główny Urząd Statystyczny, S. 143.

und sogar 40 Prozent der Textilunternehmen[40] für den Wirtschaftsstandort prägend. Das ökonomische wie das soziale und kulturelle Leben war maßgeblich von den jüdischen Familien Poznański, Prussak, Rappaport, Rubinstein, Friedländer und Hamburger mitgetragen worden.[41]

Die sich rasch etablierende deutsche Verwaltung stand vor der Aufgabe, die „Judenfrage“ im Sinne der anvisierten Germanisierung der „eingegliederten Ostgebiete“ auch in Lodsch „zu lösen“. Einen konkreten Plan zur Umsetzung dieser Zielvorgabe gab es jenseits der vagen Vorstellungen eines südöstlich von Krakau geplanten „Judenreservats“ jedoch zunächst nicht. Heydrich hatte in seiner Funktion als Chef der Sicherheitspolizei und des Sicherheitsdienstes der SS zwar bereits am 21. September 1939 die Zusammenfassung der jüdischen Bevölkerung in den größeren Städten angeordnet[42], um sie von dort möglichst rasch abzuschieben. Doch die Bildung großer Ghettos auf Reichsgebiet war mit dieser Anordnung nicht intendiert. Wohl sollten aber „alle erforderlichen Maßnahmen [...] grundsätzlich stets im engsten Benehmen und Zusammenwirken mit den deutschen Zivilverwaltungs- und örtlich zuständigen Militärbehörden“ getroffen werden.[43]

Ungeachtet der Tatsache, dass es im Herbst 1939 also noch keine koordinierten Handlungsanweisungen an die deutsche Verwaltung gab, wie „die Judenfrage“ zu lösen sei, hatte sich die Situation für die Juden seit den ersten Tagen der Besatzung stetig verschlimmert. Sie verloren jegliche Rechtssicherheit in allen Lebensbereichen und waren mit ungehemmter Gewalt konfrontiert.[44] Ein Mitglied der jüdischen Jugendbewegung beschrieb den Pogrom gegen die Lodscher Juden als einen Exzess, bei dem sich „Nachbarn von gestern und vorgestern [...] hungrig nach Beute“ bewaffneten und sich mordend auf jüdische Passanten stürzten.[45] Die Vermögen der Juden wurden geraubt, beschlagnahmt oder gesperrt. Sie unterlagen einer Kennzeichnungspflicht und einem allgemeinen Arbeitszwang, wurden ständig zu Opfern von Razzien. Ihre Unternehmen und Geschäfte wurden enteignet, teilweise zerstört, geplündert oder geschlossen. Für die deutschen Behörden waren die Juden in der Stadt unerwünscht, und ihre wirtschaftliche Existenz wurde mit allen Mitteln zerstört.[46] Reichsstatthalter Greiser plante die baldmöglichste Abschiebung aller Juden aus

40 Vgl. ebd., S. 151.
41 Vgl. Baranowkski/Nowinowski, S. 6–11.
42 Vgl. Schnellbrief Heydrichs an die Chefs der Einsatzgruppen der Sicherheitspolizei v. 21.9.1939, BArch, R 58, 954, S. 181–185, abgedruckt in: Friedrich/Löw, S. 88–92; Berenstein u. a., S. 37–41.
43 Vgl. Berenstein, S. 39.
44 Vgl. Böhler, Judenverfolgung; Löw, S. 55–96.
45 Vgl. Eintrag aus dem handschriftlichen Tagebuch von Yarden für den 9.9.1939, abgedruckt: Dok. 6 Friedrich/Löw, S. 82.
46 Vgl. Poznański, S. 14 f.

der Stadt im Rahmen der bereits angelaufenen Vertreibungen.[47] Der Besitz der Juden war bereits unter deutscher Militärverwaltung teilweise beschlagnahmt und unter treuhänderische Verwaltung gestellt worden.[48] Ab November 1939 verwaltete die Lodscher Warenhandelsgesellschaft (LWHG), eine vom Regierungspräsidenten Uebelhoer, der Stadt, der IHK und der Gewerbeverbände gegründete „Auffanggesellschaft der in jüdischen Einzel- und Großhandelsgeschäften beschlagnahmten Waren" den Großteil des Vermögens.[49]

Mit der Gründung der Treuhandnebenstelle Lodsch im Januar 1940 führte die LWHG ihre Tätigkeit als Treuhänderin im Auftrag der HTO fort. Da sie nicht in eine Gesellschaft des geltenden Rechts umgewandelt wurde, agierte sie fortan als eine „anhängende Dienststelle" der HTO-Nebenstelle.[50] Die weitere Erfassung und Verwertung der mobilen und immobilen Vermögenswerte, die in der Zuständigkeit der HTO lag, darf man sich allerdings nicht zu reibungslos vorstellen. Einer raschen Erfassung stand schon das Nichtvorhandensein von Grundbuchämtern entgegen. Großteils waren die Besatzer auf die Selbstauskünfte der Enteigneten angewiesen, da Hypothekenlasten, Betriebsvermögen sowie die Besitzverhältnisse sowohl juristischer wie privater Personen dezentral bei Banken und Amtsgerichten abgefragt werden mussten. Der Prozess der Enteignung und tatsächlichen Erfassung der verschiedenen Vermögenswerte und ihre Bewertung nahm Monate in Anspruch.[51] Die Gewerbebetriebe und Unternehmen, die (noch) nicht durch einen Treuhänder verwaltet werden konnten oder sollten, wurden geschlossen, die Gewerberäume verplombt.[52]

Folgen der Massenarisierung

Die Verdrängung der Polen und Juden aus dem Wirtschaftsleben der Stadt, um auch in Lodsch wie im Rest des Reiches die „Arisierung der Wirtschaft" zu verwirklichen, bedeutete jedoch anders als im „Altreich" allein schon durch die Größe und Wirtschaftskraft der ansässigen nichtdeutschen Bevölkerung einen

47 Vgl. Klein, Gettoverwaltung, S. 32–40.

48 Vgl. ebd., S. 63.

49 Vgl. Rosenkötter, S. 227. Es handelte sich dabei zunächst vorwiegend um zwangsgemeldete Textilrohstoffe, Halbfertigfabrikate, Fertigwaren und Lederwaren. Klein, Gettoverwaltung, S. 65.

50 Die rasche Gründung einer Nebenstelle, die direkt der Berliner Zentrale unterstellt war, ging wohl auf die Schilderungen Uebelhoers zurück, der von unerfassten und „herrenlosen" Millionenwerten berichtet hatte. Vgl. Klein, Gettoverwaltung, S. 65. Die Treuhandnebenstelle übernahm die Vermögensumverteilung und damit eine wichtige Steuerungsfunktion. Vgl. Rosenkötter, S. 97; Klein, Gettoverwaltung, S. 62–72.

51 Die ersten verlässlichen Erfassungen hatten die Verwaltungen ab Mitte Juni 1940 zur Verfügung. Vgl. Klein, Gettoverwaltung, S. 67.

52 Vgl. ebd.

größeren Einschnitt in die Wirtschafts- und Finanzlage der Kommune als dies in Hamburg, Berlin, München oder Breslau der Fall war.[53]

Hatten die Beamten unter Finanzpräsident Spindler zu Beginn der Besatzung noch beträchtliche Steuerbeträge eingenommen[54], so gestaltete sich die Beitreibung von den treuhänderisch verwalteten Unternehmen und Gesellschaften für die Finanzämter unter dem nun zuständigen Oberfinanzpräsidenten in Posen, Reichsrichter Karl Gebhard, weitaus unzuverlässiger.[55] Ferner war zunächst keine Regelung zur Einziehung alter wie anfallender Steuern und Zinsen oder privater Schuldforderungen aus beschlagnahmten Vermögen getroffen worden. Auch hatte die Stadtverwaltung keinen tatsächlichen Überblick über die ausstehenden Gebühren, Kommunalsteuern oder Sozialabgaben, da die Angaben unkoordiniert und selektiv bei den Ämtern eingingen.[56]

Hinzu kam, dass ein Großteil der Vermögenswerte auf die Schnelle nicht in dem Umfange verwertet oder umverteilt werden konnte, wie dies der Idealvorstellung der örtlichen und der Berliner Bevölkerungsplaner entsprach. Die von den RKF-Siedlungsdienststellen organisierte Ansiedlung von deutschen Umsiedlern aus der Sowjetunion lief schleppend an.[57] Unbewegliche Vermögenswerte mussten vor Ort zudem erst einen Käufer finden. Polen, die trotz aller Eindeutschungsbemühungen mittels der Deutschen Volksliste (DVL)[58] weiterhin die Mehrheit der Stadtbevölkerung ausmachten, kamen für das Vorhaben der „Arisierung" natürlich nicht in Frage, waren sie doch ebenso Ziel der Enteignungs- und Vertreibungspolitik.[59]

53 Vgl. Kreutzmüller; Bajohr, Arisierung; Decroll; Kuller, Finanzverwaltung und Judenverfolgung; Bräu, Arisierung.

54 Nach Anordnung Spindlers hatten die Finanzämter am 2.10.1939 wieder ihre Tätigkeit aufgenommen. Bis dahin waren bereits 270.000 Zł durch Zollbeamte eingenommen worden, BArch, R 2, 5837, Bl. 56. Bis zum 10.10.1939 wurden weitere 900.000 Zł eingenommen, ebd., Bl. 77.

55 Die von der Stadt eingesetzten Treuhänder jüdischer Vermögen kamen ihrer Umlageverpflichtung an die Verwaltung des Judenältesten kaum nach. Vgl. Klein, Gettoverwaltung, S. 67.

56 Noch bis Mitte 1940 verfügte die Stadt nicht über belastbare Zahlen. Vgl. ebd., S. 119.

57 Vgl. ebd., S. 44–52.

58 Die DVL war am 28.10.1939 durch eine VO Greisers initiiert und durch VO Himmlers 1941 zum Regelwerk über staatsbürgerschaftsrechtliche Fragen im besetzten Polen ausformuliert worden. Vgl. VO über die Deutsche Volksliste und die deutsche Staatsangehörigkeit in den eingegliederten Ostgebieten v. 4.3.1941, RGBl. I (1941), S. 118.

59 Zwischen 12. u. 16.12.1939 waren allein aus der Stadt 15.000 Menschen in das Generalgouvernement deportiert worden. Vgl. Bericht des SS-Sturmbannführers Richter v. 16.12.1939, in: Friedrich/Löw, S. 183 f.

Für Himmlers und Heydrichs Germanisierungsbürokraten in der Einwanderzentralstelle (EWZ)[60] respektive Umwandererzentralstelle (UWZ)[61], im Reichssicherheitshauptamt wie auch in der Deutschen Umsiedlungs-Treuhand (DUT)[62], die für die Vermögensumverteilung mitverantwortlich zeichnete, waren Polen und Juden nicht mehr als Rassenfeinde und „Untermenschen", die es zu entfernen galt. Für die kommunale Verwaltung blieben sie aber die Mehrheit der Einwohner und Steuerbürger, deren finanzielle Heranziehung für die Aufrechterhaltung von Grundversorgung, Infrastruktur und städtischen Dienstleistungen alternativlos blieb.

Dass die Abschiebungen die Steuerkraft der Stadt erheblich mindern würden, da die umzusiedelnden Volksdeutschen zunächst kaum in der Lage sein würden, die fiskalischen Ausfälle zu kompensieren, war den Verantwortlichen in der Stadtverwaltung schnell klar.[63] In der Tat waren unmittelbare Steuerausfälle bei Reichs- und Kommunalsteuern der unerfreuliche Nebeneffekt von Betriebsstilllegungen, Enteignungen, Berufsverboten, unkoordiniertem Zwangsarbeitseinsatz und Vertreibungen. Allein zwischen dem 1. und 17. Dezember 1939 waren aus Lodsch und Kalisz offiziell 87.883 Menschen in das Generalgouvernement abgeschoben und an die 30.000 Personen einfach über die neue Reichsgrenze getrieben worden.[64] Spindler hatte das Vorkriegsjahresaufkommen der Lodscher Finanzämter auf insgesamt etwa 101 Millionen Złoty geschätzt. Nach Berlin berichtete der Beauftragte der Reichsfinanzverwaltung an Staatssekretär Reinhardt, dass er aufgrund von „Stilllegung oder Einführung von Kurzarbeit bei den Textilbetrieben und bei den sonstigen Industriefirmen" Mindereinnahmen vor allem bei der Lohnsteuer in einem Umfang befürchtete, dass die bisherige Einnahmenhöhe nicht zu halten wäre.[65]

Die Pauperisierung vor allem der jüdischen Bevölkerung war allerdings mit Hinblick auf eine baldige Abschiebung von allen beteiligten Stellen mehr oder weniger einkalkuliert.[66] Mit der Bildung eines Ghettos im ärmlichen Norden

[60] Die EWZ war am 11.10.1939 als Sammelbehörde im RSHA gegründet worden. Sie war zuständig für alle Einbürgerungen von ausländischen Staatsbürgern deutscher Volkszugehörigkeit.

[61] Die UWZ wurde am 11.12.1939 als Amt für die Aussiedlung von Polen und Juden aus den annektierten polnischen Gebieten errichtet.

[62] Die DUT am 3.11.1939 als Gesellschaft mit beschränkter Haftung gegründet, war für die vermögensrechtliche Betreuung und für die Vergabe von Krediten an die Umsiedler aus der Sowjetunion aus den geraubten polnischen Vermögen zuständig. Sie arbeitete eng mit der Volksdeutschen Mittelstelle (VoMi) zusammen, die seit 1937 die volkstumspolitischen Ziele als Behörde des Deutschen Reiches umsetzen sollte.

[63] Vgl. Klein, Gettoverwaltung, S. 60.

[64] Vgl. Jureit, S. 341; Berichte zur Vertreibung aus dem Warthegau in Dok. 47 u. 48 in: Friedrich/Löw, S. 155–165.

[65] Vgl. 7. Bericht Spindlers an Reinhardt v. 15.10.1939, BArch, R 2, 5837, Bl. 76 ff.

[66] Vgl. Klein, Gettoverwaltung, S. 44–61.

der Stadt, das nur als „Zwischenlösung“ dienen sollte, war mit dem Jahreswechsel 1939/40 die vollständige Exklusion der Juden vollzogen.[67] Gauleiter Greiser begründete die Ghettoisierung damit, dass die Juden „ungeheuer gehamstert“ hätten und sie deshalb so lange im Ghetto konzentriert würden, „bis das von ihnen Zusammengeraffte im Austauschverfahren gegen Lebensmittel zurückgegeben ist und dann werden sie über die Grenze abgeschoben“.[68]

Die Ausplünderung des Ghettos

Als der Polizeipräsident SS-Brigadeführer Schäfer im Februar 1940 die Viertel Stare Miasto, Bałuty und Marysin per Dekret zum Ghetto erklärte,[69] existierten indes noch keine konkreten Vorstellungen seitens der Verantwortlichen über die Ausgestaltung, Perspektive, Verwaltung oder Finanzierung des Ghettos, geschweige denn der wirtschaftlichen Folgen der Ghettobildung. Die Schätzungen über die Vermögenswerte waren, verzerrt durch die Propaganda vom „reichen Juden“, unrealistisch hoch und die Erhaltungskosten für ein Ghetto in dieser Größenordnung unzureichend kalkuliert. Man ging neben den einmaligen Einfriedungskosten von 160.000 Reichsmark von monatlichen Verwaltungskosten in Höhe von einer halben Million Reichsmark sowie eines täglichen Verpflegungsbedarfs von 50.000 Reichsmark aus. Auf ein Jahr gerechnet waren das 25 Millionen Reichsmark. Zur Deckung dieser Ausgaben taxierte die Stadtverwaltung die Warenvorräte innerhalb des Ghettos mit einem fantastischen Gesamtwert von 200 Millionen Reichsmark.[70]

Zu den in der Nordstadt wohnhaften 60.000 Juden mussten weitere 100.000 Menschen zwangsumsiedeln und alle nichtjüdischen Bewohner ihre Quartiere dort räumen. Der in den Wohnungen außerhalb des Ghettos zurückgelassene Besitz fiel an die HTO. Teilweise wechselten Möbel, Kleidung oder Wertgegenstände auch im Zuge wilden Raubens den Besitzer.[71] Das Ghetto Litzmannstadt[72] bildete fortan ein geschlossenes, von der Wirtschaft der Stadt abgeschlossenes Gebiet, dessen Versorgung über die „Wirtschafts- und Ernäh-

[67] Vgl. Rundschreiben Uebelhoers v. 10.12.1939 zur Ghettobildung, in: Friedrich/Löw, S. 174.

[68] Zitiert nach: Banken, Großraubwirtschaft, S. 492. Bei der Besprechung über „Ostfragen“ am 12.2.1940 gingen die Teilnehmer von einer Abschiebung bis zum 1.7.1940 aus. Greiser legte dies als Grundlage für sämtliche Konzeptionen aus. Vgl. IMG, Bd. 36, S. 306.

[69] Vgl. amtliche Bekanntmachung zur Errichtung des Lodscher Ghettos v. 8.2.1940, BArch, R 57, 826a, n. p.

[70] Vgl. Vermerk RMdI betr. der Besprechung v. 3.4.1940, BArch, R 58, 3518, Bl. 2–3; Klein, Gettoverwaltung, S. 74 f.

[71] Vgl. Alberti, Verfolgung und Vernichtung, S. 158.

[72] Am 11.4.1940 wurde Lodsch von den deutschen Besatzungsbehörden zu Ehren des deutschen Generals und NSDAP-Mitglieds Karl Litzmann (1850–1936) in Litzmannstadt umbenannt.

rungsstelle Getto" beim Ernährungs- und Wirtschaftsamt der Stadt unter dem Bremer Kaufmann Hans Biebow geregelt wurde.[73]

Der Abschiebeplan scheiterte an dem von Generalgouverneur Frank durchgesetzten Abschiebestopp.[74] Um unter den nun geänderten Vorzeichen die Finanzkraft der Ghettobewohner möglichst rasch abschätzen zu können, wies Oberbürgermeister Marder den Vorsitzenden des Ältesten Rats der Juden, Rumkowski, an, das gesamte Vermögen im Ghetto aufzulisten und Wertgegenstände und Warenvorräte zur Ablieferung sicherzustellen.[75] Für die HTO waren zuvor sämtliche Produktionsstätten innerhalb des Ghettos registriert worden.[76] Eines stand somit fest: Solange das Ghetto weiterbestünde, würde dessen Versorgung zu Lasten der von der HTO verwalteten Vermögensmasse gehen. Das nun zunächst weiterbestehende Ghetto wurde somit zum „innenpolitischen Verhandlungsgegenstand", der fortan die Zuständigkeitsbereiche unterschiedlicher Ressorts, Dienststellen und Verwaltungsebenen berührte.[77]

Winkler versuchte, die drohende Belastung für die Treuhandstelle auf einer interministeriellen Besprechung abzuwenden.[78] Einigkeit erzielte man dort hinsichtlich der „wichtige[n] staatspolitische[n] Erwägungen" des Reichsführers-SS, Himmler, zur „Ausschaltung der Juden aus dem Erwerbsleben in Litzmannstadt" und der damit einhergehenden vorübergehenden Unterbringung im Ghetto.[79] Und da das gesamte jüdische Vermögen bereits der Beschlagnahme durch die HTO unterlag, allerdings bisher nur teilweise eingezogen worden war, erzielten die Besprechungsteilnehmer rasch „vollste Übereinstimmung darüber, dass unter diesen Umständen der beste, vielleicht der einzige Weg zur Erfassung des Vermögens war, die im Ghetto eingeschlossenen Juden zur Abgabe ihrer Vermögenswerte als Gegenleistung für die Gewährung eines notdürftigen Lebensunterhalts zu nötigen".[80] Das Fi-

[73] Später wurde die Dienststelle aus dem Amt herausgelöst und arbeitete unter der Bezeichnung Gettoverwaltung Litzmannstadt eigenständig. Vgl. Klein, Gettoverwaltung, S. 198–220.

[74] Zwischen 10.2. u. 15.3.1940 waren weitere 40.128 Personen ins GG angeschoben worden. Frank erreichte bei Göring zum 23.3.1940 ein Aussetzen der Deportationen mit der Begründung, dass das GG nicht mehr in der Lage sei, weiterhin solche Menschenmassen aufzunehmen.Vgl. Heinemann, Rasse- und Siedlungshauptamt, S. 187–232.

[75] Vgl. Banken, Großraubwirtschaft, S. 493.

[76] Vgl. Klein, Gettoverwaltung, S. 69.

[77] Vgl. ebd., S. 73–79.

[78] Teilnehmer an der Besprechung: Max Winkler (HTO), Arthur Greiser (Reichsstatthalter Wartheland), Friedrich Uebelhoer (Regierungspräsident Litzmannstadt), August Jäger (stellv. Reichsstatthalter); Vertreter des Ernährungsministeriums u. des Beauftragten für den Vierjahresplan, BArch, R 2, 56159, Bl. 81 f.; Alberti, Verfolgung und Vernichtung, S. 155.

[79] Vgl. Verweis auf Besprechung am 30.1.1940 u. 20.12.1940, BArch, R 2, 56159, Bl. 81 f.

[80] Vgl. ebd.

nanzministerium vertreten durch Referatsleiter Burmeister („Polenreferat") und Abteilungsleiter Kluge (Länder- und Gemeindefinanzen, Finanzausgleich) befürwortete diesen Plan, da eine Finanzierung aus dem Reichshaushalt nicht zur Diskussion stand.

Sollten die Mittel vor Auflösung des Ghettos erschöpft sein, erklärte sich Winkler gegenüber dem Reichsfinanzministerium bereit, einen Kredit aus den Raubbeständen der LWHG in Höhe von 25 Millionen Reichsmark bereitzustellen. Voraussetzung dafür war Uebelhoers Schätzung, dass jederzeit aus dem Treuhandvermögen der LWHG mindestens 100 Millionen Reichsmark kurzfristig zu realisieren seien.[81] Indes begann die „Gettoverwaltung" unter Biebow mit der geplanten „Herausziehung sämtlicher Vermögenswerte" aus dem Ghetto. Dies verlief in den ersten Wochen noch relativ „kostendeckend" durch die Ablieferung von Waren, Geldwerten und Wertgegenständen, die die jüdische Selbstverwaltung den Bewohnern in Form von Gebühren, Steuern, Mietzahlungen und Zwangsablieferungen abrang. Zeitgleich setzte eine begrenzte wirtschaftliche Tätigkeit ein, die im bescheidenem Maß geduldet wurde, indem man die beschlagnahmten Betriebe weiterarbeiten ließ.

Dies wiederum hatte zur Folge, dass die Finanzverwaltung, die durch die Ghettoisierung den Zugriff auf die jüdischen Steuerzahler verloren hatte, eine wirtschaftliche Tätigkeit innerhalb des Ghettos und in den „Handelsaktivitäten" zwischen Stadtverwaltung und Ghetto feststellte. Der Oberfinanzpräsident Posen, Gebhard, leitete daraus eine Berechtigung zur Besteuerung ab. Gegenüber dem Ministerium konkretisierte er, dass er zur Abgeltung sämtlicher Besitz-, Verkehrs- und Verbrauchssteuern plane, in einem „rohen Verfahren" eine Art Akzise zu erheben, so dass das Reich an die ihm zustehenden Steuern gelangen würde.[82] Dieser Vorschlag, der in der Abteilung für Besitz- und Verkehrssteuern unter Otto Hedding durchaus auf Unterstützung stieß, traf in der Stadtverwaltung Litzmannstadt allerdings auf heftigen Widerstand. Denn vor Ort zeichnete sich bereits nach wenigen Wochen ab, dass sowohl die geschätzten Vermögensverhältnisse als auch die Zwangsablieferungen nicht den Erwartungen von Stadtkämmerer Marder entsprachen und der Zwangsarbeitseinsatz im Höchstfall 20 Prozent des Ernährungsbedarfs würde decken können. Da sich eine baldige Auflösung des Ghettos nicht abzeichnete, war sogar mit einer Bezuschussung des Ghettos aus Reichsmitteln zu rechnen. Marder argumentierte folglich vehement gegen eine Erhebung von Reichssteuern: „In spätestens drei Monaten wird somit das Reich 80 Prozent der Getto-Unterhaltungskosten aufzubringen haben. Eine Besteuerung bis zu diesem Zeitpunkt würde lediglich zur Folge haben, dass das Reich nicht in drei Monaten, sondern bereits früher von

81 Vgl. Schreiben Winklers an RdF v. 10.6.1941, BArch, R 2, 56159, Bl. 81 f.
82 Vgl. Klein, Gettoverwaltung, S. 237.

dem zur Verfügung gestellten Betrage Geldmittel bereitstellen muss."[83] Marder spielte damit auf den möglichen Kredit der LWHG an, der – da er aus beschlagnahmtem jüdischen Vermögen bestand – von allen Stellen als Reichsvermögen angesehen wurde.

Zwar sah die Stadt ebenfalls von der Eintreibung ihrer Gemeindesteuern ab, erhob aber einen sogenannten Regiekostenzuschlag von 15 Prozent auf sämtliche Wareneingänge ins Ghetto. So zwang man die Juden auch für die Verwaltungskosten des Ghettos aufzukommen und nahm Gelder für die Stadtkasse ein. Die Stadt war in Folge der Einnahmeausfälle durch Ghettoisierung, Vertreibung und dem einsetzenden Zwangsarbeitseinsatz von Polen im Reich in fiskalische Bedrängnis geraten.[84] Ein Abfluss von Mitteln durch eine pauschale Reichssteuer musste also den Unmut der Kommunalverwaltung erregen. Nichtsdestotrotz musste die Stadt den mit dem OFP Posen und dem Reichsfiskus vereinbarten Pauschalsteuersatz von drei Prozent an das Finanzamt Litzmannstadt Mitte abführen. Vom „Ernährungskonto" des Ghettos bei der „Gettoverwaltung" wurden also neben den Nettopreisen der eingeführten Waren fortan der Regiekostenzuschlag von 15 Prozent und die dreiprozentige Pauschalsteuer belastet.

Um die Abschöpfung von Zahlungsmitteln aus dem Ghetto noch effektiver umzusetzen, den Handel über die Ghettomauern zu unterbinden und möglichst einfach die verbliebenen Reichsmarkbeträge jenseits der steuerlichen Beitreibung zu vereinnahmen, entschloss sich Marder zur Einführung einer eigenen Währung im Ghetto. In Absprache mit der Reichsbankstelle Litzmannstadt und Walther Bayrhoffer im RFM emittierte die Stadt Markquittungen als alleingültiges Zahlungsmittel im Ghetto.[85] Bayrhoffer wurde über den Charakter des Ghettos als „Anhaltelager für Juden"[86] in Kenntnis gesetzt und über die Notwendigkeit der Maßnahme informiert: „Um den Verkehr, der sich auf Schleichwegen entwickelt, völlig zu unterbinden, ist die Abziehung der im Ghetto befindlichen gesetzlichen Zahlungsmittel und der Warenvorräte erforderlich und im Gange."[87] Da das Ghettogeld nur im „Judenviertel" Gül-

[83] Vgl. Schreiben Marders an den RStH Posen, Abt. Kommunalaufsicht v. 4.7.1940; Zitiert nach: ebd., S. 238.

[84] Vgl. Schreiben Marders v. 20.7.1940, APL, 221/VII, 70, Bl. 124.

[85] Vgl. Schreiben des Reichsbankdirektoriums an Bayrhoffer v. 28.5.1940 bzgl. der Ausgabe von Geld im Judenstadtteil, BArch, R 2, 14577, Bl. 254 f.; Schreiben ders. v. 7.8.1942 zur Ausgabe eines metallenen Geldzeichens durch die Verwaltung des Ghettos, BArch, R 2, 14580, Bl. 81 f.

[86] Anhaltelager waren in Österreich während der Zeit des austrofaschistischen Ständestaats zwischen 1933 und 1938 Internierungslager oder Notarreste, in denen politische Gegner inhaftiert wurden.

[87] Vgl. Schreiben der Reichsbankstelle Litzmannstadt an Bayrhoffer v. 23.5.1940, BArch, R 2, 14577, Bl. 256 f.

tigkeit hatte, eine Deckung nicht bestand und allein die Stadtverwaltung über die Umlaufmenge entschied, sah Bayrhoffer keinerlei Verstoß gegen geltendes Recht und legte keinen Widerspruch ein.[88] Das erbrachte bis Ende August knapp fünf Millionen Reichsmark. Auch dieser Betrag vermochte allerdings nicht die Kosten zu decken.[89]

Bekanntmachung Nr. 321.

BETR.: Meine Bekanntmachung Nr. 70 v. 24.VI.—1940. Ungültigkeitserklärung der deutschen Reichsmark als gesetzliches Zahlungsmittel im GETTO.

Unter Bezugnahme auf meine obige Bekanntmachung gebe ich hierdurch nochmals bekannt, dass im Getto keinesfalls mit Reichsmark gezahlt werden darf, sondern nur mit den von mir herausgegebenen Mark-Quittungen.

Die Verteilungsstellen sowie jegliche Geschäfte u. a. dürfen Reichsmark als Zahlungsmittel nicht entgegennehmen.

Ich werde Kontrollen durchführen lassen! Sollten in irgendeiner Kasse deutsche Reichsmark gefunden werden, wird das Geld zugunsten der Gemeinde beschlagnahmt und das GESCHÄFT GESCHLOSSEN.

Die Reichsbank-Noten dürfen NUR in meiner Hauptkasse — Am Kirchplatz 4 und in meiner BANK — Bleicherweg 7 umgetauscht werden.

(-) CH. RUMKOWSKI
Der Aelteste der Juden in Litzmannstadt

באקאנטמאכונג נר. 321

בנוגע מיין באקאנטמאכונג נר. 70 פון 24-טן יוני 1940 וועגן אומגילטיקייטס-דערקלערונג פון די דייטשע רייכסמארקן אלס געזעצלעך צאלונגס-מיטל אין געטא.

אין געטא טאר מען קיין מאל נישט געצאלט ווערן מיט רייכסמארק, נאר מיט די פון מיר ארויסגעגעבענע מארק-קוויטונגען.

איך וועל אדורכפירן קאנטראלן!

די רייכסבאנק-נאטן דארפן אומגעטוישט ווערן נאר אין מיין הויפט-קאסע אויף פלאץ קאשטשעלני 4 און אין מיין באנק אויף ציעשעלסקא 7.

(–) מרדכי חיים רומקאווסקי

Abbildung 26 – Bekanntmachung des Ältesten der Juden im Ghetto Litzmannstadt Nr. 321 vom 27.10.1941

Da der Zwangsumtausch der Reichsmarkbeträge eine endliche Maßnahme war, die weitere Zukunft des Ghettos nicht geklärt und auch über die wirtschaftliche Tätigkeit innerhalb des Ghettos und zwischen Ghetto und Stadtverwaltung hinsichtlich einer Besteuerung noch keine abschließende Einigung erzielt worden war, schaltete sich Reichsfinanzminister Schwerin von Krosigk ein. Er beauftragte Otto Hedding, den Leiter der Steuerabteilung (Abteilung III) und fachkundigen Beamten für die steuerliche Sonderbehandlung von „Reichsfeinden“, mit der Klärung der Sachlage im Interesse des Reiches.[90]

[88] Vgl. Schreiben der Reichsbankstelle Litzmannstadt v. 6.6.1940, Bl. 254 ff.

[89] Vgl. Alberti, Verfolgung und Vernichtung, S. 220. u. APŁ, 221, 29609. Ursprünglich plante man bis zur Auflösung des Ghettos im Juli/August 1940 einen Betrag von 18 Mio. RM zu erzielen. Loose, Kredite, S. 162.

[90] Die Referate der Abteilung III befassten sich seit 1933 mit der steuerlichen Diskriminierung von Juden. Neben dem Reichsfluchtsteuerreferat beschäftigte sich Heddings Abteilung bereits im August 1935, also kurz vor der Einführung der „Nürnberger Gesetze“ mit Ausarbeitungen zur „Bekämpfung des Judentums“. Ab 1938 setzte er sich auch für eine antijüdische Steuerpolitik im angeschlossenen Österreich ein.Vgl. Kuller, Bürokratie und Verbrechen, S. 56, 144, 176.

Hedding stellte zum Sachverhalt fest: „Das Judenviertel in Litzmannstadt wurde aus sozialhygienischen, volkspolitischen und ernährungswirtschaftlichen Gründen errichtet. Es ist durch Bretterzäune und Stacheldraht von der Außenwelt völlig abgeschlossen und nimmt am allgemeinen Wirtschaftsverkehr nicht teil. Innerhalb seiner Grenzen aber leben mehr als 200.000 Menschen, die die verschiedensten Unternehmungen betreiben. Es gibt Kaufleute, Handwerker, Angehörige freier Berufe. Es werden eine Brauerei und zwei Zigarettenfabriken und andere nicht unbedeutende Unternehmungen betrieben."[91] Zur Finanzierungsproblematik informierte Hedding die involvierten Ressorts vorausschauend, indem er auf die kurzfristige und limitierte Abschöpfung von Reichsmarkbeträgen und Warenvorräten sowie den nicht kostendeckenden Zwangsarbeitseinsatz im Konfektionsgewerbe und im Bauwesen verwies. Trotz dieser Kenntnisse und im Wissen um die monatlichen Ernährungskosten von 2,5 Millionen Reichsmark und/oder gerade wegen des städtischen Zuschlags in Höhe von 15 Prozent, machte der oberste Steuerverwaltungsbeamte des Reiches klar, dass er gegenüber einer Reichssteuer nicht abgeneigt war. Schließlich würden Umsätze getätigt und Gewinne erzielt sowie verbrauchssteuerpflichtige Vorgänge stattfinden. Für das RFM galt es lediglich abzuwägen, ob die Pauschalabgabe so lange zu erheben war, bis die Eigenmittel des Ghettos erschöpft wären, oder ob dies zu einer frühzeitigen unerwünschten Belastung der öffentlichen Hand führen würde. Ferner stand die Frage im Raum, ob die Stadt Litzmannstadt wegen der Lebensmittelbelieferung generell körperschaftssteuer- und umsatzsteuerpflichtig sei oder dies nur auf den 15-prozentigen Zuschlag zutreffe.[92]

De facto verbarg sich hinter dieser Abwägung eine reine Machtfrage. Das RFM wollte die Verwertung der verbliebenen Vermögenswerte der zusammengepferchten Juden unter seine Kontrolle bringen. Eine reguläre Steuereintreibung der wirtschaftlich faktisch ausgeschalteten Juden war illusorisch. Die verbliebenen Sachwerte befanden sich unter treuhänderischer Verwaltung der HTO und würden erst dann teilweise zu Barmitteln, wenn sie zur Begleichung der Lebenshaltungskosten über eine tatsächliche Veräußerung durch die LWHG und schließlich die Konten der „Gettoverwaltung" in Form der Pauschalabgabe auf dem Konto des Finanzamtes Litzmannstadt Mitte eingingen. Nur auf diesem Wege war bisher ein mittelbarer wie minimaler Zugriff möglich. Neben dem Reichsfiskus hatten auch andere Stellen Forderungen an die HTO/LWHG-Treuhandmasse. Die Vollstreckungsstelle der Stadt brachte Nachzahlungsforderungen für die Sozialkassen vor, das Gesundheitsamt und

91 Einladungsschreiben Heddings an RMdI, Reichswirtschaftsminister, Beauftragten für den Vierjahresplan u. HTO zur Besteuerung des Judenviertels in Litzmannstadt v. 29.8.1940, BArch, R 2, 56030, Bl. 74 f.

92 Vgl. ebd.

die Wasser- und Elektrizitätswerke mahnten Ausstände von über einer halben Million Reichsmark allein bis Juni 1940 an. Und das Stadtsteueramt wollte für die Kommune ausstehende Gemeindesteuern von über 400.000 Reichsmark eintreiben, was über den „Regiekostenzuschlag“ nur bedingt gelang.[93]

Biebows Verwaltung führte so unter Vorbehalt bis Mitte Oktober 1940 Steuerbeträge an das Finanzamt Litzmannstadt Mitte in einer Höhe von 87.314,55 Reichsmark ab. Von dem insgesamt für diesen Zeitraum geforderten Betrag blieb die „Gettoverwaltung“ über 100.000 Reichsmark schuldig.[94] Als die Stadt zur Finanzierung des Ghettos dann gezwungen war, den Kredit bei der LWHG aufzunehmen, stellte Marder die Zahlung grundsätzlich ein. Schließlich ließ er Oberregierungsrat Schmidts im Finanzamt wissen, dass es sich um einen „Zuschussbetrieb“ handele, der „die gleiche wirtschaftliche und rechtliche Struktur wie ein Konzentrationslager“ aufweise. In seinen Augen war eine Besteuerung auch sachlich nicht durchführbar, solange Geld und Waren das Ghetto nicht verlassen konnten.[95]

Die LWHG als Anhängsel der HTO gewährte daraufhin einen Kredit über drei Millionen Reichsmark bei einer Laufzeit von sechs Monaten und einem Zinssatz von 4,5 Prozent.[96] Die Liquidität war somit vorübergehend wiederhergestellt. Rumkowskis Initiative, den Arbeitseinsatz der jüdischen Bevölkerung durch Lieferungen von Rohstoffen und die Nutzung der Werkstätten innerhalb des Ghettos zu steigern[97], traf außerdem zunehmend auf Einverständnis bei Biebow, der fortan andere Dienststellen von dieser Notwendigkeit zu überzeugen suchte.[98] Überdies ging die „Gettoverwaltung“ ihrerseits gegenüber der LWHG davon aus, „dass die Rückzahlung wie Verzinsung als eine pro forma Sache anzusehen sei,“ da eine Tilgung als unwahrscheinlich eingeschätzt wurde.[99]

[93] Vgl. Klein, Gettoverwaltung, S. 119.

[94] Vgl. Niederschrift der Beauftragten des Rechnungshofs des Deutschen Reichs über die örtliche Prüfung der Ernährungs- und Wirtschaftsstelle Getto des Oberbürgermeisters der Stadt Litzmannstadt in Litzmannstadt, (folgend: Rechnungshofbericht), BArch, R 2, 56159, Bl. 92.

[95] Vgl. Schreiben Marders an das FA Litzmannstadt Mitte, ORR Schmidts v. 18.10.1940, APŁ, 221, 70, Bl. 445; Vgl. Klein, Gettoverwaltung, S. 239–241.

[96] Vgl. Loose, Kredite, S. 164.

[97] Rumkowski forderte, die Arbeitskraft stärker auszunutzen, da die zur Ablieferung erwarteten Werte nicht vorhanden waren. Allerdings wurde die Anlieferung von Rohstoffen zur Verarbeitung zunächst auch von Biebow abgelehnt, da das Ghetto bis Ende 1940 aufgelöst werden sollte. Biebow wollte auf die Schuldner der Juden außerhalb des Ghettos zugreifen, was aber ebenso der Zustimmung der HTO unterlag, die an dieser Lösung kein Interesse zeigte. Vgl. Klein, Gettoverwaltung, S. 110–122.

[98] Bis Ende November 1940 waren 27 Fabriken vor allem Schneiderwerkstätten eingerichtet worden, die im Auftrag der Wehrmachtsdienststellen Uniformen fertigten. Vgl. Rechnungshofbericht, BArch, R 2, 56159, Bl. 86.

[99] Vgl. Rechnungshofbericht, BArch, R 2, 56159, Bl. 93.

Als sich im Herbst 1940 immer noch keine Auflösung des Ghettos abzeichnete und die Finanzlage wie auch die Besteuerungsfrage sowohl auf Kommunal- wie Reichsebene ungeklärt blieben, wandte sich Schwerin von Krosigk direkt an Reichsinnenminister Frick und an Max Winkler. Der Minister sah den Moment näherrücken, „an dem der Unterhalt der Juden der öffentlichen Hand zur Last falle". Um dies zu vermeiden, empfahl er, mehr Arbeitsaufträge an das Ghetto zu vergeben, damit die „Juden sich ihren Unterhalt selbst verdienen" und zugleich zu den öffentlichen Lasten beitragen könnten. Dann sollte auch die Abführung des dreiprozentigen Reichszuschlags umsetzbar sein, um dessen sofortige Wiederabführung er bat und zugleich um die Überprüfung des Regiekostenzuschlages nachsuchte, denn für ihn war es „nicht von der Hand zu weisen, dass die Stadt Litzmannstadt die Geschäfte mit den Juden als städtische Einnahmequelle" ansehe.[100]

HTO-Chef Winkler widersprach diesen Plänen energisch. Zweifellos betrachtete er sämtliche polnische und somit auch jüdische Vermögenswerte in Litzmannstadt als durch die HTO treuhänderisch verwaltetes Reichsvermögen, doch mochte er der Auffassung über „die Heranziehung der Juden zu den öffentlichen Lasten" nicht beitreten. Für ihn war die vor Ort bestehende Situation eine Folge der Ghettoerrichtung, die bis zu einer „endgültigen Entscheidung über das Schicksal der Juden" als gegebene „Zwangslage" auch den Einsatz öffentlicher Mittel für den Unterhalt des Ghettos rechtfertige. Einer Prüfung des städtischen Verwaltungskostenzuschlags, der ja einen konkreten Abfluss von HTO-Mitteln an die Stadtkasse bedeutete, stimmte er aber eiligst zu.[101] Offenbar auf Betreiben Winklers veranlasste wenig später der Präsident des Rechnungshofes des Reiches die Prüfung der „Gettoverwaltung".[102]

Revision der „Gettoverwaltung"

Die Prüfung durch die Beamten des Reichsrechnungshofes erfolgte zwischen dem 23. Januar und 5. Februar 1941 und bestätigte in weiten Teilen die Einschätzungen zur finanziellen Lage des Ghettos und der Stadt.[103] Mit der Prüfung

[100] Vgl. Schreiben Schwerin von Krosigks an Frick v. 9.11.1940, BArch, R 2, 56158, Bl. 87 f.; Alberti, Verfolgung und Vernichtung, S. 256; Klein, Gettoverwaltung, S. 242.

[101] Vgl. Schreiben Winklers an den RdF v. 20.12.1940 v. 9.11.1940, BArch, R 2, 56159, Bl. 71 f. Eine erste Buchprüfung der Dienststelle „Gettoverwaltung" hatte bereits durch einen Beamten des Finanzamtes Litzmannstadt Mitte stattgefunden. Vgl. Rechnungshofbericht, BArch, R 2, 56159, Bl. 92.

[102] Vgl. Erlass des Präsidenten des Reichsrechnungshofes, Heinrich Müller, v. 31.12.1940, BArch, R 2, 56158, Bl. 71. Kreuzverhör durch Kempner im August 1947 und Aussagen Winklers in Nürnberg im April 1948, IfZ, ZS-517-1 ff.

[103] Folgend wird aus dem Rechnungshofbericht zitiert. Vgl. BArch, R 2, 561159, Bl. 87–98.

sollte nun die Zuständigkeitsfrage und damit die Finanzhoheit von Kommune und/oder Reich abschließend geklärt werden. Strittig war weiterhin, ob die Stadt in Sachen Ghetto im Reichsauftrag agierte und somit aus Reichsmitteln alimentiert werden müsse, oder eine aus Kommunalvermögen zu tragende Eigenverwaltung vorlag. Aus Sicht der Stadt handelte es sich weniger um ein „Interesse der Stadt als [um ein] Interesse des Reichs aus grundsätzlichen Erwägungen polizeilicher Art.“[104]

Die Bilanz des Rechnungshofes ergab, dass der jüdischen Zwangsgemeinschaft für den Erhalt von Wirtschaftsgütern über zehn Millionen Reichsmark (inklusive des Regiekostenzuschlags und der pauschalierten Sondersteuer) abgepresst worden waren. Allein der Regiekostenzuschlag hatte der Stadtkasse Einnahmen in Höhe von rund 1,3 Millionen Reichsmark bei tatsächlich angefallenen Verwaltungskosten von 179.790,87 Reichsmark beschert. Es war der Stadtverwaltung auch gelungen, aus Fördermitteln des Reiches für einmalige Sonderaufwendungen zur Errichtung und Abtrennung des Ghettos eine Million Reichsmark abzurufen. Dem standen ungeprüfte einmalige Einnahmeausfälle aus Steuern, Gebühren und Beiträgen, Krankenbehandlungskosten, Mieten und Pachten aus der Zeit vor der Ghettobildung von über einer Million Reichsmark gegenüber. An fortlaufende Ausfälle von Kommunalsteuern (Grundstücks-, Lokal-, Gewerbe- und Bürgersteuern) waren allein seit Bestehen des Ghettos 3,3 Millionen Reichsmark aufgelaufen. „Ungleich höher und in ihren Ausmaßen nicht zu übersehen“ bewerteten die Prüfer die Einnahmeausfälle, die als Folge des Ghettos im restlichen Stadtgebiet zwangsläufig entstanden waren und weiterhin entstehen würden. Seit einem Jahr standen bereits zehntausende Wohnungen und Häuser leer, deren Grundstücks- und Lokalsteuern die HTO nur in Prozentsätzen abführte. Geschlossene Ladenlokale und stillgelegte Fabriken bedeuteten einen „nicht schätzbaren Ausfall an Gewerbesteuer“. Stadtkämmerer Marder wollte die Juden sogar zu einer weiteren Pauschalabgabe von 275.000 Reichsmark an Gemeindesteuern belasten, um die Ausfälle jenseits des Ghettos ansatzweise zu kompensieren.

Das vormalige „Manchester Polens“ hatte sich in einem Jahr unter deutscher Verwaltung in eine zweigeteilte und wirtschaftlich geschwächte Stadt gewandelt. Im Norden lag das überfüllte, ausgeraubte und verarmende Ghetto, dessen Wirtschaftstätigkeit nur widerwillig geduldet wurde, und im Rest der Stadt lag die Ökonomie brach und es herrschte Leerstand, der auch durch Himmlers Siedlungsplaner und Winklers Treuhänder nicht wettgemacht werden konnte – zumal die neu Angesiedelten mit verschiedenen steuerlichen Nachlässen gefördert wurden.[105] Die Folgen der Enteignung und Abschiebung der nichtjüdischen polnischen Bevölkerung zu Beginn der Besatzung und die zunehmende

104 Vgl. ebd., Bl. 95.
105 Vgl. Kapitel: Ost-Steuerhilfe, S. 194.

Zwangsverschickung der arbeitsfähigen und erwerbstätigen polnischen Stadtbewohner und potenziellen Steuerzahler zum Arbeitseinsatz im Reichsgebiet wurden von den Prüfern indes nicht einmal einkalkuliert. Bis zum Frühjahr 1941 waren mindestens 460.000 Personen aus den annektierten Gebieten ins Generalgouvernement abgeschoben worden.[106]

Die Stellungnahme und Empfehlung der Prüfer fiel für das RFM in summa unerfreulich aus. Der städtischen Verwaltung sollten nicht sämtliche Folgekosten der Ghettobildung auferlegt werden, da es sich „nach Art und Umfang der gestellten Aufgabe um eine staatliche Auftragsverwaltung" handele. Deshalb auch müssten die Ausfälle der Stadt aus Reichsmitteln erstattet werden. Zukünftige Ausfälle an Gemeindesteuern könnten innerhalb des Finanzausgleichs Berücksichtigung finden. Über die Beitreibungsmöglichkeiten von Reichssteuern urteilte der Bericht, dass sich das Ghetto kaum selbst erhalten könne und der innerhalb des Ghettos stattfindende Geschäftsverkehr zwar faktisch steuerliche Tatbestände auslöse, aber – abgesehen von einer unwesentlichen Umsatzsteuer – kaum Einnahmen generieren würde. Ebenso sei nicht mit besteuerbaren Einkommen oder größeren Vermögen zu rechnen. Eine Besteuerung der Juden im Ghetto oder der „Gettoverwaltung" durch eine Großhandelsumsatzsteuer führe über kurz oder lang zu einer Bezuschussung durch das Reich. Abschließend forderten die Rechnungshofbeauftragten eine Senkung des Regiekostenzuschlages und den Zwangsarbeitseinsatz von mindestens 20.000 Ghettobewohnern, um eine Ernährung auf Gefängniskostniveau und die sonstige Unterhaltung und Verwaltung des Ghettos zu gewährleisten. Somit schlossen die Prüfer de facto nennenswerte Steuereinnahmen oder gar Einnahmeerhöhungen für den Fiskus aus.

Der Bericht ging nach Fertigstellung an Heddings Steuerabteilung III und wurde im Haus verteilt.[107] Mittlerweile waren zehn Beamte der verschiedenen Referate mit der Ghettofrage befasst. Für die Abteilung III waren das neben dem Referat Herting die Referate Uhlich[108] (Steuern vom Vermögen; u. a.

106 Vgl. Aly, Endlösung, S. 59–139.

107 Dabei wurde er auch an Amtsrat Pape einem Mitarbeiter im Referat Maedel versandt, was Aly und Heim zu der Annahme führte, das RFM sei Auftraggeber der Prüfung gewesen. Vgl. Aly/Heim, Bevölkerungsstruktur, S. 39–43. Zum Vorgang Vermerk RFM v. 1.7.1941, BArch, R 2, 56159, Bl. 80 f. Maedel forderte im Juli 1941 eine weitere Kopie des Berichts an. Maedel an Herting v. 5.7.1941, BArch, R 2, 56159, Bl. 83. Klein hat diese Quelleninterpretation bereits in seiner Monographie zum Ghetto hinterfragt. Vgl. Klein, Gettoverwaltung, S. 256 ff.

108 Uhlichs Referat für Vermögenssteuern hatte sich vor dem Krieg zu einer Art Sammelbecken für Judenfragen in der Finanzverwaltung entwickelt. Er zeichnete gemeinsam mit dem späteren Beauftragten für die Haupttreuhandstelle Ost, dem damaligen Saarbrücker Oberfinanzpräsident Hans Casdorf, für die Angelegenheiten der Judenvermögensabgabe verantwortlich. Auch die Arisierungsgewinnsteuer wurde dort entwickelt und verankert. Vgl. Kuller, Bürokratie und Verbrechen, S. 60 u. 161.

Judenvermögensabgabe), Haußmann (Steuern vom Einkommen; u.a. Sonderbesteuerung der Polen), Boruttau (Verkehrsteuern), Eiffler (Verkehrsteuern) und Meuschel[109] (Steuern von Einkommen; u.a. Sozialausgleichsabgabe). Aus der Abteilung IA (Finanzwesen der Länder, Gaue, Gemeinden, Gebietskörperschaften, Reichsreform, Finanzausgleich) war das Referat Augustin (Finanzausgleich) einbezogen und die Abteilung II (Zölle und Verbrauchssteuern) war ebenso involviert wie das Referat Maedel[110] (Verwaltung von Reichsvermögen, HTO) aus der Abteilung VI (Personal- und Verwaltungsangelegenheiten).

Dem Bericht folgend erkannte das RFM an, dass es sich beim Ghetto um eine Auftragsangelegenheit des Reiches handelte. Für den Verzicht auf jegliche Reichssteuern und um die Finanzierung zu sichern, bestand das Ministerium auf eine noch sparsamere Bewirtschaftung und die Ausweitung des Zwangsarbeitseinsatzes, dessen Erträge ausschließlich in die Finanzierung des Ghettos fließen sollten. Der Stadt wurden die Kommunalsteuerausfälle ersetzt. Gegen die vollständige Ausplünderung des Ghettos kamen dann auch von ganz anderer Stelle Einwände. Die SS sprach sich gegen eine vollständige Enteignung der Juden aus, da die noch „vorhandenen Judenvermögenswerte für die Evakuierung der Juden" zur Kostendeckung verwendet werden sollten.[111]

Die Zollfahndungsstelle Litzmannstadt

Vor Ort nahmen SS und Polizeidienststellen allerdings wenig Rücksicht auf zukünftige Kostenpunkte oder Zuständigkeiten. Um an Wertgegenstände zu gelangen, die vor der Ghettoisierung in der Stadt versteckt oder an Vertraute übergeben worden waren und um Verstecke innerhalb des Ghettos aufzuspüren, richtete die Kriminalpolizei Litzmannstadt ein „Sonderkommando Getto" (oder auch „Sonderkommissariat Getto") ein. Jenseits der Ghettogrenzen arbeitete man eng mit der Gestapo und der Zollfahndungszweigstelle Litzmannstadt zusammen.[112]

109 Meuschel hatte in Fritz Reinhardts Reihe „Bücherei des Steuerrechts", der ideologischen Leitpublikation des NS-Steuerstaats, u.a. zur Einkommensteuer (Bd. 12), Kriegssteuern (Bd. 22) u. Oststeuerhilfeverordnung (Bd. 40) publiziert.

110 Vgl. Kapitel: Die Beutestelle der Reichshauptkasse, S. 99.

111 Vgl. Vermerk Reinhardts v. 23.9.1941, BArch, R 2, 56030, Bl. 79 f. Besprechungsprotokolle, ebd., S. 81 f. u. BArch, R 2, 56159, Bl. 105 ff.

112 Da es offenbar zu zahlreichen „unberechtigten Beschlagnahmungen" seitens der Bevölkerung „unter Vorspiegelung hoheitlicher Rechte" gekommen war, wies der Polizeipräsident im April 1940 die Deutschen in Litzmannstadt darauf hin, dass „alle Exekutivmaßnahmen, zu denen vor allem Beschlagnahmungen gehören, nur von Polizeibeamten, in besonderen Fällen von Zollbeamten durchgeführt werden dürfen. Diese Exekutiv-Organe der Polizei sind in allen Fällen mit Ausweisen versehen." Tagesanordnung des Polizei-

Die Zollbeamten der Reichsfinanzverwaltung beschlagnahmten – im Zuge der Amtshilfe im Rahmen sogenannter Devisenstrafverfahren bei Durchsuchungen in ehemaligen jüdischen Wohnungen – Wertgegenstände und Devisen und führten diese an die „Gettoverwaltung“ ab. Die Mehrheit der Gegenstände wurde aus verschiedenen Verstecken ausgegraben. Leuchter, Bestecke und Service, Wertpapiere und Schmuck wurden aber auch, nach zahlreichen Denunziationen durch die Bevölkerung, in Wohnungen von Polen und Deutschen sichergestellt.[113] So ermittelten die Beamten beispielsweise, dass der „Volksdeutsche“ Karl Zierbarth aus Freundschaft zu seinem früheren Nachbarn Abraham Pilicer, dessen Gold und Wertgegenstände in seiner Wohnung und auf seinem Grundstück versteckt und diese Pilicer zum Überleben zugänglich gemacht hatte. Die Gegenstände wurden eingezogen und an Biebows Verwaltung zur Verwertung übergeben. Das Verfahren gegen Zierbarth wurde niedergeschlagen. Die Zollbeamten durchsuchten aber nicht nur Küchenherde, Dielenböden, Keller und Dachböden, sondern gruben auch nach Wertgegenständen.[114] Dabei machten sie auch vor den Gräbern auf dem jüdischen Friedhof nicht halt. In der Grabstelle der Karola Zymnwoda stellten Zöllner in Zusammenarbeit mit der Stapostelle Litzmannstadt Goldschmuck und Golddollar sicher.[115]

Zu zahlreichen Denunziationen kam es auch innerhalb des Ghettos.[116]. Die Ermittlungen erstreckten sich in manchen Fällen bis nach Warschau. Im September und Oktober 1940 ermittelte die Kripostelle Litzmannstadt in Warschau, dass eine Frau Hamburger, die nach Warschau geflüchtet war, ihren Schmuck auf dem Gelände des späteren Ghettos vergraben hatte. Nach Schätzungen der Treuhandnebenstelle Litzmannstadt und der örtlichen Juweliere betrug der Wert an die zwei Millionen Reichsmark. Nach Wunsch des HSSPF Koppe sollte der wertvolle Schmuck nicht an die „Gettoverwaltung“ übergeben werden, sondern, wie schon zuvor der Schmuck der Familien Poznański und Friedländer, gleich einer Trophäe an Himmler persönlich.[117] Dieser übergab das Raubgut an Göring, der wiederum die Überstellung an das Ministerbüro

präsidenten Litzmannstadt Nr. 9 v. 13.4.1940; BArch, R 70, Polen 348, n. p.; Alberti, Verfolgung und Vernichtung, S. 166–171.

113 Vgl. Banken, Großraubwirtschaft, S. 492–510. Bei „Stadtfahrten zu verstecktem Judengut“ unternahm die Kripo gezielt Razzien im Stadtgebiet. Vgl. ebd., S. 501.

114 Vgl. Berichte der Zollfahndungszweigstelle Litzmannstadt, APŁ, 221, 29872 u. 29873.

115 Übergabequittung der Stapostelle Litzmannstadt II B 4 v. 22.5.1943, APŁ, 221, 671, Bl. 38, zitiert nach: Sandkühler, Zollgrenzschutz, S. 152.

116 Vgl. APŁ, 278, 428 sowie: Banken, Großraubwirtschaft, S. 503.

117 Vgl. Bericht der Kriminalpolizeistelle Litzmannstadt über die Auffindung eines versteckten Schmucks aus jüdischem Besitz v. 27.11.1940 zur Ablieferung von Beutegut (Wertpapiere, Banknoten, Wertgegenstände) durch militärische Einheiten an die Reichshauptkasse, BArch, R 2104, 11, n. p.

im Reichsfinanzministerium veranlasste. So landete das Schmuckkästchen schließlich zur Verwahrung bei der Beutestelle der Reichshauptkasse[118] Die Beamten in der Jägerstraße legten das entsprechende Depot unter der Registratur P 521/125 an und erfassten 140 Golddollar, 50 Goldrubel, 119 Stück Münzen, Bruchgold, Schmucksachen und Uhren. Ihren Vorgesetzten Maedel setzten sie über den Wert von „angeblich" zwei Millionen Reichsmark und die Umstände der Einlieferung detailliert in Kenntnis.[119]

Maedel wies die Beutestelle kurz darauf an, da „angenommen werden [kann], dass es sich bei Frau Hamburger um eine Polin handelt", die Veräußerung der beschlagnahmten Devisen über die Reichsbank auf Grundlage der sogenannten Polenvermögensverordnung[120] und gemäß der Vereinbarung mit der HTO umzusetzen.[121] Die Schmuckgegenstände blieben in Verwahrung.[122]

Die von der Kriminalpolizei, der Zollfahndungsstelle und dem jüdischen Sonderkommando im Ghetto durchgeführten Haussuchungen erbrachten bis 1942 eine Beute an Wertsachen und Edelmetallen im Gegenwert von etwa 2,8 Millionen Reichsmark. Daneben hatte die „Gettoverwaltung" auf dem Wege der „freiwilligen Abgabe" und der anschließenden Verwertung durch Verkauf an Deutsche oder durch Verwertung seitens der Treuhandnebenstelle bis August 1940 etwa vier Millionen Reichsmark vereinnahmt.[123] Ein direkter Zugriff des RFM über die Abführung der Werte an die Beutestelle – mit Ausnahme von Einzelfällen – oder eine Überweisung der Erlöse an die Reichshauptkasse bestand nicht.

Verwertung der letzten Habe

Die letzte Phase der Beraubung setzte mit Beginn der Deportationen in das Vernichtungslager Kulmhof zu Beginn des Jahres 1942 ein. Die Vernichtungsstätte war wenige Wochen zuvor in Chełmno nad Nerem nordwestlich von Litzmannstadt errichtet worden und diente der SS als Tötungsort für die im Ghetto Litzmannstadt und in den Provinzghettos im Warthegau eingepferchten Juden, aber auch für Sinti und Roma und russische Kriegsgefangene.

118 Vgl. Die Beutestelle der Reichshauptkasse, S. 99.

119 Vgl. Eintrag P 521/125 im Beutebuch der Reichshauptkasse, BArch, R 2104, 68, n. p.

120 Vgl. Kapitel: Die Treuhand, S. 109.

121 Vgl. Vermerk Maedel v. 29.10.1941 zum Eintrag P 521/125 im Beutebuch Polen der RHK v. 10.9.1940, BArch, R 2104, 11 n. p.

122 Der Schmuck verblieb bis 1943 in der RHK und wurde dann – nach der Anfrage der Verwaltungs- und Verwertungsgesellschaft der HTO GmbH bei der Kriegsbeutestelle v. März 1943 – vermutlich im Lauf des Jahres an die HTO überstellt. Vgl. Vorgang in BArch, R 2104, 11, n. p. Vgl. Kapitel: Die Treuhand, S. 109 u. Das Treuhandvermögen, S. 224.

123 Vgl. Banken, Großraubwirtschaft, S. 492–510.

Die finanzielle Betreuung der neu geschaffenen Massenvernichtungsdienststelle wurde zunächst durch die Reichsstatthalterei in Posen übernommen, dann aber an Biebows „Gettoverwaltung“ übergeben. Daraufhin wurde bei der Stadtsparkasse Litzmannstadt das Sonderkonto 12300 eröffnet, das bis 1944 für sämtliche Einnahmen und Ausgaben im Zusammenhang mit den Vernichtungsmaßnahmen wie auch der jüdischen Zwangsarbeit im gesamten Warthegau außerhalb des Ghettos Litzmannstadt genutzt wurde. Als Einnahmen verbuchten die Ghettoverwalter neben den Einkünften aus der Zwangsarbeit die Erlöse aus der Verwertung der in Kulmhof selbst und in den Verwertungslagern wie Pabianice bei Litzmannstadt anfallenden Werte. Zu den Ausgaben zählten sämtliche Sach- und Personalkosten für den Massenmord mit Gaswagen und für die etwa 20 SS-Männer und 90 Polizeibeamten sowie Zuschüsse an die befassten Mitarbeiter der „Gettoverwaltung“.[124]

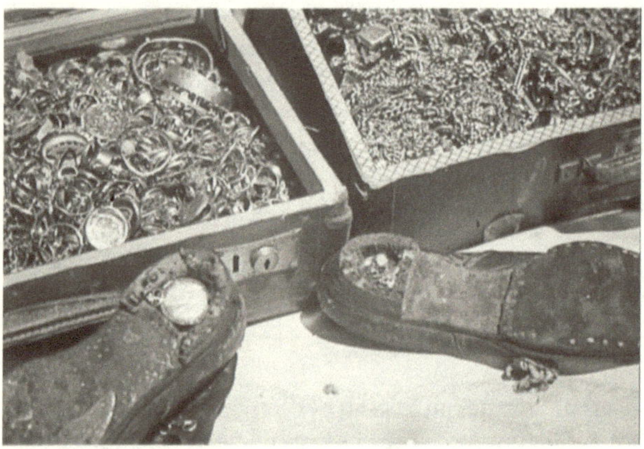

Abbildung 27 – In Pabianice gesammelte Wertgegenstände aus dem Ghetto Litzmannstadt

Zwischen Mai 1942 und Februar 1943 wurden dem Sonderkonto aus der Verwertung des Raubgutes in Pabianice über eine Million Reichsmark gutgeschrieben. Weitere knapp zwei Millionen Reichsmark gingen im Jahr 1942 nach Geldlieferungen aus Kulmhof direkt als Einzahlungen auf dem Konto ein. Im Zuge der Ghettoräumungen im Warthegau wurde bis Ende 1942 nochmals knapp eine halbe Million Reichsmark verbucht. Nicht beachtet sind hier die Millionenwerte, die auch dort im Vorfeld erpresst worden waren.[125]

Zugriff auf das Sonderkonto hatte neben Biebows Verwaltung, die das Konto nutzte, um das „Ernährungskonto 700“ bei ausstehenden Eingängen mit min-

124 Vgl. Klein, Gettoverwaltung, S. 480 ff.
125 Vgl. ebd., S. 494 ff.

destens 750.000 Reichsmark zu entlasten, die Dienststelle des Reichsstatthalters. Hingegen hatte der HSSPF Koppe offenbar keinerlei Verfügungsgewalt.[126] Im Laufe der Zeit sammelten sich so mehrere Millionen auf dem Konto an, von denen auf persönliche Anweisung Greisers 1943 allein vier Millionen Reichsmark auf das Konto des „Vereins der Freunde des Warthegaues“ transferiert wurden. Diese Beträge nutzte der Reichsstatthalter, um seine ambitionierten, aber vom Reich aufgrund der Kriegs- und Finanzlage nicht unterstützten Bau- und Infrastrukturprojekte außerhalb der regulären Haushaltsführung voranzutreiben.[127]

Abbildung 28 – Hans Biebow (rechts) und Erik Tschernulla zählen US-Dollar im Büro der Gettoverwaltung Litzmannstadt

Ferner hatte das Reichsfinanzministerium die monatlichen Zuweisungen nach Posen um eine halbe Million Reichsmark gekürzt. Die Beamten begründeten die Mittelkürzung damit, dass die bei den Gemeinden und Landkreisen zusätzliche Geldmittel aus der jüdischen Zwangsarbeit in Höhe von drei Millionen Reichsmark angelaufen seien. Diese waren im Zuge einer 65-prozentigen Lohnabführung zusammengekommen. Inwieweit sich Greiser auch privat bereicherte, ist nicht klar nachweisbar, allerdings konnte Peter Klein in seiner Studie zur „Gettoverwaltung“ belegen, dass mindestens elf Millionen Reichsmark von den Konten 12300 und 700 auf das Vereinskonto überwiesen wurden. Über die Geldbewegungen auf dem Sonderkonto 12300 scheint bei der Finanzverwal-

126 Vgl. ebd., S. 498.

127 Zu den Haushalten des Warthegaues: Akten zur Haushaltsführung, BArch, R 2, 11762–11764.

tung keine Kenntnis vorgelegen zu haben. Bei einer angekündigten, dann aber nicht mehr durchgeführten erneuten Prüfung der „Gettoverwaltung“ durch den Rechnungshof 1944 plante Biebow das Sonderkonto, da es nur im Auftrag mitverwaltet wurde, nicht zu erklären.[128]

3.4 Das Treuhandvermögen

Bei der Auswertung der Auslandspresseberichte stellte der Beauftragte für die Haupttreuhandstelle Ost (BHTO) im Reichsfinanzministerium fest, dass das Amt für wirtschaftliche Kriegsführung der USA in seinem Bericht über die „Deutsche Ausbeutung Europas“ die Aktivitäten der Haupttreuhandstelle Ost genau beobachtete: „[...] der Gesamtwert der Eigentumsübernahme in Polen belief sich auf 720 Millionen Pfund, davon werden für die Hafenanlagen in Gdingen 100 Millionen Pfund, für die staatseigenen polnischen Stahlwerke 80 Mio Pfund und für die polnischen Staatsforsten 50 Millionen Pfund angesetzt. Weitere Beträge werden für den ostoberschlesischen Kohlebergbau in Anrechnung gebracht [...] Über die Vermögensübernahme im Bereich der Privatwirtschaft macht der Bericht in erster Linie Angaben für Polen und befasst sich hierbei besonders mit der Tätigkeit der Haupttreuhandstelle Ost. Es wird behauptet, dass diese Stelle innerhalb eines Jahres nach der Besetzung Polens 2.940 große, 9.000 mittlere und 76.000 kleine Industriebetriebe sowie 9.120 große und 112.000 kleine Handelsfirmen übernahm.“[129]

Erwecken diese Zahlen auch den Eindruck, dass die HTO effizient arbeitete und die Kritiker in der Reichsfinanzverwaltung und beim Reichsrechnungshof zu Unrecht das Gebaren der Treuhänder beanstandet hatten[130], so zeigt die Ernennung eines Beauftragten für eben jene Treuhandarbeit im Reichsfinanzministerium, dass der seit 1940 bestehende Machtkampf keineswegs beigelegt war. Das Ministerium nahm einen erneuten Anlauf, die Tätigkeit der HTO stärker zu kontrollieren und damit die Werte aus der Treuhandmasse in die Verfügungsgewalt des Reichsfinanzministeriums und somit in Reichsvermögen zu überführen.

[128] Vgl. zu den Konten und Geldbewegungen die Ausführungen: Klein, Gettoverwaltung, S. 499 f.

[129] Presseauswertung u. EPW-Informationen Nr. 91/4 v. 5.5.1943, Beauftragter für die Haupttreuhandstelle Ost (BHTO) v. Mai 1943, BArch, R 2, 56163, Bl. 26. Ein Pfund Sterling entsprach in etwa 9,90 Reichsmark. Vgl. Währungstabellen der Bundesbank bei der Stiftung preußischer Kulturbesitz: https://www.preussischer-kulturbesitz.de/fileadmin/user_upload/documents/mediathek/schwerpunkte/provenienz_eigentum/rp/151005_SV-Web_AnlageII_Waehrungstabellen.pdf, Download am 5.4.2018.

[130] Vgl. Kapitel: Die Treuhand, S. 109.

Die HTO hatte den Auf- und Ausbau ihrer Strukturen im Sommer 1941 weitestgehend abschließen können. In Folge der weitreichenden Regelungen der Schuldenabwicklungsverordnung vom 15. August 1941[131] exekutierten die örtlichen Treuhandstellen und die Berliner Zentrale eine im Vergleich zum „Altreich" sogar beschleunigte Vermögensumverteilung.[132] Die vom Beauftragten für den Vierjahresplan erlassene Schuldenabwicklungsverordnung sicherte das Vorgehen der HTO dahingehend ab, dass Forderungen und Rechte gegenüber nach der Polenvermögensverordnung beschlagnahmten Vermögensmassen umfangreich erloschen. Nur vereinzelte solcher Ansprüche wurden befriedigt. Damit war der abschließende Schritt einer Rechtsetzungspraxis vollzogen, die eine rücksichtslose Umverteilung von Privatvermögen realisierbar machte. Jedwede Bindung an zuvor als unumstößlich geltendes Eigentumsrecht im Frieden wie im Kriegsfall war ausgehebelt worden und Millionen von Polen verloren endgültig jeglichen Anspruch auf Forderungen in aktive wie passive Vermögenswerte.

Auf diese Weise erreichten sowohl die Treuhandpolitik der HTO als auch der machtpolitische Einfluss ihres Leiters, kurz nach dem Überfall auf die Sowjetunion, ihren Höhepunkt. Alle Limitierungen waren beseitigt. Die Schuldenabwicklungsverordnung hatte den Weg bereitet, endgültig das Vermögen der polnischen Kreditinstitute und Sparkassen zu übernehmen und auf Rechnung der HTO abzuwickeln. Das ermöglichte den deutschen Bankhäusern und Versicherern eine konkurrenzlose, da kostenneutrale Expansion.[133]

Damit waren auch alle erbeuteten polnischen Wertpapiere endgültig wertlos gestellt. Polnische Staatspapiere erloschen nach § 45 der Schuldenabwicklungsverordnung. Die HTO schlug deshalb vor, diese aus der polnischen Beute, die im Besitz der verschiedenen Reichsbehörden war, auszusondern. Das Reichsfinanzministerium lehnte diese pragmatische, da unbürokratische Lösung jedoch ab. Die Papiere verblieben bei der Reichshauptkasse und der Reichsbank.[134]

Ein zentraler Aspekt blieb allerdings offen. Die Regelung von Ansprüchen aus Forderungen und Rechten an das polnische Staatsvermögen war nach § 48

131 Vgl. VO über die Abwicklung der Forderungen und Schulden polnischer Vermögen (Schuldenabwicklungsverordnung), RGBl. I (1940), S. 516; Vgl. Sellin/Adam, Das Steuerrecht in den eingegliederten Ostgebieten.

132 Die Verwertung der Vermögen im Reich nahm eine solche Dimension erst mit Inkrafttreten der 11. VO zum Reichsbürgergesetz v. 25.11.1941 an. Vgl. RGBl. I (1941), S. 722. Nachdem Maedel in Verhandlungen mit dem RSHA eine Regelung für die Einziehung der Vermögen der Juden im Zuge der Massendeportationen erreicht hatte, erhielt die RFV über die 11. VO umfangreichen Zugriff auf die verbliebenen Vermögenswerte der Deportierten, die mit Grenzübertritt dem Reich verfielen. Vgl. Kuller, Bürokratie und Verbrechen, S. 388 ff.

133 Vgl. Bähr/Lesczenski/Ziegler, S. 87 ff.; Rosenkötter, S. 255 ff.

134 Vgl. Schnellbrief der HTO an RFM, RJM, u. RWM v. 23.9.1942, Besprechungsniederschrift v. 15.1.1942, Schreiben der HTO v. 9.7.1942, BArch, R 2, 56157, Bl. 269 ff.

zur abschließenden Klärung den zuständigen Reichsministern im Einvernehmen mit dem Reichsfinanzminister zugewiesen. Auf diese Weise konnte im Einzelfall entscheiden werden, ob und in welchem Umfang Forderungen vor allem aus dem Ausland zu befriedigen waren. Ebenso ungeregelt blieb der Umgang mit den Verwaltungsschulden, die sich aus Waren- und Dienstleistungsverkehr, diversen Kapitalforderungen, Ausfuhrvergütungsansprüchen sowie den allgemeinen Pensions- und Schadenersatzansprüchen ergaben.

Da man im Reichsfinanzministerium das Reich in keiner Weise als Rechtsnachfolger des polnischen Staates ansah, drängte Ministerialrat Breyhan, der die Lage im besetzten Polen von seinem Einsatz 1939/40 kannte, auf eine „Schadloshaltung" des Reiches. Die Schuldenfrage beschäftigte im Hause mittlerweile die Mitarbeiter Breyhan, Litter, Koenning, Eckhardt, Prause, Kiefer, Ronsiek, Burmeister, Oeftering, Maedel und Casdorf. Das Fehlen eines Generalreferenten für die Angelegenheiten des besetzten Polen machten sich einmal mehr bemerkbar.[135] Das federführende Finanzministerium setzte letztlich durch, dass Deutsche durch das Reich oder das Generalgouvernement entschädigt werden sollten. Die Entschädigung von Ausländern blieb Einzelfallentscheidung. In der Realität hatte diese um Formalien der Schuldenabwicklung bemühte Position allerdings keinerlei Durchschlagskraft.[136]

Trotz der Machtfülle, die sich Winkler für seine Treuhand gesichert hatte, war der Ertrag bzw. die Effektivität der Treuhandverwaltung weit hinter den Erwartungen zurückgeblieben. Gründe dafür waren, neben dem Personalmangel bei den Treuhändern, der wachsende Arbeitskräftemangel und der Verlust von Absatzmärkten. Auch die Umstellungsschwierigkeiten der Betriebe auf Rüstungsproduktion sowie die Entfernung zu den Industrie- und Wirtschaftsstandorten im Reich bei zugleich veralteter Technik und Infrastruktur erschwerten die Treuhandarbeit. Besonders spürbar waren die Folgen des Massenleerstandes von Immobilien und Betrieben in Folge der Vertreibungen.[137] Das Reichsfinanzministerium machte als Grund für die Effizienzprobleme die unzureichende Organisation der Geschäftsführungspraxis der HTO-Leitung aus. Die bisherige Kontrolle durch das Ministerium war deutlich begrenzt gewesen. Zwar hatte das Ministerium darauf bestanden, den zuständigen Referenten für Kriegsbeute und Judenvermögen, Walter Maedel, in den Aufsichtsräten der HTO-Gesellschaften zu platzieren, doch blieb ande-

135 Vgl. Vermerk Breyhans v. 29.7.1942, BArch, R 2, 370, Bl. 60 ff.; Niederschrift der Besprechung des BHTO u. der HAFin v. 19./20.4.1943 über die Schuldenregelung des ehemaligen polnischen Staates, ebd, Bl. 135 ff.

136 Vgl. Vermerk des BHTO v. 12.5.1944, BArch, R 2, 21928, n. p.

137 Vgl. Denkschrift der HTO über steuerliche Maßnahmen in den eingegliederten Ostgebieten 8.11.1940, BArch, R 2, 56030, Bl. 205 ff. Vermerk RFM zur Besprechung mit der HTO am 14.12.1940 v. 3.1.1941, ebd., Bl. 62 f.

rerseits die Kontrollfunktion auf die gemeinsam mit dem Reichsrechnungshof eingeforderte haushaltsrechtliche Regulierung beschränkt.[138]

Der Reichsfinanzminister, der seit Gründung der HTO auf eine Mitbestimmung seiner Verwaltung bei der Verwaltung und Verwertung der Treuhandmasse gedrungen hatte, ernannte mit Wirkung zum 13. April 1942 den Oberfinanzpräsidenten Westmark Hans Casdorf zum Beauftragten für die HTO.[139] Casdorf wurde als „Der Beauftragte für Fragen der Haupttreuhandstelle Ost" ins Reichsfinanzministerium übernommen und direkt Staatssekretär Reinhardt unterstellt. Sämtliche die Haupttreuhandstelle Ost betreffende Fragen sollten an diese Dienststelle gerichtet werden und abschließend auch in deren Autorität liegen[140] Somit ging die Zuständigkeit für die HTO vom Referat Maedel vollständig auf den BHTO über. Casdorf[141] übernahm aus dem Referat Maedel den Obersteuerinspektor Krieger. Die Beamten Schwarzat und Pape arbeiteten ihm zu. Maedel, dessen Referat mit der Verwertung der Vermögen der Juden im Reich gemäß der 11. Verordnung zum Reichsbürgergesetz und der Beute aus den besetzten europäischen Ländern reichlich ausgelastet war, konnte nicht gänzlich auf die beiden Stellen verzichten. Mit insgesamt sieben Mitarbeitern richtete sich der BHTO im Finanzamt Eberswalde ein.[142]

Auch Winkler informierte über seinen neuen Gegenpart: „Der Reichsfinanzminister hat Herrn Oberfinanzpräsidenten Dr. Casdorf zum besonderen

[138] Vgl. Kapitel: Die Treuhand, S. 109.

[139] Vgl. Schreiben Casdorfs v. 21.4.1942, BArch, R 2, 56154, Bl. 137 f.

[140] Vgl. Nachrichten des Reichsfinanzministeriums Nr. 53 v. 22.10.1942, BArch, R 2, 56139a, Bl. 42.

[141] Hans Casdorf (* 1879 in Berlin, † 1947 in Berlin) promovierte nach seinem Jurastudium in Berlin und Greifswald 1908 in Jena und trat danach eine Tätigkeit als Gerichtsassessor an. Nach seinem Eintritt in die preußische Verwaltung der direkten Steuern wurde er 1913 dem Vorsitzenden der Veranlagungskommission Halle/S. zugeteilt. Danach war er als Regierungsassessor in Niederbarnim-Ost tätig und im Anschluss ab 1915 Vorsitzender der Veranlagungskommissionen Görlitz, später Posen und Eberswalde. Wegen seiner Kriegsteilnahme (1914–1916) übte er diese Positionen wohl nicht aktiv aus. Nach dem Ersten Weltkrieg wurde er zunächst zum Regierungsrat befördert und schließlich 1920 als Oberregierungsrat in die Reichsfinanzverwaltung übernommen. Dort war er im Landesfinanzamt Groß-Berlin und im Reichsfinanzministerium eingesetzt, bevor er von 1922 bis 1925 zum Landesfinanzamt Brandenburg wechselte. Er machte rasch Karriere und übernahm nach drei Jahren beim Finanzamt Steglitz die Funktion des Landesfinanzamtsdirektors. 1937 folgte dann die Beförderung zum Finanzpräsidenten. Nach Kriegsbeginn übernahm er die Stelle als kommissarischer Leiter des Oberfinanzpräsidiums Saarbrücken zum 24.10.1940 und wurde schließlich zu Beginn des Jahres 1941 zum OFP Saarbrücken (OFP West) berufen. Die Aufgaben des BHTO übernahm er von April 1942 bis zum Kriegsende. Sein Schicksal nach dem Krieg bis zu seinem Tod 1947 ist nicht bekannt.

[142] Vgl., Rosenkötter, S. 169 f., Kuller, Bürokratie und Verbrechen, S. 388 ff.; Schreiben Casdorfs an HTO v. 21.4.1942, BArch, R 2, 56154, Bl. 137.

Sachbearbeiter des Reichsfinanzministeriums für die Angelegenheiten der Haupttreuhandstelle Ost und deren nachgeordneten Dienststellen eingesetzt."[143] Das verstärkte den Druck auf den HTO-Chef, der sich dem Zugriff des Ministeriums zu entziehen suchte. Bisher war ihm dies ohne größere Schwierigkeit gelungen, er hatte vielmehr seine Vorstellungen und Forderungen weitestgehend ungehindert umsetzen können.[144]

Schwerin von Krosigk versprach sich durch die nun konzentrierte Beaufsichtigung der HTO eine Einflussmöglichkeit auf die Vermögensverwertung der Eroberungen im Osten. Er beauftragte Winkler umgehend, dafür zu sorgen, dass die Haupttreuhandstelle Ost bei der Verwaltung der Vermögen innerhalb der Zuständigkeit des neu gegründeten Reichsministeriums für die besetzten Ostgebiete (RMfdbO) beteiligt sei. Rosenbergs Ostministeriums zeigte sich über diesen Vorstoß wenig erfreut und lehnte eine Mitwirkung der HTO ab. Lediglich eine nachträgliche Information über Entscheidungen und Entwicklungen wollte man zugestehen. Ebenso scheiterte der Versuch, auf Vermögenswerte im besetzten Serbien Zugriff zu erhalten. Die auf Betreiben des Gauleiters von Ostpreußen, Erich Koch, umgesetzte Eingliederung des Bezirkes Białystok in die Provinz Ostpreußen erbrachte für die HTO ebenfalls keine Machterweiterung. Koch gründete stattdessen eine ihm unterstellte Treuhandverwaltung. Das Reichsfinanzministerium griff unterdessen auf seine ins Baltikum und die besetzte Sowjetunion entsandten Beamten zurück, um eine Beteiligung an der dortigen Vermögensverwertung einzufordern.[145]

Die Kooperation zwischen der HTO und dem Reichsfinanzministerium war seit Gründung der Haupttreuhandstelle Ost durchwachsen. Winklers ganz offenbar langjährige wie gute persönliche Beziehung zu Schwerin von Krosigk gewährte dem Treuhandchef einen sicheren und fast vertrauten Zugang zur Ministerialspitze.[146] Jedoch war die Zusammenarbeit auf der Arbeitsebene mit den Referatsleitern Burmeister und später Maedel belastet. So erinnerte sich Winkler nach dem Krieg: „Die Zusammenarbeit mit dem Spezialreferenten des RdF gestaltete sich nicht befriedigend, da er wiederholt davon ausging, dass die Einnahmen der HTO aus Erlösen und Betriebsgewinnen dem RdF zur Verfügung gestellt werden sollten. Die HTO hatte die Einnahmen auf Konten der Treuhandstellen bei örtlichen Banken und, soweit größere Bestände und Erlöse in die Verwaltung der HTO Berlin übergingen, bei den Banken in Berlin angelegt. Ein erheblicher Teil des Geldvorrates wurde von mir auch zum Ankauf von

143 Vgl. Rundverfügung der HTO v. 22.5.1942, BArch, R 2, 56139a, Bl. 42.

144 Vgl. Kapitel: Die Treuhand, S. 109 u. Ost-Steuerhilfe, S. 194.

145 Vgl. Vermerk zur Besprechung zwischen Casdorf u. Winkler am 19.6.1942 u. 7.7.1942 mit RdF, BArch, R 2, 56154, Bl. 37 ff.; Niederschrift der Besprechung RdF, Winkler u. Casdorf am 28.1.1943, ebd., Bl. 65 ff.; Rosenkötter, S. 255 ff. Vgl. zur Vermögensverwertung von jüdischen Vermögen im Baltikum und in den besetzten Gebieten der SU: Kilian, S.424 ff.

146 Vgl. Kapitel: Deutsche Ostraumentwürfe, S. 27.

Reichsschatzanweisungen und Reichsschatzwechseln verwendet und die erworbenen Stücke in den Depots der Banken aufbewahrt. Der Vertreter des RdF trat wiederholt mit dem Ersuchen hervor, die Geldbestände bei der Reichshauptkasse einzuzahlen."[147]

Diese Meinungsverschiedenheiten mit Maedel, die den grundsätzlichen Konflikt zwischen Treuhand und Reichsfinanzverwaltung wiedergeben, mögen ein Grund für die Bestallung Casdorfs gewesen sein. Die angespannte Zusammenarbeit zeigte sich nicht zuletzt in dem Beharren auf Zuständigkeiten und deren Abgrenzung. So verlangte Winkler wiederholt, alle bei der Reichshauptkasse aufgelaufenen polnischen Beutewerte herauszugeben, um sie durch die HTO zu verwerten.[148] Die großteils wertlosen Gegenstände wie Sparkassenbücher und Gebrauchsgegenstände sowie die vereinzelten Wertgegenstände sollten aus den Depots der Reichshauptkasse herausgelöst werden. Für eine Aufstellung von 62 Einheiten wurde dies auch umgesetzt.[149]

Die HTO-Zentrale hatte sich zuvor über die niedrigen Erlöse beschwert, die über die Städtische Pfandleihanstalt Berlin erzielt worden waren. So erbrachten ein in Polen von der SS geraubter Bischofsstab und ein silbernes Kreuz[150] nur 70 bzw. 50 Reichsmark, von denen noch 10 Prozent als Verwaltungskosten abgezogen wurden. Zum Erstaunen der HTO-Vertreter informierte das Reichsfinanzministerium über den tatsächlichen Verwertungsvorgang: „Den Erschienenen [Vertretern der HTO] wurde vertraulich mitgeteilt, dass die Zentralstelle die Wertgegenstände ausschließlich im wehrwirtschaftlichen Interesse und im Interesse der Rohstoffbewirtschaftung und Devisenbeschaffung verwerte. Die Zentralstelle vergüte demgemäß nur den Silberwert abzüglich der Schmelzkosten."[151]

Betrachtet man die Millionenwerte, die zu diesem Zeitpunkt unter Verwaltung der HTO und ihrer Treuhandstellen standen, erscheinen derlei Auseinandersetzungen beinahe grotesk. Sie spiegeln jedoch den Kampf um Machterhalt seitens der HTO und ihrer Führung wider, die versuchte, ihre unabhängige Position gegenüber anderen Reichsstellen und im Besonderen

147 Kreuzverhör durch Kempner im August 1947 u. Aussagen Winklers in Nürnberg im April 1948, IfZ, ZS-517-1 ff.

148 Die HTO verlangte die Herausgabe auch von anderen Stellen (Landräte, Arbeitsämtern, Landesbauernführer, Sipo, Reichsstatthalter, Stadtverwaltungen). Vgl. Aufstellung der HTO v. 1.9.1941, BArch, R 2, 56170, Bl. 285 ff.

149 Vgl. Schreiben der HTO an die Beutestelle v. 27.10.1943, BArch, R 2104, 69, n. p.; Übergabeverzeichnis an die HTO v. 26.8.1942, BArch, R 2, 56175, Bl. 10 f.

150 Vgl. Kapitel: Die Beutestelle der Reichshauptkasse, S. 99.

151 Vermerk Maaß v. 23.2.1942, BArch, R 2, 56174, Bl. 25 f.; Vgl. auch: Anweisung Casdorfs zum Beutekonto Ost v. 26.8.1942 samt Verzeichnis, BArch, R 2, 56175, n. p.; Vermerk Ref. Maedel v. 10.9.1942, ebd; Vermerk Referat Maedel v. 29.10.1942, ebd. Bl. 2 f.; Vgl. zur Verwertung der Edelmetallbeute: Banken, Großraubwirtschaft, S. 747 ff.

der Reichsfinanzverwaltung zu wahren. Bernhard Rosenkötter schildert in seiner Studie den Niedergang der Haupttreuhandstelle Ost als einen Weg „vom Generalbevollmächtigten für die Treuhandverwaltungen des Großdeutschen Reichs zum Abwehrkampf gegen die Unterstellung unter die Reichsfinanzverwaltung".[152]

Von der umfänglichen politischen Mitgestaltung der Anfangsphase, als Winkler selbstbewusst die Formulierung von Denkschriften und Verordnungsentwürfen und eine eigenständige Ausgestaltung der Treuhandpolitik für sich beanspruchte, blieb spätestens ab Mitte des Jahres 1942 wenig übrig. Die radikal betriebene Enteignungspolitik war in die Abwicklung einer zähen und hinter den Erwartungen zurückstehenden Vermögensverwaltung getreten. So verlor auch Görings Vierjahresplanbehörde das Interesse an der HTO und signalisierte, dass die Treuhandverwaltung durch eine andere Stelle übernommen werden sollte. Von dieser Entwicklung berichtete Casdorf, der seine Hauptaufgabe in der Überführung der HTO in die Reichsfinanzverwaltung sah, im September 1943 umgehend seinem Staatssekretär. Der BHTO sah bei einer raschen Übernahme vor allem den Vorteil, „[...] dass das Polenvermögen nach einheitlichen Grundsätzen zu seinem vollen Wert beschleunigt veräußert wird und der Erlös dem Reich zufließt". Mit der Übernahme dieser verwaltungstechnischen Restaufgabe sollte die HTO aufgelöst und die örtlichen Treuhandstellen der Finanzverwaltung unterstellt werden. Sowohl im RFM als auch bei den Oberfinanzpräsidenten war die nötige Infrastruktur bereits vorhanden. Denn schließlich gehörte „[d]ie Verwaltung von Reichsvermögen zum gesetzlichen Aufgabenbereich der Reichsfinanzverwaltung. Die im Reichsfinanzministerium für die Verwaltung und Verwertung des Reichsvermögens zuständigen Referate bearbeiten immer schon die Verwertung des bisher fremdstaatlichen Vermögens, des zugunsten des Reiches eingezogenen Vermögens, des dem Reich verfallenen Vermögens, des Beuteguts usw."[153]

Staatssekretär Reinhardt griff die mitgelieferte Argumentationslinie auf und teilte Winkler mit, dass „für die Übernahme der Restaufgaben der HTO nur die Reichsfinanzverwaltung in Betracht komme".[154] Denn anders als Winkler unterstellte, war es nicht nur die Ansicht des Referatsleiters Maedel, sondern vielmehr die Position des Ministeriums, dass es sich bei den aktiven wie passiven Vermögen der Treuhandmasse um Reichsvermögen handele. Von dieser Auffassung war das Ministerium nie abgerückt.[155]

152 Rosenkötter, S. 255.

153 Vermerk Casdorfs zu Winklers Vortrag in Posen v. 1.10.1943, BArch, R 2, 56140, Bl. 158f.; Schreiben Reinhardts an Winkler v. 2.10.1943, ebd.

154 Vgl. Vermerk Casdorfs v. 1.10.1943, BArch, R 2, 56140, Bl. 139 ff.; Schreiben Reinhardts an Winkler v. 2.10.1943, ebd., Bl. 158.

155 Vgl. zur Diskussion um das „Sondervermögen" Kapitel: Die Rechtsgrundlagen für das Rauben, S. 114.

Der HTO-Leiter suchte daraufhin Unterstützung bei Himmler und spekulierte darauf, dass dessen RKF-Dienststelle das Vermögen übernehme. Ein Manöver, das zunächst glückte. Auf eine Abtrennung der landwirtschaftlichen Vermögensteile aus dem Verantwortungsbereich der HTO hatte Himmler schon zuvor aus politischen Gründen gedrungen und sich diese Vermögen so für das groß angelegte Germanisierungsprojekt gesichert. Die RKF-Dienststellen arbeiteten aufgrund der offensichtlichen Überschneidung in enger Abstimmung mit der Treuhand. Reinhardt gab klein bei, insistierte nicht erneut und auch der BHTO musste sich in seinem Bemühen, die Verwaltung der Treuhandvermögen als Reichsvermögen zu übernehmen, zunächst zurückhalten.[156]

Winkler indes pokerte hoch. Ohne abschließende Zusage Himmlers oder offizielle Ausgliederung durch den Vierjahresplan gab er zum 1. Januar 1944 die Unterstellung unter den Reichskommissar zur Festigung deutschen Volkstums bekannt. Casdorf, der seit Beginn des Jahres 1943 ebenfalls Kontakt zu den involvierten Stellen u. a. durch gemeinsame Dienstreisen in den Warthegau[157] pflegte, durchschaute dies und nutzte die Gelegenheit für eine unverhohlen deutliche Attacke auf Winkler und das allgemeine Gebaren der Treuhandverwaltung: „[…] die Neigung – insbesondere auch des Leiters der HTO – Treuhandmittel für Zwecke einzusetzen, die nicht zu dem Aufgabenbereich der HTO gehören", wie zum Beispiel Zuschüsse zum Bau von Kinos, Theatern, Hotels und Gaststätten oder anderen nicht als kriegswichtig eingestuften Vorhaben, empörten den BHTO. Dennoch berücksichtigte Casdorf die Tatsache, dass die Treuhandstelle eine „außerordentlich schwere Aufgabe" übernommen habe und es zunächst an rechtlichen Grundlagen bei zugleich „verworrenen Verhältnissen" gefehlt habe. Ein allgemeines wie weitreichendes Scheitern sah er aber dann doch als belegt an und verwies auf die geringen Erlöse und die unzureichende Umsetzung vor allem bei der Verwertung der hochwertigen Objekte. Die „Topfwirtschaft", die der HTO-Chef bewusst als ein finanziellen Spielraum gewährendes Modell gewählt hatte, habe eine Kontrolle durch das Reichsfinanzministerium außerdem gezielt erschwert.[158]

Doch Winkler verstand es erneut, seine Beziehungen zu Schwerin von Krosigk zu nutzen. Der persönlich vorgebrachten Kritik des Ministers entzog sich Winkler derweil mit Verweis auf die insgesamt unklare Zuständigkeitsfrage, die bis zum Kriegsende unverändert blieb.[159] Die Übernahmeanstrengungen Cas-

[156] Vgl. Vermerk zu Besprechung bei Reinhardt am 25.10.1943, BArch, R 2, 56140, Bl. 162; Rosenkötter, S. 255 ff.

[157] Vgl. Programm für die Reise in den Warthegau v. 12.5.-14.5.1943, BArch, R 2, 56154, Bl. 204 f.

[158] Vermerk Casdorfs v. Februar 1944, BArch, R 2, 56140, Bl. 170 ff.

[159] Vgl. Niederschrift Besprechung Casdorf mit Schwerin von Krosigk v. 12.2.1944, BArch, R 2, 56140, Bl. 183.

dorfs wurden außerdem von den beginnenden Räumungen an der Ostfront zeitlich überholt. Zudem schränkte die HTO selbst ab 1943 ihre Aktivitäten ein, nachdem die Berliner Zentrale auf verschiedene Ausweichquartiere verlegt wurde und weitere Mitarbeiter und Treuhänder zur Wehrmacht abberufen worden waren.

Eine abschließende Bilanz der „im Umfang einmalige[n] Enteignungsaktion"[160] ist trotz der überlieferten Buchführung nur schwer zu ziehen, da die HTO nicht nur die von Casdorf bemängelte „Topfwirtschaft" pflegte, sondern auch keine klassische Bilanz führte. Der bei Verkäufen zu erwartende Wechsel von Anlagevermögen zu Umlaufvermögen und damit eine Änderung in der Bilanzsumme durch Abschreibungen in Folge der Abführung an beispielsweise die Reichskasse und damit eine Verringerung des Treuhandvermögens fand nicht statt. Die Bilanzen der HTO verliefen genau entgegengesetzt. Sowohl Passiva als auch Aktiva stiegen und eine Angabe zum Gesamtvermögen fehlt gänzlich.[161] In den Rechenschaftsberichten finden sich umfangreiche Aufstellungen zu den verwalteten Objekten von Bergwerken bis Versicherungen, aber keine tatsächliche Bewertung der gelisteten Vermögen.[162]

Der Vorteil dieser Art der Bilanzführung lag für die HTO auf der Hand: Erfolge oder Misserfolge in der Verwertung der Treuhandmasse waren der Bilanz nicht zu entnehmen. Die erste Einschätzung des Reichsrechnungshofes zum Wert der Beute war demzufolge so hoch wie ungenau ausgefallen: „Die hierbei dem Reich zugefallenen Erlöse überstiegen schon jetzt die Hundertmillionengrenze und es ist mit Sicherheit zu erwarten, dass dem Reich Werte im Betrage von mehreren Milliarden zufallen werden. Das Reich hat daher an der ordnungsgemäßen buchmäßigen Erfassung der erzielten Erlöse ein erhebliches finanzielles Interesse." Eine grundsätzliche Abführung aus der Treuhandmasse an die Reichskasse hatte Winkler jedoch energisch abgelehnt. Die Treuhandleitung selbst hatte das Beutevermögen unter ihrer Verwaltung mit 20 bis 30 Milliarden veranschlagt.[163] Wie sich zeigte, war das eine völlig überhöhte Kalkulation. Hinzu kam, dass auch die individuell erzielten Verkaufserlöse häufig weit unter den Schätzwerten lagen. Auch der Verkauf an Himmlers Deutsche Umsiedlungs- Treuhand (DUT) war langwierig und unrentabel, da die Preisverhandlungen mit Blick auf das Ziel der raschen Germanisierung geführt wurden. Die Verkäufe aus der Treuhandmasse wurden seitens der Treuhandstellen generell nicht als Verwertung einer Konkursmasse zugunsten des Reichsfiskus angesehen, sondern als Aspekt des Siedlungspro-

160 Rosenkötter, S. 275.
161 Vgl. ebd., S. 274 ff.
162 Vgl. Rechenschaftsbericht der HTO 1939–1942, BArch R 2, 56141, Bl. 4 ff.
163 Vgl. Schreiben Reichsrechnungshof an RdF v. 23.5.1941, BArch, R 2, 56140, Bl. 137; Kapitel: Die Rechtsgrundlagen für das Rauben, S. 114.

gramms.[164] Diese Form einer halbstaatlich angelegten volkstumspolitischen Wirtschaftsförderung im Subventionsgebiet lag außerhalb der Haushaltskontrolle des Finanzministeriums. Aus Sicht des RFM handelte es sich um eine „Verschleuderung von Reichsvermögen".[165]

Die Vermögensschätzung der Treuhandmasse durch die Dienststelle des Beauftragten für den Vierjahresplan ergab im Jahr 1942 noch eine Summe von sechs bis sieben Milliarden Reichsmark. Die letzte Bilanz der Haupttreuhandstelle Ost von Ende März 1945 – als die Rote Armee bereits auf Reichsgebiet kämpfte – weist 2,17 Milliarden Reichsmark zuzüglich 990 Millionen Reichsmark an geschätzten Immobilienwerten aus. Bis dato hatte die HTO dem Reich aber nur eine knappe Milliarde an flüssigen Mitteln zur Verfügung gestellt. Auf dem Berliner Konto der HTO befanden sich zu diesem Zeitpunkt 450 Millionen Reichsmark, wobei nicht klar erkennbar ist, ob diese der Bilanz bereits zugeschlagen worden waren. Darüber hinaus bestand ein Viertel der Bilanzsumme ohnehin aus Forderungen.[166]

Die marginale Bedeutung dieser Summen für die Kriegsfinanzierung wird deutlich, wenn man den Vergleich zu anderen Einnahmen des Reiches aus Besatzungs- und Gewaltmaßnahmen zieht. Die sogenannte Sühneleistung, die den deutschen Juden nach den Novemberpogromen des Jahres 1938 abgepresst worden war, betrug knapp über eine Milliarde Reichsmark. Die Leistungen, die das besetzte Frankreich von 1940 bis 1945 zugunsten des Deutschen Reiches erbringen musste, lagen bei über 45 Milliarden Reichsmark. Die Niederlande und Belgien erbrachten zusammen über 26 Milliarden Reichsmark.[167]

Betrachtet man die Herkunft der Vermögenswerte in Treuhandverwaltung, wird deutlich, dass die HTO zu beinahe 80 Prozent auf die Privatvermögen der enteigneten Polen zugriff und nur ein Bruchteil an den Vermögen des polnischen Staates in ihrer Verfügungsmasse lagen (Tab. 2). Ein Großteil der erzielten Erlöse stammte zudem aus dem Verkauf von Großunternehmen, vornehmlich aus dem ostoberschlesischen Industrierevier. Diese Verkäufe über 500.000 Reichsmark lagen im Verantwortungsbereich der HTO-Zentrale und waren vor allem an politische Vorgaben gebunden. Anfang des Jahres 1944 stand allerdings die Restabwicklung von 157 Großbetrieben mit je einem Schätzwert von über einer halben Million Reichsmark noch aus. Es fanden sich schlicht keine Käufer, oder sie waren nicht bereit den veranschlagten Preis zu zah-

164 Vgl. Vortrag des Leiters der Treuhandstelle Posen vor einer Abordnung des RFM/BHTO am 17.5.943, BArch, R 2, 56151, Bl. 211 ff.
165 Vermerk Casdorfs v. Februar 1944, BArch, R 2, 56140, Bl. 170 ff.
166 Vgl. Rosenkötter, S. 274 ff.
167 Vgl. Kilian, S. 386.

len.[168] So gelang es den Vertretern der Hermann-Göring-Werke (HGW), den Kaufpreis für die ostoberschlesischen Steinkohlegruben, mit einem Schätzpreis von knapp 200 Millionen Reichsmark, auf eine Kaufsumme von 44,3 Millionen Reichsmark zu drücken. Die Übernahme der Werke erfolgte, ob das Geld wirklich floss, kann aus den Bilanzen nicht rekonstruiert werden.[169] Die regionalen Treuhandstellen verwerteten vor allem kleinere Vermögen an Grundstücken und Mobiliar. Aus dem Verkauf von Mobiliar jüdischer oder polnischer Besitzer wurden etwa zehn Prozent der Erlöse erzielt, was für den BHTO ein weiterer Beweis für zu niedrige Verkaufspreise war. Insgesamt waren lediglich 3,5 Millionen Reichsmark erzielt worden, wovon allein 1,3 Millionen von der Treuhandstelle Litzmannstadt stammten.[170]

Besonders gravierend für das Wirtschaftsleben in den annektierten Gebieten waren die zahlreichen Betriebsstilllegungen. Im Warthegau wurden allein bis Mitte 1942 von den 35.102 beschlagnahmten Betrieben 17.598 stillgelegt und/oder liquidiert. Das entspricht einem Anteil von 50 Prozent.[171] Die Folge waren Versorgungsengpässe sowie eine nur eingeschränkte Nutzbarmachung des Betriebsvermögens. Warenbestände und Immobilien konnten nur teilweise gewinnbringend verkauft werden.[172] Die Verkaufspreise waren zudem an die Richtlinien des Reichskommissars für die Preisbildung gebunden.[173] Seit Januar 1943 bestand eine durch Göring verhängte Verkaufssperre[174], die einer „Vereinfachung und Beschleunigung der Abwicklung des Polenvermögens", wie sie von Seiten der Vierjahresplanbehörde als auch des Reichsfinanzministeriums angestrebt war, jedoch entgegenstand.[175]

Als letzten Versuch des Reichsfinanzministeriums, aus der Treuhandmasse doch noch einen monetären Gewinn für das Reich zu ziehen, kann der Verordnungsentwurf „über die Belastung der beschlagnahmten ehemals polnischen Grundstücke mit einer Grundschuld" gewertet werden. Diese Maßnahme sollte

168 Vgl. Vermerk Casdorfs v. Februar u. April 1944; Niederschrift Besprechung BHTO, RdF und Winkler am 12.2.1944; Schreiben BHTO an Reinhardt v. 2.8.1944; Vermerk Casdorfs v. 18.10.1944, BArch, R 2, 56140, Bl. 170 ff.

169 Vgl. Rosenkötter, S. 274 ff; Kapitel: Die Treuhand, S. 109 u. Das Leeren der Tresore, S. 377.

170 Vgl. Vermerk BHTO v. 18.12.1942, BArch, R 2, 56170, Bl. 474; Aufstellungen der Treuhandstellen, ebd. Bl. 458 ff.

171 Vgl. Rosenkötter, S. 276.

172 Vgl. Niederschrift der Besprechung zwischen RdF, Winkler u. Casdorf am 28.1.1943, BArch, R 2, 56154, Bl. 65 ff.

173 Vgl. Vermerke des Referates Uhlich mit dem BHTO v. April 1943, BArch, R 2, 56154, Bl. 312 ff.

174 Vgl. Schreiben des BHTO an OFP Troppau, v. 7.10.1942 u. Mitteilungsblatt der HTO, S. 3, BArch, R 2, 56154, Bl. 234 f.

175 Vgl. Schreiben Vierjahresplanbehörde an HTO; RFM und oberste Reichsbehörden v. 30.5.1944, BArch, R 2, 56155, Bl. 111.

Tabelle 2 – Treuhandmasse der HTO nach Vermögensart[176]

Herkunft der verwalteten Vermögen	Anteil an Treuhandmasse
Staatsvermögen[177]	4 %
Banken	14 %
Privatvermögen	79 %
Erträge aus beschlagnahmten Vermögen	3 %

eine Summe von 300 bis 400 Millionen Reichsmark in die Kriegskasse spülen. Herangezogen wurden auf Basis des Schätzwertes alle durch die HTO und die „Außenstelle der HTO Altreich" verwalteten Mietwohnungen, Geschäftsgrundstücke, Einfamilienhäuser und sonstige bebaute Grundstücke. Als Sicherheit für die Belastung ohne Eintragung ins Grundbuch war eine Bürgschaft des Reiches geplant.[178] Umgesetzt wurde dieses finanzielle Manöver im letzten Kriegsjahr jedoch nicht mehr. Als am 1. August 1944 in Warschau der polnische Widerstand den Aufstand wagte und die Rote Armee an der Weichsel in Stellung lag, bat Casdorf seinen Staatssekretär nochmals eindringlich, „das Gebot der Stunde" zu nutzen. Kurz nach der Niederschlagung des Aufstandes im Oktober und den beginnenden Räumungsmaßnahmen in den verblieben Distrikten des Generalgouvernements stellte auch Casdorf seine Übernahmebemühungen schlussendlich auf Anweisung Reinhardts ein.[179]

Die Beteiligten verkannten spätestens ab 1944 keineswegs die allgemeine Entwicklung des Krieges. Man begann sich abzusichern. Casdorf sollte mit Einverständnis des Ministers „Fühlung zu Kontaktmännern in der Schweiz aufnehmen" ohne die dahinterstehende Absicht genauer zu benennen. Winkler stellte dafür zur Mitnahme Diamanten im Wert von 40.000 Reichsmark bereit.[180] Die Herkunft der Diamanten wie die Folgen der Treuhandpolitik war den Männern ebenso bekannt, wie sie sich der Verbrechen, die sich im besetzten Polen abspielten, bewusst waren. Die Räume der Gewalt waren keine abgekapselten Sphären. Raub, Vertreibung, Versklavung und Mord gingen ineinander über. Ebenso überschnitten sich Zuständigkeiten und Verantwortungsbereiche.

176 Der Anteil an Staatsvermögen ist so niedrig, da die Verwaltung und Verwertung des polnischen Staatsvermögens in den annektierten Gebieten durch Übernahme in das Reichsvermögen geregelt wurde und so direkt von den jeweiligen Reichsstellen übernommen worden war. Vgl. Vermerk zur Besprechung v. 14.12.1940 zwischen RFM und HTO, BArch, R 2, 56030, Bl. 62 f.; Kapitel: Die Rechtsgrundlagen für das Rauben, S. 114.

177 Aufstellung nach: Rosenkötter, S. 276 ff.

178 Vgl. VO-Entwurf und Ausführungen des GenB zum Entwurf v. 6.1.1944, BArch, R 2, 14580, Bl. 167 ff.

179 Vgl. Schreiben BHTO an Reinhardt v. 2.8.1944; Vermerk Casdorfs v. 18.10.1944, BArch, R 2, 56140, Bl. 170 ff.

180 Vgl. Vermerk Casdorfs v. Februar u. April 1944; Niederschrift Besprechung BHTO, RdF und Winkler am 12.2.1944, ebd.

Das Interessengebiet Auschwitz

Mit dem Ausbau des Gebietes um das Konzentrationslager Auschwitz in Oberschlesien ab Frühjahr 1941 entstanden nicht nur das Vernichtungslager Birkenau, sondern auch weitere Außenlager und Betriebsstätten der SS. Der Ausbau dieses sogenannten Interessengebietes auf letztlich über 40 Quadratkilometer ließ Auschwitz zum größten Konzentrations- und Vernichtungslagerkomplex anwachsen. Bedingung für diese Machtentfaltung der SS waren zwei Entwicklungen: zum einen die Etablierung einer unabhängig agierenden SS-Finanz-, Wirtschafts- und Bauverwaltung und zum anderen die Zugriffsmöglichkeit auf enteignete und treuhänderisch verwaltete Immobilienwerte.

Für die Bauvorhaben des Reiches sowie die Reichsliegenschaften zeichnete grundsätzlich die Abteilung VII im Reichsfinanzministerium, die Reichsbauverwaltung, verantwortlich.[181] So hatte diese seit 1935 den Bau und Ausbau der drei großen Konzentrationslager auf Reichsgebiet (Dachau, Sachsenhausen und Buchenwald) betreut. Das Reichsfinanzministerium war also nicht nur Mittelgeber für die Haushalte von Polizei und SS, sondern auch Bauherr der Polizeibauten und Bauten der SS, inklusive der Konzentrationslager.[182] Die Zusammenarbeit zwischen Reichsbauverwaltung und Haushaltsabteilung im RFM einerseits und der SS anderseits verlief dabei keineswegs reibungslos. Besonders die umfangreichen Haushaltsmittel für den Bau der Lager wurden seitens des Finanzministeriums nicht anstandslos gewährt. So musste die SS den Bau des späteren KZ Neuengamme bei Hamburg zunächst auf Eis legen.[183] Die sukzessive Mittelvergabe durch das Reichsfinanzministerium stellte allerdings kein tatsächliches Hindernis für die Weiterentwicklung der Konzentrationslager dar. Auch eine Interpretation der Haushaltskontrolle als Instrument einer gezielten Erschwernis der NS-Verfolgungspolitik verfehlte die Entwicklung und griffe zu weit.

Ab April 1938 erhielten die Konzentrationslager einen eigenen Haushalt im Reichsinnenministerium, was einer offiziellen Übernahme der Kosten für den weiteren Ausbau des Lagersystems in den Reichshaushalt bedeutete. Um die Jahreswende 1938/39 strebte Göring nochmals einen restriktiveren Kurs an, dem sich auch Schwerin von Krosigk anschloss.[184] Obwohl sich die Zahl der Häftlinge 1937 stark reduziert hatte, zielte die SS nämlich – entgegen

[181] Vgl. Organigramm: Organigramm Abteilungsebene Reichsfinanzministerium 1940, S. 427.

[182] Vgl. die Überlieferung der Plankammer der Reichsbauverwaltung, BAch, R 2, 28350.

[183] Vgl. Schulte, S. 87 f.

[184] Vgl. Schreiben des RdF an Staatssekretär Körner v. März 1939, GStA, Hauptabteilung II, Rep. 90 P, 104, Bl. 182; Schulte, S. 87.

der Interessen von Görings Vierjahresplanbehörde – auf einen Ausbau ihrer wirtschaftlichen Aktivität durch Häftlingszwangsarbeit ab. Mit den Masseneinweisungen nach den Novemberpogromen 1938 und der Verschleppung von tausenden Polen und Juden in die Konzentrationslager auf Reichsgebiet nach Kriegsbeginn wurden Tatsachen geschaffen, die einem weiteren Ausbau des Lagersystems auch jenseits der alten Reichsgrenzen nicht mehr in Frage stellten.

Formell war das RFM bis zur Einrichtung einer unabhängigen SS-Bauverwaltung 1942 für die Bauten der SS zuständig. In der Praxis aber hatten der Leiter der Reichsbauverwaltung, Geheimrat Karl Reichle, und Oswald Pohl, Chef des 1939 gegründeten SS-Hauptamtes Haushalt und Bauten, in einer mündlichen Vereinbarung eine klare Trennlinie gezogen. Das Finanzministerium sollte schrittweise aus der Bauplanung und Umsetzung der SS-Vorhaben gedrängt werden. Dazu verabredete man zunächst, dass alle Maßnahmen „innerhalb des Lagerzauns" von der SS selbst und nur die Bauten „außerhalb des Zauns" unter Aufsicht der Reichsbauverwaltung umgesetzt werden sollten.[185]

Am 25. Januar 1941 stimmte der zuständige Beamte im RFM, Karl Badberger, sowohl den beantragten Planstellen für das SS-Amt als auch einer Neuregelung der Zuständigkeiten zu. Alle massiven Bauten innerhalb der Reichsgrenzen lagen somit weiter in der Verantwortung der Reichsbauverwaltung (RBV), alle Bauten „im Bereich der Konzentrationslager" und sämtliche Barackenbauten sowie „alle Bauten" der Waffen-SS außerhalb der Reichsgrenzen führte das SS-Hauptamt Haushalt und Bauten fortan eigenverantwortlich aus.[186] Mit Beginn des Jahres 1941 wurde die Reichsbauverwaltung also immer stärker zurückgedrängt und Pohl setzte die Zuständigkeit seines Amtes besonders in den besetzten Gebieten, also auch in Auschwitz, mit Vehemenz durch.[187] War damit die Reichsbauverwaltung aus der Projektierung und Entwicklung des Interessengebietes Auschwitz ausgeschlossen, so war jedoch weiterhin eine gewisse Kooperation und Koordination durch das Reichsfinanzministerium von Nöten.

Das 1940 auf dem ehemaligen Kasernengelände und vorherigem „Sachsengängerlager" eingerichtete Konzentrationslager Auschwitz war das siebte aus staatlichen Mitteln finanzierte KZ.[188] So wandte sich die SS im Oktober 1941 dann auch an das Reichsfinanzministerium mit dem Anliegen, den Mühlenbetrieb der Firma Krzikalla & Co., der innerhalb des Interessengebietes lag, für

[185] Vgl. ebd., S. 74 ff.; Tuchel, S. 258; Zur Finanzierung der SS-Einheiten im besetzten Polen Kapitel: Sold für die Mörder, S. 297.

[186] Vgl. Vermerk Badbergers v. 25.1.1941, BArch, R 2, 31690, Bl. 114 ff.

[187] Vgl. zu den Planungen für Dachau: SS-Kaserne und Konzentrationslager, BArch, R 2, 28350; Schulte, S. 87 ff., 123 ff., 250 ff., 391, 551 f.; Eidesstattliche Erklärung von Karl Badberger, IfZ, ZS-478-02.

[188] Steinbacher, S. 180 f.

119.550 Reichsmark zu erwerben. Sie berief sich dabei auf die Entwicklungen vor Ort: „Das Gebiet ist bereits seit längerer Zeit evakuiert, um die staatspolitischen Aufgaben des Lagers entsprechend erfüllen zu können. Mit Rücksicht auf die beabsichtigte Errichtung eines Gutsbezirkes der Waffen-SS im Auschwitzer Bereich kommt auch eine gewerbliche Verwendung des Mühlenbetriebes in Betracht."[189] Nach Zustimmung aus Berlin übernahm die Lagerverwaltung den Betrieb, der fortan mit der Arbeitskraft von KZ-Häftlingen geführt wurde.

Die Absicht der SS, einen Gutsbezirk zu gründen, um so die verschiedenen Grundstücke und Immobilien im Interessengebiet unter der SS zu bündeln, bedurfte der Unterstützung Casdorfs in seiner Funktion als BHTO. Pohl wandte sich mit der Bitte um „Aussonderung von Grundstücken aus der Beschlagnahmemasse der HTO für Zwecke der Waffen-SS in Auschwitz" im November 1942 an das RFM.[190] Dies war nichts Ungewöhnliches, denn bereits bei der Übernahme der polnischen Kaserne und des Gebäudes der staatlichen Tabakmonopolgesellschaft, das zunächst für die Unterbringung der ersten Häftlinge genutzt worden war, handelte es sich formal um Verfügungsmasse der Haupttreuhandstelle Ost und der Reichsfinanzverwaltung, die die Monopolbetriebe aus polnischen Staatsvermögen übernommen hatte. Im Frühjahr 1940 hatte die Übernahme durch die SS, offenbar in Folge der in Klärung begriffenen Zuständigkeiten, keine umfangreicheren Verhandlungen nach sich gezogen.

Zur geplanten Gebietsvergrößerung unterbreitete Pohl dem Reichsfinanzminister: „Die vom Reichsführer-SS gestellten Aufgaben erfordern für das Konzentrationslager Auschwitz die Erweiterung des Gebietes auf die kartenmäßig bereits festgelegten Grenzen (Gesamtgebiet etwa 4.660 ha). [...] Die Bildung eines solchen Gutsbezirks setzt voraus, dass sich das gesamte Gebiet im Eigentum des Reiches befindet." Der Besitz, auf den die SS Zugriff verlangte, bestand aus „land- und forstwirtschaftlichem Besitz von Polen [...], städtischem Grundbesitz mit einigen gewerblichen Betrieben von Polen und Juden [...], Grundbesitz, der ehemals dem polnischen Staat gehörte [...], aus Gemeindeeigentum [...], aus Kircheneigentum [...], aus dem Eigentum von Volksdeutschen". Involviert waren demnach im RFM das Referat Maedel und der BHTO sowie die HTO, die den städtischen Grundbesitz und die gewerblichen Betriebe verwalteten, der Reichskommissar für die Festigung deutschen Volkstums (RKF) und das Zentralbodenamt des Reichsführers-SS, das über den land- und forstwirtschaftlichen Besitz verfügte. Das Reichssicherheitshauptamt war zuständig für die Beschlagnahme von Kircheneigentum und die Reichsministerien des Innern und der Justiz zeichneten verantwortlich für die Interessenwahrung hinsichtlich des Gemeindeeigentums und des Eigentums der Volksdeutschen.

189 Brief Lörners an RFM v. 1.10.1941, StAN, Rep 502 KV-Anklage, Nürnberger Dokumente Fall 11, NG-5545, n. p.

190 Internationaler Militärgerichtshof Nürnberg, Der Nürnberger Prozess, S. 403 ff.

Letztlich sollte eine rasche Einigung erzielt werden, wie der Besitz durch Übertragung oder Kauf ordnungsgemäß im Grundbuch auf die SS zu überschreiben war. Auf der dafür eigens durch den BHTO einberufenen Besprechung teilten die Vertreter des Reichsfinanzministeriums und der Haupttreuhandstelle Ost mit, dass es sowohl bei der Übertragung von Kirchenbesitz als auch hinsichtlich der direkten Verkäufe aus der Treuhandmasse an die SS keinerlei Einwände gebe. Casdorf sicherte auch eine unbürokratische Lösung bezüglich des vormaligen polnischen Staatsbesitzes zu.[191] In der Folge musste der Plan zur Schaffung eines Gutsbezirks jedoch aufgegeben werden, da „die Übereignung zweier in Privathand befindlicher Güter noch geraume Zeit in Anspruch" nehme.[192] Der Entwicklung des Interessengebietes um das Konzentrations- und Vernichtungslager tat dies keinerlei Abbruch. Ab Juni 1943 wurde das Interessengebiet gar als eigenständiger Amtsbezirk geführt. Auch die Planungen, die Stadt Auschwitz zu einer deutschen „Musterstadt" zu germanisieren, schritten voran.[193] Der Zuzug deutscher Facharbeiter für den Aufbau der Werke der IG-Farben sollte den Wandlungsprozess der Stadt dabei unterstützen.

Um die Entwicklungen in Oberschlesien selbst in Augenschein zu nehmen, verschaffte sich Reichsfinanzminister Schwerin von Krosigk auf einer seiner Dienstreisen einen persönlichen Eindruck. Er fuhr vom 20. bis 25. März 1944 von Gleiwitz über Blechhammer zu den Hermann-Göring-Werken im mährischen Witkowitz. Für einen Zwischenstopp am Nachmittag des 24. März holte ihn ein Wagen der IG-Farben zum Besichtigungstermin des Werkes in Auschwitz/Monowitz in Begleitung von Betriebsführer Dürrfeld ab. Dürrfeld war der verantwortliche Ingenieur der Großbaustelle.[194]

Der riesige Komplex, den die IG-Farben seit 1940 errichtet hatte, gehörte zwar nicht zum unmittelbaren Interessengebiet des KZ, doch hatte der Konzern auf eigene Kosten, sechs Kilometer entfernt vom Stammlager, sein eigenes Zwangsarbeitslager KZ Auschwitz III Monowitz errichten lassen. Untergebracht waren dort bis zu 11.000 meist jüdische Zwangsarbeiter, deren durchschnittliche Lebenserwartung auf der Baustelle und in der Produktion nur drei bis vier Monate betrug. Insgesamt starben in Monowitz 20.000 bis 25.000 Menschen. Die menschenverachtenden Lebens- und Arbeitsbedingungen der Sklavenarbeiter dürften dem Minister während der Besichtigung nicht entgangen sein. Nicht zuletzt aufgrund der umfangreichen Wirtschaftsbeihilfen und Steuernachlässe

191 An den Besprechungen am 17./18.12.1942 nahmen vom RFM teil: Casdorf, Keller, Pape, Gossel und Miemetz. Vgl. ebd.

192 Vgl. Schreiben /acOFP Oberschlesien an RMdI v. 16.8.1943, StAN, Rep 502 KV-Anklage, Nürnberger Dokumente Fall 11, PS-1643, n. p.

193 Vgl. Steinbacher.

194 Vgl. Programm für die Reise nach Oberschlesien v. 20.-25.3.1944, BArch, R 2, 3a, Bl. 80 ff.

bis hin zur völligen Steuerfreiheit der Investitionsleistungen investierte die IG-Farben in das Monowitzer Werk.[195]

3.5 Das Kolonialgebiet

Die Besatzungspolitik im Generalgouvernement entwickelte sich ab 1940 deutlich anders als in den „angegliederten Ostgebieten". Nach Hitlers Grundsatzentscheidung, dass das Gebiet kein Teil des Reiches werden und es nicht Aufgabe der dortigen Verwaltung sein sollte, eine „Musterprovinz" aufzubauen, entwickelte sich unter der eingesetzten Zivilverwaltung rasch eine Tendenz, die begonnene Politik der Zerstörung auszuweiten. Da das Gebiet zunächst nicht als Siedlungsraum für die „deutsche Ostsiedlung" in Betracht gezogen wurde, war die Ausbeutung durch einen rücksichtslosen wirtschaftlichen und finanziellen Zugriff im Interesse der Kriegswirtschaft oberste Handlungsmaxime.[196] Die Kolonisation der eroberten Gebiete im Osten durch Landnahme, Aneignung und Besiedlung trat als Teil der imperialen Machtstrategie des NS-Regimes also zunächst hinter die unmittelbaren Erfordernisse einer maximalen Ausbeutung des okkupierten Gebietes und der unterjochten Bevölkerung zurück.[197]

Diese Politik schwankte allerdings mangels einer entwickelten Wirtschaftsplanung bzw. einer konkreten, ökonomisch effizienten Zielvorgabe zwischen Raubzug, Ausbeutung und maximaler Ausnutzung der verbliebenen polnischen Volkswirtschaft. Ganz im Sinne der Beuteverwertung eines Eroberers war das Vorgehen auf der Entscheidungsebene im Reich wie auch im Generalgouvernement selbst von Beginn an situativ und dadurch höchst unstet. Die Vorgehensweise der deutschen Besatzer war in vielen Fällen willkürlich, unkoordiniert und unausgereift. Die Durchsetzung der ideologischen Zielsetzungen der nationalsozialistischen Ostraumpolitik, die jegliche polnische Leistung in Kultur, Wissenschaft und Wirtschaft negierte und das besetzte Gebiet als Kolonie betrachtete, prägte die Absichten und Handlungen von Franks Zivilverwaltung maßgeblich.[198]

Die „totalitäre Kolonialverwaltung", die die Deutschen als Herrenmenschen der weitgehend entrechteten polnischen Bevölkerung gegenüberstellte, sollte, im Rückbezug auf das Geschichtsklischee der deutschen Ostsiedlung in die

[195] Vgl. Steinbacher, S. 207 f.; Kapitel: Ost-Steuerhilfe, S. 194.
[196] Vgl. Kapitel: Die vierte Teilung, S. 95; Kershaw, Hitler, S. 565; Musial, Zivilverwaltung, S. 20.
[197] Vgl. zu den Begriffen Kolonisation, Kolonie und Imperialismus: Osterhammel/Jansen.
[198] Vgl. Frank.

Gegenwart transportiert, das Fundament der deutschen Polenpolitik bilden.[199] Der polnischstämmige Politologe Simon Segal erkannte das hellsichtig bereits 1942 aus dem amerikanischen Exil: „The status of the Government General is similar to that of a colony under the mercantile system of the period before the American and French Revolutions, the only difference being that this colony is situated in Europe."[200]

Der ideologisch fundierte Auftrag, späteren Lebensraum durch Gewalt und Raub zu kultivieren und zugleich aktuelle Ressourcenbedürfnisse zu befriedigen, stellte für die Besatzungsverwaltung dabei einen konkret zu verhandelnden Gegensatz zwischen strukturierend planender und Normen setzender Verwaltung einerseits und reaktiv umzusetzender Gewaltherrschaft anderseits dar. Eine Radikalisierung der Verwalter selbst war dabei vorgegebenes Ziel.

Der Generalgouverneur forderte seine Verwaltungsbeamten auf, politische Aufgaben vor formelle Verwaltungsbelange zu stellen und erlernte Verwaltungspraxis zu überwinden. Denn was „im Reich stimme, brauche im GG noch lange nicht zu stimmen". Nicht das Reichsgesetzblatt sollte die Grundlage des Verwaltungshandelns bilden, sondern einzig der Erlass Hitlers vom 12. Oktober 1939, der das Generalgouvernement zum „ersten Kolonialgebiet der Deutschen Nation" mache.[201]

In der Besatzungsrealität entwickelte sich vor allem eine ausgeprägte Konkurrenzbeziehung zwischen den einzelnen Akteuren und Instanzen, die schnell den Boden für einen Bereicherungswettlauf und eine weitverzweigte Korruption ebnete. In der Folge verfestigte sich im Reich ein zumeist abschätziger Blick auf das GG. So wurde das Akronym gern als „Gangster Gau" aufgelöst[202] und nach dem Bekanntwerden mehrerer Korruptionsskandale um den Distriktgouverneur von Galizien, Karl Lasch, firmierte der 1941 zum Gouvernement geschlagene Distrikt unter der Bezeichnung „Skandalizien".[203] Auch mit dem Ruf

199 Vgl. Bajohr, Parvenüs, S. 76; Broszat, Polenpolitik, S. 28.

200 Segal, S. 17 f.

201 Vgl. Diensttagebuch v. 2.12.1939, BArch, R 52 II, 225, Bl. 8 f.

202 Zitiert nach: Bajohr, Parvenüs, S. 79.

203 Vgl. Młynarczyk, Judenmord in Zentralpolen, S. 84 f. Die Eigenständigkeit der Distriktgouverneure wurde in finanzieller Hinsicht durch die Krakauer Zentrale begrenzt. Die Gouverneure verfügten über keinen eigenständigen Etat. Die Gelder mussten bei der HAFin beantragt werden. Diese als demütigend empfundene Abhängigkeit wurde häufig umgangen, und vorgegebene Ausgabegrenzen wurden überschritten. Lasch ließ im Herbst 1940 in Radom Gebäude ohne Genehmigung errichten. Er dehnte seine Eigenmächtigkeiten sogar aus. Frank verhielt sich eher ambivalent. Er stimmte der HaFin zu, sanktionierte das Vorgehen des Gouverneurs im Nachhinein aber nicht. Vgl. Präg/Jacobmeyer, S. 15; Seidel, S. 36.

des Generalgouverneurs selbst stand es nicht zum Besten. Goebbels mokierte sich schon im Juli 1940 über Frank als „König von Polen".[204]

Betrachtet man das Generalgouvernement rückblickend jedoch nur als einen rechtsfreien Raum, wo als „Ostnieten" verpönte[205] korrupte, kriminelle und unfähige Beamte, Parteischranzen und SS-Schergen ihr Unwesen trieben, greift man zu kurz und unterschätzt die Wirkkraft von Verwaltungshandeln. Natürlich, die bereits von den Zeitgenossen vorgebrachten Anwürfe entbehren nicht grundsätzlich an Wahrheitsgehalt, doch zeigt unter anderem gerade die Tätigkeit der deutschen Finanzverwaltung, wie die eingesetzten Besatzungsverwalter, trotz der widersprüchlichen bis widersinnigen Politik, zwischen Aufbau, Ausplünderung, Massenmord und Devastation eine Form der alltäglichen Ordnung und Stabilität schufen. Diese bildeten wiederum die Grundlage für Ausbeutung und Raub, darauf lief alles hinaus. Im Selbstverständnis des Generalgouverneurs war das Territorium allerdings nicht nur Kolonie oder „Nebenland" des Reiches, sondern eine autonome Region und „ein letzter Ausläufer einer unmittelbar nach Reichsmethoden geführten Verwaltung".[206]

Der Verwaltungsjurist Frank maß der ihm unterstellten Administration im Herbst 1940 für die zukünftige Besatzungszeit die Aufgabenstellung zu, dass es „Ziel und Richtung dieser deutschen Verwaltung ist [...], ohne die geringste Sentimentalität nach irgendeiner Richtung, dieses Nebenland des Reiches in ein eisernes Netz von Ordnungslinien zu zwingen und es dem Großdeutschen Reich nutzbar zu machen".[207] Der verbreiteten Bürokratiefeindlichkeit in Parteikreisen entgegnete er wenig später:

„Die zahlreichen Stimmen, die man lange Jahre vernommen hat, dieser Kampf gegen die Bürokratie, dieses sehr wohl überlegte und teilweise auch sehr wohl begründete Voreingenommensein gegen jede Form von legaler und formeller Ordnung ist manchmal bedauerlicherweise als selbstverständliche Schlussfolgerung nationalsozialistischer Grundsätze hingenommen worden. Man hat es aus der Geschichte der Bewegung, vor allem aus ihrer Kampfgeschichte heraus, sich da und dort zur Gewohnheit werden lassen, über alles, was mit Rechtsordnung, Rechtssicherheit, Verwaltungsklarheit, Instanzenzug, Aktenführung, Registratur, Behördenwesen und all den vielen anderen derartigen Belangen der Gemeinschaft zusammenhängt, mit der Bemerkung hinwegzugehen, dass es sich bei diesen Dingen um einen antirevolutionären, traditionsmäßigen letzten Bestandteil früherer Epochen handele. Mit dem Schlagwort ‚Kampf gegen die Bürokratie' hat man oft auch den Gedanken verbunden, dass es sich ohne jede Voraussetzung formaler Untermauerung von

204 Vgl. Fröhlich, S. 241. Zu den Vorwürfen gegen Generalgouverneur Frank: Bericht der Polizeidienststellen im GG HSSPF Ost v. 12.4.1943, BArch, R 70 Polen, 180, Bl. 38 ff.; Berichte des Beauftragten des Reichsleiters Bormann ab dem 9.8.1942, BArch, NS 6, 795, Bl. 107 ff.

205 Vgl. zu den entsandten und abgeordneten Beamten ausführlich: Lehnstaedt, Ostnieten.

206 Vgl. Präg/Jacobmeyer, S. 10.

207 Frank, S. 89.

Machtpositionen wesentlich bequemer regieren lasse als unter der Sicherung des Machtbaues durch derartige Einspannungen von Kontrollorganen."[208]

Der Generalgouverneur erkannte also die Bedeutung einer funktionierenden und nach bürokratischen Gesichtspunkten agierenden Verwaltung als Herrschaftsinstrument für seinen Machtbereich durchaus an. Zugleich sah er die Mehrheit der Reichsbehörden als „schwerfällige bürokratische Zentralen der Reichsverwaltungshierarchie" an, deren Einfluss er im Generalgouvernement, dem er durchaus einen „eigenartigen Kolonialcharakter" zuschrieb, möglichst minimieren wollte.[209] Hatte er im September 1939 für seine Verwaltungsmitarbeiter noch die Maxime vom „rücksichtslos auszupowernden Beuteland" vertreten, das „in seiner wirtschaftlichen, sozialen, kulturellen und politischen Struktur zu einem Trümmerhaufen zu machen" sei, korrigierte er diese Sicht mit Blick auf die finanziellen und materiellen Forderungen des Reiches hin zu einer stärker kontrollierten Ausbeutungsstrategie.[210] Segal umschrieb dies sogar mit dem Begriff des *scientific looting*.[211]

In der Folge verstetigte sich ab Ende 1940 nach der ersten Phase der administrativen Übernahme und Konsolidierung auch der Anspruch seitens der Reichsfinanzverwaltung an die des Gouvernements, im Interesse des Reiches das Gebiet nicht mehr nur materiell sondern auch auf dem Wege der Währungs- und Fiskalpolitik kontinuierlich auszubeuten. Die Forderungen der Besatzungskostenerstattung wurden erneut durch den Reichsfinanzminister erhoben, und vor Ort entwickelte sich eine zunehmend behördlich organisierte Enteignungspolitik. Die Finanzbeamten bedienten sich verschiedener Mittel im Rahmen der Treuhand- und Steuerpolitik, aber auch einer rücksichtslosen Währungskontrolle, um das Gebiet und seine Bevölkerung auszubeuten und letztlich den Raubmord an den Juden zu unterstütztten.

Die entscheidende Zäsur für die Besatzungspolitik im Generalgouvernement war der Überfall auf die Sowjetunion am 22. Juni 1941. Dieser definierte nicht nur das Gebiet und dessen Grenzlinien neu, sondern auch die wirtschaftliche Rolle und Bedeutung des GG für Hitlers Vernichtungskrieg im Osten. Die Fortifikation und später die Revision der Grenzverläufe im Osten spielte für die Wirtschafts- und Währungspolitik also durchaus eine Rolle.

208 Vgl. Diensttagebuch v. 19.1.1941, BArch, R 52 II, 181, Bl. 35 ff.

209 Vgl. Diensttagebuch v. 2.12.1939; Präg/Jacobmeyer, S. 72 ff.

210 Vgl. Abteilungsleitersitzung, Diensttagebuch v. 19.1.1940, BArch, R 52 II, 225, Bl. 17 ff.

211 Vgl. Segal, S. 103 f.

3.6 „Grenzsicherung Ost"

Konnte Himmler seine Idee von einem „Ostwall" an der Grenze zum Generalgouvernement nicht in die Tat umsetzen,[212] so bot die Grenzsicherung an der Ostgrenze des Generalgouvernements entlang der Interessengrenze zwischen den beiden Besatzungsmächten dem Reichsführer-SS ab Sommer 1940 die Gelegenheit für solch ein Vorhaben. Die deutsch-sowjetische Zentral-Grenzkommission, der auch Vertreter des Generalinspekteurs des Zollgrenzschutzes, also des RFM, angehörten, hatte vorerst noch große Probleme, den konkreten Grenzverlauf überhaupt abschließend festzulegen. Im deutsch-sowjetischen Grenz- und Freundschaftsvertrag hatte Stalin lediglich mit einem blauen Strich den künftigen Grenzverlauf auf einer beigefügten Karte festgehalten.

Eine abschließende Einigung erzielte die Kommission erst im Frühjahr 1941. Die Grenzsicherung auf sowjetischer Seite entlang der Linie Narew-Bug-San war ungeachtet dessen rasch aufgenommen worden. Die Stalin-Linie, die ab 1929 an der Westgrenze zu Polen errichtet worden war, wurde abgebrochen und als „Befestigter Raum" an der Interessengrenze als Molotow-Linie neu errichtet. Ein Grenzstreifen von etwa einem Kilometer war geräumt und die Bewohner waren vertrieben worden. Zum Abschluss kamen die Bauarbeiten bis zum Überfall der Wehrmacht am 22. Juni 1941 jedoch nicht.[213]

Ein Grenzverkehr bestand zunächst nur in der geteilten Grenzstadt Przemyśl. In Przemyśl wickelte der Zoll auch die Lieferungen an Getreide aus der Ukraine und von Öl aus Rumänien ab.[214] Für den Personenverkehr wurde die Stadt zu einem devisenrechtlich und grenzpolizeilich strikt kontrollierten Nadelöhr.

Um die Grenze von deutscher Seite polizeilich und militärisch zu sichern, plante Himmler – unter Ausnutzung der unter Arbeitszwang gestellten jüdischen Bevölkerung –, einen über hundert Kilometer langen Wassergraben als Panzersperre ausheben zu lassen. Er wollte auch Wachanlagen errichten lassen, die dicht mit Grenzpolizei und Zollgrenzschutz, den der Reichsführer SS bei dieser Gelegenheit nun endlich seiner Zuständigkeit unterstellen wollte, besetzt würden. Der entlang der Flussläufe durch den Zollgrenzschutz mit Drahtver-

212 Vgl. Kapitel: „Volkstumsgrenze", S. 137.

213 Vgl. Short.

214 Gemäß Deutsch-Sowjetischen Wirtschaftsvertrag v. 19.8.1939 lieferte die SU u. a. 1 Mio. t Weizen und Gemüse, 900.000 t Mineralöl u. 100.000 t Baumwolle an das Deutsche Reich. Im Gegenzug finanzierte die Golddiskontbank mit einem Zinssatz von nur 5 % sowjetische Bestellungen für Maschinen und Güter im Wert von 200 Mio. RM. Der Umfang der Leistungen wurde im Rahmen von zwei Vertragsüberarbeitungen nochmals erweitert. Vgl. Zeidler, S. 99.

Abbildung 29 – Deutsche Zollbeamte bei der Gepäckkontrolle in Przemyśl, Juni 1940

hauen und Patrouillen aufgebaute Grenzschutz stoppte den Zustrom an Menschen aus dem sowjetisch besetzten Teil Polens nur unzureichend.[215]

Zur Umsetzung dieses grotesken Bauvorhabens hatte Himmlers Mann vor Ort, der SSPF Lublin, Odilo Globocnik, bereits Ende Juli 1940 bei den Distriktverwaltungen 30.000 jüdische Arbeiter und Handwerker zu Erd- und Grenzsicherungsarbeiten angefordert. Alle Juden des Distrikts Lublin sollten für diese Zwecke herangezogen werden und zusätzliche Transporte aus den anderen Distrikten erfolgen.[216] Die Bauarbeiten begannen an der Südostgrenze zwischen Bug und San zunächst mit etwa 7.000 Arbeitern.[217] Die Kosten, die Himmler für die 136 Kilometer mit 2,4 Millionen Reichsmark bezifferte, sollten durch die Ausnutzung der Arbeitskraft der jüdischen Zwangsarbeiter von mindestens zehn Stunden täglich, bei einem Tageslohn zwischen 1,50 und 2,50 Złoty und minimalen Ausrüstungs-, Unterkunfts- und Verpflegungskosten erreicht werden.

215 Vgl. Schreiben RFSS an OKW v. 13.7.1940, BArch, R 2, 31100, n. p.

216 Vgl. Diensttagebuch, Sitzungsprotokoll der Abteilung Arbeit der RegGG v. 6.8.1940, BArch, R 52 II, 178, n. p.; Schreiben Globocniks an den Stadthauptmann v. Krakau, Schmid, v. 30.7.1940, abgedruckt in: Berenstein u. a., S. 213.

217 Vgl. Augustbericht der Abteilung Innere Verwaltung im Amt des Gouverneurs im Distrikt Lublin über die Ausnutzung v. jüdischen Arbeitskräften v. 7.9.1940, abgedruckt in: Ebd., S. 216; Müller, Ostkrieg, S. 22.

Der ursprüngliche Plan, für die jüdischen Zwangsarbeiter vier große Konzentrationslager im GG einzurichten, um neben Grenzsicherungsarbeiten auch Straßenbauvorhaben und Melorationsarbeiten in großem Stil umzusetzen, war zuvor am Einspruch Franks gescheitert. Finanzpräsident Spindler hatte die Kosten für ein solches Vorhaben mit 90 Millionen Złoty bei einem Jahresetat von knapp über einer Milliarde Złoty vorveranschlagt, was einer finanziellen Belastung von immerhin 8,6 Prozent des Gesamthaushaltes entsprochen hätte. Eine solche finanzielle Belastung kam für den Generalgouverneur nicht in Frage.[218] Nichtsdestotrotz wurden Straßenbauarbeiten und umfangreiche Flussregulierungen an Bug und Weichsel auf 410 Baustellen mit insgesamt 41.950 Arbeitern betrieben, davon 16.145 jüdische Zwangsarbeiter. Allein im Distrikt Lublin wurden bis Ende Oktober 1940 in 34 Lagern Juden zur Zwangsarbeit zusammengepfercht.[219]

Der nachteilige Effekt dieser Vorgehensweise ging den Beamten in Krakau jedoch schnell auf: Der Arbeitseinsatz wirkte sich verheerend auf die Finanz- und somit Steuerkraft der jüdischen Gemeinden aus. Die Doppelbelastung, einerseits für die Kosten des Arbeitseinsatzes in Form der Verpflegung für die Zwangsarbeiter aufkommen zu müssen und gleichzeitig die Versorgung der zurückgelassenen Familien zu bewerkstelligen, versetzte die Gemeinden in wirtschaftliche Not. Jegliche Zahlungen gegenüber den deutschen Besatzern waren auf dem Wege der Selbstbesteuerung zu erbringen, die als Folge der Zwangsverschleppungen beinahe zusammenbrach.[220]

Die SS-Grenzsicherungs-Baukommandos errichteten in der Folge Lager in Eigeninitiative. In Bełżec, wo die vor allem aus Warschau und Lublin verschleppten 3.000 Juden in einem Gutshof, einer Mühle und einem Lokschuppen untergebracht wurden, herrschten nach wenigen Wochen katastrophale Bedingungen. Außerdem entstanden Lager für nochmals knapp über 4.000 Menschen in Cieszanów, Płazów, Dzików und Narol.[221] Unter widrigsten Bedingungen begannen die Arbeiten an der „Ottolinie", wie die Verteidigungslinie gegen die Sowjetunion benannt worden war. Diese ersten Zwangsarbeitslager (ZAL) für Juden entwickelten sich binnen kurzer Zeit zu Todeslagern, die Bedingungen führten zu einer hohen Sterblichkeit.[222]

218 Vgl. Schreiben RFSS an OKW v. 13.7.1940, BArch, R 2, 31100, n. p.; Diensttagebuch, Besprechung v. 15.1.1940, BArch, R 52 II, 175, n. p.; Präg/Jacobmeyer, S. 87 ff.; Musial, Zivilverwaltung, S. 111.

219 Vgl. Diensttagebuch v. 24.4.1940, abgedruckt in: Präg/Jacobmeyer, S. 189 ff.; Warschauer Zeitung v. 15.11.1940 u. 17.12.1940. o. S.

220 Vgl. Musial, Zivilverwaltung, S. 111; Präg/Jacobmeyer, S. 88, 126.

221 Vgl. Bericht des Referats Arbeitslager beim jüdischen Arbeitsbataillon in Warschau, abgedruckt in: Berenstein u. a., S. 217.

222 Vgl. Reitlinger, S. 77; Schelvis, S. 36; Pucher, S. 83.

Abbildung 30 – Jüdische Zwangsarbeiter in Bełżec während der Erdarbeiten am „Judenwall“, Sommer 1940

Schwerin von Krosigk, der seit Herbst 1939 regelmäßig Inspektionsreisen ins besetzte Polen unternommen hatte und dank eines Wehrmachtszuges auch die entlegenen Dienststellen des Zollgrenzschutzes besuchen konnte, besichtigte auch die Grenzsicherungsmaßnahmen an der „Ottolinie“.[223] Im Sommer 1940 reiste der Reichsfinanzminister über Krakau weiter nach Sanok und Krosno und dann entlang der Grenze. Dort erfuhr er direkt von den Zollgrenzschutzbeamten von den Zuständen vor Ort und dem Vorgehen von SS und Gestapo gegen die jüdische Bevölkerung.[224]

Die starre Grenzsicherung der SS fiel bei den Beamten des RFM als zu aufwendig und kostenintensiv durch. Der bis Ende 1940 auf einer Länge von 13 Kilometern bei Bełżec quer über das Gelände des späteren Vernichtungslagers fertiggestellte „Judenwall“ – wie der Panzergraben nun auch im Finanzministerium bezeichnet wurde –, stieß bei den obersten Zollgrenzschützern auf deutliche Ablehnung. Nach Inaugenscheinnahme war die Fertigstellung als höchst fragwürdig eingeschätzt worden. Der Finanzminister wie die Referatsleiter des GIZ sahen den Graben hinsichtlich einer militärischen Grenzsicherung als wertlos an. Über die menschenverachtenden Umstände des Baus dürften sowohl Schwerin von Krosigk wie auch die zuständigen Mitarbei-

223 Vgl. Erinnerungen Schwerin von Krosigks ohne Datum, IfZ, ZA-20, 12, Bl. 128 f.
224 Vgl. Bericht Tegtmeiers an Eulitz v. Mai/Juli 1964, BArch, R 110 Anh., 13, n. p.

ter des Zollgrenzschutzes aus eigener Anschauung Kenntnis gehabt haben.[225] Offensichtlich störten diese sie nicht.

Die abweichende Auffassung zur Zweckmäßigkeit der „Ottolinie" markierte den Beginn einer neuerlichen Auseinandersetzung zwischen dem Reichsführer-SS und dem Finanzminister um den Einsatz, aber vor allem um das Unterstellungsverhältnis des Zollgrenzschutzes.[226] An der Ostgrenze des Generalgouvernements hatte sich die Tätigkeit des Zollgrenzschutzes wie schon an der nach Osten verschobenen Reichsgrenze[227] deutlich von einer wirtschaftlichen hin zu einer sicherheitspolitischen Aufgabenstellung verschoben. Aufgrund der Grenzsperre führte der ZGS vor allem Weisungsaufgaben militärischer Art für die Wehrmacht und staats- und grenzpolizeilicher Art in Zusammenarbeit mit der Grenzpolizei und dem SD durch. Die Zollgrenzschützer waren somit in die Verteidigungsmaßnahmen des Heeres in Vorbereitung für den Fall Barbarossa, den Überfall auf die Sowjetunion, einbezogen.

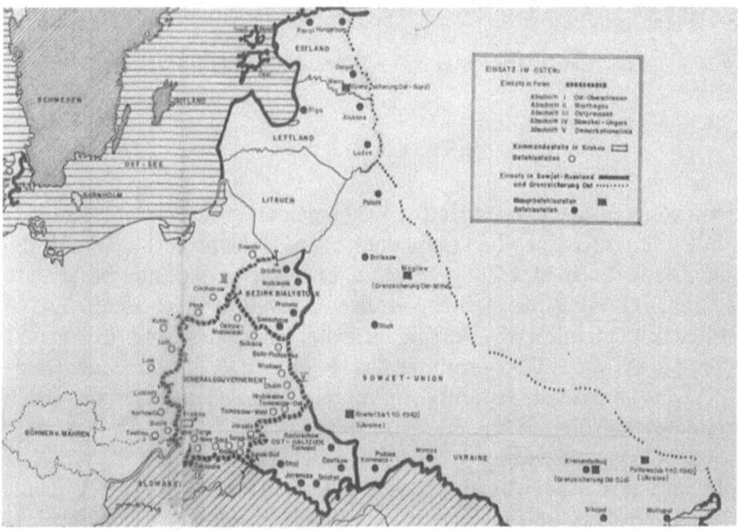

Abbildung 31 – Karte zum Einsatz des Zollgrenzschutzes während des Zweiten Weltkrieges außerhalb der Reichsgrenzen (Ausschnitt).

Die Ausbildung der Beamten, Reservisten und Hilfskräfte des ZGS an der deutsch-sowjetischen Grenze hatte verstärkt militärische Züge angenom-

[225] Vgl. Sicherung u. gegenwärtige Situation an der deutsch-russischen Grenze auf ehemals polnischem Gebiet (Reisebericht) v. 28.1.1941, BArch-MA, RH15, 268, Bl. 148 ff.

[226] Vgl. Kapitel: Die Zollsoldaten, S. 36.

[227] Vgl. Kapitel: „Volkstumsgrenze", S. 137.

men, um ein „straffes, soldatischen Auftreten, Beherrschung der Waffen und Einsatzbereitschaft“ herzustellen.[228] Die Beobachtung und detaillierte Berichterstattung über Grenzsicherungsmaßnahmen und Truppenbewegungen auf der sowjetischen Seite nahm einen Großteil des Arbeitsumfanges für die Grenzer ein.[229]

Der auch für den Angriff auf die Sowjetunion aufgestellte VGAD war dem Generalquartiermeister des OKH unterstellt und sperrte am 21. Juni 1941 gemeinsam mit der Grenzpolizei das rückwärtige Operationsgebiet der 6. und 17. Armee ab.[230]

In Abstimmung mit der Wehrmacht rückte der Zollgrenzschutz unmittelbar vor und übernahm abermals die Überwachung der Grenze zwischen Operationsgebiet und Generalgouvernement. Dabei waren die Zöllner auch in Kampfhandlungen verwickelt, allein 1.200 Grenzschützer der Befehlsstelle Sanok Nord beteiligten sich auf 150 Kilometer Frontlänge. In Przemyśl übernahm der Zollgrenzschutz die Sicherstellung von Lebensmitteln und Kriegsgerät und beteiligte sich am regulären Streifendienst im Stadtgebiet. Gemeinsam mit der Feldgendarmerie sicherten die Männer Beutewerte und überwachten die Zivilbevölkerung unter Gebrauch der Schusswaffe.[231]

Im Juli 1941 wurde die Ostgrenze des GG dann an den Zbrucz und somit an die polnische Vorkriegsgrenze verlegt. Galizien mit Lemberg wurde als fünfter Distrikt dem Gouvernement zugeschlagen. In Krakau richtete der Reichsfinanzminister zur Erfüllung der erweiterten Aufgabenstellung eine Kommandostelle des ZGS unter dem Finanzpräsidenten Zoll, Lindemann, ein.[232] Bisher waren die Männer allein von den Verbindungsbeamten der Oberfinanzpräsidenten Breslau und Troppau beim Militärbefehlshaber des GG vertreten worden. Zuständig war Lindemann nun unter anderem für 904 Kilometer Grenze zu den besetzten Ostgebieten, die mit 3.144 Männern gesichert wurde.[233]

228 Vgl. Schreiben des Verbindungsbeamten des ZGS, Mundt v. 15.4.1940, BArch, R 110, 4, n. p.

229 Vgl. Tagesmeldungen des Leiters der Befehlsstelle des ZGS Cholm v. 20.4.1941–20.6.1941, BArch-MA, RH 24/17, 157, Bl. 2 ff.

230 Vgl. Schreiben des OKH v. 22.6.1941, BArch-MA, RH15, 27, Bl. 18 f.

231 Vgl. Tätigkeitsbericht Feldgend. Abt. (mot.) 695 v. 18.8.1941, BArch-MA, RH 53-23, 31, Bl. 40 ff.; Grenzübergang Brest v. 10.8.1941, ebd. Bl. 56 ff.; Monatsbericht Obefeldkommandatur 365 16.6.-15.7., ebd. Bl. 136 ff.; Zuständigkeit ZGS VGAD an deutsch-russicher Grenze u. Einsatz des ZGS v. 15.7.1941, ebd., Bl. 215.

232 Vgl. Schreiben des RdF v. 31.7.1941, BArch, R 110, 4, n. p.

233 An der 624 Kilometer langen Grenze des GG zum Reich standen beiderseits der Grenze 3.173 Männer des ZGS. Die restlichen 1.137 Grenzkilometer zu Ungarn, der Slowakei und Rumänien sicherten nochmals 3.124 Zöllner. Insgesamt waren – verteilt auf 14 Befehlsstellen u. 57 Bezirkszollkommissariate – 6.268 Männer für die Außengrenzen des GG ohne Reichsgrenze abgestellt. Vgl. Übersicht zum ZGS (Grenzlängen und Personal) Stand 1.4.1942, BArch, R 2, 31100, n. p.

Abbildung 32 – Generalgouvernement Verwaltungsgrenzen: Maßstab 1:1.150.000

3.7 Treuhandpolitik und Ghettoisierung

Nicht zuletzt, da sich Frank bereits im November 1939 durch die Gründung einer eigenen Treuhandstelle von den Entwicklungen in den annektierten Ostgebieten um die HTO und von Görings machtpolitischer Wirtschaftsplanung für das besetzte Polen weitestgehend unabhängig machen konnte, folgte die Treuhandpolitik im Generalgouvernement von Beginn an eigenen Wegen.[234] Göring hatte Frank zwar noch zu seinem Generalbevollmächtigten erklärt, die Dienststelle für den Vierjahresplan im GG war jedoch durch den Generalgou-

[234] Vgl. VO über die Errichtung einer Treuhandstelle für das Generalgouvernement v. 15.11.1939, VOBlGG. (1939), S. 36; Kapitel: Die Treuhand, S. 109.

verneur rasch ausgeschaltet worden.[235] Der Abteilung Treuhandverwaltung für das GG waren in den Ämtern der Chefs der Distrikte Treuhandaußenstellen unterstellt, um die anfallenden Aufgaben durchzuführen. Die Treuhandstelle übernahm die Erfassung, Verwaltung und Verwertung des beschlagnahmten Vermögens des früheren polnischen Staates.[236] Ferner erfasste, verwaltete und verwertete sie beschlagnahmte private Vermögen.[237] Die Reinerträge wurden an die Kasse des GG abgeführt. Mit der Durchführung von Prüfungen der treuhänderisch verwalteten Betriebe wurden Wirtschaftsprüfer (Treuhand- und Revisionsgesellschaften) beauftragt.[238] Im Unterschied zur HTO hatte Frank seiner Finanzverwaltung direkten Zugriff auf die Erträge ermöglicht und keine weitgehend unabhängig agierende Behörde nach Winklerschem Modell zugelassen.

Und anders als die HTO übernahm die Treuhandstelle keine allumfassende Vermögensumverteilungsfunktion. Dies hatte zwei Gründe. Zum einen gab es keine ausreichend große deutsche bzw. volksdeutsche Bevölkerungsschicht, die eine „Eindeutschung", wie sie in den annektierten Gebieten vorangetrieben wurde, hätte tragen können. Zum anderen ging der Großteil des vormaligen polnischen Staatsbesitzes in andere Verwaltungsformen über. Der Anteil an Staatsbesitz war auf dem Gebiet des Generalgouvernements in Folge von Investitionsleistungen und Reformen des polnischen Staates beträchtlich höher als in den annektierten Gebieten.[239]

Die staatliche Infrastruktur im Post- und Fernmeldewesen mit einem Wert von 55 Millionen Złoty ging an die Deutsche Post Osten. Die Bahn wurde von der Generaldirektion der Ostbahn übernommen.[240] Die Abteilung Forsten in der Regierung des Generalgouvernements sicherte sich mit der Verwaltung des staatlichen Waldbesitzes ein Vermögen von 843 Millionen Złoty.[241] Und bereits in den ersten Wochen hatte die Generaldirektion der Monopole die staatlichen Monopolbetriebe und die als Holding gegründete Werke des Generalgou-

235 Vgl. VO des Generalgouverneurs zum 31.7.1940, VOBlGG. I (1940), S. 97. Bereits in einer Besprechung am 3.11.1939 mit Winkler hatte Frank die Nichtzuständigkeit der HTO für das GG geklärt. Vgl. Präg/Jacobmeyer, S. 56 ff.

236 Vgl. VO v. 15.11.1939 u. DVO v. 16.3.1940.

237 Vgl. VO v. 24.1.1940, VOBlGG. I, S. 109.

238 Die Wirtschaftsprüfer hatten 50 v.H. der von ihnen gemäß der Prüfungsordnung der Wirtschaftsprüfer erhobenen Wertgebühren an die Kasse des GG abzuführen. Vgl. Haushaltsplan des Generalgouvernements für das Rechnungsjahr 1940, S. 329. Zu der Verbuchung von Einnahmeüberschüssen vgl. Vermerk der HAFin v. 18.3.1940 zur Besprechung v. 13./14.3.1940, AAN, 11, 896/1, Bl. 56.

239 Vgl. Kapitel: Polens Wirtschaft, S. 81.

240 Vgl. Lauxmann; Peicher.

241 Vgl. Bericht über den Aufbau im Generalgouvernement bis 1.7.1940, BArch, R 52 II, 427, 248, 249, n. p.

vernements A.G. vereinigte Schwer- und Chemieindustrie übernommen.[242] Hauptaktionär dieser Gesellschaft war der Fiskus des Generalgouvernements. Die Rüstungsindustrie wurde durch den Rüstungsinspekteur für das OKW in Anspruch genommen, der wiederum deutsche Rüstungsfirmen wie die HASAG als Treuhänder einsetzte.[243]

Frank wollte hingegen vermeiden, dass die lukrativen Industrieobjekte außerhalb des Rüstungssektors allein von der deutschen Großindustrie übernommen würden. Demzufolge wurde auch nicht jeder Übernahmeversuch durch reichsdeutsche Konzerne von den Sachbearbeitern der Treuhandverwaltung unterstützt.[244] In das Eigentum des Generalgouvernements war das bis dato lediglich beschlagnahmte Staatsvermögen formell per Verordnung vom 24. September 1940 übergegangen.[245] Der tatsächliche Umfang der so gemachten Beute war der Hauptabteilung Finanzen bei der Regierung des Generalgouvernements aber noch im Mai 1942 unbekannt. An eine gezielte Wirtschaftspolitik im Interesse des Fiskus war unter diesen Umständen nicht zu denken.[246]

Die Reinerträge aus der Verwaltung und Verwertung sämtlicher polnischer Vermögen wurden an die Kasse des Generalgouvernements „zur Erfüllung gemeinnütziger Aufgaben" abgeführt (Tab. 3). Die so erzielten Einnahmen blieben aber auch im GG weit hinter den Erwartungen zurück. Zwar waren die übernommen Betriebe und Immobilien, wenn sie nicht durch Kriegsschäden oder Demontagen in ihrer Produktivität oder Nutzbarkeit beeinträchtigt waren und ein Treuhänder gefunden werden konnte, durchaus rentabel, jedoch verhinderten Mietausfälle, allgemeiner Mangel an Rohstoffen, Material und Ersatzteilen

242 Die Werke des Generalgouvernements sollten den Betrieb bzw. die Verwaltung von Industriewerken, technischen Einrichtungen u. sonstigen Vermögenswerten, insbesondere derjenigen des früheren polnischen Staates übernehmen. Vgl. Haushaltsplan des Generalgouvernements für das Rechnungsjahr 1940, o. S.; Erlass über die Errichtung der „Werke des Generalgouvernements A.G." v. 4.10.1940, VOBLGG. I (1940), S. 317. Zur Holding gehörten: Stickstoffwerke in Mościce, Zellstoffwerke Niedomice, Papierfarbik Częstochowa, Zyrardower Manufakturen A.G bei Warschau, Staatliche Linkerwerke Zamość, Kohlensäure- und Eiswerke GmbH Krakau, weitere Unternehmen im 100-prozentigen Besitz des GG: Textilgesellschaft m.b.H. Krakau, Film- und Propagandamittelvertreibs G.m.b.H. Krakau, Buchverlag Ost GmbH Krakau. Ähnliche Absichten lassen sich auch bei der HTO beobachten. Die vier Staatskonzerne Reichswerke, Preussag, Berghütte und Industrieversorgung Oberschlesien übernahmen allein und zu sehr günstigen Konditionen 46 der 65 konfiszierten Gruben. Vgl. Musial, Recht und Wirtschaft, S. 37.

243 Vgl. Internationaler Militärgerichtshof Nürnberg, Der Prozess gegen die Hauptkriegsverbrecher vor dem Internationalen Militärgerichtshof, Nürnberg 14. November 1945 bis 1. Oktober 1946, S. 74 ff.; Bräu, Zwangsarbeit.

244 Vgl. Wixforth, S. 413.

245 Vgl. VO über das Eigentum an dem Vermögen des früheren polnischen Staates v. 24.9.1940, VOBlGG. I (1940), S. 313.

246 Vgl. Haushaltsplan des GG für das Rechnungsjahr 1941, BArch, R 2, 5034, Bl. 218.

sowie fehlende Arbeitskräfte meistens ein lohnendes Geschäft.[247] Eine signifikante Steigerung der Einnahmen durch Treuhandbetriebe konnte lediglich für das Rechnungsjahr 1943 verbucht werden, als im Zuge der „Aktion Reinhard" größere Mengen an mobilen Vermögenswerten durch die Treuhandstellen verwertet wurden.[248]

Tabelle 3 – Übersicht über die Erträge aus beschlagnahmten und sichergestellten Vermögen, die als Einnahme im ordentlichen Haushalt des GG verbucht wurden[249]

Jahr	Einnahmen
1940	10.000.000
1941	15.000.000
1942	23.000.000
1943	40.000.000
1944	21.000.000

Anders als in den annektierten Gebieten konnten auch Polen als Treuhänder für polnische und jüdische Vermögen bestimmt werden. Der nichtjüdischen Bevölkerung war nicht per se das Recht auf Eigentum abgesprochen worden. Allerdings existierten weder eine tatsächliche Rechtssicherheit noch ein Investitionsschutz, die als Grundlagen perspektivischen unternehmerischen Handels und damit einer Stabilisierung der Wirtschaft unverzichtbar gewesen wären. Beschlagnahmt werden konnte grundsätzlich alles. Besonders die Praxis des HSSPF und der militärischen Dienststellen wurde durch keinerlei Rechtssetzung eingeschränkt. Der Zugriff auf Privatvermögen wurde per Verordnung nach Anerkennungsgrad des Rechtsträgers gestaffelt. Die Anwendung der Beschlagnahmeverordnung richtete sich daran aus, ob es sich um privatpolnisches, „herrenloses" oder jüdisches Vermögen handelte. Der Begriff des „herrenlosen Vermögens", der den deutschen Besatzern seit Beginn des Beutezuges diente, um willkürlich Zugriff auf Vermögenswerte von Privatpersonen zu erlangen, wurde also weiterentwickelt und legislativ verankert.[250]

Vor allem der willkürliche Zugriff auf jüdische Vermögenswerte war seit der Militärbesatzung systematisch erweitert worden. Als „herrenloses Vermögen" galten jegliche Vermögenswerte, deren Besitzer geflohen, vertrieben, deportiert

[247] Vgl. Bilanz der Treuhandstelle Warschau zum 8.11.1940 mit Zahlenmaterial: Friedrich/Löw, S. 436 f.

[248] Vgl. Kapitel: Raubmord, S. 314.

[249] Vgl. Haushaltsübersichten des GG der Jahre 1940 bis 1944, BArch, R 2, 5042a, Bl. 117.

[250] Vgl. Die Gründung des Beschlagnahmerechtes im Generalgouvernement, bearbeitet von Dr. Seiss, Sachgruppenleiter in der Abteilung Wirtschaft, Unterabteilung Treuhandwesen in Warschau, Yad Vashem, O.51 Nazi Documentation, 140, Bl. 1 ff.; Kapitel: Die Beutestelle der Reichshauptkasse, S. 99. Zu den willkürlichen Beschlagnahmen durch die SS vgl. Banken, Großraubwirtschaft, S. 481.

oder inhaftiert worden waren bzw. im Falle jüdischer Vermögen, wenn diese nicht angemeldet wurden. Gemäß der Verordnung über die Pflicht zur Anmeldung jüdischen Vermögens unterlagen alle Vermögen einer Anmeldepflicht. Als Einziehungsbehörde fungierten die Kreis- und Stadthauptmänner, nicht die Finanz- bzw. Steuerämter. Eine Rückgabe war ausgeschlossen. Eine Besteuerung der „herrenlosen" Objekte, die sich in Verwaltung des GG befanden, war nicht geplant.[251] Die Rechtsfigur des „herrenlosen Gutes" erlaubte, nicht angemeldetes Privatvermögen auf einer (formal)-rechtlichen Basis zu beschlagnahmen und zu verwerten.

Obgleich Juden der Zugriff auf ihre Vermögenswerte mit Ausnahme geringer Freigrenzen praktisch vollständig verwehrt wurde, war der Umfang des Treuhandvermögens und damit die Erträge aus diesen Werten (Verkaufserlöse, Gewinne sowie Steuern) im Vergleich zur HTO um ein Vielfaches geringer. Mitte 1942 wurden im gesamten Generalgouvernement lediglich 4.049 Betriebe in Treuhandverwaltung von knapp 1.800 Treuhändern verwaltet, darunter 1.945 Industriebetriebe, 1.151 Handels- und Handwerksbetriebe sowie 615 sonstige gewerbliche Betriebe. Ausgenommen von dieser Zählung blieben die Betriebe, die die Wehrmacht bzw. der Reichskommissar für die Behandlung feindlichen Vermögens (RKV)[252] in ihrer Zuständigkeit sahen und Treuhändern zugewiesen hatten und die hierbei ebenso nicht erfassten landwirtschaftlichen Betriebe.

Bis Ende 1943 änderte sich an diesem Bild wenig. Der Großteil der Unternehmen im wirtschaftsstarken Distrikt Warschau – vor allem die Druckereien und Buchhandlungen – wurden beschlagnahmt und liquidiert. Es verblieben nur 441 Betriebe – durchweg Mittel- und Großbetriebe – in der direkten treuhänderischen Verwaltung und weitere 125 Betriebe, auf die die Treuhandstelle durch verschiedene Anteilsrechte Einfluss nahm. Der Umsatz dieser Unternehmen, die insgesamt eine Belegschaft von etwas mehr als 20.000 Beschäftigten

251 Vgl. Haushaltsplan des Generalgouvernements für das Rechnungsjahr 1940, o. S.; AO Nr. 4 des Leiters der Abt. Devisen im Amt des GenGouv. zu allgemeinen Maßnahmen zur Sicherstellung jüdischen Vermögens v. 20.11.1939, VOBlGG. I (1939), S. 57; § 8 VO über die Beschlagnahme von privaten Vermögen im Generalgouvernement (Beschlagnahmeverordnung) v. 24.1.1940, VOBlGG. I (1940), S. 23; § 4 VO über die Pflicht zur Anmeldung jüdischen Vermögens im GG v. 24.1.1940, VOBlGG. I (1940), S. 31; DVO zur VO über die Beschlagnahme des Vermögens des früheren polnischen Staates v. 15.11.1939 u. 16.3.1940, VOBlGG. I (1940), S. 175; VO über das Eigentum an dem Vermögen des früheren polnischen Staates v. 24.9.1940, VOBLGG. I (1940), S. 313; Vgl. Plodeck, S. 110/111; Banken/Bräu; Kapitel: Devisenschutz und Terror, S. 47 u. Steuereintreiber, S. 57.

252 Der RKV war eingesetzt durch VO v. 15.1.1940 und zuständig für die Beschlagnahme und Verwaltung des beweglichen wie unbeweglichen Vermögens von am Zweiten Weltkrieg gegen das Deutsche Reich beteiligten Staaten und ihrer Staatsangehörigen.

aufwiesen, sank allerdings von 285 Millionen Złoty in 1942 durch Verkauf und weitere Stilllegungen auf 125 Millionen Złoty im Folgejahr.[253]

Mit Beginn des Feldzuges gegen die Sowjetunion 1941 stieg die industrielle Einbeziehung des GG in die deutsche Kriegsproduktion stetig. In der Folge wuchs die Zahl der direkt für die deutsche Kriegswirtschaft produzierenden Betriebe, die überwiegend direkt der Wehrmacht oder später Speers Ministerium unterstanden, von 186 im September 1940 auf 404 im Juni 1944. Der Wert der Lieferungen dieser Betriebe in das Reich erhöhte sich im selben Zeitraum von zwölf Millionen auf 86 Millionen Reichsmark. Das waren allerdings nicht mehr als knapp zwei Prozent an der Gesamtrüstungskapazität des Reiches inklusive aller besetzten europäischen Gebiete.[254]

Das Treuhandwesen als solches bereitete der Regierung wie der Verwaltungsspitze zunehmend Probleme und entpuppte sich als falsche Strategie. Es gab zahlreiche Beschwerden vor allem über das Verhalten der deutschen Treuhänder, die sich bereicherten, in manchen Fällen mehrere Dutzend kommissarische Verwaltungen zeitgleich übernommen hatten und häufig Familienangehörige nachholten, die sie zu überhöhten Gehältern anstellten. Treuhandchef Plodeck überlegte daher, die privaten Treuhänder, aus „wirtschaftlicher und politischer Zweckmäßigkeit" gleich ganz abzuschaffen. Finanzpräsident Senkowsky hingegen löste das Probleme mit den unzuverlässigen Treuhändern, indem er sich selbst für zahlreiche Betriebe die Treuhänderschaft übertrug, um sie wie andere Staatsunternehmen in das Eigentum der Generaldirektion der Monopole und damit des Generalgouvernements zu bringen. Somit umging er auch die Zuständigkeit der ihm nicht unterstellten Treuhandstelle. Die Finanzabteilung sprach sich folglich generell für eine baldige Abschaffung der Treuhänder aus und Frank stimmte dem zu, indem er für das „ganze Treuhandwesen eine mehr fiskalische Note" forderte, da privatwirtschaftliche Gesichtspunkte unbedingt in den Hintergrund zu treten hätten.[255] Nach Frank hätte der Fiskus des Generalgouvernements der Generaltreuhänder aller beschlagnahmten Vermögen werden sollen. Sämtliche Erlöse und Gewinne aus dem Treuhandwesen wären folglich direkt dem Haushalt des GG zugeflossen. Dazu kam es aber nie. Auf die nicht durch die Treuhandstellen selbst verwalteten Unternehmungen hatten die Finanzbeamten auch weiterhin nur auf dem Wege der Besteuerung Zugriff. Im

253 Von den bis Dezember 1943 beschlagnahmten Betriebsvermögen wurden 339 Druckbetriebe und 112 Buchhandlungen liquidiert. An die Wehrmacht wurden 14 Betriebe und an den RKV 23 abgegeben. Weitere 27 Betriebe waren durch die Niederschlagung des Ghettoaufstandes vernichtet worden. Vgl. unvollständigen Bericht der Abteilung Wirtschaft zur Treuhandverwaltung ohne Datum, AAN, 111, 1272, Bl. 25 f.

254 Vgl. Musial, Recht und Wirtschaft, S. 43, 152, 314; Loose, Kredite, S. 328; Lehnstaedt, Imperiale Polenpolitik, S.424 f.; Diensttagebuch, Regierungssitzung v. 13.7.1942, abgedruckt in: Präg/Jacobmeyer, S. 523.

255 Vgl. Diensttagebuch v. 31.5.1940, abgedruckt in: Ebd., S. 220 f.

Generalgouvernement zeigte sich schnell, ähnlich der Entwicklung in den annektierten Gebieten, eine Steuerverweigerungshaltung seitens der Treuhänder. Grundsätzlich blieben auch „herrenlose Vermögen“ steuerpflichtig, es sei denn sie waren tatsächlich in Staatsbesitz überführt worden.[256]

Auf besonders hohe Erträge für die Kasse des Generalgouvernements spekulierte man bei den Raub- und Enteignungsaktionen gegen Juden. So schätzte Plodeck allein den Immobilienbesitz der Warschauer Juden auf zwei Milliarden Złoty. Eine Grundstücksverwaltungsgesellschaft, „die wohl angesichts des Potentials der zu erfassenden Objekte als die größte Grundstücksverwaltungsgesellschaft Europas werde bezeichnet werden können“, wie der Treuhandchef offenkundig euphorisiert und die HTO übergehend auf den Raub blickte, sollte dieses Milliardenvermögen im gesamten GG verwalten. Die Verwaltung des Mietshausbesitzes der öffentlichen Hand hatte die Treuhandstelle allerdings schon längst übernommen. Damit die jüdischen Eigentümer keine Einkünfte, die über die von der Devisenstelle zugebilligte Summe hinausgingen, erzielen konnten, lenkten Treuhänder die Einnahmen direkt in die Kassen des Generalgouvernements. Juden durften nur über 250 Złoty wöchentlich verfügen und Beträge über 2.000 Złoty mussten auf Sperrkonten eingezahlt werden.[257] Der Jahresertrag aus Mieteinnahmen belief sich vor der Ghettoisierung immerhin auf etwa 50 Millionen Złoty.[258]

Mit der Entscheidung, die Juden in geschlossene Ghettos zu zwingen und zu enteignen, verschoben sich ab Frühjahr 1940 bis zum Abschluss der Ghettobildung Ende des Folgejahres die Wirtschafts- und Eigentumsverhältnisse jedoch radikal. Von dem bis zur Jahreshälfte 1942 so mehrheitlich von Juden beschlagnahmten Grund- und Hausbesitz verwaltete die Treuhand 50.000 Immobilien (ohne Landwirtschaft und Betriebsvermögen), über 22.000 davon allein im Distrikt Lublin. Die eigens gegründete Treuhandverwertungsgesellschaft mbH in Krakau vereinnahmte durch den Verkauf von Betriebsinventar, Mobiliar, Ausrüstungsgegenständen und verschiedensten mobilen Vermögenswerten nach und nach weitere 50 Millionen Złoty.[259] Darunter fielen auch sämtliche Wertpapiere, Wertgegenstände, Devisen, Barbeträge und Sparbücher, die in den Steuerämtern vorhanden und als „herrenloses Vermögen“ eingestuft wurden, auch

256 Vgl. Erlass des Leiters der Abteilung Treuhandstelle v. 13.9.1940 u. Erlass der HAFin v. 12.6.1941, AAN, 111, 1044, Bl. 27 ff.; Schreiben Finanzinspektor (FI) Warschau I an HAFin v. 7.10.1941, ebd.; Schreiben Spindlers an die HA Ernährung und Landwirtschaft v. 12.6.1941, AAN, 111, 896/3, n. p.; VO über die steuerliche Behandlung von beschlagnahmten oder eingezogenen Vermögen v. 10.3.1942, VBlGG. (1942), S. 130.

257 Vgl. AO Nr 4 des Leiters der Abt. Devisen betr. allgemeine Maßnahmen zur Sicherstellung jüdischen Vermögens v. 24.1.1940, VOBlGG. I (1940), S. 31.

258 Vgl. Diensttagebuch v. 31.10.1940, abgedruckt in: Präg/Jacobmeyer, S. 296 f.

259 Loose, Kredite, S. 330 f. Diese Summe verteilte sich auf die Gesamthaushaltseinnahmen aus Treuhandvermögen.

wenn im Falle von Pfandstücken die Besitzer bekannt waren. Die Finanzkammer Warschau überstellte allein 32 Kisten mit verschiedensten Depositen von Wäsche über Portraits und Schmuck bis Devisen und Wertpapieren an die Verwertungsgesellschaft.[260]

Allerdings stellten sich die erwarteten großen Gewinne aus den „herrenlosen Vermögen" in staatlicher Verwaltung wie aufgezeigt nicht ein. Zur Übernahme und Weiterführung der Unternehmen und Betriebe fehlte es schlicht an Personal, und für den Verkauf mangelte es an interessierten Käuferin – kein Wunder angesichts der Ghettoisierung der Juden bei gleichzeitiger Zwangsrekrutierung der polnischen Bevölkerung für den Arbeitseinsatz im Reich und für die Rüstungsindustrie im GG. Die Dörfer und Kleinstädte waren nahezu entvölkert, die wirtschaftliche Entwicklung am Boden. Die Regierung des Generalgouvernements strebte deshalb eine möglichst weitgehende Übernahme des Grundbesitzes in Staatseigentum an. Um den Eigentumstransfer verwaltungstechnisch umzusetzen, erkundigte sich die Hauptabteilung Finanzen beim Reichsfinanzministerium nach der entsprechenden Vorgehensweise im Reich. Maedel und Burmeister informierten ihre Kollegen in Krakau, dass eine unentgeltliche Abgabe an die Kommunen außer im Falle des Einzugs aufgrund staats- bzw. reichsfeindlicher Bestrebungen nicht statthaft sei.[261] Die Gemeinden hätten demnach der Treuhand die Objekte abkaufen müssen. Ein Großteil der mehrheitlich bebauten Grundstücke wurde aber letztlich in Ermangelung einer Alternative an die Gemeinden verschenkt.[262] Die Kommunen waren oftmals mit dem Erhalt der so zugewiesenen Vermögenssubstanz bei gleichzeitigen Einnahmeausfällen überfordert. Allein in Warschau war die Sollmiete um über acht Millionen Złoty gefallen. Das war eine direkte Folge der Ghettoisierung. Ebenso waren die Einnahmen aus der Grundsteuer eingebrochen.[263]

Zwar wurde ein Teil der Grundstücke und Unternehmen durch Polen übernommen, doch vor allem in den Hauptstädten der Distrikte und in den Schtetln Galiziens breiteten sich Leerstand und Verfall massiv aus. Der Effekt der „Ra-

260 Vgl. Schreiben v. Streits an die Chefs der Distrikte, Abteilung Finanzen u. Finanzinspekteure v. 5.5.1941 zur Verwertung von Wertgegenständen über die Treuhandverwertungsgesellschaft mbH, AAN, 111, 935, Bl. 1 ff.; FI Zamość an HAFin v. 15.4.1940 zur Verwertung herrenloser und dem Staat verfallener Depositen, ebd.; FI Warschau I Hufsky an HAFin v. 12.4.1940, ebd.

261 Vgl. Anfrage der HAFin an die Referate Burmeister und Maedel v. 22.4.1942 u. Antwort, BArch, R 2, 5100a, Bl. 5 ff.

262 Von den Mitte 1942 rund 50.000 treuhänderisch verwalteten Grundstücken aus jüdischem Besitz wurden 42.000 aufgrund „nicht befriedigender" Treuhandverwaltung in die „dezentralisierte Verwaltung" der Gemeinden gegeben. Nur größere und gewinnbringende Objekte wurde in der Verwaltung der Regierung belassen. Vgl. Diensttagebuch, Regierungssitzung v. 13.7.1942, abgedruckt in: Präg/Jacobmeyer, S. 523.

263 Vgl. unvollständigen Bericht der Abteilung Wirtschaft zur Treuhandverwaltung ohne Datum, AAN, 111, 1272, Bl. 25 f.

tionalisierung der Wirtschaft" durch die „Ausschaltung der Juden aus dem Wirtschaftsleben" war durchaus negativ – das musste auch die Hauptabteilung Wirtschaft bei der Regierung des Generalgouvernements feststellen, als sie den Rückgang der Handelsbetriebe von einstmals 195.000 (1939) auf knapp über 50.000 Ende des Jahres 1943 bilanzierte. In 112.000 Fällen waren Unternehmen von jüdischen Besitzern im Zuge von Beschlagnahmen vor und während der Ghettoisierung liquidiert worden. Nach Auflösung der Ghettos während der „Aktion Reinhard" wurden abermals 10.500 Stilllegungen registriert. Auf gleiche Weise wurden die 235.000 (1939) Handwerksbetriebe auf 73.400 reduziert. Auch hierbei waren mit 115.000 Betriebsstätten vor allem jüdische Handwerker enteignet worden. Insgesamt waren so über 450.000 Juden und ihre Familien ihrer Existenzgrundlage beraubt worden.[264]

Eine statistische Erfassung über die Höhe der Ausfälle an Umsatz-, Gewerbe-, Einkommens- und Grundsteuer für die Jahre 1939 bis 1943, die aus dieser „Wirtschaftspolitik" folgten, hat die Hauptabteilung Finanzen offenbar nicht betrieben. Aus Berichten der Finanzinspekteure geht jedoch hervor, dass es in Folge der Ghettoisierung und späteren „Judenaussiedlungen" zu erheblichen Steuerausfällen kam.[265] Im Finanzbezirk Jaroslau (Jarosław) waren die Judenräte noch gezwungen worden, Steuerrückstände zu begleichen. Die ersatzlose Stilllegung von weiteren 1.200 Betrieben als direkte Folge der „Aktion Reinhard" führte jedoch neuerlich zu beträchtlichen Einbußen für die dortigen Steuerämter. Die umfangreichen Abrissarbeiten und die Unbewohnbarkeit der Mehrheit der Immobilien in den aufgelösten Ghettos führte darüber hinaus zu einem rückläufigen Grundsteueraufkommen. Auch die Finanzinspektion Lemberg Land verzeichnete als unmittelbare Folge der Ghettoisierung und des Judenmords einen Rückgang bei der Grundsteuer um ein Drittel.[266] In Krakau rechnete man sich die Beträge dagegen schön. Nach der Meldung, dass von den 22.000 Juden in Reichshof (Rzeszów) zur Mitte des Jahres 1943 Steuern in Höhe von über drei Millionen Złoty eingetrieben und im Vorfeld der Deportation abermals binnen vier Tagen fünf Millionen Złoty an Steuern, Strafen usw. bezahlt worden waren, verbuchten Generalgouverneur und Hauptabteilungsleiter dies als Erfolg.[267]

[264] Vgl. Bericht der Hauptabteilung Wirtschaft v. 10.1.1944, BArch, R 52 VI, 21, n. p.; Loose, Kredite, S. 345.

[265] Zur Auseinandersetzung um den finanziellen Ertrag der „Aktion Reinhard" Vgl. Kapitel: Raubmord, S. 314.

[266] Vgl. Berichte der Finanzinspekteure zu den Folgen der Bandentätigkeit und der Aussiedlungsaktionen von Polen und Juden auf die Steuereinnahmen 1943, AAN, 111, 1031, Bl. 11 ff.

[267] Vgl. Diensttagebuch v. 13.7.1942, abgedruckt bei Präg/Jacobmeyer, S. 521. Ausführliches Sitzungsprotokoll in: R 52 II, 242, Bl. 44 ff. Über Einnahmeeinbrüche u. Negativfolgen finden sich keine Anmerkungen.

In Zamość folgte auf den Massenmord an der jüdischen Bevölkerung mit der massenhaften Aussiedlung der ansässigen Polen für das Rechnungsjahr 1943 aus Sicht der Finanzbeamten ein noch unerfreulicherer wie kurzfristiger und gravierender Einnahmeausfall. Himmler ließ mit dem festen Willen, die Siedlungsutopie des Generalplan Ost zumindest beispielhaft an einer ausgewählten Region jenseits der Reichsgrenzen zu realisieren und die Stadt und den Kreis Zamość gewaltsam räumen. Etwa 110.000 Polen wurden aus 300 Gemeinden vertrieben, aber nur weniger als 10.000 „Deutschstämmige“ und sogenannte Volksdeutsche konnten durch die SS-Siedlungsplaner in 126 Dörfern angesiedelt werden. Die Vertriebenen wurden zur Zwangsarbeit verschickt. Kinder und Alte hingegen in „Rentendörfern“, die in den verlassenen Ghettos der Region eingerichtet wurden, sich selbst überlassen, wo sie zu Tausenden erfroren oder verhungerten.[268] Den volksdeutschen Siedlern hatte der RFSS außerdem fünf Jahre Steuerfreiheit versprochen. Da von den einstmals 2.334 umsatzsteuerpflichtigen Unternehmen trotz einiger Übernahmen durch Siedler nur noch 880 bestanden, rechneten die Finanzämter mit einem Steuerausfall von 50 Prozent.[269]

In welchem Umfang Unternehmen und Immobilien der zunächst ghettoisierten und dann ermordeten Juden von ihren polnischen Nachbarn übernommen wurden, ist aufgrund einer in der Forschung noch ausstehenden Datenermittlung schwer fassbar. Franks Verwalter strebten grundsätzlich eine Übernahme durch die aus den annektierten Gebieten ins Generalgouvernement vertriebenen Polen an. Die überwiegende Mehrheit dieser Menschen traf, wenn sie die strapaziöse Deportation überlebt hatten, völlig mittellos ein. Das Generalgouvernement zahlte lediglich eine „Entschädigung“ von 40 Złoty pro Person, auf die aber keinerlei Rechtsanspruch bestand und die auch nicht generell gewährt wurde. Über einen Lastenausgleich auf Kosten der jüdischen Bevölkerung sollten nun Wohnungs- und Arbeitsmöglichkeiten geschaffen werden.[270] Die „Einsiedlung von Polen und Juden“ aus den annektierten Gebieten und dem Reich stellte aus Sicht der Zivilverwaltung aber zuallererst eine Mehrbelastung dar, die zu einer weiteren Verknappung der ohnehin geringen Ressourcen beitrug. Außerdem fürchtete man einen starken Zustrom von Altzłoty in das Generalgouvernement.[271] Frank erkannte wohl an, dass „[d]iese Menschen in Deutschland enteignet werden und als Enteignete […] in ein Gebiet [kommen], in dem sie an sich keinerlei Chance sehen können, ihr

[268] Zur „Aktion Zamość“: Jaczyńska, S. 91–156; Wasser; Madajczyk, Zamojszczyzna.

[269] Vgl. Berichte der Finanzinspekteure zu den Folgen der Bandentätigkeit und der Aussiedlungsaktionen von Polen und Juden auf die Steuereinnahmen 1943, AAN, 111, 1031, Bl. 11 ff.

[270] Vgl. Diensttagebuch v. 7.2.1941, abgedruckt in: Präg/Jacobmeyer, S. 48.

[271] Die Mitnahme von Bargeld durch die Vertriebenen aus den annektierten Gebieten war deshalb bereits 1940 restriktiv geregelt worden. Vgl. Kapitel: „Volkstumsgrenze“, S. 137.

Leben irgendwie neu aufzubauen". Seiner Verwaltungsspitze hatte er allerdings unterdes eingeschärft, dass im Interesse der Reichspolitik „alles Kritisieren an solchen Maßnahmen aus irgendwelchen Rudimenten menschlicher Überlegungen oder Zweckmäßigkeitsbetrachtungen vollkommen" zu unterbleiben habe.[272]

Es ist davon auszugehen, dass der Verdrängungsprozess und die rasche Pauperisierung der jüdischen Bevölkerung für nicht wenige Polen eine Aufstiegschance bot. Lästige Konkurrenz wurde beseitigt, Überangebote ließen die Preise für Immobilien, Geschäfte und Betriebe fallen und letztlich bot die Not der Eingepferchten mannigfaltiges Bereicherungspotenzial.[273] In vielen Fällen dürfte die Übernahme von Wohnungen, Geschäften, Werkstätten und Betrieben aber zunächst auf Absprachen zwischen jüdischen Besitzern und polnischen Unterstützern und Käufern beruht haben, die noch für einige Zeit eine – wenn auch eingeschränkte – „gemeinsame" Wirtschaftstätigkeit zuließen. So versuchte auch der ehemalige Beamte des polnischen Finanzministeriums Achilles Rosenkranz seine Wohnung auf einen polnischen Bekannten überschreiben zu lassen, um diese nach dem Krieg wieder beziehen zu können.[274]

Das Warschauer Ghetto

Als im Februar 1940 die Lodscher Juden gezwungen worden waren in ein geschlossenes Ghetto überzusiedeln, hatte man auch in Krakau und Warschau damit begonnen, Pläne zu entwickeln, wie die jüdische Bevölkerung im Generalgouvernement zu separieren sei. In Warschau gab es jedoch zunächst Bedenken, ob die Errichtung eines Ghettos nicht negative wirtschaftliche und finanzielle Folgen für die Stadt wie den Haushalt des Generalgouvernements haben könnte. In Litzmannstadt hatte die „Gettoverwaltung" zur Versorgung des Ghettos Kredite aufnehmen müssen – das war unbedingt zu vermeiden.[275]

Nach Warschau, der Stadt mit der weltweit zweitgrößten jüdischen Gemeinde nach New York, waren zu den 380.000 ansässigen Juden seit Kriegsbeginn

[272] Vgl. Diensttagebuch v. 15.1.1941, BArch, R 52 II, 181, Bl. 27 ff./ 233, Bl. 3.

[273] Vgl. Musial, Zivilverwaltung, S. 154 f.; Friedrich, Mittäterschaft. Die Frage nach Kollaboration und Mittäterschaft wirft bis heute scharfe Diskussionen in der polnischen Gesellschaft auf. Die Publikationen zum Mordgeschehen in Jedwabne, wo Polen sich nachweislich aktiv am Völkermord beteiligten oder international beachtete Filmproduktionen erreichen ein breites Publikum. Vgl. Gross, Nachbarn; Młynarczyk, Pomiędzy współpracą a zdradą; Majewski. Spielfilme: Ida (2013), Pokłosie (2012).

[274] Vgl. Ivánka, S. 531 ff.

[275] Vgl. Kapitel: „Reichsghetto Litzmannstadt", S.204. Zur Bildung des Warschauer Ghettos: Stroop, S. 121 ff.

einige Zehntausend aus dem Umland und den annektierten Gebieten gestoßen. Sie hofften, dort ein besseres Auskommen zu finden. Mit der endgültigen Aufgabe des „Madagaskarplans" und auf die Erfahrungen bei der Ghettobildung in der Kreisstadt Łowicz unweit von Warschau aufbauend, begann im Herbst 1940 in der ehemaligen Hauptstadt die Ghettoisierung. Mehr als ein Drittel der Stadtbevölkerung wurde so aus dem freien Wirtschaftsleben gedrängt, enteignet und interniert. Zwischen Anfang Oktober und dem 15. November mussten 138.000 Juden und 113.000 Polen innerhalb des Stadtgebietes ihre Wohn- und Geschäftsorte verlegen. Im Stadtteil Wola nördlich des Hauptbahnhofs wurden in einem ummauerten Gebiet von wenig mehr als vier Quadratkilometern über 450.000 Menschen zusammengedrängt. In einer polizeilichen Großrazzia am Tag nach der Ghettoschließung beschlagnahmten die Beamten umgehend 4.342 Geschäfte jüdischer Gewerbetreibender, die außerhalb des Ghettos lagen.[276]

Ähnlich wie in Litzmannstadt ging man nun daran, die eingesperrten Juden auszuplündern, Vermögen zu konfiszieren und die restlose Abschöpfung jeglicher Produktivität vorzubereiten. Die zuständigen Stellen vermuteten, dass es sich bei dem Ghetto nur um eine Zwischenlösung handelte. Die Juden sollten bald aus dem Generalgouvernement, das selbst Abschiebegebiet war, „ausgesiedelt" werden.

Den Wirtschaftsverkehr zwischen der Stadt und dem hermetisch abgeriegelten Ghetto regelte die Transferstelle unter Alexander Palfinger. Der ehemalige Stellvertreter Biebows bei der Gettoverwaltung Litzmannstadt war nun zuständig für die Lebensmittelversorgung und das Überleben der Warschauer Juden. Zusammen mit Waldemar Schön, dem Leiter der Abteilung Umsiedlung im Amt des Distriktgouverneurs, verfolgte er – wie zuvor schon in Litzmannstadt – eine Strategie des Aushungerns. Die im Ghetto vermuteten Werte sollten den Insassen für die Versorgung mit dem Notwendigsten abgepresst werden.[277] Gegen diesen Kurs regte sich mit Blick auf die Fehler, aber auch Korrekturen von Litzmannstadt[278] jedoch Widerstand in der Verwaltungsspitze.

Der Leiter der Abteilung Wirtschaft bei der Regierung des Generalgouvernements Emmerich beauftragte die Dienststelle des Reichskuratoriums für Wirtschaftlichkeit in Krakau ein Gutachten über das Ghetto Warschau zu erstellen. Zur Datenermittlung wurden alle involvierten Verwaltungsdienststellen auf Kommunal-, Distrikts- und Regierungsebene, aber auch der Judenrat und die Privatwirtschaft befragt. Über die fiskalischen und finanzwirtschaftlichen Folgen der Ghettobildung gaben Regierungsrat Herbert Jentzsch, Treuhandre-

276 Vgl. Lehnstaedt, Okkupation im Osten, S. 272. Der Großteil dieser Betriebe wurde umgehend stillgelegt. Bericht der polnischen Exilregierung in London zur Lage im Warschauer Ghetto: Friedrich/Löw, S. 629 ff.

277 Vgl. Roth/Löw, S. 44 ff.

278 Vgl. Kapitel: „Reichsghetto Litzmannstadt", S. 204.

ferent der Hauptabteilung Finanzen, die Finanzbeamten Schomberg und Bossow für die Finanzinspektionen Warschau, Stadtkämmerer Kuntze und dessen polnische Mitarbeiter Ivánka, Grajewski und Swarinski Auskunft.

Palfingers Auszehrungsstrategie hatte schnell zu einer Unterbilanz des Ghettos geführt, da die Vorräte und finanziellen Mittel des Judenrates umgehend aufgebraucht waren. Die Finanzlage war katastrophal. Der Grund für das Budgetdefizit lag in den zusätzlichen Aufgaben, die das Ghetto auf dem Wege der Selbstbesteuerung zu decken hatte. Aufgebürdet wurden der Zwangsgemeinschaft die Kosten für die Fürsorge die Umgesiedelten aus Krakau, der Unterhalt für die jüdischen Zwangsarbeitslager, die vor allem im Distrikt Lublin eingerichtet wurden[279], der Bau der Ghettomauern sowie die Umsiedlung von Juden aus der Stadt und dem Umland ins Ghetto. Czerniaków, der Obmann des Judenrates, versuchte, allerdings erfolglos, die enorme Deckungslücke über Zuschlagssteuern auf Liegenschaften und Gewerbesteuerkarten zu schließen.[280]

Den Minimalbedarf des Ghettos ohne äußere Verpflichtungen ermittelten die Prüfer mit 420.000 Złoty täglich. Sie legten dabei einen Bedarf von lediglich 0,93 Złoty pro Person und Tag zu Grunde. Aber nicht einmal diese Summe konnte unter den bestehenden Bedingungen durch die Bewohner des Ghettos eigenständig erwirtschaftet werden. Deshalb wurde eine Öffnung des Ghettos entsprechend des Litzmannstädter Modells empfohlen, so dass mindestens 65.000 Personen innerhalb und außerhalb der Ghettomauern eingesetzt würden. Andernfalls wäre ein jährlicher Zuschuss einschließlich des minimal angesetzten Ausfalls an Steuern und Gebühren in Höhe von 100 Millionen Złoty aus dem Haushalt des Generalgouvernements notwendig gewesen, wollte man die Menschen im Ghetto am Leben halten. Bisher erhielt die Jüdische Soziale Selbsthilfe (JSS) über den Etat des Haupthilfeausschusses der Abteilung Bevölkerungswesen und Fürsorge wie auch der Ukrainische und der Polnische Hilfsausschuss zwar bereits Mittel für soziale Fürsorgezwecke, doch waren diese für das Rechnungsjahr 1940 mit insgesamt 1,758 Millionen Złoty geradezu lächerlich gering.[281]

279 Vgl. Kapitel: „Grenzsicherung Ost", S. 244.

280 Vgl. Schreiben des Obmanns des Judenrates bei der Jüdischen Kultusgemeinde in Warschau Czerniakóws an Auerswald v. 14.11.1940, APW, 483, 35, Bl. 1 f. Die Fürsorgepflicht für aus Krakau ausgesiedelte Juden war Folge von Franks Vorhaben, die Hauptstadt des GG bis zum 1.11.1940 „judenfrei" zu machen. Es sollten lediglich 5.000 bis 10.000 Juden in Krakau verbleiben, die dort als Handwerker und Arbeiter als unentbehrlich angesehen wurden. Vgl. Diensttagebuch v. 12.4.1940, BArch, R 52 II, 226, Bl. 9; Vgl. Czerniaków, S. 58 ff.; Schriftverkehr zur Erhöhung der Gewerbesteuer im Ghetto Warschau zur Finanzierung der jüdischen Selbsthilfe, APW, XLVIII, 68, n. p.

281 Im folgenden Rechnungsjahr wurden nochmals 1.328 Mio. Zł ausgezahlt. HSSPF Ost Krüger unterband über die Reichskanzlei zum Jahresende 1942 die Zahlungen. Die JSS warb aber über Spenden aus dem Ausland, hauptsächlich vom American Jewish Joint Dis-

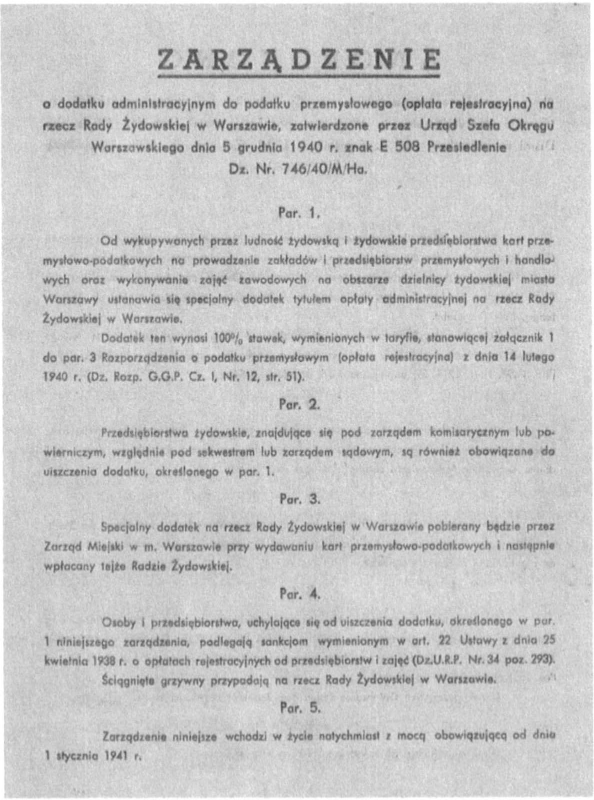

ZARZĄDZENIE

o dodatku administracyjnym do podatku przemysłowego (opłata rejestracyjna) na rzecz Rady Żydowskiej w Warszawie, zatwierdzone przez Urząd Szefa Okręgu Warszawskiego dnia 5 grudnia 1940 r. znak E 508 Przesiedlenie
Dz. Nr. 746/40/M/Ha.

Par. 1.

Od wykupywanych przez ludność żydowską i żydowskie przedsiębiorstwa kart przemysłowo-podatkowych na prowadzenie zakładów i przedsiębiorstw przemysłowych i handlowych oraz wykonywanie zajęć zawodowych na obszarze dzielnicy żydowskiej miasta Warszawy ustanawia się specjalny dodatek tytułem opłaty administracyjnej na rzecz Rady Żydowskiej w Warszawie.

Dodatek ten wynosi 100% stawek, wymienionych w taryfie, stanowiącej załącznik 1 do par. 3 Rozporządzenia o podatku przemysłowym (opłata rejestracyjna) z dnia 14 lutego 1940 r. (Dz. Rozp. G.G.P. Cz. I, Nr. 12, str. 51).

Par. 2.

Przedsiębiorstwa żydowskie, znajdujące się pod zarządem komisarycznym lub powierniczym, względnie pod sekwestrem lub zarządem sądowym, są również obowiązane do uiszczenia dodatku, określonego w par. 1.

Par. 3.

Specjalny dodatek na rzecz Rady Żydowskiej w Warszawie pobierany będzie przez Zarząd Miejski w m. Warszawie przy wydawaniu kart przemysłowo-podatkowych i następnie wpłacany tejże Radzie Żydowskiej.

Par. 4.

Osoby i przedsiębiorstwa, uchylające się od uiszczenia dodatku, określonego w par. 1 niniejszego zarządzenia, podlegają sankcjom wymienionym w art. 22 Ustawy z dnia 25 kwietnia 1938 r. o opłatach rejestracyjnych od przedsiębiorstw i zajęć (Dz.U.R.P. Nr. 34 poz. 293).

Ściągnięte grzywny przypadają na rzecz Rady Żydowskiej w Warszawie.

Par. 5.

Zarządzenie niniejsze wchodzi w życie natychmiast z mocą obowiązującą od dnia 1 stycznia 1941 r.

Abbildung 33 – Anordnung über den Verwaltungszuschlag zur Gewerbesteuer (Registrierungsgebühr) zu Gunsten des Judenrates in Warschau, genehmigt vom Amt des Chefs des Distrikts Warschau am 5. Dezember 1940 Zeichen E 508 Umsiedlung

Grundsätzlich hatte die Ghettoisierung Auswirkungen auf die gesamte Stadt. Die Miet- und Gebührenzahlungen (Strom, Wasser, Gas) sowie die Steuereinnahmen gingen innerhalb wie außerhalb des Ghettos sukzessive zurück.[282] Es bildeten sich Rückstände von nicht unerheblicher Größe.

Jenseits des Ghettos trat für die Hauptabteilung Finanzen das Problem hinzu, dass die Treuhänder oft nicht zahlten bzw. die Treuhandstelle für die von

tribution Committee (JDC), bis 1941 eine Summe von 17 Mio. Zł ein. Vgl. Loose, Kredite, S. 341 f.

282 Vgl. Gutachten des Reichskuratoriums für Wirtschaftlichkeit, Dienststelle Generalgouvernement über das Ghetto Warschau vom März 1941, abgedruckt in: Aly/Heim, Bevölkerungsstruktur, S. 84 ff.

ihr verwalteten „herrenlosen Vermögen“ keine Steuern entrichtete. Die Mehrheit der beschlagnahmten Werte wurde als solche deklariert. Spindler reagierte, indem er „aufgrund der Anordnung des Warschauer Distriktschefs im Stadtbereich ein Wohnviertel für Juden zu errichten“, Verlegungen, Abgrenzungen und Auflösungen mehrerer Steuerämter sowie die Neuabgrenzung der Finanzinspektionen Warschau I und II anordnete.[283]

Dies war nötig geworden, weil das Steueraufkommen innerhalb des Ghettos zunächst kurzzeitig angestiegen war. Konnten die Beamten unter Finanzinspektor Hufsky dort im Dezember 1940 nur 800.000 Złoty eintrieben, stiegen die Einnahmen bis Februar 1941 auf 1,4 Millionen Złoty. Allein für den Januar hatte man durch „schärfere Beitreibung“ das Aufkommen auf eine Million Złoty erhöht. Hufsky hatte in Verhandlungen direkt mit Czerniaków diesen unter Druck gesetzt, dass die Gemeinde für „widerspenstige Zahler“ aufkommen sollte.[284] Am aussichtsreichsten für den Fiskus war dabei der Zugriff auf die noch vorhandene, wenn auch spärliche Geschäftstätigkeit (311.000 Złoty Umsatzsteuer) und auf Grund und Wohnen (410.000 Grund- und Lokalsteuer), wohingegen sich aus Einkommens- und Lohnsteuer zusammen nur mehr etwa 230.000 Złoty ergaben.[285]

Andererseits ging das Steueraufkommen im Warschauer Umland deutlich zurück. Die dortigen Juden wurden durch den SSPF ins nahe Großghetto getrieben. Die Steuerämter erhielten aber Anweisung, ungeachtet der polizeilichen Maßnahmen die Veranlagungen der Steuerpflichtigen weiter durchzuführen. Regierungsrat Wilhelm Kaiser, Finanzinspektor von Tomaszów Mazowiecki und Piotrików Trybunalski (Tomaschow/Petrikau) südlich von Warschau, empfahl deshalb seinen Kollegen, die Beitreibung von Steuern und Rückständen möglichst vor der Ghettoisierung umzusetzen. Er selbst hatte Listen mit jüdischen Steuerschuldnern angelegt und von den Judenräten die Beitreibung bzw. die Informationspreisgabe verlangt und so etwa 80 Prozent der Ausstände eintreiben können. In vielen Fällen mussten Juden für diese Maßnahmen ihre letzten Barmittel aufwenden. Im Ghetto, wo sechs bis sieben Familien in einer Wohnung leben mussten, wie Kaiser weiter auf der Besprechung der Finanzinspekteure im März 1941 ausführte, wurden Steuerbeitreibungen

283 Vgl. Schreiben Spindlers v. 17.1.1941 an die Leiter der Abteilung Finanzen bei den Distriktschefs, Rentenkammer und HZA Warschau zur Umorganisation der Warschauer Steuerämter nach Errichtung des Ghettos, AAN, 111, 1042/1, Bl. 67.

284 Vgl. Czerniaków, S. 59.

285 Vgl. Niederschrift der Finanzinspekteursbesprechung am 14./15.3.1941, AAN, 111, 1039/1, Bl. 6 ff.; Gutachten des Reichskuratoriums v. März 1941, abgedruckt in: Aly/Heim, Bevölkerungsstruktur, S. 84 ff.

fast unmöglich, denn „die Juden [hatten] kein Geld mehr oder sie haben es versteckt".[286]

Auch für Warschau rechnete Schomberg mit maximal weiteren drei bis vier Monaten, bis die Steuern stark zurückgehen und wahrscheinlich zum Jahresende 1941 völlig ausbleiben würden. Das bedeutete nicht nur eine Mindereinnahme für die Kasse des GG, sondern auch einen Einbruch für die städtischen Finanzen.[287] Das erwartete Steuersoll für das zweite Halbjahr 1940 schätzten die Prüfer auf mindestens 14 bis 18 Millionen Złoty. Bei diesen Zahlen ging man aber bereits von einer durch die Beschlagnahmungen und andere antijüdischen Maßnahmen verringerten Wirtschaftskraft aus. Der städtische Anteil an diesen Einnahmen hätte bei 6,5 Millionen Złoty gelegen. Zwar sparte die Stadt auch, da die jüdische Zwangsgemeinschaft zur Übernahme zum Beispiel der Krankenversorgung und Beschulung genötigt worden war. Gleichzeitig war sie durch die Kriegsschäden, die Grenzlage, den Verlust des Umlandes um Zichenau und die stationierten deutschen Einheiten mit erheblichen Mehrkosten konfrontiert. Entlastung erhoffte man sich durch einen Anstieg des Umsatzsteueraufkommens nach Übernahme der Geschäftstätigkeit durch „arische" Warschauer. Eine tatsächliche Gesundung des allgemeinen Steueraufkommens erwarteten die Wirtschaftsprüfer jedoch frühestens für das Rechnungsjahr 1943.[288]

In Krakau, wo im März 1941 ebenfalls ein Ghetto für 15.000 Bewohner eingerichtet wurde, waren Franks Finanz- und Wirtschaftsverwalter aufgrund der Warschauer Erfahrungen mit den Unwägbarkeiten der Folgen solcher Maßnahmen alarmiert. Der Generalgouverneur machte von seiner Weisungsbefugnis gegenüber Gouverneur Fischer Gebrauch und erließ eine Verordnung über den Wirtschaftsverkehr des Warschauer Ghettos.[289]

Die Notwendigkeit des Ghettos wurde allerdings nicht in Frage gestellt. Frank verwies auf die Zusage Hitlers, „dass das Generalgouvernement als erstes

[286] Vgl. Niederschrift über die Besprechung mit RegR Hufsky FI Warschau I am 17.10.1940, AAN, 111, 1039/1, Bl. 1 f.; Niederschrift der Finanzinspekteursbesprechung am 14./15.3.1941, AAN, 111, 1039/1, Bl. 6 ff.

[287] Zunächst hatte die Warschauer Stadtverwaltung sogar eine Dienststelle der Finanzverwaltung innerhalb der Ghettomauern in der ul. Ogrodowej 39/41 errichtet, die aber aufgrund der Typhusepidemie und Einschränkungen im Personenverkehr geschlossen wurde. Vgl. Ivánka, S. 531 ff.

[288] Vgl. Gutachten des Reichskuratoriums v. März 1941, abgedruckt in: Aly/Heim, Bevölkerungsstruktur, S. 84 ff.; Vortrag über die Probleme der städtischen Finanz und Haushaltslage in Warschau von Bürgermeister Fribolin (Finanzdezernent der deutschen Stadtverwaltung, später zugleich stellv. Stadthauptmann), Diensttagebuch v. 15.10.1941, BArch, R 52 II, 239, Bl. 63 f.

[289] Vgl. auch folgend Diensttagebuch v. 9./19.4.1941, abgedruckt in: Präg/Jacobmeyer, S. 354 ff.; VO für den jüdischen Wohnbezirk in Warschau v. 19.4.1941, VOBlGG (1941), S. 211 f.

Gebiet von Juden völlig befreit werden solle". Demnach waren die negativen finanziellen und wirtschaftlichen Folgen der Ghettoisierung, die in Warschau schließlich nur am deutlichsten zu Tage traten, keine dauernde Belastung, sondern wurden als „eine typische Kriegserscheinung, vielleicht sogar [...] eine Reichsverteidigungsmaßnahme" deklariert. Die Kosten einer solchen Maßnahme waren hinzunehmen, wenn man dafür „eine halbe Million Juden unter Kontrolle" habe, so Frank. Die ernsten Bedenken von Finanzpräsident Spindler, der eine laufende jährliche Bezuschussung über 100 Millionen Złoty (davon 28 Millionen Złoty aufgrund von Steuerausfällen) allein für Warschau entsprechend des Berichtes nicht nur befürchtete, sondern kategorisch vonseiten der Finanzverwaltung als untragbar ausschloss, wurden von Gouverneur Fischer relativiert. Mit Verweis auf ein vorangegangenes intensives Studium der Lodscher Verhältnisse betonte er, dass man in Warschau bisher lediglich unbedeutende Gelder, Devisen, Edelmetalle und andere Werte aus dem Ghetto gezogen habe. Weder werde man die Rohstoffe abziehen noch die Geschäftsbeziehungen nach außen gänzlich kappen. Zudem waren bereits mehrere Tausend Juden zur Zwangsarbeit eingesetzt[290] und eine deutsche Firmengemeinschaft gebildet worden, die Produktionsaufträge an das Ghetto vergab. Um den Wirtschaftsverkehr mit dem Ghetto entsprechend der geänderten Richtlinien umzusetzen, übernahm der Wiener Bankier Max Bischof die Leitung der Transferstelle und Heinz Auerswald wurde zum Kommissar für den jüdischen Wohnbezirk ernannt.[291] Auch Spindler stimmte – trotz der Kenntnis um die desaströsen Entwicklungen in Litzmannstadt und die vorhersehbaren Folgen für die Juden im Generalgouvernement – letztlich zu, dass ein mit dieser Konstruktion verbundenes finanzielles Risiko zu übernehmen war.[292]

Tatsächlich stieg die Wirtschaftstätigkeit des Ghettos vor allem durch Aufträge der Wehrmacht. Die Ausfuhrleistung stieg von 50.000 Złoty im April auf 3,5 Millionen Złoty zum Jahresende 1941 und erreichte mit einer Monatsleistung von 16,5 Millionen Złoty im Mai 1942 wenige Wochen vor Beginn der „Aktion Reinhard" ihren Höhepunkt.[293] Allerdings stieg ebenso der Steuerfehlbetrag bis Ende März 1942 auf 11,5 Millionen Złoty.[294] Trotz der Einführung einer Reihe neuer Steuern und der Einrichtung eines eigenen Vollstreckungsapparates war es der jüdischen Selbstverwaltung nicht gelungen, diese Beträge

290 Vgl. Kapitel: „Grenzsicherung Ost", S. 244.

291 Vgl. VO für den jüdischen Wohnbezirk in Warschau v. 19.4.1941, VOBlGG (1941), S. 211 f.; Anordnung über den Kommissar für den jüdischen Wohnbezirk in Warschau v. 14.5.1941, Amtsblatt des Chefs des Distrikts Warschau, Nr. 5 v. 20.5.1941, S. 50.

292 Vgl. Diensttagebuch v. 19.4.1941, BArch, R 52 II, 182, Bl. 18.

293 Vgl. Loose, Kredite, S. 352 f.

294 Vgl. Gesamtaufstellung der Einnahmen des jüdischen Wohnbezirks in Warschau v. 1.4.1941–31.3.1942, Anteil an Staatssteuerzuschlägen für die Stadtverwaltung, APW, 483, 30, Bl. 5, 27 ff.

einzutreiben.[295] Da das Ghetto nicht aus der Stadt ausgemeindet worden war, entwickelte sich überdies eine Auseinandersetzung zwischen Stadtverwaltung und dem Ghetto um die Lasten- und Einnahmeverteilung zwischen Stadt und Ghetto. Schließlich galt es, eine Regelung über die städtischen Versorgungsbetriebe (Müllabfuhr, Stadtreinigung, Beleuchtung, Kanalisation, Baupolizei, Feuerwehr) wie den kommunalen Anteil an Steuern und Abgaben zu finden. Außerdem war ungeklärt, ob das Ghetto einen Pauschalliefervertrag über Wasser, Strom, Gas und Telefon erhalten sollte, oder ob es weiterhin eine Abrechnung mit dem jeweiligen Endabnehmer geben konnte. Da schnell mehrere Millionen Złoty an Außenständen zusammengekommen waren, behielt die Stadt kurzerhand die Steueranteile des Ghettos ein, um sie mit den Forderungen gegen einzelne Bewohner des Ghettos zu verrechnen. Auerswald forderte daraufhin vom Warschauer Finanzinspektor die direkte Überweisung an die Transferstelle.[296] Derweil verhandelten Finanzinspektion und Transferstelle noch über eine Art Regiekostenzuschlag, wie er in Litzmannstadt erhoben wurde. Denn es sollten neben der bisherigen Gebühr für den Personen- und Warenverkehr nun auch zwei Prozent der Steuerzahlungen auf dem Wege der Steuererhöhung an die Transferstelle als Gebühr für den Kapitalverkehr fließen.[297]

Während die Stadtverwaltung, die Finanzinspektion und die Transferstelle über weitere Möglichkeiten der Kapitalabschöpfung diskutierten, verschlechterten sich die Lebensbedingungen unübersehbar. Die Sterblichkeit in dem völlig überfüllten Quartier stieg aufgrund von Hunger und Krankheit stark an. Pro Tag starben selten weniger als 100 Menschen. Zwischen Januar 1941

295 Eingeführt wurde: 1. eine ständige Gemeindesteuer auf Lebensmittelkarten (bis 9/1941 zu 1 Zł monatlich, ab 9/1941 zu 2 Zł monatlich); 2. eine Sondersteuer auf Vermögen, Einkommen von jährlich zehn Zł bis zu unbegrenzter Höhe; 3. eine monatliche Spitalsteuer zu Gunsten des jüdischen Spitalwesens auf Vermögen und Einkommen zu sechs festen Sätzen: 3, 5, 8, 10, 15 u. 20 Zł; 4. eine Steuer für zusätzliche Ernährung der Bedürftigsten als Kopfsteuer von monatlich ein bis fünf Zł und als Steuer auf Vermögen und Einkommen. Für Einwohner grundsätzlich 0,30 Zł monatlich, für Handelsunternehmen bis 100 Zł monatlich, für Industrieunternehmen bis zu 200 Zł monatlich; 5. eine Abgabe Seuchenbekämpfung; 6. ein Zuschlag zu den Gewerbekarten; 7. eine Umsiedlungssteuer als einmalige Wohnungssteuer für Mieter und Untermieter von Wohn-, Handels-, und Industrielokalen zwischen 100 % – 150 % des Mietzinses; 8. einen Zuschlag zum Mietzins von 20 %; 9. eine ständige Verbrauchssteuer von 10 % auf den Verbrauch in den Restaurationen und Konditoreien; 10. eine Verzehrungssteuer als Verbrauchsabgabe differenziert und verschieden für einzelne Lebensmittelkarten, ebd.

296 Vgl. Vermerk der Stadtverwaltung Warschau v. 25.6.1941 u. Schreiben der Transferstelle v. 30.6.1941 sowie Anmerkungen der polnischen Stadtverwaltung zu den Steuereinnahmen im Ghetto ohne Datum, Besprechungsprotokoll v. 28.4.1942, APW, XLVIII, 15, Bl. 20 ff.

297 Vgl. Schreiben FI Warschau I, Meissners, an HAFin v. 19.11.1941, AAN, 111, 1042/1, Bl. 70 f.

und Juni 1942 wurden insgesamt 69.355 Todesfälle registriert. Die Mehrheit der eingepferchten Juden war zum Jahreswechsel 1941/42 völlig verarmt. Auch der Zwangsarbeitseinsatz sicherte nicht die Lebensgrundlage. Das Ghetto wurde systematisch unterversorgt. Die durchschnittlich pro Tag und Person zugeteilte Ration betrug 1941 nur noch 253 Kalorien.[298] Außerhalb des Ghettos verschlechterte sich die Versorgungssituation ebenfalls durch die hohen Anforderungen von Lebensmitteln für das Reich bzw. die Wehrmacht. Die Ernährungslage war angespannt und die deutsche Verwaltungsspitze hoffte, die „unproduktiven" und „unnützen Esser", als die man die jüdische Bevölkerung ansah, bald los zu werden.[299] Mit der Entscheidung für den koordinierten und fabrikmäßigen Massenmord Anfang 1942 wurde dann auch die letzte Phase der Judenvernichtung im Generalgouvernement eingeleitet.

Die schrittweise Räumung des Ghettos durch die SS im Zuge der „Aktion Reinhard" begann am 22. Juli 1942. Die Mehrheit der Ghettobewohner wurde in das nahe Vernichtungslager Treblinka deportiert und dort in den Gaskammern ermordet. Nach der brutalen Niederschlagung des Aufstandes, der von der ŻOB vom 19. April bis zum 16. Mai 1943 angeführt wurde, begann die SS mit dem vollständigen Abbruch des Ghettos. Finanzinspektor Hufsky bemerkte dazu lapidar: „Die Liquidierung des jüdischen Wohnbezirkes ist jetzt vollkommen abgeschlossen. Die darin befindlichen Grundstücke sind teilweise zerstört, zum anderen Teile durch die ausgebrochenen Brände so in Mitleidenschaft gezogen, dass sich in diesem Gebiet ein wirtschaftliches Leben frühestens erst nach Kriegsende entwickeln kann. Auch die einzelnen Grundstücke sind zu Wohnzwecken vollkommen ungeeignet. Die Steuerämter, die diese Gebiete verwalteten, haben dadurch ihre Existenzberechtigung verloren." An die Hauptabteilung in Krakau sandte er außerdem einen Stadtplan, der anschaulich Auskunft über das Ausmaß der Zerstörung gab und bat, die überflüssig gewordenen Steuerämter auflösen zu dürfen.[300] Steuereinnahmen waren zuletzt ohnehin marginal geworden, eine Beitreibung der Rückstände (Steuern, Kommunalabgaben, private Verbindlichkeiten) aussichtslos, wie auch Bischof und Auerswald die Krakauer Regierungsbeamten bereits im Oktober 1941 in Kenntnis gesetzt hatten.[301] Die Unterabteilung Treuhandverwaltung in Warschau überwies für das Haushaltsjahr 1943 letztlich 4,2 Millionen Złoty, davon zwei Millionen Złoty aus dem Verkauf „herrenlosen Gutes". Im Folgejahr flossen dem Staatshaushalt auf diesem Wege nochmals 680.000 Złoty zu.[302] Das allein

[298] Vgl. Lehnstaedt, Okkupation im Osten, S. 60 f., 282.
[299] Vgl. Musial, Zivilverwaltung, S. 208.
[300] Vgl. Schreiben Hufskys an HAFin v. 8.6.1943, IPN, GK 94/ IV, 598 Bl. 2.
[301] Vgl. Berichte von Bischof und Auerswald zur Regierungssitzung v. 15.10.1941, APW, 132, Bl. 26 ff; Aly/Heim, Vordenker, S. 415.
[302] Vgl. unvollständigen Bericht der Abteilung Wirtschaft zur Treuhandverwaltung ohne Datum, AAN, 111, 1272, Bl. 25 f.

für Warschau mit Milliardenbeträgen kalkulierte Treuhandvermögen existierte also lediglich auf dem Papier. Im Haushalt des Generalgouvernements stellten die bis 1944 verbuchten 109 Millionen Złoty aus Erträgen beschlagnahmter und sichergestellter Vermögen ohnehin nur einen kleinen Posten dar. Inwieweit hingegen die Steuerausfälle in Folge der Treuhandpolitik und Ghettoisierung Auswirkungen auf die Gesamteinnahmen des Generalgouvernements und damit auf die Haushaltsverhandlungen mit dem Reichsfinanzministerium hatten, bedarf eines genaueren Blickes auf die allgemeine Haushalts- und Steuerpolitik der deutschen Besatzer.

3.8 Ausbeutungsstrategien

Die Steuerpolitik im Generalgouvernement war von Beginn an darauf ausgelegt, durch eine Übernahme der polnischen Finanzverwaltung sowie strengster Auslegung und Erweiterung der polnischen Steuergesetzgebung die Einnahmen des wirtschaftlich äußerst geschwächten Gebietes stetig zu steigern. Am 18. Mai 1940 erschien in der polnischsprachigen Exilzeitung *Głos Polski* dazu ein erster Artikel, der die Finanzpolitik als „ein Enteignungsinstrument der Okkupationsregierung“ anprangerte: Sie führe „1. zur Pauperisierung der polnischen Bevölkerung, insbesondere des Bürgertums und der Intelligenz; 2. zu einer Herauspressung des Maximums zugunsten der deutschen Bürokratie und der Wehrmacht; 3. zur Einspannung der polnischen Wirtschaft in die Kriegsmaschinerie des Reiches“.[303]

Der finanzielle Druck auf die Bevölkerung war bereits wenige Wochen nach Kriegsbeginn von den entsandten Finanzbeamten aufgebaut worden. Das geschah auf dem Wege einer rücksichtslosen und brutalen Beitreibung der fälligen Steuerbeträge und Rückstände.[304] Zwangsvollstreckungen in das bewegliche und unbewegliche Vermögen waren vor allem in den Städten schnell gängige Praxis geworden. Besonders rücksichtslos gingen die Beamten gegen Juden vor. Spindler wies sämtliche Finanzämter an: „Falls ein Verdacht besteht, dass ein Jude sich den Vollstreckungsmaßnahmen entziehen will, so ist sofort die Polizei zu verständigen und seine Festnahme zu veranlassen.“[305]

[303] Vgl. Abschrift des Artikels „Die Finanzpolitik der Okkupanten als Instrument der Enteignung“, in: *Głos Polski* (Polnische Stimme) v. 18.5.1940, AAN, 111, 1020, Bl. 258. JDC Archives, Digital Collections, Records of the American Joint Distribution Committee: 1945–1954 New York Collection, Translation *Głos Polski* (Polish Voice) Paris, January 11, 1940 Monetary Regulations, 707165. Die Tageszeitung *Głos Polski* war das offizielle Presseorgan der Exilregierung in Paris und erschien 1939–1940.

[304] Vgl. Kapitel: Steuereintreiber, S. 57; Ostrowski, Hitlerowska Polityka Podatkowa, S. 35 ff.

[305] Schreiben Spindlers v. 16.11.1939, AAN, 111, 619, Bl. 153.

Darüber hinaus wurden empfindliche Steuererhöhungen vorgenommen. Zwar basierten diese weiterhin auf dem polnischen Steuerrecht, doch waren die Erhöhungen, die ebenfalls die Verbrauchsabgaben und Monopolerzeugnisse betrafen, umgehend und umfangreich.[306] Die Einkommen- und die Lohnsteuer wurden ebenso wie die Grundsteuer um 50 Prozent zu Beginn des Jahres 1940 erhöht, zudem eine Gewerbesteuer als Registrierungsgebühr eingeführt.[307] Die Steuern auf Bier und Zucker[308] und die Monopolabgaben auf Tabak, Salz und Branntweinerzeugnisse wurden ebenfalls angehoben. Des Weiteren wurden ein Mineralöl- und ein Süßstoffmonopol eingerichtet.[309]

Eine grundlegende Änderung der polnischen Steuergesetze war, obwohl sie nicht den „bevölkerungspolitischen Gedanken und den Grundsätzen einer nationalsozialistischen Steuerpolitik entsprachen", aus Sicht der Besatzer gar nicht von Nöten. Wie im Vorkriegsdeutschland bereits exerziert, legten die Beamten bestehendes Recht unter rassistischen und antisemitischen Vorzeichen aus und schufen damit eine ebensolche Verwaltungsrealität.[310] Die Beamten waren zudem aufgerufen „mit starkem Nachdruck [zu] arbeiten". Zahlreiche Verhaftungen vor allem in den ländlichen Regionen waren die Folge.[311] Da also weitgehend das polnische Steuerrecht übernommen worden war, entwickelten sich auch die Einnahmen entsprechend aus den direkten Steuern (Grundsteuer, Gebäudesteuer, Umsatzsteuer, Einkommenssteuer und Lohnsteuer), Verkehrssteuern (Grunderwerbssteuer und Versicherungen mit Stempelgebühr), Verbrauchssteuern (Wein, Bier, Zucker, Hefe) sowie Monopolen (Salz, Tabak, Spiritus, Zündholz, Lotto) und den Zöllen. Im Unterschied zum Reich stabilisierte sich die Einnahmeverteilung analog der Situation im Vorkriegspolen allerdings aufgrund der Abgaben aus dem Verbrauch und den Monopolen etwa

306 Vgl. VO über Steuerrecht und Steuerverwaltung v. 17.11.1939, VBLGG. I (1939), S. 60. 1. u. 2. DVO zur VO v. 17.11.1939, VBLGG. I (1939), S. 64 ff.; Rogge.

307 Vgl. § 1 VO des Generalgouverneurs über Steuerrecht und Steuerverwaltung v. 17.11.1939, VBlGG. I (1939), S. 60; VO über die Änderung des polnischen Einkommenssteuerrechts v. 22.2.1940, VBlGG. (1940), S. 73; 1. DVO zur VO v. 22.2.1940 über die Änderung des polnischen Einkommenssteuerrechts v. 15.3.1940, VBlGG. (1940), S. 171; VO über die Änderung des polnischen Grundsteuerrechts v. 16.3.1940, VBlGG. (1940), S. 109; VO über die Gewerbesteuer (Registrierungsgebühr) v. 14.2.1940, VBlGG. (1940), S. 51.

308 Vgl. VO über die Erhöhung der Biersteuer v. 27.11.1939, VBlGG. (1939), S. 70; VO über die Änderung der Zuckersteuervorschriften v. 18.1.1940, VBlGG. (1940), S. 5.

309 Vgl. Bühler, S. 253 ff.; VO über die Einführung des Mineralölmonopols v. 20.1.1940, VBlGG. (1940), S. 19; VO über die Einführung eines Süßstoffmonopols im GG v. 24.4.1940, VBlGG. (1940), S. 163.

310 Vgl. Tätigkeitsbericht der HAFin aus dem Jahr 1944, AAN, 111, 1038, Bl. 3 ff.; Kuller, Bürokratie und Verbrechen, S. 133–184.

311 Vgl. Diensttagebuch v. 12.4.1940, BArch, R 52 II, 226, Bl. 10 ff.

gleich hoch zu den direkten Steuern.[312] Die Gemeinden nahmen neben ihren Anteilen an den Staatssteuern (Grund- und Gebäudesteuern sowie Lohn-, Einkommen- wie Umsatzsteuer und seit 1.1.1940 Gewerbesteuer) zudem weiterhin Kommunalsteuern (z. B. Vergnügungssteuer und Hundesteuer) ein, die in Städten zusätzlich um eine Mietaufwandssteuer (Lokalsteuer) erweitert war.[313] Da diese Einnahmen nicht ausreichten, wurde für die Kommunen über die Einführung einer Einwohnerabgabe eine weitere Steuerquelle geschaffen, von der sich die Finanzbeamten an die 30 Millionen Złoty jährlich erhofften.[314]

Nach und nach wurden weitere Zusatzabgaben auf Tramtickets, Getränke, Gas und Strom sowie eine Vergnügungssteuer eingeführt.[315] In Folge der Steuer- und Abgabeerhöhungen, der Eintreibungspraxis sowie der Rückstandsbeitreibungen konnten die Einnahmen rasch auf einem hohen Niveau stabilisiert werden, so dass für das Rechnungsjahr 1940 über 880 Millionen Złoty durch die allgemeine Finanzverwaltung eingenommen worden waren. Die Zahl der Steuerstrafverfahren wurde durch die Ausweitung des Steuerfahndungsdienstes, der nach Zuweisung von Beamten durch das RFM ausgebaut werden konnte, ständig erhöht und brachte monatliche Mehreinnahmen in Millionenhöhe.[316] Ebenso trieben die Finanzbeamten die flächendeckende Erfassung der Steuerpflichtigen, vor allem der Treuhandbetriebe und Neugründungen, voran.[317] Finanzchef Spindler wertete dies als großen Erfolg.[318] Dieser Trend hielt – wie in der Abbildung 34 ersichtlich – fast ununterbrochen an, so dass die Einnahmen beständig gesteigert werden konnten.

Hingegen spielten sowohl die Verwaltungseinnahmen wie auch die Zölle und Verbrauchssteuern für die Gesamtsumme der Einnahmen durchgehend eine marginale Rolle (Abb. 35). Das Generalgouvernement exportierte fast ausschließlich ins Deutsche Reich, ein eigenständiger Außenhandel fand de facto nicht statt. Warentransporte, um die Wehrmacht an der Ostfront zu versorgen, wurden über die Bedarfsanforderungen der Wehrmacht innerhalb

312 In der Anfangsphase der Besatzung waren die Einnahmen mehrheitlich durch die Übernahme der Monopole erzielt worden. Vgl. Kapitel: Finanzhoheit, S. 169.

313 Vgl. Dekret über die Lokalsteuer v. 14.11.1935, Dziennik Ustaw Rzeczypospolitej Polskiej (Dz. U. R. P.) Nr. 82, S. 505.

314 Die Einwohnerabgabe lehnte sich sachlich an die Bürgersteuer im Reich an und wurde mit der VO über die Erhebung einer Einwohnerabgabe zum 26.7.1940 eingeführt, VBlGG. (1940), S. 211. Sie wurde jährlich erhoben und orientierte sich an der Einkommensteuerhöhe. Reichsdeutsche waren befreit. Vgl. Sachakten zur Einwohnerabgabe: AAN, 111, 992, n. p. Zur Lokalsteuer: AAN, 111, 1250, n. p.

315 Vgl. Ivánka, S. 499 f.

316 Vgl. Schreiben Senkowkys an Finanzinspekteure v. 6.3.1942, BArch, R 2, 5072, Bl. 23; Schreiben Rogges an Finanzinspekteure v. 4.9.1942, BArch, R 2, 5074, Bl. 28 f.

317 Vgl. Schreiben Rogges an Finanzinspekteure v. 16.4.1943, BArch, R 2, 5074, Bl. 84 f.

318 Vgl. Spindlers Geleitwort zu Rogges Buch. AAN, 111, 1026. Bl. 4 ff.; Rogge, S. I ff.

Einnahmen Generalgouvernement 1939 bis 1944

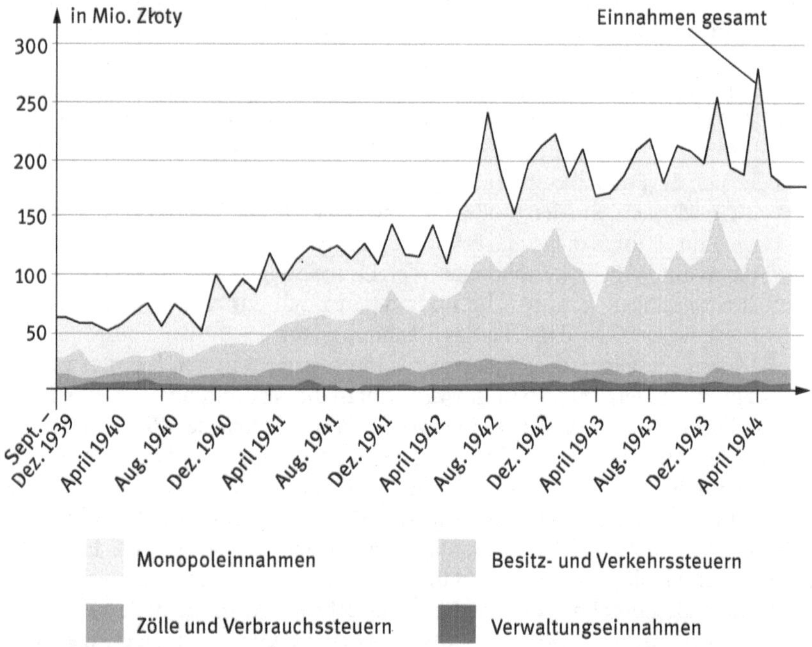

Abbildung 34 – Gesamteinnahmen des Generalgouvernements aus Steuern und Abgaben zwischen September 1939 und Mai 1944[319]

des GG abgewickelt und passierten zum großen Teil zollfrei die Ostgrenze. Die Verbrauchssteuern waren zwar wie die Biersteuer erhöht worden, wurden aber nur auf einen geringen Teil der Waren des täglichen Bedarfs erhoben. Die Besteuerung von Wein spielte schon im Vorkriegspolen kaum eine Rolle, in der Mangelwirtschaft während des Krieges verlor diese Steuer dann gänzlich an Bedeutung.

319 Vgl. Angaben des Statistischen Amtes des GG zu den monatlichen Einnahmen der allgemeinen Finanzverwaltung 1939–1945, BArch, R 2, 5103, 5104, n. p.
Rechnungsjahr/Einnahmen der allgemeinen Finanzverwaltung in Mio. Zł: 1939/215.957.800; 1940/883.510.203; 1941/1.427.148.662; 1942/2.209.650.925; 1943/2.500.373.619, ebd.
Vgl. auch Übersicht der monatlichen Aufstellungen der Einnahmen des GG, AAN, 111, 942, Bl. 28 ff.

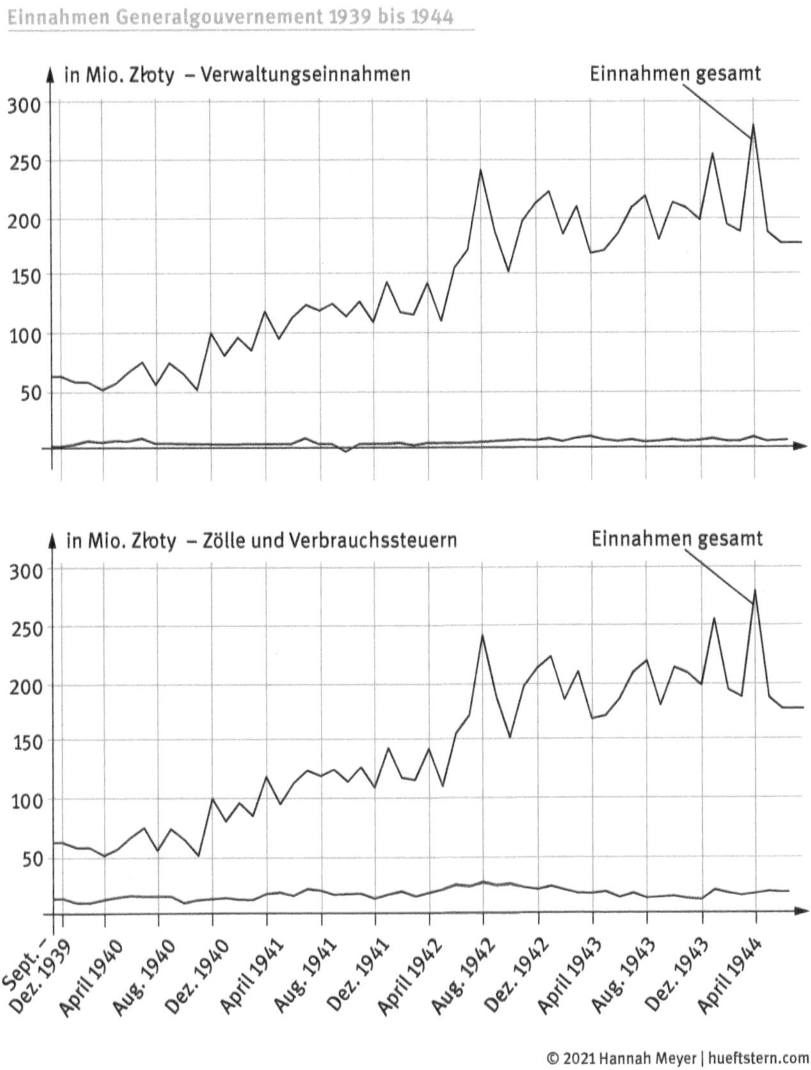

Abbildung 35 – Monatliche Einnahmen des Generalgouvernements von September 1939 bis Mai 1944 aus Verwaltungseinnahmen sowie Zöllen und Verbrauchssteuern[320]

[320] Vgl. Angaben des Statistischen Amtes des GG zu den monatlichen Einnahmen der allgemeinen Finanzverwaltung 1939–1945, BArch, R 2, 5103/5104, n. p. u. Übersicht der monatlichen Aufstellungen der Einnahmen des GG, AAN, 111, 942, Bl. 28 ff.

Neben den Besitz- und Verkehrssteuern blieben demzufolge die Monopole die wichtigste Einnahmequelle für den Fiskus. Allerdings waren es auch die Monopoleinnahmen, die den stärksten Schwankungen unterlagen. Grund dafür war im Wesentlichen der Wehrmachtsverbrauch an Tabak und Branntweinerzeugnissen. Die Truppe war mit Abstand der größte Abnehmer im Generalgouvernement, so dass der Gesamtverbrauch und -absatz maßgeblich von der Anzahl der stationierten Verbände und ab 1941 von den Anforderungen für die Ostfront abhingen.

Die Mitarbeiter der Monopolverwaltungen unter Aufsicht der Generaldirektion der Monopole (GdM) hatten deshalb neben den Salzminen vor allem die Brauereien, Destillerien und Tabakfabriken übernommen und führten sie im Auftrag der Hauptabteilung Finanzen. Nach dem Überfall auf die Sowjetunion und der Eingliederung des Distriktes Galizien in das Generalgouvernement im August 1941 nahm Senkowsky die dortigen Fabriken selbst in Augenschein, um auch deren Instandsetzung und Inbetriebnahme zu beschleunigen (Abb. 36 u. 37). Die polnischen Belegschaften wurden zwangsverpflichtetet. Allein die Tabakanbauflächen wurden zwischen 1940 und 1943 von 4.700 auf 15.300 Hektar erweitert. Besonders der steigende Zigarettenbedarf der Wehrmacht, die allein 3,6 Milliarden Stück in einem Wert von 400 Millionen Złoty jährlich abnahm, sicherte maßgeblich die Einnahmen. Weitere knapp vier Milliarden Zigaretten gingen als Prämienware in die Ernteerfassung, wurden also gezielt als Tausch- und Zweitwährung etabliert. Von ebensolcher Bedeutung für die Monopoleinnahmen waren die monatlich durch die Wehrmacht abgenommenen 400.000 Liter Trinkbranntwein. Hochprozentiges fungierte wie die Tabakwaren als Parallelwährung und wurde im Rahmen der Ernteerfassung ausgeliefert. Für das Erzeugungsjahr 1943/44 waren dies beachtliche 30 Millionen Liter. Um diese Mengen zu erreichen, waren in der GdM rund 300 deutsche Beamte und Angestellte beschäftigt, die den Zwangsarbeitseinsatz von 17.303 nichtdeutschen Arbeitskräften, mehrheitlich Polen, koordinierten und überwachten.[321]

Eine weitere Unsicherheit stellten die Erntemengen dar, die natürlichen Schwankungen unterlagen, aber viel mehr noch in Form von Rohtabak, Kartoffeln und Getreide in stetig steigenden Zwangskontingenten an das Reich abgeführt wurden. Die landwirtschaftlichen Lieferungen ins Deutsche Reich und an die Wehrmacht stiegen für Getreide, Kartoffeln, Fleisch, Zucker und Fette von 1940 bis 1942/43 um die sieben- bis fünfzehnfache Menge, bevor sie kriegsbedingt im Folgejahr wieder fielen.[322] Die Jahreserntemengen bei

[321] Vgl. Tätigkeitsbericht der HAFin 1944, AAN, 111, 1038, Bl. 3 ff.

[322] Vgl. Lehnstaedt, Imperiale Polenpolitik, S. 428; Schwaneberg; Röhr, S. 361; Rajca, Eksploatacja.

Abbildung 36 – Zerstörte Wodkafabrik in Lemberg 1941, Fotograf: Hermann Senkowsky

Kartoffeln und Zucker erreichten jedoch trotz aller Zwangsmaßnahmen nie den Vorkriegsstand. Die Ernte an Mehlgetreiden kam erst im Herbst 1943 annähernd an den Vorkriegsertrag heran.[323] Allein an Brotgetreide wurden 1942 vom Reich vor allem für die Versorgung der Wehrmacht 750.000 Tonnen gefordert und teilweise geliefert. Damit war eine geregelte Versorgung selbst der kooperierenden polnischen Bevölkerung nicht mehr möglich. Den 14,7 Millionen Menschen im Generalgouvernement standen 1943 lediglich 510.000 Tonnen zur Lebensmittelversorgung zur Verfügung. Die Folge waren horrende Schwarzmarktpreise. Je nach Landesteil und Nachfrage stieg das Preisniveau um 100 Prozent oder sogar darüber hinaus.[324]

323 Vgl. Lehnstaedt, Imperiale Polenpolitik, S. 412; Łuczak, Polityka ekonomiczna, S. 270.
324 Vgl. Lehnstaedt, Imperiale Polenpolitik, S. 416; Rajca, Walka o chleb, S. 74; Bericht der Polizeidienststellen im GG HSSPF Ost v. 12.4.1943, BArch, R 70 Polen, 180, Bl. 38 ff.;

Abbildung 37 – Zerstörte Tabakfabrik in Borszczów 1941, Fotograf: Hermann Senkowsky

Die Löhne waren jedoch auf Vorkriegsniveau eingefroren worden, um eine wirtschaftlich maximale Ausbeutung durch ein deutliches Preisgefälle zum Reich zu sichern. Allerdings waren die Preise nur teilweise durch feste Preisbindung vorgegeben (Miete, Löhne, einige Lebensmittel, Bezugsscheinware, Energie). Viele Güter des täglichen Bedarfs und Dienstleistungen waren nicht preisgebunden. Es entwickelte sich ein reger Schwarzmarkt mit Preisen, die das 10- bis 20-fache des regulären Preises betrugen. In Folge der Warenknappheit und strikten Kontingentierung wurden auch immer mehr Lebensmittel über den Schwarzmarkt gehandelt. In der Konsequenz stiegen die Lebenshaltungskosten für die Polen ins Unermessliche und auch für die deutschen Besatzer war das Leben in Warschau im Schnitt 35 Prozent teurer als in der Reichshauptstadt Berlin (Abb. 39). Drastische Teuerungen wie der Anstieg des Zuckerpreises um exorbitante 4.000 Prozent im Vergleich zum Vorkriegsniveau sowie der extreme Mangel an Textilien, Heißmaterial und Medikamenten machten das Überleben für die polnische Bevölkerung auch außerhalb der Ghettos zu einem täglichen Kampf.[325]

Bericht über den Aufbau im Generalgouvernement bis 1.7.1940, BArch, R 52, 247, 248, 249, n. p. Die Bevölkerung des GG war aufgrund der Verschleppung von Zwangsarbeitern und Zwangsarbeiterinnen ins Reich, der Terrorpolitik und des Judenmords von 16,95 Mio. in 1940 um über 2 Mio. auf 14,74 Mio. zum 1.3.1943 zurückgegangen. Zu den Ergebnissen der Volkszählung vgl. Bericht des Inspekteurs für Statistik an den Stab des RFSS v. 29.3.1943, BArch, NS19, 2664, n. p.

325 Vgl. Bericht des Statistischen Reichsamtes zum Vergleich der Lebenshaltungskosten im Reich und der Lebenshaltungskosten für Deutsche im GG v. 2.12.1941, Barch, R 43 II,

Abbildung 38 – Der Leiter der Generaldirektion der Monopole, Hermann Senkowsky (rechts), bei der Entzündung des Kessels in einer Destillerie in Lublin, Ende 1940

Ein bei der Zivilverwaltung angestellter Pole verfügte im Schnitt nur über ein Monatsnetto von 234 Złoty. Die Preise für ein Kilogramm Roggenbrot lagen im Frühjahr 1943 aber bereits bei elf Złoty und für ein Kilogramm Kartoffeln zwischen zwei und drei Złoty. In den größeren Städten waren die Preise noch erheblich höher und hochwertige Lebensmittel wie Butter hatten einen Preis von 170 Złoty pro Kilogramm. Ein Paar Stiefel waren kaum unter 1.550 Złoty zu haben.[326] Grundsätzlich hatte die Verknappung von Grundnahrungsmitteln wie Getreide und Kartoffeln bereits im Herbst 1941 zu einer derart prekären Lage geführt, dass Teile der Kartoffelerträge, die zur Wodkaherstellung eingeplant waren, von Spindler als Lebensmittel freigegeben wurden und der Fiskus so Mindereinnahmen von 47 Millionen Złoty verzeichnete. Einer Erhöhung der Brotration für die jüdische und polnische Bevölkerung, die eine geringere Lie-

625, Bl. 62 ff.; Schreiben Geigenmüllers an Spindler zu Lebensmittelpreisen in Busko: Dok. 284: Friedrich/Löw, S. 620 f.; Lehnstaedt, Imperiale Polenpolitik, S. 416.

326 Vgl. Bericht des Statistischen Reichsamtes zum Vergleich der Lebenshaltungskosten im Reich und der Lebenshaltungskosten für Deutsche im GG v. 2.12.1941, Barch, R 43 II, 625, Bl. 62 ff. Zum Schwarzmarkt: Madajczyk, Okkupationspolitik, S. 596–602. Der Tausch an der „schwarzen Börse" gewann zunächst an Bedeutung. Der Wert der Reichsmark stieg und fiel mit dem Kriegsverlauf: 1942/4 Zł, 1943/3 Zł, 1944/1,80 Zł. Ebd., S. 603.

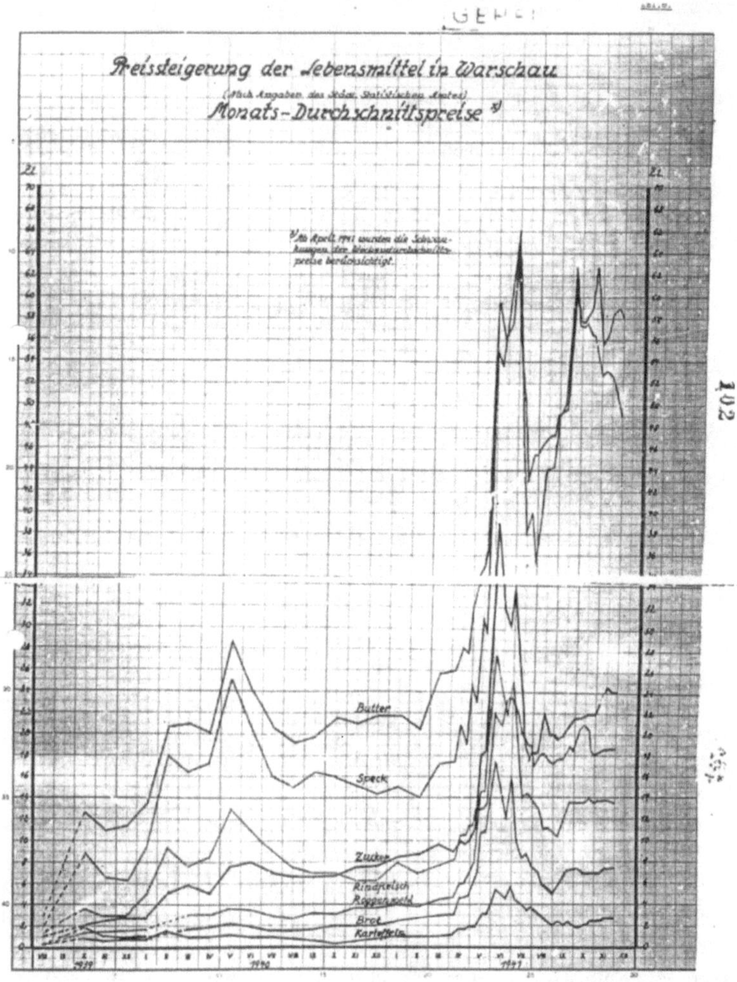

Abbildung 39 – Diagramm des Städtischen Statistischen Amtes Warschau zur Preissteigerung der Lebensmittel in Warschau von August 1939 bis November 1941

fermenge an Getreide für das Reich bzw. die Wehrmacht zur Folge gehabt hätte, lehnte Generalgouverneur Frank grundsätzlich ab und blieb bei der von Göring vorgegeben maximalen Ausbeutungsstrategie.[327]

[327] Vgl. Diensttagebuch v. 15./16.10.1941, BArch, R 52 II, 186, Bl. 13., 239, Bl. 32 ff. Göring hatte im Februar 1940 zwar die „Konsolidierung der Verhältnisse im Osten " gefordert,

Besonders für die in den Ghettos eingepferchte jüdische Bevölkerung hatte dies verheerende Konsequenzen. Die Zahl der Hungertoten stieg rasant.[328] Auch wurden die verarmten und geschwächten Juden nun auch von der Verwaltung als „unnütze Esser" und als verwaltungstechnisches Problem angesehen.[329] Die Besitz- und Verkehrssteuern, die teilweise im Verlauf des Krieges weiter angehoben wurden und durch die Annexion des Distrikts Galizien im August 1941[330] insgesamt gesteigert werden konnten, unterlagen hingegen keinen auffälligen Schwankungen (Abb. 40).

So vermittelt die Grafik den Eindruck, dass die „Entjudung der Wirtschaft", die „Ghettoisierung", die Enteignungen im Rahmen der Treuhandpolitik und die Verschickung von 1,3 Millionen Zwangsarbeitern ins Reich keine spürbaren negativen Rückwirkungen auf die Einnahmesituation im Generalgouvernement hatten. Dies täuscht, denn, wie bereits oben dargestellt, führte diese rassistisch fundierte Wirtschaftspolitik zu immensen Steuerrückständen und -ausfällen.[331] So stellte auch Staatssekretär Bühler in seinem Bericht über den „Aufbau im Generalgouvernement" bereits im Juli 1940 fest, dass in Folge des Krieges Industrie und Handel am Boden lägen und „[d]ie Juden, die vor dem Kriege in manchen Bezirken bis zu 70 Prozent des Steueraufkommens erbrachten, [...] weitgehend ausgeschaltet" seien und dies unmittelbare Rückwirkungen auf die Höhe der direkten Steuern habe. In Warschau, dem einstigen Wirtschaftszentrum, waren beinahe alle Großbetriebe durch die Wehrwirtschaft in Anspruch genommen. Da die meisten Lieferungen ins Reich gingen, entfiel die Umsatzsteuer im Generalgouvernement. Einen Vergleich zum Steueraufkommen im Vorkriegspolen, der die Höhe der Einnahmerückläufe trotz ständiger Einnahmesteigerung deutlich gemacht hätte, hat die Finanzabteilung in Krakau – wahrscheinlich wohlweislich und in Ermangelung belastbaren Datenmaterials für das Teilgebiet – nicht aufgestellt.[332] Die Einnahmeausfälle

doch sollten zugleich der Zugriff auf 100 % der Ernte sowie der Rohstoffe für die deutsche Kriegswirtschaft gesichert werden. Vgl. Diensttagebuch v. 15.5.1940, BArch, R 52 II, 225, Bl. 36 f.

328 Vgl. Kapitel: Treuhandpolitik und Ghettoisierung, S. 250.

329 Vgl. Musial, Zivilverwaltung, S. 208.

330 Vgl. VO über die Finanzverwaltung im Distrikt Galizien v. 1.8.1941, VBlGG. (1941), S. 451. In der Folge wurden sämtliche steuerrechtlichen Regelungen auch in Galizien eingeführt.

331 Vgl. Kapitel: Treuhandpolitik und Ghettoisierung, S. 250.

332 Vgl. Bericht über den Aufbau im Generalgouvernement bis 1.7.1940, BArch, R 52 II, 247, 248, 249, n. p. Zwar verweist Senkowsky in seinem Tätigkeitsbericht für 1944 auf die Einnahmen 1940/41, die bei 253 Mio. Zł lagen, und auf einen Vorkriegsvergleichswert von 350 Mio. Zł, doch gilt es zu berücksichtigen, dass der Besatzungszłoty ab 1940 einer starken Inflation unterlag. Vgl. Tätigkeitsbericht der HAFin 1944, AAN, 111, 1038, Bl. 3 ff.

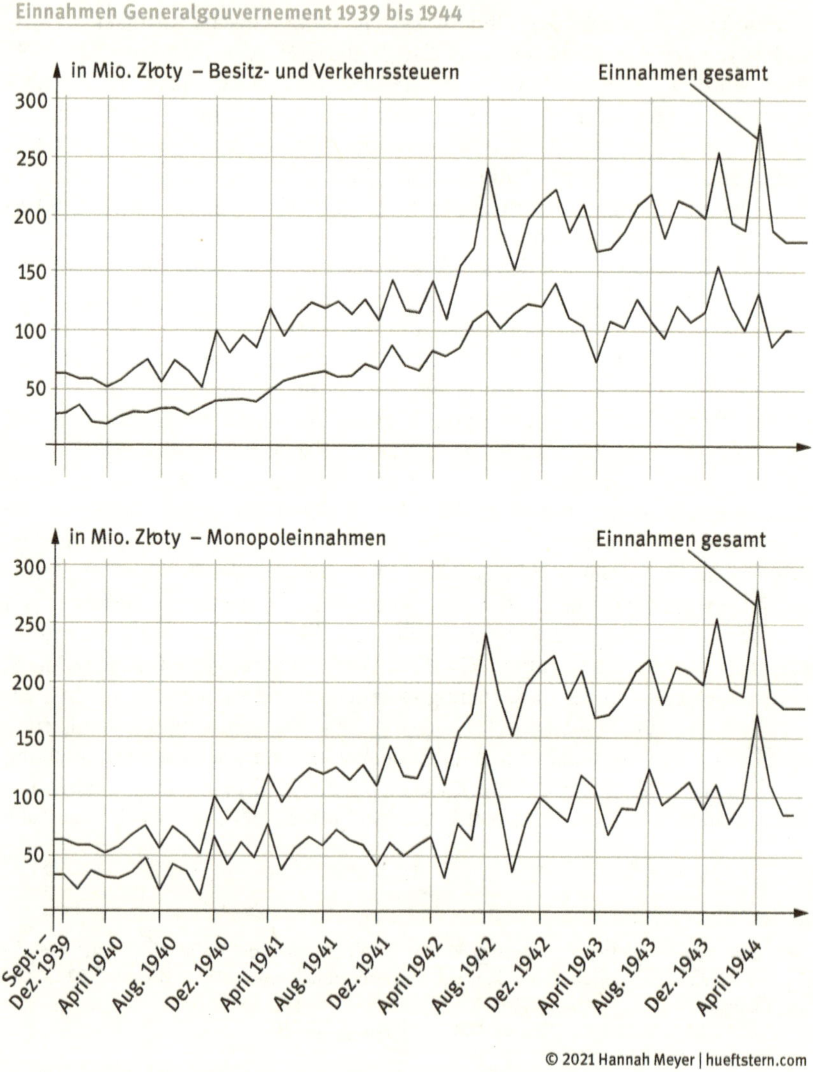

Abbildung 40 – Monatliche Einnahmen des Generalgouvernements von September 1939 bis Mai 1944 aus Besitz- und Verkehrssteuern sowie Monopoleinnahmen[333]

[333] Vgl. Angaben des Statistischen Amtes des GG zu den monatlichen Einnahmen der allgemeinen Finanzverwaltung 1939–1945, BArch, R 2, 5103/5104, n. p. u. Übersicht der monatlichen Aufstellungen der Einnahmen des GG, AAN, 111, 942, Bl. 28 ff.

konnten durch höhere Monopoleinnahmen teilweise ausgeglichen werden, die rasch etwa die Hälfte der Gesamteinnahmen ausmachten.

Steuerdiskriminierung und Kollaboration

Die Grundlage für alle steuerpolitischen Maßnahmen leitete die Regierung des Generalgouvernements aus dem Führererlass vom 12. Oktober 1939 ab, der nach § 5 dem Ministerrat für Reichsverteidigung, dem Beauftragten für den Vierjahresplan und dem Generalgouverneur die Kompetenz zuwies, durch Verordnung Recht zu setzen.[334] Praktisch machte allerdings fast ausschließlich der Generalgouverneur von seiner Rechtssetzungsbefugnis Gebrauch. Da sämtliche Veränderungen im Steuerrecht unmittelbare Auswirkungen auf die Einnahmen- und Ausgabenseite des Haushalts hatten und dieser nach § 7 des Erlasses der Genehmigung des Reichsfinanzministers unterlag, reagierte dieser auf die eigenmächtige Steuerrechtssetzung durch den Generalgouverneur jedoch höchst aufgeregt. Zumal das Generalgouvernement, anders als die ab 1940 besetzten Länder in West- und Nordeuropa, zunächst die Kosten für die Besatzung nicht an das Reich erstattete.[335]

Selbst Maßnahmen wie die steuerliche Besserstellung der Deutschen im Generalgouvernement führten zu einer langwierigen und grundsätzlichen Auseinandersetzung zwischen Reichsfinanzminister und Generalgouverneur. Analog zur Besteuerung der Deutschen in den annektierten Gebieten, die im Rahmen der Ost-Steuerhilfe-Verordnung[336] Steuererleichterungen erhielten, machte das Generalgouvernement mit einer Verordnung über die Lohnsteuer umfangreiche Freibeträge und Erleichterungen möglich.[337] Von diesen steuerlichen Erleichterungen profitierten aber gerade einmal 0,9 Prozent der Steuerpflichtigen im GG. Das war der Höchststand an Reichs- und Volksdeutschen im Verhältnis zur Gesamtbevölkerung. Ob diese auch alle registrierte Steuerbürger waren, ist anzuzweifeln. Dieser geringen Anzahl Begünstigter standen 7.705.863 Polen gegenüber.[338]

334 Vgl. Erlass des Führers und Reichskanzlers über die Verwaltung der besetzten polnischen Gebiete v. 12.101.1939, RGBl. I (1939), S. 2077 f.
335 Vgl. Kapitel: Finanzhoheit, S. 169.
336 Vgl. Kapitel: Ost-Steuerhilfe, S. 194. Niederschrift der Besprechung im RFM v. 24.4.1942, AAN, 111, 1210/2, n.p.; Schreiben des RdF an den Chef der Reichskanzlei v. 7.5.1942 u. Antwort v. 23.5.1942 sowie Vermerke des RFM und Korrespondenz mit der Reg. GG, BArch, R 2, 5073, Bl. 11 ff., 22 ff.
337 Vgl. VO über die Lohnsteuer, VBlGG. (1942), S. 189 ff.
338 Vgl. Lehnstaedt, Imperiale Polenpolitik, S. 424; Matusak, S. 206.

Finanzminister Schwerin von Krosigk sowie Staatssekretär Reinhardt sahen sich durch das Vorgehen übergangen und unzureichend informiert. Sie forderten ungeachtet der überschaubaren Wirkkraft der Maßnahmen vehement ein Mitspracherecht ein. Ihnen gingen die erheblich höheren Freibeträge in Wechselwirkung mit der Steuer-Hilfe-Politik in den annektierten Gebieten zu weit. Das RFM fürchtete, dass in Folge der eigenmächtigen und unabgesprochenen steuerpolitischen Regelungen im Generalgouvernement ebensolche Forderungen seitens der Gauleiter in den annektierten Gebieten und der Reichskommissare Ostland und Ukraine folgen könnten. Diese wären dann zu Lasten des Reichshaushalts gegangen, aus dem die dortigen Verwaltungen bezuschusst wurden, was bedeutet hätte, dass die Erstattungen über die Besatzungskosten an den Haushalt des Reiches geringer ausgefallen wären. Der Finanzminister wähnte sogar das gesamte Ost-Steuerhilfe-Programm und damit die Siedlungsvorhaben durch Franks finanzpolitische Alleingänge gefährdet.[339] Zudem blieben die Deutschen im GG als Folge der Freibeträge und der geplanten Verordnung zur Einkommenssteuer fast ausnahmslos einkommenssteuerfrei. Auch deutsche Arbeitnehmer mit hohen Einkommen zahlten nur einen Bruchteil der Steuern, die im Reich zu entrichten waren.[340]

Besonders lohnend entwickelte sich die Situation für deutsche Unternehmer, die sich nicht im Generalgouvernement registrierten, aber rege Geschäfte abwickelten, sich also dem Zugriff des Fiskus entzogen. Da das Generalgouvernement Devisenausland blieb, ließen sich auch große Exportfirmen aus Bremen und Hamburg dort nieder und verkauften ihre Exportkontingente zu überhöhten Preisen als Mangelware ins Reich zurück. Auch hier entfiel die Umsatzsteuer für das Generalgouvernement.[341] Auch war im Generalgouvernement mit Ausnahme der Einwohnerabgabe zunächst nicht der im Reich übliche Kriegs-

[339] Deutschen Arbeitnehmern im GG stand entsprechend der Lohnsteuertabelle v. 16.4.1942 ein besonderer Generalgouvernementsfreibetrag von 4.200 RM zuzüglich 390 RM für jedes minderjährige Kind zu, wenn das Jahreseinkommen unter 35.000 RM lag. Damit lagen die Beträge um 1.200 RM bzw. 90 RM höher als in den annektierten Gebieten, die als Grundlage für eine VO für die besetzten Ostgebiete herangezogen wurden. Vgl. Schreiben des RdF an Chef der Reichskanzlei v. 7.5.1942 und Antwort v. 23.5.1942, BArch, R 2, 5073, Bl. 11 f.

[340] So musste ein verheirateter Deutscher mit vier Kindern und einem Einkommen von 10.000 RM im Reich 468 RM an Lohnsteuer und Kriegszuschlag zur Einkommenssteuer abführen, in den annektierten Gebieten und den besetzten Ostgebieten noch vergleichsweise geringe 86 RM an Lohnsteuer und im GG nur 54 RM Lohnsteuer. Ein Lediger mit vergleichbarem Einkommen wurde im Reich mit 3.128 RM besteuert, in den annektierten Gebieten und den Kommissariaten noch mit 1.244 RM und im GG mit 881 RM. Vgl. Schreiben des RdF an Chef der Reichskanzlei v. 7.5.1942, ebd. Vgl. Kapitel: Ost-Steuerhilfe, S. 194.

[341] Vgl. Auszug aus dem Bormann-Bericht vom August 1942 zur Situation im GG (Radom und Lublin), BArch, R 2, 31679, Bl. 229 ff.

zuschlag eingeführt worden und die Angehörigen von Wehrmacht, Waffen-SS, deutscher Polizei, RAD und Zollgrenzschutz waren von der Einwohnerabgabe befreit, die Deutsche im Reich entsprechend als Bürgersteuer zu zahlen verpflichtet waren.[342] So erwartete man in der Hauptabteilung Finanzen, durch diese Maßnahmen zur steuerlichen Besserstellung der deutschen Minderheit, zu einer „wesentlichen Stärkung des Deutschtums im GG" beizutragen.[343] In all dem sah das RFM allerdings zuvorderst eine Schlechterstellung und damit Ungleichheit gegenüber den Steuerzahlern und Verbrauchern im Reich bzw. den einberufenen Wehrmachtssoldaten.

In der Folge forderte das Reichsfinanzministerium eine noch deutlich umfangreichere Schlechterstellung der Nichtdeutschen im Generalgouvernement auf dem Weg der Steuerdiskriminierung. Hierbei waren die Beamten, wie zuvor bereits auf Reichsgebiet gegenüber den sogenannten Rasse- und Reichsfeinden, also keineswegs um Steuergerechtigkeit bemüht. Reinhardt führte die vermeintlich unentbehrliche Steuergerechtigkeit zwar gern als Argument an, um die Kompetenz seiner Fachverwaltung herauszukehren, denn die Steuereintreibung sei „im Gegensatz zu den anderen Verwaltungszweigen keine Maßnahme, die je nach Landesbezirk oder Bevölkerungsgruppe verschieden gehandhabt werden dürf[t]e". Gemeint war damit aber wohl eine zentral gelenkte Diskriminierung der polnischen Mehrheitsbevölkerung, wie sie auch in den annektierten Gebieten im Rahmen der Ost-Steuerhilfe-Verordnung umgesetzt wurde.[344]

Die bereits eingeführten Steuererhöhungen gingen dem Finanzminister also nicht weit genug. Er sah in der in absoluten Zahlen geringeren Lohnsteuerbelastung der Polen eine Gefährdung der Reichsinteressen. Aus Sicht des RFM schuf die zu niedrige Besteuerung der polnischen Bevölkerung einen Anreiz, sich dem Arbeitseinsatz im Reich zu entziehen. Im Reichsgebiet lag die Abgabenlast der mehrheitlich keineswegs freiwillig eingesetzten Arbeiter[345] auch als

342 Vgl. VO über Einwohnerabgabe v. 6.12.1941 VBLGG. (1941), S. 721. VO v. 16.4.1942, VBlGG. (1942), S. 202. Die Bürgersteuer war zwar im Reich 1942 ebenfalls abgeschafft worden, allerdings trat durch die gleichzeitige Erhöhung der Einkommenssteuer keine Entlastung ein.

343 Vgl. VO über die Steuererleichterung für Deutsche v. 4.3.1942, VBlGG. (1942), S. 113 ff.; Tätigkeitsbericht der Abteilung III in der HAFin v. 14.4.1942, AAN, 111, 1038, n. p.

344 Vgl. Kapitel: Ost-Steuerhilfe, S. 194. Schreiben Reinhardts an Frank v. 20.1.1941 u. Antwort v. 21.4.1941, BArch, R 2, 5834, Bl. 531; Schreiben Reinhardts an Frank v. 20.2.1941, BArch, R 2, 372, Bl. 108 f.

345 Aus Polen wurden im Verlaufe des Krieges 1,9 Millionen Menschen (1,6 Millionen sogenannte Zivilarbeiter und Zivilarbeiterinnen und 300.000 Kriegsgefangene) zur Zwangsarbeit verschleppt. Zwei Drittel der Zwangsarbeiter und Zwangsarbeiterinnen wurden in der Landwirtschaft eingesetzt. Vgl. https://www.bundesarchiv.de/zwangsarbeit/geschichte/auslaendisch/polen/index.html.

Folge der eingeführten Sozialausgleichsabgabe beträchtlich höher.[346] Der Minister drängte, dass die Steuerkraft der Polen stärker ausgenutzt werden sollte, um endlich die geforderten Erstattungssummen als Wehrbeitrag an das Reich abführen zu können.[347]

Um Franks eigenmächtiges Vorgehen samt möglicher Kettenreaktion einzudämmen, wandte sich Schwerin von Krosigk abermals und erneut erfolglos an die Reichskanzlei. Wie schon früher, als er gegen die Unterstellung der Finanzverwaltung unter die politisch geführten Gebietskörperschaften gemäß der Doktrin der „Einheit der Verwaltung" protestierte[348], scheiterte er in seinem Bemühen, eine Anordnung Hitlers zu erwirken. Der Chef der Reichskanzlei Lammers stellte sich einer Kompetenzerweiterung entschieden entgegen, die sämtliche Verwalter der besetzten Territorien gezwungen hätte, „alle steuerpolitischen Maßnahmen für ihre Gebiete und alle anderen Verordnungen und Anordnungen finanzpolitischer Art, die sich auf die Einnahmeseite oder Ausgabenseite des Haushalts" auswirkten, von der Zustimmung des RdF abhängig zu machen. Lammers folgte dem Argument nicht, dass gemäß § 7 des Führererlasses vom 12. Oktober 1939 aus der Haushaltskontrollfunktion ein Mitspracherecht in der Steuerrechtssetzung erwachse und das Vorgehen des Generalgouverneurs eine Ausweitung der Befugnisse des Finanzministers auf andere Gebietsverwalter rechtfertige. Schwerin von Krosigk musste sich notgedrungen unter Vermittlung der Reichskanzlei direkt mit Frank einigen.[349] Die Beziehung zwischen dem Finanzminister und dem Generalgouverneur blieb dabei distanziert. Zwar unternahm Schwerin von Krosigk wiederholt Dienstreisen in das Generalgouvernement, doch Frank ging er gewöhnlich aus

[346] Die Sozialausgleichsabgabe war im Reich als Zwangsabgabe in Form eines Zuschlag zur Einkommensteuer für Polen in der Höhe von 15 % des jeweiligen Einkommens eingeführt worden. Die Abgabe wurde per Steuerabzug vom Arbeitslohn erhoben. Begründet wurde sie mit dem Verweis auf einen notwendigen Ausgleich für die Belastung der deutschen Arbeitnehmer, die Beiträge an die DAF, die Nationalsozialistische Deutsche Arbeiterpartei (NSDAP), die Nationalsozialistische Volkswohlfahrt (NSV), das Winterhilfswerk (WHW) usw. entrichteten. Vgl. VO über die Erhebung einer Sozialausgleichsabgabe v. 5.8.1940, RGBL. I (1940), S. 1077; Kapitel: Steuerdiskriminierung, S. 203.

[347] Vgl. Schreiben des RdF an Chef der Reichskanzlei v. 7.5.1942 u. Antwort v. 23.5.1942, BArch, R 2, 5073, Bl. 11 ff.

[348] Vgl. Kapitel: Die Einheit der Verwaltung, S. 179.

[349] Vgl. Schreiben des RdF an Chef der Reichskanzlei v. 7.5.1942 u. Antwort v. 23.5.1942, BArch, R 2, 5073, Bl. 11 ff. Schließlich einigten sich die Finanzbeamten in Krakau u. Berlin in einer Besprechung zw. Hedding, Senkowsky, Rogge, Breyhan u. Haußmann am 17.3.1943 auf die Herabsetzung des Freibetrags u. der Pauschbeträge, u. dass ledige Nichtdeutsche mindestens so stark zu belasten seien wie ledige Steuerpflichtige im Reich. Vgl. Schreiben Reinhardts an Bühler v. 26.11.1942 u. Vermerk der Abteilung III v. 18.3.1943, BArch, R 2, 5073, Bl. 24 ff.

dem Weg.[350] Bereits beim Aufeinandertreffen im Juli 1941 auf Schloss Kressendorf, der Privatresidenz Franks, hatten die angespannte Finanzlage trotz Mehreinnahmen, die Steuereintreibungspraxis, der ausufernde Stellenplan, die Folgen der Ghettobildung und das umstrittene Thema der Kostenerstattungen für Polizei und Wehrmacht sowie für das „Ottoprogramm" zur Diskussion gestanden. Eine endgültige Einigung zu den einzelnen Tagesordnungspunkten war jedoch nicht erreicht worden.[351]

Die Wünsche des Reichsfinanzministers hinsichtlich einer weiter zu steigernden Steuerbelastung der polnischen Bevölkerung stießen vielmehr erneut auf Einwände. Zwar bezog die Regierung des Generalgouvernements das RFM bei der Ausgestaltung der Verordnung zur Einkommenssteuer nun frühzeitig beratend ein, doch machte Staatssekretär Bühler seinem Parteigenossen Reinhardt klar, dass es sich bei den Beträgen für Nichtdeutsche bereits um „ausgesprochene Kampftarife" handelte. Eine weitere Erhöhung betrachtete Bühler außerdem als völlig unrealistisch, da vor allem nichtdeutsche vormalige Beamte und jetzige Angestellte die Festsetzung und Erhebung der Steuern vornahmen.[352]

In den 182 Steuerämtern, die unter der Aufsicht der Finanzinspektionen[353] standen, versahen etwa zu 90 Prozent weiter beschäftigte oder wiedereingestellte polnische Beamte ihren Dienst. Insgesamt arbeiteten für die Steuerverwaltung über 6.000 vormalige polnische Beamte und einige hundert Angestellte. Angewiesen und beaufsichtigt wurden sie durch nicht mehr als 133 deutsche Beamte und Angestellte, die auf die verschiedenen Instanzen verteilt waren.[354]

Die deutsche Zivilverwaltung glich insgesamt einer umgekehrten Pyramide. Die Mehrheit der deutschen Beamten war in den Verwaltungszentralen der

[350] Vgl. zu den Dienstreisen Kapitel: „Grenzsicherung Ost", S. 244. Während der Inspektionsreisen beim ZGS unterließ der RdF zunächst einen Besuch bei Frank, der darüber durchaus verärgert war. Vgl. Diensttagebuch v. 11.6.1940, BArch, R 52 II, 177, Bl. 122. Bei seinem ersten Besuch in Krakau am 27.1.1940 wurde der Finanzminister dann nur von Staatssekretär Bühler empfangen. Vgl. Diensttagebuch v. 27.1.1941, zitiert bei Präg/Jacobmeyer, S. 331.

[351] Vgl. Diensttagebuch v. 25.7.1941, zitiert nach Ebd., S. 390; Vermerk HAFin v. 24.7.1941, AAN, 111, 896/1, Bl. 186 f.

[352] Vgl. Schreiben Bühlers an Reinhardt v. 7.11.1942, BArch, R 2, 32107, n. p.

[353] Vgl. Organigramm: Organigramm Hauptabteilung Finanzen und ihre Außenstellen, Stand Oktober 1940, S. 430.

[354] Vgl. Bericht des Beauftragten des Reichsleiters Bormann v. 20.8.1942, BArch, NS 6, 795, Bl. 141; Haushaltspläne des GG der Jahre 1940 bis 1943, BArch, R 2, 5103, 5104, n. p.; Tätigkeitsbericht der HAFin aus dem Jahr 1944, AAN, 111, 1038, Bl. 3 ff. Für die Zollverwaltung mit ihren insgesamt 8 Hauptzollämtern und 3 Zollfahndungsstellen standen 132 deutschen Kräften und 79 reichs- bzw. volksdeutschen Angestellten 1.300 nichtdeutsche Bedienstete gegenüber. Vgl. ebd. Bericht der Abteilung III der HAFin v. 17.9.1943, AAN, 111. 1038, Bl. 114 f.

Abbildung 41 – Reichsfinanzminister Schwerin von Krosigk während eines Besuches bei Generalgouverneur Frank auf Schloss Kressendorf am 24./25. Juli 1941

Großstädte eingesetzt. Auf dem Land hingegen bestand nur eine sehr dünne Besetzung mit deutschen Kräften.[355] Als Folge der Übernahme polnischer Verwaltungsregularien bei gleichzeitigem nicht abreißenden Verordnungszustrom aus Krakau bildete sich alsbald ein Ungleichgewicht zwischen Rechtsetzung und Verwaltungspraxis heraus, das sich in Teilen zu einer Überbürokratisierung aber auch zu Inkompetenz und Korruption auswuchs, wie Albert Hoffmann,

[355] Der Personalstand der Regierung in Krakau umfasste 1940 1.218 Deutsche. In den Distrikten und auf Kreisebene waren zur gleichen Zeit 3.925 deutsche Männer und Frauen eingesetzt. (1941: 2.151/6.267; 1942: 2.043/7.936; 1943: 1.900/7.413; 1944: 2.006/7.110). Besonders personalintensive Verwaltungsbereiche wie Ostbahn und Post beschäftigten 1944 zusammen einen Höchststand von 14.753 Deutschen und 98.868 nichtdeutschen Angestellten.Vgl. Musial, Zivilverwaltung, S. 87.

der Gesandte Bormanns, im Sommer 1942 an seinen Chef in der Parteikanzlei berichtete.[356]

Allerdings bemerkte Hoffmann, dass, anders als bei der Mehrheit der Regierungs- und Dienststellen im besetzten Polen, Spindlers Finanzbeamte keineswegs dem Bild des inkompetenten, bereicherungssüchtigen bis kriminellen und brutalen, deutschen Besatzern entsprachen, die als „Ostnieten" verschrien und als unliebsamer Ausschuss der Reichsbehörden galten.[357] Ein Grund für diese Verhaltensabweichung war, dass die Finanzbeamten zur Durchsetzung, der in Berlin und Krakau verhandelten finanzpolitischen Maßnahmen, im Besonderen auf die Kooperationswilligkeit ihrer polnischen Kollegen angewiesen waren. Dies zeigt sich auch in der steigenden Anzahl der bei den Finanzinspektionen und in den Steuerämtern beschäftigen Polen.

Die Kooperationsbereitschaft seitens der polnischen Beamten und Angestellten im öffentlichen Dienst hatte von Beginn der Besatzung an bestanden.[358] Nach einer ersten Entlassungswelle stellte Franks Verwaltung rasch fest, dass die deutsche Zivilverwaltung auf die Unterstützung der vormals polnischen Staatsdiener angewiesen sein würde. Umgekehrt waren aufgrund der wirtschaftlichen Entwicklung und der Deportation von Zwangsarbeitern viele Polen an einer Beschäftigung bei der Ziviladministration interessiert bzw. dazu gezwungen. Tatsächlich stieg die Anzahl, der in der Verwaltung Beschäftigten sogar beträchtlich. So waren vor Kriegsausbruch in der Stadtverwaltung der Hauptstadt Warschau, die wohlgemerkt zur Distrikthauptstadt degradiert worden war, 24.000 Planstellen in der Verwaltung besetzt. Während des Krieges stieg ihre Zahl auf 32.000 städtische Verwaltungsangestellte.[359] Unter Direktor Dolanowski stieg die Zahl der Mitarbeiter der städtischen Finanzverwaltung Warschau von 379 auf 430 allein bis ins Jahr 1941. Vor allem wurden Fachkräfte für die Abgaben- und Steuerbeitreibung eingestellt. Allein diese Abteilung wuchs um 43 Stellen und bearbeitete 33 Steuerarten. Dabei gelang es der polnischen Verwaltung teilweise, qualifizierte Fachkräfte aus dem Finanzministerium und aus dem universitären Umfeld zu übernehmen, die als Hochqualifizierte und Intellektuelle von den Deutschen entlassen worden waren. In Warschau gestaltete sich die Zusammenarbeit zwischen den Besatzern und der mehrheitlich polnischen Finanzverwaltung ambivalent.[360]

Einerseits galten Finanzinspektor Hufsky und die Beamten der Zollfahndungsstelle als rücksichtslose Vertreter des terroristischen Besatzungsregimes.

[356] Vgl. Berichte des Beauftragten des Reichsleiters Bormann ab 9.8.1942, BArch, NS 6, 795, Bl. 107 ff.
[357] Vgl. Berichte des Beauftragten des Reichsleiters Bormann v. 20.8.1942, BArch, NS 6, 795, Bl. 141.
[358] Vgl. Kapitel: Steuereintreiber, S. 57.
[359] Vgl. Szarota, S. 59 f., 231 f.
[360] Vgl. ebd.; Ivánka, S. 430 f.

Anderseits kam es unter den Leitern der Finanzabteilung beim Distriktschef Karl Laschtowiczka, der fließend Polnisch sprach, und später Friedrich Kunze, dem vormaligen Stadtkämmerer von Ilmenau, kaum zu Repressionen gegenüber den polnischen Mitarbeitern. Zu Verhaftungen kam es nur in wenigen Fällen. So setzte die Gestapo aufgrund widerständigen Verhaltens die Chefsekretärin Halina Fronczakowa und den Referenten der Abteilung I für allgemeine Wirtschaftsfragen Alfons Grajewski zu Verhören in der ul. Szucha fest. Grajewski kam nach Auschwitz, überlebte aber und arbeitete nach dem Krieg wieder in der polnischen Finanzverwaltung.[361] Allerdings sicherte eine Anstellung keineswegs den Lebensunterhalt, da die Bezüge und die Rentenzahlungen[362] wie sämtliche öffentliche Ausgaben auf staatlicher wie kommunaler Ebene drastisch gesenkt worden waren. Die Ausgabenseite des Haushalts konnte so rasch nach unten korrigiert werden. Obwohl die Gehälter nur selten den Betrag von 250 Złoty überschritten, lebten an die 80.000 Warschauer und Warschauerinnen mehr oder weniger mit und durch die Besatzungsverwaltung.[363]

Im März 1940 war außerdem zum Zwecke der Etatsenkung das Sozialversicherungssystem ausgehebelt worden. Ansprüche auf Leistungen aus der polnischen Sozialversicherung erloschen. Gewährt wurden nur noch Beihilfen und Unterstützungszahlungen für Kranken-, Renten- und Unfallversicherung, auf die jedoch kein Rechtsanspruch bestand. Die Höchstrente wurde mit 135 Złoty/monatlich existenzbedrohend niedrig festgesetzt. Gesamtunterstützungen an einen Haushalt durften außerdem eine Summe von 200 Złoty nicht übersteigen.[364]

Für die polnischen Mitarbeiter der Finanzverwaltung in Warschau und im gesamten GG changierte die Zusammenarbeit mit den Deutschen zwischen Kollaboration und Widerstand. Einerseits nutzten sie jede Möglichkeit, durch die Aufrechterhaltung des Finanzapparates für ihre Landsleute eine gewisse Grundsicherung und Stabilität zu sichern und zugleich durch Informationsbeschaffung oder Verlangsamung im Arbeitsprozess den Apparat zu stören. Anderseits mussten sie sich bewusst sein, dass sie durch ihr Handeln eine rücksichtslose Ausbeutung der polnischen Wirtschaft und die rassistische Enteignungspolitik unterstützten.[365]

Die Steuereintreibung gestaltete sich vor allem auf dem Land zunehmend problematisch. Die Kooperation der Polen war, wie gezeigt, unerlässlich für

361 Vgl. ebd., S. 430 f., 454 f.

362 Durch die Rentenkürzungen sparte die Verwaltung allein für Warschau monatlich einen Betrag von 500.000 bis 600.000 Zł. Vgl. ebd., S. 405.

363 Vgl. Kulski, S. 117 ff.; Ivánka, S. 392 ff.; VO über die Sozialversicherung v. 17.10.1939, VBlGG. I (1939), S. 58; 2. VO zur Sozialversicherung v. 7.3.1940, VOBlGG I (1940), S. 92–95.

364 Vgl. ebd.

365 Vgl. Ivánka, S. 392 ff.

das Funktionieren der Finanzverwaltung und damit der Sicherstellung grundlegender, wenn auch zum Teil radikal reduzierter Staatsaufgaben. Aus Sicht der Krakauer Regierung galt es, nicht nur die Interessen des Reiches und die Forderungen des Reichsfinanzministeriums zu befriedigen, sondern einen Haushalt aufzustellen, der in Sachen Gesundheit, Bildung, Pensionszahlungen etc. weiterhin den staatlichen Grundbedarf abdeckte.

Die Bereitschaft der polnischen Beamten, ihren Landsleuten die erhöhten Steuern und Abgaben abzupressen, war allerdings gering. Zudem waren neben Warschau besonders die Finanzinspektionen in den Distrikten Lublin und ab 1941 Galizien mit Überfällen auf die Steuerämter und der Zerstörung von Unterlagen konfrontiert. Allein im Oktober und November 1943 ereigneten sich im Distrikt Lublin 19 Überfälle dieser Art. Um die deutsche Verwaltung zur stören und lahmzulegen, bedrohten die Widerständler zunehmend auch polnische Vollziehungsbeamte, die als Kollaborateure angesehen wurden. Nicht selten wurden diese bedroht, aufgespürt und ausgeraubt.[366] Ganze Gemeinden und Kreisteile waren damit für die Finanzverwaltung gänzlich unbegehbar. Millionenbeträge an Grundsteuer konnten nicht eingezogen werden. Zwar versuchte die Finanzverwaltung, durch die Zuweisung von Wodkaprämien die Polen zur weiteren Kollaboration zu bewegen, besonders erfolgreich verliefen diese Aktionen jedoch nicht. In zahlreichen Fällen beteiligten sich die Vollstreckungsbeamten durch Unterschlagung von Steuergeldern allerdings auch direkt – wenn auch nicht immer uneigennützig – an der Schwächung der verhassten Besatzer.[367]

Höhere und beständig steigende Steuersätze waren demnach für die Finanzverwaltung flächendeckend kaum mehr einziehbar, auch wenn die öffentlichen angedrohten Strafmaßnahmen eine gewisse Wirkung nicht verfehlt haben dürften. Vor allem in Warschau führte der dort eingesetzte Finanzinspektor, Erich Hufsky, die Finanzverwaltung mit berüchtigter Härte (Abb. 42). Hinzu kam, dass bereits bei den geltenden Sätzen für 1942/43 den Arbeitnehmern mit mehreren Kindern nur das Nötigste zum Leben blieb. Den vom RFM aufgestellten Vergleich mit den angeblich so viel besser gestellten Zwangsarbeitern im Reich wies Bühler dann auch – aufgrund der tatsächlich besseren Versorgungslage – als gänzlich unberechtigt zurück.[368] Die tatsächliche steuerliche Belastung im Generalgouvernement war bei beträchtlich schlechterer Versorgungslage, deutlich geringerer Kaufkraft und um die Hälfte niedrigerer Löhne bereits um ein Vielfaches höher als im Reichsgebiet. Die Lohnsteuer wurde im Generalgouver-

366 Vgl. Berichte zu Raubüberfällen auf Kassenstellen und Steuerämter 1942–1944, AAN, 111, 906 und 907, n. p. u. IPN, GK 94/ IV 233.

367 Vgl. ebd.

368 Vgl. Schreiben Bühlers an Lammers v. 5.8.1942, BArch, R 2, 32107, n. p.; Ders. an RdF v. 6.11.1942, Ders. an Reinhardt v. 7.11.1942, ebd.

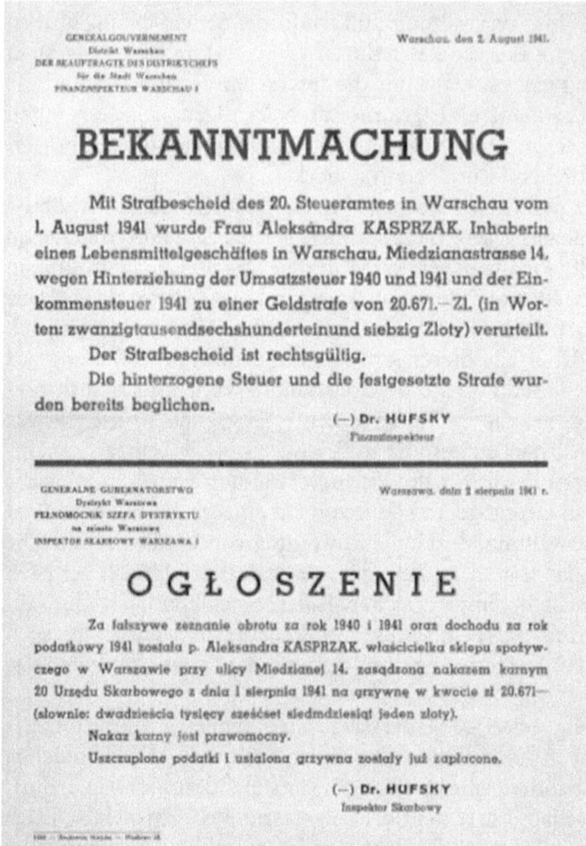

GENERALGOUVERNEMENT
Distrikt Warschau
DER BEAUFTRAGTE DES DISTRIKTCHEFS
für die Stadt Warschau
FINANZINSPEKTEUR WARSCHAU I

Warschau, den 2. August 1941.

BEKANNTMACHUNG

Mit Strafbescheid des 20. Steueramtes in Warschau vom 1. August 1941 wurde Frau Aleksandra KASPRZAK, Inhaberin eines Lebensmittelgeschäftes in Warschau, Miedzianastrasse 14, wegen Hinterziehung der Umsatzsteuer 1940 und 1941 und der Einkommensteuer 1941 zu einer Geldstrafe von 20.671.– Zl. (in Worten: zwanzigtausendsechshunderteinund siebzig Zloty) verurteilt.

Der Strafbescheid ist rechtsgültig.

Die hinterzogene Steuer und die festgesetzte Strafe wurden bereits beglichen.

(–) Dr. HUFSKY
Finanzinspekteur

GENERALNE GUBERNATORSTWO
Dystrykt Warszawa
PEŁNOMOCNIK SZEFA DYSTRYKTU
na miasto Warszawę
INSPEKTOR SKARBOWY WARSZAWA I

Warszawa, dnia 2 sierpnia 1941 r.

OGŁOSZENIE

Za fałszywe zeznanie obrotu za rok 1940 i 1941 oraz dochodu za rok podatkowy 1941 została p. Aleksandra KASPRZAK, właścicielka sklepu spożywczego w Warszawie przy ulicy Miedzianej 14, zasądzona nakazem karnym 20 Urzędu Skarbowego z dnia 1 sierpnia 1941 na grzywnę w kwocie zł 20.671.– (słownie: dwadzieścia tysięcy sześćset siedmdziesiąt jeden złoty).

Nakaz karny jest prawomocny.

Uszczuplone podatki i ustalona grzywna zostały już zapłacone.

(–) Dr. HUFSKY
Inspektor Skarbowy

Abbildung 42 – Bekanntmachung eines Steuerstrafbescheids vom 2. August 1941 durch den Finanzinspekteur für Warschau, Erich Hufsky

nement ab einem Monatslohn von mehr als 124,80 Złoty erhoben, dazu kamen die Einwohnerabgabe und der Kriegszuschlag auf die Einwohnerabgabe. Da die Löhne niedrig gehalten wurden, verdienten 95 Prozent der Polen nicht mehr als 512 Złoty monatlich.[369] Steuererleichterungen für Familien hatte das polnische Steuerrecht auch vor 1939 nicht gekannt, und sie wurden entsprechend der bevölkerungspolitischen Ziele der Besatzer, die eine sozialgerechte Steuerbelastung für Nichtdeutsche ausschlossen, nicht eingeführt. Die jüdische Bevöl-

[369] Vgl. ebd.

kerung war ohnehin von jeder Form der Steuerbefreiung oder -vergünstigung bereits im Herbst 1939 ausgeschlossen worden.[370]

Haushaltsverhandlungen und Wehrbeitrag

Die Haushaltsverhandlungen zwischen Berlin und Krakau entwickelten sich rasch zu einem Routineverfahren. Entsprechend dem Führererlass vom 12. Oktober 1939 wurde der Haushalt des Generalgouvernements, der analog zum Reichshaushalt mit einem ordentlichen und einem außerordentlichen Haushalt gemäß § 3 der RHO aufgestellt wurde, dem Minister zur Genehmigung vorgelegt. Bereits bei der ersten Vorsprache des Abteilungsleiters Spindler für den Haushalt des Rechnungsjahres 1940, der noch einen Fehlbetrag von 80 Millionen Złoty aufwies, forderte der Minister größere Anstrengungen, um die Einnahmen zu erhöhen.[371]

Finanzchef Spindler versuchte die defizitäre Finanzlage neben den Steuererhöhungen, die aber seiner Auffassung nach noch keiner Kriegssteuerpolitik entsprachen, durch eine rigide Einhaltung der Reichshaushaltsordnung und der Forderung nach einer zentral gelenkten Finanzverwaltung zu bewältigen. Dies schloss eine finanzielle Eigenständigkeit der Distrikte praktisch aus und sollte eine stringente Finanzpolitik in Abstimmung zwischen der Regierung des GG und dem RFM ermöglichen. Die Gouverneure von Lublin und Radom, Zörner und Lasch, hatten nämlich bereits begonnen, eigene Einnahmefelder zu generieren, um ihre Ausstattungs- und Bauvorhaben am Etat vorbei umzusetzen. Frank, dessen eigenes Gebaren nicht weniger ausgreifend war, billigte dies mit Verweis auf die Notwendigkeit, einen Unterschied zwischen dem Lebensstandard des „Herrenvolkes" und der unterworfenen Polen zu machen.[372] Neben diesen teils durch Geltungssucht betriebenen Projekten mussten die Baumaßnahmen des „Otto-Programms"[373], das monatlich zunächst mit 50 Millionen Złoty aus dem Reichshaushalt bezuschusst wurde, sowie die Wehrmachtskosten möglichst rasch eigenständig finanziert werden. Hierbei behielt trotz der an-

[370] Vgl. VO über die Aufhebung der Steuerbefreiung und Steuerbegünstigung bei jüdischen Korporationen v. 23.11.1939, VBlGG. (1939), S. 60.

[371] Vgl. Diensttagebuch v. 9. u. 11. u. 12.9.1940, BArch, R 52 II, 229, Bl. 29 ff.

[372] Vgl. ebd.

[373] Im Rahmen des „Otto-Programms" wurden ab Herbst 1940 vor allem die größeren West-Ost-Eisenbahn- und Wegstrecken durch das GG in Stand gesetzt und erweitert. Unter dem Decknahmen „Otto" firmierten verschiedene Planstudien der Wehrmachtsführung für einen begrenzten Krieg gegen die Sowjetunion. Die Vorbereitung für die Truppenstationierung im GG und den Aufmarschplan, der später dann unter der Bezeichnung „Fall Barbarossa" bzw. „Unternehmen Barbarossa" umgesetzt wurde, begannen im Generalgouvernement ab Mitte 1940.

fänglichen Schwierigkeiten das Ministerium den Grundsatz bei, dass alle Kosten durch das besetzte Gebiet selbst zu tragen waren und dass „für die Ausgaben der Verwaltung in den besetzten ehemals polnischen Gebieten, weder Mittel des ordentlichen noch des außerordentlichen Reichshaushalts in Anspruch genommen" werden durften.[374]

Zur Erledigung dieser Aufgabe sollten die Beamten der Finanzabteilung nicht nur einen Haushaltsplan erstellen, sondern neben der allgemeinen Verwaltung der direkten Steuern und Verkehrssteuern auch die Betreuung der deutschen und polnischen Arbeitskräfte (Besoldungs- und Vergütungswesen), die Beaufsichtigung der Gemeindefinanzen sowie die Organisation und Führung des gesamten Kassenwesens übernehmen.[375] Alle Einnahmen des Generalgouvernements waren Deckungsmittel für den gesamten Ausgabenbedarf. Die Einführung und Erhebung von Abgaben, Umlagen, Kontributionen usw. bedurfte der vorherigen Zustimmung des Leiters der Finanzabteilung. Der Abteilung oblag auch die Beschaffung von Kreditmitteln für den außerordentlichen Bedarf.

Kritik am Haushalt äußerte der Minister vor allem wegen der hohen Dienstaufwandsentschädigungen, beispielsweise der Kosten für den aufwändigen Aus- und Umbau der Burg in Krakau zum pompösen Dienst- und Wohnsitz des Generalgouverneurs samt umfangreichem Fuhrpark. Ebenso missfielen die Baumaßnahmen für ein Jagdschloss des HSSPF. Auf Skepsis stieß ebenso der hohe Personalbedarf einiger Dienststellen, die hohe Wiedereinstellungs- und Weiterbeschäftigungsquote bei den polnischen Beamten und Angestellten, besonders der Lehrer und der allgemein teure Wohnungsbau für die abgeordneten deutschen Beamten.[376]

Die Auseinandersetzung um die Dienstaufwandsentschädigungen eskalierte letztlich bis in die Reichskanzlei. Frank standen als Grundgehalt 36.000 und mit Zulagen sogar 46.800 Reichsmark zzgl. Dienstwohnung, Repräsentationsfond und Fuhrpark zu. Auch die Gehälter für die Spitzenfunktionäre – Staatssekretär, HSSPF, Hauptabteilungsleiter und die Distriktgouverneure – lagen zwischen 10.000 und 36.000 Reichsmark und wurden durch Zulagen sowie Zusatzleistungen in Form von Dienstwohnungen und Ausstattungen noch erhöht. Das

[374] Vgl. Kapitel: Finanzhoheit, S. 169; Rundschreiben des RdF v. 24.10.1939 in: Schreiben des RFM an das Reichsverkehrsministerium v. 15.3.1941, BArch, R 2, 5033, Bl. 258.

[375] Vgl. Organigramm zum Organigramm Geschäftsverteilungsplan der Hauptabteilung Finanzen bei der Regierung des Generalgouvernements, S. 429; Geschäftsverteilungsplan der HAFin v. 1.5.1942, BArch, R 2, 5834, Bl. 502 ff.

[376] Vgl. Vermerk Burmeisters v. 20.12.1940, BArch, R 2, 5033, Bl. 222; Anmerkungen zum Haushaltsplan für das GG für das Rj 1940, ebd. Bl. 205 ff.;Schreiben Schwerin von Krosigk an Frank v. 24.12.1940, ebd. Bl. 230; Vermerk der Ländersachbearbeitung v. 19.12.1940, BArch, R 2, 14578, Bl. 104; Schreiben Franks an Funk v. 11.11.1940, BArch, R 2, 14578, Bl. 107.

Abbildung 43 – Reichsfinanzminister Schwerin von Krosigk mit Gouverneur Wächter und Finanzpräsident Spindler (von links) während eines Besuches in Krakau

RFM fürchtete um „die Sittlichkeit des deutschen Berufsbeamtentums", wenn der Einsatz für das Reich so überdeutlich an überhöhte Abfindungen geknüpft war. Bühler argumentierte dagegen, dass eine „zahlenmäßig starke, fremdstämmige Bevölkerung zu regieren sei. Dieser Aufgabe, die durchaus kolonialen Charakter habe, müsse nicht nur die Art der Verwaltung, sondern auch die materielle Abfindung der Beamten usw. angepasst sein." Um die Stellung „als Herren und Führer fremden Volkstums für jedermann sichtbar zu machen", billigte das RFM dann grundsätzlich die Notwendigkeit einer Zulage.[377]

[377] Vgl. Schreiben Bühlers an Reichskanzlei v. 17.2.1842, BArch, R 2, 30511, n.p.; Niederschrift der Besprechungen in der Reichskanzlei v. 3./12.9. u. 3.10.1941

Hohe Personalkosten erschwerten nicht selten die Verhandlungen zwischen Referatsleiter Burmeister und der Hauptabteilung in Krakau. Burmeister reiste regelmäßig zu den jährlichen Haushaltsverhandlungen nach Krakau. Ebenso machten sich seine Kollegen Spindler und Senkowsky immer wieder auf den Weg nach Berlin, so dass ein kontinuierlicher persönlicher Austausch stattfand, auch wenn die Zugänglichkeit zu Minister und Staatssekretär den Angereisten häufig versagt blieb. Die enge Zusammenarbeit ließ Franks Argwohn wachsen, der seine obersten Verwalter nicht als „Sendboten ihrer heimatlichen Ministerien" agieren lassen wollte. Besonders störte der Verdacht, dass man „sich in seinen Verordnungs- und Erlassentwürfen allzu eng an die im Reich geltenden Vorschriften anlehnen oder sie übernehmen wolle. Die völlig eigenwertige Gestaltung des GG zwinge zu schöpferischer Neugestaltung."[378] Die Verhandlungen fanden in der ehemaligen Steuerkammer der Stadt Krakau statt, in der die Besatzer ihre Finanzzentrale eingerichtet hatten. Die Hauptabteilung Finanzen und die ihr unterstellte Generaldirektion der Monopole waren so nur fünf Gehminuten von der Regierungszentrale, die im Gebäude der Bergakademie am Krakauer Außenring untergebracht war, entfernt.[379]

Das RFM beobachtete den klaren Trend zur Überorganisation, der nicht unerhebliche Mittel verschlang, mit wachsender Skepsis, nicht zuletzt da viele Stellen im höheren Dienst angesiedelt worden waren. Zu bemängeln hatte Burmeister außerdem die zu hohe Zahl an Ämtern und Fachabteilungen, deren Zuständigkeitsbereiche zudem nicht klar abgegrenzt waren. Dieses Bild setzte sich auf Distriktebene fort und hatte zur Folge, dass das Finanzministerium einen Stellenplan für das Generalgouvernement ablehnte. Noch war ein Großteil der Beamten von ihren Heimatbehörden entsandt, aber nicht versetzt worden. Das Generalgouvernement übernahm die Personalkosten auf dem Erstattungswege.

Neben den Kosten für die Wehrmacht und die eingesetzten Einheiten der Polizei und der SS belasteten diese Zahlungen den Haushalt im Besonderen.[380] Das Generalgouvernement erstattete die Besoldungskosten samt Zuschlägen an die Heimatbehörden. Daneben bezahlte die Gouvernementsverwaltung abgeordnete reichsdeutsche Angestellte, stellte aber auch Reichsdeutsche und Volksdeutsche ein und beschäftigte ehemalige polnische Beamte und Angestellte weiter. Den etwa 6.000 Deutschen (ohne Post, Polizei und Bahn) standen

u. 20.1./24.2.1942, BArch, R 43 II, 625, Bl. 8 ff., 44 ff., 54 ff.,154 ff., 174 ff. vorgesetzt am: 23.4./28.5./20.10.1942, BArch, R 43 II, 625a, Bl. 32 ff., 75 ff., 167 ff.; Vgl. auch: Aufwandsentschädigungen im Haushalt des GG 1942 Titel B2, BArch, R 2, 5035, Bl. 285; Schreiben Schwerin von Krosigks an Killy v. 1.9.1941, BArch, R 2, 372, Bl. 122 f.

378 Vgl. Schreiben Spindlers an Reinhardt ohne Datum, BArch, R 2, 5824, n. p.

379 Vgl. Verteiler der Regierung des GG v. 1.9.1943, BArch, R 52 II, 250, Bl. 48 ff.

380 Vgl. Bericht über den Aufbau im Generalgouvernement bis 1.7.1940, BArch, R 52 II, 247, 248, 249, n. p.

Abbildung 44 – Finanzminister Czesław Klarner (2. rechts) vor der Steuerkammer, begleitet vom Gouverneur von Krakau Ludwik Darowski (2. rechts) und dem Präsidenten der Steuerkammer in Krakau Józef Greger (links), Krakau im August 1926

Abbildung 45 – Generaldirektion der Monopole, Krakau im Oktober 1940

bereits Mitte 1940 50.000 polnische Beschäftigte gegenüber.[381] Im Haushalt des Folgejahres waren die ausgebrachten Stellen auf über 75.000 (8.967 Beamte, 7.140 Angestellte und über 60.000 nicht beamtete Polen) angewachsen.[382]

Burmeister hakte auch bei den Verhandlungen energisch in Sachen Dienstaufwand und Sonderausgaben nach. Der Berliner Referatsleiter setzte sich dabei mit den Haushaltsvoranschlägen erstaunlich detailliert auseinander. So forderte er, dass sich das Arbeitslager Treblinka, das in direkter Nachbarschaft zum Vernichtungslager lag[383] und lediglich einen Unterposten im Polizeihaushalt bildete, doch endlich selbst tragen solle. Zur Kosteneinsparung schlug er die Zusammenlegung von Distrikten vor, wie den von Radom und Warschau sowie

381 Vgl. ebd.; Lehnstaedt, Imperiale Polenpolitik, S. 392; Haushaltspläne für das Generalgouvernement 1941 bis 1944, BArch, R 2, 5040, 5041, 5042,5037, 5039 R 52 II, 13.

382 Vgl. Haushaltsbesprechung v. 13.6.1941, BArch, R 2, 5046, Bl. 34.

383 Das zwei Kilometer südlich vom Vernichtungslager Treblinka II gelegene Arbeitslager Treblinka I existierte vom Herbst 1941 bis Juli 1944. Die dort Inhaftierten mussten in einer nahegelegenen Kiesgrube und in verschiedenen Werkstätten Zwangsarbeit leisten. Von den etwa 20.000 Häftlingen überlebten weniger als 50 Prozent. Vgl. Berger, S. 72 ff.

Lublin und Lemberg. Das wurde dann zwar geplant, aber nie umgesetzt. Besonders kritisch bewertete Burmeister die Tourismus- und Pressearbeit, die sich für ihn gänzlich erübrigte.[384] Ebenso attestierte er völlig überhöhte Ausgaben für die Truppenbetreuung und Filmpropaganda und hinterfragte Franks Kulturprojekte wie die Krakauer Philharmonie und das Staatstheater. Drastische Einsparungen forderte er auch für das Schulsystem, so dass Lehrer massenhaft zu entlassen waren. Nicht kriegswichtige Einrichtungen und Projekte wie das Institut für Ostarbeit sollten nicht weiter bezuschusst werden. Ein notwendiger wirtschaftlicher oder gar kultureller Aufbau des Generalgouvernements wurde vom Vertreter des Reichsfinanzministeriums rundheraus als nicht kriegswichtig abgelehnt.[385]

Eine tatsächliche sachliche Einzelprüfung der Haushaltstitel durch das zuständige Referat Burmeister und die Fachreferate der Haushaltsabteilung fand jedoch nur in einem sehr begrenzten Maße statt. In der Hauptsache bemängelten die involvierten Referate, dass eine solche Prüfung aufgrund der fehlenden Unterlagen und der Unkenntnis über die Verhältnisse vor Ort nicht machbar sei.[386] Auch streckten sich die tatsächlichen Haushaltsverhandlungen auf der Arbeitsebene zwischen Burmeister und seinem Mitarbeiter Weiß und Spindler, Senkowsky und von Streit für die einzelnen Voranschläge meist bis weit in das kommende Rechnungsjahr, so dass viele Ausgaben nur rückblickend besprochen werden konnten. Die Haushaltsgenehmigung erfolgte durchgängig nachträglich. Burmeisters Hauptaugenmerk lag dabei auf einer umfangreichen und schnellen Einnahmesteigerung über die direkten Steuern und die Monopole. Letztlich konnte er aber nach der Grundsatzentscheidung aus der Reichskanzlei nur Informationen über die Folgen der Steuerpolitik einfordern.[387] Der Einfluss des Reichsfinanzministeriums auf das finanzielle Gebaren im Generalgouvernement war in der Realität ergo sichtlich limitiert. Ungeachtet dessen unternahm das Ministerium einen durchaus nicht unerheblichen Aufwand, um die dem Minister zugewiesene Haushaltskontrollfunktion auch auszuüben.

384 Vgl. Baedeker, Baedeckers Generalgouvernement; Baedeker, Ein NS-Reiseführer für das besetzte Polen.

385 Vgl. Niederschrift der Haushaltsbesprechungen in Krakau 16.-24.11.1942, BArch, R 2, 5036, Bl. 23 ff.; Schreibens des RdF an Frank v. 7.1.1943 u. Antwort v. 10.2.1943, ebd., Bl. 93 ff.

386 Vgl. Korrespondenz des Ref. Burmeister mit den zuständigen Referaten im RFM, BArch, R 2, 5037, 5034, 5035.

387 Burmeister forderte Auskunft über Auswirkungen auf Steuereinnahmen in Folge der VO v. 16.4.1942, die Erhebung des Kriegszuschlages auf die Einwohnerabgabe sowie des Kriegszuschlages auf die Grundsteuer (VBlGG. I (1942), S. 202). Tatsächlich hatte die Lohnsteuer-VO kaum Auswirkungen. Die Kriegszuschläge waren mit Mehreinnahmen von 150 Millionen Złoty für 1942 und 79 Millionen Złoty für 1943 kalkuliert. Schreiben Burmeisters an HAFin v. 14.5.1942, BArch, R 2, 5035, Bl. 43, 47 u. Antwort v. 26.9.1942, ebd., Bl. 184 f.

Ab 1941 stiegen die Einnahmen auf zunächst 250 Millionen Złoty an Mehreinnahmen, wovon knapp 150 Millionen Złoty aus dem Tabak- und Branntweinmonopol stammten. Zeitgleich stiegen die Ausgaben für den Einsatz der deutschen Sicherheitspolizei (Sipo) von 14 auf 51 Millionen Złoty und für die deutsche Ordnungspolizei (OrPo) von 25 auf 154 Millionen Złoty.[388] Die Mindestforderung für den Wehrbeitrag für 1941 lagen seitens des RFM bei einer halben Milliarde Złoty.[389] Die Auseinandersetzungen um die durch das Generalgouvernement zu leistenden Erstattungsbeträge in Form eines Wehrbeitrages und der Polizeikostenerstattung bestimmten fortan maßgeblich die Haushaltsverhandlungen.

Sold für die Mörder

Die Aufstellung und Ausrüstung der fünf Einsatzgruppen mit 16 Einsatzkommandos war bereits im Sommer 1939 von Werner Best im RSHA geplant worden. Die Einheiten aus Sicherheitspolizei und SD hatten die Aufgabe, die polnischen Eliten festzunehmen oder zu erschießen[390], die Juden zu ghettoisieren, die Polen aus den annektierten Gebieten zu vertreiben und einen Sicherheitsapparat mit stationären Polizeibehörden in den beiden Gebieten des ehemaligen Polen zu etablieren.[391] Die Mitglieder der Einsatzkommandos ermordeten zwischen 60.000 und 80.000 polnische Staatsangehörige, unterstützten die Vertreibung Hunderttausender ins Generalgouvernement und verschleppten Tausende in die Konzentrationslager.[392] An die 3.000 Männer[393] setzten das Mordhandwerk um und wurden aus Steuermitteln besoldet.[394] Das

388 Vgl. Kapitel: Sold für die Mörder, S. 297.

389 Vgl. Schreiben des Referates Kallenbach an das Referat Burmeister v. 25.2.1942 u. Schreiben des Referates Schmidt-Schwarzenberg an das Referat Burmeister v. 9.3.1942, BArch, R 2, 5034, Bl. 103 ff.; Vermerk Burmeisters zu Haushaltsverhandlungen in Krakau v. 16.-19.3.1942, ebd., Bl. 126 f.; Ders. v. 24.3.1942, ebd., Bl. 190 f.

390 Bereits im Mai 1939 hatten SD und Mitglieder der deutschen Minderheit in Polen eine Aufstellung von 61.000 Namen verfasst, die den Einheiten als Fahndungsgrundlage diente. Vgl. Reichskriminalpolizeiamt; https://www.sbc.org.pl/dlibra/publication/edition/24330?id=24330.

391 Vgl. Herbert, Best, S. 238–248; Mallmann/Böhler/Matthäus.

392 Vgl. Friedländer, S. 852 f.

393 Vgl. Krausnick, S. 28; Browning, Die Entfesselung der Endlösung, S. 36.

394 Der Steueranteil am Budget der SS und ihrer Gliederungen wuchs seit 1933 mit zunehmendem Machtanspruch und steigender Einbindung in staatspolizeiliche und militärische Aufgaben. Der Haushalt der militärischen Formationen war Teil des Etats des RMdI. Bereits 1935 überstieg der Etat die Planungen von Wehrmacht und RFM. Verantwortlich für diese Entwicklung waren der spätere Leiter des WVHA Oswald Pohl und der Begründer des RSHA Werner Best. Best übernahm die Verhandlungen mit dem RFM. Mit Ausnahme des Polizeihaushaltes entschied Pohl über die Mittelverwendung. Für 1939

Reichsfinanzministerium forderte, dass zumindest der Einsatz im Generalgouvernement dauerhaft aus Mitteln des besetzten Gebietes beglichen werden sollte.[395] Für den Einsatz der Ordnungs- und Sicherheitspolizei sollten Millionenbeträge bereitgestellt und auch die im Generalgouvernement stationierten SS-Standarten bezahlt werden.

Die Diskussion um die Erstattung des Polizeietats entwickelte sich früh zu einem Dauerstreitpunkt in den Haushaltsverhandlungen. Das Rauben und Morden der deutschen Polizeieinheiten, des Sicherheitsdienstes und der SS verschlang größere Summen als zunächst veranschlagt. Generalgouverneur Frank sah zudem seine Hoheitsmacht, durch die ihm nicht unterstellte Polizeigewalt, bedroht.[396] Er stellte jedoch keineswegs grundsätzlich in Frage, dass die SS zugegen war, im Gegenteil. Ganz anders sah das sein Finanzchef Spindler, der mit Blick auf die desolate Haushaltslage kein Interesse am Einsatz von SS und deutscher Polizei im GG zeigte. Die polnische Polizei schlug im Haushaltsjahr 1940 bereits mit 30 Millionen Złoty zu Buche – mehr als 50 Millionen Złoty durften in seinen Augen aus den Haushaltsmitteln des GG für deutsche Polizeikräfte nicht aufgebracht werden. Der HSSPF Krüger lehnte jedoch jedwede Sparmaßnahme ab und forderte sogar Verstärkung.[397]

Das Reichsfinanzministerium sah die Finanzierung des Terrors als eine Aufgabe, die das GG über den Kreditweg, also über die Emissionsbank, lösen sollte, schließlich lag der errechnete Betrag für die Polizeikosten per captiva im Reich bei elf Reichsmark und im GG bei nur etwa sieben Reichsmark. Das Ministerium stimmte deshalb auch nur einer vorübergehenden Finanzierung von sechs der zwölf eingesetzten Polizeibataillone aus Reichsmitteln zu, übernahm aber doch sämtliche Kosten für die SS-Standarten und der Zollgrenzschutz.[398] Erwartungsgemäß stiegen die Kosten für den Polizeieinsatz von Jahr zu Jahr (Tab. 4). Für das Jahr 1942 belief sich die Summe auf 163 Millionen Reichsmark,

waren das knapp 300 Mio. RM. Vgl. Schulte, S. 83 ff.; Vgl. ebd., S. 57; Herbert, Werner Best, S. 290. Zur Finanzierung der Konzentrationslager vgl. Kapitel: Das Interessengebiet Auschwitz, S. 236.

395 Vgl. Kapitel: Kein Generalreferent für Polen, S. 174.

396 Die Etablierung der Höheren SS- und Polizeiführer (HSSPF) und der Dienststellen von SD, Gestapo und Polizei in den neuen Reichsgauen und im GG fasste die Polizeigewalt unter direkter Kontrolle Himmlers dem Reichsführer SS und Chef der Deutschen Polizei (RFSSuChdDP) zusammen. Zwischen Generalgouverneur Frank und dem HSSPF Krüger wuchs ein jahrelanger Konflikt um Macht, Einfluss und nicht zuletzt Finanzmittel. Vgl. Birn; Buchheim. Mit dem Sonderdienst hatte Frank sogar versucht eine eigene Polizeigewalt zu etablieren. Vgl. VO v. 6.5.1940, VBLGG. I (1940), S. 186.

397 Die realen Kosten beliefen sich bereits 1940 auf 210 Mio. Zł, einem Drittel des ordentlichen Haushaltes. Vgl. Niederschrift zur Besprechung am 22.2.1940, BArch, R 2, 5087, Bl. 42 ff.; Diensttagebuch v. 17.6.1940, BArch, R 52 II, 177, Bl. 131 ff.

398 Vgl. ebd.

was über 320 Millionen Złoty entsprach. Der Anteil des Generalgouvernements betrug 254 Millionen Złoty.[399]

Tabelle 4 – Polizeikosten im GG in Mio. Zł[400]

Rechnungsjahr	Anteil GG	Anteil Reich	Gesamt	Haushalt GG[401]
1939	24	k. A.	> 24	k. A.
1940	152	37	189	237
1941	153	60	213	292
1942	254	71	325	369
1943	260	k. A.	> 260	379
1944	260[402]	k. A.	> 260	396
Gesamt	**1.103**	**168**	**> 1.271**	**1.673**

Die Anteile des Reiches für den Einsatz der Deutschen Polizei im Generalgouvernement wurden jedoch nicht tatsächlich im Verrechnungsverkehr gut geschrieben. Die Emissionsbank bevorschusste die Summen auf dem Kreditwege und sollte diese zu Lasten der Reichshauptkasse später erstattet bekommen.[403] Zudem musste das Generalgouvernement weitere Kosten im regulären Haushalt aufbringen. Neben den Kosten für die polnische Polizei waren dies unter anderem die Unterbringung, die laufende Unterhaltung der Gebäude und deren Einrichtung.[404] Zur Verwaltungsvereinfachung einigte sich Burmeister mit der Hauptabteilung Finanzen in Krakau schließlich darauf, dass ab 1943 die Erstattungsbeträge des GG pauschaliert wurden und für den Einsatz der Ord-

399 Vgl. Vermerk Spindlers v. 19.6.1940, BArch, R 2, 12138, Bl. 3; Besprechungsprotokoll v. 26.7.1940, ebd., Bl. 4 ff.; Schreiben Bests an RFM v. 22.4.1940, ebd. Bl. 23 f.; Besprechungsprotokoll v. 11.7.1941, ebd. Bl. 103; Vermerk Burmeisters v. 10.11.1942, ebd. Bl. 139.

400 Aufgeführt sind hier die Haushaltsansätze für die jeweiligen Rechnungsjahre. Vgl. Übersicht der ordentlichen und außerordentlichen Haushalte des GG der Jahre 1940–1944, BArch, R 2, 5039.

401 Vgl. Vermerk Ref. Kallenbach v. 26.7.1940, BArch, R 2, 12138. Bl. 4 ff.; Schreiben Spindlers an RHK v. 18.11.1940, ebd., Bl. 21; Ders. an den RdF v. 9.4.1941, ebd. Bl. 35 ff.; Niederschrift der Besprechung v. 11.7.1941, ebd., Bl. 103 ff.; Vermerk des Ministerbüros RFM vom 10.11.1942, ebd., Bl. 139. Kilian geht hier von deutlich geringeren Summen aus. Kilian, S. 176.

402 Der Pauschalbetrag wurde ab dem Rj. 1943 vereinbart. Ein Nachweis über den tatsächlichen Zahlungsverkehr für die Rj. 1943 u. 1944 konnte nicht ermittelt werden. Es ist aber davon auszugehen, dass der Betrag für 1943 entrichtet wurde u. für 1944 zumindest teilweise. Vgl. Vermerk des Ministerbüros RFM vom 10.11.1942, ebd., Bl. 139.

403 Vgl. Schreiben GenB an Burmeister v. 8.1.1943, BArch, R 2, 14580, Bl. 96 f.

404 Vgl. Vermerk Ref. Kallenbach v. 26.7.1940, BArch, R 2, 12138. Bl. 4 ff.

nungspolizei 200 Millionen Złoty und für die Sicherheitspolizei 60 Millionen Złoty durch das Generalgouvernements aufzubringen waren.[405]

Ausnutzung über das Maximum hinaus

Um die Höhe des Wehrbeitrages festzulegen, kalkulierte das Finanzministerium auf Grundlage der Wehrmachtsausgaben im Verhältnis zum Gesamthaushalt für das letzte Friedensjahr 1938, die den Reichshaushalt mit etwa 25 Milliarden Reichsmark (davon 10 Milliarden Reichsmark für nicht militärische Zwecke) belastet hatten. Im Ergebnis forderte Schwerin von Krosigk, dass auch das vom Krieg schwer gezeichnete und wirtschaftlich geschwächte Generalgouvernement mindestens zwei Drittel seiner Ausgaben für nicht-militärische Zwecke als Erstattung an das Reich abzuführen habe.[406]

Die Militärverwaltung und damit der eigentliche Besatzungsstatus waren zwar beendet, die stationierten Teile der Wehrmacht betrachtete man in Berlin allerdings weiterhin als militärischen Schutz des Generalgouvernements. Die erste unabwendbare Forderung an das Generalgouvernement belief sich für das Rechnungsjahr 1941 auf über eine halbe Milliarde Złoty. Das Ministerium forderte neben den Besatzungskosten eine weitreichende finanzielle Ausnutzung des Generalgouvernements für die Zwecke des kriegführenden Reiches. In der Argumentation des RFM stellte der Wehrbeitrag lediglich „den Beitrag des Generalgouvernements zu den friedensmäßigen Wehrmachtsausgaben des Reichs dar". Darüber hinaus gedachte man, dem Generalgouvernement später „ einen Kriegsbeitrag für die dem Reich durch den Krieg zusätzlich erwachsenden Kriegsausgaben der Wehrmacht" abzuverlangen.[407] Die Sonderstellung des Generalgouvernements, das im Gegensatz zu den anderen besetzten Gebieten zunächst von der Zahlung eines Matrikular- oder Wehrbeitrages befreit war, wollte das RFM beenden.[408]

Die Auseinandersetzung darüber, ob und wieviel Geld aus dem GG ans RFM gezahlt werden sollte, erreichte so die Ebene zwischen Generalgouverneur und Reichsminister. Schwerin von Krosigk argumentierte gegenüber Frank, dass die Kopfzahl sowie die Gebietsgröße – der Distrikt Galizien war

405 Vgl. Vermerk Kallenbachs v. 7.12.1942, BArch, R 2, 12138, Bl. 194.

406 Vgl. Vermerk des RFM v. 8.1.1940, BArch, R 2, 5085, Bl. 3 f.; Schreiben OKW an RFM v. 26.2.1940, ebd., Bl. 14 f.; Schreiben OKW an RFM v. 30.5.1941, ebd., Bl. 33 f.; Schreiben Spindlers an RFM v. 30.6.1941, ebd., Bl. 36; Vermerk Burmeisters v. 27.9. u. 19.12.1941, ebd., Bl. 39, 127 f.

407 Vgl. ebd.

408 Vgl. Vermerk Burmeisters v. 17.1.1941, BArch, R 2, 5084, Bl. 35 ff.; Kapitel: Kein Generalreferent für Polen, S. 174.

zum 1. August 1941 dem Generalgouvernement zugeschlagen worden[409] – höhere Forderungen rechtfertigten. Er tat dies im Wissen um die Vertreibungen und die Beutetransporte und damit im vollen Bewusstsein über die wirtschaftliche Situation des Generalgouvernements. Frank hingehen erkannte für seinen Machtbereich im Krieg gegen die Sowjetunion eine Verschärfung der wirtschaftlichen Lage. Galizien als Beute stellte nach der sowjetischen Zwangskollektivierung und den Kriegszerstörungen aus Haushaltssicht eine deutliche Mehrbelastung dar.[410] Die Positionen gingen diametral auseinander. Eine baldige Einigung schien nicht in Sicht.

Tabelle 5 – Übersicht über die Einnahmen, die Ausgaben (ohne Wehrbeitrag) und den Wehrbeitrag im ordentlichen Haushalt des GG 1940 bis 1944 in Mio. Zł[411]

Jahr	Einnahmen	Ausgaben	Anteil für Wehrbeitrag
1940	1.038	1.038	–
1941	1.767	1.667	100
1942	2.700	2.200	500
1943	3.655	2.655	1.000
1944	3.695	2.809	886

Tabelle 6 – Übersicht über die Einnahmen, die Ausgaben (ohne Wehrbeitrag) und den Wehrbeitrag im außerordentlichen Haushalt des GG 1940 bis 1944 in Mio. Zł[412]

Jahr	Einnahmen	Ausgaben	Anteil für Wehrbeitrag
1940	278	278	–
1941	714	314	400
1942	477	277	200
1943	528	328	300
1944	754	440	314

Wie in der Tabelle 5 ersichtlich, stiegen die Einnahmen aufgrund der Steuer- und Monopolpolitik und der sich sprunghaft entwickelnden Inflation beständig an. Ab 1941 war die Wehrmacht mit ihrem Verbrauch an Monopolerzeugnissen für einen großen Teil der Einnahmen verantwortlich. Ebenso stiegen die Ausgaben inflationsbedingt und durch die stetig steigenden personellen Erfordernisse. Trotzdem gelang es, einen Überschuss zu verbuchen, der für die Jahre

409 Die Emissionsbank tauschte 344 Mio. Rubel in Zł. Die Rubel wurden ohne Gegenleistung an die RHK überführt. Vgl. Madajczyk, Okkupationspolitik, S. 607.

410 Vgl. Konzepte für Schreiben des RdF an Frank v. Februar 1942, BArch, R 2, 5085, Bl. 55 ff. Antwort v. 24.3.1942, ebd., Bl. 61 ff.

411 Vgl. Übersicht der ordentlichen und außerordentlichen Haushalte des GG der Jahre 1940–1944, BArch, R 2, 5039, Bl. 75.

412 Vgl. ebd.

1942 bis 1944 die Abführung größerer Beträge aus dem ordentlichen Haushalt als Wehrbeitrag an das Reich ermöglichte.[413] Da diese Summen noch immer nicht ausreichten, um die Erwartung des Reichsfinanzministeriums zu befriedigen, erhöhte sich der außerordentliche Haushalt durch Verschuldung des Generalgouvernements entsprechend (Tab. 6), auch wenn die Summen, die auf dem Kreditwege erbracht wurden, nach 1941 beständig abnahmen. Die höchste Geldforderung des RFM erfolgte für das Haushaltsjahr 1943. Auf Basis einer weiteren Einnahmesteigerung – allein die Kriegszuschläge auf die Grundsteuer sowie Tabak- und Branntweinprodukte hatten zu Mehreinnahmen in Höhe von 30 Millionen Złoty geführt – wurde ein Milliardenbetrag verlangt. Insgesamt gelang es den Finanzbeamten im Generalgouvernement, einen Überschuss von 1,25 Milliarden Złoty für den Haushalt zu verbuchen. In der Folge forderte Burmeister für das Reichsfinanzministerium einen Wehrbeitrag von zunächst einer Milliarde Złoty sowie eine Nachzahlung von 600 Millionen Złoty für das vergangene Rechnungsjahr 1942. Der Berliner Referatsleiter erwartete weitere Einnahmesteigerungen, da der Krieg vor allem im Osten immer kostspieliger wurde.

Zu Jahresbeginn 1943 hatten die Reste der 6. Armee in Stalingrad kapituliert. Die Ausgaben der Wehrmacht im Generalgouvernement, das als Etappe der Ostfront fungierte, beliefen sich für 1942 auf 2,2 Milliarden Złoty. Um ein Mehraufkommen an Abgaben zu akkumulieren, sollten neben weiteren Steuererhöhungen endlich die als zu hoch angesehenen Dienstaufwandsentschädigungen gesenkt und eine Gewinnabführung aus den Mitteln der Emissionsbank über eine Statutänderung erreicht werden. Außerdem erhoffte man sich, durch einen verstärkten Einsatz von Buchprüfern und Fahndungsbeamten mehr Geld einzutreiben. Mit den fünf zusätzlichen Beamten, die das RFM 1942 für den Einsatz in Warschau und Krakau „zur steuerlichen Erfassung des polnischen Schiebertums" abgesandt hatte, war der Druck auf die Steuerpflichtigen bereits merklich erhöht worden.[414]

Schwerin von Krosigk selbst vertrat die Auffassung, dass das GG bisher mit Rücksicht auf den „Aufbau Ost" sogar übermäßig geschont worden sei und veranschlagte absurde drei Milliarden Złoty als Abgabe. Das Generalgouvernement sollte die tatsächlichen Ausgaben der Wehrmacht und die geforderte

413 Die Angaben für das Jahr 1944 entsprechen den Festlegungen entsprechend der Haushaltsverhandlungen des Frühjahrs 1944. Vgl. Übersicht der ordentlichen und außerordentlichen Haushalte des GG der Jahre 1940–1944, BArch, R 2, 5039, Bl. 75. Zum tatsächlichen Zahlungsverlauf für das Jahr 1944 vgl. Kapitel Der Warschauer Aufstand, S. 354.

414 Vgl. Niederschrift zur Besprechung v. 7.6.1943, BArch, R 2, 5037, Bl. 162 ff.; Vermerk Burmeisters zu Haushaltsverhandlungen v. 12.7.1943, ebd., Bl. 244 ff.; Schreiben Senkowskys an die FI und Ämter der Distrikte Abteilung Finanzen v. 6.3.1942, BArch, R 2, 5072, Bl. 23; Schreiben Rogges an dieselben v. 16.4.1943, BArch, R 2, 5074, Bl. 84 f.

Nachzahlung aufbringen. Wenn dies nicht über den ordentlichen Haushalt zu finanzieren war, dann eben über den außerordentlichen Haushalt, also über Anleihen und Schuldverschreibungen und letztlich über die Notenpresse der Emissionsbank. Ein ausgeglichener, ordentlicher Haushalt war für den Finanzminister nach drei Jahren Besatzung und mit Blick auf die Anstrengungen des „totalen Krieges" für das Generalgouvernement nicht mehr hinnehmbar.[415]

In den Haushaltsbesprechungen verhandelten Ministerium und Generalgouvernement um eine Ausgabenerhöhung von über 450 Millionen Złoty. Bei einer bestehenden Forderung von drei Milliarden Złoty Wehrbeitrag und einer überlasteten Wirtschaft muss allen Beteiligten die Realitätsferne dieser Rechnung bewusst gewesen sein. Man verstieg sich daher auf teils abstruse Verrechnungen. Die abschließende Auseinandersetzung mit der HTO sollte 500 Millionen Złoty einbringen und über Schatzanweisungen, Anleihen oder durch Schuldverschreibungen errechnete man weitere 1,5 Milliarden Złoty. Einen Kapitalmarkt gab es jedoch faktisch nicht und der Verschuldung der Emissionsbank waren Grenzen gesetzt. Außerdem war vonseiten der Bevölkerung zu diesem Zeitpunkt keinerlei Vertrauen mehr in die Währung zu erwarten.[416]

Letztlich waren alle Verrechnungskünste nichts anderes als eine Erhöhung des Notenumlaufs, der durch die Druckerpresse der Emissionsbank „erwirtschaftet" werden sollte. 1942 hatte die Emissionsbank auf diese Weise bereits 2,4 Milliarden Złoty an Wehrmachtsausgaben vorfinanziert. Bühlers vorgebrachter Verweis, dass das Generalgouvernement doch Warenlieferungen leiste und Zwangsarbeiter für die Rüstungsproduktion des Reiches stellte, fand ebenso wenig Gehör wie sein Verweis auf die drohende Zahlungsunfähigkeit. Die Lieferungen an das Reich waren spätestens seit 1942 so ausufernd, dass das Verhungern der Polen einkalkuliert war. Die Ernteerfassung musste bereits durch Polizei und SS überwacht werden.[417]

Im letzten Jahr der Besatzung versuchte sich Frank mit wenig Erfolg dann sogar an einer Wende in der Politik gegenüber der polnischen Bevölkerung und forderte in den Haushaltsverhandlungen eine Gehaltserhöhung für die beschäftigten Polen. Zu diesem Zeitpunkt drang die Rote Armee im Osten bereits auf polnisches Gebiet vor. Trotz der militärischen Entwicklung und des Verlustes an Produktionsstandorten und Arbeitskräften bestand das Reichsfinanzministerium, scheinbar unbeeindruckt von den tatsächlichen Entwicklungen, auf den

415 Vgl. Schreiben Schwerin von Krosigks an Frank v. 23.7.1943, BArch, R 2, 5037, Bl. 278 f.; Schreiben des RdF an den Generalgouverneur v. 17.9.1943, BArch, R 2, 5085, Bl. 93 f.

416 Vgl. Schreiben Schwerin von Krosigks an Frank v. 23.7.1943, BArch, R 2, 14580, Bl. 191 f.; Vermerk der HAFin v. 7.6.1943, BArch, R 2, 5085, Bl. 88; Vermerk GenB Referat Bußmann v. 23.3.1943, BArch, R 2, 14580, Bl. 133 f.; Übersicht über die Erstattungen, Haushaltsplan 1942, BArch, R 2, 5035, Bl. 196.

417 Vgl. Berichte des Beauftragten des Reichsleiters Bormann ab dem 9.8.1942, BArch, NS 6, 795, Bl. 107 ff.

Wehrbeitrag, auch wenn dies über das leistbare Maximum hinausgehen musste.[418] Die Verbuchung des Wehrbeitrages erfolgte im Reichshaushalt zu den Ansätzen des Einzelplans XVII, Kapitel 3, Titel 1 und 2 der Einnahmen des ordentlichen Haushalts und nicht gesondert als Besatzungskosten, wie dies bei anderen Einnahmen dieser Art der Fall war.[419]

Reichsschuld

Bei der Frage der Erstattung der Besatzungskosten ging es in einem wesentlichen Punkt auch um die Regelung des Verrechnungsverkehrs zwischen dem Reich und dem Generalgouvernement, der seit Beginn der Besatzung Gegenstand der Auseinandersetzung zwischen Generalgouverneur und Reichsfinanzminister war.[420] Das Vorgehen hatte sich nach 1940 nicht wesentlich verändert. Die Dienststellen der Wehrmacht verschafften sich im GG über grüne Schecks Złoty-Geldmittel bei der Emissionsbank, die wiederum die Schecks bei der Reichshauptkasse vorlegte. Für die Jahre 1940 und 1941 hatte die Reichshauptkasse da das Reich noch bereit war, die Kosten ohne die Gegenleistung eines Wehrbeitrages zu erstatten – den Gegenwert an die Emissionsbank durch Einzahlung auf das Clearingkonto des Verrechnungsinstituts Krakau bei der deutschen Verrechnungskasse überwiesen.[421]

Der Ausgleich des Clearings bereitete aber bald Schwierigkeiten, da zu geringe Złoty-Einzahlungen des Generalgouvernements eingingen. Das Reichsfinanzministerium zwang daraufhin das GG, die Zahlungen für die grünen Schecks durch die Übernahme des Alt-Złoty-Guthabens des Reiches zu realisieren. Im Februar 1941 war dieses „Guthaben des Reiches“ endgültig aufgebraucht. Die Emissionsbank musste aber weiterhin die Bedürfnisse der Wehrmacht bedienen und forderte nun ihrerseits vom Reich eine Verzinsung. Dieses zahlte zunächst ab April 1941 auf ein außerhalb des Verrechnungsverkehrs stehendes Interimskonto bei der Reichsbank Giroabteilung. Ungeachtet dessen leistete die Emissionsbank bis Jahresende 1941 Auszahlungen in Höhe von 1.736.453.146,25 Reichsmark (Abb. 46).[422]

Neben der Wehrmacht wurden im Generalgouvernement auf diese Weise der Einsatz der SS, des Zollgrenzschutzes und Vorhaben im Rahmen des „Otto-Programms“ finanziert. Durch die aufgelaufenen Forderungen der

418 Vgl. Vermerk Burmeisters v. 25.4.1944, BArch, R 2, 5039, Bl. 70 f.; Schreiben Franks an Schwerin von Krosigk v. 31.3.1944 u. Antwort v. 6.5.1944, ebd., Bl. 109 f.

419 Vgl. Schreiben Mayers an Burmeister v. 21.11.1942, BArch, R 2, 5037, Bl. 2; Ders. an Burmeister v. 8.1.1942, BArch, R 2, 5085, Bl. 49.

420 Vgl. Kapitel: Verrechnungsverkehr, S. 164.

421 Vgl. ebd.; Kilian, S. 169, 177 f.

422 Vgl. Vermerk Breyhans v. 5.2.1942, BArch, R 2, 14579, Bl. 158 f. u. ebd., 5085, Bl. 50 ff.

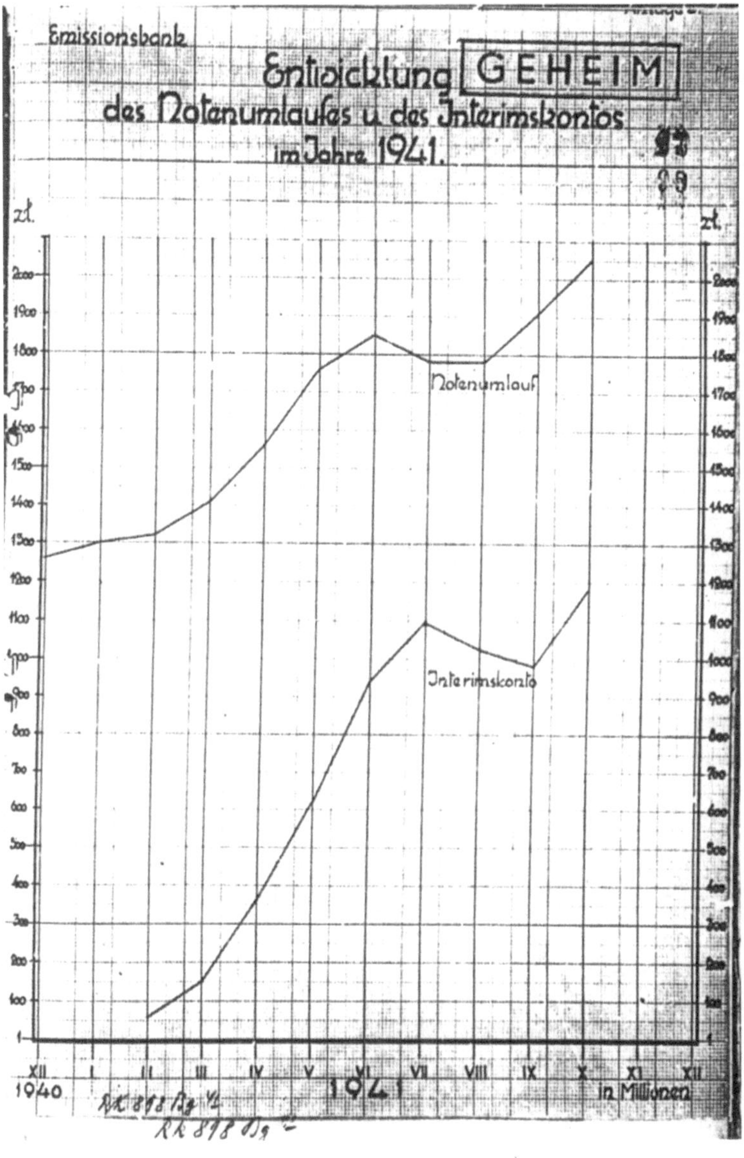

Abbildung 46 – Diagramm zur Entwicklung des Notenumlaufs der Emissionsbank und des Kontostands des Interimskontos im Jahr 1941

Emissionsbank und die entsprechenden Überweisungen der Reichshauptkasse im Clearing und auf dem Interimskonto, wuchsen zum Missfallen des RFM die Forderungen des Generalgouvernements gegenüber dem Reich. Die angewachsene Reichsschuld werteten die Beamten durchaus als kommerzielle Verschuldung, „obwohl ihr ganz überwiegend, wenn nicht sogar ausschließlich ein politischer Entstehungsgrund zu Grunde liegt", wie man im Generalbüro die Verschuldung aus Krieg und Besatzung als unerwünschte Entwicklung zusammenfasste.[423]

Die Auffassung des Ministeriums, dass alle besetzten Gebiete die Besatzungskosten selbst und endgültig zu tragen hatten und jegliche Forderungen, wenn überhaupt, dann nach Beendigung des Krieges, zu regeln seien, sollte ab 1942 nicht nur für die Höhe des angesetzten Wehrbeitrages gelten, sondern auch für den Verrechnungsverkehr generell. Die Position Franks, der gegenüber Schwerin von Krosigk seine Position vehement durchgesetzt hatte und auf eine kommerzielle Verschuldung drang, die gegenüber dem GG durch Güterlieferungen spätestens nach dem Krieg abgedeckt werden sollte, wurde fortan im Ministerium abgewehrt. Das Referat Bußmann bemerkte dazu: „Bei den großen wirtschaftlichen Anstrengungen, die nach Kriegsende für die Erneuerung und den Wiederaufbau der Wirtschaftssubstanz und für die Normalisierung des Lebensstandards der Konsumenten im Reich gemacht werden müssen, kann jedoch eine Abdeckung einer kommerziellen Schuld gegenüber dem GG durch Güterlieferungen nicht in Betracht kommen[...] Deshalb muss endlich auch das GG einen Beitrag zum Krieg und für seinen Schutz leisten."[424]

Die bestehende Forderung der Emissionsbank gegen das Reich sollte einfach gestrichen und alle künftigen Kosten direkt dem Generalgouvernement aufgebürdet werden. Trotz des dauerhaften Abwärtstrends der dortigen Wirtschaft, lehnte das Ministerium eine weitere Zahlung auf das Interimskonto ab. Die bisherigen Zahlungen, die als Vorschuss angesehen wurden und auf dem Kreditwege durch die Reichshauptkasse aufgebracht werden mussten, wurden ab dem Rechnungsjahr 1943/44 gestoppt. Bedenken zu den währungsmäßigen Auswirkungen auf den Złoty hegte man in Berlin dabei keineswegs. Die durch die Reichshauptkasse geleisteten knapp 4,9 Milliarden Złoty waren zudem keine für das GG realisierbare Summe und gingen zu vollen Lasten der dortigen Volkswirtschaft.[425] Für die Emissionsbank änderte sich letztlich wenig. Sie druckte weiterhin immense Geldmittel, mit dem Unterschied, dass nicht mehr die Reichsschuld als Notendeckung fungierte, sondern sich das Generalgouvernement bei sich selbst verschuldete. Eine spätere Deckung durch irgend-

423 Vgl. Vermerk GenB Referat Bußmann für Breyhan, Burmeister u. Hoffmeister v. 27.11.1942, BArch, R 2, 14580, Bl. 128 f.

424 Ebd.

425 Vgl. ebd., S. 177 f.

eine Form der Güterlieferungen schloss das RFM aus. Um die Emissionsbank maximal zu belasten, schlugen die Beamten kurzerhand eine zusätzliche Abänderung der Emissionsbank-Verordnung vom 15. Dezember 1939[426] vor, um einen Teil des Reingewinns direkt an den Fiskus abzuführen, der so im Haushalt keine höhere Verschuldung hätte ausweisen müssen.[427] Durchsetzen konnte das RFM diese Forderung nicht.[428]

Um die geleisteten Zahlungen des Reiches auf dem Verrechnungskonto wieder für das Reich zu vereinnahmen, kaufte die Emissionsbank unverzinsliche Schatzanleihen des Reiches (Tab. 7). Der Geldkreislauf war zu Ungunsten des Generalgouvernements geschlossen. Der Bestand der Emissionsbank an Schatzanleihen zum 18. Dezember 1941 betrug bereits 695.000.000 Reichsmark.

Tabelle 7 – Anlagen der Emissionsbank in unverzinslichen mehrmonatigen Schatzanweisungen des Reiches und in 3 Prozent verzinsliche Schatzanweisungen des Generalgouvernements in Mio. Zł[429]

Monat	**6 monatige**	**18 monatige**	**GG**	**insgesamt**
28.02.1941	8,0	0,0	k. A.	k. A
31.03.1941	20,0	36,0	k. A.	k. A.
30.04.1941	20,0	142,0	k. A.	k. A.
31.05.1941	20,0	270,0	k. A.	k. A.
30.06.1941	20,0	429,0	k. A.	k. A.
31.07.1941	20,0	507,0	k. A.	k. A.
31.08.1941	15,0	497,0	k. A.	k. A.
30.09.1941	k. A.	488,0	k. A.	k. A.
31.10.1941	40,0	549,0	k. A.	k. A.
30.11.1941	40,0	595,0	k. A.	k. A.
18.12.1941	40,0	695,0	k. A.	k. A.
⋮				
31.03.1942	29,2	1.758,1	0,0	1.787,3
31.08.1942	32,2	2.334,0	0,0	2.366,2
30.09.1942	32,3	2.368,1	7,0	2.407,4

Der erhöhte Währungsbedarf der Wehrmacht war von der Emissionsbank durch Erhöhung des Notenumlaufs also gedeckt worden. Zwischen Ende Mai 1940 und November 1941 hatte sich so auch der Geldmengenumlauf von

[426] Vgl. Kapitel: Emissionsbank in Polen, S. 160.

[427] Vgl. Vermerk GenB Referat Bußmann für Breyhan, Burmeister u. Hoffmeister v. 27.11.1942, BArch, R 2, 14580, Bl. 128 f.

[428] Vgl. Vermerk GenB Referat Bußmann v. 16.6.1944 u. Stellungnahme v. 2.8.1944, ebd., Bl. 196 f.

[429] Vgl. Volkswirtschaftliche Abteilung der Reichsbank v. 21.11.1942, BArch, R 2, 14580, Bl. 131; Vermerk GenB Referat Bußmann an Breyhan v. 3.1.1942, BArch, R 2, 5105, Bl. 41 ff.

933.000.000 Złoty auf 2.052.000.000 Złoty erhöht.[430] Die Folge war eine erhebliche Entwertung der Kaufkraft des Złoty und eine drastische Inflation. Die Notenmenge sollte durch eine gezieltere Abschöpfung der Kaufkraft reguliert werden. Das Ministerium schlussfolgerte, dass eine umfangreiche Erhöhung des geforderten Wehrbeitrages um zusätzliche Erstattungsleistungen – wie zum Beispiel die volle Kostenübernahme für den Einsatz des Zollgrenzschutzes von knapp 120 Millionen Złoty – Abhilfe schaffen und zugleich den Reichshaushalt entlasten sollte. Außerdem sollten die Steuern entsprechend des steigenden Notenumlaufs dauernd nach oben angepasst werden. Ebenso forderte man aus Berlin, dass mehr Schatzanweisungen der Emissionsbank auf dem polnischen Markt ausgegeben werden sollten.[431] Die Ausgabe derlei Papiere begann ab 1942, wurde erwartungsgemäß jedoch kaum angenommen, so dass die Summen gering blieben. Hingegen stieg der Anteil der vor allem länger laufenden Reichsschatzanweisungen deutlich an.[432]

Tabelle 8 – Gesamtzahlungen im Verrechnungsverkehr in Mrd. Zł, Anteil der Abhebungen inkl. Wehrmachtskosten bzw. des Wehrbeitrages in Klammern.[433]

Rechnungsjahr	Zahlungen des Reiches	Zahlungen des GG
1940	1,1 (−1,8)	0,2 (0,0)
1941	2,4 (−3,2)	0,7 (0,5)
1942	1,4 (−3,8)	1,0 (0,7)
1943	0,0 (−4,7)	1,9 (1,3)
1944	0,0 (−3,9)	k. A. (0,2)
1945	0,0 (−0,1)	0,2[434] (0,0)

Aus Sicht der Ministerialbeamten war der „Zwang zur Erstattung" für die Gesamtlage des Generalgouvernements vorteilhaft. Der Umstand, dass der Haushalt des Generalgouvernements durch ordentliche Einnahmen völlig ausgeglichen geführt wurde, war für das Ministerium mit Beginn des Feldzuges im Osten nicht mehr hinnehmbar. Auch sollte das Generalgouvernement

430 Vgl. Tabelle: Entwicklung des Notenumlaufs im Generalgouvernement zwischen dem 31.5.1940 und dem 30.11.1943, S. 309.

431 Vgl. Vermerk Breyhans v. 5.2.1942, BArch, R 2 14579, Bl. 158 f. u. ebd., 5085, Bl. 50 ff.; Schreiben Franks an Göring v. 9.12.1941 mit Übersichten, BArch, R 43 II, Bl. 91 ff.

432 Vgl. Tabelle Anlagen der Emissionsbank in unverzinslichen mehrmonatigen Schatzanweisungen des Reiches und in 3 Prozent verzinsliche Schatzanweisungen des Generalgouvernements in Mio. Zł, S. 307.

433 Gerundete Werte zusammengestellt nach: Übersicht der Gesamtzahlungen im Verrechnungsverkehr 1940–1943, BArch, R 2, 5085, Bl. 96, 98; Madajczyk, Okkupationspolitik, S. 610; Kilian, S. 178.

434 Die letzte Überweisung vor Räumung im Januar 1945 belief sich auf 200 Mio. Zł. Vgl. Diensttagebuch v. 26.7.1944, BArch, R 52 II, 219, Bl. 77 ff.

Notenumlauf im Generalgouvernement und Giroverbindlichkeiten des Reiches gegenüber der Emissionsbank in Mill.

Monat	Notenumlauf	Giroverbindlichkeiten	Monat	Notenumlauf	Giroverbindlichkeiten
31.05.1940	933	782	28.02.1942	2.427	k. A.
30.06.1940	933	846	31.03.1942	2.492	1.495
31.07.1940	946	733	30.04.1942	2.571	1.603
31.08.1940	976	664	30.05.1942	2.691	k. A.
30.09.1940	1.042	949	30.06.1942	2.827	k. A.
31.10.1940	1.117	937	30.07.1942	3.006	k. A.
30.11.1940	1.190	832	31.08.1942	3.240	1.311
31.12.1940	1.263	783	30.09.1942	3.533	1.119
31.01.1941	1.296	787	30.11.1942	4.200	k. A.
28.02.1941	1.324	810	31.12.1942	4.100	1.400
31.03.1941	1.408	832	31.01.1943	4.300	1.600
30.04.1941	1.565	866	28.02.1943	4.400	1.600
31.05.1941	1.756	942	31.03.1943	4.400	1.600
30.06.1941	1.846	1.155	30.04.1943	4.500	1.600
31.07.1941	1.784	1.301	31.05.1943	4.600	1.700
31.08.1941	1.782	1.224	30.06.1943	4.800	1.700
30.09.1941	1.912	1.298	31.07.1943	5.000	1.600
31.10.1941	2.052	1.211	31.08.1943	5.300	1.500
30.11.1941	k. A.	k. A.	30.09.1943	5.700	1.500
31.12.1941	2.290	1.297	31.10.1943	5.900	1.600
31.01.1942	2.358	k. A.	30.11.1943	6.200	1.400

Abbildung 47 – Entwicklung des Notenumlaufs im Generalgouvernement zwischen dem 31.5.1940 und dem 30.11.1943[435]

nicht länger von einem Verrechnungsverkehr profitieren, der durch den festen Kurs zur Reichsmark eine höhere Kaufkraft gewährt hatte. Auch wenn dies bloß theoretisch galt, da das Generalgouvernement außer der Zwangskäufe an Schatzanleihen keine nennenswerten Lieferungen aus dem Reich erhielt und erhalten sollte.[436]

Der Schuldensaldo des Reiches bewegte sich zwischen 8,5 und 9,6 Milliarden Złoty, je nachdem welche Zahlungen des Generalgouvernements zusätzlich zum Wehrbeitrag in die Rechnung aufgenommen werden. Da jedoch auch die Einzahlungen der Reichshauptkasse zu Lasten des GG gerechnet werden müssen, bewegte sich die Ausnutzung der polnischen Volkswirtschaft, die über die Buchungen des Verrechnungsverkehrs nachvollziehbar sind, zwischen 13,4 und 14,5 Milliarden Złoty.

[435] Vgl. Volkswirtschaftliche Abteilung der Reichsbank v. 21.11.1942, BArch, R 2, 14580, Bl. 131; Vermerk GenB Referat Bußmann an Breyhan v. 3.1.1942, BArch, R 2, 5105, Bl. 41 ff.; Entwicklung des Notenumlaufs, BArch, R 2, 5085, Bl. 97; Diagramm auf S. 309.

[436] Vgl. Vermerk Breyhans v. 5.2.1942, BArch, R 2 14579, Bl. 158 f. u. ebd., 5085, Bl. 50 ff.

Die Auswirkungen des steigenden Wehrmachtsbedarfs von monatlich mindestens 200 Millionen Złoty – eine rasante Entwicklung – und die hohen Agrarlieferungen an das Reich[437] blieben dem Reichsfinanzministerium keineswegs verborgen. Der Notenumlauf verdreifachte sich bis Ende August 1942 auf 3,3 Milliarden Złoty. Die Preise entwickelten sich in der Folge völlig unkontrolliert, da außerhalb der Städte kaum eine Warenbewirtschaftung mit Marken eingeführt worden war. Dass das Vertrauen der Bevölkerung in die Besatzungswährung folglich ebenso rapide abnahm wie die Inflation überhandnahm und damit die Arbeitsbereitschaft zurückging, die bereits schlechte Ernährungslage sich weiter zuspitzte, die Notenbank in Bedrängnis geriet und sich die Sicherheitslage auch für die Steuerbeitreiber verschlechterte, war im Ministerium bekannt. Ministerialdirigent Bayrhoffer drängte ungeachtet dessen darauf, dass sich das Reich gänzlich aus der Währungsdeckung des Złoty zurückziehen solle – eine weitere Verschlechterung der Lage für die Polen war einkalkuliert.[438]

Die Inflation beunruhigte indes die Regierung in Krakau. Finanzpräsident Senkowsky konstatierte im Januar 1943, dass der Notenumlauf binnen eines Jahres um weitere 60 Prozent auf über vier Milliarden Złoty gestiegen war (Abb. 47). Bei gleichbleibender Entwicklung rechnete er für den Jahresbeginn 1944 mit einem Notenumlauf von 6 bis 6,5 Milliarden Złoty. Die 6,2 Milliarden Złoty wurden dann allerdings bereits im November 1943 erreicht.[439] Als Gegenmaßnahme schlug er neben der Ausgabe von weiteren Anleihen vor, dass „erstens mit der Abschöpfung durch straffe Erfassung des steuerlichen Apparates" vorgegangen werde und zweitens möglichst viele Mittel durch Abschöpfung dem Reich zur Verfügung gestellt werden sollten. Dabei hole man, das „Geld, das man dem Reich zur Verfügung stelle, [...] in Gestalt der Noten aus der Bevölkerung heraus, die Noten lege man nicht in die Kasse, sondern sie flössen an die Notenbank zurück."[440]

Die Machthaber auf dem Krakauer Wawel beurteilten es als durchaus schwierig, die Bevölkerung über die Ausgabe von Anleihen noch mehr heranzuziehen, denn „das Vertrauen lasse sich nun einmal nicht kommandieren". Die Schuldenübernahme nach den Vorgaben des Reichsfinanzministeriums lehnte Senkowsky ab, wobei er die Zahlung des Wehrbeitrages nicht in Frage stellte. Der Forderung Franks, den Wehrbeitrag bis zur „äußersten Grenze" zu erhöhen, begegnete der Finanzchef mit dem Hinweis, dass weitere Einnahmesteigerungen

437 Vgl. Kapitel: Ausbeutungsstrategien, S. 269.

438 Vgl. Persönliches Schreiben Ministerbüro an Berger u. Bayrhoffer v. 22.7.1941, BArch, R 2, 14578, Bl. 358 f.; Vermerk GenB v. 26.11.1942 u. 31.5.1943, BArch, R 2, 14580, Bl. 46, 125.

439 Vgl. Tabelle: Entwicklung des Notenumlaufs im Generalgouvernement zwischen dem 31.5.1940 und dem 30.11.1943, S. 309.

440 Vgl. Diensttagebuch v. 26.1.1943, abgedruckt in: Präg/Jacobmeyer, S. 613 f.

aus direkten oder indirekten Steuern nicht zu erzielen seien, eine weitere Inanspruchnahme der Notenpresse jedoch den Unmut der Bevölkerung verstärkten würde. Der Generalgouverneur selbst bezog zu dieser Sachlage eine immer realitätsfernere Position, da er zugleich „den Glauben der Bevölkerung an den Wert des Złoty und die Gerechtigkeit der Verwaltung aufrechterhalten“ wollte.[441]

Die Positionen, die Beamten der Besatzungsverwaltung gegenüber der Bevölkerung einnahmen, variierten entsprechend der Vorgabe Franks, aber ebenso entlang der eigenen Einstellung und Motivation und hinsichtlich der Dauer des Aufenthalts sowie der Art des Einsatzes und des konkreten Einsatzortes. Ein pauschales Urteil lässt sich auch für die Beamten der Reichsfinanzverwaltung nicht fällen. Die Dienstzeit „im Osten“ sollte nach den Vorstellungen der politischen Führung die Verwaltungsbeamten in ihrem Handeln enthemmen und radikalisieren.[442] Wie dies im Einzelfall geschah bzw. wie sich die Beamten im besetzten Polen und im Berliner Ministerium gegenüber den Verbrechen an der polnischen und vor allem jüdischen Bevölkerung positionierten, wird deutlich, wenn man ihr Handeln ab der Jahreswende 1941/42 betrachtet, als die Entscheidung zum Judenmord final getroffen, organisiert und umgesetzt wurde.

3.9 Der Handlungsspielraum

Für den Leiter der Hauptabteilung Finanzen, Alfred Spindler, stellte sich die Dienstzeit im Generalgouvernement tatsächlich als ein entscheidender Schritt auf der Karriereleiter heraus. Im Oktober 1941 beförderte ihn der Reichsfinanzminister mit Wirkung zum Januar 1942 zum Oberfinanzpräsidenten Weser Ems mit Dienstsitz in Bremen. Der scheidende Finanzpräsident zeigte sich nach seiner zweijährigen Tätigkeit im Generalgouvernement bei seiner letzten Besprechung der Finanzinspekteure wehmütig: „[...] dass ich mit Bedauern hier scheide, brauche ich nicht zu sagen. Sie wissen, welche Freuden die Arbeiten hier draußen trotz aller Mühe gemacht haben.“[443]

Zufrieden betrachtete er überdies die Erfolgsbilanz des Finanzsektors, den er im Vergleich zu anderen Verwaltungszweigen als vorbildlich einstufte: „Wir haben uns als Beamte der Reichsfinanzverwaltung in besonderem Maße in Verkörperung der alten Beamtentradition Deutschlands bestätigt und auch Ansehen unserer Verwaltung hier erworben.“ Die Rohstoff- und Lebensmittel-

[441] Vgl. ebd.
[442] Vgl. ebd., S. 18.
[443] Vgl. Vorträge u. Protokolle der Finanzinspekteursbesprechung in Jasło am 30./31.10.1941, AAN, 111, 1044, Bl. 47 ff.; Einladungsschreiben Spindlers an Reinhardt v. 18.10.1941, ebd., Bl. 6.

lieferungen an das Reich sowie die Abgaben in Form finanzieller Leistungen bewertete er trotz enormer Steuerrückstände, Versorgungsengpässe für die einheimische Bevölkerung und beginnender Inflation als ein gutes, aber zu steigerndes Ergebnis. In Anbetracht der Auseinandersetzungen der Hauptabteilung, der Finanzinspektionen und Steuerämter mit Franks Regierung, den Distriktchefs und Kreishauptleuten, warb Spindler bei seinen Beamten um Verständnis und eine künftig noch engere Zusammenarbeit und Unterstellung unter die politische Führung im Sinne einer „Einheit der Verwaltung".[444] Denn nur „der Blick auf das Ganze" mache deutlich, dass auch die Steuerpolitik den politischen Grundlinien folgen müsse. Darüber hinaus mahnte er vor einer zu engen Kooperation mit der polnischen Bevölkerung, denn er rechnete damit, dass die Deutschen noch „lange Jahre in diesem Land die Herren sein müssen." Darum sollte den Finanzbeamten der Gebrauch der polnischen Sprache generell untersagt bleiben.[445]

Zu einem „Finanzdiktator", wie es Frank gefordert hatte[446], hatte sich Spindler dennoch nicht entwickelt. Jedoch verstand er es sehr wohl als seine Aufgabe, die ihm unterstellte Finanzverwaltung im Generalgouvernement in enger Abstimmung mit Franks Regierung einerseits und den Forderungen des Berliner Ministeriums andererseits, auf die politische Linie eines auf Ausbeutung und Unterdrückung ausgerichteten Besatzungsregimes auszurichten. Sein Nachfolger und bisheriger Stellvertreter Hermann Senkowsky setzte diese Arbeitsweise fort und passte sie bereitwillig den steigenden Forderungen des Reiches an. Unter seiner Verantwortung und Führung entwickelte sich die Finanzpolitik zu einer festen Säule einer auf das Maximum ausgerichteten Ausbeutungspolitik.

Die Beförderung, die ja eine Rückkehr ins Deutsche Reich bedeutete, entsprach ausdrücklich Spindlers eigenem Wunsch und wurde von der NSDAP, deren Mitglied er war, unterstützt.[447] Spindler konnte so seine Beamtenkarriere fortsetzen und verließ seine Führungsposition im GG zu einem Zeitpunkt, an dem sich die Politik gegenüber der Bevölkerung und im Besonderen gegenüber den in den Ghettos zusammengepferchten Juden abermals radikalisierte. In den Herbstmonaten des Jahres 1941 verschärften SS und Verwaltung die Verfolgungsmaßnahmen gegen die Juden. Zur Abstimmung des geplanten Genozid-Vorhabens erhielt Staatssekretär Bühler eine Einladung Eichmanns:

444 Das Unterstellungsverhältnis traf auf Widerstand Staatssekretär Reinhardts, der auf die Eigenständigkeit seiner Beamten drang. Frank beruhigte seinen Parteifreund mit dem Argument, dass die Dienststellen der Fachverwaltungen nur „angegliedert" und nicht „eingegliedert" würden. Vgl. Schreiben Reinhardts an Frank v. 20.2.1941 u. Antwort v. 21.4.1941, BArch, R 2, 5834, Bl. 531 ff.

445 Vgl. ebd.

446 Vgl. Kapitel: Finanzhoheit, S. 169.

447 Vgl. Schreiben Obergemeinschaftsleiter der NSDAP an NSDAP GG Krakau, BArch, BDC, PK, L0362.

Abbildung 48 – Generalgouverneur Hans Frank (rechts) ernennt Hermann Senkowsky zum Leiter der Hauptabteilung Finanzen, Krakau am 15. Januar 1942

„In Anbetracht der außerordentlichen Bedeutung, die diesen Fragen zuzumessen ist, und im Interesse der Erreichung einer gleichen Auffassung bei den in Betracht kommenden Zentralinstanzen an den übrigen mit dieser Endlösung zusammenhängenden Arbeiten rege ich an, diese Probleme zum Gegenstand einer gemeinsamen Aussprache zu machen, zumal seit dem 15.10.1941 bereits in laufenden Transporten Juden aus dem Reichsgebiet einschließlich Protektorat Böhmen und Mähren nach Osten evakuiert werden."[448]

In der Regierungssitzung am 16. Dezember machte Frank keinen Hehl mehr daraus, welche Schritte nun folgen sollten. Der Massenmord an den Juden war beschlossene Sache: „Wir müssen die Juden vernichten, wo wir sie treffen und wo es irgend möglich ist." Das Generalgouvernement sollte wie das Reich „judenfrei" werden.[449] Auch Robert Ley, Reichsleiter der NSDAP und Leiter der Deutschen Arbeitsfront (DAF), hetzte mit vergleichbaren Aussagen bei einem Vortrag in Krakau. Unter den Zuhörern befanden sich die Hauptabteilungsleiter Spindler und Westerkamp. Westerkamp, Leiter der Abteilung Innere Verwaltung, notierte später, dass ihn Spindler „noch in der Tür inmitten anderer" angesprochen habe, bedrückt zwar, aber nicht leise: „Kann man denn unter sol-

448 Die Einladung sah die Besprechung für den 9.12.1941 vor. Der Termin wurde dann aber verlegt. Die als Wannseekonferenz bekannt gewordene Zusammenkunft fand am 20.1.1942 statt. Vgl. Friedrich, August 1941–1945, S. 144.

449 Vgl. Diensttagebuch v. 16.12.1941, BArch, R 52 II, 186, Bl. 13./ 241, Bl. 62 ff.

chen Umständen überhaupt noch hier weiterarbeiten, Herr Westerkamp? Das ist doch einfach unmöglich."[450] Kritik an der Mordpolitik war also durchaus möglich. Spindler wechselte ohne Nachteile nach Bremen und kehrte regelmäßig zu Schulungszwecken nach Krakau zurück. Als Oberfinanzpräsident Weser Ems verantwortete er in den kommenden Monaten allerdings auch die Einziehung und Verwertung der Vermögen der deportierten Juden, deren Schicksal „im Osten" ihm ja bekannt war. Der letzte Transport verließ Bremen im Sommer 1942 mit dem Ziel Theresienstadt.[451]

3.10 Raubmord

Am 20. Januar 1942 trafen sich auf Einladung Heydrichs 15 Vertreter der SS, der NSDAP und mehrerer Reichsministerien, um sich über die „Endlösung der Judenfrage" auf Grundlage einer „vorherigen Genehmigung" Hitlers zu besprechen.[452] Das RSHA, vertreten durch Heydrich und Eichmann, übernahm dabei federführend die Planung für die Durchführung des Massenmords an den geschätzten elf Millionen europäischen Juden. Heydrich war zuvor durch Göring zum „Beauftragten für die Vorbereitung der Endlösung der europäischen Judenfrage" bestellt worden.

Die geladenen Ministerialbeamten erhielten in der Villa Am Großen Wannsee 56/58 – soweit sie darüber noch keine detaillierte Kenntnis hatten – einen

450 Vgl. Musial, Zivilverwaltung, S. 214. Erinnerungen von Eberhard Westerkamp, Schach dem König in Krakau. November 1940 bis Januar 1942, S. 96 f. unveröffentlichtes Manuskript in der Sammlung Bogdan Musials, dem ich für die Bereitstellung sehr danke.

451 Vgl. Erinnerung und Zukunft e.V., S. 234–237; Spruchkammerakte Alfred Ernst Georg Spindler, StAB-4, 66-I-10662. Für die Hinweise zu Alfred Spindlers Tätigkeit als OFP in Bremen danke ich Jaromír Balcar.

452 SS: Adolf Eichmann (Leiter Referat IV B 4, RSHA), Reinhard Heydrich (Chef RSHA, Chef der Sicherheitspolizei und des SD, Reichsprotektor in Böhmen und Mähren), Otto Hofmann (Chef des Rasse- und Siedlungshauptamt (RuSHA)), Rudolf Lange (Kommandeur der Sicherheitspolizei und des SD, Lettland und Vertreter des Befehlshaber der Sicherheitspolizei und des SD (BdS) für das Reichskommissariat Ostland), Heinrich Müller (Chef Amt IV Gestapo im RSHA), Ebehard Schöngarth (Befehlshaber der Sicherheitspolizei und des SD im GG); Ministerien: Roland Freisler (Staatssekretär (StS) im Reichsministerium der Justiz (RMJ)), Wilhelm Kritzinger (Ministeriadirektor (MinDir.) in der Reichskanzlei), Georg Leibbrandt (MinDir. im RMfdbO), Alfred Meyer (Ständiger Vertreter des RMfdbO), Erich Neumann (StS im Amt des Beauftragten für den Vierjahresplan), Wilhelm Stuckart (StS im RMdI), Josef Bühler (StS bei der Regierung des GG), Martin Luther (Unterstaatssekretär (UStS) im AA); Partei: Gerhard Klopfer (MinDir. in der Partei-Kanzlei der NSDAP). An der Nachbesprechung am 6.3.1942 zur „Mischlingsfrage" war mit den Oberregierungsräten Carstensen und Schmid-Burgh dann auch das Reichsministerium für Volksaufklärung und Propaganda (RMVP) vertreten.

Überblick zu den bereits erfolgten Vertreibungen, Zwangsarbeitsmaßnahmen, Mordaktionen und Ghettoisierungen. Ziel der Besprechung war es, die „organisatorische[n], sachliche[n] und materielle[n] Belange" des bereits in Durchführung befindlichen Judenmords, der nun auf das gesamte deutsch-besetzte Europa ausgedehnt werden sollte, mit den beteiligten Stellen abzusprechen und zu koordinieren. Konkret sollten, nach dem von Himmler zum 23. Oktober 1941 verhängten Auswanderungsverbot für Juden, sämtliche im deutschen Einflussgebiet ansässigen Juden nach Osten transportiert werden, um dort „entsprechend behandelt" zu werden. Staatssekretär Bühler insistierte als Vertreter der Regierung des Generalgouvernements, dass zunächst die 2,5 Millionen Juden im Generalgouvernement vernichtet werden müssten und sicherte die volle Unterstützung aller Behörden des Generalgouvernements zu.[453]

Auffällig ist aus heutiger Sicht, dass weder ein Vertreter der Reichsbahn bzw. des Reichsverkehrsministeriums anwesend war und auch das Reichsarbeitsministerium, das Reichswirtschaftsministerium, das Reichsministerium für Ernährung und Landwirtschaft, die Wehrwirtschaftsführung, die HTO oder das Reichsfinanzministerium nicht hinzugebeten worden waren.[454] Während der Konferenz wurden finanzielle Fragen offenbar nur hinsichtlich der unmittelbaren Deportationskosten erörtert. Sämtliche Transportkosten waren von den Juden selbst oder von den eingesetzten jüdischen Zwangsvertretungen aufzubringen. Die Kosten für bzw. die Erträge aus dem Raubmord waren am Wannsee kein Thema. Dabei war der Zugriff auf die Vermögen der Juden im Zuge der Verfolgung immer stärker ausgeweitet worden. Auch hatte die bestehende Verwaltungspraxis bereits zu Auseinandersetzungen zwischen der Reichsfinanzverwaltung und dem RSHA geführt und musste geradezu zwangsläufig weitere zu klärende Fragen aufwerfen.

Für das Reichsgebiet – wohlgemerkt ohne die annektierten Gebiete – war die Verwertung der Vermögenswerte aus jüdischem Besitz bis 1941 vom Finanzamt Moabit-West beaufsichtigt worden.[455] Mit Beginn der Deportationen im Herbst 1941 und der zeitgleich verabschiedeten 11. Verordnung zum Reichsbürgergesetz wurde der Vermögensverfall verwaltungstechnisch automatisiert. Sobald die Deportierten die Reichsgrenze überschritten, verfiel ihr Vermögen dem Reich.[456]

[453] Vgl. Besprechungsprotokoll, abgedruckt in: Poliakov/Wulf, S. 119–126; Vgl. auch: Kampe. Zur Konferenz allgemein und zur Rolle der einzelnen Teilnehmer: Kampe/Klein.

[454] Wirtschaftliche und finanzpolitische Interessen wurden in Personalunion durch Staatssekretär Erich Neumann dem Abgesandten der Vierjahresplanbehörde vertreten. Vgl. Aly/Heim, Vordenker, S. 425.

[455] Vgl. für die folgenden Ausführungen die aktuelle Studie von Christiane Kuller, die frühere Studien ebenso ausführlich einbezieht: Kuller, Bürokratie und Verbrechen, S. 61–71.

[456] Vgl. 11. VO zum Reichsbürgergesetz v. 25.11.1941, RGBl. I (1941), S. 723.

Das Reichsfinanzministerium übertrug die Zuständigkeit für die Verwaltung dieser Vermögen den Oberfinanzpräsidien. Die reichsweite Koordination dieser Enteignungen übernahm im Ministerium das Referat Maedel in der Abteilung VI, das bereits seit Kriegsbeginn die Verwertung von Beutegut und die Massenenteignungen der HTO im Haus bearbeitete. Da die Zuständigkeit für die Angelegenheiten der HTO etwa zur gleichen Zeit an die neu geschaffene Stelle des Beauftragten für die Angelegenheiten der HTO übergingen, konzentrierte sich die Zuständigkeit für die Verwaltung von Reichsvermögen im Referat Maedel.[457]

Die Nachbarreferate Maedel und Eylert entwickelten sich neben ihrer fortbestehenden Funktion als Koordinationsstelle für ausländische Beutewerte also mit Beginn der Deportationen zu einer Art zentralem Judenreferat und zur Keimzelle der fiskalischen Judenverfolgung im RFM. Maedels Referat war zuständig für eingezogenes Vermögen und Grundbesitz aus verfallenem Vermögen. Sein Mitarbeiter Schwarzat regelte die Abstimmung mit den OFP hinsichtlich der bevorstehenden Deportationen. Das Referat Eylert übernahm die Verwaltung und Verwertung von verfallenem Vermögen ohne Grundbesitz. Damit intensivierte sich abermals die Zusammenarbeit mit der Haushaltsabteilung. Schließlich war die Enteignungsmasse für den Reichshaushalt zu verbuchen. Der Abstimmungsaufwand zwischen den Referaten und Abteilungen war erheblich. Täglich gingen zigfache Anrufe Maedels zur Entscheidungsabstimmung bei den Haushaltsreferenten ein, wo man dies als negative Folge der Fehlentscheidung sah, Maedels Referat nicht von Beginn an der Haushaltsabteilung angegliedert zu haben.[458] Ungeachtet dieser internen Abstimmungsschwierigkeiten hatte sich so über die Jahre eine Gruppe von Enteignungsexperten für die Beraubung der Reichs- und Rassefeinde im Inwie im Ausland herausgebildet. Im Rahmen einer weiteren Umstrukturierung 1941/42 wurde auch das Wertpapierreferat der Abteilung VI unterstellt.[459]

Die Zuständigkeit für die Verwaltung und Verwertung der in den Konzentrations- und Vernichtungslagern im Zuge des Massenmordes anfallenden Werte und deren Einbringung in den Reichshaushalt bedurfte allerdings einer weiterreichenden Abstimmung. In wieweit und in welcher Höhe die Staatskasse überhaupt von den von der SS und ihren Hilfskräften durchgeführten Massen-

457 Vgl. Kapitel: Das Treuhandvermögen, S. 224.

458 Vgl. Vermerk Mayers v. 30.8.1941, BArch, R 2, 12986, Bl. 54. 1943 wurde das Referat Eylert dann wohl aufgrund von Personalmangel und des nach Abschluss der großen Deportationen verringerten Arbeitsaufkommens mit dem Referat Maedel zusammengelegt. Vgl. Kuller, Bürokratie und Verbrechen, S. 41, 61 ff.

459 Vgl. ebd., S. 61–71. Die Wertpapiere wurden gemäß Weisung des RdF v. 16.5.1942 der Wertpapierstelle der Reichsbank zur Verwaltung und Überwachung zugeführt, bei der RHK aber buch- und kartothekmäßig weiter im Bestand gehalten, bis sich eine Möglichkeit zur Verwertung durch die Reichsbank bot.

morden, aber auch des Zwangsarbeitseinsatzes in den mehrheitlich im besetzten Polen errichteten Lagern und Mordstätten profitierte, soll folgend durch einen detaillierten Blick auf die Verwertungs- und Verrechnungsabläufe rekonstruiert werden.[460]

Die Kisten mit Uhren, Schmuck, Geld und Goldzähnen, die Berge an Kleidung, Schuhen, Koffern und sogar Menschenhaar, die nach der Befreiung der Lager ab Sommer 1944 dokumentiert wurden und bis heute sinnbildlich für den Massenmord an den europäischen Juden stehen, lassen das Ausmaß der Verbrechen erahnen und geben einen Einblick in den Willen der Mörder, ihre Opfer maximal auszurauben. Aus der Sicht der Finanzbeamten stellten diese Gegenstände mit wenigen Ausnahmen zunächst aber noch keinen handhabbaren, also verbuchbaren Wert dar. Betrachtet man die haushaltstechnische Seite dieses Massenmordens, so gilt es nachzuvollziehen, wie das Raubgut verwertet, also monetarisiert wurde. Die Vorstellung von schier unendlichen Lieferungen an Kisten, gefüllt mit Gold und Schmuck, die im Zuge der „Aktion Reinhard" als Erlös aus dem Mord an etwa 2,5 Millionen Menschen in den Vernichtungslagern im Distrikt Lublin, dem Rauben und Morden an Hunderttausenden in Auschwitz und anderen Konzentrationslagern und den sogenannten Enterdungsaktionen der zahllosen Massengräber durch das Wirtschaftsverwaltungshauptamt (WVHA) an die Reichsbank geliefert wurden, prägen bis heute die Vorstellung von dem Raubmord. Der so zugleich unterstellte, vermeintlich immense Gewinn für die Reichskasse führte sogar zu der Fehldeutung, dass die Namensgebung der Vernichtungsaktion nicht auf SD-Chef Reinhard Heydrich, sondern auf den Staatssekretär im Reichsfinanzministerium, Fritz Reinhardt, zurückzuführen sei.[461]

460 Der Frage nach dem Profit aus dem Holocaust und der Wirtschaftlichkeit der SS-Unternehmungen wurde bereits in zahlreichen Studien nachgegangen. Vgl. u. a.: Lehnstaedt, Der Kern des Holocaust, S. 145–155; Kaienburg; Schulte; Seeber; Smith; Perz; Naasner, SS-Wirtschaft und SS-Verwaltung; Naasner, Neue Machtzentren; Dean; Aly, Volksstaat; Aly/Heim, Ökonomie. Die Verstrickung der Finanzverwaltung in die systematische Beraubung der jüdischen Bevölkerung im Deutschen Reich ist dank einer Vielzahl von Untersuchungen erforscht. Vgl. u. a. Kuller, Bürokratie und Verbrechen; Adler; Barkai; Stengel.

461 Vgl. Wagner, S. 354 f. Auf der Internetseite des Deutschen Historischen Museums fand der Nutzer (bis 2017) zur „Aktion Reinhard(t)" den Hinweis, dass die „Aktion" ursprünglich nach dem Staatssekretär im Reichsfinanzministerium, Fritz Reinhardt, benannt worden sei. Erst später soll die Namensgebung von der SS auf den im Juni 1942 in Prag ermordeten SD-Chef, Reinhard Heydrich, umgedeutet worden sein. Vgl. http://www.dhm.de/lemo/html/wk2/holocaust/reinhardt/index.html (06.07.2016). Die Verbindung, die damit zwischen dem räuberischen Massenmord an den polnischen und europäischen Juden im Generalgouvernement und dem Staatssekretär des Reichsfinanzministeriums hergestellt werden soll, gilt in der Forschung als widerlegt. Vgl. Witte/Tyas.

Aus Sicht des Finanzministeriums war neben der Verwertung der letzten Habe der Juden im Reichsgebiet, die diese zur Verwaltungsvereinfachung für die Oberfinanzpräsidien in Form von Vermögensverzeichnissen kurz vor ihrer Deportation selbst erfassen mussten, vor allem die Abwicklung von Bankguthaben und Immobilienbesitz von Interesse. Zur verwaltungstechnischen Abwicklung waren die entsprechenden Verordnungen und Durchführungsverordnungen erlassen worden und die Zuständigkeit mit der Gestapo bzw. dem RSHA als Ergebnis eines längeren Aushandlungsprozesses geregelt worden.[462] Allerdings entzog das RSHA der Finanzverwaltung den Zugriff auf beträchtliche Summen. Dies geschah, indem es Vermögensüberweisungen an die Reichsvereinigung der Juden erzwang und „Heimeinkaufsverträge" für das „Altersghetto Theresienstadt"[463] abschloss – das war eine Vorverwertung. Heydrich verbat sich außerdem jeglichen Eingriff in Form der Vermögensbeschlagnahme durch andere Stellen. Die Planungen der SS sahen vor, dass der Transport in den Tod von den Juden selbst zu finanzieren war und sich die Logistik der Vernichtung so amortisierte.

Himmler vertrat zwar ebenfalls die Auffassung, dass das Vermögen der Juden dem Reich zukommen sollte, doch favorisierten RSHA und Gestapo eine Finanzierung der „Endlösung der Judenfrage", die außerhalb der Mittelkontrolle des Reichshaushaltes stattfand. Das Reichsfinanzministerium vertrat erwartungsgemäß die Gegenposition, nämlich, dass eine geregelte Überführung der so beschlagnahmten Vermögen in das Reichsvermögen und eine Kostendeckung über eine geregelte Mittelzuweisung innerhalb des Reichshaushaltes zu erfolgen habe. Dies zeigt, mit welcher Selbstverständlichkeit die Beamten den Raub als eine Reichsaufgabe verstanden, die ordnungsgemäß in den Reichsfinanzen nachzuweisen war. Maedel als zuständiger Referent vermerkte zur Vorgehensweise des RSHA dann aber lapidar, dass nunmehr die Frage im Hause zu klären sei, ob diese „Tendenz zur Selbstfinanzierung außerhalb des ordentlichen Haushaltes" und der Mittelbewilligung stillschweigend für die „zum Teil außerordentlich kostspieligen Maßnahmen" gebilligt werden sollte.[464]

Die Abneigung seitens des RSHA, von der eingespielten Praxis abzugehen und die als umständlich angesehene Finanzierungsform über den Haushalt zu akzeptieren, war Maedel durch „gelegentliche Unterhaltungen" mit den Vertretern des SS-Amtes bekannt. Ebenso war er offenbar im Verlauf des Jahres

462 Vgl. Kuller, Bürokratie und Verbrechen, S. 98 ff./380 ff.

463 Mittels der „Heimeinkaufsverträge" wurde die Überschreibung sämtlicher Vermögenswerte der betreffenden Person auf das „Konto H" der Reichsvereinigung zum Gegenwert einer lebenslangen Unterbringung und Versorgung in Theresienstadt durchgeführt.

464 Vgl. Vermerk Maedels v. 14.12.1942, BArch, R 2, 12222, Bl. 226 ff.; Kuller, Bürokratie und Verbrechen, S. 401–403.

1942 auf diesem Wege ausführlich über die Maßnahmen zur „Endlösung der Judenfrage" nebst Enteignungspolitik auch jenseits der Reichsgrenzen informiert worden.[465] Die Nichthinzuziehung des Finanzressorts bei der Wannseekonferenz wurde offenbar durch eine intensive Zusammenarbeit und Absprache auf dem kleinen Dienstweg nachträglich geregelt. Auch der Konflikt löste sich im Laufe des Jahres 1943 durch eine Haushaltsanbindung ganz im Verwaltungs- und Kontrollinteresse des RFM. Das Ministerium konnte das gesamte restliche Vermögen der Reichsvereinigung der Juden im Deutschen Reich in seine Verwaltung übernehmen.[466]

Entscheidend für das Finanzministerium blieb in Bezug auf die Deportation der Juden, dass auch weiterhin keine ungedeckten Kosten für den Reichshaushalt entstanden. So erkundigte sich Haushaltsreferent Burmeister bei seinen Kollegen in der Abteilung VI wie die Kostendeckung für die „Abschiebung der Juden aus dem Generalgouvernement" geregelt wäre. Maedels Mitarbeiter Schwarzat ging davon aus, dass die Dienststellen des RSHA analog zur Regelung im Reich auch dort eine haushaltsmittelunabhängige Finanzierung betrieben. Allerdings war den Berliner Beamten zunächst nicht bekannt, wer im Generalgouvernement tatsächlich auf die Vermögenswerte der Juden Zugriff und somit für anfallende Kosten aufzukommen hatte.[467]

Einerseits verdeutlicht dieser Vorgang, dass nicht nur die Mitarbeiter der Abteilung VI über die Vorgänge um den Judenmord in Polen informiert waren. Andererseits zeigt Burmeisters Vorgehensweise, dass die Haushaltsabteilung bemüht war, mögliche indirekte Kosten aus der Judenvernichtung nicht über den Reichshaushalt zu finanzieren. Hintergrund waren die Haushaltsverhandlungen zwischen Reich und Generalgouvernement, genauer die Erstattungsforderungen des Generalgouvernements an das Reich. Die Krakauer Finanzabteilung verlangte mehrere Millionen für die Kosten der Deportation von Polen und Juden ins Generalgouvernement. Aus haushaltstechnischer Sicht betrachtete das RFM die Vertreibung der Polen als eine Reichsaufgabe, die durch die Dienststellen des RKF und somit aus dessen Titel zu begleichen war. Die Deportation der Juden – vor allem jenseits der Reichsgrenzen – war eine Angelegenheit des RSHA und damit nicht Sache des Ministeriums. Folglich wollte Burmeister eine rechnerisch getrennte Aufstellung der Erstattungssumme, da er nicht bereit war, die Kosten für die Judendeportationen aus Reichsmitteln zu decken, zumal das RSHA bzw. das WVHA und die Dienststellen im Generalgouvernement

465 Vgl. ebd.
466 Vgl. ebd.
467 Vgl. Schreiben des GenB an Burmeister v. 7.10.1942, BArch, R 2, 5038, Bl. 25.

auf die beschlagnahmten Vermögenswerte der Juden zurückgreifen konnten.[468] Burmeister dürfte in Folge seiner zahlreichen regelmäßigen Besuche in Krakau und die ausführlichen Haushaltsverhandlungen über die Lage in den Ghettos und den Raub bestens Bescheid gewusst haben.

Hier wird aber auch die durchaus begrenzte Einflusssphäre des Ministeriums deutlich. Gemäß der 11. Verordnung zum Reichsbürgergesetz begann und endete die Zuständigkeit der Reichsfinanzverwaltung mit dem Grenzübertritt der Deportierten. Dies barg zunächst das Problem, dass ein solcher Grenzübertritt bei Transporten mit den Zielorten Auschwitz und Theresienstadt nicht stattfand. Beide Destinationen lagen durch die umfangreichen Annexionen im besetzten Polen und den Status des Protektorats Böhmen und Mähren nicht länger außerhalb des Reiches. Ein Vermögenseinzug war aber erst mit dem Zeitpunkt des Grenzübertritts möglich. Teilweise umgingen die meldenden Gestapostellen durch fehlende Angaben dieses „Verwaltungsproblem" und hielten somit die Fiktion eines Grenzübertritts im Verwaltungswege aufrecht. Im Juni 1942 erklärte das RMdI dann die nach Theresienstadt Deportierten kurzum zu Reichsfeinden und ermöglichte so den aufwändigeren, aber verfahrensmäßig eindeutig geregelten Weg des individuellen Einziehungsverfahrens nach den Einziehungsgesetzen seit 1933.[469]

Auf die auf polnischem Gebiet in den Vernichtungsstätten anfallenden Werte hatte das Finanzministerium also keinen unmittelbaren Zugriff. Zwar bemühten sich die Referate Burmeister und Maedel, zumindest auf die Vermögen deutscher Juden, die sich im Generalgouvernement befanden, über die 11. Verordnung Verfügungsbefugnis zu erlangen, doch lehnte die Regierung des Generalgouvernements dieses Ansinnen ab. Das Generalgouvernement galt nach dem Erlass des RMdI vom 3. Dezember 1941 als Ausland. Nach der Verordnung verfiel das Vermögen der deutschen Juden – gleichgültig ob im Inland oder Ausland befindlich – dem Reich. Dieser Anspruch, so stellten die Finanzbeamten fest, konnte zwar nicht in jedem Fall umgesetzt werden, da sich das GG aber im deutschen Machtbereich befand, müssten die Interessen des Reichsfiskus dort verwirklicht werden, forderte Otto Maaß noch Mitte 1944.[470]

Zu diesem Zeitpunkt wickelte die SS die Lager der „Aktion Reinhard" im Distrikt Lublin bereits ab. Zur Entlastung und ersten Bilanzierung der monetären Erträge aus dem Völkermord sandte der HSSPF Lublin, Odilo Globocnik,

468 Vgl. Vertraulicher Vermerk Schwarzats an Burmeister v. 6.11.1942, ebd., Bl. 27 f.; Schreiben Burmeisters an die HAFin v. 20.1.1943 u. Antwort, ebd., Bl. 29 f.; Kapitel: Ausbeutungsstrategien, S. 269.

469 Vgl. Kuller, Bürokratie und Verbrechen, S. 398 f.

470 Vgl. Vermerk Maedels für Burmeister zur Besprechung zur 11. VO zum Reichsbürgergesetz mit Senkowsky u. v. Streit v. 12.2.1943, BArch, R 2, 5100a, Bl. 2 ff.; Schreiben des RMdI v. 10.1.1942 (dort auch zum Erlass v. 3.12.1941, ebd.; Schreiben von Maaß an die Reg. GG v. 15.5.1944, ebd.

seinem Chef Himmler einen Rechenschaftsbericht über die „wirtschaftliche Abwicklung der Aktion Reinhard". Der Bericht weist einen Reinertrag von knapp 180 Millionen Reichsmark aus. In welchem Umfange und auf welchem Weg Beträge davon in den Reichshaushalt flossen, ergibt sich aus einer genaueren Analyse des vielfach zitierten Dokuments.[471]

Die „Aktion Reinhard"

Globocnik, der SS-intern der Veruntreuung verdächtigt wurde[472], verfasste einen Abschlussbericht, der nicht nur der Entlastung des HSSPF dienen, sondern den wirtschaftlichen wie generellen Erfolg der Vernichtungsaktion belegen sollte. Demnach waren die vier Aufgabenfelder der „Aktion Reinhard", nämlich Aussiedlung, Verwertung der Arbeitskraft, Sachverwertung und Einbringung verborgener Werte und Immobilien erfolgreich bearbeitet worden.

Das auf der Konferenz am Wannsee besprochene Grundprinzip, dass sämtliche anfallenden Kosten aus den Vermögenswerten der Opfer zu decken waren, setzte die SS auch im Generalgouvernement um. Es wurden also weder Mittel aus dem Reichshaushalt noch aus dem Haushalt des Generalgouvernements zur Verfügung gestellt oder beantragt. Neben den Transportkosten, den Kosten für die Einrichtung der Tötungsanlagen und deren Logistik wurden auf diese Weise auch die Zwangsarbeitslager, deren Bewachung durch Hilfsmannschaften, die Versorgung und Ausstattung dieser Lager wie der angeschlossenen SS-Betriebe finanziert.

Zur Ausbeutung der Arbeitskraft der Juden und Jüdinnen wurden verschiedene Unternehmungen gegründet. Die Ostindustrie GmbH (OSTI) wurde im März 1943 geschaffen, um SS-Rüstungsbetriebe zu errichten und bestehende Privatbetriebe zu übernehmen.[473] Die Deutschen Ausrüstungswerke GmbH (DAW) errichtete Produktionsstätten im Konzentrationslager (KZ) Majdanek. Die Betriebe, die mehrheitlich nur wenige Monate bis zur letzten

[471] Vgl. Abschlussbericht Globocniks zum 31.12.1943 v. 5.1.1944, BArch, NS 19, 2234, Bl. 33 ff. Die Schreibweise „Reinhard(t)" variiert selbst in den Berichten von Globocnik, folgend: Abschlussbericht Reinhard.

[472] Ab Mai 1943 wurde SS-Obersturmbannführer und SS-Richter Konrad Morgen von Himmler mit der Untersuchung von Korruptionsfällen in den KZ mit Schwerpunkten im Distrikt Lublin und Buchenwald beauftragt. Vgl. Gross.

[473] Die OSTI übernahm eine Glashütte in Wolomin, eine Torfverkokungsanlage in Dorohucza, eine Bürstenfabrikation und Korbflechterei auf dem Flughafengelände Majdanek, Reparaturwerkstätten in Radom und Bliżyn, in Lublin die Ziegelei samt Zementwerk und Kachelfabrik sowie eine Orthopädiewerkstatt und schließlich Werkstätten und Pelzwerke in Trawniki.

Mordaktion bestanden, erwirtschafteten mehrere Millionen Złoty, im Wesentlichen Erträge aus den Löhnen. Außerdem versuchte die OSTI Forderungen im In- und Ausland einzutreiben, indem sie deren Abtretung von den jüdischen Zwangsarbeiter*innen erpresste.

Globocnik bezifferte dafür einen möglichen, doch kaum einziehbaren Ertrag von elf Millionen Złoty. Später übernahm das WVHA neben den Betrieben auf Reichsgebiet auch alle Arbeitslager im Generalgouvernement, darunter das Hauptlager in Płaszów bei Krakau, in seine unmittelbare Verwaltung. Kurz zuvor war mit der Deutsche Wirtschaftsbetriebe GmbH (DWB) eine Dachgesellschaft für alle SS-Betriebe gegründet worden, deren Stammkapital sich auch aus Mitteln des Massenmordes speiste. Als Holding aufgestellt, konnte das WVHA so die Wirtschaftstätigkeit der SS bündeln und für die Steuer kleinrechnen. Zunächst waren die Wirtschaftsbetriebe auch nicht im regulären Haushalt der Waffen-SS im Reichshaushalt ausgebracht worden. Der Geldbedarf wurde vielmehr über Parteimittel und Bankkredite gedeckt, allein die Dresdner Bank gewährte 30 Millionen Reichsmark.[474] Aufgrund der Kriegsentwicklung und des steigenden Zwangsarbeitseinsatzes für den Bedarf der Rüstungsindustrie stiegen auch die Umsätze der SS-Unternehmungen, die zunehmend im Staatsauftrag produzierten. Von dem 1943 erwirtschafteten Gewinn – magere 12,3 Millionen Reichsmark – verblieben nach Steuern und Übergewinnabführung an das Reich gemäß Kriegswirtschaftsverordnung lediglich 1,5 Millionen Reichsmark im Konzern.[475]

Dem Fiskus flossen also auf diesem Wege Mittel aus der jüdischen Zwangsarbeit und indirekt von Kapitaleinlagen aus dem Raubvermögen des Massenmordes zu. Allerdings war die wirtschaftliche Tätigkeit der im Zusammenhang mit der „Aktion Reinhard“ errichteten Betriebe hinsichtlich ihres Profits überschaubar gering. In der Folge betonte Globocnik, um den Erfolg des Mordens zu belegen, vor allem die Erträge aus den erbeuteten Werten.

Im Selbstverständnis von Globocnik, aber auch der SS-Führung, handelte es sich bei den Raubwerten um Reichsvermögen, das „[d]em Großdeutschen Reich [...] im Zuge der Aktion ‚Reinardt‘ (sic!) Lublin in der Zeit vom 1. April 1942 bis einschließlich 15. Dezember 1943 [...] zugeführt [wurde]“.[476] Dabei spielte es offenbar keine Rolle, in welcher Form bzw. an welche Reichsstellen diese Summen tatsächlich geflossen waren. Ein genauerer Blick auf die Bilanzaufstellung macht dies deutlich. Zum Ende des Jahres 1943 wurden Bareinnahmen

[474] Vgl. Georg, S. 134.

[475] Vgl. ausführlich zu den verschiedenen Betrieben, Standorten und Produktionen wie auch der Wirtschaftlichkeit: Ebd., S. 133–142; Kaienburg, S. 416–422, 428–430, 1071–1088; Naasner, Neue Machtzentren, S. 380–428; Schulte, S. 174–182.

[476] Alle folgenden Angaben und Daten aus dem Bericht sind ebenfalls zitiert nach Abschlussbericht Reinhard wie oben.

in Höhe von 85,7 Millionen Reichsmark ausgewiesen. Die mit der Verwertung des Raubgutes befasste Abt. Reinhardt (sic!) verfügte über Barmittel, mehrheitlich Złotynoten, in einer Höhe von 17,5 Millionen Reichsmark, die wohl auf den beiden bei der Emissionsbank geführten Konten („Einsatz R" oder Sonderkonto „S") eingezahlt worden waren. Ob und wohin diese Summe floss, ist im Bericht nicht aufgeführt.

Die Finanzverwalter der SS in Lublin hatten nach eigenen Angaben weitere Barbeträge an die Reichsbank abgeführt (knapp vier Millionen Reichsmarknoten und Hartgeld und Złotynoten und Hartgeld im Wert von fünf Millionen Reichsmark).[477] Da die Reichsbank an Złotynoten kaum interessiert gewesen sein dürfte, ist unklar, ob diese Beträge über die direkten Ablieferungen an die Reichsbank oder über das WVHA nach Berlin transferiert worden sind, oder ob vonseiten des Berichtschreibers nur angenommen wurde, dass sie im Zuge des Verrechnungsverkehrs zwischen der Emissionsbank und dem Reich überwiesen worden waren. An den SS-Wirtschafter in Krakau[478] gingen weitere 50,5 Millionen Reichsmark und an die SS-eigenen Wirtschaftsbetriebe ein Darlehen über 8,2 Millionen Reichsmark. Die Sachkosten von zusammen knapp zwölf Millionen Reichsmark, wobei allein etwa fünf Millionen Reichsmark an Transportkosten angefallen waren, sind dem Guthaben des SS-Wirtschafters abzuziehen.

Die Angabe in Reichsmark für die Beträge, die im Generalgouvernement verblieben, führt dabei in gewisser Weise in die Irre, denn diese Summen wurden weiterhin auf Konten der Emissionsbank und der Kommerzialbank AG Krakau in Złoty geführt. Dem SS-Wirtschafter Schellin standen aus der „Aktion Reinhard, Lublin" also Mittel in Höhe von 77 Millionen Złoty zur Verfügung. Zusammen mit anderen Bankguthaben, die Gewinne aus der jüdischen Zwangsarbeit auswiesen, versuchte Schellin diesen Betrag erst Ende Juli 1944 im Zuge der „Auflösung der Guthaben des Reichsführers SS bei den Kreditinstituten im Generalgouvernement" ins Reich zu transferieren. Allerdings intervenierte die Bankaufsichtsstelle des GG, deren Chef Paersch mit Zustimmung Bühlers nur bereit war, 38 Millionen Złoty über den Verrech-

477 Die deutschen Zahlungsmittel wurden an das WVHA in Berlin geliefert und auf ein Sonderkonto W.V-Hauptamt 158/1488 bei der Reichsbank Berlin-Schöneberg eingezahlt. Vgl. Anordnung des Leiters WVHA, Amt A, Frank v. 26.9.1942 an Leiter der SS-Standortverwaltung Lublin u. Leiter der Verwaltung des K.L. Auschwitz abgedruckt in: Berenstein u. a., S. 404 ff.

478 Himmler hatte mit Wirkung v. 1.8.1942 auf Vorschlag des Chefs des WVHA, Oswald Pohl, die Ernennung von SS-Wirtschaftern bei den HSSPF Ostland, Russland-Mitte, Russland-Süd, Ost (Generalgouvernement), Nord (Norwegen) und Serbien angeordnet. Aufgabe der Wirtschafter war es, sämtliche Wirtschafts- und Verwaltungsangelegenheiten aller im Bereich dieser HSSPF liegenden SS-Dienststellen und Einheiten zentral zu verwalten. Vgl. Schulte, S. 313; Birn, S. 97 f.

nungsverkehr ins Reich zu überweisen. Als Begründung diente die desolate Währungslage des Generalgouvernements. Möglicherweise revanchierte sich der Staatssekretär auf diesem Wege für die Auseinandersetzungen um die Verwertungsrechte am Vermögen der ermordeten Juden.[479]

Wie bereits dargestellt, hatte die Treuhandverwaltung im Generalgouvernement einen Großteil vor allem des jüdischen Gewerbe- und Immobilienbesitzes übernommen bzw. liquidiert und Erträge aus dieser Verwertung an den Haushalt des GG abgeführt.[480] Mit der Auflösung der Ghettos und dem Beginn der Vernichtung stellte sich nun abermals die Frage, welche Verwaltungsstelle die Verwertung der in den Ghettos zurückgelassenen Werte wie auch der bisher nur beschlagnahmten Bankguthaben, aber auch Außenstände wie Steuerschulden durchführen sollte. Zunächst herrschte völlige Unklarheit. Der Finanzinspektor Warschau I Hufsky versuchte, sich beim Kommissar für den jüdischen Wohnbezirk und beim HSSPF zu informieren, denn die „Angelegenheit der Umsiedlung der Juden" war im August 1942 im größten Ghetto weit vorangeschritten.[481]

Die Verwertung der zurückgelassenen Sachen wurde jedoch noch nicht angegangen, und so sah die Finanzverwaltung nicht nur in Warschau die letzte Chance gekommen, Steuerrückstände beizutreiben. Der Leiter der Steuerabteilung Rogge hatte sich bereits im Juli persönlich mit Globocnik diesbezüglich besprochen und den Stab „Einsatz Reinhard" in Lublin über die Steuerrückstände, die allein für Warschau über 125 Millionen Złoty betrugen, informiert. Rogge forderte deshalb, „dem Finanzinspekteur Warschau I in Warschau die obigen Beträge aus dem Vermögen der umgesiedelten Warschauer Juden in bar oder entsprechenden Sachwerten zu überweisen".[482] Damit erreichten die Rückstände, die Rogge noch um weitere Millionenbeträge für künftige Ausfälle bei der Grundsteuer etc. erhöhte, bereits für Warschau einen Betrag, der an die den Opfern in den Lagern der „Aktion Reinhard" abgenommenen Złotybeträge beinahe heranreichte. Eine vollständige Aufstellung der Steuerrückstände der polnischen Juden im GG zum Zeitpunkt des Beginns der Vernichtungsaktion ist nicht überliefert.

Die verschiedenen mit den Ghettoräumungen beauftragten Polizeidienststellen beschlagnahmten Möbel und Textilien, die nach Lublin zur zentralen Erfassung verbracht wurden. Dabei wurde weder Rücksicht auf Ansprüche der Treuhandstellen noch der Steuerverwaltung genommen. Hufsky erfuhr

479 Vgl. Loose, Kredite, S. 368.

480 Vgl. Kapitel: Treuhandpolitik und Ghettoisierung, S. 250.

481 Die Deportation der Warschauer Juden und Jüdinnen nach Treblinka hatte am 22.7.1942 begonnen.

482 Vgl. Schreiben Hufskys an HAFin v. 8.8./5.9.1942, AAN, 111, 1199, Bl. 201 ff.; Schreiben Rogges, Abt. III HAFin an HSSPF Lublin, Einsatz Reinhard v. 1.8., ebd. Vgl. auch Tabelle: Gesamtzusammenstellung der Einnahmen aus der „Aktion Reinhard" aus dem Bericht vom 5. Januar 1944 in RM, S. 327.

zunächst nur, dass eine ungenannte Stelle in Krakau (SS-Wirtschafter) mit der Verwertung beauftragt werden sollte. Die Erträge – davon gingen neben Frank und Bühler auch Rogge und Senkowsky aus – würden, nach Abzug der Kosten des Massenmords, dem Generalgouvernement gutgeschrieben werden, und Steuerrückstände könnten so zumindest noch teilweise vereinnahmt werden.[483]

Himmler beauftragte aber zunächst Pohl erstmals im September 1942 mit der Verwertung des gesamten Vermögens. Dieser delegierte die Aufgabe zum Jahresende an den SSPF Krakau und den dortigen SS-Wirtschafter, der vor Ort tätig werden sollte. Nach Himmlers Anordnung sollte das Vermögen „zur Verwertung für Zwecke der Festigung des deutschen Volkstums (insbesondere zum Ansatz von Umsiedlern und anderen berechtigten Bewerbern) zur Verfügung" gestellt werden. Frank, der seine Dienststellen als zuständig ansah und auch an der bestehenden Praxis nicht rütteln wollte, da er die betreffenden Vermögen, die der Leiter der Treuhandstelle immer noch auf 1,5 Milliarden Złoty taxierte, als Staatseigentum des GG ansah, erklärte diese Vorgehensweise Ende Januar 1943 für rechtsunwirksam.[484]

Die darauf folgenden Verhandlungen zwischen dem RFSS, dem WVHA und dem Generalgouverneur zogen sich bis ins Jahr 1944. Dabei spielte neben der Treuhandverwaltung, deren Verfahrensweise wie geringe Ertragswerte von Pohls Dienststelle kritisiert wurden, auch die rechtliche Regelung zur Beschlagnahme „herrenloser Güter" eine Rolle. Denn Wertpapiere und Bankguthaben wurden von den örtlichen Banken teils zurückgehalten. So behielt die Stadtsparkasse in Krakau u. a. das Guthaben von 26 Sparbüchern zurück, das die Emissionsbank in Lublin zu Gunsten des Kontos der dortigen Sipo (vermutlich eines der beiden dort geführten Reinhard-Konten) anweisen lassen wollte. Die Sparkasse lehnte mit der Begründung ab, dass nicht klar sei, ob es sich um angemeldetes Vermögen handelte oder um „herrenloses". Im letzteren Fall waren die Kreis- und Stadthauptleute zuständig, und außerdem fehlte obendrein die Genehmigung der zuständigen Zollfahndungsstelle.[485]

Auf die beweglichen Werte in den Ghettos hatten die SSPF Anspruch erhoben und sich offenbar weitestgehend ungehinderten Zugang verschafft. Der SSPF Radom zahlte regelmäßig höhere Beträge bei der Emissionsbankfiliale ein. Laut Verwendungszweck waren dies Versteigerungserlöse des „jüdischen Nach-

483 Vgl. ebd.

484 Frank hatte die Allgemeine Anordnung Nr. 18 C (15.12.1942) des RFSS für ungültig erklärt. Vgl. Haushaltsbesprechung, Diensttagebuch v. 26.1.1943, BArch, R 52 II, abgedruckt in: Präg/Jacobmeyer, S. 613 ff.; Berenstein u. a., S. 411.

485 Vgl. Loose, Kredite, S. 362 f; Schriftverkehr zwischen Pohl u. Himmler, Koppe, Brandt 15.1.1944–4.7.1944, BArch, NS 19, 2648, Bl. 158 ff.

lasses“. Das, was nicht an die RKF-Stellen, die Volksdeutsche Mittelstelle (VoMi) oder nach Lublin ging, wurde an die polnische Bevölkerung verkauft.[486]

Die Finanzinspekteure versuchten indes, ihre Ansprüche, wenn möglich, vor den Ghettoauflösungen durchzusetzen. In Lemberg verhandelte der Finanzinspekteur mit den SS-Dienststellen. Jedoch erklärte auch hier der SSPF Galizien, Katzmann, dass es sich bei den verbliebenen Vermögen um ein Sondervermögen handele, dass allein dem RFSS zustehe und dessen Verkaufserlöse auf ein Berliner Konto flössen und eine Abrechnung mit den Behörden des GG erst später erfolgen könne. In Busko Zdrój hatten die Finanzbeamten durch rasches Agieren den Zugriff der Gendarmerie auf die Werte im Ghetto einzudämmen versucht. Sie pfändeten kurzerhand die Tische, Betten, Schränke und Stühle der Kalinskis, Goldbergs, Binenstocks und der anderen jüdischen Familien im Wert von wenigen tausend Złoty. Bei der Räumung des Ghettos beachtete die Gendarmerie dies mit keinem Blick. Auch die Strategie der Hauptabteilung Finanzen scheiterte, der Korruption und Bereicherung bei den „Judenaussiedlungen“ im Interesse der Staatskasse Einhalt zu gebieten. Zwar setzte die Finanzabteilung alles daran, die von den Kreis- und Stadthauptleuten ungeregelt von den Juden eingetriebenen illegalen Kontributionen für Sonderfonds und eigenmächtige Haushaltskonsolidierungen per Umfrage bei den örtlichen Finanzinspektionen zu verifizieren, um die Zahlungen für den Fiskus einzufordern, doch brachte dies keinerlei Erfolge. Diese Fonds umfassten nicht selten wie in Radom mehrere hunderttausend Złoty.[487]

Letztlich blieb den Steuerverwaltungen nur die Niederschlagung. Hufsky, der die Abwicklung der Steuerschulden von Millionen Ermordeter und ihrer hinterlassenen Konten nur als einen „furchtbaren Arbeitsaufwand“ empfand, „der eigentlich durch nichts zu rechtfertigen [war], ganz abgesehen von dem Papierverbrauch“, setzte für das Generalgouvernement die Sammelniederschlagung zur Verwaltungsvereinfachung durch.[488] Doch auch mit dieser zynischen Verwaltungslösung waren die Finanzbeamten, trotz der zusätzlichen Anweisung Rogges, mit der er „die Abwicklung der Steuerreste der ausgesiedelten, jüdischen Steuerpflichtigen“ möglichst zum 31. März 1943, also dem Ende des Rechnungsjahres, forderte, noch weit ins Jahr 1944 beschäftigt.[489] Die Bücher mussten stimmten.

486 Vgl. ebd. In Ostrowiec betrug der Gesamterlös des so versteigerten jüdischen Eigentums 431.469, 41 Zł. Vgl. Friedrich, August 1941–1945, S. 536.

487 Vgl. Schreiben von Streits an HA Innere Verwaltung v. 14.11.1942, APW, XLVIII, 15, Bl. 15; Vermerke und Fehlanzeigen der FI bis 16.7.1943, IPN 94/IV, 486, Bl. 1 ff.

488 Vgl. Schreiben Hufskys an HAFin v. 8.8./5.9.1942, AAN, 111, 1199, Bl. 201 ff.; Schreiben Rogges, Abt. 3 HAFin an HSSPF Lublin, Einsatz Reinhard v. 1.8., ebd.; Schreiben Rogges an die FI und Ämter der Distrikte v. 6.10.1942, ebd.; Aktenvermerk des FI Lemberg v. 17.11.1942, ebd.; Liste der Steuerpfändung in Busko Zdrój v. August 1943, ebd.

489 Vgl. Schreiben Rogges an die FI v. 9.2.1943, AAN, 111, 616, n. p.

Nach der Niederwerfung des Warschauer Ghettoaufstandes im Frühjahr 1943 beklagte dann auch die Treuhandstelle Schäden für Warschau in Höhe von 160 Millionen Złoty. Schlussendlich einigte man sich 1944 auf eine geteilte Zuständigkeit. Außerhalb der Lager, Ghettos und Vernichtungsstätten verwertete weiterhin die Treuhandstelle die mobilen und immobilen Vermögen. Die Ansprüche des Fiskus waren niedergeschlagen. Die ausstehende Zahlung im Verrechnungsverkehr über knapp 40 Millionen Złoty betrachtete Himmler fortan als Schuldschein des Generalgouvernements gegenüber dem WVHA.[490]

Zu den geraubten Barmitteln wurden im Reinhard-Bericht die Erträge aus der Verwertung von Edelmetallen, Devisen, Schmuck, Wertgegenständen und Spinnstoffen mit einem Gesamtschätzwert von 105 Millionen Reichsmark addiert. Laut Gesamtzusammenstellung ergab das eine positive Bilanz von knapp 180 Millionen Reichsmark:

Tabelle 9 – Gesamtzusammenstellung der Einnahmen aus der „Aktion Reinhard" aus dem Bericht vom 5. Januar 1944 in RM[491]

Abgelieferte Geldmittel Zł- und RM-Noten	73.852.080,74
Edelmetalle	8.973.651,60
Devisen in Noten	4.521.224,13
Devisen in gemünztem Gold	1.736.554,12
Juwelen und sonstige Werte	43.662.450,00
Spinnstoffe	46.000.000,00
Gesamt	**178.745.960,59**

Die erbeuteten Devisen wurden nach angenommenen und teilweise veralteten bzw. von den deutschen Besetzungsverwaltungen oftmals willkürlich festgesetzten Kursen in Reichsmarkbeträge umgerechnet. Dabei wurde nicht berücksichtigt, ob diese Summen am internationalen Kapitalmarkt überhaupt erzielbar sein würden. Den US-Dollar berechneten die SS-Buchhalter mit dem Vorkriegskurs von 1941, obwohl aufgrund der Dollarsperre für Kontinentaleuropa der europäische Markt mit Dollar überschwemmt war und US-Dollar nur noch erschwert und zu niedrigem Kurs in der Schweiz für den Außenhandel des Reiches umgesetzt werden konnten.[492] Ähnlich sind die Summen für die

490 Vgl. Loose, Kredite, S. 362 f. Vgl. auch Schriftverkehr zwischen Pohl, Himmler, Koppe u. Brandt 15.1.-4.7.1944, BArch, NS 19, 2648, Bl. 158 ff.

491 Vgl. Abschlussbericht Reinhard, BArch, NS19, 2234, Bl. 33 ff.

492 Nach VO zum 10.4.1940 hatte die Regierung der USA die Immobilisierung der Dollarguthaben Norwegens, Dänemarks, Hollands, Belgiens, Luxemburgs, Frankreichs, der drei baltischen Staaten und Rumäniens verfügt. Auch die Notierung der Währungen dieser Länder an der New Yorker Börse wurde eingestellt. 1941 wurden der Guthabensperre unterworfen: Bulgarien, Ungarn, Jugoslawien, Griechenland, das Deutsche Reich, Finnland, Italien, Portugal, Spanien, Schweden, die Schweiz und alle übrigen kontinentaleuropäi-

Millionen an geraubten Rubel, französischen Franc und holländischen Gulden zu bewerten, da die Kaufkraft dieser Währungen durch eine gezielt inflatorische Währungspolitik in den besetzten Gebieten zumeist erheblich gesunken war. Letztlich konnte nur bei den in Gold gemünzten Devisen von stabilen Umrechnungswerten ausgegangen werden.

Für Juwelen, Schmuck und sonstige Wertgegenstände wurden einfach Durchschnittspreise festgesetzt. Das ergab für knapp 16.000 Ringe mit gefassten Edelsteinen, bei einem willkürlich festgelegten Stückpreis von 1.500 Reichsmark, knapp 24 Millionen Reichsmark. Goldene Damenarmbanduhren gab es zu 250 Reichsmark das Stück, Herrenuhren für das Doppelte, Broschen würden, so schätzte man, im Schnitt 2.000 Reichsmark einbringen. Erzielen sollte diese Preise die mit der Verwertung beauftragte Pfandleihanstalt in Berlin. Es ist davon auszugehen, dass der Großteil der Schmuckgegenstände nach nochmaliger Sichtung in Berlin nicht in den Verkauf ging, sondern ausgefasst wurde, man die Edelmetalle einschmolz und somit am Ende ein wesentlich geringerer Materialpreis stand.[493] Aber nicht nur für Schmuckstücke, Diamanten und Perlen wurden solche Durchschnittspreise festgelegt, sondern auch für allerlei Alltagsgegenstände. Über 100.000 Reparaturuhren wurden mit zwei Reichsmark das Stück taxiert, Taschenlampen mit 50 Pfennigen, ein Fieberthermometer war drei Reichsmark wert, kaputte Wecker nur noch eine.

Die in Lublin in den Lagern des „Sonderstabes Reinhard" abgelieferten Textilien wurden aufgrund der schieren Maße mit einem Pauschalwert von 20 Millionen Reichsmark vermerkt. Die zur Weiterverarbeitung bereits abtransportierten Stücke wurden, der Einfachheit wegen, gleich mit dem Ladungswert von 26 Millionen Reichsmark für „1901 Waggons mit Bekleidung, Wäsche, Bettfedern und Lumpen" angegeben.

Wahrscheinlich bereits ab Mai 1942 waren Textilien und Gebrauchsgegenstände neben den Edelmetall- und Schmucklieferungen aus den Vernichtungslagern zu den SS-Dienststellen nach Lublin geliefert worden, wo sie sortiert und teilweise weiterverarbeitet wurden. Für die Textilien und Gebrauchsgegenstände aller Art wurde in einem geräumigen Rohbau in der Chopina-Straße 27, im Zentrum der Stadt, ein Erfassungslager eingerichtet. Dort wurden die aus den Lagern Lublin, Treblinka, Bełżec, Sobibór, aber auch aus dem restlichen Generalgouvernement, wie dem Zamoscher Gebiet oder Lemberg, eintreffenden Sachwerte gelagert und in einem Kammerbuch verzeichnet.[494] Die Sachen

schen Länder. Vgl. Bank für Internationalen Zahlungsausgleich, S. 26 ff. US-Dollar wie Britisches Pfund hatten praktisch aufgehört, als internationales Zahlungsmittel in Europa zu dienen.

493 Vgl. Kapitel: Das Treuhandvermögen, S. 224; Banken, Großraubwirtschaft.

494 Vgl. zu den Ablieferungen aus dem Distrikt Galizien den Bericht des SS- und Polizeiführers Fritz Katzmann v. 30.6.1943 in: Herder-Institut (Hrsg.): Dokumente und Materialien zur ostmitteleuropäischen Geschichte. Themenmodul „Der Holocaust in Polen", bearb.

wurden nach Verwendungszweck und Zustand sortiert.[495] Das mehrgeschossige Haus entwickelte sich so nicht nur zu einem Warenlager, sondern rasch zu einer Art Kaufhaus für andere SS-Dienststellen und deren Angehörige und Angestellte, aber auch für Partei- und RKF-Dienststellen und nicht zuletzt die Wehrmacht.

Häufig nutzen die SS-Standortverwaltung des KZ Majdanek, die SS-Betriebe der OSTI und DAW, der Lubliner Stadthauptmann, die Hitlerjugend (HJ), die NSDAP, das Soldatenheim, die Heeresstandortverwaltung, die EWZ in Litzmannstadt und Zamość, aber auch die Gestapo Wien die Möglichkeit und sandten konkrete Bestelllisten. Aus den Lagerbeständen wurden auf diese Weise die Häftlinge diverser Lager mit Kleidung und Schuhen versehen, Siedler mit notwendigen Einrichtungsgegenständen versorgt, Veranstaltungen der Hitlerjugend ausgestattet, aber auch die Gesuche von Einzelpersonen nach bestimmten Gegenständen befriedigt. Allerdings waren diese „Bestellungen" bis auf wenige Ausnahmen, bei denen für den Dienstgebrauch aus dem Bestand „ausgefolgt" wurde, kostenpflichtig. Die Rechnungssummen waren auf die Konten des SSPF Abt. IVa, Einsatz R und das Sonderkonto „S" bei der Emissionsbank Lublin zu begleichen. Die Bestände wurden seit Sommer 1942 auch in einer Zentralkartei verwaltet und gemäß der Reichskassenordnung in Titelbüchern von den SS-Sturmbannführern Wippern (Edelwerte, Devisen) und Höfle (Textilien, Gebrauchsgegenstände) erfasst.[496]

Im Reichsfinanzministerium wurde Staatssekretär Reinhardt über die ersten Ertragsschätzungen des Massenmordes in Polen durch den weitergeleiteten Bericht des Beauftragten des Reichsleiters Bormann im OKW ins Bild gesetzt: „Brigadeführer Globocnik führt zur Zeit als Sonderauftrag die Evakuierung der polnischen Juden durch. An Werten wurden bisher sichergestellt: rund 50.000.000 RM in Papier, etwa 500.000 Papierdollar, 60.000 Golddollar, 5.000 Englische Pfund, 50.000 Goldrubel, 10.000 Goldfrancs. Darüber hinaus viele Dukaten und andere Münzen im Werte von rund 10.000 RM, etwa 2.000 wertvolle Schmuckstücke wie Ringe, Anhänger und dergleichen. Rund 1.000 Waggons Textilien, davon ca. 300.000 neue Kleider, weitere 300.000 gebrauchte Garnituren und rund 5 Mill. Kilo Lumpen."[497] So erfuhr Reinhardt zeitnah von den Dimensionen des Massenmords. Wie der Staatssekretär die Ausbeute des Völkermords bewertete, geht aus der unkommentierten Abschrift nicht

von Imke Hansen. https://www.herder-institut.de/en/resolve/qid/2517.html (Zugriff am 22.07.2016).

495 Vgl. Perz, S. 137.

496 Vgl. Sammlung von Anforderungs- und Rechnungsbelegen des Stabes Reinhard(t) in Lublin aus dem Jahr 1942, Yav Vashem Archives, O.53, 68, Bl. 1 ff.

497 Vgl. Bericht des Beauftragten des Reichsleiters Bormann v. 15.9.1942, BArch, R 2, 31679, Bl. 229 ff.

hervor. Zudem handelte es sich offenkundig noch nicht um die abschließenden Zahlen, und es fehlten überdies die Summen für Auschwitz.

Ein der „Aktion Reinhard, Lublin" vergleichbarer Bericht ist der Forschung für Auschwitz bisher nicht bekannt. Es ist davon auszugehen, dass ein Großteil der nach Auschwitz-Birkenau deportierten Juden und Jüdinnen aus dem Deutschen Reich und den in West-, Süd- und Südosteuropa besetzten Gebieten noch über ihre Vermögenswerte verfügte, die Erträge des Raubmordes im größten deutschen Konzentrations- und Vernichtungslager vergleichbar denen in Lublin waren. Die eigens zur Sortierung errichteten Effektenlager „Kanada I" (Stammlager) und „Kanada II" (Birkenau) waren übervoll an Gegenständen und Wertsachen, die den Opfern nach ihrer Ankunft genommen wurden. Allein das nahe der Gaskammern errichtete „Kanada II" bestand aus 30 Magazinbaracken. Aber auch in Auschwitz war der Anteil an nur bedingt verwertbaren Lumpen besonders hoch.[498]

Allerdings dürfte sich Staatssekretär Reinhardt weniger für die immensen Mengen an Lumpen, die mehr oder minder verwertbaren Kleidungsstücke und Alltagsgegenstände, die von der SS vor allem innerhalb ihres Bewirtschaftungskreislaufes verwertet wurden, interessiert haben als für die Devisen und vor allem die Edelmetalle. Aufgrund der Währungssituation in Europa – der US-Dollar und das britische Pfund hatten auf dem Kontinent praktisch ihre Funktion als internationale Zahlungsmittel verloren – hatte der Goldhandel an Bedeutung gewonnen. Vor allem Transaktionen über die Schweiz waren für die Einfuhr kriegswichtiger Rohstoffe über Portugal für das Reich unverzichtbar geworden.[499]

498 In der Forschung wird unter der „Aktion Reinhard" oftmals allein der Massenmord an den Juden und Jüdinnen im Generalgouvernement verstanden und Auschwitz, das auf Reichsgebiet lag, nicht mit einbezogen. Allerdings wurde bereits bei dem Prozess in Nürnberg gegen Pohl und das WVHA festgestellt, dass die Aktion auch Auschwitz einbezog. Dafür sprechen verschiedene Hinweise in den überlieferten Quellen. Der Kommandant von Auschwitz verwandte den Tarnbegriff „Aktion R" für die Erfassung, Sortierung und Verwertung der mobilen Gegenstände und Wertsachen. In Globocniks Bericht wird nicht die „Aktion Reinhard", sondern „Aktion Reinhardt (sic!) Lublin" verwendet. Zudem verliefen die Vernichtungsaktionen zeitgleich in Schlesien und im Distrikt Lublin. Vgl. auch: Bericht Pohls über die bisherige Verwertung von Textil-Altmaterial aus der Judenumsiedlung (Auschwitz und Lublin) v. 6.2.1943, Yad Vashem, O.51 Nazi Documentation, 2, n. p. Zu den geschätzten Werten für Auschwitz: Vgl. Banken, Großraubwirtschaft, S. 611 f.

499 Über die Reichsbank und die Schweizerische Nationalbank (SNB) entwickelte sich ein Dreieckshandel zwischen dem Deutschen Reich, der Schweiz und Portugal, bei dem die Schweiz als Drehkreuz für den Gold- und Devisenhandel fungierte. Ab Mai 1940 waren der Schweizer Franken und der US-Dollar die einzigen an das Gold gebundenen und frei konvertiblen Hauptwährungen. Bis zur Dollarsperre 1941 waren über die Schweiz noch große Dollar-Summen als Folge der Kapitalflucht gehandelt worden. Allerdings war der Preis für Papierdollar in Folge der Devisenbewirtschaftung der USA als Finanzdollar (im Gegensatz zu Warendollars) um etwa die Hälfte seit dem 7.12.1941 gefallen. Der

Laut Globocniks Bericht wurden drei Tonnen Gold und 19 Tonnen Silber in Form von zusammen 2.379 Barren nach Berlin geliefert. Der Wert wurde jeweils gemäß dem Feingewichtswert ermittelt. In Lublin war, anders als in Auschwitz, eigens eine Möglichkeit zur Goldschmelze geschaffen worden, um Schmuck und Münzen vor Ort zu Barren verarbeiten zu können. Ob die in Lublin eingeschmolzenen Edelmetalle tatsächlich einen so hohen Feingehalt aufwiesen, ist unklar.[500]

Zunächst herrschte bei der Ablieferung der Werte aus den Vernichtungslager Chaos. So hatte der Kommandant des Vernichtungslagers Bełżec und Inspekteur der Vernichtungslager der „Aktion Reinhard" im Distrikt Lublin, Christian Wirth, die Raubwerte ungeordnet und teils noch mit dem Blut der Opfer direkt an die Reichsbank in Berlin geschickt. Erst mit der Übernahme durch das WVHA ab August 1942 entstand, neben der geordneten Erfassung der Werte unter SS-Sturmbannführer Wippern in Lublin, ein geordneter *workflow* für die zentrale Weiterleitung der edelmetallhaltigen Werte an die Reichsbank.[501]

Neben dem Effektenlager in der Chopina-Straße 27 wurde ein sogenanntes Schatzhaus in der Standortverwaltung eingerichtet. Die geraubten Schmuck- und Edelmetallwerte wurden in Koffern und Kisten von Lublin nach Berlin zum WVHA gesandt.[502] Dort übernahm der Leiter der Hauptabteilung A II/3 (Amtskasse/Gebührnisstelle), Bruno Melmer, die Übergabe an die Reichsbank in insgesamt 76 plombierten Einzellieferungen. In den Eingangsbüchern der Reichsbank wurden die Ablieferungen, die ebenfalls aus Auschwitz stammten, ab dem 26. August 1942 erfasst. Das WVHA gab genaue Handlungsanweisun-

Schweizer Franken wurde zum wichtigsten zwischenstaatlichen Zahlungsmittel. Der Ankaufspreis der SNB, die ab 1942 den Goldankauf monopolisierte, betrug 4.869,80 SFr. pro kg Feingold. Die RB konnte also SFr. oder gegen Gold getauschte Escudos zu Zahlungen gegenüber Drittstaaten wie Portugal verwenden. Portugal tauschte dann die SFr. wieder gegen Gold in der Schweiz. Die Schweiz kam dem hegemonialen Nachbarn bereitwillig entgegen, obwohl auf internationaler Ebene ab 1942 davon ausgegangen wurde, dass es sich bei einem Großteil der Reichsbanklieferungen um Raubgold aus den europäischen Zentralbanken (monetäres Gold) oder aus Privatbesitz (nicht-monetäres Gold) handelte. Vgl. Crettol/Halbeisen, S. 22 ff.; Unabhängige Expertenkommission Schweiz – Zweiter Weltkrieg, S. 31 ff.

500 Vermutlich war der Feingehalt der Lieferungen geringer, wie der Abgleich mit den bei der Reichsbank abgelieferten Mengen ergibt. Vgl. Banken, Großraubwirtschaft, S. 600.

501 Vgl. Perz, S. 132 ff.

502 Die Abtransporte erfolgten auf unterschiedlich Weise. Organisierte Transporte erfolgten durch ein regelmäßiges Kommando aus Berlin, das den Transport mittels LKW durchführte. Teilweise wurden Sendungen aber auch mit dem Zug oder anlässlich von Dienstreisen im PKW mitgenommen. Vgl. ebd., S. 148.

gen über die Verwertung aller Raubgüter, die fortan als „Diebes-, Hehler- und Hamstergut" bezeichnet wurden.[503]

Sämtliche Erlöse aus den Wertsachen- und Geldlieferungen an die Reichsbank wie aus der Verwertung der aus Lublin und Auschwitz über das WVHA im Reich verwerteten Gegenstände wurde dann einem eigens eingerichteten Konto mit dem Decknamen Max Heiliger bei der Reichshauptkasse gutgeschrieben.[504]

Das Konto „Max Heiliger"

Die Vorgehensweise der Verwertung und Verbuchung über das Konto „Max Heiliger" wurde vermutlich in mehreren Besprechungen und Absprachen zwischen Vertretern des Reichsfinanz- und Reichswirtschaftsministeriums und der Reichsbank mit dem WVHA um den 11. August 1942 getroffen, kurz nach Himmlers Besuch in Lublin. Finanzminister Schwerin von Krosigk hatte im Wissen um die Herkunft der Werte mit Himmler vereinbart, dass die Reichsbank und die Reichshauptkasse die Werte übernehmen und die Erträge dem Reichshaushalt zugehen würden.[505] So lieferte Melmer dann direkt an die Reichsbank, deren Mitarbeiter die Kisten und Koffer entgegennahmen, deren Inhalt prüften, sie umverpackten und zur Weiterverwertung an die Städtische Pfandleihanstalt sandten bzw. zum Einschmelzen bei der Degussa oder der Preußischen Münze bereitstellten. Der Gegenwert wurde dem Konto „Max Heiliger" bei der Reichshauptkasse überwiesen.[506]

Im Gegensatz zur bereits üblichen Praxis, Beutewerte an die Reichshauptkasse abzugeben[507], versprach diese Form der direkten Ablieferung an die Reichsbank für das WVHA zinsgünstige Kredite bei staatlichen Instituten. Die SS suchte nach neuen Finanzierungsmöglichkeiten, um keine weiteren teuren Kredite der Privatbanken zur Durchführung ihrer Wirtschaftsunterneh-

503 Vgl. Anordnung des Leiters WVHA, Amt A, Frank v. 26.9.1942 an Leiter der SS-Standortverwaltung Lublin und Leiter der Verwaltung des K.L. Auschwitz, abgedruckt in: Berenstein u. a., S. 404 ff.; Vgl. Perz, S. 146 ff.

504 Vgl. ebd.

505 Vgl. Perz/Sandkühler, S. 291. Eidesstattliche Erklärung des ehemaligen Vizepräsidenten der Reichsbank Emil Puhl v. 20.9.1945 u. 3.5.1946, Nürnberger Dokumente, PS 3944 u. Aussage Puhls am 15.5.1946: Internationaler Militärgerichtshof Nürnberg, Der Nürnberger Prozess. Gegen die Hauptkriegsverbrecher vor dem internationalen Militärgerichtshof vom 14. November 1945 bis 1. Oktober 1946, S. 617 ff.; Banken, Großraubwirtschaft, S. 616, 627.

506 Vgl. Aussage von Thoms in Nürnberg v. 15.5.1946: Internationaler Militärgerichtshof Nürnberg, Der Nürnberger Prozess. Gegen die Hauptkriegsverbrecher vor dem internationalen Militärgerichtshof vom 14. November 1945 bis 1. Oktober 1946, S. 607 ff.

507 Vgl. Kapitel: Die Beutestelle der Reichshauptkasse, S. 99.

mungen aufnehmen zu müssen.[508] Anderseits wurde das Raubgold so direkt dem Goldhandel zugeführt, der international über die Reichsbank abgewickelt wurde. Die Reichshauptkasse hingegen verwertete den überwiegenden Teil der bei ihr deponierten Werte nicht oder nur zögerlich. Im Oktober 1943 lagerten unter anderem noch 46.797 Gegenstände mit einem Gewicht von zusammen 196,3 Kilogramm aus Gold, Silber und Edelsteinen in fünf Säcken und 19 Kisten bei der Beutestelle.[509]

Die RHK übergab an die Städtischen Pfandleihanstalt, Abteilung 3, Zentralstelle, Berlin N4, an Amtsrat Wiener auch Edelmetalle und Schmuck zum Verkauf. Ebenso konnten Geldsorten und Wertpapiere entsprechend der bereits gängigen Beuteverwertung an die Reichsbank gegen Gutschrift abgetreten werden. Edelmetalle, so sie denn zur Verwertung abgegeben wurden, leitete die RHK zudem an die Reichsbank, Abt. Edelmetalle, Brankrat Thoms oder zum Einschmelzen ebenfalls über die Reichsbank an die Degussa oder die Preußische Münze weiter.[510]

Das auf diesem Wege durch die Reichsbank verwertete Gold umfasste mindestens 2,65 Tonnen Feingold (8,1 Millionen Reichsmark) und Goldmünzen im Wert von 1,93 Millionen Reichsmark. Die Pfandleihanstalt überwies weitere bis zu zehn Millionen Reichsmark aus der Schmuckverwertung. Wahrscheinlich konnten bis Kriegsende nicht alle Lieferungen verwertet und verbucht werden, da zunehmend nicht eingeschmolzene Edelmetallsachen und Schmuck eingingen.[511] Über den Goldhandel mit der Schweiz wurden Goldbarren aus den Melmer-Lieferungen in einem Gegenwert von 2,9 Millionen US-Dollar gehandelt. Weitere 7,3 Millionen US-Dollar wurden durch Verkäufe von Gold, das Privatpersonen und Einrichtungen durch andere Instanzen geraubt worden war, über den Verkauf an die SNB erzielt.[512]

Auf dem Konto „Max Heiliger“ liefen so die verschiedenen Erträge des Raubmordes zusammen und wurden regelmäßig vom zuständigen Referenten Maedel in den Reichshaushalt (Kap. XVIII Tit./Abs. 3) gebucht.[513] Da an die RHK in Folge dieser Verfahrensweise keine genauen Aufstellungen über die Werte an sich gingen, verwies Pohl in seinem Schreiben an das Reichsfinanzministerium vom 24. Juli 1944 nochmals darauf, dass es sich „um Judenwerte, die zugunsten

508 Vgl. Banken, Großraubwirtschaft, S. 626.

509 Vgl. Ungefähre Feststellung des Referates Eylert der als Beutegut vorhandenen Schmucksachen und Gebrauchsgegenstände, deren Verwertung bisher noch aussteht v. 24.10.1943, BArch, R 2104, 69, Bl. 214 f.

510 Vgl. Schreiben Fiebigs an Maedel v. 20.2. u. 2.6.1942, BArch, R 2104, 69a, n. p.; Anweisung des RdF v. Juni 1942, ebd.; Banken, Großraubwirtschaft, S. 626 f.

511 Vgl. ebd.

512 Vgl. Crettol/Halbeisen, S. 22 ff.; Unabhängige Expertenkommission Schweiz – Zweiter Weltkrieg, S. 31 ff.

513 Vgl. Naasner, Neue Machtzentren, S. 405 ff.; Banken, Großraubwirtschaft, S. 626 f.

des Reiches eingezogen“ worden waren, handelte. Er informierte weiter, dass die Werte in Konzentrationslagern anfielen und deren Auflistung aufgrund des zu großen Umfanges nicht möglich sei. Offenbar hatten überdies mehrere Besprechungen zwischen dem Vertreter des WVHA und Regierungsrat Patzer vom RFM stattgefunden.[514] In deren Ergebnis erklärte sich das Reichsfinanzministerium mit der Endgültigkeit der am 1. April 1943 durch das WVHA selbst durchgeführten Vorprüfung der „Aktion Reinhard“ in Lublin einverstanden. Der Reichsrechnungshof sollte in dieser Sache nicht einbezogen und alle Dokumente, die den Raubmord belegten, vernichtet werden.[515]

Ein Vergleich der Angaben des Lubliner Abschlussberichtes mit den Verwertungseinnahmen der Reichsbank ist – wie aufgezeigt – nur bedingt möglich. Auch können die Einzahlungen und Buchungen zu Gunsten und zu Lasten des Kontos „Max Heiliger“ und damit die monetarisierten Summen, die in den Reichshaushalt tatsächlich abflossen, aufgrund der fehlenden Überlieferung nicht quantifiziert werden. Deutlich wird aber, dass die von Globocnik aufgestellten Schätzwerte in der Summe so nicht im Verwertungsprozess erzielt werden konnten. Zudem verblieb ein Großteil des Raubvermögens im Finanzierungs- und Beschaffungskreislauf der HSSPF bzw. des WVHA. Aus Perspektive der SS wurde diese Finanzierungsform sicherlich als Erfolg wahrgenommen. Die Erträge für den Reichshaushalt, auch mit Blick auf die Goldgeschäfte der Reichsbank, müssen allerdings im Vergleich mit den Mengen an sonstigen Beutewerten im Promillebereich verortet werden.[516]

3.11 Zollgrenzschutz und SS-Verbrechen

Mit dem Überfall auf die Sowjetunion war durch den Generalinspektor des Zollgrenzschutzes der Waffengebrauch für die Zöllner dereguliert worden, offenbar in Kenntnis der „volkstumspolitischen Aufgaben“ und des Vorgehens der massenmordenden SS und Polizeikräfte. Mit der ersten der nun regelmäßig erscheinenden Zollgrenzschutzanordnungen vom 18. September 1941 informierte Hoßfeld seine Dienststellenleiter nicht nur über den Waffengebrauch, sondern auch über die Bildung sogenannter Einsatzkommandos für „besondere Unternehmungen“.[517]

514 Vgl. Schreiben Pohls an RFM v. 24.7.1944, StAN, Rep 502 KV-Anklage, NG-4096, n. p.
515 Vgl. Reinhardbericht, BArch, NS19, 2234, Bl. 41.
516 Die Reichsbank hatte allein 430 Tonnen Gold, die aus geraubten Beständen anderer Nationalbanken stammten, ins Ausland verkauft. Vgl. Unabhängige Expertenkommission Schweiz – Zweiter Weltkrieg, S. 40 ff.; Kapitel: Bilanz und Kriegsende, S. 364.
517 Vgl. Sandkühler, Zollgrenzschutz, S. 118. Zollgrenzschutzanordnung Nr. 4 v. 25.8.1942, BArch, R 110, 2, n. p.

Die Grenzer, die mit Karabinern, Maschinengewehren, Maschinenpistolen und Handgranaten ausgestattet waren, sollten aufgrund der „östlichen Verhältnisse" auf den vorgeschriebenen Anruf „gegenüber offensichtlichen Feinden, (z. B. erkannten Spionen, Fallschirmspringern, Verbrechern und sonstigen Untermenschen)" verzichten und schnell und erfolgreich mit gesamter Feuerkraft schießen. Die Berichterstattungspflichten über Fälle des Waffengebrauchs mit Todes- oder Verletzungsfolge wurden weiter aufgeweicht. Bewusst verschleierten die verantwortlichen Beamten im RFM mit dem vorgeschobenen Verweis auf Geschäftsvereinfachungsgründe die Dokumentation der Verbrechen. Die Berichte sollten auch nicht mehr dazu dienen, ein Verhalten nach Dienstvorschrift zu belegen, sondern festhalten, ob für den Waffengebrauch „ein richtiger Entschluss gefasst und mit Verständnis für die taktische Lage rasch und energisch durchgesetzt worden ist".[518]

Die Massenerschießungen von Juden durch die Einsatzkommandos der SS und Polizei begannen unmittelbar im Rücken der kämpfenden Truppe. Für die jüdische Bevölkerung des Baltikums und Galiziens gab es in den Sommermonaten 1941 kaum eine Möglichkeit zu entkommen. Die Juden wurden in den größeren Städten gesammelt und zu Erschießungsstätten am Stadtrand oder auf Friedhöfen geführt. Auf dem Land wurden Juden zusammengetrieben und dann ebenfalls erschossen. Während des sogenannten Blutsonntags von Stanisławów erschoss die SS am 12. Oktober 1941 mehr als zehntausend jüdische Männer, Frauen und Kinder. Dieser Massenmord bildete den Auftakt zur Shoah im Generalgouvernement. Im Grenzgebiet zum von Ungarn besetzten Transkarpatien waren zu diesem Zeitpunkt zehntausende Juden, die in den neugebildeten Distrikt Galizien abgeschoben wurden, eingetroffen und ihren Mördern ausgeliefert.[519]

Der Zollgrenzschutz nahm durch die Grenzsperren, die er rigoros durchsetzte, vielen Flüchtlingen jede Überlebenschance. Nach Ungarn, Rumänien und der Slowakei war nur mehr ein kleiner, aber stark eingeschränkter Grenzverkehr möglich. Zum Reichskommissariat Ukraine herrschte bis auf wenige Ausnahmen eine völlige Grenzsperre.[520] Wie schon vor Ausbruch des Krieges und an der Grenze zum Reichsgebiet übergab der Zollgrenzschutz Flüchtende – gleich ob Juden, Kriegsgefangene, Militärs oder Zivilpersonen – an die Gestapo, wenn sie nicht direkt erschossen wurden.

518 Zollgrenzschutzanordnung Nr. 3, Ziffer 18 v. 12.7.1942, BArch, R 110, 2, n. p.; Schreiben Kommandostelle des ZGS im GG, Lindemann an Befehlsstellen des ZGS v. 11.5.1944, mit Verweis auf den Erlass des RdF v. 27.4.1944 und den Besprechungsergebnissen der Tagungen in Breslau u. Weimar v. Mai 1942, BArch, R 110, 31, n. p.; Sandkühler, Zollgrenzschutz, S. 120.

519 Vgl. Freundlich, S. 135–186.

520 Vgl. Protokoll der Niederschrift über die Dienstbesprechung mit den Befehlsstellenleitern 26.-28.3.1942, BArch, R 2, 25309, Bl. 93 ff.

Die konkrete Beteiligung von Zollgrenzschützern am Massenmord ist aufgrund der mangelhaften Überlieferungslage nur für Einzelfälle gesichert dokumentiert. Am 13. November 1941 wurde der ZGS von der Gestapo Czortków erstmals zur Absperrung des Ghettos in Zalesczyki an der rumänischen Grenze für eine Massenexekution herangezogen. Anfragen für derlei Amtshilfe gab es von Sipo und Gestapo im grenznahen Raum wohl öfter. Das Bezirkszollkommissariat in Stryj trieb mit der Gestapo Drohobycz im Juni und Juli 1942 tagelang die jüdische Bevölkerung der Umgebung von Skole zusammen.[521]

Wie bereitwillig diese Art der Amtshilfe geleistet wurde, ist schwer zu beurteilen. Der in Stryj eingesetzte Zollgrenzschützer Möchel beschrieb nach dem Krieg die Beziehungen zur Gestapostelle in Stanisławów als schwierig, da diese unter Androhung von Strafmaßnahmen die „Beteiligung von Angehörigen des ZGSch. an den Aktionen gegen die Juden forderte". Eine kleine Zahl von Juden und Jüdinnen wurde in den verschiedenen Befehlsstellen aber als Handwerker in den eigenen Kraftfahrzeugwerkstätten und Schuster- und Schneiderstuben eingesetzt und so wohl dem Zugriff der Gestapo entzogen.[522] In Wadowice in Ostoberschleisen lehnte der Bezirkszollkommissar in Abstimmung mit dem Hauptzollamtsvorsteher den Einsatz eines Zollgrenzschutzkommandos geradeheraus ab, das örtliche Ghetto abzusperren, um die Bewohner und Bewohnerinnen ins nahegelegene Auschwitz zu deportieren. Auch in Jasło weigerten sich die Zöllner, ihre Handwerker auszuliefern. In Mielnica erklärte sich der Leiter der Zollgrenzkommissariate nur bedingt zur Unterstützung bereit und berief sich dabei auf „eine Bestimmung des Reichsfinanzministeriums, nach der es untersagt war, an Judenaktionen teilzunehmen".[523]

Neben diesen vorübergehenden Rettungsaktionen sind aber auch Erschießungen von Juden durch den Zollgrenzschutz selbst belegt.[524] Bei einer Aktion gemeinsam mit der ukrainischen Polizei in den Wäldern zwischen Krasno und Smorzo wurden am 6. November 1942 drei Männer, zwei Frauen, vier Mädchen und drei Kinder, die sich versteckt hielten von einem Zollkommando erschossen.[525] In welchem Umfang sich der Zollgrenzschutz bei der Auflösung der grenznahen Ghettos während der „Aktion Reinhard" zwischen Juli 1942 und Oktober 1943, bei der zwei Millionen polnische Juden und Jüdinnen und damit beinahe die gesamte im Generalgouvernement verbliebene jüdische Bevölkerung in den Vernichtungslagern Bełżec, Treblinka und Sobibór ermordet

521 Vgl. Sandkühler, Zollgrenzschutz, S. 130 ff.
522 Vgl. Bericht Möchels ohne Datum, BArch, R 110 Anh., 14, n. p.
523 Vgl. Pohl, Judenverfolgung, S. 288.
524 Vgl. Sandkühler, Zollgrenzschutz, S. 129 ff.
525 Vgl. Meldung der Gendarmerie Wysocko – Wyzne über die Erschießung von Juden v. 7.11.1942, BArch, R 70, Polen 360, Bl. 40 f.

wurde, beteiligte, ist unklar.[526] Nach dem Aufstand in Sobibór, das nahe der Grenze zum Reichskommissariat Ukraine lag, half der Zollgrenzschutz ab dem 14. Oktober 1943 bei der Hatz auf die 300 entwichenen jüdischen Häftlinge. Die 1. Schwadron der Polizei-Reiterabteilung III berichtete anschließend, dass gemeinsam mit der Wehrmacht und dem Zollgrenzschutz etwa 100 Geflohene eingefangen und vernichtet werden konnten.[527] Offenbar bestand zwischen dem Zollgrenzschutz und dem Lagerpersonal des Vernichtungslagers außerdem ein informeller, geradezu persönlicher Kontakt. Die Bilder aus der privaten Fotosammlung des Lagerkommandaten Johann Niemann zeigen einen Zollsekretär des Zollgrenzschutzes gemeinsam mit dem SS-Wachpersonal auf der Terrasse des neuen Kasinos innerhalb des Lagergeländes. Der nächste Zollgrenzschutzposten am Bug lag nur acht Kilometer entfernt in Zbereże.[528]

Abbildung 49 – Arthur Dachsel, Franz Reichleitner, Johann Niemann, möglicherweise Erich Schulze, Erich Bauer, zwei nicht identifizierte Küchenangestellte und ein nicht identifiziertes Mitglied des Zollgrenzschutzes (von links nach rechts) auf der Terrasse des neuen Offiziers-Speisesaals (bekannt als Kasino) in Sobibór, 1943.

526 Eine klar durch die Sipo geregelte Zusammenarbeit gab es nur mit der OrPo. Aber auch Einheiten des Sonderdienstes, der Bahnpolizei, der Forstaufsicht und der Wehrmacht leisteten neben dem ZGS Amtshilfe in Sachen Massenmord. Vgl. Pohl, Judenverfolgung, S. 403 f.; Kapitel: Raubmord, S. 314.

527 Curilla, S. 761 f.; Arad, S. 335.

528 Vgl. Bildungswerk Stanisław Hantz e.V. und der Forschungsstelle Ludwigsburg der Universität Stuttgart, S. 147, 173–176.

Die Sonderkommandos des Zollgrenzschutzes übernahmen aber auch andere Aufgaben. In Zusammenarbeit mit der Zollfahndungsstelle Lublin und einem Sonderkommando der Gendarmerie sicherten die Grenzer die Einbringung der Tabakernten im Distrikt. Aber auch bei solchen Tätigkeiten kam es zu Festnahmen von Juden, die gezielt oder zufällig in Verstecken aufgespürt wurden. Im Wald bei Konstantynów wurden gemeinsam mit der Gendarmerie im August 1943 drei Juden „gestellt und befehlsgemäß behandelt".[529] Die Kooperation mit Sipo, Wehrmacht, Gendarmerie und Gestapo war offenbar besonders im Hinblick auf die ausgeweitete „Kriegsfahndung" eng und verlief in den meisten Fällen reibungslos. Der Zollgrenzschutz überstellte regelmäßig entflohene Kriegsgefangene oder Zwangsarbeiter und Zwangsarbeiterinnen.[530] Aufgegriffene Kriegsgefangene wurden ins Kriegsgefangenenlager Rawa Ruska gebracht. Dort starben zwischen 1941 und 1942 mehrere tausend sowjetische Soldaten. Im später eingerichteten Straflager (Stalag) 325 wurden auch wiederergriffene belgische und französische Unteroffiziere interniert.[531]

Zeugen der Massenverbrechen an der jüdischen Bevölkerung wurden die Männer des Zollgrenzschutzes allemal. In Zusammenarbeit mit der Grenzpolizei war seit Anfang 1942 außerdem die „Wegnahme der jüdischen Bevölkerung von der Grenze" erfolgt und die Kommandostellen versuchten, „den Zuzug von Juden in einem Streifen von 20 km längs der Grenze zu verhindern".[532] Konkret siedelten die Grenzsperrposten der Grenz- und Schutzpolizei, wie in Poturzyca im November, die ansässige jüdische Bevölkerung um, indem sie jene an die Gestapo oder die Gendarmerie übergaben.[533]

In zunehmenden Maße wurde aber auch die Beteiligung des Zollgrenzschutzes an der sogenannten Partisanenbekämpfung eingefordert. Die Zollkommandos sollten dabei nicht nur die Grenze vor dem Eindringen von Untergrundkämpfern, Waffen und Material sichern, sondern auch im Rahmen der „Bandenbekämpfung" die galizischen Ölfelder und Fabriken schützen helfen. Schwerin von Krosigk stellte in Anlehnung an militärische Belobigungen für erfolgreiche Einsätze gegen den polnischen Widerstand Anerkennungs-

[529] Schreiben des Kommandeurs der Gendarmeriesonderkommandos bei der Zollfahndungszweigstelle Lublin v. 10.8.1943, BArch, R 70 Polen, 308, Bl. 18 f.

[530] Vgl. Schreiben des Kommandeurs Sipo u. SD im Distrikt Lublin an den Kommandeur der Gendarmerie Lublin v. 2.2.1943, BArch, R 70, Polen 325, Bl. 8 ff.; Schnellbrief des RFSS v. 5.12.1942, BArch, R 110, 3, n. p.; Fahndungsplan der Abwehrstelle im Wehrkreis GG v. 14.1.1944, BArch, R 70 Polen, 557, n. p.

[531] Vgl. Pohl, Judenverfolgung, S. 113.

[532] Vgl. Protokoll der Niederschrift über die Dienstbesprechung mit den Befehlsstellenleitern 26.-28.3.1942, BArch, R 2, 25309, Bl. 93 ff.

[533] Vgl. Bericht des Einsatzkommandos der Grenzpolizei im Sicherungsbezirk Nord, Rawa Ruska v. 14.11.1942, BArch, R 70 Polen, 360, Bl. 9.

schreiben in Aussicht.[534] Andere Maßnahmen wie der angeordnete Einsatz von Fahrrädern bei der Partisanenbekämpfung wirkten hingegen recht hilflos.[535]

Obwohl die Kooperation mit den Dienststellen des RFSS zumeist reibungslos erfolgte, war der Konflikt um die Unterstellung des Zollgrenzschutzes weiterhin nicht beigelegt worden.[536] Hatte Hitler nach dem Vorstoß Himmlers noch 1941 entschieden, dass eine Auflösung des ZGS oder eine Verschiebung der Aufgaben der SS in Richtung Zoll unterbleiben sollten, schwelte die Auseinandersetzung weiter.[537]

Im Herbst 1942 wollte Himmler aus dem Zollgrenzschutz heraus zwei Divisionen für seine Waffen-SS aufstellen, die wohl gegen Partisanen eingesetzt werden sollten. Zu diesem Zeitpunkt war die Stärke des Zollgrenzschutzes, der mittlerweile an allen Grenzen des besetzten Europa über insgesamt 27.000 Kilometer Land- und Seegrenze im Einsatz stand, auf über 75.000 Mann angewachsen. Darunter befanden sich allerdings immer mehr örtliche Hilfskräfte.[538]

Der Widerstand seitens des Reichsfinanzministers und seines GIZ blieb in dieser Frage allerdings ungebrochen. Reinhardt konnte Hitler abermals überzeugen, dass eine Unterstellungsänderung während des Krieges unangebracht, gar problematisch sei. Er betonte die Wichtigkeit des ZGS für die Wirtschafts- und Währungssicherheit und für den gesundheits- und veterinärpolizeilichen Schutz des Reiches. Auch die im Auftrag für den RFSS ausgeübte staatspolizeiliche Kontrolle und Sicherung der Grenze habe allein für die Reichsgrenze im Kalenderjahr 1941 zu 319.819 Zurückweisungen und der Festnahme von 8.675 verdächtigen und gesuchten Personen geführt. Gesondertes Zahlenmaterial für die immens wichtige Grenzsicherung Ost lag – nicht zuletzt aufgrund der dortigen Verhältnisse – nicht vor. Offenbar hatte der Staatssekretär seinen Führer auch vom Konzept der „Schleusengewinne" überzeugen können, denn Hitler wollte nach dem gewonnenen Krieg „insbesondere gegen die Ostgebiete, den Zollgrenzdienst beibehalten, denn nur durch Beibehaltung dieser Staustufe ließe sich [der] Plan, die Kriegsschulden mit Hilfe der Ostgebiete zu bezahlen, durchführen".[539]

534 Vgl. Schreiben der Kommandostelle des ZGS im GG an Befehlsstellen des ZGS v. 29.10.1943, BArch, R 110, 33, n. p.

535 Vgl. Zollgrenzschutzanordnung Nr. 3 v. 12.7.1942, BArch, R 110, 2, n. p.

536 Vgl. Kapitel: „Volkstumsgrenze", S. 137.

537 Vgl. Vorlage für Reichsleiter Bormann zur Entwicklung des ZGS v. 27.4.1942; Schreiben RFSS an OKW v. 13.7.1940; Schreiben Schwerin von Krosigks an Lammers u. Himmler v. 19.9.1940; Schreiben OKW an Lammers v. 12.4.1941; Lammers an RFSS v. 14.3.1941, BArch, R 2, 31100, n. p.

538 Vgl. Sandkühler, Zollgrenzschutz, S. 114, 126, 130 ff.

539 Vgl. Vermerk Reinhardts für Hitler v. August 1942 zu Aufgaben und Bedeutung des ZGS und Vermerk Bormanns v. 26.8.1942, BArch, R 2, 31100, n. p.; Kilian, S. 318 ff.

Nach der Niederlage in Stalingrad forderte auch die Wehrmacht erneut Männer aus dem Zollgrenzschutz an und stellte die Notwendigkeit der Grenzen zwischen Reich und Generalgouvernement wie auch zwischen Generalgouvernement und den besetzten Ostgebieten grundsätzlich in Frage. Hoßfeld, der seine Männer nicht nur vor der Übernahme in die SS bewahren, sondern auch deren Einsatz an der gefürchteten Ostfront vermeiden wollte, setzte sich vehement für die Aufrechterhaltung eben dieser Grenzen ein. Auch wirtschaftlich war die Trennung dieser Währungs- und Wirtschaftsräume weiterhin vorteilhaft für das Reich. Seitens der Regierung des Generalgouvernements gab es erhebliche Bedenken, die Grenze im Osten aufzulösen, um 2.500 Zollbeamte an die Wehrmacht abgeben zu können. In Krakau wollte man unbedingt vermeiden, dass sich Menschen den „Durchkämmungsaktionen" – die Gaskammern liefen gerade auf Hochtouren – durch Flucht Richtung Osten entziehen könnten. Außerdem fürchtete man, dass es zu „einer Verschärfung des Bandenkriegs" kommen würde, wenn „das Instrument des Zollgrenzschutzes wegfalle". In den Distrikten Radom und Warschau beobachteten Frank und Bühler eine Zusammenballung von Widerstandskräften für Sabotageakte gegen die ansässige Rüstungsindustrie. Eine Öffnung der Ostgrenze würde diese Situation verschärfen, so ihre Einschätzung. Zudem war die Aufrechterhaltung der Devisengrenze wichtig, um eine halbwegs gesteuerte Ausnutzung der Wirtschaft des GG für das Reich aufrechtzuerhalten.[540]

Der Generalinspektor des Zollgrenzschutzes Hoßfeld versuchte in intensiven Gesprächen mit Vertretern des OKH, sowohl die Ansprüche der Wehrmacht als auch die Forderungen Himmlers abzuwehren. Er war überzeugt, dass „[d]er Zollgrenzschutz [...], um einen Einbruch des Reichsführers-SS zu verhindern, bestrebt sein [müsse], alle seine Stellungen zu halten, notfalls mit schwächeren Kräften. Er müsse mit allen Zähnen festgehalten werden, selbst wenn schließlich Gründe für sein Verbleiben im Ostland erfunden würden".[541] Reinhardt versuchte indes seinen Parteigenossen Himmler von der Notwendigkeit eines Zollgrenzschutzes im Osten mit Blick auf die Abriegelung und die zu machenden „Schleusengewinne" zu überzeugen, schloss sich aber dessen Meinung an, dass „in Grenzabschnitten von besonderer politischer Bedeutung eine einheitliche Befehlsgewalt aller Organe der Grenzsicherung hergestellt werden sollte".[542]

Auf der anberaumten Ministerialbesprechung im Februar 1943 kam es jedoch nicht zur erhofften Aussprache zwischen dem Reichsfinanzminister

540 Vgl. Diensttagebuch v. 25.3.1943: Präg/Jacobmeyer, S. 628 ff.

541 Abschrift des Besprechungsprotokolls v. 4./5.2.1943 zur Besprechung zwischen GIZ und OKH, BArch, R 2, 31100, n. p.

542 Schreiben Reinhardts an Himmler v. 17.2.1943 u. Besprechungsprotokoll ohne Datum, BArch, R 2, 31100, n. p.; Protokoll der Besprechung zwischen Himmler und Reinhardt über Fragen des ZGS Anfang 1943, BArch, R 2, 31100, n. p.

und dem Reichsführer-SS. Allerdings versicherte sich Schwerin von Krosigk der Rückendeckung der beteiligten Ministerien, der Wehrmacht und nicht zuletzt des Generalgouverneurs.[543] Danach versuchte das Ministerium wie schon oft zuvor die Diskussion auszusitzen. Himmler versuchte zwar in einem letzten persönlichen Schreiben seinen Parteigenossen Schwerin von Krosigk vom Begriff der „Grenze als politischer Kampflinie im Krieg" zu überzeugen, doch löste dies nur ein Kompetenzgerangel zwischen rechthaberischen Bürokraten aus.[544] Auf die erfolgreiche Zusammenarbeit zwischen ZGS und den Dienststellen des RFSS hatte dies weiterhin keinerlei spürbare Auswirkungen.

Erst das Attentat auf Hitler gab Himmler die Gelegenheit, Johannes Hoßfeld, den er nicht mochte, auszuschalten und durch dessen Verhaftung als möglichen Mitverschwörer den Weg für die Übernahme des ZGS zu bereiten.[545] Hitler stimmte dieser Maßnahme letztlich zu und machte per Führerbefehl den Weg für die Unterstellung frei. Zwar sollte der Zollgrenzschutz seine bisherigen Aufgaben weiterhin wahrnehmen, doch wurde nun die Hauptaufgabe auf die sicherheitspolizeilichen Maßnahmen des Grenzgebietes ausgerichtet. Der Übertritt der Zollbeamten in die SS wurde nun geregelt und ihr neues Aufgabengebiet festgelegt, und zwar Ende Oktober 1944 mit den Richtlinien zur Überführung des ZGS in den Dienstbereich des RFSS.[546] In Folge des Zusammenbruchs der deutschen Frontlinien ab Sommer 1944 und des raschen Rückzuges der Wehrmacht, war der Zollgrenzschutz bis Kriegsende in verschiedene Kampfhandlungen verwickelt. Eine tatsächliche Überführung in den Dienstbereich des RFSS erfolgte dann kriegsbedingt doch nicht mehr vollständig.

543 Vgl. Besprechungsprotokoll zur Ministerialbesprechung über den ZGS im GG v. 26.2.1943, BArch, R 2, 31100, n. p.

544 Vgl. Schreiben Himmlers an Pg. Schwerin von Krosigk v. 15.7.1943 u. Besprechungsnotiz RdF u. RMdI v. 2.9.1943, BArch, R 2, 31100, n. p.

545 Vgl. Bericht Schusters an Eulitz ohne Datum, BArch, R 110 Anh., 18, n. p.; Vertrauliche Aufzeichnung zum Thema Reichsführer-SS/Hoßfeld dem Minister vorgelegt am 22.5.1944, BArch, R 2, 24256, n. p.; Hoßfeld wurde im Frühjahr 1945 aus der Haft entlassen und ersuchte um seine Pensionierung. Seine Frau und sein zweiter Sohn begingen noch in der Nacht vor seiner Haftentlassung Selbstmord. Vgl. Schreiben Krosigks an Himmler v. 6.4.1945, BArch, R 2, 24256, n. p.

546 Vgl. Richtlinien zur Überführung des ZGS in den Dienstbereich des RFSS v. 30.10.1944, BArch, R 2, 12162a, n. p.

3.12 Zwischenbilanz

Während der dritten Phase der Besatzung wurde nach und nach deutlich, dass sich das Germanisierungsprojekt in den annektierten Gebieten keineswegs quasi kostendeckend durch die Umverteilung der gemachten Beute würde realisieren lassen. Es stellte sich als Illusion heraus, dass man sogar Überschüsse aus der Beuteverwertung für die Kriegskasse erzielen könne. Nachdem die Zuständigkeiten geklärt und die ausnahmslose und vollständige Enteignung der Polen durch die Treuhandverwaltung ins Werk gesetzt war, relativierten sich schließlich die völlig überhöht kalkulierten Beutebeträge von anfänglichen Milliardenbeträgen hin zu überschaubaren Millionenwerten. Auch wenn ein „Aufbau Ost", also eine Angleichung der Lebensverhältnisse und mehr noch die Entwicklung von nationalsozialistischen Musterprovinzen zunächst auf die Nachkriegszeit vertagt wurde, entwickelten sich die neuen Reichsgaue zu einem Zuschussgebiet, das vom Reich subventioniert werden musste. Dafür hatte in erster Linie das RFM zu sorgen.

Das Ministerium nahm direkten Einfluss auf die Enteignungs- und Siedlungspolitik, und zwar über die Steuergesetzgebung. Steuervergünstigungen und -vereinfachungen und spezielle Beihilfen (Ostzuschlag) sollten die Deutschen im „Altreich" motivieren, im Osten zu investieren oder sich dort niederzulassen. Die Modernisierung der Wirtschaft plante man durch Emission von Wertpapieren und langfristigen, niedrig verzinsten Krediten zu finanzieren.[547] Das war nur mäßig erfolgreich und in der Konsequenz kam es durch Abwanderungseffekte zu einer unerwünschten wirtschaftlichen Schieflage im angrenzenden „Altreich". Zugleich diskriminierte die Steuergesetzgebung die in den annektierten Gebieten noch verbliebenen oder ins Reich verschleppten Polen, deren Steuerkraft durch Enteignung, Zwangsarbeitseinsatz und Vertreibung beständig sank.

Der anfänglich rasante Machtzuwachs für den Leiter der Haupttreuhandstelle Ost Winkler und seine Behörde geriet indes ins Stocken. Zwar war die verwaltete Treuhandmasse weiterhin erheblich, doch die vom Reichsfinanzminister erwartete Gewinnabführung aus dem Verkauf bzw. der Steuerertrag aus der Bewirtschaftung für die Kriegskasse blieben deutlich hinter den Erwartungen zurück. Auch die fortschreitende Liquidation bestehender Wirtschafts- und Steuerkraft, die unkontrollierbare Geschäftsführung der Treuhandstellen, die undurchsichtige Bilanz und die eingeforderte und von Winkler auch aktiv mitgestaltete Steuersubventionierung des Treuhandvermögens bestärkten die Auffassung des Ministeriums, die Treuhandverwaltung in die Reichsfinanzver-

[547] Vgl. Janicki, S. 88; Madajczyk, Okkupationspolitik, S. 564 f.; Łuczak, Polityka ludnościowa, S. 376 ff.; Segal, S. 122.

waltung zu übernehmen. Die Schaffung der Dienststelle des Beauftragten für die HTO (BHTO) führte letztlich jedoch weder zur erhofften Kontrollwirkung noch zu einer Übernahme.

In der ehemaligen Textilmetropole Łódź traten die unmittelbaren wirtschaftlichen Folgen der NS-Germanisierungspolitik besonders deutlich zu Tage. Der Schaden und der Verlust an Vermögenswerten, den polnische Staatsbürger, gleich ob Juden oder Katholiken, in Litzmannstadt und im gesamten Warthegau in Form von Raub, Enteignung, Beschlagnahme, Zwangsabgaben, Sklavenarbeit, Vertreibung und Ghettoisierung erlitten, ist schwerlich zu beziffern. Fragt man vor dem Hintergrund des gut dokumentierten Ghettos Litzmannstadt aber konkreter nach dem finanziellen Nutzen oder Ertrag für das Deutsche Reich, ob nun für den Reichsfiskus oder die örtliche Verwaltungsebene, so muss diese zynische Bilanz ernüchternd ausfallen.

Die aufgeführten Millionenbeträge zeigen letztlich vor allem, mit welcher Ausdauer und Schonungslosigkeit die Beraubung vonstattenging. Mögen die Beträge einzeln betrachtet beachtlich erscheinen, umso mehr schrumpfen sie, wenn man sie den Erwartungen und den Kosten gegenüberstellt. Die finanziellen Ausfälle durch die Ghettobildung waren für die Kommune und das Reich erheblich und erklären auch die über zwei Jahre andauernde Auseinandersetzung um Zuständigkeit, Finanzierung und Besteuerung und damit um den Zugriff auf das Vermögen der Juden. Greift man die Schätzung des Beauftragten der Reichsfinanzverwaltung, Finanzpräsident Spindler, aus dem Herbst 1939 auf und legt somit ein Vorkriegsjahresvolumen an reinen Reichssteuern von etwa 50 Millionen Reichsmark an, von denen aufgrund der städtischen Wirtschaftsstruktur bei einer vorsichtigen Schätzung etwa 25 Millionen Reichsmark auf jüdische Steuerzahler entfallen sein dürften, erscheinen die knapp 90.000 Reichsmark, die tatsächlich als Ergebnis aller Maßnahmen an das Finanzamt abgeführt wurden, absurd. Die Einnahmeausfälle für die Stadt beliefen sich über die Jahre hinweg ebenfalls auf einen mehrstelligen Millionenbetrag, der über den Erstattungsweg das Reich zusätzlich belastete.

Auch blieb der erhoffte Gewinn der durch die HTO enteigneten, verwalteten und zu verwertenden mobilen und immobilen Vermögenswerte der Juden größtenteils aus. Zum einen war das Raubvermögen immens überbewertet worden und musste, anstatt für das Reich verwertet zu werden, zu einem Teil für die Kosten in Folge der Ghettobildung ausgegeben werden. Zum anderen fehlte es in der entvölkerten Stadt schlicht an potenziellen Käufern und damit an Verwertungsmöglichkeiten. Zwar ermöglichte der Zwangsarbeitseinsatz deutschen Firmen und vor allem den Wehrmachtsdienststellen günstigste Konditionen und der Privatwirtschaft Gewinne, diese wurden allerdings im Rahmen der Oststeuerhilfe nur eingeschränkt besteuert.[548] Die Löhne der

[548] Vgl. Kapitel: Ost-Steuerhilfe, S. 194.

Zwangsarbeiter und Zwangsarbeiterinnen wurden für die Versorgung der Ghettos vereinnahmt. Einzig die Lohnabführungen an die Gemeinden außerhalb von Litzmannstadt brachten dem Reich im Zuge einer Verrechnung eine unmittelbare Ausgabenersparnis. Weitere Millionenverluste fuhr die HTO ein, da im Zuge der Umstellung der Textilproduktion auf die Rüstungsproduktion auf Anweisung Speers ganze Maschinenparks entkernt, umgerüstet, ausrangiert und verschrottet wurden.[549]

Dass der Reichsfinanzminister auf der Besteuerung des Ghettos beharrte, erscheint heute unverständlich bis realitätsfern. Doch übersieht man bei dieser Einschätzung, dass Schwerin von Krosigk und seine Ministerialbeamten über Jahre hinweg mit einer rassistisch ausgelegten und antisemitisch ergänzten Steuerpolitik gute Erfahrungen gemacht hatten. Vielmehr noch gelang es den Finanzbeamten mit Beginn der Deportationen der deutschen und österreichischen Juden ab Ende 1941 im Zuge der Vermögenseinziehungen, beträchtliche Werte für das Reich zu vereinnahmen.[550] Tatsächlich erfuhr die Bewertung der Lage vor Ort wohl erst durch den Rechnungshofbericht eine interne Revision. Diese Revision hatte rein finanzielle Gründe, keine politischen. Niemand störte sich etwa an den in den Ghettos herrschenden Lebensbedingungen, die sowohl der Ministeriumsspitze (Minister, Staatssekretär, Ministerbüro, Generalbüro) als auch den einzelnen Abteilungsleitern, Referaten und Mitarbeitern aus verschiedenen Quellen bekannt waren. Die einstweilige Politik einer „Ökonomie der Zerstörung“[551] wurde offensichtlich in der Überzeugung einer baldigen Nachkriegsordnung befürwortet und unterstützt, in der die „eingegliederten Ostgebiete“ als Folge solcher Maßnahmen wirtschaftlich ertüchtigt würden.

Beim Zugriff auf die verschiedenen polnischen Vermögenswerte im Generalgouvernement engagierte sich die Finanzverwaltung unter Alfred Spindler nicht nur in Bezug auf den vormaligen Staatsbesitz, sondern entwickelte auf der Grundlage des weiterhin bestehenden polnischen Steuerrechts eine Haushaltspolitik, die eine fiskalische Ausbeutung erst ermöglichte. Dabei bewegte sich der fiskalische Verwaltungsapparat stets zwischen den finanziellen und materiellen Forderungen des Reiches und den unmittelbaren Etatbedürfnissen des Generalgouvernements.

Die eingeführten neuen Steuern, die steigenden Steuertarife und die angehobenen Abgabensätze belasteten die polnische Bevölkerung stark und trugen zur Pauperisierung der gesamten Bevölkerung bei. Die Steuerbelastung wie die Lebenshaltungskosten waren in Folge der enormen Inflation und Teuerungsrate deutlich höher als im Reich. Die Forderungen des Reichsfinanzministeriums,

549 Vgl. Besprechungsvermerk zw. Casdorf u. Winkler am 19.6.1942 u. 7.7.1942 mit RdF, BArch, R 2, 56154, Bl. 37 ff.
550 Vgl. Kuller, Bürokratie und Verbrechen, S. 403 ff.
551 Vgl. Tooze.

einen möglichst großen Betrag für die Kriegsführung des Reiches und für die Finanzierung des Polizeiterrors abzuführen, bestimmten die Haushaltsverhandlungen zwischen Berlin und Krakau maßgeblich und durchgängig und führten zu weiteren Abgabenanhebungen.

Die Eintreibung war unterdessen nur mit Unterstützung der Polen möglich. Die Steuerverwaltung beschäftigte über 6.000 polnische Beamte, deren Bereitschaft zur Kollaboration in der Ausweglosigkeit ihrer jeweils persönlichen Situation, teilweise aber auch im Willen zur Resistenz lag. Um den Preis, die Ausbeutungspolitik der Besatzer zu unterstützen, halfen sie eine rudimentäre Infrastruktur und Versorgung der polnischen Bevölkerung aufrechtzuerhalten. Vor allem in den östlichen Distrikten Lublin und Galizien gelang es der Widerstandsbewegung, teils mit Unterstützung der polnischen Beamten und Angestellten, teils unabhängig von ihnen, die Eintreibung der Steuern durch Sabotage aktiv zu unterbinden.

Insgesamt betrachtet entwickelte sich in vielen Bereichen der Verwaltung eine Überbürokratisierung. Das führte dazu, dass die Zahl der beschäftigten Polen und Polinnen in der deutschen Besatzungsverwaltung stieg, was sie vor einer Verschleppung zum Zwangsarbeitseinsatz im Reichsgebiet bewahrte. Andererseits entstand, wie am Beispiel der Steuerrechtssetzung nachweisbar, ein Hang zur Regulierung von Ausnahmen und Sonderfällen, inklusive zeit- und personal-aufwändiger Prozesse. So hatte die steuerliche Besserstellung der deutschen Besatzer und ihrer Angehörigen, wie auch der deutschen Unternehmer samt ihrer deutschen Angestellten, die ihre Gewinne im Generalgouvernement zu maximieren suchten, trotz der teils abwegig langwierigen Auseinandersetzungen nur einen äußerst geringen Einfluss auf das Gesamtsteuervolumen.[552] Generalgouverneur Frank verband damit aber den Status der Deutschen als „Herrenmenschen".[553]

Die Analyse der Haushaltsentwicklung zeigt, dass die Ausgaben maßgeblich durch die Einnahmen aus dem Konsum der Wehrmacht an Monopolerzeugnissen (Tabak und Branntwein) gedeckt wurden. Die Betriebe der Generaldirektion der Monopole beschäftigten über 17.000 polnische Zwangsarbeiter und Zwangsarbeiterinnen, um der Nachfrage gerecht zu werden. Die Besatzer übernahmen damit de facto das Staatsfinanzierungsmodell der Vorkriegszeit. Die Einnahmen aus Steuern stiegen zwar in absoluten Zahlen aufgrund der gezielt betriebenen Inflationspolitik, gingen aber realiter in Folge der Verschleppung von Zwangsarbeitern und Zwangsarbeiterinnen, der Ghettoisierung und dem Massenmord an den Juden und Jüdinnen stark zurück. Infolgedessen wuchs der

552 Vgl. Schreiben Burmeisters an HAFin v. 14.5.1942, BArch, R 2, 5035, Bl. 43, 47. Antwort v. 26.9.1942, ebd., Bl. 184 f. Schreiben Senkowskys zur Errichtung eines Steueramtes für Deutsche v. 20.2.194, IPN GK 94 IV, 110, Bl. 118.

553 Vgl. Schreiben Franks an den Chef der Reichskanzlei v. Juli 1942, AAN, 111, 1210/2, n. p.

Schwarzmarkt und damit der Tausch knapper werdender Rohstoffe und Waren. Gleichzeitig nahm der Zugriff auf Rohstoffe und Nahrungsmittel über Zwangskontingente, die einer umfassenden Plünderung gleichkamen, immer größere Ausmaße an.

Mit dem Überfall auf die Sowjetunion wurde das Generalgouvernement zur Etappe der Ostfront und sollte zugleich die Kriegskasse weiterhin mit befüllen. Hans Frank stand nun aber vor der Aufgabe, eine Haushalts-, Steuer- und Wirtschaftspolitik zu gestalten, die eine koordinierte und zweckgebundene Ausbeutung realisierbar machte. Bereits die für das Jahr 1940 ermittelten Wehrmachtsausgaben im besetzten Polen hatten sich auf 2,1 Milliarden Reichsmark belaufen, einer Summe also, die das Generalgouvernement nicht hatte leisten können. Die Verwaltungsdienststellen sollten fortan sparen und zugleich die Finanzkraft und die Währungskraft noch stärker ausnutzen: Die Besatzungskosten sollten niedrig gehalten und die Inflation sollte kontrolliert werden – so sah es das RFM.[554] Am Beispiel des Generalgouvernements lässt sich indes nachzeichnen wie eklatant der Reichsfinanzminister diese seine eigene Prämisse missachtete. Das Ministerium stellte sich ab 1942 auf den Standpunkt, dass jedwede Art der bereits bestehenden oder zukünftigen Schuld des Reiches gegenüber dem Generalgouvernement nicht beglichen werden würde. Die Clearing-Verschuldung des Reiches sollte so ungehemmt anwachsen und gleichzeitig ein Wehrbeitrag in Milliardenhöhe über den Verrechnungsverkehr in den Reichshaushalt fließen. Da die Emissionsbank das Generalgouvernement beständig mit Geldmengen flutete, die längst nicht mehr der realen Wirtschaftsleistung entsprachen, eine Deckung dieser Beträge aber weiterhin vom RFM abgelehnt wurde, war die Verrechnung des Wehrbeitrages tatsächlich vor allem ein Abfangen des Kaufkraftüberhangs. Trotz der Höhe deckte die Besatzungskostenerstattung nicht die tatsächlichen Ausgaben von Wehrmacht und Polizei, die sich ohnehin über den Zugriff auf die Notenpresse in Form der grünen Schecks bzw. direkt aus dem Gebiet schadlos hielten.

Die Treuhandpolitik spielte in dieser Gemengelage, ganz anders als in den annektierten Gebieten, eine untergeordnete Rolle. Zunächst war sie auch anders als in den Reichsgauen organisiert worden, so dass der Zugriff der Finanzverwaltung möglich war, aber auch im Generalgouvernement gab es ähnlich überhöhte Vorstellungen vom Wert der Beute an sich. Vor allem Vermögenswerte aus jüdischem Besitz wurden teils mit illusorischen Beträgen kalkuliert und als „herrenlose Vermögen" beschlagnahmt. Grundsätzlich waren die Polen nicht enteignet worden, jedoch war der Zugriff auf ihre Vermögenswerte jederzeit möglich. Es bestand also auch im GG keine Rechtssicherheit und letztlich wurden zehntausende Betriebe und Unternehmen stillgelegt. Die beschlagnahmten

554 Vgl. Schreiben Krosigks an Keitel v. 12.2.1942, BArch, R 2, 24266, Bl. 11–13.

Immobilen fielen, da es kaum Käufer gab, in der Konsequenz den Kommunen zur Last.

Diese brachiale Auflösung gewachsener Strukturen (Kredite, Lieferketten, Vertrieb, Kundenbindung, Spezialisierung, Miet- und Pachtverhältnisse etc.), die die Besatzer als Bereinigungs- oder Rationalisierungsmaßnahme auswiesen, führte zur Schwächung und Destabilisierung nahezu aller Wirtschaftsbereiche. Das Angebot an die polnische Mehrheitsbevölkerung, Unternehmen jüdischer Besitzer und Besitzerinnen zu übernehmen, war mit Willkür und Rechtsunsicherheit verbunden. Jede unternehmerische Tätigkeit war zudem der deutschen Kriegs- und Rüstungswirtschaft unterworfen. Am verheerendsten waren die Folgen der Enteignung und Ghettoisierung für die jüdische Bevölkerung in den größeren Städten und vor allem für die Zwangsgemeinschaft im größten von den Nationalsozialisten errichteten Ghetto in Warschau.

Obgleich besonders die Finanzverwaltung im Generalgouvernement die Entwicklungen um das Ghetto Litzmannstadt aufmerksam beobachtete und man sich der dortigen negativen Resultate bewusst war, stand mit der Entscheidung zur Ghettobildung für Frank fest, dass die wirtschaftlichen Folgen hinzunehmen seien. Die Einnahmeausfälle für den Fiskus waren dann erwartungsgemäß erheblich. Aber auch die Stadt Warschau wies, wie letztlich alle Kommunen, beträchtliche Außenstände aus. Trotzdem beteiligte sich die Finanzverwaltung über die Steuerverwaltung bis in die Ghettos hinein in einem Bereicherungswettlauf mit der SS an der Plünderung. Wie im Falle von Litzmannstadt ging man allseits von einer baldigen Auflösung der Ghettos aus.

War das Reichsfinanzministerium bei der Wannseekonferenz nicht vertreten, so waren sowohl die zuständigen Referate in Berlin als auch die Beamten vor Ort in Kenntnis gesetzt und agierten in Abstimmung mit dem Reichssicherheitshauptamt und dem Wirtschaftsverwaltungshauptamt der SS. Die Entwicklung des Systems der Konzentrationslager hatte das Reichsfinanzministerium ohnehin über die ihm unterstellte Reichsbauverwaltung seit Beginn der 1930er Jahre mitgetragen und der Minister besuchte verschiedene Konzentrationslager, darunter die Produktionsstätte der IG-Farben in Auschwitz. Die im Zuge der „Aktion Reinhard“ anfallenden Werte waren indes vor allem für den Wirtschaftskreislauf des WVHA von beachtlicher Bedeutung, stellten aber bei genauerer Betrachtung und Auswertung von Globocniks Abschlussbericht für das Reichsfinanzministerium keinen in Gänze für den Reichshaushalt verwertbaren Ertrag dar.

Auch der Blick auf die Haushaltsmindereinnahmen im Generalgouvernement in Folge der Judenvernichtung zeigen, mit welcher ideologischen Beharrlichkeit der Völkermord jenseits einer überlegten Wirtschafts- oder Etatpolitik betrieben wurde. Ungeachtet dessen war der Zugriff auf die Raubwerte, deren unmittelbare Nutzung bzw. Verwertung Gegenstand machtpolitischer Begehrlichkeiten. Den Finanzbeamten in Berlin waren überdies die Herkunftszusammenhänge der von der SS abgelieferten Raubwerte bzw. deren Verwertungserlöse bekannt. Ihre Kollegen im Generalgouvernement waren unmittelbare Zeugen der Terrormaßnahmen und selbst an der Ausbeutung der jüdischen Bevölkerung bis zur Deportation in die Vernichtungslager beteiligt.

Dabei war ein Handlungsspielraum für den Einzelnen durchaus gegeben, wie die Entscheidung Spindlers zeigt, sich zum Jahresende 1941 ins Reich zurückversetzten zu lassen. Die Mehrheit der im besetzten Polen eingesetzten Finanzbeamten blieb aber in ihren Stellungen. Die direkteste Interaktion mit der SS hatte aber auch im Generalgouvernement der Zoll respektive der Zollgrenzschutz. Nachdem der eigentliche Zollgrenzschutz zur Abriegelung der Interessengrenze zur Sowjetunion hinfällig geworden war, leisteten die Zöllner der Reichsfinanzverwaltung der SS bei der Umstellung und Auflösung von Ghettos gelegentlich Amtshilfe, oder beteiligten sich an der Jagd auf Juden oder bei der sogenannten Partisanenbekämpfung. Eine systematische Beteiligung an Verbrechen scheint jedoch nicht stattgefunden zu haben. Auch scheiterte ein weiterer Vorstoß Himmlers, die Zöllner in die Waffen-SS zu übernehmen. Mit dem Vorrücken der Roten Armee übernahm der Zollgrenzschutz im GG zunehmend militärische Aufgaben.

4 Versuch einer Schlussrechnung

4.1 Zusammenbruch

In den Sommermonaten 1944 rückte die Rote Armee in der Operation Bagration bis an die Weichsel vor. Mit den Gebieten um Lublin und Lwów erreichte sie die Orte der Massenvernichtung. Das KZ Majdanek war zuvor überhastet von der SS geräumt und teilweise zerstört worden. Jedoch vermittelten die Gaskammern, die nicht mehr verbrannten Leichen wie auch die Berge an Schuhen und Kleidung der Weltöffentlichkeit einen ersten schrecklichen Eindruck von den deutschen Tötungsfabriken.[1] Um die Beweise für den Massenmord und den Raub zu sichern, wurde bereits im Sommer der Plan zur Errichtung eines Staatlichen Museums auf dem Lagergelände in Majdanek gefasst. Im November nahm die erste Gedenkstätte Europas ihre Tätigkeit auf.[2]

Die Hauptlager der „Aktion Reinhard" in Treblinka, Sobibór und Bełżec waren hingegen bereits 1943 durch die SS nach Beendigung ihres Mordwerkes bzw. nach dem Niederschlagen von Aufständen zerstört und abgetragen worden. Die Männer des „Sonderkommandos 1005" mussten außerdem Massen von Leichen auf ukrainischem und letztlich polnischem Gebiet ausgraben, um sie zu verbrennen und damit die Spuren zu beseitigen. Zuvor waren aus den Gruben und von den verwesenden Leichen gründlich alle Werte und Edelmetalle eingesammelt und nach Berlin an die Beutestelle gesandt worden.[3] Die ansässige polnische Bevölkerung und sowjetische Soldaten gruben nun auf der Suche nach Gold und Wertgegenständen die Flächen um und verwandelten sie in eine Mondlandschaft mit Leichenteilen und Aschewinden. Die von den deutschen übersehenen Werte fanden so ihren Weg auf die Schwarzmärkte im Nachkriegspolen und finanzierten teilweise den antikommunistischen Untergrund.[4]

Auf dem Wawel in Krakau reagierte Franks administrative Spitze auf die Presseberichte vom Massenmord indessen mit selbstreferenzieller Verantwortungsverschiebung in Richtung Berlin. Man übte sich schon einmal in Abgren-

1 Vgl. Lublin Funeral. Russians honor Jews whom Nazis gassed and cremated in mass, in: Life. 17, Nr. 9 v. 28.8.1944.

2 Das Państwowe Muzeum na Majdanku wurde bereits im Herbst 1944 auf einem Teil des ehemaligen Konzentrationslagergeländes eingerichtet und war damit die erste Einrichtung dieser Art in der Welt. Durch das Gesetz des Sejm vom 2. Juli 1947 erhielt sie den Status einer zentralen staatlichen Institution. Vgl. Balawejder; Olesiuk/Wójcik.

3 Vgl. Hoffmann, Aktion 1005; Hoffmann, Diese außerordentliche deutsche Bestialität.

4 Vgl. Gross, Golden Harvest, S. 20 ff.; Lehnstaedt, Der Kern des Holocaust, S. 145–155.

https://doi.org/10.1515/9783110718027-005

zung zur SS, während im 230 Kilometer entfernten Lublin die Gestaltung der Gedenkstätte geplant wurde.[5]

Das letzte Jahr der deutschen Besatzung im Generalgouvernement hatte für die Beamten um Abteilungsleiter Senkowsky ohnehin mit reichlich Schwierigkeiten begonnen. Das Näherrücken der Ostfront hatte den polnischen Widerstand bestärkt und die Übergriffe auf deutsche Einrichtungen ansteigen lassen. Das Beitreiben der Steuern auf dem Land wie generell in den östlichen Gebieten gestaltete sich in der Folge zunehmend schwierig. Teilweise behinderte sogar die deutsche Verwaltung, die hoffte, die polnische Bevölkerung für den „Kampf gegen den Bolschewismus" gewinnen zu können, selbst die Beitreibung. Die Finanzinspekteure erzielten nur mehr selten die gewünschten Einnahmen. Besonders stark machte sich der Ausfall an Besitz- und Verkehrssteuern bemerkbar. Aufgrund des Judenmordes der Jahre 1942 und 1943 fand dieser nun endgültig finalen Niederschlag in den Statistiken, da die jüdische Bevölkerungsgruppe größter Steuerzahler in diesem Bereich gewesen war. Die vom Völkermord wirtschaftlich Profitierenden waren hingegen noch kaum steuerlich erfasst.[6]

Ein weiteres und die Mindereinnahmen nur unzureichend überdeckendes Problem war der starke Anstieg des Notenumlaufs auf etwa elf Milliarden Złoty. Vor allem die enormen Kreditnahmen bei der Emissionsbank ließen die Geldmenge explosionsartig anwachsen. Ein Geldmengenumlauf von etwa einer Milliarde Złoty hätte der Volkswirtschaft des Generalgouvernements entsprochen. Im Verlauf des Jahres 1944 erreichte die Gesamtbelastung der Notenbank fast 18 Milliarden Złoty (Abb. 50). Die Inflation hatte somit endgültig überhandgenommen. Auch die deutsche Rüstungsindustrie und Franks Verwaltung konnten sich nur noch auf dem Schwarzmarkt versorgen. Die Industrie zahlte in Folge des Preisanstieges um 300 Prozent und einer quasi zusammengebrochenen Güterversorgung ihre polnischen Arbeiter nicht mehr mit Geld, sondern in Lebensmitteln aus. Eine geregelte und kontrollierbare Wirtschaftstätigkeit auf Basis des Besatzungszłotys existierte de facto nicht mehr. Senkowsky stellte dazu ernüchtert fest, „dass die Notendeckung durch Reichsguthaben eine reine Fiktion darstelle".[7] Die Emissionsbank führte diese Guthaben aber weiterhin, als handele es sich um eine tatsächliche Devisendeckung.

Im Reichsfinanzministerium war man über die bedrohliche Sicherheits- wie Finanzlage bestens informiert, doch sahen die Beamten offenbar noch keinen Handlungsdruck, um vom bewährten Vorgehen abzuweichen. Ministerialdirigent Bayrhoffer wollte die Finanz- und Verrechnungsakrobatik um

5 Vgl. Diensttagebuch v. 15.9.1944, BArch, R 52 II, 220, Bl. 57.
6 Vgl. Diensttagebuch v. 1./2.2.1944, BArch, R 52 II, 213. Bl. 12 ff.
7 Ebd., Bl. 23.

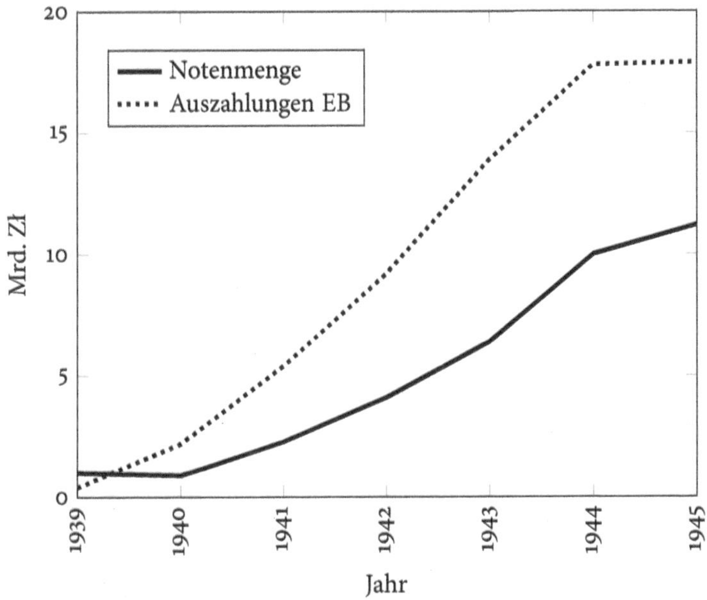

Abbildung 50 – Entwicklung Notenemission und Zahlungen der Emissionsbank in Mrd. Zł[8]

die vermeintliche Deckungsstütze von zwei Milliarden Reichsmark unbedingt aufrechterhalten und schlug vor, zur Sicherung den Notendruck ins Reich zu verlagern.[9] Realiter war die Aufrechterhaltung des Verrechnungsverkehrs zu einer reinen administrativen Formalie geworden, an der das RFM beharrlich festhielt, obwohl der Rückzug an der Ostfront, der damit einhergehende Abtransport und die Zerstörung von Wirtschaftsgütern keine Rücksicht auf die buchhalterische Verrechnung nahmen. Die Forderungen des Reiches an die Wirtschaft des Generalgouvernements waren seit Beginn der Besatzung unaufhaltsam und exorbitant gestiegen. Dementsprechend war der Notenumlauf pro Jahr etwa um die Menge der Reichsausgaben gestiegen, und diese inflationäre Entwicklung sollte nach Ansicht der Berliner Finanzbeamten so lange als möglich fortgesetzt werden.

Die Emissionsbank druckte also weiter Geld. Einerseits entzog der Schwarzmarkt dem regulären Markt Geldmengen, anderseits konnten ohne die Druckerpresse weder die Forderungen der Wehrmacht und die umfangreichen

[8] Vgl. Kilian, S. 171, 178; Madajczyk, Okkupationspolitik, S. 610; Tabelle: Verhältnis der Notenumlaufmenge zu den Auszahlungen der Emissionsbank im Verrechnungsverkehr in Mrd. Zł (RM), S. 367.

[9] Vgl. Vermerk GenB v. 27.1.1944, BArch, R 2, 14580, Bl. 173.

Beschaffungen des Reiches noch die Abführung des Wehrbeitrages gedeckt werden. Das GG war zur Etappe der Ostfront geworden und die Wehrmacht beanspruchte immense Sachleistungen. Senkowskys Abteilung beabsichtigte zwar Steuererhöhungen und wollte die deutschen Unternehmer, die etwa ein Drittel der verbliebenen Wirtschaft im GG kontrollierten, endlich stärker einer strikten Besteuerung unterziehen, doch erkannte man rasch, dass dies kaum mehr umsetzbar war. Staatssekretär Bühler erklärte mit Verweis auf den ebenfalls stark angestiegenen Notenumlauf des Reiches – zwischen 1933 und 1943 war dieser von 3,6 Milliarden auf 33 Milliarden Reichsmark angewachsen –, dass die Lage vergleichbar und mithin nur ein politisches Problem darstelle. Geld als Tauschmittel hatte nicht nur an Wert, sondern auch an Bedeutung eingebüßt. Allerdings war es im Reich gelungen, das Vertrauen der Bevölkerung in die Währung aufrechtzuerhalten. Bühler wollte durch Geheimhaltung des tatsächlichen Ausmaßes der Geldentwertung einen vergleichbaren Effekt auch im GG erreichen.[10] Als hätten die deutschen Besatzer den Polen nach über vierjährigem Morden, Plündern und Ausbeuten, das Hunger, Not und Mangel zur Folge hatte, eine feste Währung überhaupt je vorgaukeln können. Im Finanzministerium beurteilten die leitenden Beamten die Situation jedenfalls realistischer. Von einer Gewinnabführung der Emissionsbank wurde abgesehen, da kein wirkliches Eigenkapital vorhanden war. Das GG sollte aber seine pro forma Währungshoheit weiterhin nutzen und mit Hilfe der Notenpresse jegliche Bedürfnisse der Kriegswirtschaft monetär decken. Der Bevölkerung – so die Auffassung im RFM – fiele dies unter den gegebenen Umständen ohnehin kaum mehr auf.[11]

Der Generalgouverneur Frank hatte hinsichtlich der Finanzlage seines schwindenden Machtbereiches bereits zu Jahresbeginn resümiert, dass Warenlieferungen aus dem Reich ebenso wenig zu erwarten waren wie eine Produktionssteigerung: „Das Generalgouvernement [ist] ausgeplündert wie überhaupt kein zweites Land in Europa." Die Forderungen des Reiches waren nicht mehr erfüllbar. Bereits 1943 hatten die verausgabten Summen monatlich 250 Millionen Złoty betragen. Das bedeutete eine absehbare Steigerung des Notenumlaufs um weitere drei Milliarden bis Ende 1944. Auch ein erhöhter Wehrbeitrag konnte das nur bedingt abfangen. Den Entscheidungsträgern im Reich warf Frank nun unverhohlen ihre irrige Annahme vor, dass die besetzten Gebiete über eine unerschöpfliche Leistungskraft verfügten – dabei war er doch lange Zeit derselben Ansicht gewesen. Schließlich zahlte, oder besser gesagt, verrechnete das Reich die aus dem GG bezogenen Waren ausschließlich mit

10 Vgl. Diensttagebuch v. 1./2.2.1944, BArch, R 52 II, 213, Bl. 12 ff. Währungssitzung v. 4.2.1944, BArch, R 52 II, 245, Bl. 2 ff.

11 Vgl. Vermerk Burmeisters v. 16.6.1944 u. Vermerk GenB v. 2.8.1944, BArch, R 2, 14580, Bl. 196 ff.

dem Geld, das dieses selbst druckte. Für Frank stand der baldige finanzielle Zusammenbruch als unabwendbar fest.[12]

Die geplanten mittelbaren und unmittelbaren Leistungen, die das Generalgouvernement 1944 an das Reich erbringen sollte, umfassten insgesamt 45 Prozent des Gesamthaushaltes. Zu den 1,3 Milliarden Złoty an Wehrbeitrag kam noch die übliche Erstattung der Polizeikosten mit 260 Millionen Złozy und 238 Millionen Złoty für das „Ottoprogramm". Bevor Burmeister im März zu den jährlichen Haushaltsverhandlungen nach Krakau reiste, wurde angesichts der Lage im Generalgouvernement eine Aussprache im Reichsfinanzministerium angesetzt. Senkowsky trug Reinhardt und dem Minister persönlich die Probleme vor. Im Ergebnis wurden drei Milliarden Złoty an Wehrbeitrag und eine höhere Steuerbeitreibung abverlangt. Hinsichtlich der Forderungen gegen jüdische Vermögen, die in Staatsbesitz übergingen, sollten Forderungen allerdings nicht aus Staatsmitteln bedient werden. Im verhandelten Haushalt, dem ersten, der vor Beginn des Rechnungsjahres fertiggestellt worden war, einigte man sich dann aber doch auf einen Wehrbeitrag von nur 1,2 Milliarden Złoty. Burmeister informierte Schwerin von Krosigk – nicht zum ersten Mal – über die tatsächliche Situation und setzte sich für eine das Existenzminimum sichernde Gehaltserhöhung der in der Verwaltung beschäftigten Polen und Ukrainer ein, die bisher aus Berlin abgelehnt worden war. Der Finanzminister sollte endlich dazu gebracht werden, den Zusammenbruch des einzigen „noch aktiven Wirtschaftsfaktors des Reiches im Osten" zu verhindern.[13]

Der Generalgouverneur teilte letztlich Schwerin von Krosigk persönlich mit, dass die Berechnungsgrundlage des Voranschlages den Gegebenheiten im GG nicht mehr entsprach. Gebietsverluste, Steuerausfälle und die Unmöglichkeit einer geregelten Finanzverwaltung in den durch die Wehrmacht beanspruchten Gebieten waren dem Reichsfinanzminister also bekannt. Der aber forderte mit Verweis auf die allgemeine Kriegslast weiter eine maximale Leistungswilligkeit des GG.[14]

Drei Tage nach Beginn der sowjetischen Offensive überreichte Senkowsky dem Generalgouverneur das Haushaltsexemplar für das Rechnungsjahr 1944 (1. April 1944–31. März 1945). Die raschen und umfangreichen Landgewinne der Roten Armee begünstigten indes den Widerstand der Armia Krajowa (AK), der zunehmend die Einnahmen aus Tabakanbau und Spiritus-Erzeugung be-

[12] Vgl. Währungssitzung, Diensttagebuch v. 4.2.1944, BArch, R 52 II, 245, Bl. 2 ff.; Vgl. Präg/Jacobmeyer, S. 783 ff.

[13] Vgl. Diensttagebuch v. 7.3.1944, BArch, R 52 II, 214, Bl. 43 ff.; Besprechung mit Burmeister, Diensttagebuch v. 23.4.1944, BArch, R 52 II, 215, Bl. 38 ff.; Vermerk Burmeisters v. 4.9.1944, BArch, R 2, 5964, Bl. 132.

[14] Vgl. Schreiben Franks an RdF zur Genehmigung des Haushaltes 1944 mit Übersicht Einnahmen/Ausgaben v. 31.3.1944 mit Antwort Ref Bur./RdF, BArch, R 2, 5039, Bl. 109 ff.

drohte, deren Grundlage im Lubliner Gebiet und in Galizien lag.[15] Das Tabak- und das Branntweinmonopol bildeten jedoch die letzten festen Größen in der Haushaltsplanung, da die Wehrmacht weiterhin große Mengen abnahm. Ende Juli 1944 mussten die Distrikte Galizien und Lublin schließlich übereilt geräumt werden. Die Rote Armee bildete erste Brückenköpfe an der Weichsel und in Krakau begann man damit, die Verlegung von Betrieben und Verwaltungen nach Westen zu organisieren. Die noch im Kassenbestand der Hauptabteilung Finanzen befindlichen 200 Millionen Złoty wurden eilends auf reichsdeutsche Konten transferiert. In Warschau verweigerten indes die Belegschaften einiger Monopolbetriebe den Abbau der Maschinen.[16]

Der Warschauer Aufstand

Der nichtmilitärische Widerstand war mit Unterstützung der Londoner Exilregierung in den Jahren unter deutscher Besatzung beständig gewachsen. Die Zellen der AK hatten sich dabei vor allem auf gezielte Sabotage der deutschen Rüstungsindustrie, Spionage für die Alliierten und auf Vergeltungsaktionen für brutale Terrormaßnahmen von SS und Polizei konzentriert. Größere Aktionen wurden aufgrund der militärischen Schwäche des Związek Walki Zbrojnej (ZWZ) bzw. der AK und der daraus resultierenden Repressionen gegenüber der Zivilbevölkerung zunächst nicht geplant. Für Oberst Stefan Rowecki, dem Befehlshaber des ZWZ, galt seit 1939, dass Widerstand erst dann offen stattfinden könne, „wenn Deutschland zusammenbricht, oder zumindest ein Bein einknickt“. Dann aber sollte der polnische Untergrund fähig sein, „im zweiten Bein Adern und Sehnen durchzuschneiden, damit der deutsche Koloss umfällt“.[17]

Mit der Landung der Alliierten in der Normandie, dem Vormarsch der Roten Armee und dem gescheiterten Attentat auf Hitler am 20. Juli 1944 hatte sich die Situation für die Heimatarmee nun grundsätzlich verändert. Die Aktion *Burza* (Gewitter) von der AK-Führung unter Bór-Komorowski bereits seit Ende 1943 geplant, wurde nach ersten Rückschlägen nun gemeinsam mit den Verbänden der Sowjets umgesetzt. AK-Einheiten und sowjetische Truppen befreiten gemeinsam Wilna, Lublin, Lemberg und Ternopil. Allerdings entwaffnete die Rote Armee danach sämtliche polnische Untergrundkämpfer und verhaftete die Of-

[15] Vgl. Diensttagebuch v. 25.6.1944, BArch, R 52 II, 218, Bl. 66 ff.; Regierungssitzung v. 7.7.1944, BArch, R 52 II, 245, Bl. 41 ff.; VO über Feststellung des Haushalts 1944 in VOBlGG v. 28 14.6.1944 u. Abschrift aus Warschauer Zeitung v. 22.6.1944, Festgefügte Finanzwirtschaft. Der Haushaltsplan des GG für 1944, BArch, R 2, 5039, Bl. 128 f.

[16] Vgl. Diensttagebuch v. 26.7.1944, BArch, R 52 II, 219, Bl. 77 ff.

[17] Borodziej, Warschauer Aufstand, S. 59.

fiziere.[18] Die AK-Führung in Warschau stand nun vor der Entscheidung, ob ein Aufstand gegen die immer noch militärisch starke Besatzungsmacht in Erwartung eines sowjetischen Vormarsches auf die Hauptstadt stattfinden sollte, oder ob ein solches Vorhaben zu riskant sei. Die Teilevakuierung von Verwaltung und Versorgungseinrichtungen durch die Deutschen ließ zumindest auf einen bevorstehenden Rückzug der Wehrmacht aus Warschau, wenn nicht gar den Zusammenbruch der deutschen Ostfront schließen. Beunruhigt beobachtete die AK-Führung zudem die Gründung des Lubliner Komitees.[19] Als am 31. Juli erste Panzerspitzen der Roten Armee den Stadtteil Praga rechts der Weichsel erreichten, befahl General Bór-Komorowski im Einvernehmen mit der Delegation der Exilregierung aus London den Aufstand für den 1. August 1944, 17 Uhr.

Damit begann die größte einzelne bewaffnete Erhebung im besetzten Europa während des Zweiten Weltkrieges. Die AK kämpfte mit Unterstützung der Warschauer Bevölkerung 63 Tage gegen Wehrmacht und SS-Einheiten, bevor sie angesichts der aussichtslosen Situation kapitulieren musste. Die Rote Armee auf der anderen Wechselseite setzte ihren Vormarsch nicht fort. Die deutsche Reaktion auf den Aufstand fiel so brutal wie möglich aus. Ohne Rücksicht auf die Zivilbevölkerung wurde Stadtteil um Stadtteil zerstört. Massenexekutionen trafen nicht nur aufgeriebene Widerstandskämpfer und -kämpferinnen, sondern gezielt auch unbeteiligte Stadtbewohner.[20] Die Innenstadt wurde, nachdem dort in den Anfangstagen des Aufstandes ein merkwürdiges, beinahe ziviles Leben Einzug gehalten hatte, fast vollständig zerstört, verbliebene Wirtschaftswerte wurden abtransportiert. Am 1. Oktober kapitulierte die AK. Sie hatte 15.000 Kämpfer und Kämpferinnen verloren, 25.000 Widerständler und Widerständlerinnen waren verwundet worden. Schätzungen gehen von bis zu 225.000 Opfern unter der Zivilbevölkerung aus. Hunderttausende flohen aus Warschau und Umgebung. Etwa 150.000 Menschen wurden in Konzentrationslager deportiert oder zur Zwangsarbeit ins Reich verschleppt. Die Hauptstadt lag in Trümmern und stand in Flammen. Nur wenige tausend Bewohner blieben in den Ruinen zurück.[21]

Die Räumungsmaßnahmen der Finanz- und Monopolverwaltung waren trotz des „Polenaufstandes“, wie Senkowsky derweil Mitte August feststelle, relativ problemlos, aber mit Verlusten erfolgt. Von den Hauptzollämtern arbeiteten nur noch Krakau und Radom. Ausweichstellen für die Verwaltung wurden im Reich gesucht. Die Hauptkasse des Generalgouvernements

[18] Vgl. ebd., S. 85 ff.

[19] Das Lubliner Komitee als künftige kommunistische Marionettenregierung, durch die Sowjetunion befördert, sollte Stalin helfen, eigene politischen Ziele für ein sowjetisch kontrolliertes Nachkriegspolen durchzusetzen.

[20] Vgl. Davies, Rising; Borodziej, Warschauer Aufstand.

[21] Vgl. Datner/Leszczyński; Datner; Borecka; Getter, S. 67.

war mit einem Kapital von 80 Millionen Złoty bereits nach Breslau verlegt worden. Die Hauptabteilung Finanzen war unter Aufsicht des Oberregierungsrates Radtke größtenteils nach Brückenberg im Riesengebirge ausgelagert. Beamte waren für den Polizeihilfsdienst nach Warschau abgegeben worden. Da Oberregierungsrat Rogge mit einigen Mitarbeitern nach Kattowitz ausgewichen war, konnten in Krakau nur mehr knapp unter einem Drittel des vormaligen Personalstandes eingesetzt werden. Sämtliche verbliebene Beamte und Angestellte der Hauptabteilung, der Direktion der Monopole, der Zollfahndungsstelle, der Finanzinspektionen und der Krakauer Finanzämter verschanzten sich im Gebäude der Generaldirektion in der ul. Skarbowa. Die Beamten, selbst schon mit dem Stellungsbau beschäftigt, sollten weiterhin die Steuereinnahmen im noch deutsch-besetzten Gebiet erhalten und für eine Betreuung zurückzugewinnender Gebiete bereitstehen. Beschäftigt waren sie aber vor allem mit der Auszahlung von Reisekosten und Gehältern sowie der Betreuung der Evakuierungsmaßnahmen. Vor allem Tabak-, Branntwein- und Bezinbestände versuchte man, noch nach Westen zu retten. Die Frontnähe und die Ereignisse in Warschau führten zu massiven Steuerausfällen, jedoch blieben die Monopoleinnahmen zunächst noch erstaunlich stabil. Senkowsky verglich die Einnahmesituation deshalb auch mit der des Herbstes 1939.[22] An einen geordneten Zahlungsverkehr mit dem Reich war indes nicht mehr zu denken. Die letzte Zahlung in Höhe von 75 Millionen Złoty zur Begleichung des Wehrbeitrages 1944 war im Juli erfolgt. Insgesamt waren an das Reich in der ersten Jahreshälfte 337,5 Millionen Reichsmark gezahlt worden. Als Abschlagszahlungen auf den Wehrbeitrag für das Jahr 1944 waren allerdings nur 112,5 Millionen Reichsmark in vier Überweisungen auf den Konten in Berlin eingegangen. Das entsprach nur einem Bruchteil der vom Reich geforderten Gesamtsumme von 600 Millionen Reichsmark.[23]

Allerdings stabilisierte sich die Lage für die deutsche Besatzungsverwaltung dank des Stopps des sowjetischen Vormarsches an der Weichsel. So entwickelten sich die Einnahmen und Ausgaben im verbliebenen Restgebiet des GG erstaunlicherweise durchaus günstig. „Es sei fast ein Wunder zu nennen, wie pünktlich trotz der Schwierigkeiten des Landes die Steuern eingingen", stellte Finanzpräsident Senkowsky fest.[24] Hinsichtlich der Notenumlaufmenge wirkten sich der Vormarsch der Roten Armee und der Aufstand sogar günstig aus. Die Notenbestände der Emissionsbank konnten fast vollständig geborgen

[22] Vgl. Kapitel: Finanzhoheit, S. 169.

[23] Vgl. Bericht Senkowskys v. 16.8.1944, BArch, R 2, 5031, Bl. 5 ff.; Bericht Senkowskys über die Lage der Generaldirektion der Monopole v. 18.8.1944, BArch, R 2, 5031, Bl. 9 ff.; Vermerke Burmeisters zwischen 27.1.1944 u. 25.7.1944, BArch, R 2, 5086, Bl. 86–114. Das RFM hatte die ursprünglich geforderten 650 Mio. RM aufgrund der Kriegsereignisse um 50 Mio. RM gesenkt. Vgl. Vermerk Burmeisters v. 24.5.1944, ebd., Bl. 105.

[24] Vgl. Diensttagebuch v. 15.9.1944, BArch, R 52 II, 220, Bl. 57.

Abbildung 51 – Gruppe von Warschauern, die aus der Stadt vertrieben werden, Oktober 1944

werden. Anderseits waren Milliardenbeträge im nun sowjetisch besetzten Gebiet verblieben oder in den Warschauer Ruinen verbrannt. Damit waren nicht nur große Geldmengen verloren, sondern vor allem die Problematik um den Notenmengenumlauf kurzfristig entspannt worden. Von den etwa zehn Milliarden Złoty, die sich mittlerweile in Umlauf befunden hatten, entfiel ein Drittel auf die verlorenen Gebiete östlich der Weichsel und ein weiteres Drittel auf die schwer umkämpfte Hauptstadt. In der Folge plante der Leiter der Hauptabteilung Finanzen die Ausgabe eines neuen Besatzungszłotys, um den unkalkulierbaren Währungsrückstrom aus dem Osten und aus Warschau zu regulieren und die noch deutsch besetzten Teile Polens wirtschaftlich zu stabilisieren. Zweisprachige Geldscheine sollten das Vertrauen in die Besatzungswährung stärken.[25] Im Reichsfinanzministerium und bei der Reichsbank wies man diese Pläne jedoch als undurchführbar zurück.[26]

Um die Zivilbevölkerung, die letztlich zu Hunderttausenden aus den sukzessive von der Wehrmacht und der SS zurückeroberten und zerstörten Stadttei-

25 Vgl. Denkschrift Senkowskys v. 14.8.1944, BArch, R 2, 5102, Bl. 153 ff.; Lehnstaedt, Imperiale Polenpolitik, S. 400.

26 Vgl. Schreiben des Vizepräsidenten der Reichsbank an die Parteikanzler in Abschrift an Bußmann im RFM u. Denkschrift Senkowskys v. 20.9.1944, BArch, R 2, 14580, Bl. 217 f.; Vermerk GenB v. 12.12.1944, ebd., Bl. 219 f.

len Warschaus vertrieben wurde, zu erfassen und zu internieren, wurde bereits am 6. August das Durchgangslager (Dulag) 121 in Pruszków eingerichtet. Bis zur endgültigen Auflösung am 16. Januar 1945 durchliefen nach Schätzungen bis zu 650.000 Personen das Lager auf dem Gelände einer ehemaligen Eisenbahnwerkstatt an der Bahnlinie nach Skierniewice. Die Flüchtlinge waren in großen, mit Stacheldraht umzäunten Hallen unter katastrophalen Bedingungen untergebracht. In der Regel verbrachten die Gefangenen nur wenige Tage im Lager. Nach der Selektion wurden die als nicht arbeitsfähig Eingestuften auf die Distrikte Radom, Krakau und Warschau verteilt. Die Arbeitsfähigen wurden zur Zwangsarbeit ins Reich oder in die Konzentrationslager Auschwitz, Groß-Rosen, Buchenwald und Ravensbrück transportiert. Etwa 100.000 Warschauern und Warschauerinnen gelang es, auf legalem und illegalem Wege aus dem Lager zu entkommen. In der letzten Phase befanden sich hauptsächlich junge Männer in Pruszków, die bei der Plünderung Warschaus helfen mussten.[27]

Abbildung 52 – Verteilung von Brot für vertriebene Warschauer Bürger in Pruszków, September 1944

Gemäß dem Kapitulationsvertrag war Warschau ab dem 2. Oktober 1944 binnen vier Tagen vollständig von der Zivilbevölkerung zu räumen. In den insgesamt fünf Durchgangslagern rechnete man für diese Zeit mit bis zu

[27] Vgl. Serwański; Zaborski, S. 123.

300.000 Personen, die eiligst und meist mit nicht viel mehr als dem, was sie am Leibe trugen, aus der Stadt getrieben worden waren. Aus Sicht der Finanzabteilung vollzog sich mit der Verbringung der Warschauer in andere Gebiete eine Schwerpunktverlagerung wirtschaftlicher Art. Senkowsky vermutete vor allem eine Verschiebung großer Barmittelmengen innerhalb des GG. Deshalb sollte die deutsche Verwaltung die Entwicklung unbedingt verfolgen und lenken, um nicht zuletzt sicherzustellen, dass die verbliebene Steuerkraft ausgeschöpft würde. Für die Krakauer Finanzbeamten waren die Überlebenden des Aufstandes zuallererst Steuerzahler oder sogar Steuerschuldner. Senkowsky forderte entsprechend dieser Betrachtungsweise den Distriktgouverneur von Warschau, Ludwig Fischer, auf, das „wirtschaftliche Leistungsvermögen, also die Vermögensverhältnisse“ der Flüchtlinge, umgehend ermitteln zu lassen. Noch in den Lagern sollten Vermögensübersichten erstellt werden. Die Beamten der Zollfahndungsstelle Warschau unter Regierungsrat Knobloch kamen in ihren stichprobenhaften Prüfungen allerdings zu keinerlei wesentlichen Ergebnissen. Fischer meinte zudem, es sei ein Verstoß gegen die Bedingungen des Kapitulationsvertrages, in dem der polnischen Bevölkerung eine „großzügige Behandlung“ zugestanden worden war, wenn man Flüchtlinge nach Geld durchsuche.

Rasch folgte die Erkenntnis, dass zügiger Weitertransport Priorität hatte. Fischer untersagte kurzum jede Überprüfung, da er „wesentliche fiskalische Interessen, die die Fortführung der Arbeit der Finanzbehörden“ notwendig machten, ohnehin nicht erkannte. Doch drängte Senkowsky die Distriktverwaltungen, die Flüchtlinge zu beobachten und die Resultate an die Finanzinspektionen weiterzuleiten, da er für einen späteren Zeitpunkt eine rigide Prüfung zwecks Besteuerung bzw. Nachbesteuerung vermuteter größerer Vermögen beabsichtigte.[28]

Während die Warschauer noch kämpften und sich die Beamten in Krakau um die Abwicklung ihrer Dienststelle und die Vermögenserfassung der Warschauer Flüchtlinge sorgten, waren ihre Berliner Kollegen einstweilen noch mit der Verbuchung bzw. Finanzierung eines weiteren Großverbrechens beschäftigt. Nach der Niederschlagung des Aufstandes im Warschauer Ghetto und der Ermordung seiner Bewohner im Vorjahr hatte die SS mit dem vollständigen Abbruch des Ghettos begonnen. Zwölf Millionen Kubikmeter umbauter Raum auf 320 Hektar Gelände waren mit Hilfe von 3.344 Arbeitskräften – vor allem Häftlingen des auf dem Gelände errichteten Konzentrationslagers – abgetragen worden. Das vormalige Ghettogelände, das direkt an die Warschauer Altstadt

[28] Vgl. Schreiben Senkowskys an Distriktsgouverneure v. 9.10.1944, IPN, GK 94 IV, 154, Bl. 25 u. AAN, 111, 1042/1, Bl. 96; Schreiben der HA Fin an Finanzinspekteure, Ämter der Distrikte – Abt. Finanzen v. 23.10.1944, IPN, GK 94 IV, 154, Bl. 27; Schreiben Fischers an Senkowsky v. 5.10.1944, IPN, GK 94 IV, 854, Bl. 1.

Abbildung 53 – Blick auf die Trümmer des ehemaligen Warschauer Ghettos

grenzte, wurde in eine um 1,20 Meter erhöhte, teils planierte Brache verwandelt.

Die Gesamtabbruchskosten bezifferte die SS mit 150 Millionen Reichsmark. Aus der Weiterverwertung von Mauersteinen, Nutzeisen und anderen Metallen errechnete das Wirtschaftsverwaltungshauptamt (WVHA) einen Materialwert von fünf Millionen Reichsmark.[29]

Die im Reichsfinanzministerium zuständigen Referate Gossel und Burmeister wollten allerdings nicht ohne Weiteres die Gesamtsumme für den höchstwahrscheinlich nicht kriegswichtigen Abriss bewilligen. Gossel forderte deshalb das WVHA auf, die Kosten zunächst durch „im Ghetto aufgefundene Sachwerte" zu decken. Darüber hinaus erbat er eine Mitteilung, wie die dort „vorhandenen sehr erheblichen Werte an Gold und Waren" verwertet werden sollten oder bereits verwertet worden waren.[30] Das WVHA teilte daraufhin mit, „dass das im Besitz der Juden befindliche Vermögen – soweit dies bei der Umsiedlungsaktion durch die Dienststellen der Waffen-SS beschlagnahmt wurde – verwertet und die Erlöse an die Reichshauptkasse zugunsten des Reichsministers der Finanzen eingezahlt worden" seien. Doch fanden sich nach Auskunft des Referates Patzer dort in den übervollen Depots keine einer

[29] Vgl. Berichte über den Fortschritt der Arbeiten zum Abbruch des Ghettos Warschau von Februar bis April 1944, BArch, NS 19, 1740, Bl. 36 ff.

[30] Vgl. Schreiben Gossels an WVHA v. 16.6. u. v. Juli 1944 u. Antwort v. 25.8.1944, StAN, Rep 502 KV-Anklage, NG 5561, n. p.

solchen Einlieferung aus Warschau zugeordnete Werte.[31] So blieb letztlich unklar, ob eine Verbuchung des Erlöses einer solchen Lieferung durch das Referat Maedel tatsächlich korrekt auf das Konto „Max Heiliger" erfolgt war. Die Beamten gingen fälschlicherweise davon aus, dass Lieferungen, die das Vermögen der Warschauer Juden betrafen, auch als Lieferungen aus Warschau gekennzeichnet worden waren. Sie erwarteten offenbar weitere Erlöse aus der Verwertung des Ghettoabbruchs.[32] Diese Erwartungshaltung der Finanzbeamten befremdet ob der realen Verhältnisse und zeigt doch deutlich, wie weit antisemitische Einstellungen, nämlich die Vorstellung, die Juden hätten Gold gehortet, und inhumane, rassistische Elemente Entscheidungen beförderten.

Realistischer waren hingegen die Bemühungen der Forschungsstelle für Wehrwirtschaft, die auch auf Basis der von den Reichsfinanzbeamten verbuchten Zahlen versuchte, den Wert der durch das Generalgouvernement und andere besetzte Gebiete geleisteten Beträge zu ermitteln. Während die Wehrmacht und Franks Verwaltungsdienststellen in Erwartung der sowjetischen Winteroffensive letzte Vorbereitungen trafen, sich nach Westen abzusetzen, und US-amerikanische Truppen bereits seit einigen Wochen Aachen besetzt hielten, errechnete man, dass mit Ende des Rechnungsjahres 1943 (31. März 1944) die realen finanziellen Leistungen aller besetzten Gebiete die Summe von 85 bis 90 Milliarden Reichsmark erreicht hatten.[33] Der vom Generalgouvernement bis dato gezahlte Wehrbeitrag von 1,25 Milliarden Reichsmark musste aufgrund der Preisentwicklung jedoch etwas nach unten korrigiert werden. Zwar lag die Kaufkraft des Złoty bei Lebensmitteln, die den Hauptexportposten nach dem Reich darstellten, sogar etwas über dem offiziellen Kurs, doch konnte aufgrund der inflationistischen Entwicklung und des explodierenden Schwarzmarktes von normalen Preisen nicht die Rede sein. Vor allem Wehrmachtsgüter waren erheblich verteuert. So rechneten die Mitarbeiter der Forschungsstelle ab 1942/43 ein Zehntel des Gesamtbedarfs mit einem auf die Hälfte erniedrigten Kurs (1 Zł = 0,25 RM) um.

Da die tatsächlichen Verausgabungen auf dem Schwarzmarkt im Generalgouvernement sowohl der Forschungsstelle für Wehrwirtschaft als auch im Reichsfinanzministerium völlig unbekannt waren, dienten diese Werte aller-

31 Vgl. Schreiben Gossels an Patzer v. 7.9.1944, StAN, Rep 502 KV-Anklage, NG-4094, n. p. Schreiben Patzers an Gossel u. Maedel v. 16.11.1944, ebd., NG-4097 n. p.

32 Die im Rahmen der „Aktion Reinhard" von den Warschauern hauptsächlich im Vernichtungslager Treblinka geraubten Werte waren als Teil der „Melmer-Lieferungen" zur Verwertung und Verbuchung an Reichsbank und RHK gegangen. Vgl. Kapitel: Das Konto „Max Heiliger", S. 332.

33 Vgl. Auszug aus dem Bericht der Forschungsstelle für Wehrwirtschaft über die finanziellen Errungenschaften in den besetzten Gebieten bis zum 31.3.1944 v. 10.12.1944, StAN, Rep 502 KV-Anklage, EC-86. Ausführlich zur Entstehung des Berichts: Buchheim.

dings nur zur Orientierung.[34] Dagegen sind die Zahlen über die tatsächliche Verschuldung des Reiches gegenüber dem GG über das Clearing klarer. Offiziell war diese aufgrund umfangreicher Ankäufe von Reichsanleihen auf 28 Millionen Reichsmark gedrückt worden. Die wirkliche Clearing-Verschuldung betrug Ende März 1944 aber 3.424 Millionen Reichsmark. Zu beachten waren überdies die nicht im Rahmen des Clearings abgewickelten Lohnsendungen der im Reich beschäftigten polnischen Zwangsarbeiter in Höhe von 101 Millionen Reichsmark (davon 71 Millionen RM von den Zwangsarbeitern). Ergänzt um die 290 Millionen Reichsmark, die das GG aus dem Złotyasservat des Reiches übernommen hatte, ergab dies eine ausgewiesene Leistung an das Reich bis Ende März 1944 von 4.915 bzw. 5.015 Millionen Reichsmark.[35] Als der Bericht schließlich am 10. Dezember 1944 vorgelegt wurde, dürften diese Zahlen in Krakau nur mehr bedingt auf Interesse gestoßen sein.

Flucht aus Krakau

Als letzte Beute waren zwischen Juni und Dezember 1944 etwa 45.000 Waggons gefüllt mit Räumungsgütern ins Reich abtransportiert worden. Vor allem landwirtschaftliche Erzeugnisse (208.662 Tonnen), Vieh und Nutztiere (489.618 Rinder, 110.306 Schafe, 38.231 Schweine, 35.601 Pferde) wurden zur Sicherung der Versorgung nach Westen verfrachtet. Dabei spielten Fragen der Grundversorgung der polnischen Bevölkerung keine Rolle.[36] Mit dem Übertritt über die Reichsgrenze lag das ausschließliche Verwendung- und Verfügungsrecht bei den innerdeutschen Dienststellen. Mit Erlass Görings vom 5. April 1944 wurde der Wirtschaftsstab Ost[37] zur Erfassung und kriegswirtschaftlichen Nutzung der Räumungsgüter aus Polen ermächtigt. In den Transporten befanden sich auch Warenvorräte und ganze Fabrikeinrichtungen, die zunächst ohne Rücksicht auf das Eigentum abtransportiert worden waren. Deutsche Eigentümer sollten aber entschädigt werden. Wie dies und die generelle Verbuchung der Erlöse aus nicht privaten Erträgen zu Gunsten des Haushaltes des Generalgou-

[34] Neben der rasanten wie ungleichen Preisentwicklung sowie der Nutzung der Monopolerzeugnisse auf dem Schwarzmarkt konnte keine sinnvolle Schätzung erfolgen. Vgl. ebd., S. 127.

[35] Vgl. ebd.

[36] Vgl. Musial, Recht und Wirtschaft, S. 49.

[37] Der Wirtschaftsstab Ost, eine der größten wirtschaftlich tätigen Behörden des NS-Staates, war geschaffen worden, um die besetzten sowjetischen Gebiete ausbeuten zu können. Vor allem die Beschaffung von Nahrungsmittel und Treibstoff für die Wehrmacht und von Zwangsarbeitern für die Rüstung waren Aufgabe für die über 20.000 Mitarbeiter der Dienststelle.

vernements verbucht werden sollte, beschäftigte das Referat Burmeister über Monate intensiv.[38]

Mit dem Beginn der sowjetischen Winteroffensive am 12. Januar 1945 und dem fast widerstandslosen Rückzug der Heeresgruppe A musste sich die Restverwaltung des Generalgouvernements aus Krakau absetzen.[39] Die letzte Regierungssitzung auf dem Wawel fand in Anwesenheit von Frank, Bühler, Koppe, von Craushaar, Senkowsky, von Burgsdorff und Paersch, der über die letzten Transaktionen der Emissionsbank berichtete, am 16. Januar 1945 statt. Am folgenden Tag verließ der Generalgouverneur „mit einer Wagenkolonne bei herrlichstem Winterwetter und strahlendem Sonnenschein die Burg zu Krakau".[40] Mit sich führte Frank als allerletzte Beute zahlreiche Kunstwerke, darunter Werke von Rembrandt, Rubens und Leonardo da Vinci.[41] Während die Rote Armee Krakau einnahm und wenige Tage später das Konzentrations- und Vernichtungslager Auschwitz befreite, setzte sich Franks Gefolge über Oppeln und Breslau weiter nach Dresden, Berlin oder Bayern ab.[42] Anfang März erreichte Frank den Familiensitz im Schoberhof. In Neuhaus am Schliersee im Café Bergfrieden richtete er „im Interesse einer geordneten Reichsverwaltung und um nach Wiedereroberung der geräumten Ostgebiete eine Ausgangsbasis für den Wiederaufbau zu haben" seinen neuen Regierungssitz ein, allerdings ohne Mitarbeiter. Sein Dienststab war in Dresden durch die Bombardierungen aufgerieben worden, Bühler hatte er nach Berlin entsandt, wo dieser einen Stab für die „ordnungsgemäße Abwicklung der Verwaltungstätigkeit der Regierung des Generalgouvernements samt eines Gesamtrechenschaftsberichtes" einrichten und die Anbietungspflicht aller Räumungsgüter gegen Erstattung zu Gunsten des GG regeln sollte.[43] Frank wollte den Zeitpunkt der Verwaltungsauflösung des Generalgouvernements noch hinauszögern und verwies gegenüber der Reichskanzlei auf die Notwendigkeit einer geregelten Erfassung und Verwertung der Räumungsgüter, der Abwicklung der Finanzverwaltung und der Emissionsbank.[44] Tatsächlich verbrachte der Generalgouverneur ohne Generalgouvernement seine Zeit hauptsächlich mit Angelegenheiten privater Natur und verkaufte wohl einige der geraubten Kunstgegenstände.

[38] Vgl. Vermerk Burmeisters v. 8.9.1944, BArch, R 2, 5031, Bl. 16 f.

[39] Die Verbände der Roten Armee rückten im Januar 1945 im Norden auf Ostpreußen, im Süden auf Krakau und Kattowitz und von Zentralpolen bis Posen vor. Vgl. Kershaw, Das Ende, S. 245 ff.

[40] Vgl. Diensttagebuch v. 17.1.1945; Präg/Jacobmeyer, S. 937 f.

[41] Vgl. Reinhold, S. 169 ff. u. 178 ff.; Schenk, Hans Frank, S. 359–371.

[42] Vgl. ebd., S. 359 ff.; Chwalba, Dzjeje Krakowa, S. 434 ff.; Chwalba, Okupacyjny Kraków; Kubalski, S. 353 ff.

[43] Vgl. Schreiben Franks an Hauptabteilungen und Ämter des GG, Distriktsgouverneure und Generalbevollmächtigte der Reichsverwaltung v. 21.2.1945, BArch, R 2, 5031, Bl. 25 ff.

[44] Vgl. Schreiben Franks an Lammers v. 3.3.1945, ebd., Bl. 23 ff.

Auf Anweisung Senkowskys hatten alle Kassen auf Reichsmarkrechnung umgestellt, die Hauptkasse war nach Annaberg verlegt worden, wohin alle noch verbliebenen Kassenbestände abgeführt worden waren, um sie dann weiter an die RHK zu leiten. Die Guthaben der Emissionsbank wurden auf Konten der Reichsbank geführt. Senkowsky reiste zwischen Erzgebirge und Schliersee umher, um die finanzielle Abwicklung zu regeln und seinem Chef nochmals 100.000 Reichsmark nach Bayern mitzubringen. Schwerin von Krosigk billigte die Schlussrechnung des Generalgouvernements in einfachster Form. Senkowsky mühte sich noch um eine Verlegung der restlichen Finanzverwaltung nach Zell am See, entließ dann aber Rogge und von Streit und setzte sich selbst nach Österreich ab. Zum 20. März 1945 stellten schließlich alle Kassen des Generalgouvernements ihren Betrieb endgültig ein.[45]

4.2 Bilanz und Kriegsende

Nicht die unmittelbaren Kriegshandlungen der Jahre 1939 und 1944/45 bedeuteten die größten Verluste für den polnischen Staat und dessen Bevölkerung, sondern der Terror, die Plünderungen, die Zerstörungen und die Ausbeutungspolitik einer über fünfjährigen Besatzung. Bereits mit dem Einmarsch der Wehrmacht im Herbst 1939 war die Besatzungspolitik auch jenseits der Landesgrenzen als rücksichtslos, völkerrechtswidrig und menschenverachtend wahrgenommen worden. Die massiven Verluste an Menschenleben und materiellen Gütern schockierten nicht nur in Polen.[46]

Die Exilregierung bemühte sich frühzeitig darum, Informationen über die Verluste zu erhalten. Die Tageszeitung *Głos Polski* forderte bereits im Mai 1940, auch die deutsche Finanzpolitik und die entstehenden Kriegsschäden und Verwüstungen bei der Verlustberechnung zu berücksichtigen.[47] Im polnischen Untergrund begann daraufhin unter Antoni Olszewski die Dział Likwidacji Skutków Wojny (Abteilung für die Beseitigung der Kriegsauswirkungen) mit der Datenerfassung. Die auf Grundlage dieser Arbeit in London eingehenden Berichte wurden umgehend publiziert. Die Weltöffentlichkeit sollte von den Verbrechen Kenntnis erlangen. Die Methoden der deutschen Führung, die die Zerstörung des polnischen Staates, die Unterdrückung der polnischen Bevöl-

[45] Vgl. Anordnungen Senkowskys v. 26.2.1945, BArch, R 2, 5060, Bl. 23 ff.; Diensttagebuch zwischen 9.3. u. 27.3., BArch, R 52 II, 222 Bl. 61 ff.; Schreiben Senkowskys an Frank v. 19.4.1945, BArch, R 52II, 172, Bl. 4 f.

[46] Vgl. Lemkin.

[47] Vgl. Abschrift des Artikels „Die Finanzpolitik der Okkupanten als Instrument der Enteignung" aus der *Głos Polski* (Polnische Stimme) v. 18.5.1940, AAN, 111, 1020, Bl. 258.

kerung, die Vernichtung der Juden, die Ausbeutung der Wirtschaft und die Zerstörung der Kultur als solcher zum Ziel hatten, wurden so bereits während des Krieges offen benannt und angeklagt.[48]

Nach dem Zusammenbruch der deutschen Ostfront und der absehbaren Rückeroberung polnischer Territorien begannen im Februar 1944 verschiedene Zellen des Untergrundstaates unter der *Niezapomnajka* (deutsch: Vergissmeinnicht), einer zentral agierenden Kommission zur Untersuchung und Erfassung von Kriegsverbrechen, erneut mit der Sammlung von Daten und der Erstellung einer Verlustkalkulation.[49] Daraus entstand ein vorläufiger Untersuchungsbericht, der im September 1944 erste Schätzungen zu den Gesamtverlusten aufstellte. Das aber war schwierig: „The losses to society are enormous and can not be expressed in figures." Und doch wagte der Bericht eine erste Gesamtsumme: Mit 100 Milliarden Vorkriegszłoty bezifferte die Kommission die erlittenen Verluste.[50]

In Berlin mühten sich derweil die Beamten des Statistischen Büros des Reichsfinanzministeriums ebenfalls um eine finanzielle Übersicht der Ausbeute. Für die gesamten fünf Kriegsjahre ermittelten sie knapp 60 Milliarden Reichsmark, die als Besatzungskosten bei der Reichshauptkasse abgerechnet worden waren. Polen kam in dieser Summe allerdings gar nicht vor. Die Einnahmen aus dem Wehrbeitrag des Generalgouvernements waren unter Verwaltungseinnahmen direkt im Reichshaushalt verbucht worden. Für die annektierten Gebieten galt eine solche Art der Verbuchung ohnehin. Insgesamt waren bei der RHK demnach 1.362,5 Millionen Reichsmark verrechnet worden.[51] Eine Berechnung oder nur Schätzung der materiellen nicht geldwerten Leistungen, die aus den Gebieten des besetzten Polens an das Reich gegangen waren, nahmen die Beamten außerdem nicht vor.

Denn aus fiskalischer Perspektive waren nur die Summen relevant, die im Rahmen des Verrechnungsverkehrs, also letztlich auf den Konten bei der

[48] Vgl. Polish Ministry of Foreign Affairs; Anonymous, German Exploitation; Polish Ministry of Information, German invasion; Segal; Polish Ministry of Information, The Nazi Kultur in Poland; Karski.

[49] Vgl. Grabowski, S. 128 f.

[50] Vgl. Opracowanie Ministerstwa Prac Kongresowych Rządu Rzeczpospolita Polska (RP) na Wychodźstwie dotyczące niemieckich odszkodowań gospodarczych, Opracowanie Ministerstwa Prac Kongresowych Rządu RP na Wychodźstwie dotyczące strat Polski w pierwszych czterech latach wojny, abgedruckt als Dok. 1 i 2 in: Góralski, S. 1–15.

[51] Vgl. Aufstellung des GenB zu den Besatzungskosten mit Anlagen v. Oktober 1944, BArch, R 2, 24250 n. p.; Vgl. Tabellen: Übersicht über die Einnahmen, die Ausgaben (ohne Wehrbeitrag) und den Wehrbeitrag im ordentlichen Haushalt des GG 1940 bis 1944 in Mio. Zł, S. 301; Übersicht über die Einnahmen, die Ausgaben (ohne Wehrbeitrag) und den Wehrbeitrag im außerordentlichen Haushalt des GG 1940 bis 1944 in Mio. Zł, S. 301 u. Wehrbeitrag, Haushaltsgesamtbetrag GG und Zahlungen der Emissionsbank an die Wehrmacht in Mio. Zł (RM), S. 366.

Tabelle 10 – Wehrbeitrag, Haushaltsgesamtbetrag GG und Zahlungen der Emissionsbank an die Wehrmacht in Mio. Zł (RM)[52]

Jahr	**Wehrbeitrag** gefordert	**Wehrbeitrag** gezahlt	**Haushalt GG** gesamt[53]	**Zahlungen EB an Wehrmacht**
1939	0	0	175	400
1940	0	0	1.276	1.292
1941	500	500	2.375	2.263
1942	700	700	3.083	2.485
1943	1.300	1.300	4.283	2.842
1944	1.200	225	4.449	2.971
1945	0	0	0	124
Gesamt	**3.700** (1.850)	**2.725** (1.362,5)	**15.641** (7.820,5)[54]	**12.377** (6.188,5)

Reichshauptkasse in Berlin bzw. bei der Emissionsbank in Warschau und dem Verrechnungsinstitut in Krakau, gebucht wurden. Diese Beträge der monetären Ausbeutung lassen sich aus den Leistungen der Emissionsbank errechnen (Tab. 10 u. 11). Der Hauptanteil der knapp neun Milliarden Reichsmark entfiel dabei mit gut zwei Dritteln auf die Auszahlungen an die Wehrmacht. Darüber hinaus leistete das Generalgouvernement Zahlungen in Form von diversen Erstattungen. Neben dem Wehrbeitrag wurden so der Einsatz von SS, Polizei und Zollgrenzschutz, aber auch kriegswichtige Infrastruktur und die Rüstungswirtschaft finanziert. Die Leistungsfähigkeit der polnischen Volkswirtschaft wurde jedoch in finanzieller Hinsicht weit umfangreicher beansprucht, da das Besatzungsregime als solches finanziert werden musste. Aus dem Haushalt wurden auch die Gehälter der abgeordneten deutschen Beamten an die Heimatbehörden erstattet und zugleich sämtliche Lohnzahlungen an die durch die Besatzer Beschäftigten entrichtet, so z. B. an die polnische Polizei. Außerdem finanzierten sich der Generalgouverneur und die Distriktchefs herrschaftliche Dienstsitze, andere Verwaltungen bauten ebenso aus und um. Mit der Perspektive, dass das Generalgouvernement nach einem gewonnenen Krieg ebenfalls als deutscher Siedlungsraum dienen sollte, hatte man in Krakau – wenn auch in bescheidenerem Maße als in den annektierten Gebieten – die Kriegsschäden

[52] Vgl. Tabellen auf S. 301; Angaben zu Wehrmachtsausgaben: Kilian, S. 171. Frühere Berechnungen zur Gesamtsumme der Zahlungen der EB gehen von etwa 800 Mio. Zł weniger aus: Madajczyk, Okkupationspolitik, S. 610; Skalniak, Bank Emisyjny, S. 108 ff.

[53] Summe berechnet aus den Einnahmen der ordentlichen und außerordentlichen Haushalte 1940–1944, so wie sie vom RdF bewilligt worden sind. Vgl. Haushaltsentwicklung seit 1940, BArch, R 2, 5039, Bl. 73 ff. u. Tabellen auf S. 301. Für 1939 vgl. Kapitel: Finanzhoheit, S. 169.

[54] Die tatsächlich vereinnahmte Summe ist aus den Quellen für das Rechnungsjahr 1944 (1.4.1944–31.3.1945) nicht rekonstruierbar. Die realen Einnahmen werden unter 4,4 Mrd. Zł gelegen haben, so dass insgesamt weniger als 15,6 Mrd. Zł gebucht wurden.

Tabelle 11 – Verhältnis der Notenumlaufmenge zu den Auszahlungen der Emissionsbank im Verrechnungsverkehr in Mrd. Zł (RM)

Datum	Notenumlauf[55]	Auszahlungen der EB[56]
31.12.1939	> 1,0	−0,4
31.03.1940	0,9	−1,8
31.12.1940	1,2	
31.12.1941	2,3	−3,2
31.03.1942	2,5	
31.12.1942	4,1	−3,8
31.03.1943	4,4	
31.12.1943	6,4	−4,7
29.02.1944	6,5	
31.12.1944	10	−3,9
18.01.1945	11,2	−0,13
Gesamt	**11,2 (5,6)**	**−17,9 (8,95)**

behoben und Infrastrukturprojekte umgesetzt oder begonnen, die über den unmittelbaren Bedarf der Wehrmacht hinauswiesen. Das Gesamtvolumen der durch den Reichsfinanzminister genehmigten Haushalte des Generalgouvernements erreichte mit dem Rechnungsjahr 1944 die Summe von 7,8 Milliarden Reichsmark. Der Anteil, der aufgebracht werden musste, um den bestehenden infrastrukturellen Aufgaben (Post, Bahn, Justiz, Schulwesen, etc.), Verpflichtungen (Renten, Gehälter etc.) und Aufwänden (Baumaßnahmen etc.) der öffentlichen Hand nachzukommen, war zwar immer stärker auf ein Minimum und entsprechend der ideologischen Vorgaben reduziert worden, machte aber trotzdem bis zuletzt einen wesentlichen Teil der Ausgaben aus. Prinzipiell ermöglichte die Finanzverwaltung auf Kosten des polnischen Steuerzahlers das Besatzungsregime. Der Fokus des Reichsfinanzministeriums lag mit zunehmender Dauer des Krieges und der absehbar drohenden Niederlage jedoch immer weniger auf den Bedürfnissen und Zielstellungen der Okkupation als auf der maximalen Inanspruchnahme der Wirtschaftskraft über die Währung für den Reichshaushalt.

Eine generelle Bilanz über die Kriegskosten wie die Verschuldung des Reiches zog das Reichsfinanzministerium dann im Januar 1945. Ein Memorandum

55 Vgl. Währungssitzung, Diensttagebuch v. 4.2.1944, Bl. 7 f.; Skalniak, Bank Emisyjny, S. 99 u. 108 ff.

56 Zahlungen für Wehrmacht, Polizei, Rüstung und Bauvorhaben nach Berechnungen von Kilian: Kilian, S. 171. Madajczyk und Skalniak gehen von einer niedrigeren Gesamtsumme von 14,3 Mrd. Zł aus, beziehen aber keine Polizeikosten (dafür geringere Erstattungen für den ZGS) ein und kalkulieren neben geringeren Wehrmachtskosten auch nicht aufgeschlüsselte Allgemeinposten: Madajczyk, Okkupationspolitik, S. 608 f.; Skalniak, Bank Emisyjny, S. 99 u. 120.

sollte zudem Wege zur Konsolidierung aufzeigen. Allein die fünf Kriegsjahre bis Herbst 1944 hatten das Reich demnach 557 Milliarden Reichsmark gekostet. Dabei waren die Kriegskosten beständig gestiegen, die Einnahmen aber spürbar zurückgegangen. Die regulären Einnahmen einschließlich der durch Verlust von Gebieten stetig sinkenden Besatzungskosten deckten nicht einmal mehr die Hälfte der Ausgaben. Die Reichsverschuldung stieg folglich weiterhin stark an. Ebenso stieg der Geldmengenumlauf. Die Beamten kalkulierten für das sechste Kriegsjahr einen Schuldenanstieg auf mindestens 420, wenn nicht gar 500 Milliarden Reichsmark. Zugleich muss der Zusammenbruch des Reiches den noch in Berlin verbliebenen Finanzbeamten spätestens nach Beginn der sowjetischen Winteroffensive und der Räumung der Verwaltungen in Polen und in Ostpreußen klar vor Augen gestanden haben. Die Regelung der Finanzfragen, also auch der Verschuldung, die seit Kriegsbeginn konsequent auf die Nachkriegszeit verschoben wurde, rückte unfreiwillig näher.[57]

Der Minister glaubte, „eine Passivität nicht länger verantworten zu können", und wandte sich direkt an die Regimespitze mit der Bitte um eine Ausgabenverringerung. Er warnte vor einer „Nichtachtung des Geldes", das als ordnungspolitische Institution schließlich über Erfolg oder Misserfolg der deutschen Finanz- und Wirtschaftspolitik entscheiden würde. Im Klartext fürchtete er, zum militärischen Zusammenbruch käme nun auch der endgültige finanzielle Crash. Würde die bis dato der Bevölkerung kaum bewusste Finanzlage in eine offene Inflation übergehen, könnte das den Bruch mit dem Regime zur Folge haben, so die Befürchtung. Ende Januar bat der Minister schließlich in der Reichskanzlei um die Räumung der Reichsbank, da ein Zusammenbruch der zentralen Notenbank zu Chaos und einem unvermeidlichen Zusammenbruch der Rüstungsindustrie und des Reiches als solchem führen musste.[58]

Stellt man nun die Beträge von knapp neun Milliarden Reichsmark, die über die Emissionsbank finanziert wurden, und als weitere Größe das maximale Gesamtvolumen des Besatzungshaushaltes von 7,8 Milliarden Reichsmark (davon 1,36 Mrd. RM Wehrbeitrag)[59] einer Reichsverschuldung von fast einer halben Billion Reichsmark und einer Gesamtleistung der besetzten Gebiete in einem Gegenwert von über 120 Milliarden Reichsmark gegenüber, wirkt der Beitrag

[57] Vgl. Memorandum zur heutigen Finanz- und Währungslage v. 10.1.1945, BArch, R 2, 24241, n. p.

[58] Vgl. Schreiben Schwerin von Krosigks an Göring, Lammers, Bormann, Goebbels, Funk, Fischböck v. 8.2.1945, BArch, R 2, 24241, n. p.; Schreiben Krosigks an Lammers v. 31.1.1945, BArch, R 2, 24242, n. p.; Schreiben Schwerin von Krosigks an Keitel v. Februar 1945, BArch, R 2 24266, Bl. 9 ff. Da der Finanzminister keinen Zugang zu Hitler hatte, wandte er sich zwischen Februar und April 1945 wiederholt an Goebbels, um diesen seine Sicht mitzuteilen. Vgl. BArch, R 2, 24242, n. p.

[59] Vgl. Zahlen zu Gesamthaushaltsvolumen in Tabelle: Wehrbeitrag, Haushaltsgesamtbetrag GG und Zahlungen der Emissionsbank an die Wehrmacht in Mio. Zł (RM), S. 366.

des Generalgouvernements, der ohnehin nur einen Teil der Leistung der besetzten polnischen Gebiete darstellt, überschaubar. Wobei die Belastung des GG, beachtet man seine Größe und Wirtschaftskraft, im Vergleich zu den anderen besetzten Ländern Europas durchaus enorm war.[60] Allerdings gilt es hier wiederum zu beachten, dass sich sowohl die Besatzungsdauer als auch das Vorgehen und die Ziele der deutschen Besatzer in den Ländern Europas erheblich unterschieden.

Blickt man nun zur Einordnung dieser Summen auf die Schäden und Verluste und zieht die nur mit Einschränkungen korrelierbare Schadenssumme von 100 Milliarden Vorkriegszłoty heran, zeigt sich deutlich die Schwierigkeit jeder quantitativen wie qualitativen Bilanzierung des tatsächlichen Nutzens der polnischen Volkswirtschaft für die Kriegsführung des Reiches. Denn nicht nur die finanziellen, also monetären Leistungen gilt es hier zu berücksichtigen. Die polnische Volkswirtschaft wurde in vielerlei Hinsicht ausgebeutet oder bewusst zerstört. Hinzu treten die immensen Verluste an Menschenleben, deren gesellschaftliche, kulturelle und wirtschaftliche Folgeschäden schwer zu beziffern sind.

Gleichwohl bemühte sich ab Januar 1945 – während man im RFM bang die Reichsschuld überschlug – eine weitere Kommission unter Emil Sommerstein im Auftrag des Polski Komitet Wyzwolenia Narodowego (PKWN) um eine Schadensermittlung. Sollte perspektivisch eine Wiedergutmachungsforderung an ein wie auch immer gestaltetes Nachkriegsdeutschland gestellt werden, war eine solche Datengrundlage unumgänglich. Neben der Erfassung von geraubten oder zerstörten staatlichen Vermögenswerten, versuchte man mit einer Fragebogenaktion auch individuelle Verluste zu erfassen. Millionenfach wurden Fragebögen verschickt und verteilt. Wie viele andere füllte Maria Staszkiewicza aus Biała bei Krakau den Vordruck aus und teilte mit, dass sie und ihre Familie aus ihrem Haus vertrieben, ihr Mann und ihr Vater im Konzentrationslager Auschwitz zu Tode gebracht und ihr ältester Sohn ins KZ Gusen deportiert worden waren. Ebenso wie ihr jüngerer, nach Deutschland verschleppter Sohn, hatte auch sie Zwangsarbeit leisten müssen. Für Verdienstausfall, Arbeitsunfähigkeit, Konzentrationslagerhaft, Zwangsarbeit, Verlust an Kleidung, Möbeln und Hausrat sowie Schäden an der Wohnung machte sie insgesamt 351.621 Złoty geltend.[61]

[60] Zum Vergleich: Frankreich: 45 Mrd. RM, Niederlande: 16 Mrd. RM, Protektorat: 9 Mrd. RM; Zur Gesamtbilanz der Leistungen der besetzten Länder zu Gunsten des Deutschen Reichs 1939–1945: Kilian, S. 386.

[61] Vgl. Dokumenty Kwestionariusz dotyczący rejestracji szkód wojennych poszkodowanej Marii Staszkiewicz wystawiony przez Referat Szkół Wojennych Zarządu Miejskiego w Białej v. 29.9.1945, Fundacja Ośrodka KARTA, AW III/648.01.05.

Vermittelt diese Summe den Eindruck einer flächendeckend mühelosen Schadenserfassung, so gilt es zu bedenken, dass teilweise ganze Familien und Gemeinschaften vertrieben, verschleppt oder ermordet worden waren, für die niemand eine Schadensaufstellung einreichen konnte. Auch waren die statistischen Grundlagen für die Ermittlung von Vermögensverlusten an öffentlichem Eigentum aufgrund von Zerstörungen und Evakuierungsmaßnahmen unzureichend und lückenhaft.[62]

Der vorläufige Abschlussbericht, der von der Regierungskommission dem Biuro Odszkodowań Wojennych (Amt für Kriegsreparationen) schließlich im Januar 1947 vorgelegt wurde, versuchte trotzdem die Frage zu beantworten: „Ile kosztowała Polskę II wojna światowa?" (Wie viel kostete Polen der Zweite Weltkrieg?)[63] Um eine möglichst belastbare Antwort zu geben, waren neben den Fragebögen auch Kriegsschädenregister herangezogen worden. Die Register waren nach Verordnung der kommunistischen Regierung für die verschiedenen Wirtschaftszweige (Landwirtschaft, Forst, Industrie, Verkehr, Kommunikation, Kultur und Kunst, Bildung, Gesundheit, Militär, Handel und Privatbesitz, Immobilien) und Schadensgruppen (Todesfälle und Versehrte, Geschädigte durch Haft, Zwangsarbeit, Vertreibung) aufgestellt worden. Darüber hinaus dienten Einwohnerregister aus dem Jahre 1939 und Daten der regionalen Selbstverwaltungen und Versicherungen als Datenbasis. Grundlage für die Erhebung war allerdings das um etwa 200 Kilometer nach Westen verschobene Nachkriegspolen. Die *kresy*, das vormalige Ostpolen, das Stalin mit Zustimmung der Westalliierten erneut der Sowjetunion einverleibt hatte, wurden ebenso wenig berücksichtigt wie die deutschen Ostgebiete, die als *Ziemie Odzyskane* (Wiedergewonnene Gebiete) Polen als Ausgleich zuerkannt worden waren. Die Berechnungen bezogen sich also territorial auf die 48 Prozent Vorkriegspolens, die das Deutsche Reich gemäß dem Hitler-Stalin-Pakt 1939 besetzt hatte.[64]

Im Ergebnis wurden die Gesamtverluste aus unmittelbaren und mittelbaren Schäden für das erfasste Staatsgebiet auf 258.432 Millionen Vorkriegszłoty geschätzt (Tab. 12). Das entsprach 121.463 Millionen Reichsmark zum Kurs vom 1. September 1939 und entspräche gemäß der Kaufkraft des Euro in 2016 etwa 850 Milliarden Euro.[65] Nur die Sowjetunion hatte höhere Verluste erlitten. Damit war der aus den unmittelbaren Schäden von 88,8 Milliarden Złoty ermittelte Wert pro Kopf mit 3.288 Złoty der höchste Verlustwert unter allen besetzten Ländern.

[62] Vgl. Gniazdowski, Damages, S. 16 ff.

[63] Vgl. Biuro Odszkodowań Wojennych przy Prezydium Rady Ministrów, S. 2. Im Folgenden werden die Zahlen nach dem Bericht zitiert. Die Zahlen bildeten auch eine Grundlage der Anklage im Bühlerprozess. Vgl. Gumkowski, Zbrodniarze hitlerowscy, S. 249 f.

[64] Vgl. Kapitel: Die vierte Teilung, S. 95.

[65] Dieser Wert wurde nach der Wiki-Vorlage: Inflation|DE|121.436|1936|2016 generiert.

Tabelle 12 – Im Jahr 1947 ermittelte materielle Verluste in Mio. Zł

materielle Verluste[66]	**in Mio. Zł**
direkte Verluste:	
vernichtetes Sachkapital	62.024
ausgebeutete Produktion und Dienstleistungen	26.766
	88.800
Kosten und Ausfälle:	
die nicht aus Sachschäden resultieren	845
in Folge der Kapitalzerstörung	52.205
als Folge von Tot oder Behinderung[67]	74.650
als Folge gesenkter Arbeitsproduktivität und Rentabilität	41.635
	169.623
gesamt	**258.423**

Der für die gesamte polnische Volkswirtschaft ermittelte unmittelbare Schaden entsprach geschätzten 38 Prozent des volkswirtschaftlichen Vorkriegsvermögens. Besonders schwer betroffen waren Landwirtschaft, Industrie, Verkehr sowie die Bausubstanz als solche. Hinter den Milliardenwerten standen konkret ermittelte Verlustzahlen. Von Zerstörungen und Raub betroffen waren u. a. 516.066 Privatgebäude, 14.000 Fabriken, 199.751 Geschäfte, 84.436 Handwerksbetriebe, aber auch 25 Museen, 35 Theater, 665 Kinos, 4.880 Grundschulen und 352 Krankenhäuser. Geraubt oder zerstört worden waren 83.636 Güterwagons, 2.465 Lokomotiven, 1.908.000 Pferde und 4.988.000 Schweine. Wobei diese Zahlen nur einen kleinen Teil der durch Zwangskontingente, Raub und Plünderung oder gezielte Devastation erbeuteter und vernichteter mobiler Vermögenswerte wiedergeben.

Neben den zweifellos sehr hohen materiellen Verlusten versuchte die Kommission, auch die Verluste an Menschenleben und die daraus resultierenden Folgeschäden für die Volkswirtschaft zu beziffern. Im Zuge direkter kriegerischer Auseinandersetzungen waren 780.544 Personen gefallen, die als reguläre Soldaten der polnischen Armee oder alliierter Verbände eingesetzt gewesen waren oder als Untergrundkämpfer und -kämpferinnen verschiedener Widerstandsgruppierungen gekämpft hatten. Die Gesamtzahl der gefallenen und ermordeten polnischen Staatsbürger wurde mit über sechs Millionen Menschen angegeben, darunter über drei Millionen polnische Juden.

66 Vgl. Biuro Odszkodowań Wojennych przy Prezydium Rady Ministrów, S. 30.

67 Die Belastung, die sich für die Staatskasse und die Sozialfürsorge im Rahmen der Invaliden-, Witwen- und Waisenrente ergeben, sind mit 35.570 Mio. Złoty in diesen Betrag eingerechnet.

Tabelle 13 – Im Jahr 1947 ermittelte materielle Verluste in Mio. Zł

unmittelbare materielle Schäden[68]	**in Mio. Zł**	**%**
Landwirtschaft	11.302	35
Forsten	3.579	28
Industrie	22.411	32
Handel	7.096	65
Verkehr	10.591	50
Post	700	62
öffentliche Verwaltung	5.340	60
Kunst/Kultur	5.365	43
Bildungswesen	3.022	60
Gesundheitswesen	539	55
Militär	5.266	100
Bausubstanz	13.589	30
gesamt	**88.800**	**38**

Beim bevorstehenden Wiederaufbau von Verwaltung, Justiz, Bildungs- und Gesundheitssystem hatte Nachkriegspolen folglich nicht nur mit enormen Verlusten, allgemeinem Chaos, rechtsfreien Räumen und den Konsequenzen der territorialen Verschiebung und damit einhergehender Bevölkerungstransfers zu kämpfen, sondern litt an einem massiven Arbeitskräftemangel.[69] Generell fehlte eine ganze Generation der berufstätigen Bevölkerungskohorten. Es herrschte Fachkräftemangel in allen Bereichen. In Folge von Mord und Terror hatte das Land 83.000 Hoch- und Höherqualifizierte verloren u. a.: 1.110 Staatsanwälte und Richter, 4.500 Rechtsanwälte, 5.000 Ärzte, 5.596 Lehrer, 54 Bibliothekare, 60 Musiker, 2.647 katholische Priester, 3.958 Finanzbeamte. Das waren allein 56,9 Prozent der Juristen und 38,7 Prozent der Ärzte.[70] Die Verluste der öffentlichen Verwaltung einschließlich der Monopole, Banken und der Selbstverwaltung beliefen sich außerdem im Bereich ihrer Betriebsmittel auf 5.340 Millionen Złoty, die Steuerverwaltung und der Finanzapparat, darunter vor allem die staatlichen Banken hatten einen nichtmonetären Schaden von 671 Millionen Złoty zu verzeichnen.

Neben diesen materiellen Schäden untermauerte die polnische Regierung 1947 ihre Restitutionsansprüche, indem sie eine geraubte Goldmenge von 148.522,176 Kilogramm auflistete.[71] In der Summe stellte die Auflistung eine geraubte Goldmenge von 148.522,176 Kilogramm fest. Teilweise wurde da-

[68] Vgl. ebd., S. 31.
[69] Vgl. Zaremba.
[70] Vgl. Madajczyk, Polityka III Rzeszy, S. 28–30; Gniazdowski, Losses, S. 104.
[71] Vgl. Polish Mission for Restitution to Poland attached to Office of Military Government for Germany, US Rear Echelon Restitution Control Branch, Karlsruhe v. 5.12.1947, Restitution Claim: List of several items of gold looted, consficated and compulsory sold, which

bei auf konkret belegbare Goldeinnahmen verschiedener Geldinstitute durch Zwangsabgaben in Folge des eingeführten Devisenrechts bzw. nachweisbare Konfiskationen verwiesen, häufig lagen jedoch nur Schätzungen zu Grunde. An die fünf Tonnen wurden aus den Meldungen über Kriegsschäden durch Privatpersonen ermittelt, weitere 100 Tonnen wurden als Raubgut aus den Konzentrations- und Vernichtungslagern geschätzt, wobei der Ertrag aus der „Aktion Reinhard“ mit nochmals fünf Tonnen gesondert aufgeführt wurde.[72] Sieht man von den Doppelbuchungen und horrenden Überbewertungen ab,[73] verdeutlicht die polnische Forderung doch, wie umfangreich und hemmungslos der deutsche Raubzug vonstattenging. Nachweisbar bemächtigten sich die deutschen Besatzer einer Goldmenge von 8,16 Tonnen (ohne die „Aktion Reinhard“) sowie weiterer Edelmetall- und Schmuckwerte mit einem Gesamtwert von über 38 Millionen Reichsmark. Im Vergleich zur Gesamtbeute stellt diese Summe allerdings nur einen geringen Teilbetrag dar und war für die deutsche Edelmetallbewirtschaft mit Ausnahme des Silbers von marginaler Bedeutung.[74]

Um eine Konkretisierung der Zahlen war das polnische Finanzministerium bereits 1951 bemüht und korrigierte die geschätzte Gesamtschadenssumme in einem unveröffentlichten Bericht nach unten auf 201.100.000.000 Złoty.[75] Nach 1989 versuchte man auch die *kresy* in die Schätzungen mit einzubeziehen und gelangte aufgrund einer weiterhin schwierigen Datenlage auf eine Sum-

has been submitted to the Inter-Allied Reparation Agency (IARA), in Brüssel, BArch (Koblenz), Z45F, Nr, 2/167/9; Vgl. Banken, Großraubwirtschaft, S. 521.

72 Dabei ging die polnische Regierung von einer sichtlich antisemitisch geprägten Annahme aus. Zunächst schätzte man die Zahl der ermordeten ethnischen Polen auf 1,7 Mio., die der ermordeten polnischen Juden auf 3,2 Mio. Die als weniger wohlhabend angesehene ethnisch-polnische Opfergruppe, wurde mit je 12,5 g p. P. an Goldbesitz (Münzen, Gegenstände) geschätzt. Das ergab etwas mehr als 20 t. Für die vermeintlich reichen Juden kalkulierte man 100 g pro Familie (800.000), also 25 g p. P., und errechnete so die fehlenden 80 t. Vgl. ebd.

73 Eine Umlage auf Grundlage der polnischen Schätzungen auf die Gesamtbevölkerung ergäbe eine Goldmenge in Privatbesitz (Münzen u. Schmuck) von 482 t. Zum Vergleich: Die Goldreserven der Bank Polski bestanden 1939 aus insgesamt 64 t Gold in Barren und 464 Mio. gemünzter Goldzłoty. Vgl. Kapitel: Die Rettung des polnischen Staatsschatzes, S. 53. Die auf dem Gebiet des Deutschen Reiches mit Österreich nach dem Krieg sichergestellten Goldbestände der Reichsbank betrugen 265 t. Die Reichsbank hatte während des Krieges an das Ausland (Zentralbanken u. Sonstige) insgesamt 502 t Gold geliefert, wovon 430 t aus geraubten Beständen anderer Nationalbanken stammten. Vgl. Unabhängige Expertenkommission Schweiz – Zweiter Weltkrieg, S. 40 ff. Zur Einordnung: Der durchschnittliche private Goldbesitz (Schmuck u. Münzen) p. P. in Deutschland im Jahr 2010 lag zwischen 100 u. 110 g. Vgl. Kleine/Krautbauer, S. 5 ff.

74 Vgl. Banken, Großraubwirtschaft, 522 ff.

75 Vgl. Gniazdowski, Damages, S. 26; Secomski.

me von insgesamt 537 Milliarden DM.[76] Aber vor allem die Zahl der Opfer und deren Zusammensetzung wurde nach dem Zusammenbruch des Ostblocks diskutiert. Bisher waren andere ethnische Minderheiten wie Ukrainer oder Belarussen nicht erfasst worden. Im Rahmen einer mehrjährigen Forschungskontroverse, die auch die Frage nach der Zahl der Holocaustopfer erneut aufwarf, wurden die Zahlen leicht nach unten verändert. Heute geht man von etwa 3,5 Millionen jüdischen und 1,4 Millionen ethnisch-polnischen Opfern aus. Das bedeutete einen Verlust von 15 Prozent zur Vorkriegsbevölkerung. Die Zahl der aus den annektierten Gebieten ins GG Vertriebenen schätzt man auf 460.000. Weitere 2,8 Millionen Polen wurden zur Zwangsarbeit ins Deutsche Reich verschleppt.[77] Dort wurden von insgesamt etwa 100 Milliarden Arbeitsstunden, die polnische Zwangsarbeiter für die deutsche Kriegswirtschaft leisteten, immerhin 19,2 Milliarden abgeleistet. Der Ertrag für das Reich aus dieser Arbeit wird heute in der Forschung mit zehn Milliarden Reichsmark angegeben.[78]

Die Fragen nach einer abschließenden Schadenssumme und einer Entschädigung bewegen die polnische Politik und Öffentlichkeit bis heute.[79] Vor allem Provokationen des Bundes der Vertriebenen in der Bundesrepublik entfachen die Diskussionen immer wieder. So sind in den letzten beiden Jahrzehnten verschiedene Teilberichte in Auftrag gegeben worden, die sich mit den besonders schweren Verlusten der Hauptstadt Warschau und der Städte Białystok und Posen befassten. Allein für Warschau ermittelte die Expertengruppe als Folge der Vernichtung der jüdischen Bevölkerung und der Niederschlagung des Ghettoaufstandes sowie des Warschauer Aufstandes 600.000 bis 700.000 Todesopfer. Über 80 Prozent der Stadt waren durch die Deutschen gezielt und planvoll zerstört worden. Das Gelände des Ghettos war vollkommen geschleift worden. Aber auch die historische Altstadt und dort symbolträchtig das Königsschloss waren weiträumig dem Erdboden gleichgemacht worden. Die Verluste für die Hauptstadt wurden auf 18,2 Milliarden Vorkriegszłoty kalkuliert, was im Jahr 2017 in etwa 45,3 Milliarden US-Dollar entspricht. Der kostenintensive Wiederaufbau dauerte Jahrzehnte. Zuletzt brachte die polnische Regierung die Forderung nach Reparationszahlungen 2017 mit einem Gutachten des Sejm „zu den Möglichkeiten einer Geltendmachung von Entschädigungsansprüchen Polens gegenüber Deutschland für die durch den Zweiten Weltkrieg verursachten Schäden vor dem Hintergrund völkerrechtlicher Verträge“ erneut auf die politische Agenda.[80]

76 Vgl. Klafkowski, Ekspertyza; Gniazdowski, Losses, S. 116.

77 Vgl. ebd., S. 95 ff.; Eberhardt u. a., S. 11 ff.

78 Vgl. Łuczak, Praca przymusowa Polaków, S. 142–144.

79 Vgl. Ruchniewicz.

80 Vgl. Fałkowski; Bingen/Hinz, S. 107–117; Rechtsgutachten zu den Möglichkeiten einer Geltendmachung von Entschädigungsansprüchen Polens gegenüber Deutschland für die

Abbildung 54 – Propagandabild: „Jedes Widerstandsnest der Aufständischen muss einzeln ausgeräuchert werden. Die Strahlen eines deutschen Flammenwerfers vernichten hier jeden Widerstand, der aus einem schwer zugänglichen Kellerzugang immer wieder aufflackerte."

Die Summe von zwölf bis zu 15 Milliarden Besatzungszłoty[81], die durch die Finanzverwaltung während der Besatzung aus Steuern, Monopolen und Verwaltungsabgaben sowie auf dem Kreditwege vereinnahmt und aus denen auch der Wehrbeitrag abgeführt worden war, tauchen hingegen ebenso wenig in einer der Verlusterhebungen auf wie die über die Notenpresse realisierten knapp 18 Milliarden Besatzungszłoty.[82] Gewiss, diese Beträge sind auf der Grundlage einer ausbeuterischen und rigiden Steuer- und Währungspolitik der polnischen Bevölkerung abgepresst und durch eine hemmungslose Währungspolitik entzogen worden. Jedoch sind sie zu einem nicht geringen Teil wieder innerhalb des Generalgouvernements verausgabt worden, wenn auch für die Durchsetzung deutscher Wirtschaftsinteressen und, schlimmer noch, für die Finanzierung von Krieg und Terror und hatten schließlich rasch zu einer enormen Inflation geführt. Das Reich hatte mit der Einführung des

durch den Zweiten Weltkrieg verursachten Schäden vor dem Hintergrund völkerrechtlicher Verträge von Akardiusz Mularczyk v. 6.9.2017 im Sejm, BAS-WAP – 1455/17.

81 Da die Angaben der tatsächlichen Einnahmen für das Rechnungsjahr 1944 aufgrund der Kriegsentwicklung nicht vorliegen, kann dieser Betrag nur geschätzt werden.

82 Vgl. Kapitel: Haushaltsverhandlungen und Wehrbeitrag, S. 291, Einnahmeaufstellungen aus Steuern, Monopolen und Verwaltungseinnahmen durch die Finanzverwaltung des GG von September 1939 bis Mai 1944, BArch, R 2, 5103, 5104 u. AAN, 111, 942.

Abbildung 55 – Blick auf das Warschauer Stadtzentrum im März 1945, in der Mitte der historische alte Rynek[83]

Besatzungszłotys und der Gründung der Emissionsbank den Kapitalmarkt wie auch die Währung des Generalgouvernements vollkommen unter seine Kontrolle gebracht. Innerhalb dieses währungs- und fiskalpolitisch geschlossenen Systems konnten Besatzungs- und Reichsverwaltung gemeinsam die Ausplünderung des Generalgouvernements betreiben. Geld diente dabei als Mittel der Wirtschaftskriegsführung. Trotz aller ideologischen Lebensraum- und Hegemonieplanungen stellte man den materiellen, nämlich ökonomischen wie ordnungspolitischen Machtfaktor Geld nicht grundsätzlich in Frage.

Der Besatzungszłoty war allerdings einzig und willkürlich an die Reichsmark gebunden und konnte so beliebig als Wertschöpfungsmittel missbraucht werden. Die Steuereintreibung im Generalgouvernement diente mit zunehmender Besatzungsdauer und Abschöpfung des wirtschaftlichen Potenzials vor allem als Instrument, Kaufkraftüberhänge abzufangen. Auch die aus den Erlösen der HTO an das Reich geflossenen Reichsmarkbeträge stellten aus polnischer Sicht lediglich einen verwaltungsinternen Verrechnungsverkehr dar, schließlich waren die polnischen Besitzer entschädigungslos enteignet und vertrieben

[83] Vgl. Jankowski/Ciborowski, S. 66.

worden. Der Verlust oder Schaden belief sich also auf die geraubten Sachwerte und den Entzug der Lebensgrundlage. Grundsätzlich gilt, dass geraubte Vermögenswerte, erpresste Wirtschaftsleistungen und der damit entstandene Schaden nicht automatisch zu einem gleichwertigen Plus auf dem Beutekonto führten. Besonders deutlich wird das bei jenen Beutewerten, die für ihren Besitzer einen reellen Wert darstellten, während sie diesen als Raubgut verloren und unter Umständen völlig wertlos wurden.

Das Leeren der Tresore

Zur selben Zeit, zu der Emil Sommerstein mit seinen Mitarbeitern mit der Schadenermittlung begann und die Alliierten ihre letzten Offensiven eröffneten, mühte man sich in Berlin, die Beute des über fünfjährigen Raubzuges endgültig zu verwerten. In den überquellenden Tresoren, Kellerräumen und Schalterhallen der Reichshauptkasse in der Mauerstraße 63/65 und der Jägerstraße 49/51 lagerten Beutewerte aus ganz Europa. Den fünf Mitarbeitern der Beutestelle unter Direktor Fiebig war es teilweise nicht einmal gelungen, die angelieferten Kisten und Koffer zu öffnen und den Inhalt in den Beutebüchern zu erfassen.[84]

Auch aus der polnischen Beute lagerten in sogenannten Restdepots, in denen zusammengefasst war, was nicht sofort oder später durch die HTO verwertet werden konnte[85], allerlei Papiere und Wertgegenstände. Neben den erbeuteten Sparkassenbüchern der Familie des Salomon Kaplan, die von der Feldkasse der 213. Infanterie Division im Januar 1940 abgeliefert worden waren[86], befanden sich dort Wertpapiere, Pässe, Schulzeugnisse, Quittungen, Taschen- und Armbanduhren aus Stahl und Nickel, Bleistifthalter, Notizblöcke, Rasiermesser und -apparate, diverse Metallgegenstände, Modeschmuck, Briefmarken, Manschettenknöpfe, Nagelscheren, Geldbörsen, Handtaschen, Bestecke, Toilettengegenstände, Bürsten und vieles mehr unter den Trümmern der zerbombten Reichshauptstadt. Unter den in Polen erbeuteten Wertpapieren befanden sich vor allem Polnische Investitions- und Prämienanleihen der Jahre 1934 bis 1938, Polnische Volksanleihen, Namensobligationen, Aktien der Bank Polski, Schecks, Aktien verschiedener polnischer Firmen, die längst nicht mehr existierten, aber auch russische Anleihen von 1914/15, belgische Kriegsschädenanleihen von 1921, Staatsrentenanteile von 1889 sowie weitere zahllose Anleihen aus halb Europa.[87] Kurzum, jede Menge wertlos gewordenes

[84] Vgl. Kapitel: Die Beutestelle der Reichshauptkasse, S. 99.
[85] Vgl. Kapitel: Das Treuhandvermögen, S. 224.
[86] Vgl. Kapitel: Die Beutestelle der Reichshauptkasse, S. 99.
[87] Vgl. Beutebücher der RHK, BArch, R 2104, 66, n. p.

bedrucktes Papier. So bat der Leiter der Beutestelle Ende Januar 1945 beim zuständigen Referatsleiter Walter Maedel um die Erlaubnis, die zu zehntausenden eingelagerten Schriftstücke aufgrund des enormen Verwaltungsaufwandes wie Platzmangels vernichten zu dürfen.[88]

Maedel, der über die ordnungsgemäße Erfassung, Verwahrung und Verwertung des Beutegutes im Ministerium wachte, untersagte dies jedoch mit Verweis auf den Erlass des Reichsfinanzministers vom 19. Dezember 1944. Zwar waren seinerzeit nur über „hauptsächliche Sachen generelle Bestimmungen getroffen worden", doch sollten auch die einfachen Gegenstände mit Blick auf den allgemeinen Mangel „im volkswirtschaftlichen Interesse" verwertet werden. Im RFM erwartete man doch tatsächlich, noch erhebliche Geldmengen aus dieser Verwertung für das zusammenbrechende Reich erzielen zu können.[89]

In den Tresoren der Reichshauptkasse (RHK) befanden sich jedoch bei Weitem nicht nur wertlose Alltags- und Gebrauchsgegenstände. Die einliefernden Stellen, vor allem die Wehrmacht und die Devisenschutzkommandos, hatten umfangreiche Transporte nach Berlin geschickt. Besonders seit Anfang 1944 trafen zudem vermehrt Räumungsgüter ein. Die Beutestelle zeigte in der Folge immer wieder Überlastung an. Die unbearbeiteten Depots waren bereits im März 1944 auf über 1.200 angestiegen. Ausweichstellen außerhalb Berlins für eine Entlastung der übervollen Tresore waren geplant, letztlich aber nicht gefunden worden. Da ein geordneter Dienstbetrieb kaum mehr aufrechtzuerhalten war, alarmierte Fiebig im März 1945 die Leitung der Reichshauptkasse, dass nicht einmal mehr die, dem Reich dringend notwendigen Devisen und Goldbeträge, der 50 verschiedenen erfassten Währungen verwertet werden konnten.[90]

Generell hakte es bei der Beuteverwertung. Zunächst hatte es vor allem Probleme mit den Wertpapieren gegeben. Da das RFM auf die Zuständigkeit des Wertpapierreferates Patzer im Generalbüro bestanden hatte, waren im Laufe des Krieges Unmengen diverser Wertpapiere in der Beutestelle angeliefert worden. Aber nicht nur die Erfassung, also Registrierung, sollten die wenigen und im Wertpapierhandel nicht geschulten Beamten leisten, sondern auch die Überwachung der Wertpapiere, d. h. die Einlösung von Zinsscheinen und Kupons, der Eintausch und Rücktausch, der Verkauf. Vor allem sprachlich stießen die Beamten bei den in einer Kartei erfassten Papieren aus 27 Ländern

[88] Vgl. Schreiben der Beutestelle an Maedel v. 31.1.1945, BArch, R 2104, 69, n. p.

[89] Vgl. Schreiben Maedels an Beutestelle v. 22.2.1945, ebd.

[90] Vgl. Schreiben Patzers an Gündel zu besonderen Maßnahmen der RHK v. 12.7.1943, BArch, R 2, 31678, n. p.; Schreiben der Beutestelle an die RHK v. 21.3.1944, BArch, R 2104, 69, n. p. Der Personalbestand der RFV hatte im Verlauf des Krieges stetig durch die Einberufungen zur Wehrmacht und später zum „Volkssturm" abgenommen. Bereits im September 1944 arbeiteten nur noch knapp 50% des Personalstandes v. 1.9.1939. Finanz- und Zollkassen wurden zusammengelegt. Vereinfachungen im Verwaltungsablauf wurden hastig umgesetzt. St-Sondermitteilungen Z v. 18.9. u. 24.10.1944, BArch, R 110, 6, n. p.

schnell an Grenzen. Über die Zeit sammelten sich etwa 800 verschiedene Arten von Wertpapieren an, die zunächst aus dem Beutehaufen herausgelöst werden mussten. Um der Lage irgend Herr zu werden, übergab man schließlich die Aufgabe der Überwachung und damit Verwertung an die Fachleute der Reichsbank.[91] Die konnten aber einen Großteil der Wertpapiere nicht zu Geld machen, da der Nachweis des Eigentums begreiflicherweise fehlte und nicht erbracht werden konnte, was Veräußerung oder Umtausch ausschloss. Bei den zahlreichen Namenszertifikaten, wie z. B. Rentenscheinen, waren ebenfalls keine Verwaltungsmaßnahmen durchführbar.[92] Russische, sowjetische und polnische Wertpapiere waren fast durchgängig und nicht zuletzt durch die deutsche Besatzungspolitik im Osten wertlos geworden. Zwar erfasste man diese bald nicht mit Wert, zerstörte sie aber auch nicht.[93]

Ab Mitte 1944, die Alliierten waren gerade an den Stränden der Normandie gelandet, begann die letzte Phase der Beuteverwertung. Die Beamten nahmen zunächst die Verwertung der nicht edelmetallhaltigen Uhren gemäß dem Erlass des Reichsfinanzministers in Angriff und gaben über 10.000 Stück an verschiedene Dienststellen ab, darunter 2.500 an die Männer des Zollgrenzschutzes. Der wertvollste Teil der polnischen Beute, also die Edelmetall- und Schmuckgegenstände, war zu diesem Zeitpunkt schon längst über die Städtische Pfandleihanstalt Berlin im Auftrag und zu Gunsten der HTO monetarisiert worden.[94] Ebenso ging die Reichshauptkasse analog zur bereits vor dem Krieg über die zentrale Ankaufstelle bei der Pfandleihanstalt standardisierte Verfahrensweise mit Wertgegenständen aus dem restlichen Europa vor. Der Gegenwert dieser Transaktionen wurde, wie schon bei der Verbuchung der Devisen- und Wertpapierverwertung, auf das Verwahrkonto des OKW eingezahlt.[95]

Um diese Mittel für den überschuldeten Reichshaushalt zu aktivieren, regte der Rechnungshof nun an, die Erlöse aus der Beute den Einnahmen des Reichs endlich auch haushalts- und rechnungsmäßig zuzuführen. Diese Aufforderung veranlasste Referatsleiter Patzer zu einer genaueren Inaugenscheinnahme der Tresorinhalte. Dabei stellte er fest, dass „die bei der Reichshauptkasse als ‚Beute' eingelieferten Wertpapiere [...] nach den bei der Einlieferung übermittelten Unterlagen nur zu einem kleinen Teil aus wirklicher Beute" gemäß der Haager Landkriegsordnung bestanden. Unzweifelhaft handelte es sich bei den Wertpa-

91 Vgl. Schreiben Fiebigs an das GenB v. 1.12.1941 u. 31.3.1942, BArch, R 2104, 69a, n. p.

92 Vgl. Schreiben der RB an RdF v. 11.5.1942, BArch, R 2104, 69a, n. p.

93 Vgl. Nachweis über den Bestand an Wertpapieren bei der Beutestelle zum 10.5.1943, BArch, R 2104, 69, n. p.; Vgl. Banken/Bräu.

94 Vgl. Kapitel: Das Konto „Max Heiliger", S. 332.

95 Vgl. Banken, Großraubwirtschaft, S. 330 ff.; Kapitel: Die Beutestelle der Reichshauptkasse, S. 99; Anordnung des RdF zur Verwertung von Edelmetall u. Juwelen durch die Städtische Pfandleihanstalt Berlin v. 19.12.1944 u. Schreiben des Reichswirtschaftsministeriums v. 29.4. u. 21.5.1941 u. 16.10.1944, BArch, R 2, 9172a, Bl. 241.

pieren, wie bei der überwiegenden Mehrheit der Einzelgegenstände, zu einem großen Teil um Privateigentum, das „zur Zeit nur begrenzt verwertbar" war. Daraus schlussfolgerte Patzer, dass eine Übernahme dieser Verwahrgelder aus dem Beutefond in den regulären Haushalt verfrüht sei und schlug stattdessen vor: „Bei dem vielfach zweifelhaften Charakter der eingelieferten Werte ist es richtiger, etwaige Erlöse bis zum Kriegsende, bei dem auch über das Schicksal der ‚Beute' wird Bestimmung getroffen werden müssen, weiterhin als ‚Verwahrungen' zu behandeln."[96]

Immer noch geleitet von diesen Bedenken gab Schwerin von Krosigk schließlich im März 1945 letzte Weisungen an die Reichshauptkasse zur Verwertung der bei ihr lagernden Gegenstände, die als Beutegut durch Vermögensentzug, Vermögensverfall, als ehemaliges fremdstaatliches Vermögen oder aufgrund sonstiger Rechtsakte in das Eigentum des Reichs gelangt waren. Allerdings beschränkte sich die Anweisung auf solche Gegenstände, „die einwandfrei in das Eigentum des Reichs gelangt und bei denen deshalb Herausgabeansprüche dritter Personen nicht zu erwarten" waren.[97]

Noch bis Ende April erfassten Fiebigs Mitarbeiter Beuteerlöse in den Büchern. Insgesamt schätzte der Leiter der Beutestelle die Erträge aus der Kriegsbeute, die auf den Beuteverwahrfonds des OKW gebucht wurden, nach dem Krieg auf etwa 280 Millionen Reichsmark. Da der Großteil der eingelagerten Depots nicht mehr verwertet werden und die Reichsbank nur sehr bedingt Wertpapiere veräußern konnte, bezifferte er den Ertrag aus den Verwertungen der Reichshauptkasse auf lediglich 10 Millionen Reichsmark. Diese wiederum setzten sich hauptsächliche aus der Abgabe von Devisen, Münzen und Silber zusammen. Nennenswerte Erlöse durch die Pfandleihanstalt waren ab Ende 1944 nicht mehr erzielt worden. Von den weitergeleiteten Gegenständen mit einem Schätzwert von 100.000 Reichsmark, erreichten die RHK 5.000 Reichsmark. Geht man davon aus, dass die nach dem Krieg gegenüber den Alliierten gemachten Angaben über den Beuteerlös zu gering ausgefallen sind, so muss man feststellen, dass selbst eine Verdopplung oder Verdreifachung der 280 Millionen Reichsmark im Vergleich zu anderen Einnahmeposten im Reichshaushalt marginal werden. Der tatsächliche Gesamtwert der Depots bleibt allerdings unbekannt, da viele nicht mehr erfasst worden waren. Ebenso ist es nicht möglich, den eigentlichen Ertrag aus der polnischen Kriegsbeute zu ermitteln. Eine Evakuierung der Beutestelle gelang nicht mehr. Die in den

96 Vgl. Schreiben des Referates Patzer an Generalreferat Abt. I v. 30.6.1944, BArch, R 2104, 69, n. p.

97 Vgl. Anweisung des RdF v. 26.3.1945, BArch, R 2, 9172a, Bl. 237.

Tresoren der Mauerstraße und Jägerstraße verbliebenen Werte wurden Anfang Mai 1945 von der Roten Armee erbeutet.[98]

Das Kabinett Schwerin von Krosigk

Die Evakuierung des Reichsfinanzministeriums wie der Reichshauptkasse begann auf mündliche Anordnung Reinhardts am 13. April 1945. Ein Großteil der tatsächlich evakuierten Akten traf, begleitet von mehreren Dutzend Mitarbeitern, wenig später in Ilmenau ein. Dort war seit 1943 in Folge der ersten massiven Bombenschäden im Berliner Ministerium mit dem Aufbau einer Ausweichstelle in der Reichsfinanzschule begonnen worden. Vor allem die Referate der Abteilungen II und III waren nach Thüringen verbracht worden. Insgesamt hatte sich, aufgrund der zunehmenden Kriegszerstörungen in der Reichshauptstadt, das Ministerium zunächst auf verschiedene Finanzgebäude in Berlin verteilt, und es kam zu Auslagerungen ins Sudetenland, nach Potsdam und Beelitz. Die hastig eingeleiteten Maßnahmen vor allem nach Thüringen zu räumen, wo auch die Reichsbank und die Reichsschuldenverwaltung in Weimar sowie die Reichshauptkasse in Meinigen untergebracht werden sollten, schlugen zum Teil fehl. Die Tresore der Hauptkasse der Reichsbank mit den Goldreserven des Reiches und den dort lagernden Beutegütern wurden indes schon früher erfolgreich in eine Schachtanlage bei Merkers verbracht, wo sie von der US-Army ausfindig gemacht wurden. Bereits am 12. April besichtigte General Eisenhower den Stollen, in dem sich auch Koffer und Kisten mit Edelmetallgegenständen befanden, die vermutlich aus den „Melmerlieferungen" stammten und nicht mehr eingeschmolzen worden waren.[99]

Reinhardt und andere ranghohe Mitarbeiter setzten sich vor der heranrückenden Roten Armee über Ilmenau weiter nach Süden ab, bis nach München, Bodenbach, Bad Tölz, Rosenheim und Garmisch. Allerdings verblieben trotz des Abtransportes von 70 Kubikmetern Akten nach Ilmenau die Mehrheit der Akten ebenso in Berlin wie die Depots in den Tresoren der Beutestelle. Das Referat Maedel war bereits früher in Finanzamt Zehlendorf untergebracht worden. Auch Casdorfs Mitarbeiterstab des Beauftragten für die HTO blieb wie fast die gesamte Abteilung I samt des Referates Burmeister in Berlin.[100]

98 Vgl. Schreiben des ehemaligen Direktors der RHK, Fiebig, v. 20.12.1947, IfZ, ZS/A-20, 3, Bl. 188; Schreiben Fiebigs, RHK Restverwaltung, an RFM Restverwaltung v. 17.1.1946, BArch, R 2104, 69, n. p.

99 Vgl. allgemein zu den Evakuierungen nach Thüringen am Kriegsende: Schley.

100 Vgl. Records Regarding Intelligence and Financial Investigations of the Financial Intelligence Group, OMGUS. 1945–1949: Reichsfinanzministerium: Report by Major W. J. Dougherty (U.S. Group Control Council) v. April/Mai 1945, Ilmenau Records, NARA, 260, M 1925; Eidesstattliche Erklärung von Rudolf Worch v. 30.1.1948, IfZ, ZS/1617.

Abbildung 56 – Die Generäle Dwight D. Eisenhower (Mitte), Omar N. Bradley (dahinter) und George S. Patten (rechts) inspizieren einen Koffer mit Raubgut im Reichsbankdepot in einer Salzmine bei Merkers in Thüringen

Der Minister hielt in seinem Tagebuch die Endzeitstimmung fest, die bei den NS-Größen immer deutlicher zutage trat und hoffte nach dem Tod Roosevelts auf eine Verbindung mit den Amerikanern. Er konstatierte politisches Scheitern, Hybris und vertane Chancen, wandte sich aber nicht grundsätzlich von Hitler ab. Was die Kriegsverbrechen anging, notierte er, dass die Deutschen „für das, was wir den Juden angetan haben, eine schwere Buße zahlen müssen".[101] Noch vor dem Selbstmord Hitlers setzte sich die verbliebene Ministerialelite nach Norddeutschland ab. Schwerin von Krosigk übergab die Geschäfte des RFM an Ministerialdirektor Wever[102] in der Ausweichstelle im Berliner Oberfinanzpräsidium und machte sich mit Ministerialdirigent Kluge und einem Teil

[101] Vgl. Tagebuch Schwerin von Krosigks v. 15.4.-1.5.1945, Zitat v. 22.4.1945, IfZ, ZS/A-20, 04a, Bl. 25.

[102] Wever, seit 1925 im RFM, war seit 1943 im sogenannten Dreiausschuss des RFM, RWM und der Reichskanzlei zur Koordinierung der Kriegsfinanzierung und der Vereinfachung der Verwaltung für den „totalen Krieg". Vgl. Rebentisch, Führerstaat, S. 487.

Abbildung 57 – Geldsäcke der Reichsbank und andere Wertgegenstände verpackt in Kisten und Koffer (Hintergrund) in der Salzmine Merkers, aufgenommen am 15. April 1945

seiner Mitarbeiter auf nach Eutin und dann weiter nach Flensburg-Mürwik. Dort übernahm Großadmiral Dönitz, Oberbefehlshaber der Kriegsmarine, entsprechend des politischen Testaments Hitlers, dessen Nachfolge als Reichskanzler und Reichspräsident.

Am 5. Mai 1945 setzte Dönitz eine geschäftsführende Reichsregierung unter dem dienstältesten Reichsminister Schwerin von Krosigk ein. Der vormalig auch das Amt des Innenministers ausübende und bei Hitler durch seine eigenmächtigen Verhandlungsversuche mit den Westalliierten in Ungnade gefallene Himmler war ebenfalls in Flensburg, gemeinsam mit den ranghöchsten Massenmördern.[103] Der geschäftsführenden Reichsregierung blieb nur die bedingungslose Kapitulation. Mit der Ratifikation durch Generalfeldmarschall Keitel am 8. Mai im sowjetischen Hauptquartier in Berlin-Karlshorst wurde diese von allen Alliierten anerkannt und der 9. Mai zum ersten Nachkriegstag in Europa.[104]

103 Etwa 150 SS-Männer begleiteten Himmler, darunter die gesamte Führungsriege der Konzentrationslager, u. a. einige KZ-Kommandanten wie der ehemalige Kommandant des KZ Auschwitz Rudolf Höß und der Chef der Inspektion der Konzentrationslager Richard Glücks. Vgl. Paul, Untergang, S. 10 f.

104 Vgl. Ueberschär/Müller, S. 103–114; Paul, Untergang; Kershaw, Das Ende, S. 523 ff.

Abbildung 58 – Ruinen der Wilhelmstraße in Berlin nach dem 1. Juli 1945, rechts das zerstörte Reichsfinanzministerium

Bereits zwei Tage zuvor hatte Schwerin von Krosigk, in seiner Funktion als Leitender Minister mit der Abwicklung der Kriegsaufgaben betraut, in einer Ansprache beim Reichssender Flensburg auch von deutscher Seite der Bevölkerung die bedingungslose Kapitulation und das Ende des Krieges verkündet. Als Reichsfinanzminister standen ihm nicht nur die Zerstörungen und die Kosten eines Wiederaufbaus vor Augen, sondern auch die immensen Schulden von über 480 Milliarden Reichsmark, die das Reich angehäuft hatte und die durch die noch unbekannten Wiedergutmachungs-, Ausgleichs- und Reparationsforderungen wohl noch beträchtlich übertroffen werden würden. Er sprach weder explizit von den Verbrechen, die durch Deutsche unter der Regierung Hitler vor und während des Krieges begangen worden waren, noch benannte er das Unrecht und die Verluste, die durch den Raub- und Vernichtungskrieg über Europa gebracht worden waren.[105]

Die machtlose Reichsregierung unterbreitete den Alliierten Angebote zur Abwicklung der Wehrmacht und zum Wiederaufbau Deutschlands, fand aber kein Gehör. Am 23. Mai 1945 wurde die Regierung Dönitz schließlich verhaftet. Die nach Flensburg eingeladene Presse interessierte sich allerdings recht wenig für die Kabinettsmitglieder und inszenierte vor allem die Festnahme von Speer, Jodl und Dönitz. Die Mitglieder der Regierung sowie 420 hohe Beamte und Offiziere wurden gefangengenommen und die ranghöchsten unter ihnen als Kriegs-

[105] Vgl. Schwerin von Krosigk, Memoiren, S. 249.

Abbildung 59 – Pressevorführung der Verhaftung von Karl Dönitz (Mitte, in Admiralsuniform), Albert Speer (Hintergrund mit Trench Coat) und Alfred Jodl (neben Speer) durch britische Truppen am 23.5.1945 im Hof des Polizeipräsidiums Flensburg

verbrecher in das Central Continental Prisoner of War Enclosure (CCPWE) 32 im luxemburgischen Bad Mondorf verbracht.

5 Nach dem Krieg

5.1 Kriegsverbrecherprozesse

Das Palace Hotel im beschaulichen Kurort Bad Mondorf unweit der luxemburgisch-deutschen Grenze war im Frühjahr 1945 zum Hochsicherheitstrakt für die Hauptkriegsverbrecher umfunktioniert worden. Hinter dem meterhohen Sichtschutz versammelten sich nach und nach die Nazigrößen, die sich nicht durch Selbstmord oder erfolgreiche Flucht der Festnahme entzogen hatten und von den Westalliierten in Nord- und Süddeutschland aufgegriffen worden waren. Die so zentral festgesetzte NS-Elite wurde in Vorbereitung der geplanten Kriegsverbrecherprozesse interniert und gemäß den Fragebögen der United Nations War Crimes Commission (UNWCC) verhört. Die Amerikaner nannten das Gefangenenlager *Camp Ashcan* (Aschekasten, Mülltonne). Während die Alliierten die Potsdamer Konferenz vorbereiteten, auf der die bereits in Teheran und Jalta getroffenen Vereinbarungen über die Nachkriegsordnung abschließend besprochen werden sollten, gaben die „defeated supermen" im einstigen Luxushotel eine reichlich merkwürdige Zwangsgemeinschaft ab. Das *Time Magazine* betitelte die illustre Runde um Göring gar spöttisch als „The Class of 1945".[1]

Am 24. Mai 1945 traf die Gruppe um Dönitz, Speer und Schwerin von Krosigk aus Flensburg ein.[2] Insgesamt wurden 86 Männer mit einstmals hohen Positionen in Staat, Partei und Militär in *Ashcan* interniert. Laut Speer war es: „ein gespenstisches Bild, alle, die sich am Schluss verstreut hatten wie Spreu im Winde, hier wieder versammelt zu sehen".[3] Zum einen waren da die Militärs, die, ihrer Orden und Abzeichen beraubt, einen eigenartig entmilitarisierten Haufen bildeten. Zum anderen gab es die ehemalige Polit- und Parteiprominenz, zu deren Sprachrohr sich der Reichsmarschall auf Entzug, Göring, aufgeschwungen hatte. Zwischen „alten Kämpfern" und Karrieristen formierte sich eine höchst heterogene Ansammlung ehemaliger Spitzenfunktionäre.

Der vormalige Reichsfinanzminister war gemeinsam mit dem ehemaligen Reichskanzler und Hitler-Vizekanzler von Papen, dem ungarischen Reichsverweser Horthy, Staatssekretär Steengracht von Moyland, Reichsarbeitsminister

[1] Dolibois, Class. Dolibois, Pattern of Circles, S. 80 ff. Vgl. Interview mit John E. Dolibois v. 11.5.2011, United States Holocaust Memorial Museum (USHMM), RG-50.0300408.

[2] Speer wurde aber nach nur kurzem Aufenthalt in Luxemburg nach Schloss Kransberg bei Frankfurt a. M. in das britische *Camp Dustbin* (Mülltonne) überstellt. Dort wurden die Wissenschaftselite aus Technik und Rüstung interniert. Vgl. Henke, S. 535; Schrag, S. 58 ff.

[3] Speer, Erinnerungen, S. 503.

https://doi.org/10.1515/9783110718027-006

Seldte und anderen im sogenannten Von-Anbau getrennt von den anderen untergebracht. Sie gehörten also zur Gruppe der altgedienten Staatsmänner und Bürokraten. Von Beginn an bestritt man, an den Verbrechen des NS-Regimes federführend beteiligt gewesen zu sein, und stilisierte sich als unpolitische Fachverwaltung. Schwerin von Krosigk und die anderen Berufspolitiker und Bürokraten verstanden überhaupt nicht, warum sie überhaupt unter diesen Bedingungen inhaftiert worden waren.[4] Die amerikanischen Verhöroffiziere beschrieben den 58-Jährigen nach dem Verhör als einen patriotischen und nationalistischen Deutschen, der in der Regierung geblieben war, weil er annahm, dass das gewalttätige und revolutionäre Element der Nazi-Partei mit der Zeit schwinden würde. Unglücklicherweise sei aber das Gegenteil eingetreten. Die Amerikaner stuften ihn sogar als zuverlässigen Zeugen ein.[5] Ungeachtet dessen sahen die Amerikaner in ihm wie in den anderen „statesmen", die teilweise schon vor 1933 im Staatsdienst waren und sich dem Hitlerregime nur allzu gern angepasst hatten, „opportunists of the highest order".[6]

[4] Vgl. Persönliche Erinnerungen von Lutz Graf Schwerin von Krosigk III. Teil „Ruhestand" 1945–1970, IfZ, ZS/A-20, 13, Bl. 3 ff. Vgl. auch Galbraith, John Kenneth, The „Cure" at Mondorf Spa. How Nazi war criminals lived in Luxembourg jail, in: Life v. 22.10.1945, S. 17 ff.; Schrag.

[5] Vgl. van Cleve, Thomas C., Detailed Interrogation Report: Lutz Graf Schwerin von Krosigk, NARA, RG478, Box 1328, 2.6.1945, S. 2. Zu den Verhörprotokollen der Partei- und Militärspitze: Overy, Interrogations; Uhl/Christoforow/Makarow, S. 47–144.

[6] Vgl. Dolibois, Class.

[7] 1. Reihe v. l.: Lammers, von Epp, Göring, Schwarz (Reichsschatzmeister der NSDAP), Meissner
2. Reihe v. l.: von Ribbentrop, Funk, Bohle (Leiter Nationalsozialistische Deutsche Arbeiterpartei/Auslandsorganisation (NSDAP/AO)), Nagel (StS Reichspostministerium), Schwarz (Präsident der deutschen Brauereien), Fuechs, Salman (U-Boot-Kommandant)
3. Reihe v. l.: Kritzinger (StS der Reichskanzlei), Seyß-Inquart, Kraus (Leiter NSKK), Schwerin von Krosigk, Seldte, Ley, Zschintzsch (StS im Reichsministerium für Wissenschaft, Erziehung und Volksbildung (REM)), Kesselring (Generalfeldmarschall)
4. Reihe v. l.: Frank, Blaskowitz (OKH), Riecke (StS Vierjahresplan), Brandt (Begleitarzt Hitlers), Wegener (Gauleiter Weser-Ems), Rosenberg, Frick, Streicher
5. Reihe v. l.: Dethleffsen (General), Reinecke (General), Jodl, von Hessen (NSDAP-Politiker, Schwiegersohn Mussolinis), Luedde-Neurath (Kapitän), Buerkner (Vizeadmiral)
6. Reihe v. l.: Dönitz, von Freyend (OKW), Strölin (OB von Stuttgart), Wagner (Admiral), Warlimont (General), Buch (oberster Parteirichter der NSDAP), Keitel, Horthy (Reichsverweser von Ungarn), Fritzsche (?) (RMVP), Daluege (Chef der OrPo).
Auf dem Bild sind nicht alle der insgesamt 86 Inhaftierten zusehen; u. a. fehlen Darré (Reichsbauernführer und Reichsminister für Ernährung und Landwirtschaft, Leiter RuSHA), Sauckel, von Rundstedt und von Papen. Vgl. zu den einzelnen Personen und Abläufen auch: Schrag.

Abbildung 60 – „The Class of 1945." Die inhaftierten NS-Führer[7] posierten im August 1945 vor dem alliierten Gefängnis in Mondorf-Les-Bains in Luxemburg für das Time Magazine

Nach Abschluss des Londoner Viermächteabkommens am 8. August 1945, das die Errichtung des International Military Tribunal (IMT) festlegte[8], wurden die hochrangigen Häftlinge, die in Nürnberg als erste vor Gericht gestellt werden sollten, nach Beendigung der Verhöre aus Bad Mondorf in Hafteinrichtungen auf deutschem Gebiet überstellt. *Camp Ashcan* wurde am 10. August 1945 aufgelöst und auch Schwerin von Krosigk gemeinsam mit Inhaftierten aus dem britischen Internierungscamp *Dustbin* (Mülltonne) ins „Haus Alaska" in Oberursel und dann weiter nach Wiesbaden gebracht.

Allerdings gehörte der Reichsfinanzminister nicht zu den 24 Angeklagten, die ab dem 20. November im Nürnberger Justizpalast vor der Weltöffentlichkeit auf der Anklagebank saßen. Für die in Polen begangenen Verbrechen und die Ausbeutung des Landes und seiner Einwohner musste sich zunächst vor

[8] Vgl. das Londoner Statut im Annex des Abkommens zwischen der Regierung des Vereinigten Königreichs von Großbritannien und Nordirland, der Regierung der Vereinigten Staaten von Amerika, der Provisorischen Regierung der Französischen Republik und der Regierung der Union der Sozialistischen Sowjetrepubliken über die Verfolgung und Bestrafung der Hauptkriegsverbrecher der Europäischen Achse v. 8.8.1945, Internationaler Militärgerichtshof Nürnberg, Der Nürnberger Prozess gegen die Hauptkriegsverbrecher vor dem internationalen Militärgerichtshof vom 14. November 1945 bis 1. Oktober 1946, S. 7 ff.

allem Hans Frank als ehemaliger Generalgouverneur in Nürnberg verantworten. Von den vier Hauptanklagepunkten (Gemeinsamer Plan oder Verschwörung, Verbrechen gegen den Frieden, Kriegsverbrechen, Verbrechen gegen die Menschlichkeit) wurden ihm drei zur Last gelegt: die Punkte eins, drei und vier. Frank war Anfang Mai von amerikanischen Truppen im „Haus Bergfrieden" im bayrischen Neuhaus am Schliersee in der „Außenstelle des Generalgouvernements Polen" festgenommen worden und hatte danach ebenfalls einige Wochen in *Ashcan* verbracht. Dort wandte er sich intensiv dem Katholizismus zu und pflegte kaum Kontakte zu seinen ehemaligen politischen Wegbegleitern.[9] Das Diensttagebuch des Generalgouverneurs, das insgesamt 11.367 Seiten umfasste und das Frank selbst bei seiner Verhaftung übergeben hatte, wurde zu einem der wichtigsten Dokumente der Anklage. Frank, der sich selbst als unschuldig sah, wurde am 1. Oktober 1946 in den Punkten drei (Kriegsverbrechen) und vier (Verbrechen gegen die Menschlichkeit) der Anklage schuldig gesprochen und zum Tod durch den Strang verurteilt. Das Urteil wurde zwei Wochen später vollstreckt.

In der Urteilsbegründung wird seine Verstrickung in das Ausbeutungs- und Terrorregime im besetzten Polen zusammengefasst:

> „Das Beweismaterial hat ergeben, dass diese Besatzungspolitik auf der vollständigen Zerstörung Polens als nationale Einheit und einer rücksichtslosen Ausbeutung seiner menschlichen und wirtschaftlichen Hilfsquellen für den deutschen Kriegseinsatz aufgebaut war. Jeder Widerstand wurde mit äußerster Härte niedergeschlagen. Ein Terrorregime wurde eingeführt. [...] Die an das Generalgouvernement gestellten wirtschaftlichen Anforderungen überstiegen bei weitem den Bedarf der Besatzungsarmee und standen in gar keinem Verhältnis zu den Hilfsquellen des Landes. [...] Frank [war] ein williger und wissender Mitwirkender, sowohl bei der Anwendung von Terror in Polen, wie bei der wirtschaftlichen Ausbeutung Polens, in einer Weise, die zum Hungertod einer großen Anzahl Menschen führte, bei der Deportation von mehr als einer Million Polen als Sklavenarbeiter nach Deutschland, und einem Programm, das den Mord von mindestens drei Millionen Juden zur Folge hatte."[10]

Schwerin von Krosigk, der nur zwischenzeitlich nach Nürnberg überstellt worden war, wurde ab dem Frühjahr 1946 in verschiedenen Lagern gefangen gehalten und kam schließlich in die PWE Nr. 29 nach Dachau. Dort erfuhr er vom Auslieferungsgesuch, das Polen gestellt hatte.[11] Schwerin von Krosigk, sichtlich überrascht und erschüttert von diesem Umstand, nahm zunächst an, dass ihm Verbrechen des ihm unterstellten Zollgrenzschutzes vorgeworfen werden könnten. Nachrichten über den Zustand des Unterstaatssekretärs des

[9] Vgl. Schenk, Hans Frank, S. 373.

[10] Internationaler Militärgerichtshof Nürnberg, Der Nürnberger Prozess. Gegen die Hauptkriegsverbrecher vor dem internationalen Militärgerichtshof vom 14. November 1945 bis 1. Oktober 1946, S. 617 ff.

[11] Vgl. Alphabetische Aufstellung der Kriegsverbrecher für die ein Auslieferungsgesuch gestellt wurde, IPN, GK984, 162/957, Bl. 28.

Generalgouverneurs, von Burgsdorff, der nach Krakau ausgeliefert worden war, beunruhigten nicht nur den Grafen. Außerdem wusste Schwerin von Krosigk offenbar von der Auslieferung des früheren Oberfinanzpräsidenten Spindler, den er selbst als Leiter der Finanzabteilung seinerzeit ins Generalgouvernement entsandt hatte. In den Augen Schwerin von Krosigks war eine Auslieferung nach Polen in jedem Fall eine „lebensgefährliche Angelegenheit". Er betrachtete einen möglichen Prozess in Polen als „große Show" der nun kommunistischen polnischen Regierung. Die polnischen Strafverfolgungsbehörden forderten seine Auslieferung, da sie ihn als hauptverantwortlich für die Ausplünderung Polens ansahen.

Sie beschuldigten ihn, einen Wehrbeitrag abgepresst und die Bevölkerung mittels der Haupttreuhandstelle Ost (HTO) wie auch der völkerrechtswidrigen Einführung deutscher Steuergesetze ausgebeutet zu haben. Der Finanzminister stritt jegliche Zuständigkeit für die HTO oder das GG wie auch die Verantwortung für die Annexion ab und sah im Aufbau der deutschen Steuerverwaltung nicht mehr als eine „unausweichliche Konsequenz". Letztlich erregte er sogar den Zorn seines Vernehmers, als er meinte, die Annexion der westpolnischen Gebiete sei ein Subventionen verschlingendes Wiedervereinigungsprojekt gewesen.[12] Die noch für August angesetzte Auslieferung fand indes nicht mehr statt.

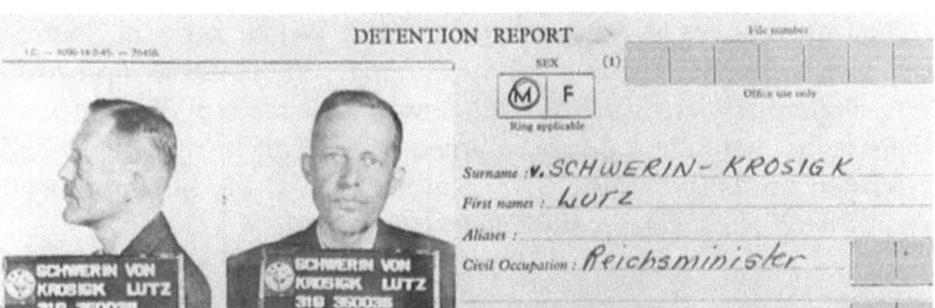

Abbildung 61 – Haftblatt der US-Verfolgungsbehörde in Nürnberg über Lutz Graf Schwerin von Krosigk vom 23. Juni 1945

Hauptgrund dafür war die Entwicklung auf der politischen Weltbühne. Die Kooperationsbereitschaft zwischen den Alliierten war vor dem Hintergrund des heraufziehenden Kalten Krieges merklich abgekühlt. Die Auslieferungs-

12 Vgl. Persönliche Erinnerungen von Lutz Graf Schwerin von Krosigk III. Teil „Ruhestand" 1945–1970, darin über seine Zeit in Dachau, IfZ, ZS/A-20, 05, Bl. 98 ff.; ZS/A-20, 13, Bl. 23 ff. In späteren Darstellungen weicht er deutlich von diesen ersten Aufzeichnungen ab. Vgl. Schwerin von Krosigk, Memoiren, S. 257 f.

praxis der Amerikaner war 1946, als das Gesuch von Polen gestellt wurde, noch sehr entgegenkommend gewesen. Während der Hauptkriegsverbrecherprozesse hatten Amerikaner und Briten die polnische Regierung faktisch dazu gedrängt, in den westlichen Besatzungszonen Militärmissionen einzurichten, um Auslieferungsgesuche stellen zu können und das Verfahren in Gang zu bringen. Zwischen den Dienststellen gab es einen regen Informationsaustausch, Verzeichnisse mit den verhafteten und internierten mutmaßlichen Kriegsverbrechern wurden weitergeleitet, Transporte nicht nur organisiert, sondern auch deren Kosten übernommen.[13] Rechtliche Grundlage für die Auslieferungen bildete die Moskauer Erklärung vom 30. Oktober 1943, die die Auslieferung an die Länder regelte, in denen die Kriegsverbrechen begangen worden waren. Kriegsverbrecher sollten je nach Landesrecht abgeurteilt werden können. Das Gesetz Nr. 10 des Kontrollrates vom 20. Dezember 1945 legte dann die Verfahrensweise fest.[14] Mit Jahresende 1947 nahmen die US-Behörden jedoch keine Auslieferungsanträge mehr an, was de facto einem Auslieferungsstopp gleichkam, allerdings wurden noch laufende Verfahren teilweise abgewickelt. Der letzte Transport nach Polen verließ Dachau Ende 1947.[15]

Ein weiterer Grund für den Verbleib Schwerin von Krosigks in US-amerikanischem Gewahrsam war zweifellos der Umstand, dass im Zuge der Nürnberger Nachfolgeprozesse von Chefankläger Robert Kempner ein Prozess gegen die NS-Verwaltungsspitze vorbereitet wurde. *The Ministries Case*, offiziell „The United States of America vs. Ernst von Weizsäcker et al.", wurde in Deutschland bekannter unter der Bezeichnung „Wilhelmstraßenprozess". Im Berliner Regierungsviertel um die Wilhelmstraße hatten sich die Amtssitze vieler Dienststellen befunden, deren Funktionsträger nun im vorletzten und umfangreichsten wie langwierigsten (15. November 1947 bis 13. April 1949) der insgesamt zwölf Nachfolgeprozesse angeklagt wurden.[16]

[13] Vgl. Musial, NS-Kriegsverbrecher, S. 30 ff; Musial, Auslieferung, S. 45 ff.

[14] Vgl. Moskauer Erklärung v. 30.10.1943, in: A Decade of American Foreign Policy: Basic Documents, 1941–49, Prepared at the request of the Senate Committee on Foreign Relations by the Staff of the Committe and the Department of State. Washington, DC: Government Printing Office, 1950. Gesetz Nr. 10 des Alliierten Kontrollrates in Deutschland v. 20.12.1945, Amtsblatt des Kontrollrats in Deutschland, Berlin, Nr. 3 v. 31.1.1946, S. 50–55.

[15] Zwischen 1948 und 1950 wurden aus der US-Besatzungszone nur 18 Personen an Polen ausgeliefert. Vgl. Musial, NS-Kriegsverbrecher, S. 32.

[16] Vgl. Steur/Nachama, S. 175–189; Steur.

Der Wilhelmstraßenprozess

Ursprünglich plante die Anklagebehörde unter Kempner insgesamt 16 Prozesse gegen verschiedene Tätergruppen. Im Herbst 1947 entschloss man sich, durch Zusammenlegungen einen „Omnibusprozess" zu führen. Dabei wurde zwar die Anzahl der Angeklagten insgesamt minimiert und verschiedene Tätergruppen zusammengefasst, jedoch gelang es so, trotz des nachlassenden öffentlichen wie politischen Interesses, noch einmal einen großen Prozess gegen die Verwaltungs- und Wirtschaftseliten auf die Beine zu stellen.[17] Unter den 21 Angeklagten befanden sich leitende Angehörige des Auswärtigen Dienstes, allen voran Ernst von Weizsäcker. Weizsäcker galt als Repräsentant einer nationalkonservativen „traditionellen politisch-bürokratischen Führungsschicht" und stand als hochrangiger Diplomat und Staatssekretär vor Gericht.[18] Angeklagt wurden auch Vertreter des Bankwesens und der Industrie, deren Manager als eine Art Wirtschaftsbeamte verstanden wurden. Die Mehrheit der sehr heterogenen Gruppe der Beschuldigten setzte sich aber aus ranghohen Mitarbeitern der Vierjahresplanbehörde, der Reichskanzlei, der Reichsministerien (RMEL, RFM, Reichsministerium für Rüstung und Kriegsproduktion (RMRK), RMVP, RMdI) sowie des Reichssicherheitshauptamtes (RSHA) zusammen.

In der Anklageschrift wurden den Beschuldigten analog zur den Prozessen gegen die Hauptkriegsverbrecher die Planung, Vorbereitung, Einleitung und Führung von Angriffskriegen, Verschwörung, Kriegsverbrechen und Verbrechen gegen die Menschlichkeit, darunter Verbrechen gegen die Zivilbevölkerung in Form von Raub, Plünderung und Zwangsarbeit und letztlich die Mitgliedschaft in verbrecherischen Organisationen vorgeworfen.[19]

Schwerin von Krosigk musste sich vor allem für die Finanzierung eines Angriffskrieges und die Beraubung von Personen und Einrichtungen aus politischen, rassischen und religiösen Gründen sowie die Ausbeutung und Plünderung privater und staatlicher Vermögen in den eroberten und besetzten Gebieten im Interesse der Kriegswirtschaft des Reiches verantworten. Darüber hinaus sollte er für die bereitwillige Finanzierung des Terrorapparates der SS einschließlich der Errichtung und Betreibung der Konzentrationslager belangt werden sowie für die Vereinnahmung der dort geraubten Werte für die Reichskasse. Besonders zur Last gelegt wurde ihm seine Beteiligung an der staatlichen Umsetzung der Ausplünderung der deutschen Juden nach den Novemberpogromen und im Zuge der Zwangsemigration. Die Ankläger unterstellten ihm,

[17] Vgl. Ahrens, S. 353.

[18] Vgl. Pöppmann, Robert Kempner, S. 167; Pöppmann, Im Schatten Weizsäckers.

[19] Vgl. United Nations War Crimes Commission, Trials of War Criminals before the Nuern berg Military Tribunals under Control Council Law No. 10, S. 13.

Abbildung 62 – Anklagebank im Wilhelmstraßen-Prozess. 1. Reihe, v. l.: Ernst von Weizsäcker, Gustav Adolf Steengracht von Moyland, Wilhelm Keppler und Ernst Wilhelm Bohle. 2. Reihe v. l. Otto Dietrich, Gottlob Berger, Walter Schellenberg und Lutz Graf Schwerin von Krosigk

die Absichten und Ziele der NS-Führung vollumfänglich geteilt und tatkräftig unterstützt zu haben. Er sei Hitler zudem bis zu dessen Tod loyal geblieben.[20]

Zu den Anklagepunkten gehörten auch die Ausplünderung Polens und die auf polnischem Boden begangenen Verbrechen. Der Reichsfinanzminister saß auch stellvertretend für die ihm unterstehenden Zweige der Reichsfinanzverwaltung auf der Anklagebank. Gemeinsam mit seinem Verteidiger Stefan Fritsch wählte der Graf eine den Richtern und Verfolgungsbehörden bereits wohlbekannte Verteidigungsstrategie. Er inszenierte sich als kosmopolitischen, integren, aufrichtigen deutschen Beamten,[21] sich selbst sah er als Verkörperung des preußischen Staatsdieners und tadellosen Finanzfachmannes ohne jedwede politische Verstrickung. Auch die Begründung für den Verbleib im Kabinett

20 Vgl. ebd., S. 20 ff. u. 208 ff. Tagebuch Schwerin von Krosigks, 15.4.-1.5.1945, IfZ, ZS/A-20, 04a, Bl. 18 ff.

21 Vgl. Skizze Schwerin von Krosigks zur Verteidigungstrategie ohne Datum, IfZ, ZS-A 20, 7, Bl. 122 ff.

Hitlers zog sich entlang bekannter Entlastungsstrategien: Amtspflicht, ja, aber keine Pflicht zum politischen Urteil, und überhaupt habe er Schlimmeres zu verhindern versucht.[22] Sein Wissen um die Kriegspläne im Sommer 1939 verleugnete er ebenso vehement, wie er der polnischen Regierung eine klare Mitschuld am Ausbruch des Krieges gab.[23]

Den Vorwürfen, dass er an der Besprechung am 12. November 1938 unter Vorsitz Görings teilgenommen habe, auf der die staatlich kontrollierte „Arisierung" sowie die weitere Beraubung der jüdischen Minderheit beschlossen wurden, entwand er sich mit der Behauptung, im Ministerium sei angeblich gar oft zugunsten von Juden entschieden worden. Die Vereinnahmung und Verwertung von Vermögen der „nach Osten" deportierten Juden durch das Reich bezeichnete er als eine rein technische Verwaltungsaufgabe.

Vom Massenmord an den europäischen Juden, der ja vor allem im besetzten Polen durchgeführt wurde, wollte der vormalige Minister erst nach dem Krieg erfahren haben. Er gab zu, vom Warschauer Ghetto gehört zu haben.[24] Jedoch war er über Anzahl und Funktion der Konzentrationslager mit Sicherheit informiert, denn über die Höhe der dafür ausgebrachten Mittel des „Haushaltes der bewaffneten Einheiten der Schutzstaffel und der Konzentrationslager" hatte er Kenntnis. Für das Haushaltsjahr 1939 waren dies immerhin bereits sechs große Konzentrationslager.[25] Außerdem hatte er als Reichsfinanzminister gemeinsam mit seinem Ministerialdirektor von Manteuffel dem Konzentrationslager Sachsenhausen einen etwa zweistündigen Besuch abgestattet, bei dem auch die Häftlinge vor ihm angetreten waren – „mustergültigem Eindruck", wie der Minister notierte. Über Größe und Ausbau des Interessengebietes der SS um das Konzentrations- und Vernichtungslager Auschwitz wusste Schwerin von Krosigk seit Oktober 1941 Bescheid.[26] Spätestens aber mit seiner Dienstreise nach Auschwitz musste ihm Ausmaß und Zweck des Lagersystems bekannt sein.

Von den sogenannten Melmer-Lieferungen der SS an die Reichsbank, die Edelmetalle und Wertgegenstände aus den Konzentrations- und Vernichtungslagern enthielten und deren Gegenwert auf das Konto „Max Heiliger" bei der Reichshauptkasse gutgeschrieben wurde, weshalb sich neben ihm der ehemalige

22 Vgl. United Nations War Crimes Commission, S. 363 ff.

23 Vgl. ebd., S. 589 ff. u. 1122 f; Kapitel: Die letzten Tage vor dem Angriff, S. 21.

24 Vgl. Abschließender Schriftsatz der Anklage v. 19.10.1948 über die strafrechtliche Verantwortung Schwerin von Krosigks, StAN, Rep. 501 KV-Prozesse Fall 11, T 15, Bl. 75 ff; Vgl. Kuller, Bürokratie und Verbrechen, S. 388 ff.

25 Gemeint sind: Ravensbrück, Flossenbürg, Buchenwald, Sachsenhausen, Dachau, Mauthausen. Vgl. Wachsmann, S. 187.

26 Vgl. Abschließender Schriftsatz der Anklage v. 19.10.1948 über die strafrechtliche Verantwortung Schwerin von Krosigks, StAN, Rep. 501 KV-Prozesse Fall 11, T 15, Bl. 81 ff.; Kapitel: Raubmord, S. 314.

Reichsbankchef Puhl verantworten musste, will der Graf keinerlei Kenntnis gehabt haben.[27] Zur Begründung argumentierte er, dass die Lieferungen nicht so umfangreich gewesen seien, als dass sie den ihm vorgelegten Berichten zur Zahlungsbilanz der Reichshauptkasse beigefügt gewesen wären. Aus seiner Sicht hatte das RFM diese Vorgänge nur technisch bearbeitet. Eine Beteiligung an den Verbrechen ergab sich daraus für Schwerin von Krosigk nicht.[28]

Hatten sich die leitenden Beamten des Ministeriums noch bis in die letzten Wochen des Krieges bemüht, die Verwertung der polnischen Beute stärker zu kontrollieren, so kam es der Verteidigungsstrategie nun zupass, die Hauptverantwortung für Raub und die Ausbeutung in Polen, konkret die Beschlagnahme und Verwertung von staatlichen und privaten Vermögen, der HTO und den Dienststellen des RKF im Rahmen der Germanisierung zuzuweisen. Das Reichsfinanzministerium bekam indes eine Rolle in zweiter Reihe zugeschrieben. Für den Minister selbst bedeutete dies, hinter Göring und Himmler als den Hauptverbrechern zurückzutreten. Die auf den Konten der RHK eingegangenen Millionenwerte waren, so betrachtet, nur Buchungen anderer, die dem Reichshaushalt zudem nicht zur Verfügung standen. Der ehemalige Finanzminister wurde vor Gericht wider besseres Wissen nicht müde zu betonen, dass das RFM auf die Verwaltung der besetzten Gebiete sowie auf die Höhe der Besatzungskosten kaum Einfluss gehabt habe. Personal sei nur auf Anfrage entsandt worden und unterstand kaum noch seiner Kontrolle. Doch – und damit wird der zweite Aspekt der Verteidigungsstrategie deutlich – habe man sich auf allen Ebenen der Reichsfinanzverwaltung bemüht, die Wirtschaftskraft der einzelnen Länder, auch die des Generalgouvernements, für ein vereintes Europa nach dem Krieg zu erhalten. Die rücksichtslos betriebene Inflationspolitik war in seinen Augen eine legitime, die Wirtschaft kaum belastende Maßnahme. Die immense Clearing-Verschuldung des Reiches und die absurd hohen Besatzungskosten waren hingegen Folge der Politik des RWM und der Vierjahresplanbehörde.

In den Raubzügen der Wehrmacht und SS, die an die Beutestelle der RHK abgeführt worden war, vermochte Schwerin von Krosigk keine Verstöße gegen die Haager Landkriegsordnung erkennen. Auf die Nachfrage, wie es sein konnte, dass dort Vermögenswerte aus polnischem Privatbesitz, wie Sparkassenbücher entgegengenommen und verwertet worden waren, wusste er allerdings keine zufriedenstellende Antwort. Zur Ausplünderung der polnischen Wirtschaftsstandorte durch den Abtransport von Rohstoffen stellte er generell fest, dass dies außerhalb seines Verantwortungsbereiches gelegen habe. Lediglich polni-

[27] Vgl. Kapitel: Das Konto „Max Heiliger", S. 332.

[28] Vgl. United Nations War Crimes Commission, Trials of War Criminals before the Nuernberg Military Tribunals under Control Council Law No. 10, S. 119 ff., 354 ff., 404 ff. u. 608 ff.; Abschließender Schriftsatz der Anklage, 19.10.1948 über die strafrechtliche Verantwortung Schwerin von Krosigks, StAN, Rep. 501 KV-Prozesse Fall 11, T 15, Bl. 97 ff.

sche Arbeitskräfte wollte er für das Reich zwangsverpflichten. Die mit Blick auf die sich stetig radikalisierende Kriegsführung teils grotesk anmutende Finanzakrobatik stellte er als hochkomplexe Finanzpolitik dar, deren Erläuterung das Gericht bloß überfordern würde.[29]

Summa summarum zeichneten Schwerin von Krosigk und sein Verteidiger Fritsch ein Bild des Reichsfinanzministeriums, das dieses in den Bereichen der Finanz- und Währungspolitik als einflusslos darstellte. Bekräftigt wurde diese Interpretation und Selbstdarstellung durch Aussagen des vormaligen Staatssekretärs Reinhardt und anderer ehemaliger Mitarbeiter des Ministeriums wie der Reichsfinanzverwaltung, die in Polen und in anderen okkupierten Ländern eingesetzt gewesen waren. Die Beamten zeigten sich nicht grundlos loyal mit dem vormaligen Chef, suchten sie doch nach Strategien der Selbstentlastung für die Karriere im Nachkriegsdeutschland. Mancher erklärte sich für schlicht ohnmächtig, andere behaupteten, erfolgreich Widerstand gegen die SS oder „die Nazis" geleistet zu haben.

Reinhardt, der selbst nicht vor Gericht stand, aber in Nürnberg inhaftiert war, beklagte in seiner Aussage den Machtverlust durch den Wegbruch der parlamentarischen Kontrolle, obgleich er mit dieser, da er erst 1933 ins Ministerium wechselte, recht wenig Berührungen in seiner Laufbahn als Staatssekretär hatte. Wie sein ehemaliger Chef sah er sich, obgleich ein „alter Kämpfer" der Partei, als reinen Steuerfachmann und das RFM durch die Politik Hitlers aus dem Zentrum der Politik gedrängt und zu einem reinen Exekutivministerium degradiert. Dies entsprach einer weiteren Verteidigungsstrategie, die den Minister von Mitschuld entlasten sollte: Er habe ja nur Gesetze und Verordnungen abgezeichnet und nicht verantwortet. Die Mitzeichnung des Erlasses vom 12. Oktober 1939, der die Ausbeutung Polens grundsätzlich regelte, sollte so zu einem bedeutungslosen Verwaltungsakt umgedeutet werden. Federführend seien andere Ministerien und Behörden gewesen.[30]

Von der früheren Ministerialspitze gaben neben Bayrhoffer auch Berger und Kluge eidesstattliche Erklärungen ab, die selbstverständlich strikt der Entlastungslinie folgten. Bayrhoffer gab an, als Mitglied des Verwaltungsrates der Reichskreditkassen keinen Einfluss auf deren Arbeit und damit auf die inflationäre Besatzungsgeldpolitik gehabt zu haben.[31] Der vormalige Leiter der

29 Vgl. ebd., S. 718 ff., 742 ff. u. 925 ff.

30 United Nations War Crimes Commission, Trials of War Criminals before the Nuernberg Military Tribunals under Control Council Law No. 10, S. 216 f.; United Nations War Crimes Commission, Trials of War Criminals before the Nuernberg Military Tribunals under Control Council Law No. 10, S. 609 ff.; Abschließender Schriftsatz der Anklage v. 19.10.1948 über die strafrechtliche Verantwortung Schwerin von Krosigks, StAN, Rep. 501 KV-Prozesse Fall 11, T 15, Bl. 116 ff.

31 Vgl. Eidesstattliche Erklärung Walther Bayrhoffer v. 9.6.1948, StAN, Rep. 501 KV-Prozesse Fall 11, T 6, Bl. 39–41.

Auslandsabteilung V Berger lobte zwar die enge wie abteilungsübergreifende Zusammenarbeit im Hause, entlastete sich aber vom Raubzug in Polen ausgerechnet mit dem Verweis auf die Nichtzuständigkeit seiner Abteilung für nicht militärisch verwaltete Gebiete.[32] Breyhan, der, bevor er unter Berger tätig war, als Beauftragter der Reichsfinanzverwaltung in Polen und als Finanzreferent in Warschau eingesetzt war, schmälerte den Einfluss seines Ministeriums hinsichtlich der Haushaltsführung und der Besatzungskosten mit Verweis auf Franks Allmachtsansprüche auf ein vermeintliches Minimum. Zugleich stellte er die Finanzverwaltung als Garanten „vernünftiger, sparsamer und sauberer Finanzgebarung" im Generalgouvernement hin. Die Steuerbelastung der polnischen Bevölkerung sei gar nie über die im Reich hinausgegangen, beklagte er. Da der vormalige Generalgouverneur Frank zu diesem Zeitpunkt bereits zwei Jahre tot war und andere hohe Funktionsträger wie Bühler in Polen abgeurteilt waren und kurz vor der Hinrichtung standen, war kein Widerspruch zu erwarten. Die angeblich kontrollierte Ausbeutung über die Finanzverwaltung durch Schwerin von Krosigk und seine Mitarbeiter konnte so als Kontrapunkt zur Überheblichkeit und Verschwendungssucht der Machthaber vor Ort gesetzt werden.[33]

Ebenso versuchte sich der ehemalige Leiter der Haushaltsabteilung Kluge aus jeglicher Mitverantwortung herauszuwinden. Die Rolle bei Annexion und Germanisierung verdrehte er zu einer Inobhutnahme, schließlich hätte man diese Gebiete nicht „sich selbst überlassen" können. Diese Aufgabenerweiterung sei aber keine Entscheidung des RFM gewesen, das zudem erhebliche Zuschüsse habe leisten müssen, da die aufgewandten Beträge die dortigen Einnahmen überschritten hätten. Schwerin von Krosigk habe deshalb auch wiederholt in Vorträgen und Weisungen darauf gedrungen, diese Gebiete aufzubauen und wirtschaftlich mit dem Reich zu vereinigen, auch wenn dies ein „kostspieliges und schlechtes Geschäft für das Reich" gewesen sei.[34] Die tatsächliche Abneigung des Ministers gegen eine unkoordinierte wie unwirtschaftliche Germanisierungspolitik betonte auch dessen persönlicher Referent Franz Scholl, der den Minister häufig auf seinen Reisen begleitet hatte. Er charakterisierte seinen ehemaligen Chef als entschiedenen Gegner jeglicher Zwangsumsiedlungen. Die „Eindeutschung" als solche habe jener zudem für ein sinnloses Verfahren ge-

[32] Vgl. Eidesstattliche Erklärung Hugo Berger v. 16.6.1948, ebd., Bl. 1–22.

[33] Vgl. Eidesstattliche Erklärung Christian Breyhan v. 25.6.1948, ebd., Bl. 23–31, 97–103 u. 120–123.

[34] Vgl. Eidesstattliche Erklärung Johannes Kluge v. 24.6.1948, ebd., Bl. 145–153. Flankiert wurden diese Darstellungen von Kluges ehemaligem Mitarbeiter Delbrück, der als Haushaltsreferent für die Reichsgaue Danzig-Westpreußen und Wartheland zuständig war. Eidesstattliche Erklärung Ernst Delbrück v. 26.5.1948, ebd., Bl. 142–144.

halten, woraus er auch gegenüber den Gauleitern keinen Hehl gemacht habe.[35] Die konkrete Finanzierung des Germanisierungswahns über die Mittel für die RKF-Dienststellen schilderte Landesdirektor Joseph Franken, der seinerzeit zuständige Referent des RFM, als eine Mittelvergabepraxis, die Einblicke in die sachliche Verwendung unmöglich gemacht habe. Auch dies war also lediglich eine Frage der finanztechnischen Bearbeitung, folgt man der Entlastungsstrategie der Ministerialbeamten.[36]

Unkenntnis über die tatsächlichen Vorgänge führte auch der frühere Prüfungsbeamte bei der Reichshauptkasse Genske zu den Vorgängen um das Konto „Max Heiliger" an. Ihm, wie dem Referatsleiter Patzer, seien die Anweisungsberechtigten des Kontos nicht bekannt gewesen. Walter Maedel habe als zuständiger Referent die Beträge haushaltsmäßig abgewickelt und dann als geheime Einzahlung der Reichsbank als Einnahmen zugunsten des Reiches zugewiesen. Die tatsächliche Verbuchung dieser Beträge als Einnahme des Reiches, auf entsprechenden Konten der jeweiligen Dienststellen, wollte der frühere Amtsrat als Nebensächlichkeit übergehen[37]

Da Spindler im Krakauer Gefängnis Montelupich auf seinen Prozess wartete und Senkowsky sich nach Österreich hatte absetzen können, liegt von den ehemaligen Mitarbeitern der Hauptabteilung Finanzen beim Generalgouverneur nur die Aussage des Abteilungsleiter Steuern von Streit vor. Auch er schilderte den angeklagten Minister in seiner „seltenen Vornehmheit gegen jedermann" als Kämpfer, der „selbst solche robusten Nazis wie Generalgouverneur Frank zu beeinflussen vermochte". Mit unverkennbarem Stolz und unter vehementer Leugnung der Tatsachen berichtete von Streit von der Steigerung der Steuereinnahmen und der Arbeit der Krakauer Finanzabteilung: „Ich glaube, man kann es als ein finanzielles Unikum bezeichnen, dass ein besiegtes Land, während des Krieges fortdauerte, sich finanziell aus eigener Kraft so erholte, dass es nicht nur fünf Jahre lang ausgeglichene Haushalte aufstellen, sondern auch jeweils die Haushaltsjahre mit einem Überschuss abschließen konnte [...]."[38]

Burmeister, als der federführende Polenkenner und rege Krakaureisende, schloss sich wenig überraschend dieser Selbsteinschätzung an. Seine und die Tätigkeit seiner Kollegen bewertete er als immer frei von jeder politischen Einflussnahme oder bewusster Förderung politischer Ziele, einzig auf eine ordnungsgemäße, den Bedürfnissen des Generalgouvernements und des Reiches

[35] Vgl. Eidesstattliche Erklärung Franz Scholl v. 18.3.1948, Staatsarchiv Nürnberg (StAN), Rep. 501 KV-Prozesse Fall 11, T 5, Bl. 21 ff.

[36] Vgl. Eidesstattliche Erklärung Joseph Franken v. 4.5.1948, ebd., Bl. 15 ff.

[37] Vgl. Eidesstattliche Erklärungen Walter Genske v. 24./26.6.1948, StAN, Rep. 501 KV-Prozesse Fall 11, T 10, n. p.

[38] Vgl. Eidesstattliche Erklärung Herbert von Streit v. 23.4.1948, StAN, Rep. 501 KV-Prozesse Fall 11, T 6, Bl. 124–129; Eidesstattliche Erklärung von Dr. Herbert Freiherr von Streit v. 22.4.1948, StAN, Rep. 501 KV-Prozesse Fall 11, T 3, Bl. 38.

abgestellte Finanzgebarung sei es ja angekommen. Er empfand sich und das Ministerium völlig frei von jeder Mitwirkung, Verantwortung oder gar Schuld und beteuerte sogar, dass die Arbeit der Reichsfinanzverwaltung im besetzten Polen „in keiner Weise das Licht der Öffentlichkeit zu scheuen bräuchte". Der Referatsleiter verstieg sich gar zu der Aussage, dass die immensen Summen, die an das Reich abgeführt wurden, keinerlei Indiz für eine Ausplünderung seien. Im Gegenteil, die Arbeit der Finanzverwaltung habe zu einem allgemeinen Wirtschaftsaufschwung zum Wohle der polnischen Bevölkerung beigetragen.[39] Zur HTO und den Maßnahmen in den annektierten Gebieten wurde Burmeister offenbar nicht befragt. HTO-Leiter Winkler, der sich im Nürnberger Gefängnishospital aufhielt und ausgiebig – obwohl nicht angeklagt – zur Tätigkeit seiner Stelle befragt wurde, hielt sich zur Zusammenarbeit zwischen seiner Dienststelle und dem RFM recht bedeckt. Er bemühte sich zu verschleiern, dass seine Treuhandverwaltung aus der Vertreibung von und dem Mord an Juden und Polen Milliardenbeträge gezogen, umverteilt und teilweise ans Reich abführt hatte. Lieber zeichnete er ein Bild vom Aufbau der annektierten Gebiete durch Umstrukturierungen und Investitionen.[40]

Die Beamten distanzierten sich also nicht von der NS-Besatzungspolitik, ja, in ihren Angaben schwang durchgängig ein gewisser Stolz auf die eigene Tätigkeit mit. Vor allem die „Aufbauarbeit" in Polen und die Beseitigung der „polnischen Wirtschaft" durch Einführung deutscher Ordnungsprinzipien wurden vor Gericht zu einem Akt kolonialer Wohltätigkeit gegenüber der polnischen Bevölkerung stilisiert: Das als gänzlich rückständig wahrgenommene Polen habe dank der effizienten Verwaltungsarbeit der Deutschen an das führende Reich aufschließen können. Die Vernichtung der polnischen Staatlichkeit wie auch das Leid der polnischen Bevölkerung und die in Polen begangenen Verbrechen wurden dabei von den Beamten systematisch verdrängt. Unabweisbare Belege für die Verstrickung in den Raubmord wurden zu normalen Vorgängen einer Fachverwaltung verfachsprecht und somit distanzierend bagatellisiert.

Konnten die Beamten, die während des Krieges hauptsächlich von ihren Schreibtischen aus agiert hatten – mehr oder minder glaubhaft –, völlige Unkenntnis über die Folgen ihrer Entscheidungen jenseits ihrer Schreibtische vortäuschen, gestaltete sich dies für den Zollgrenzschutz schwieriger. Um so bemühter war der ehemalige Mitarbeiter beim Generalinspektor des Zollgrenzschutzes (GIZ), Eulitz, jede Verbindung zu den Devisenschutzkommandos und

[39] Vgl. Eidesstattliche Aussage Hermann Burmeisters v. 7.8.1948, StAN, Rep. 501 KV-Prozesse Fall 11, T 12, Bl. 5–12.

[40] Vgl. Eidesstattliche Erklärung Max Winkler v. 7.4.1948, StAN, Rep. 501 KV-Prozesse Fall 11, T 6, Bl. 154–157; Eidesstattliche Erklärung Max Winkler v. 6.5.1948, IfZ, ZS-517, Bl. 9–12; Kreuzverhör Winklers durch Kempner am 7.8.1947, ebd., Bl. 20 ff.; Vernehmung Winklers durch Kempner am 13.8.1947, ebd., Bl. 35 ff.

zu Herbert Staffeldt im Devisenfahndungsamt zu leugnen. Eulitz deutete das Bemühen des Reichsfinanzministeriums, die wiederholten Versuche Himmlers, den Zollgrenzschutz (ZGS) in seine Zuständigkeit zu überführen, abzuwehren als Beleg für einen „steten Kampf" gegen die SS. Dass der Generalinspektor des Zollgrenzschutzes, Hoßfeld, im Zusammenhang mit dem Hitlerattentat verhaftet wurde, bestärkte dieses Argument ebenso wie die Entscheidung des International Military Tribunal (IMT), dass der ZGS, trotz der 1944 durchgesetzten Übernahme in die Gestapo, nicht als verbrecherische Organisation zu bewerten war. „Dass sich der Zollgrenzschutz allen Verführungen und Anfeindungen der SS zum Trotz von allen Gewaltmaßnahmen gegen politisch Andersgesinnte, Juden und Ausländer" ferngehalten habe, sei in erster Linie ein Verdienst des Grafen, so Eulitz. Die Verstrickung der Zöllner in die sogenannte Partisanenbekämpfung und den Holocaust wurde ohne Umschweife zum unleugbaren Einzelfall reduziert. Offenbar war dem Gericht ein Fall bereits bekannt, in dem ein Zollsekretär des ZGS in Ostgalizien im Rahmen der „Aktion Reinhard" aktiv an der Ermordung von Juden beteiligt war. Abstreiten ergab also wenig Sinn, allerdings verschwieg Eulitz geflissentlich jegliche weitere mörderische Zusammenarbeit des ZGS mit SS, Gestapo oder Wehrmacht.[41]

Das Urteil fiel gemischt aus. Einerseits wurde Schwerin von Krosigk von dem Vorwurf der Verschwörung und Vorbereitung zu einem Angriffskrieg freigesprochen. Das Gericht folgte hier der Verteidigung, dass es nachweislich keinen engen Kontakt oder Zugang zu Hitlers innerem Kreis gegeben hatte und die Rüstungsfinanzierung für einen Schuldspruch unter diesem Anklagepunkt nicht ausreichend sei. Andererseits sah das Gericht in der Entscheidung, im Kabinett zu verbleiben und auch später nicht von seinem Posten zurückzutreten, mehr als nur eine charakterliche Schwäche des Angeklagten. Für die Richter zeigte sich darin eine klare Unterstützung der Politik und der Ziele des Regimes. Der Angeklagte stellte demnach seine Fachkenntnisse der Regierung Hitler zur Verfügung und wusste, welches Unrecht und welche Verbrechen er dadurch unterstützte. Die Aufrechterhaltung einer funktionstüchtigen Finanzverwaltung und deren Inanspruchnahme für die verbrecherischen Absichten ermöglichten zunächst im Reich und später im besetzten Europa die Ausbeutung ganzer Bevölkerungsgruppen und Länder.

So folgte das Gericht auch nicht der Darstellung einer völligen Machtlosigkeit und Abdrängung des Ministeriums als solchem. Allerdings sah das Gericht in der reinen Mittelbereitstellung innerhalb des Reichshaushaltes auch für verbrecherische Organisationen keine direkte Mitschuld des Angeklagten für die

41 Vgl. Eidesstattliche Erklärung Eulitz v. 22.4.1948, StAN, Rep. 501 KV-Prozesse Fall 11, T 3, Bl. 52 f.; Eidesstattliche Erklärung Eulitz v. 1. u. 7.7.1948, StAN, Rep. 501 KV-Prozesse Fall 11, T 5, Bl. 5 ff. Zu dem angeführten Verbrechen des ZGS sind keine weiteren Unterlagen überliefert. Vgl. auch Kapitel: Zollgrenzschutz und SS-Verbrechen, S. 334.

Abbildung 63 – Schwerin von Krosigk während seines final statement vor dem Gericht in Nürnberg am 18.11.1948

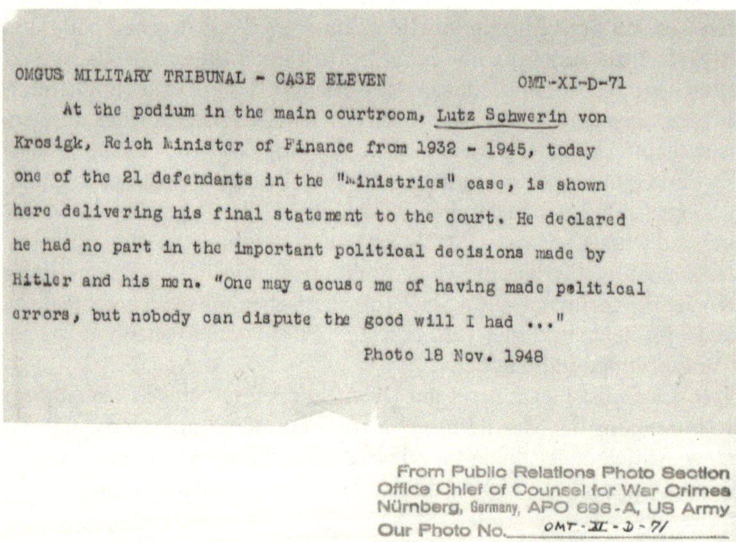

OMGUS MILITARY TRIBUNAL - CASE ELEVEN OMT-XI-D-71

At the podium in the main courtroom, Lutz Schwerin von Krosigk, Reich Minister of Finance from 1932 - 1945, today one of the 21 defendants in the "Ministries" case, is shown here delivering his final statement to the court. He declared he had no part in the important political decisions made by Hitler and his men. "One may accuse me of having made political errors, but nobody can dispute the good will I had ..."

Photo 18 Nov. 1948

From Public Relations Photo Section
Office Chief of Counsel for War Crimes
Nürnberg, Germany, APO 696-A, US Army
Our Photo No. OMT-XI-D-71

Abbildung 64 – Rückseite der Fotografie Schwerin von Krosigk während seines final statement vor dem Gericht in Nürnberg am 18.11.1948

Errichtung und Betreibung der Konzentrations- und Vernichtungslager bzw. die Umsetzung der Germanisierungspolitik, weshalb Schwerin von Krosigk in diesen Punkten ebenfalls als nicht schuldig angesehen wurde. Gänzlich anders bewertete das Gericht jedoch die Rolle des Ministers und der ihm unterstellten Verwaltung in Bezug auf die Erfassung und Verwertung von Vermögenswerten, die Deportierten gehörten. Sowohl hinsichtlich der Beraubung der deutschen Juden als auch der Verwertung von Vermögen, die im Zuge der Massentötung von Menschen durch die SS geraubt wurden, stellte das Gericht eine maßgebliche Beteiligung und Mitschuld fest. Schwerin von Krosigks Beteuerung, von den Vorgängen um das Konto „Max Heiliger" keinerlei Kenntnis gehabt zu haben, bewertete das Gericht als unglaubwürdig. Zum Anklagepunkt des Raubes und der Ausbeutung hob das Gericht vor allem die Rolle der Reichsfinanzverwaltung im besetzten Polen hervor. Denn hier konnte durch die Beweise der Anklagebehörde eindeutig festgestellt werden, dass der Reichsfinanzminister in die Verwertung von völkerrechtswidrig gemachter Kriegsbeute, die fiskalische Ausbeutung des Generalgouvernements und in die Festsetzung des Wehrbeitrages involviert, und, mehr noch, um eine Effizienzsteigerung seiner Behörde bemüht gewesen war. Die Kooperation mit der HTO und die Steuergesetzgebung als Mittel der Germanisierungspolitik, aber auch die Einrichtung und Verwaltung des Ghettos Litzmannstadt nahmen hingegen in Nürnberg einen weniger beachteten Stellenwert ein.[42] Im Ergebnis wurde Schwerin von Krosgik zu seiner eigenen Überraschung von der Anklage der Ausplünderung der besetzten Gebiete hinsichtlich aller okkupierten Länder freigesprochen – mit einer Ausnahme: Polen.[43]

In der Urteilsbegründung wurde dazu festgestellt:

That the spoliation program with respect to Poland thus participated in by Schwerin von Krosigk, resulted in tremendous returns for the Reich the evidence amply demonstrates. [...] it is established beyond a reasonable doubt that defendant Schwerin von Krosigk wrongfully participated in the wrongful confiscation of property from the occupied territories through his work in connection with its custody after seizure, and subsequent liquidation. Because of defendant's active participation in the formulation, implementation, and furtherance of the spoliation program of the Reich in Poland, and because of his part in the custody and subse-

42 Vgl. United Nations War Crimes Commission, Trials of War Criminals before the Nuernberg Military Tribunals under Control Council Law No. 10, S. 323 ff.

43 Sowohl in der Prozessführung als auch in der Urteilsbegründung wurden die immensen Summen, die vor allem in Frankreich erpresst wurden, durchaus gewürdigt, da aber die Beitreibung der Besatzungskosten hier anders geregelt war als in Polen, konnte eine direkte Beteiligung des RdF nicht stringent nachgewiesen werden. Generell ist zu bedenken, dass der Anklagebehörde nur ein kleiner Teil der heute zugänglichen Quellen zur Verfügung stand. Die Anfragen der Alliierten wurden in Berlin in der eigens eingerichteten Restverwaltung des RFM durch ehemalige Beamte wie Erich Siegert beantwortet. Zur Reaktion Schwerin von Krosigks vgl. Schwerin von Krosigk, Memoiren, S. 283. Zur Beweisermittlung durch das Office of Military Government for Germany (U.S.) (OMGUS) vgl. Weisz.

> quent administration and liquidation of the Reich's illegally confiscated property, improperly referred to as ‚war booty' by defendant, which activities we deem to have been in clear violation of the Hague Conventions with respect to military occupancy, we must and do find defendant Schwerin von Krosigk guilty […].[44]

Das Gericht verurteilte Schwerin von Krosigk zu zehn Jahren Haft.

Bereits im Januar 1951 wurde er vorzeitig aufgrund einer Amnestie aus dem Kriegsverbrechergefängnis Landsberg entlassen. Er lebte danach in Essen. Bis zu seinem Tod 1977 betätigte er sich als Schriftsteller und Publizist.[45] Neben Darstellungen zur deutschen Wirtschaftsgeschichte bemühte er sich recht erfolgreich um die Einordnung des Reichsfinanzministeriums als unpolitischer Fachverwaltung. In seinen später verfassten Erinnerungen mühte er sich um die Diskreditierung des Urteils. Er gab an, gerade gegenüber Polen „ein besonders gutes Gewissen" zu haben.[46] Angesichts der von den Anklägern in Nürnberg ermittelten fünf Milliarden Reichsmark an erfassten Leistungen, die allerdings die Tätigkeit der HTO und einen Großteil der Lieferungen an das Reich wie die wilden Plünderungen und den Raubmord in den Konzentrations- und Vernichtungslagern und zuvor in den Ghettos nicht umfassten,[47] oder der oben dargestellten weit höheren statistischen Ermittlungen der polnischen Kommission tritt deutlich zutage, in welchem Rechtfertigungskokon sich Schwerin von Krosigk bis zu seinem Lebensende eingeschlossen hatte. Besonders zynisch, aber zugleich bezeichnend für die ökonomische Bilanz des Raubmordes insgesamt erscheinen die Ausflüchte um das Konto „Max Heiliger": Die Summen seien derart gering gewesen, dass sie „wenn man alle Erlöse zusammenrechnet […], noch nicht die Höhe der Kosten eines einzigen Kriegstages" erreichten.[48]

Eine tiefer gehende öffentliche, kritische Auseinandersetzung mit der Rolle der Finanzverwaltung beim Raubmord während des Zweiten Weltkrieges erfolgte erst Jahrzehnte nach dem Tod des Ministers und nach der Öffnung der mit dem Steuergeheimnis belegten Akten. In Deutschland musste sich außerhalb der Entnazifizierungsverfahren kein weiterer Beamter der Reichsfinanzverwaltung vor Gericht verantworten. Ganz im Gegenteil stand auch den Beamten des Zweiges Finanzen wie denen anderer Ministerialverwaltungen und Behörden der Weg offen für eine bundesdeutsche Karriere.[49]

44 United Nations War Crimes Commission, Trials of War Criminals before the Nuernberg Military Tribunals under Control Council Law No. 10, S. 791 u. 794.

45 Vgl. Schwerin von Krosigk, Schauprozesse; Schwerin von Krosigk, Zeit des Feuers; Schwerin von Krosigk, Menschenbilder; Schwerin von Krosigk, Zweite Weltkrieg; Schwerin von Krosigk, Memoiren; Schwerin von Krosigk, Staatsbankrott.

46 Vgl. Schwerin von Krosigk, Memoiren, S. 261.

47 Vgl. Abschließender Schriftsatz der Anklage v. 19.10.1948 über die strafrechtliche Verantwortung Schwerin von Krosigks, StAN, Rep. 501 KV-Prozesse Fall 11, T 15, Bl. 120.

48 Vgl. Entgegnung Schwerin von Krosigks auf das Urteil, IfZ, ZS-A 20, 7, Bl. 68.

49 Vgl. Creuzberger/Gebbert; Nützenadel; Grötemaker/Saferling; Conze u. a.; Frei.

Staatssekretär Reinhardt saß bis 1949 ebenfalls in Haft, wurde im Rahmen eines Entnazifizierungsverfahrens vor einer Münchner Spruchkammer als Hauptschuldiger (Gruppe 1) eingestuft und zu vier Jahren Arbeitslager verurteilt.[50] Allerdings wurde das Urteil kurze Zeit später im Berufungsverfahren auf drei Jahre reduziert. Da seine Internierungszeit auf die Strafe angerechnet wurde, entließ man ihn 1950. Er lebte und arbeitete als Steuerberater in Bayern und veröffentlichte Fachliteratur zu Finanzfragen. Reinhardt starb 1969 in Regensburg.[51]

Von der älteren, um 1890 geborenen Generation der vormaligen Ministerialspitze um Walther Bayrhoffer[52], die zum Teil als Zeugen in Nürnberg ausgesagt hatten, trat danach nur eine Minderheit und zumeist nur kurzfristig bis zur Pensionierung eine Tätigkeit in der öffentlichen Verwaltung an. Hugo-Fritz Berger lebte nach dem Krieg in Hamburg und Hannover und war bis 1946 mit der provisorischen Leitung eines Zonen-Haushaltsamtes im britischen Besatzungsgebiet durch die Finance Division der britischen Militärregierung beauftragt worden.[53] Auch Ludwig Bänfer wurde durch die britische Militärregierung in den Zonenbeirat berufen, später nach Hannover versetzt und 1955 pensioniert. Andere setzten nach dem Krieg scheinbar nahtlos ihre Karrieren unter der Regierung Adenauer fort. So erhielten Johannes Kluge als Ministerialdirektor[54], Walter Bußmann als Ministerialrat und Albert Trapp als Referatsleiter ab 1952 veritable Positionen im Bundesfinanzministerium.[55] Heinz Oeftering, bereits ab 1946 Präsident des Rechnungshofes Rheinland-Pfalz, wechselte 1950 als Mi-

50 Vgl. Spruchkammer München, Verfahren gegen Fritz Reinhardt, StAM, K 1401.

51 Vgl. Lankheit; Reinhardt, Mehrwertsteuer; Reinhardt, ABC; Reinhardt, Steuerreform.

52 Walther Bayrhoffer lebte nach dem Krieg in Würzburg und wurde bis 1948 im Rahmen der Nürnberger Prozesse als Zeuge befragt. Er verstarb 1967 in Berlin. Über seinen weiteren beruflichen Werdegang ist nichts bekannt. Vgl. Eidesstattliche Erklärung Walther Bayrhoffer v. 9.6.1948, StAN, Rep. 501 KV-Prozesse Fall 11, T 6, Bl. 39–41; Personenregister, Sammlung Steuermuseum und Finanzgeschichtliche Sammlung des Bundesfinanzministeriums in Brühl.

53 Später arbeitete er mit dem Institut für Zeitgeschichte (IfZ) München zusammen, publizierte zu seiner Tätigkeit im RFM und legte einen umfangreichen Nachlass an. Er starb 1971. Vgl. Eidesstattliche Erklärung Hugo Berger v. 16.6.1948, StAN, Rep. 501 KV-Prozesse Fall 11, T 6, Bl. 1–22; Unterlagen zu Berger, IfZ, ZS. 1684-1; Personenregister, Sammlung Steuermuseum und Finanzgeschichtliche Sammlung des Bundesministerium der Finanzen (BMF) Brühl.

54 Vgl. Eidesstattliche Erklärung Johannes Kluge v. 24.6.1948, StAN, Rep. 501 KV-Prozesse Fall 11, T 6, Bl. 145–153, 242; Kabinettsprotokolle der Bundesregierung, Kabinettssitzung am 28.8.1952, Tagesordnungspunkt 8., Personalien, online abrufbar: http://www.bundesarchiv.de/cocoon/barch/10/k/k1952k/kap1_2/kap2_61/para3_8.html (abgerufen am 24.1.2018); Personenregister, Sammlung Steuermuseum und Finanzgeschichtliche Sammlung des BMF Brühl.

55 Vgl. Personenregister, Sammlung Steuermuseum und Finanzgeschichtliche Sammlung des BMF Brühl.

nisterialdirektor ins BMF und beendete seine Karriere als Präsident des Bundesrechnungshofes bzw. als Präsident der Deutschen Bundesbahn.[56]

Von den Mitarbeitern auf Referatsebene konnte Christian Breyhan seine Laufbahn nach dem Krieg in der nun bundesdeutschen Finanzverwaltung fast direkt fortsetzen. In der Bremischen Finanzverwaltung stieg er zum Oberfinanzpräsident des Landes Bremen auf.[57]

Von den im besetzten Polen eingesetzten Beamten machten Herbert von Streit und Klemens Rogge in der Bundesfinanzverwaltung Karriere, von Streit am Bundesrechnungshof.[58] Rogge war zwischen 1957 und 1963 zunächst als Bundesrichter, dann als Vizepräsident des Bundesfinanzhofes tätig.[59] Julius Hoppenrath war nach Kriegsende zunächst Verwaltungsrechtsrat in Schleswig-Holstein und später Rechtsanwalt in Bad Dürkheim. Politisch engagierte er sich in der Vertriebenenpartei Gesamtdeutscher Block/Bund der Heimatvertriebenen und Entrechteten (GB/BHE).[60] Die anderen beiden Oberfinanzpräsidenten Dingler und Gebhard waren beide 1945 verstorben.[61]

Hermann Senkowsky war zwar Mitte Mai 1945 von den Amerikanern festgenommen worden und bis Sommer 1947 interniert gewesen, doch da Polen offenbar bis Ende 1947 kein Auslieferungsgesuch gestellt hatte, wurde er in Salzburg aus der Haft entlassen. Vor dem Volksgericht am Landgericht Linz musste er sich dann aber 1948/49 verantworten. Allerdings stand er nicht wegen seiner Tätigkeit im Generalgouvernement vor Gericht, sondern aufgrund seiner Beteiligung bei der Verhaftung des Präsidenten der Finanzlandesdirektion in Tirol in Innsbruck, Eduard Weiser, im März 1938. Weiser war kurze Zeit später von der

[56] Außerdem war Oeftering Aufsichtsrat bei Volkswagen (VW), erhielt 1963 das Bundesverdienstkreuz und 1965 den Ehrendoktor der Technischen Universität Berlin, er starb hochbetagt 2004 in Frankfurt am Main, ebd.

[57] Vgl. Eidesstattliche Erklärung Christian Breyhan v. 25.6.1948, StAN, Rep. 501 KV-Prozesse Fall 11, T 6, Bl. 23–31; Dokumente zu Christian Breyhan, IfZ, ZS. 482; Kabinettsprotokolle der Bundesregierung, Kabinettssitzung am 26.3.1958, Tagesordnungspunkt 1., Personalien, online abrufbar: http://www.bundesarchiv.de/cocoon/barch/11/k/k1958k/kap1_2/kap2_12/para3_4.html; Breyhan (abgerufen am 24.1.2018); Personenregister, Sammlung Steuermuseum und Finanzgeschichtliche Sammlung des BMF Brühl.

[58] Vgl. Eidesstattliche Erklärung Herbert von Streit v. 23.4.1948, StAN, Rep. 501 KV-Prozesse Fall 11, T 6, Bl. 124–129.; Kabinettsprotokolle der Bundesregierung, Kabinettssitzung am 26.3.1958, Tagesordnungspunkt 1., Personalien, online abrufbar: http://www.bundesarchiv.de/cocoon/barch/11/k/k1958k/kap1_2/kap2_12/para3_4.html (abgerufen am 24.1.2018).

[59] Vgl. Kabinettsprotokolle der Bundesregierung, Kabinettssitzung am 13.2.1963, Tagesordnungspunkt 1., Personalien, online abrufbar: https://www.bundesarchiv.de/cocoon/barch/1101/k/k1963k/kap1_2/kap2_8/para3_4.html (abgerufen am 24.1.2018).

[60] Vgl. Bathe/Kumpf.

[61] Vgl. Schreiben v. von Knorre an von Zitzewitz v. 10.1.1948, IfZ, ZA-20, 3, Bl. 201; Personenregister, Sammlung Steuermuseum und Finanzgeschichtliche Sammlung des BMF Brühl.

SS nach Buchenwald verschleppt worden. Das Verfahren führte aber zu keiner Verurteilung, und er konnte ab 1948 als Unternehmer in Innsbruck tätig sein, wo er bis zum Ruhestand Direktor der Tiroler Zollfreizone war.[62]

Auch die Beamten aus dem Bereich Zoll setzten ihre Tätigkeit in der Finanzverwaltung fort. Hermann Bollenhagen arbeitete zunächst in der Finanzleitstelle Hamburg und war von 1959 bis 1967 zeitweise unter seinem alten Kollegen Klemens Rogge Richter am Bundesfinanzhof.[63] Walter Eulitz machte als Finanzpräsident in Karlsruhe und später in Nürnberg Karriere. Er recherchierte und publizierte zur Geschichte des Zollgrenzschutzes und war sehr um die Darstellung des Zollgrenzschutzes wie des Zweiges Zoll der Reichsfinanzverwaltung, als einer in die NS-Verbrechen nicht verstrickten Beamtengruppe bemüht.[64]

Von den maßgeblich an der Verwertung von Beutegut, Treuhandvermögen und Raubgold beteiligten Beamten ist für die Zeit nach dem Krieg wenig bekannt. Oberfinanzpräsident Casdorf verstarb 1947 in Berlin.[65] Der ehemalige Generalinspektor des Zollgrenzschutzes, Hoßfeld, wurde am 31. März 1946 für tot erklärt, verstarb aber wohl 1947 im Speziallager Nr. 7 in Sachsenhausen.[66] Patzer hatte sich schon im April 1945 vermutlich durch Selbstmord einer Festnahme und möglichen Strafverfolgung entzogen. Die beiden Referatsleiter Maedel und Eylert gerieten höchstwahrscheinlich im Mai 1945 in Berlin in russische Gefangenschaft. Ihr weiteres Schicksal ist unbekannt.

Eine Tätigkeit bei der Haupttreuhandstelle Ost löste in der Bundesrepublik kaum Nachfragen oder Ermittlungsverfahren aus. Im Gegenteil, die meisten ehemaligen Treuhänder und Vermögensverwerter konnten nach dem Krieg ebenso ungehindert Karriere machen wie die Mehrheit der ehemaligen Reichsfinanzbeamten. Treuhandchef Winkler wurde nach mehreren Jahren in Haft im August 1949 von einer Spruchkammer in Lüneburg im Entnazifizierungsverfahren endgültig als Nichtbelasteter eingestuft. Als Kenner der Materie half er als Berater der Bundesregierung bei der Rückabwicklung der Universum Film AG (UFA). Später war er für verschiedene Industrieunternehmen tätig.[67] Sein ehemaliger Chefjurist Höpker-Aschoff legte wohl die eindrucksvollste Nachkriegskarriere hin. Zunächst Generalreferent in die Finanzverwaltung der

62 Vgl. Strafverfahren gegen Senkowsky, Wiener Stadt- und Landesarchiv, Vg Vr 6724/48.

63 Personenregister, Sammlung Steuermuseum und Finanzgeschichtliche Sammlung des BMF Brühl; Kilian, S. 10.

64 Vgl. Eulitz; Bestand BArch, R 110 Anhang; Personenregister, Sammlung Steuermuseum und Finanzgeschichtliche Sammlung des BMF Brühl.

65 Vgl. Schreiben v. von Knorre an von Zitzewitz v. 10.1.1948, IfZ, ZA-20, 3, Bl. 201; Personenregister, Sammlung Steuermuseum und Finanzgeschichtliche Sammlung des BMF Brühl.

66 Vgl. ebd.

67 Vgl. Dingell, S. 79–81; Rosenkötter, S. 26–30.

westfälischen Provinzialregierung, wo er 1946 auch kurzzeitig als Finanzminister eingesetzt war, wechselte er als angesehenes Mitglied des Parlamentarischen Rates in die Politik und prägte maßgeblich die Finanzverfassung des Grundgesetzes. Als FDP-Mitglied zog er in den Bundestag ein, wo er Vorsitzender des Ausschusses für Finanz- und Steuerfragen wurde. In seiner Funktion als erster Präsident des Bundesverfassungsgerichtes und Vorsitzender des ersten Senats wirkte er aktiv am Parteiverbotsverfahren gegen die Sozialistische Reichspartei (SRP) mit. Bis zu seinem Tod 1954 blieb er Bundesverfassungsgerichtspräsident.[68] Aber auch die vor Ort für die HTO tätigen Treuhänder, wie beispielsweise Hinrich Wilhelm Kopf, der in Lubliniec im Auftrag der Treuhandstelle Kattowitz eingesetzt gewesen war, gelang eine beachtenswerte Karriere. Zwar hatte Kopf, vormaliger Unternehmer und SPD-Mitglied, 1947 noch auf der Kriegsverbrecherliste des UNWCC gestanden und Polen hatte sich trotz der damit bereits verbundenen Schwierigkeiten noch 1948 um seine Auslieferung bemüht, doch kam die nicht zu Stande. Kopf war bereits 1945 von der Britischen Militärregierung zum Oberpräsidenten in Hannover ernannt worden und wurde im November 1946 erster Ministerpräsident des Landes Niedersachsen.[69]

Weniger Glück hatte der Chef der Gettoverwaltung Litzmannstadt, Hans Biebow, der ebenfalls eng mit der HTO zusammengearbeitet hatte. Dieser hatte sich zwar zu Beginn des Jahres 1945 erfolgreich nach Westen absetzen und untertauchen können, doch wurde er von einem Überlebenden des Ghettos erkannt und daraufhin verhaftet. Nachdem ihn die Alliierten wie auch Finanzpräsident Spindler an Polen ausgeliefert hatten, wurde er im Frühjahr 1947 vom Kreisgericht in Łódź zum Tode verurteilt und hingerichtet.[70]

Das Najwyszy Trybunał Narodowy in Krakau

Der Spezialzug, mit dem auch der Häftling Alfred Spindler am Nachmittag des 18. Dezember 1946 den Bahnhof Dachau verlassen hatte, erreichte unter Aufsicht von drei polnischen Offizieren am 22. Dezember gegen neun Uhr abends bei der Station Międzylesie polnischen Boden. In Bystrzyca wurden die Häftlinge an das Urząd Bezpieczeństwa (UB) (Ministerium für Öffentliche Sicherheit, Geheimpolizei) samt Gepäck und einer Kiste mit Dokumenten übergeben. Die

[68] Vgl. Haunfelder, S. 218 f.; Spieker; Personenregister, Sammlung Steuermuseum und Finanzgeschichtliche Sammlung des BMF Brühl; Jungholt, Thorsten, „Richter und Räuber“, in: Die Welt v. 10. Mai 2009.

[69] Vgl. Nentwig, S. 228–248 u. 274 ff.; Kopf-Jäger. Der ehrliche Makler, in: Der Spiegel, Nr. 5 v. 31.01.1948, S. 3; online abrufbar: https://magazin.spiegel.de/EpubDelivery/spiegel/pdf/44415624 (abgerufen am 24.1.2018).

[70] Vgl. Lewiński; Klee, S. 48.

mitgeführten Unterlagen und Beweismaterialien leiteten diese an die Hauptkommission zur Untersuchung von Naziverbrechen (GKBZNwP) in Warschau zur Prozessvorbereitung weiter.[71]

Um nach dem Krieg gegen Kriegsverbrecher vorgehen zu können, hatte bereits die polnische Exilregierung in London zur Sammlung von Beweismaterialien aufgerufen. Verschiedene polnische wie auch jüdische Widerstandsgruppen waren diesem Aufruf gefolgt oder hatten eigenständig Untergrundarchive angelegt.[72] Der polnische Untergrundstaat um die AK hatte auch während der Besatzungszeit durch Wojskowe Sądownictwo Specjalne (Sondermilitärgerichte) polnische Agenten, Informanten und Kollaborateure abgeurteilt und hingerichtet.[73] Unabhängig davon entwickelte sich ab August 1944 unter den Vorzeichen einer kommunistischen Machtübernahme in Polen eine parallele Gerichtsbarkeit des PKWN, die sich fortan auch gezielt gegen deutsche Kriegsverbrecher richtete.[74] Als Gerichtsbarkeit wurde das Najwyższy Trybunał Narodowy (NTN) im Januar 1946 als oberster nationaler Gerichtshof eingerichtet.[75]

Die Warschauer Regierung hatte, um die Strafverfolgungsbehörden zu unterstützen, bereits am 29. März 1945 die GKBZNwP mit dem Dekret des Krajowa Rada Narodowa ins Leben gerufen. Ihre Tätigkeit als Organ des Justizministeriums nahm sie dann mit den ihr unterstellten Bezirkskommissionen zum Jahresende auf.[76] Das Kriegsverbrecherregister der Hauptkommission wurde zu einer der Grundlagen für die Kriegsverbrecherlisten der UNWCC, die wiederum die Begründungen für die Auslieferungsgesuche bildeten, so auch im Fall Spindler. Zugleich waren die Untersuchungsergebnisse der Ausgangspunkt für die Anklageformulierungen der Staatsanwaltschaften vor den polnischen Ge-

71 Vgl. Bericht Stefan Stroińskis, Mitglied der polnischen Armeekommission zu Erforschung deutscher Kriegsverbrechen in Augsburg, über die Durchführung des Transportes deutscher Kriegsverbrecher aus Dachau in den Tagen vom 18. bis 22. Dezember 1946, IPN, GK 162/967, Bl. 1 f.

72 Vgl. Grabowski, S. 128 ff. Das bekannteste davon ist das Ringelblum-Archiv (Oneg Schabbat), das im Warschauer Ghetto angelegt wurde. Sakowska.

73 Vgl. Gondek.

74 Vgl. Dekret Polskiego Komitetu Wyzwolenia Narodowego z dnia 23 września 1944 r. – Kodeks karny Wojska Polskiego, Dz. U. z 1944 r. Nr 6, S. 27; Dekret Polskiego Komitetu Wyzwolenia Narodowego z dnia 31 sierpnia 1944 r. o wymiarze kary dla faszystowsko-hitlerowskich zbrodniarzy winnych zabójstw i znęcania się nad ludnością cywilną i jeńcami oraz dla zdrajców Narodu Polskiego, Dz. U. z 1944 r. Nr 4, S. 16.

75 Vgl. Dekretu z dnia 22 stycznia 1946 r. o Najwyższym Trybunale Narodowym Dz. U. z 1946 r. Nr 5, S. 45; Dz. U. z 1946 r. Nr 59, S. 325; Dz. U. z 1947 r. Nr 32, S. 143.

76 Vgl. dekretu (Rady Ministrów) z dnia 10 listopada 1945 o Głównej Komisji i Okręgowych Komisjach Badania Zbrodni Niemieckich w Polsce, Dz. U. z 1945 r. Nr 51, S. 293. Die Kommissionen sammelten eigenständig Beweise und führten eigene Untersuchungen durch, deren Ergebnisse sie auch international teilten.

richten. Die Hauptaufgabe der GKBZNwP mit ihren 13 Bezirkskommissionen bestand zwischen 1946 und 1948 also in der Zuarbeit für die Tätigkeit des NTN wie der regionalen Gerichte.[77]

So saßen ab November 1947 im Krakauer Auschwitzprozess, der von der zuständigen Bezirkskommission in Kattowitz vorbereitet worden war, unter den 40 Angeklagten auf der Anklagebank letztlich auch SS-Männer aus Spindlers Transport.[78] Da Generalgouverneur Frank und sein kurzzeitiger Stellvertreter Seyß-Inquart bereits in Nürnberg abgeurteilt und hingerichtet worden waren und die Auslieferung von Schwerin von Krosigk sich erst verzögerte und letztlich scheiterte, hatte sich die polnische Justiz auf andere Prozesse konzentriert. Bereits im Sommer 1946 stand Arthur Greiser, der ehemalige Reichsstatthalter des Warthegaus, in seiner einstigen Wirkungsstätte Posen vor dem NTN. Er wurde ebenso zum Tode verurteilt wie der KZ-Kommandant Amon Göth, der im September des Jahres unweit des ehemaligen KZ Płaszów nach seinem Prozess in Krakau im Gefängnis Montelupich hingerichtet wurde.[79] Im Frühjahr des Folgejahres wurde Alfred Spindler als Untersuchungshäftling in eben jenes Gefängnis überstellt. Während Spindler auf seinen Prozess wartete, fanden vor dem Warschauer NTN die Prozesse gegen Ludwig Fischer, vormals Distriktgouverneur von Warschau, Ludwig Leist, den ehemaligen Stadthauptmann von Warschau, Josef Meisinger, früherer Leiter der Einsatzgruppe IV und Chef des SD und der Sipo in Warschau, und den ehemaligen Kommandanten des KZ Auschwitz Rudolf Höß statt.[80]

Ebenso wie Spindler saßen in Montelupich sein früherer Vorgesetzter Staatssekretär Bühler und Kurt von Burgsdorff, der ehemalige Gouverneur des Distrikts Krakau, die gemeinsam mit Höß bereits mit dem ersten Transport aus Nürnberg am 25. Mai 1946 ausgeliefert worden waren.[81] Entsprechend des Augustdekretes und dessen Novellierungen sollte sich nun auch der einstige Finanzbeamte vor dem Krakauer Kreisgericht für die mutmaßliche Teilnahme

[77] Vgl. Musial, NS-Kriegsverbrecher, S. 26–30.

[78] Vgl. Cyprian/Sawicki; Gumkowski, Procesy.

[79] Vgl. United Nations War Crimes Commission, Law Reports of Trails of War Criminals. Selected and prepared by the United States War Crimes Commission, S. 70–117; United Nations War Crimes Commission, Law Reports of Trails of War Criminals. Selected and prepared by the United States War Crimes Commission, S. 1–10.

[80] Vgl. Gumkowski, Zbrodniarze hitlerowscy. Vgl. auch Wytwórnia Filmów Dokumentalnych i Fabularnych (WFDiF) v. 31.12.1946, Warszawa oskarża, Proces Fischera, PKF 1/47, online abrufbar: http://www.repozytorium.fn.org.pl/?q=pl/node/4687 (abgerufen am 24.1.2018); WFDiF v. 31.12.1946. Hoess skazany, Proces Hoessa, PKF 47/15, online abrufbar: http://www.kronikarp.pl/szukaj,19074,tag-689421,strona-1 ((abgerufen am 24.1.2018); United Nations War Crimes Commission, Law Reports of Trails of War Criminals. Selected and prepared by the United States War Crimes Commission, S. 11–26.

[81] Vgl. Musial, Zivilverwaltung, S. 383; Musial, Auslieferung, S. 76–107; Musial, NS-Kriegsverbrecher, S. 48–53.

an Morden und Misshandlungen von Zivilpersonen und Kriegsgefangenen, Ergreifung und Verschleppung von durch SS und Gestapo gesuchten oder verfolgten Personen, Erpressung von Personen, Anstiftung sowie Beihilfe zu den oben genannten Verbrechen verantworten. Allein die Mitgliedschaft in einer durch das IMT als verbrecherisch eingestuften Organisation (das Korps der politischen Führung, die SS, die Gestapo und der SD) genügten dem PKWN als strafbare Handlung. Das Oberste Nationaltribunal ergänzte diese Aufstellung und erklärte die Führung der deutschen Verwaltung im Generalgouvernement von der Kreis- und Stadthauptmannsebene aufwärts, sämtliche Lagerleitungen, -verwaltungen und -mannschaften aller Konzentrationslager in Polen (insbesondere Auschwitz), die Ukrainska Powstancza Armia (UPA) sowie die ukrainischen Formationen der SS, sämtliche Mitglieder des „Volksdeutschen Selbstschutzes" und der Waffen-SS, abgesehen von Personen, die zwangsverpflichtet worden waren und keine Kriegsverbrechen begangen hatten, und schließlich Gestapospitzel zu Kriegsverbrechern.[82]

Am 15. März 1947, vier Tage nach der Überstellung aus dem Gerichtsgefängnis in Brzeg, begann die Staatsanwaltschaft in Krakau auf Grundlage der von den Amerikanern übergebenen Dokumente ihre eigenen Ermittlungen im Fall Spindler.[83] Das Auslieferungsgesuch war von der Polska Misja Wojskowa Badania Niemieckich Zbrodni Wojennych (PMWBNZW) mit der Begründung gestellt worden, dass Spindler von September 1939 bis Dezember 1941 als Leiter der deutschen Finanzverwaltung im besetzten Polen tätig gewesen war und für die Besteuerung im und den Haushalt für das GG verantwortlich gewesen sei. Damit war er nach Auffassung der polnischen Strafverfolgungsbehörden auch für die Konfiskation und den Raub polnischer Vermögen verantwortlich. Der Oberfinanzpräsident a. D. war zwar NSDAP-Mitglied und hatte der SA wie auch dem Reichsbund der deutschen Beamten sowie einiger weiterer nicht als verbrecherisch eingestufter Verbände und Vereine angehört, doch war er weder SS-Mitglied noch in die Arbeit der Gestapo involviert gewesen. Der Vorwurf der Anklage konzentrierte sich deshalb allein auf seine Tätigkeit in der Regierung des Generalgouvernements bzw. die Verwaltungstätigkeit im Interesse des Deutschen Reiches mit dem Ziel der Ausbeutung Polens und seiner Bevölkerung.

Die gesamte Prozessvorbereitung verlief schleppend. So wurde Spindler erst im Juli 1947 überhaupt zu den Anklagepunkten vernommen. Geschuldet war

[82] Vgl. Dekret PKWN z dnia 31.8.1944 r. o wymiarze kary dla faszystowsko-hitlerowskich zbrodniarzy winnych zabójstw i znęcania się nad ludnością cywilną i jeńcami oraz dla zdrajców Narodu Polskiego, Dz. U. z 1944 r. Nr 4, S. 16; Dekret z dnia 16.2.1945 r. o zmianie dekretu PKWN z dnia 31.8,1944 r., Dz. U. z 1945 r. Nr. 7, poz. 38. Dekret z dnia 10.12.1946 r. o zmianie dekretu PKWN z dnia 31.8,1944 r. Dekret z dnia 3.4.1948 r. o zmianie dekretu PKWN z dnia 31.8.1944 r.

[83] Vgl. für folgende Ausführungen die Prozessakte Alfred Spindler, IPN Kr, 502, 1349.

dies der Überlastung der Staatsanwaltschaften wie der Bezirkskommissionen. Ein Großteil der Richter und Rechtsanwälte war den Tötungsaktionen der deutschen Besatzer zum Opfer gefallen oder wollte aus dem Exil nicht in ein kommunistisch regiertes Polen zurückkehren. Hinzu kamen Infrastrukturprobleme und hohe Prozesskosten für die finanzschwache Volksrepublik. Allerdings wurde die Prozessführung im Ausland fast durchgängig als fair bewertet und im Vergleich zu anderen osteuropäischen Staaten generell positiv gesehen. Widerstand gegen die Auslieferungen Deutscher nach Polen gab es vor allem seitens der Bevölkerung in den westlichen Besatzungszonen Deutschlands, da man dort eine ungerechte und auf Vergeltung ausgerichtete Aburteilung befürchtete.[84]

Im Rahmen der Ermittlungen gegen Spindler wurden Auskünfte ehemaliger Kollegen aus Deutschland eingeholt. Die Finanzbeamten in München und Bremen unterstützten seine Verteidigungsstrategie und betonten, dass es seine eigene Gewissensentscheidung war, das Generalgouvernement zum Jahresende 1941 aufgrund der „rigorosen Gewaltherrschaft der SS" zu verlassen. Dass er nach Krakau einzig wegen seiner fachlichen Fähigkeiten versetzt worden war, waren sie ebenso bereit zu bezeugen, wie sein fast schon militärisches Pflichtbewusstsein gegenüber seiner ihm gestellten Aufgabe. Mit der „eigentlichen Politik" im GG habe er nichts zu tun gehabt und seine Verwaltung „sauber" geführt. Spindler, nach seiner Stellung befragt, gab an, er habe zwischen seinen zwei Dienstherren, dem Reichsfinanzminister und dem Generalgouverneur, ständig vermitteln müssen. In Krakau unterstand er allerdings zuvorderst Frank. Trotzdem bestritt er immer eine Beteiligung an den Verbrechen anderer Verwaltungszweige der Regierung des GG.[85]

Von seinen ehemaligen Mitarbeitern in der Hauptabteilung Finanzen in Krakau finden sich nur die Aussagen seiner Sekretärin und des ehemaligen Chefs der Rentenkammer in Warschau. Beide bezeugten die korrekte und genaue Arbeitsweise wie die Menschlichkeit ihres einstigen Chefs. Überdies habe er versucht, eine „Finanzpolitik in guter Beamtentradition" gegen die Ansprüche der politischen Machthaber durchzusetzen.[86] Unklar bleibt, aus welchen Gründen die Anklage sich offenbar nicht um weitere Aussagen ebenfalls in Polen eingesetzter deutscher Finanzbeamter oder der im parallel stattfindenden Prozess gegen Schwerin von Krosigk aussagenden Zeugen bzw. Beweismaterialien bemüht hat.

[84] Vgl. Musial, NS-Kriegsverbrecher, S. 46 f.

[85] Vgl. Eidesstattliche Erklärung von Joseph Sommer v. 12.9.1947, Leumundszeugnis der Betriebsräte Schröder u. Daubach, des Hauptbetriebsrates des OFP Bremen v. 17.9.1947, eidesstattliche Erklärung eines ehemaligen Kollegen aus München v. 28.10.1947, Vernehmungsprotokoll Spindlers zum Prozessaufschub, IPN Kr, 502, 1349, Bl. 51 ff.

[86] Vgl. Eidesstattliche Erklärung v. Christine Lückerhausen v. 16.10.1947, eidesstattliche Erklärung v. Hans Matthies v. 3.3.1948, IPN Kr, 502, 1349, Bl. 54, 71 ff.

Auch hielten sich die Nachforschungen innerhalb Polens in einem überschaubaren Rahmen. Vor allem wurden ehemalige Mitarbeiter der unter deutscher Aufsicht geführten Finanzinspektion Krakau zur Tätigkeit Spindlers befragt. Diese gaben auch mit Blick auf ihre Weiterbeschäftigung im polnischen Staatsdienst sehr kurz und sachlich Auskunft über ihre Zusammenarbeit mit dem Deutschen. Sie bestätigten aber, dass sie ebenso keinerlei Wissen über verbrecherische Verstrickungen Spindlers oder dessen konkrete Beteiligung an der Beraubung von Polen oder Juden besäßen.[87] Eine tiefer gehende Untersuchung der Tätigkeit der Finanzverwaltung während der Besatzung ist nicht unternommen worden. Mit Sicherheit versuchten sowohl die Strafverfolgungsbehörden als auch der Geheimdienst und die politisch Verantwortlichen das Ausmaß der notgedrungenen Kollaboration der polnischen Beamtenschaft, die besonders in der Finanzverwaltung augenfällig geworden wäre, außerhalb der öffentlichen Wahrnehmung zu halten.

In der Anklageschrift vom April 1948 wurden Spindler ungeachtet dieser Aussagen im Rahmen seiner Tätigkeit für die Regierung des Generalgouvernements die Errichtung einer Besatzungsregierung mit dem Ziel der physischen Vernichtung des gesamten polnischen und jüdischen Volkes, der absoluten Ausbeutung der polnischen Gebiete wie der Bevölkerung für die deutsche Wirtschaft und der Zerstörung der Kultur und historischen Tradition des polnischen Volkes vorgeworfen. Neben seiner Leitungstätigkeit, die nach Auffassung der Anklagebehörde der eines Finanzministers gleichkam und so auch dessen Verantwortungsrahmen umfasste, wurde ihm zudem seine Aufsichtstätigkeit für die Werke des Generalgouvernements AG und der Ostenergie AG zur Last gelegt. Die Hauptabteilung Finanzen habe die Aufgabe gehabt, die maximale Ausbeutung der polnischen Wirtschaftskraft durch eine verbrecherisch hohe Besteuerung und Abgabenlast ohne Rücksicht auf die Bedürfnisse der polnischen Bevölkerung mit Hilfe einer ebenso verbrecherischen Einziehungspraxis umzusetzen.[88]

Spindler, der einen Monat später immer noch keinen Verteidiger zugewiesen bekommen hatte[89] und auch weiterhin kaum Polnisch verstand, musste zunächst um die Übersetzung der rechtssetzenden Dekrete nachsuchen und mühte sich zugleich um seine eigene Verteidigung. Er plädierte auf nicht schul-

87 Vgl. Protokoll der Zeugenvernehmungen von Adam Mathiasz (Leiter Steuerprüfung Krakau), Wilhelm Haynes (Kassenbeamter in Krakau), Eugeniusz Kaplita (Leiter der Abteilung III der Finanzkammer Krakau) u. Bogusław Fischer (Leiter der Abteilung II der Finanzkammer in Krakau) vor dem Disziplinarbeauftragten der Finanzkammer And. Gawroński v. 8./9.4.1948, IPN Kr, 502, 1349, Bl. 82 ff.

88 Vgl. Anklageschrift v. April 1948, IPN Kr, 502, 1349, Bl. 82 ff.

89 Kurze Zeit später übernahm Bertold Rappaport die Verteidigung. Rappaport, selbst Jude, hatte bereits im Krakauer Auschwitzprozess die Verteidigung übernommen und vertrat auch Josef Bühler 1948 vor dem NTN in Krakau. Vgl. Ćwikliński.

dig. Dabei stand die Frage, warum sein Stellvertreter und Nachfolger Senkowsky nicht ebenso angeklagt wurde, unausgesprochen im Raum. Spindler stellte seine eigene Tätigkeit in Krakau, die nur die Zeit bis Ende 1941 umfasste, als eine Phase der Stabilisierung dar. Die Steuersätze wie die Beitreibung wären im Wesentlichen nach polnischem Recht durch polnische Beamte durchgeführt worden. Gegen die zu hohen Forderungen des Reichsfinanzministers hinsichtlich eines Wehrbeitrages habe er sich selbst lange erfolgreich einsetzen können. Die Beitreibung bestehender Steuerrückstände sei hingegen einer Ordnungsmaßnahme gleichgekommen. Kurzum, er beurteilte seine Tätigkeit ebenso wie der in Nürnberg angeklagte Minister und seine ehemaligen Kollegen als unpolitisch und fern von jedweder Verstrickung oder Verantwortung für begangene Verbrechen. Tatsache bleibt, dass er, als 1942 der Massenmord an den Juden im Rahmen der „Aktion Reinhard" in seine letzte Phase überging und auch die Verschleppung und Ausbeutung der polnischen Zwangsarbeiter wie die rücksichtslose monetäre Ausbeutung Polens abermals gesteigert wurde, nicht mehr im Generalgouvernement tätig gewesen war. Wie die Beweisführung der Anklage im Prozess und das abschließende Urteil ausgefallen wären, verbleibt jedoch im Bereich der Spekulation. Spindler, dessen allgemeiner Gesundheitszustand unter der Haft bereits gelitten hatte, verstarb am 16. Juli 1948 im Gefängnisspital von Montelupich.

Angeklagt und verurteilt für die wirtschaftliche Ausbeutung Polens wurden jedoch in den beiden letzten großen Prozessen vor dem NTN Josef Bühler und der ehemalige Gauleiter von Danzig-Westpreußen, Albert Forster. Wie zuvor bereits Arthur Greiser wurden sie für die begangenen Kriegsverbrechen an der polnischen und jüdischen Bevölkerung zum Tode verurteilt.[90]

Insgesamt hatte Polen an die 7.000 Auslieferungsanträge gestellt. Von den 1.817 an die Volksrepublik ausgelieferten Personen waren 1.342 deutsche Staatsbürger und wurden wie Spindler mehrheitlich durch die amerikanischen und britischen Behörden (94 Prozent) überstellt. Aus den sowjetisch besetzten Gebieten wurden lediglich 69 Personen ausgeliefert. Die große Mehrheit unter den Ausgelieferten stellten Angehörige der Mannschaften von Lagern, Gefängnissen und Ghettos (66 Prozent) sowie Polizei-Angehörige (14 Prozent). Aber auch Mitglieder des Werkschutzes verschiedener Industriebetriebe, Firmeninhaber, Bauern und Grundbesitzer, die polnische Zwangsarbeiter beschäftigt hatten, Selbstschutz-Mitglieder, Wehrmachtsangehörige und Mitglieder der Zivil- und Militärgerichte (16 Prozent) wurden bis 1950 ausgeliefert. Von den Beamten und Mitarbeitern der Besatzungsverwaltung wurden lediglich 74 Männer, das entsprach vier Prozent aller Ausgelieferten, an die polnischen Strafverfolgungsbehörden überstellt. Unter ihnen war Alfred Spindler der einzige Angehörige der Finanzverwaltung. Aufgrund der unvollständigen Überlieferung lässt sich

90 Vgl. Kułakowski; Cyprian/Sawicki; Gumkowski, Zbrodniarze hitlerowscy; Kubicki.

allerdings nicht mit Gewissheit sagen, ob die polnische Seite weitere Auslieferungsgesuche für Beamte der Steuer- und Zollverwaltung gestellt hat.[91] Außer Spindler starben vor oder während des Prozesses weitere 54 Personen in Haft, sechs Prozent der Angeklagten wurden frei gesprochen, 1.670 verurteilt. Die Hälfte der Verurteilten musste eine Haftstrafe von bis zu fünf Jahren verbüßen und wurde danach überwiegend nach Westdeutschland entlassen. Nur 11,5 Prozent wurden aufgrund der Schwere ihrer Verbrechen zum Tode verurteilt. Der Rest verbüßte höhere Haftstrafen, die in zahlreichen Fällen in vorzeitigen Entlassungen mündeten.[92]

91 Das Auslieferungsprogramm endete 1950. Vgl. Musial, NS-Kriegsverbrecher, S. 39. Zur Auslieferungsstatistik und zur namentlichen Erfassung vgl. Kobierska-Motas, S. 15–23.

92 Vgl. Musial, NS-Kriegsverbrecher, S. 46 f.; Jakubowski; Dmitrów, 238 f.

Resümee

Was geschah mit der Beute? Als der Krieg in Europa im Mai 1945 mit der bedingungslosen Kapitulation des Deutschen Reiches endete, lag ein ganzer Kontinent in Trümmern, Millionen Europäer waren ermordet, vertrieben, beraubt und versklavt worden. Die Überlebenden suchten den Weg zurück in ihre Heimat oder machten sich auf, eine neue zu finden. Die alliierten Sieger verschoben die Grenzen in Mitteleuropa erneut und mit ihnen die Menschen. Deutschland war besetzt und wurde aufgeteilt. Die einst Mächtigen waren in Haft oder auf der Flucht, einige mit, andere ohne ein Startkapital aus dem Raubgut. Das Reich, oder vielmehr das, was von Staat und Verwaltung übriggeblieben war, war pleite und hoch verschuldet. Die von den Alliierten vorgefundenen Raubgüter wurden erneut Beute. Manches wurde restituiert, anderes verschwand in Tornistern, Tresoren oder Depots. Wer überleben wollte, plünderte, hamsterte, tauschte und organisierte, denn Geld, ob Reichsmark oder vormalige Besatzungswährung, gab es zwar in Mengen, doch hatte der Krieg dem Papier den Wert genommen. Die Befreiten und die alliierten Besatzer begannen gleichermaßen das Chaos zu ordnen, etablierten Regierungen und Verwaltungen, regelten Zuständigkeiten, vergaben Aufgaben und Posten, zählten die Opfer und ermittelten die Schäden.

Polen, als eines der am längsten unter deutscher Herrschaft stehenden Gebiete, war verheerend geplündert und zerstört worden. Der neue Staat unter Kontrolle der sowjetischen Befreier und beschnitten um seine Gebiete im Osten, erhielt die ehemaligen deutschen Ostprovinzen. Das, was die Deutschen geraubt, enteignet und umverteilt hatten, fand wieder polnische Besitzer. Das, was die Deutschen nun zurücklassen mussten, wurde unter den neuen Bewohnern als Ausgleich für die Verluste verteilt. Die polnische Volkswirtschaft litt immens unter den Kriegsfolgen: Ressourcen und Arbeitskräfte fehlten, ganze Städte und Industriezweige waren zerstört, die Infrastruktur stark beschädigt. Die Inflation, die die deutschen Besatzer ausgelöst hatten, belastete weiterhin die Volksrepublik. Münzen gab es keine, gezahlt wurde – wenn überhaupt mit Geld –, fast ausschließlich mit großen Papiernoten. Das Wirtschaftssystem als Ganzes wurde gemäß dem sozialistischen Modell neu geformt und überwölbte in der Folge auch individuelle Schäden und Verluste an Kapital, Grundbesitz und Gewerbe.

Der Beitrag, den die Reichsfinanzverwaltung zur Finanzierung des Krieges den besetzten Gebieten durch Steuern, Abgaben und Erstattungsleistungen abgepresst hatte, erscheint in dieser Nachkriegsbilanz schwer fassbar. Die Reichsschuld ist zwar durchaus berechenbar und auch die geleisteten Besatzungskosten sind kalkulierbar, doch mehr als die absoluten Summen in

https://doi.org/10.1515/9783110718027-007

Reichsmark und in der jeweiligen Besatzungswährung, die der Währungsmanipulation diente, verdeutlichen die Schäden und Verluste an privaten und staatlichen Vermögen einerseits und die Aufwände der Beuteverwertung andererseits die Dimension des Beutezuges.

Das Reichsfinanzministerium spielte im Prozess der Beuteverwertung eine entscheidende Rolle. Mit der Beutestelle bei der Reichshauptkasse und den angeschlossenen Referaten stellte man die Infrastruktur zur Erfassung und Verwertung des Raubgutes an Devisen, Edelmetallen, Schmuck und Wertpapieren. Allerdings verzögerten die unzureichende Vorbereitung, Planung und Ausstattung sowie die Bürokratisierung die Monetarisierung erheblich. Ungeachtet dessen wurde der für die polnische Beute etablierte Prozess als Regelprozess adaptiert und bis zum Kriegsende beibehalten. Die augenscheinliche Ineffizienz löste weder innerhalb des Ministeriums noch bei anderen Reichsbehörden Nachfragen oder gar Handlungsdruck aus. Dies lag auch an der Formalisierung und Unscheinbarkeit des Verwaltungsaktes, der mit der repräsentativen Zurschaustellung zum Beispiel erbeuteter Kunstwerke nicht vergleichbar war. Die Überlastung der Beutestelle und die zum Kriegsende hohe Zahl an unbearbeiteten eingelagerten Beutestücken verdeutlicht die Diskrepanz zwischen dem Triumph des Beutemachens und der tatsächlichen Wertschöpfung einerseits, dem Antagonismus zwischen dem Schaden für die Beraubten und dem Gewinn für die Räuber andererseits.

Neben der Verwaltungsarbeit im Hintergrund zeigte das Reichsfinanzministerium aber auch ab den ersten Kriegstagen unter der Militärverwaltung in Polen Präsens. Der Zollgrenzschutz und der Verstärkte Grenzaufsichtsdienst waren unmittelbar hinter der Wehrmacht vorgerückt. Teilweise übernahmen die Zöllner sogar Aufgaben der militärischen Besetzung. Ebenso unmittelbar gingen die zu den Devisenschutzkommandos abgeordneten Zöllner gemeinsam mit Wehrmacht und SS bei den ersten Plünderungen vor und beteiligten sich so an den frühen Kriegsverbrechen. Staatssekretär Reinhardt war es zudem in kürzester Zeit gelungen, über die Beauftragten der Reichsfinanzverwaltung in den Bereichen Steuern und Zoll eine funktionierende Kommunikationsplattform aufzubauen und die Interessen des Ministeriums vor Ort durchzusetzen. Dabei entwickelte sich die persönliche und informelle Berichterstattung nach Berlin zur Vorlage für die späteren Einsatzgebiete im besetzten Europa.[93]

Der generelle Aufbau einer Fachverwaltungsstruktur gelang sowohl in den annektierten Gebieten als auch im Generalgouvernement in kurzer Zeit. Die Personalstärke war und blieb, bedingt durch die Zielsetzung der nationalsozialistischen Polenpolitik, die einen absoluten Zugriff auf die polnische Beute und die vollständige Kontrolle aller Politik- und Wirtschaftsbereiche verfolgte,

[93] Vgl. Kilian, S. 94 ff.

im Vergleich zu anderen besetzten Gebieten hoch.[94] Die ausgesandten Zöllner, Steuereintreiber, Devisen- und Währungsexperten agierten in enger Abstimmung mit oder innerhalb der neu geschaffenen Verwaltungen und Dienststellen. Der Geschäfts- und Aufgabenbereich gestaltete sich in den beiden Gebieten jedoch äußerst unterschiedlich.

In den annektierten Gebieten unterstütze das Reichsfinanzministerium die Maßnahmen zur Inkorporation der neuen Reichsgaue als deutsche Siedlungsgebiete und den geplanten „Aufbau Ost“. Die Reichsfinanzverwaltung hatte dabei die Aufgaben der (1.) Grenzsicherung durch den bewaffneten Zollgrenzschutz übernommen und war (2.) an den völkerrechtswidrigen Plünderungen der Devisenschutzkommandos beteiligt. Darüber hinaus hatte das Reichsfinanzministerium (3.) erfolgreich begonnen eine Fiskalverwaltung vor Ort aufzubauen, die bereits unter der Militärbesatzung Steuern und Abgaben eintrieb und dabei (4.) die Einführung der Reichsmark und des Finanzausgleichs umsetzte.[95] Schließlich war das Ministerium (5.) an der Enteignungs- und Treuhandpolitik rechtsetzend und personell beteiligt und hatte (6.) eine angepasste Steuergesetzgebung entworfen. Letztere sollte neben Zuschüssen und Zuwendungen die Ansiedlung von Reichs- und Volksdeutschen befördern und die Investitionsbereitschaft steigern. So gewährte die Ost-Steuerhilfe-Verordnung umfangreiche Steuererleichterungen, die eine über zehn Jahre geplante Lenkungswirkung auf die Siedlungsentwicklung und den wirtschaftlichen Angleichungsprozess entfalten sollte.

Im Gegensatz zu den langfristig angelegten steuerpolitischen Instrumenten der Fiskalverwaltung gingen die neu geschaffenen Dienststellen des Reichskommissars für die Festigung deutschen Volkstums (RKF) und die Haupttreuhandstelle Ost (HTO) brachialer vor, um möglichst schnell Tatsachen bei der Germanisierung zu schaffen. Die vollständige Enteignung des polnischen Staates und seiner Bevölkerung und die Umverteilung dieser Werte in einem bis dahin ungeahnten Ausmaß durch die Treuhand und die RKF-Stellen bildete eine entscheidende Säule der Germanisierungspolitik. Diese Aufgaben außerhalb der klassischen Ressorts innerhalb von NS-Sonderverwaltungen zu bündeln, um möglichst unbürokratische, situativ agierende und gesetzlich ungebundene bzw. selbst Recht setzende Organisationen zu schaffen, geschah auch auf Kosten des Einflussbereiches des Reichsfinanzministeriums. Einen spürbaren Widerstand seitens des Ministers gab es jedoch zunächst nicht. Die Berufung Winklers zum HTO-Chef scheint auch Schwerin von Krosigk begrüßt zu haben. Mit Winkler übernahm ein bestens vernetzter Lobbyist und Manager die Aufgabe, den Löwenanteil an der polnischen Beute zu verwalten und zu verwerten.

94 Vgl. ebd., S. 103 ff.
95 Vgl. Banken, Hitlers Steuerstaat, S. 468 ff.

Im Reichsfinanzministerium passte man die Referatsstrukturen an und bestimmte mit dem Referat Maedel ein *interface* für die innerhalb und außerhalb der Reichsfinanzverwaltung liegenden Zuständigkeiten für die polnische Beute und deren Verwaltung und Verwertung. Damit verantwortete das Referat Angelegenheiten des Beutevermögens und der HTO und entwickelte sich zum eigentlichen Beutereferat im RFM. Gleichzeitig übernahm das Referat immer mehr Aufgaben im Zusammenhang mit der fiskalischen Enteignung der deutschen Juden.[96] Die Organisationsstruktur des Ministeriums bildete somit die Wechselwirkung ab, die sich zwischen dem radikalen Zugriff auf polnische Privatvermögen innerhalb der neuen Reichsgrenzen und dem sich verstaatlichenden Prozess der „Arisierung" ergaben.

Als sich jedoch der erwünschte Erlös aus dem Treuhandvermögen, dessen vorläufige Bewertung unrealistisch überhöht war, nicht einstellte, versuchte das Ministerium, auf die weitere Entwicklung der Treuhand Einfluss zu gewinnen. Einer unmittelbaren Monetarisierung für den Reichshaushalt hatte sich Winkler durch die Schaffung eines nur schwerlich zu durchdringenden Konstrukts aus Gesellschaften erfolgreich entziehen können. Die Bemühungen des RFM zur Übernahme der Treuhand in die Reichsfinanzverwaltung blieben trotz der extra gebildeten Dienststelle des Beauftragten für die HTO bis zum Kriegsende erfolglos. Die Gesamtbilanz der Treuhandverwaltung blieb weit hinter den hohen Erwartungen zurück.

Das Generalgouvernement als unter deutscher Zivilverwaltung stehendes Gebiet war nicht als deutscher Siedlungsraum vorgesehen. Die gesamte wirtschaftliche Leistungsfähigkeit wurde jedoch für die deutsche Kriegswirtschaft ausgebeutet. Das Reich erzwang horrende Rohstoff-, Lebensmittel- und Güterlieferungen und profitierte von der Arbeitsleistung von Millionen polnischen Zwangsarbeitern. Die Wirtschaftskraft sollte darüber hinaus auch auf monetärem Gebiet mobilisiert und abgeschöpft werden. Die vom Reichsfinanzministerium zur Regierung des Generalgouvernements entsandten Beamten bauten dazu (1.) auf Basis des polnischen Finanzsystems zügig eine zentral gelenkte Steuer- und Zollverwaltung auf und übernahmen (2.) das polnische Steuerrecht, dessen Abgabenlast sie gemäß den Forderungen aus Berlin stetig erhöhten. Durch eine aggressive Steuereintreibung und die Übernahme der Monopolbetriebe stabilisierten die Beamten (3.) die Haushaltslage des Generalgouvernements und stützten (4.) dadurch die gesamte Besatzungsverwaltung. Mit der Einführung des Besatzungszłotys und der Gründung der Emissionsbank war zudem (5.) die Grundlage für die maximale Kontrolle der Geldwirtschaft und eine inflatorische Finanzpolitik zugunsten des Reiches geschaffen worden. Der an das Reich abgeführte Wehrbeitrag wie andere Erstattungsleistungen wurden auf Drängen des Reichsfinanzministers

96 Vgl. Kuller, Bürokratie und Verbrechen, S. 61 ff.

also durch die Notenpresse finanziert. Für die völlig überspannte Währungs- und Wirtschaftslage des Generalgouvernements waren die von Schwerin von Krosigk geforderten Milliardensummen ruinös.

Im Reichsfinanzministerium übernahm Hermann Burmeister mit seinem Referat die Rolle des Sachwalters für sämtliche Interessen des Reichsfiskus im wirtschaftlich desolaten und vollkommen abhängigen Generalgouvernement. Er führte die Haushaltsgenehmigungsverfahren im Rahmen der Haushaltskontrollkompetenz des Ministeriums, stritt um Minimalbeträge in den Unterkapiteln und prüfte vor Ort. Das Referat verrechnete außerdem die Beträge an Besatzungskostenerstattung in Form des Wehrbeitrages direkt im Reichshaushalt. Die Finanzakrobatik, die bis zum Zusammenbruch durch die Beamten in Berlin und Krakau einerseits im Klein-Klein der Haushaltsverhandlungen und anderseits um die Clearing-Verschuldung des Reiches im Verrechnungsverkehr vollzogen wurde, wirkt in der Rückschau oft bizarr. Im Vergleich zu den anderen besetzten Gebieten, vor allem im Westen Europas, waren die durch das Generalgouvernement geleisteten Zahlungen innerhalb dieses Ausbeutungskreislaufes allerdings gering.[97]

Betrachtet man lediglich die Verwertungsleistung der Beutestelle oder die Erträge aus der Treuhandverwaltung und die Erstattungssummen, liegt die Schlussfolgerung nahe, dass das Reichsfinanzministerium und sein Verwaltungsapparat im Vergleich zu anderen Reichsbehörden und Sonderverwaltungen nur eine marginale Rolle bei der Plünderung Polens spielte und die Effizienz der Maßnahmen gering war. Fokussiert man die Analyse nur auf den monetären Ertrag „erhebt sich die Frage", wie Frank Bajohr dies so treffend zusammengefasst hat, „ob das NS-Regime überhaupt an herkömmlichen Effizienzkriterien zu messen ist, und diese nicht am Wesen eines Regimes vorbeigehen, in dem Geld ohnehin keine Rolle spielte, das sich weitgehend auf Pump finanzierte und die Erweiterung von Ressourcen auf die denkbar primitivste Weise betrieb, nämlich durch Raub".[98]

Raub ist in der Tat keine effiziente Ressourcenmobilisierung. Deshalb sollte die abschließende Bewertung der Einflussmöglichkeiten und Handlungsspielräume des Reichsfinanzministeriums nicht allein mit Blick auf die vereinnahmten Beträge erfolgen. Die überschaubaren Einnahmen aus der Verwertung der polnischen Beute durch die Beutestelle, die Erträge aus der Treuhandverwaltung und die Besatzungskostenerstattungen finanzierten gewiss nicht Hitlers Krieg. Doch war die Zielsetzung des Beutezugs im Osten, der mit dem Einmarsch in Polen begann, auch nicht die zielgerichtete Ausbeutung eines temporär besetzten Gebietes, sondern die Eroberung von Lebensraum und die Verteilung der

97 Vgl. Kilian, S. 179 ff.
98 Bajohr, Parvenüs, S. 194.

Beuteerlöse unter den Angehörigen einer ideologisch fundierten Volks- und Siedlungsgemeinschaft.

Ob und in welchem Maße diese Großraum- oder treffender Großraubwirtschaft[99] in einer teil-industrialisierten und in die internationale Geld- und Warenwirtschaft eingebundenen Staatlichkeit wie Polen umgesetzt werden konnte, zeigt sich innerhalb des *operational field* der Finanzverwaltung. Die Handlungsspielräume des Reichsfinanzministeriums reichten auch im besetzten Polen von der Budgetplanung bis zur Revision des einzelnen Steuerbürgers und deckten damit wie kaum ein anderer Verwaltungszweig sämtliche Ebenen staatlicher Hoheitsverwaltung ab. Sowohl in den annektierten Gebieten als auch im Generalgouvernement nutzte man die Finanz- und Währungspolitik als Mittel einer inklusiven wie exklusiven Sozialpolitik und zur maximalen Ausbeutung der Wirtschaftskraft. Steuer-, Devisen- und Treuhandpolitik waren Instrumentarien einer umfangreichen Enteignungs- und Umverteilungspolitik. Die Beamten der Reichsfinanzverwaltung implementierten ein System der Ungleichheit, das rassistisch argumentiert und durch staatlich beauftragtes und bürokratisches Verwaltungshandeln rechtlich fundamentiert wurde.

Allerdings fand die Ressourcenmobilisierung hauptsächlich auf Grundlage einer sich permanent radikalisierenden Politik statt, in der lediglich kurzfristige Beutestrategien zur Umsetzung kamen und langfristige Finanz-, Wirtschafts- und Währungskonzepte fehlten oder lediglich angedacht oder angemahnt wurden. Dem kriegführenden Reich genügte dies. Der räuberische Zugriff auf Beutewerte sollte die Kriegswirtschaft trotz immenser Reibungsverluste bedienen. Die Reichsfinanzverwaltung agierte in diesem *setting* und arrangierte sich mit einer destruktiven, die polnische Wirtschaft und Bevölkerung maximal ausbeutenden Politik.

Besonders eindrücklich zeigt sich dies in der Verstrickung der Finanzverwaltung bei der Beraubung der Juden in den Ghettos und letztlich dem Raubmord in den Vernichtungslagern. Obgleich der drohende finanzielle Kollaps der Groß-Ghettos in Litzmannstadt und Warschau absehbar war und die negativen Folgen für die Finanz- und Wirtschaftslage der Kommunen, Gaue und des Generalgouvernements als generelle Folge der Ghettoisierungen rasch spürbar wurde, drängte auch die Finanzverwaltung auf die schonungslose Ausplünderung der Juden durch die Treuhandverwaltungen und über die Steuererhebung. Die Erträge aus dem Judenmord, die bilanziert im Bericht zur

[99] Werner Best entwarf eine „Großraumordnung und Großraumverwaltung“ als radikale Theorie der Besatzungsherrschaft, in die auch Polen eingebunden war. Vgl. Herbert, Werner Best, S. 16 u. S. 290; Best, Völkische Großraumordnung; Best, Grundfragen einer deutschen Großraum-Verwaltung; Best, Großraumordnung; Zur Rolle und Karriere Werner Bests vgl. Herbert, Werner Best. Zur Großraumwirtschaft vgl. auch: Volkmann, S. 45–74; Banken, Großraubwirtschaft.

„Aktion Reinhard" den vermeintlichen Gewinn ausweisen sollten, stehen in keinem rationalen Verhältnis zu den zugleich durch die Finanzbeamten dokumentierten Ausfällen an Steuern und Abgaben, ganz zu schweigen vom Verfall der hinterlassenen, als „herrenlos" geführten Immobilien. Die Verwertung der mobilen Wertgegenstände aus dem Judenmord erfolgte über die Reichshauptkasse in Berlin. Weder in den überlieferten Akten des Reichsfinanzministeriums noch in den umfangreicheren und dichteren der Hauptabteilung Finanzen im Generalgouvernement finden sich Hinweise darauf, dass die Finanzbeamten den Massenmord – und sei es aus ökonomischen Abwägungen – abgelehnt oder hinterfragt hätten.

Die ökonomische Verwüstung wurde offenbar akzeptiert, nämlich als notwendiges Übel und endliches Problem. Denn die erwartete Ausbeute für das Reich rechtfertigte für Staatssekretär Reinhardt das Vorgehen seiner Verwaltung vor allem im besetzten östlichen Europa ebenso wie die enorme Verschuldungspolitik: „Es lässt sich heute noch nicht sagen, wie groß die Reichsschuld am Ende des Krieges sein wird. Eines aber steht schon heute fest. Die Reichsschuld wird ohne Rücksicht auf ihre am Ende des Krieges vorhandene Höhe mehr als ausgeglichen sein durch die erhebliche Verbreiterung und Verbesserung der Daseinsgrundlage des Deutschen Volkes. Dazu gehören auch der erhebliche Gebiets-, Bevölkerungs- und Wirtschaftszuwachs des Reiches. Die Neuordnung der Dinge im Osten wird für die Zukunft der Deutschen Volkswirtschaft von unermesslichem Wert und auch für die Finanzen des Reiches von Bedeutung sein."[100]

Die Aussicht auf die immense Beute verschob also auch die Bedeutung des Geldes. Der dem Geld zugeschriebene Nutzen wie der Wert der Beständigkeit und damit die Idee des Geldes erfuhr kriegsbedingt eine Transformation. Geld wurde zum Mittel, das Währungs- und Finanzgefüge durch Verschuldung lediglich vorzufinanzieren, und zwar in einer auf Autarkie ausgerichteten Lebensraum-Utopie, die auf Sklavenarbeit und Ausbeutung ausgerichtet war und sich auf materielle Werte aus Enteignung, Raub und Plünderung stützte. Wenn der Wert des Geldes im Krieg verliert – nicht nur in Form seiner Kaufkraft, sondern auch seiner ordnenden Macht –, welche Bedeutung hatte dann noch eine Finanzverwaltung in diesem *framework*?

Der Blick der Zeitgenossen auf die deutsche Finanzpolitik mag hier aufschlussreich sein: „The ‚Mysteries' of Nazi Finance", die Rifat Tirana, Ökonom am US-Board of Economic Warfare 1941, nüchtern analysierte, bestanden aus einer simplen wie pragmatischen Herangehensweise an die Staatsfinanzierung. Einen Staatsbankrott schloss man für eine organisch auf der Ideologie der Volksgemeinschaft fußende Volkswirtschaft schlicht aus. Die staatliche Wechselemission bei zugleich hoher Besteuerung der Einkommen und Um-

100 Reinhardt, Was geschieht mit unserem Geld?, S. 34.

sätze und das Abfangen des Kaufkraftüberhangs durch eine gleichgeschaltete Preis- und Sparpolitik hatte dem Regime letztlich schon die rasche Aufrüstung ermöglicht.[101] Entscheidungsträger dieser Politik waren neben dem Staatssekretär im Reichsfinanzministerium, Fritz Reinhardt, aber vornehmlich nicht etwa Finanzfachleute wie Banker, Finanzjuristen oder Ökonomen. Preiskommissar war nämlich der schlesische Gauleiter Josef Wagner, der nur kurz als Finanzbeamter in Fulda tätig gewesen war. Reichsbankpräsident und Reichswirtschaftsminister Walther Funk war von Beruf Journalist. Die Wirtschaftsexperten der NSDAP wie Gottfried Feder oder Otto Wagener waren ebenso keine ausgebildeten Finanzfachkräfte.

Ein Regieren oder vielmehr Herrschen gänzlich ohne Finanzfachverwaltung, basierend allein auf Tausch, also in einer geldmittellosen Wirtschaft, konnte und wollte sich die NS-Führung für das Generalgouvernement dann offenbar doch nicht vorstellen. Die ordnende Macht, die die Finanzverwaltung, trotz einer radikalen Aufhebung des Rechts, mit ihrem Beharren auf bürokratischen Abläufen und normativen Prozessen ausübte, wurde weitestgehend akzeptiert und praktiziert.[102] Und das, obwohl der Reichsfinanzminister nach Kriegsausbruch keinen direkten Zugang mehr zur Regimespitze hatte. Das Ministerium konnte aber auch ohne Unterstützung von oben die haushaltsrechtliche Kontrolle zumeist einfordern. Sowohl die Haupttreuhandstelle Ost als auch der Reichsstatthalter und der Generalgouverneur konnten sich den Forderungen des Ministeriums nicht gänzlich entziehen. Das Ministerium agierte aus der zweiten Reihe, gewiss. Der Aktionsradius innerhalb und außerhalb der Reichsgrenzen war limitiert. Auf die Verschuldung des Reiches hatte Schwerin von Krosigk kaum noch regulierenden Einfluss. Eine Entmachtung fand jedoch nicht statt, eher eine Entwertung und natürlich Ignoranz. Die Notwendigkeit einer Ressourcen bindenden Steuer-, Zoll- und Währungspolitik innerhalb der Strukturen der Reichsfinanzverwaltung wurde für das besetzte Polen trotz entgrenzter Gewalt respektiert. Der Reichsfinanzminister vermochte es auch gegen den Einspruch der lokalen Machtinstanzen, die finanziellen Interessen des Reiches auf Basis der allgemeinen Bestimmungen des Hitler-Erlasses vom 12. Oktober 1939 durchzusetzen. Die Beamten unterstützten innerhalb ihres Verantwortungsbereichs den Beutezug im besetzten Polen, so dass Polen nach der Sowjetunion am Ende des Krieges das Land mit den zweithöchsten Verlusten an Vermögen und Menschenleben war.

[101] Vgl. Reveille/Tirana, S. 223 ff.; Banken, Hitlers Steuerstaat, S. 253 ff.

[102] An dieser Stelle wäre ein vergleichender Blick auf die verschiedenen Verwaltungsbereiche der Regierung des GG hinsichtlich der Eigenverortung im zeitgenössischen Konzept von Maßnahmen- contra Normenstaat bzw. zum Verwaltungsselbstverständnis interessant. Vgl. Fraenkel; Best, Großraumordnung; Best, Verwaltung in Polen; Best, Polnische Verwaltung. Studien zu den anderen Verwaltungszweigen und zur Regierung des Generalgouvernements stehen jedoch noch aus.

Anhang

Organigramme

https://doi.org/10.1515/9783110718027-008

Reichsfinanzministerium

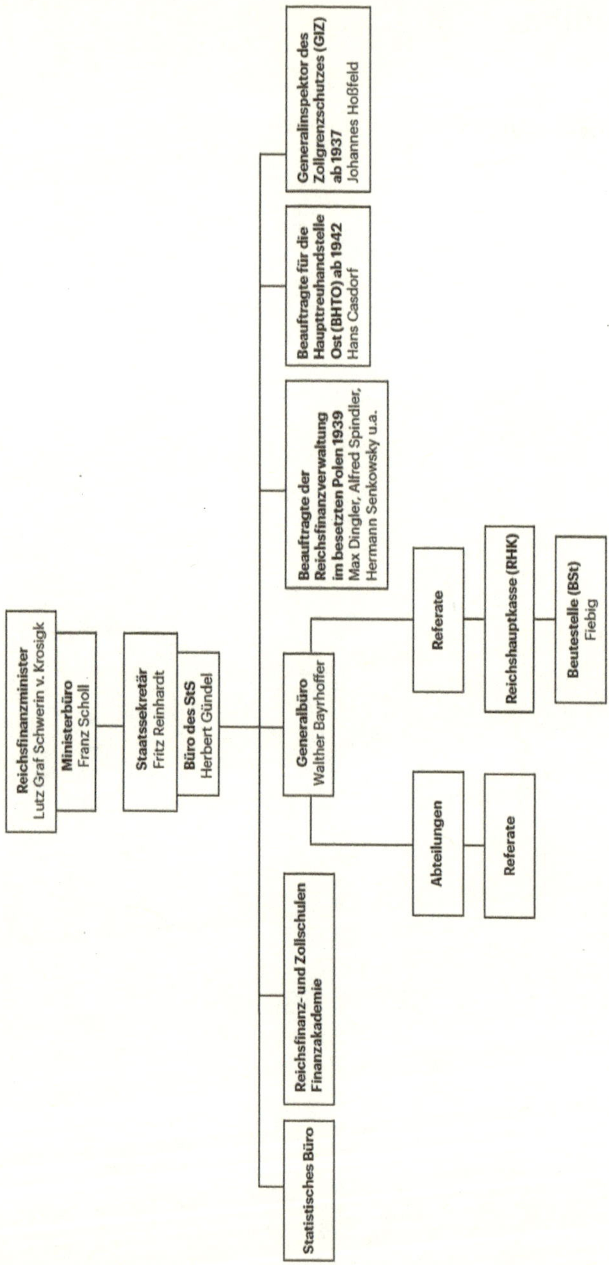

Abbildung 65

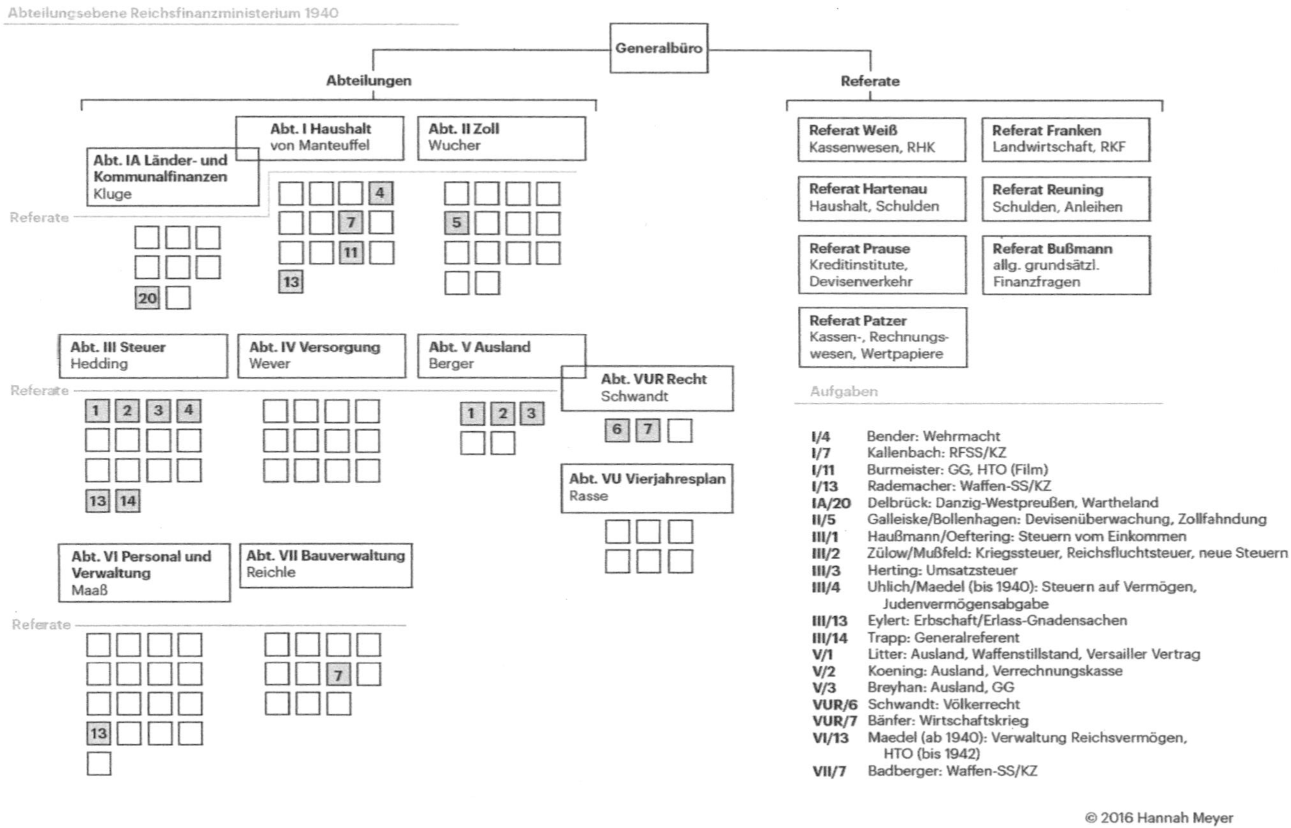

Abbildung 66

Abbildung 67

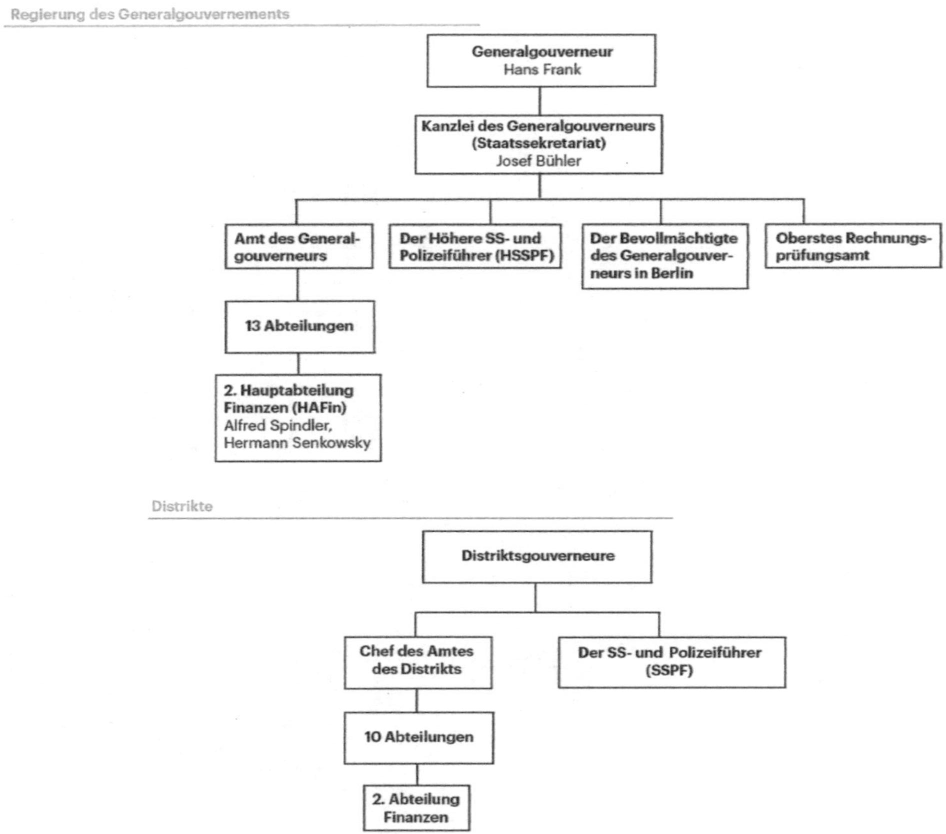

Abbildung 68

Geschäftsverteilungsplan Hauptabteilung Finanzen
bei der Regierung des Generalgouvernements

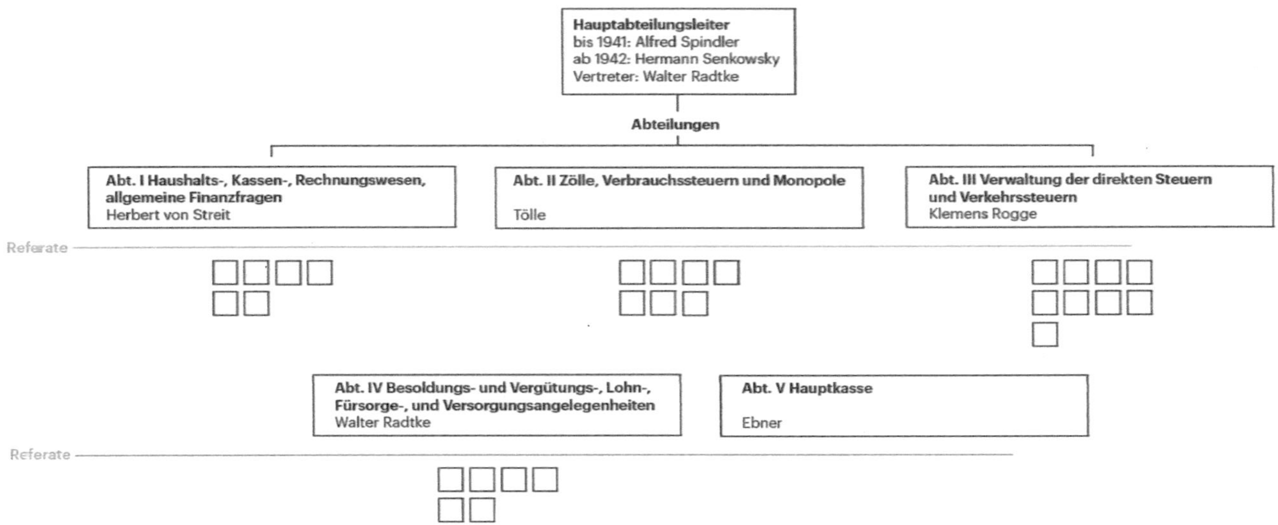

Hauptabteilung Finanzen und ihre Außenstellen, Stand Oktober 1940

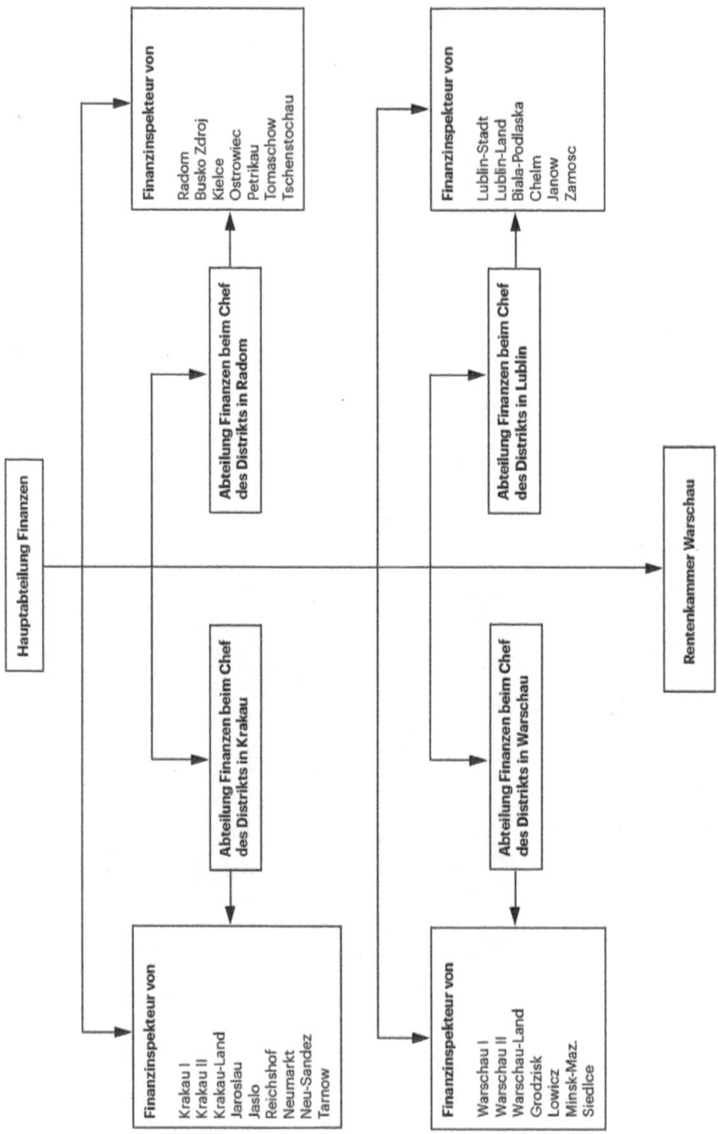

Abbildung 69

Verzeichnis der Tabellen und Abbildungen

Tabellen

Abbildungen

Abkürzungsverzeichnis

a. D.	außer Dienst
AAN	Archiwum Akt Nowych
AA	Auswärtiges Amt
AB-Aktion	Außerordentliche Befriedungsaktion
Abt.	Abteilung
AK	Armia Krajowa
Anh.	Anhang
ANK	Archiwum Narodowe w Krakowie
AO	Anordnung
APL	Archiwum Państwowe w Łodzi
APP	Archiwum Państwowe w Poznaniu
APW	Archiwum Państwowe we Warszawie
BArch	Bundesarchiv Berlin
BDM	Bund Deutscher Mädel
BdS	Befehlshaber der Sicherheitspolizei und des SD
BERKA	Berlin-Karlsruher Industrie-Werke AG
BGB	Bürgerliches Gesetzbuch
BHTO	Beauftragter für die Haupttreuhandstelle Ost
BIPN	Biuletyn Instytutu Pamięci Narodowej
BMF	Bundesministerium der Finanzen
BSt	Beutestelle
BV	Beauftragter für den Vierjahresplan
BW	Bankenwirtschaft (Zeitschrift)
BZKom	Bezirkszollkommissariat
CCPWE	Central Continental Prisoner of War Enclosure
CdZ	Chefs der Zivilverwaltung
COP	Centralny Okręg Przemysłowy
DAF	Deutsche Arbeitsfront
DAW	Deutschen Ausrüstungswerke GmbH
DDZ	Der Deutsche Zollbeamte
DHM	Deutsches Historisches Museum
DN	Dzieje Najnowsze
Dok.	Dokument
DRAnz.	Deutscher Reichsanzeiger
DR	Deutsches Recht
DRK	Deutsches Rotes Kreuz
DSK	Devisenschutzkommando
DStZ	Deutsche Steuerzeitung
Dulag	Durchgangslager

DUT	Deutsche Umsiedlungs-Treuhand GmbH
DVL	Deutsche Volksliste
DVO	Durchführungsverordnung
DWB	Deutsche Wirtschaftsbetriebe GmbH
Dz. U	Dziennik Ustaw
Dz. U. R. P.	Dziennik Ustaw Rzeczypospolitej Polskiej
EB	Emissionsbank
ebd.	ebenda
EWZ	Einwandererzentralstelle
FA	Finanzamt
FDP	Freie Demokratische Partei
FI	Finanzinspektor
FP	Finanzpräsident
FXX	Finanzämter
GB/BHE	Gesamtdeutscher Block/Bund der Heimatvertriebenen und Entrechteten
GBV	Generalbevollmächtigter für die Reichsverwaltung
GBW	Generalbevollmächtigter für die Wirtschaft
GdM	Generaldirektion der Monopole
GenB	Generalbüro
GenGouv	Generalgouverneur
Gestapo	Geheime Staatspolizei
GG	Generalgouvernement
GHTO	Grundstücksgesellschaft der HTO mbH
GIZ	Generalinspektor des Zollgrenzschutzes
GKBZNwP	Główna Komisja Badania Zbrodni Niemieckich w Polsce
GKBZHwP	Główna Komisja Badania Zbrodni Hitlerowskich w Polsce
GK	Główna Komisja
GOP	Górnośląski Okręg Przemysłowy
GStA	Geheimes Staatsarchiv preußischer Kulturbesitz
HAFin	Hauptabteilung Finanzen
HAO	Handelsaufbau Ost GmbH
HASAG	Hugo Schneider A.G.
HGW	Hermann-Göring-Werke
HJ	Hitlerjugend
HLKO	Haager Landkriegsordnung
HSSPF	Höherer SS- und Polizeiführer
HTO	Haupttreuhandstelle Ost
HZA	Hauptzollamt
HZXX	Hauptzollämter
IARA	Inter-Allied Reparation Agency
IfZ	Institut für Zeitgeschichte

IHK	Industrie- und Handelskammer
IMT	International Military Tribunal
IPN	Instytut Pamięci Narodowej
IZ	Instytut Zachodni w Poznaniu
JDC	American Jewish Joint Distribution Committee
JSS	Jüdische Soziale Selbsthilfe
k. A.	keine Angaben
KGL	Kriegsgefangenenlager den Waffen SS Lublin
KWVO	Kriegswirtschaftsverordnung
KZ	Konzentrationslager
LHA	Landeshauptarchiv
LWHG	Lodscher Warenhandelsgesellschaft
Mefo	Metallurgische Forschungsgesellschaft mbH
MinDirig.	Ministerialdirigent
MinDir.	Ministeriadirektor
Mio.	Million(en)
Mrd.	Milliarde(n)
NARA	National Archives and Records Administration
NDB	Neue Deutsche Biografie
n. p.	nicht paginiert
NRW	Nordrhein-Westfalen
NSDAP	Nationalsozialistische Deutsche Arbeiterpartei
NSDAP/AO	Nationalsozialistische Deutsche Arbeiterpartei/Auslandsorganisation
NSKK	Nationalsozialistisches Kraftfahrkorps
NSV	Nationalsozialistische Volkswohlfahrt
NTN	Najwyższy Trybunał Narodowy
o. J.	ohne Jahr
o. O.	ohne Ort
OB	Oberbürgermeister
OBdH	Oberbefehlshaber des Heeres
OFP	Oberfinanzpräsident
OFR	Oberfinanzrat
OKH	Oberkommando des Heeres
OKM	Oberkommando der Marine
OKW	Oberkommando der Wehrmacht
OMGUS	Office of Military Government for Germany (U.S.)
OSTI	Ostindustrie GmbH
OStV	Ost-Steuerhilfe-Verordnung
OrPo	Ordnungspolizei
ORR	Oberregierungsrat
OZI	Oberzollinspektor

Pg.	Parteigenosse
PiS	Prawo i Sprawiedliwość
PKKP	Polska Krajowa Kasa Pożyczkowa
PKWN	Polski Komitet Wyzwolenia Narodowego
PM	Polnische Mark
PWE	Prisoner of War Enclosure
PMWBNZW	Polska Misja Wojskowa Badania Niemieckich Zbrodni Wojennych
RAD	Reichsarbeitsdienst
RB	Reichsbank
RBD	Reichsbankdirektorium
RBV	Reichsbauverwaltung
RdF	Reichsminister der Finanzen
RdJ	Reichsminister der Justiz
RegGG	Regierung des Generalgouvernements
RegRat	Rergierungsrat
REM	Reichsministerium für Wissenschaft, Erziehung und Volksbildung
RFM	Reichsfinanzministerium
RFSSuChdDP	Reichsführer SS und Chef der Deutschen Polizei
RFSS	Reichsführer SS
RFV	Reichsfinanzverwaltung
RH	Rechnungshof
RHK	Reichshauptkasse
RHO	Reichshaushaltsordnung
Rj	Rechnungsjahr
RMJ	Reichsministerium der Justiz
RMRK	Reichsministerium für Rüstung und Kriegsproduktion
RKF	Reichskommissar für die Festigung deutschen Volkstums
RKK	Reichskreditkassen
RKO	Reichskassenordnung
RKV	Reichskommissar für die Behandlung feindlichen Vermögens
RMdI	Reichsministerium des Innern
RMEL	Reichsministerium für Ernährung und Landwirtschaft
RMfdbO	Reichsministerium für die besetzten Ostgebiete
RMVP	Reichsministerium für Volksaufklärung und Propaganda
RP	Rzeczpospolita Polska
RSHA	Reichssicherheitshauptamt
RStH	Reichsstatthalter
RuSHA	Rasse- und Siedlungshauptamt
RV	Reichsverteidigung
RVL	Reich-Volksordnung-Lebensraum
RVM	Reichsverkehrsministerium

RWiM	Reichswirtschaftsministierum
RWM	Reichswirtschaftsministerium
SA	Sturmabteilung
SD	Sicherheitsdienst
SFr.	Schweizer Franken
Sipo	Sicherheitspolizei
SMS	Seiner Majestät Schiff
SNB	Schweizerische Nationalbank
Sopade	Sozialdemokratischen Partei Deutschlands
SPD	Sozialdemokratische Partei Deutschlands
SRP	Sozialistische Reichspartei
SSPF	SS- und Polizeiführer
SS	Schutzstaffel
StA	Staatsarchiv
StAB	Staatsarchiv Bremen
Stalag	Straflager
StAmtm	Steueramtmann
StAN	Staatsarchiv Nürnberg
StI	Steuerinspektor
StS	Staatssekretär
SU	Sowjetunion
SWG	Siedlerwirtschaftsgemeinschaft
TVG	Treuhand-Verwertungs-GmbH
UB	Urząd Bezpieczeństwa
UdSSR	Union der Sozialistischen Sowjetrepubliken
UFA	Universum Film AG
UNWCC	United Nations War Crimes Commission
UPA	Ukrainska Powstancza Armia
USA	United States of America
USHMM	United States Holocaust Memorial Museum
UStS	Unterstaatssekretär
UWZ	Umwandererzentralstelle
VfZ	Vierteljahreshefte für Zeitgeschichte
VGAD	Verstärkter Grenzaufsichtsdienst
Vgl.	vergleiche
VSWG	Vierteljahresschrift für Sozial- und Wirtschaftsgeschichte
VoMi	Volksdeutsche Mittelstelle
VO	Verordnung
VVG	Verwaltungs- und Verwertungsgesellschaft der HTO
VVSt	Vermögensverkehrsstelle
VW	Volkswagen

WFDiF	Wytwórnia Filmów Dokumentalnych i Fabularnych
WHW	Winterhilfswerk
Wifo	Wirtschaftliche Forschungsgesellschaft mbH
WVHA	Wirtschaftsverwaltungshauptamt
ZAL	Zwangsarbeitslager
ZAmtm.	Zollamtmann
ZfG	Zeitschrift für Geschichte
ZfZ	Zeitschrift für Zollbeamte
ZgStW	Zeitschrift für die gesamte Staatswissenschaft
ZGS	Zollgrenzschutz
ZI	Zollinspektor
ZWZ	Związek Walki Zbrojnej

Quellenverzeichnis

Deutschland

Bundesarchiv Berlin (BArch)

R 2: Reichsministerium der Finanzen

R 2 Anhang: Restverwaltung des ehemaligen Reichsfinanzministeriums

R 2104: Reichshauptkasse

R 2109: Reichsfinanzschule Ilmenau

R 2301: Rechnungshof des Deutsches Reiches

R 2501: Deutsche Reichsbank

R 29: Hauptverwaltung der Reichskreditkassen

R 43: Reichskanzlei

R 52: Regierung des Generalgouvernements

R 52 I: Kommissar für die Behandlung feindlichen Vermögens im GG

R 52 II: Kanzlei des Generalgouverneurs

R 52 III: Hauptabteilung Innere Verwaltung des Generalgouvernements

R 52 VI: Hauptabteilung Wirtschaft

R 6: Reichsminister für die besetzten Ostgebiete

R 62: Geschäftsführende Reichsregierung Dönitz

R 70 Polen: Polizeidienststellen in den eingegliederten und besetzten Gebieten

NS 6: Partei-Kanzlei der NSDAP

NS 19: Persönlicher Stab Reichsführer-SS

Plak 003: Nationalsozialistische Herrschaft in Deutschland und Europa

R 102 I-IV: Distrikt- und Kreisverwaltung im Generalgouvernement

R 110: Dienststellen des Zollgrenzschutzes

R 110 Anhang: Anhang R 110 (Zollgrenzschutz)

BDC: Berlin Document Center

Bundesarchiv Militärarchiv Freiburg i. B. (BArchMA)

N 1711: Nachlass Kries

N 234: Nachlass Franz von Trotts genannt Treyden

N 30: Nachlass Hans von Beseler

RH 15: Allgemeines Heeresamt

RH 22: Befehlshaber rückwärtige Heeresgebiete

RH 26/221: 221. Infanterie-Division

RH 53-23: Militärbefehlshaber im Generalgouvernement

RW 21-36: Rüstungskommando Leipzig

RW 23: Rüstungsdienststellen im Generalgouvernement

Bundesarchiv Koblenz

N 1470: Nachlass Robert Kempner

Z 33: Chefinspektion des Zollgrenzschutzes Britische Zone

Bildarchiv des Bundesarchivs

Sammlungen

Finanzakademie Brühl

Finanzgeschichtliche Sammlung Brühl

Herder Institut

Dokumente und Materialien zur ostmitteleuropäischen Geschichte

Deutsche Besatzungspolitik in Polen 1939–1945

Institut für Zeitgeschichte München (IfZ)

ED 177: Archiv des ehemaligen Reichsfinanzministeriums

ED 600: Reichsfinanzministerium

MA 120: Frank, Hans

ZS: Zeugenschrifttum

Landesarchiv Berlin

B Rep. 039-01: Archiv für Wiedergutmachung bei dem Landgericht Berlin

B Rep. 057-01: Generalstaatsanwaltschaft bei dem Kammergericht/Arbeitsgruppe RSHA

Staatsarchiv Nürnberg (StAN)

Rep 502 KV-Anklage: Nürnberger Dokumente Fall 11

Rep. 502 KV-Anklage: Interrogations

Rep. 501 KV-Prozesse Fall 11: „Wilhelmstrassenprozess", Ministercase, Verteidigungsdokumente

Staatsarchiv München (StAM)

SpKA K 1401: Spruchkammerverfahren gegen Fritz Reinhardt

International Tracing Service (ITS)/Arolsen Archives

Digital Collections Online

Geheimes Staatsarchiv preußischer Kulturbesitz

Rep 90 Hauptabteilung II P

Staatsarchiv Bremen

Spruchkammerakten

Deutsches Rundfunkarchiv Wiesbaden

Erklärung der Reichsregierung vor dem Deutschen Reichstag, 1. September 1939

Israel

Yad Vashem

O.4: Trial documentation – Collected in Israel for Trials of War Criminals

O.51: Nazi Documentation

Österreich

Österreichisches Staatsarchiv (ÖStA)

AT-OeStA/AdR MilEv ZGS: Zollgrenzschutz

AT-OeStA/FHKA SuS Pers GBBl: Grundbuchblätter von Beamten der Hofkammer und des Finanzministeriums, Buchstabe Sa-Su (1770–1938)

Bildarchiv Austria

KS 16216866; 1914–1918/V

Wiener Stadt- und Landesarchiv

Bestand 2.3.14: Volksgericht | 1945–1966

Polen

Archiwum Akt Nowych (AAN)

10: Ministerstwo Skarbu w Warszawie

11: Ministerstwo Spradwiedliwosci w Warszawie

12: Ministerstwo Przemyslu i Handlu w Warszawie

111: Rząd Generalnego Gubernatorstwa w Krakowie

113: Ośrodek Informacyjny Generalnego Gubernatorstwa w Berlinie

114: Akta prywatne dra Hansa Franka

115: Komisarz do Spraw Mienia Nieprzyjacielskiego w GG w Krakowie

116: Narodowo-Socjalistyczna Niemiecka Partia Robotnicza. Obwód w GG.

117: Centralny Urząd Rolniczy w Krakowie

119: Urzędy i instytucje Okręgu Galicja

120: Niemieckie Towarzystwo Przesiedleńczo-Powiernicze z o.o. Centrala w Berlinie

122: Zbiór druków niemieckich 1939–1944

540: Der Stadthauptmann in Lemberg/Starostwo Miejskie we Lwowie

583: Der Bankdirigent der Emissionsbank in Polen

584: Bank Emisyjny w Polsce. Zarząd Główny w Krakowie

585: Bank Emisyjny w Polsce. Oddział Główny Kraków

842: Prokuratura Generalna w Warszawie

2386: Biuro Likwidacyjne ds. Prywatnych Zakładów Ubezpieczeń w Warszawie

Instytut Pamici Narodowej (IPN) w Warszawie

198 (GK 94): Regierung des GG

10: Der Kommandeur der Gendamerie beim Regierungspräsidenten Litzmannstadt

1006/7: United Nations War Crimes Commission

1009: Der Internationale Militärgerichtshof in Nürnberg

1015: Die Polnische Kriegsmission zur Erforschung der Kriegsverbrechen

1046: Archiv Jan Sehn

1059: Sammlung der Aushänge und Plakate der Zentralregierung des Dritten Reiches, Reg. GG, der angegliederten Ostgebiete, Protektorat, Deutsche Herresverwaltung

1085: Sammlung zur deutschen Okkupation in Polen

Instytut Pamici Narodowej (IPN) w Katowicach

1743: Okregowa Komisja Badania Zbrodni przeciwko Narodowi Polskiemu

Narodowe Archiwum Cyfrowe (NAC)

Okres II wojny światowej

Archiwum Pastwowe w Łodzi (APL)

221: Akta miasta Lodzi – Ghettoverwaltung

278: Przełożony Starszeństwa Żydów w Getcie Łódzkim

Archiwum Pastwowe w Poznaniu (APP)

299: Namiestnik Rzeszy w Okręgu Kraju Warty – Poznań

759: Urząd Powierniczy w Poznaniu

Archiwum Pastwowe m.st. Warszawy (APW)

1056: Kreishauptmannschaft Mińsk

1058: Hauptzollamt Plöhnen

1620: Zbiór fotografii z II wojny światowej 1939–1945

1978: Zbiór dokumentów z okresu II wojny światowej

482: Amt des Gouverneurs des Distrikts Warschau, SSPF und Transferstelle

483: Der Obmann des Judenrates in Warschau

485: Stadthauptmannschaft Warschau

491: Kreishauptmannschaft Łowicz – Skierniewice

Archiwum Pastwowe w Katowicach (APK)

124: Haupttreuhandstelle Ost Treuhandstelle Kattowitz

1181: Finanzamt in Krenau

1435: Finanzamt Tarnowitz

2129: Zollfahndungsstelle Kattowitz

Instytut Pamici Narodowej w Krakowie (IPNKr)

502/1349: Sad Okregowy w Krakowie

Archiwum Narodowej w Krakowie (ANK)

302: Generaldirektion der Monopole- Salzmonopol

316: Zollfahndungstelle Krakau

426: Akta niemieckich władz, instytucji i osób z czasów okupacji hitlerowskiej – zbiór szczątków zespołów

Żydowski Instytut Historyczny (ZIH)

344: Materiały z procesów zbrodniarzy wojennych. 1946–1962

USA

National Archives and Records Administration(NARA)

Record Group 260: Records Regarding Intelligence and Financial Investigations, compiled 1948–1949, documenting the period 1945–1949

American Jewish Joint Contribution Committee (JDC)

1945–1954 New York Collection

Literatur

Volk und Wirtschaft im ehemaligen Polen, bearbeitet in der volkswirtschaftlichen Abteilung der Dresdner Bank, Berlin 1939.

Haushaltsplan des Generalgouvernements für das Rechnungsjahr 1940, Krakau 1940.

Adler, Hans Günther, Der verwaltete Mensch. Studien zur Deporation der Juden aus Deutschland, Tübingen 1974.

Ahlers, Johannes, Polen. Volk, Staat, Kultur, Politik und Wirtschaft, Berlin 1935.

Ahrens, Ralf, Die nationalsozialistische Raubwirtschaft im Wilhelmstraßen-Prozess, in: Priemel, Kim C./Stiller, Alexa (Hrsg.), NMT. Die Nürnberger Militärtribunale zwischen Geschichte, Gerechtigkeit und Rechtschöpfung, Hamburg 2013, S. 353–375.

Alberti, Michael, „Exerzierplatz des Nationalsozialismus". Der Reichsgau Warteland 1939–1945, in: Mallmann, Klaus-Michael/Musial, Bogdan (Hrsg.), Genesis des Genozids. Polen 1939–1941, Darmstadt 2004, S. 111–126.

Alberti, Michael, Die Verfolgung und Vernichtung der Juden im Reichsgau Wartheland 1939–1945 (= Deutsches Historisches Institut Warschau Quellen und Studien), Bd. 17, Wiesbaden 2006.

Alberti, Michael, „Niederträchtige Perfidie, gemeine, unermessliche Gier und kalte, berechnende Grausamkeit...". Die „Endlösung der Judenfrage" im Reichsgau Wartheland, in: Młynarczyk, Jacek Andrzej/Böhler, Jochen (Hrsg.), Der Judenmord in den eingegliederten polnischen Gebieten, Osnabrück 2010, S. 117–142.

Aly, Götz, „Endlösung". Völkerverschiebung und der Mord an den europäischen Juden, Frankfurt am Main 1996.

Aly, Götz, Hitlers Volksstaat. Raub, Rassenkrieg und nationaler Sozialismus, Bonn 2005.

Aly, Götz/Heim, Susanne, Die Ökonomie der „Endlösung", in: Sozialplanung und Judenvernichtung, Bd. 5, Berlin 1987, S. 11–90.

Aly, Götz/Heim, Susanne, Bevölkerungsstruktur und Massenmord. Neue Dokumente zur deutschen Politik der Jahre 1938–1945, Berlin 1991.

Aly, Götz/Heim, Susanne, Vordenker der Vernichtung. Auschwitz und die deutschen Pläne für eine europäische Ordnung, 1. Auflage, Frankfurt am Main 1991.

Anonymous, German Occupation of Poland Extract of Note Addressed to the Allied and Neutral Powers, New York 1940.

Anonymous, Documents Relating to the Administration of Occupied Countries in Eastern Europe. No. 1: German Exploitation of Polish Forests; No. 2: German Destruction of Cultural Life in Poland; No. 8/9: Extermination of the Polish People and Colonization by German Nationals, New York 1941.

Anonymous, Lohnsteuer und Sozialausgleichsabgabe der Polen und Juden mit Tabellen, Stuttgart 1941.

Arad, Ytzzhak, Belzec, Sobibor, Treblinka. The Operation Reinhard Death Camps, Bloomington Indiana 1987.

Arbeitswiss. Institut der Deutschen Arbeitsfront (Hrsg.), Polen. Geschichte und Wirtschaft, Berlin 1939.

Baedeker, Karl (Hrsg.), Baedeckers Generalgouvernement, Leipzig 1943.

Baedeker, Karl (Hrsg.), „Baedekers Generalgouvernement" von 1943. Ein NS-Reiseführer für das besetzte Polen, Bonn: Landeszentrale für politische Bildung Hamburg 2020.

Bajohr, Frank, „Arisierung“ in Hamburg. Die Verdrängung der jüdischen Unternehmer 1933–1945, Hamburg 1997.

Bajohr, Frank, Parvenüs und Profiteure. Korruption in der NS-Zeit, Frankfurt am Main 2004.

Balawejder, Edward, Państwowe Muzeum na Majdanku w latach 1944–1947. Wybór dokumentów, Lublin 2004.

Bank für Internationalen Zahlungsausgleich (Hrsg.), Zwölfter Jahresbericht. 1. April 1941 bis 31. März 1942, Basel 1942.

Banken, Ralf, Das nationalsozialistische Devisenrecht als Steuerungs- und Diskriminierungsinstrument 1933–1945, in: Bähr, Johannes/Banken, Ralf (Hrsg.), Die Wirtschaftssteuerung durch Recht im Nationalsozialismus. Studien zur Entwicklung des Wirtschaftsrechts im Interventionsstaat des „Dritten Reiches“, Frankfurt am Main 2006, S. 121–236.

Banken, Ralf, Edelmetallmangel und Großraubwirtschaft. Die Entwicklung des deutschen Edelmetallsektors im „Dritten Reich“ 1933–1945, Berlin 2009.

Banken, Ralf, „Hiergegen kann nur mit freier Fahndung eingeschritten werden“. Die Arbeit der deutschen Devisenschutzkommandos 1938 bis 1944. in: Berghoff, Hartmut/Kocka, Jürgen/Ziegler, Dieter (Hrsg.), Wirtschaft im Zeitalter der Extreme, München 2010, S. 377–393.

Banken, Ralf; Caplan, Jane u. a. (Hrsg.), Hitlers Steuerstaat. Die Steuerpolitik im Dritten Reich (= Das Reichsfinanzministerium im Nationalsozialismus), Bd. 2, Berlin, Bosten 2018.

Banken, Ralf/Bräu, Ramona, „Herrenloses Gut“. Raub und Verwertung mobilen polnischen Eigentums im Zweiten Weltkrieg, in: Kempe, Michael/Suter, Robert (Hrsg.), Res nullius. Zur Genealogie und Aktualität einer Rechtsformel, Berlin 2015, S. 153–174.

Baranowkski, Julian/Nowinowski, Sławomir (Hrsg.), Getto Łódzkie. Litzmannstadt Getto 1940–1944, Łódź 2009.

Baranowski, Włodzimierz, Administracja okupacjna w Generalnym Gubernatorstwie. Materiały Biura Prac Administracji, Londyn 1942.

Barkai, Avraham, Vom Boykott zur „Entjudung“. Der wirtschaftliche Existenzkampf der Juden im Dritten Reich 1933–1943, Frankfurt am Main 1988.

Bathe, Horst/Kumpf, Johann Heinrich, Die Mittelbehörden der Reichsfinanzverwaltung und ihre Präsidenten 1919–1945, Brühl 1999.

Becker, Wolfgang, Film und Herrschaft. Organisationsprinzipien und Organisationsstrukturen der nationalsozialistischen Filmpropaganda, Berlin 1973.

Behnken, Klaus (Hrsg.), Deutschland-Berichte der Sozialdemokratischen Partei Deutschlands (Sopade) 1934–1940, Siebter Jahrgang 1939, Frankfurt am Main 1980.

Behnken, Klaus (Hrsg.), Deutschland-Berichte der Sozialdemokratischen Partei Deutschlands (Sopade) 1934–1940, Siebter Jahrgang 1940, Frankfurt am Main 1980.

Benz, Wolfgang, Typologien der Herrschftsformen in den Gebieten unter deutschem Einfluss, in: Benz, Wolfgang/Cate, Johannes Houwnik ten/Otto, Gehrhard (Hrsg.), Die Bürokratie der Okkupation. Strukturen der Herrschaft und Verwaltung im besetzten Europa (= Nationalsozialistische Besatzungspolitik in Europa 1939–1945), Bd. 4, Berlin 1998, S. 11–26.

Berenstein, Tatjana, O podłożu gospodarczym sporów między władzami administracyjnymi a policyjnymi w Gernalej Guberni, in: BZIH 53 (1965), S. 33–58.

Berenstein, Tatjana u. a., Faschismus-Getto-Massenmord, Berlin (Ost) 1961.

Berenstein, Tatjana/Rutkowski, Adam, Grabieżcza polityka gospodarcza hitlerowskiej administracji wojskowej w Polsce, in: BZIH 42 (1962), S. 61–87.

Bergen, Doris L., Instrumentalization of „Volksdeutschen“ in German Propaganda in 1939. Replacing/Erasing Poles, Jews and other Victims, in: German Studies 31 (2008), S. 447–470.

Berger, Sara, Experten der Vernichtung. Das T4-Reinhardt-Netzwerk in den Lagern Belzec, Sobibor und Treblinka (= Studien zur Gewaltgeschichte des 20. Jahrhunderts), Hamburg 2013.

Best, Werner, Die bisherige polnische Verwaltung, in: Deutsche Verwaltung 16 (1939), S. 240–241.

Best, Werner, Die bisherige polnische Verwaltung, in: DR 9 (1939), S. 1805–1807.

Best, Werner; Stuckart, Wilhelm (Hrsg.), Die Verwaltung in Polen. Vor und nach dem Zusammenbruch der Polnischen Republik (= Das Reich in Bereitschaft. Recht, Gesetzgebung, Verwaltung. Nach Bedürfnissen der Praxis in zwangloser Folge), Berlin 1940.

Best, Werner, Völkische Großraumordnung. Rezension zu Carl Schmitt: Völkerrechtliche Großraumordnung mit Interventionsverbot für raumfremde Mächte. Ein Beitrag zum Reichsbegriff im Völkerrecht, in: DR 10 (1940), S. 1006–1007.

Best, Werner, Die deutschen Aufsichtsverwaltungen in Frankreich, Belgien, den Niederlanden, Dänemark und im Protektorat Böhmen und Mähren, Paris 1941.

Best, Werner, Grundfragen einer deutschen Großraum-Verwaltung, in: Festgabe für Heinrich Himmler, Darmstadt 1941, S. 33–60.

Best, Werner, Großraumordnung und Großraumverwaltung, in: Zeitschrift für Politik 32 (1942), S. 406–412.

Bildungswerk Stanisław Hantz e.V. und der Forschungsstelle Ludwigsburg der Universität Stuttgart (Hrsg.), Fotos aus Sobibor. Die Niemann-Sammlung zu Holocaust und Nationalsozialismus, Berlin 2020.

Bingen, Dieter/Hinz, Hans-Martin, Die Schleifung. Zerstörung und Wiederaufbau historischer Bauten in Deutschland und Polen, Wiesbdaen 2005.

Birn, Ruth Bettina, Die Höheren SS- und Polizeiführer. Himmlers Vertreter im Reich und in den besetzten Gebieten, Düsseldorf 1986.

Biuro Odszkodowań Wojennych przy Prezydium Rady Ministrów, Sprawozdanie w przedmiocie strat i szkód wojennych Polski w latach 1939–1945, Warszawa 1947.

Boberach, Heinz (Hrsg.), Meldungen aus dem Reich. Die geheimen Lageberichte des Sicherheitsdienstes der SS 1938–1945, Herrsching 1984.

Boelcke, Willi A., Die Kosten von Hitlers Krieg. Kriegsfinanzierung und finanzielles Kriegserbe in Deutschland 1933–1948, Paderborn 1985.

Borecka, Emilia (Hrsg.), Exodus Warszawy. Ludzie i miasto po Powstaniu 1944, Warszawa 1992.

Borodziej, Włodzimierz, Der Warschauer Aufstand 1944, Frankfurt am Main 2004.

Borodziej, Włodzimierz, Geschichte Polens im 20. Jahrhundert, München 2010.

Borowik, Józef, Gdynia. Polands gateway to the sea, Toruń 1933.

Borwicz, Michał M./Rost, Nella/Wulf, Józef (Hrsg.), Dokumenty zbrodni i męczeństwa, Kraków 1945.

Bracher, Karl Dietrich, Die Auflösung der Weimarer Republik. Eine Studie zum Problem des Machtverfalls in der Demokratie, Villingen 1971.

Breyhan, Christian, 40 Jahre Reichsfinanzverwaltung, in: Die öffentliche Verwaltung 12 (1959).

Broszat, Martin, Zweihundert Jahre deutsche Polenpolitik, München 1963.

Broszat, Martin, Nationalsozialistische Polenpolitik 1939–1945, Frankfurt am Main, Hamburg 1965.

Browning, Christopher, Ganz normale Männer. Das Reserve-Polizeibataillon 101 und die „Endlösung“ in Polen, Reinbek 2002.

Browning, Christopher, Die Entfesselung der Endlösung. Nationalsozialistische Judenpolitik 1939–1942, Berlin 2006.

Brustin-Berenstein, Tatiana, O hitlerowskich metodach eksploatacji gospodarczej getta warzawskiego, in: BZIH 4 (1953), S. 3–52.

Bräu, Ramona, „Arisierung“ in Breslau. Die „Entjudung“ einer deutschen Großstadt und deren Entdeckung im polnischen Erinnerungsdiskurs, Saarbrücken 2008.

Bräu, Ramona, Zwangsarbeit – Rüstung – Volksgemeinschaft. Die Leipziger Rüstungsfirma Hugo Schneider AG im „Dritten Reich“ – Versuch einer Einordnung, in: Schötz, Susanne (Hrsg.), Leipzigs Wirtschaft in Vergangenheit und Gegenwart. Akteure, Handlungsspielräume, Wirkungen (1400–2011), Leipzig 2012, S. 337–354.

Bräutigam, Otto, So hat es sich zugetragen. Ein Leben als Soldat und Diplomat, 1968.

Buchheim, Christoph, Die besetzten Länder im Dienste der deutschen Kriegswirtschaft während des Zweiten Weltkriegs. Ein Bericht der Forschungsstelle für Wehrwirtschaft, in: VfZ Jahrgang 34 (1986), Nr. 1, S. 117–145.

Buchheim, Hans, Die Höheren SS- und Polizeiführer, in: VfZ (1963), Nr. 11, S. 362–391.

Buchhofer, Ekkehard, Polen. Raumstrukturen – Raumprobleme, Frankfurt am Main 1981.

Buell, Raymond Leslie, Poland. Key to Europe, New York 1939.

Bähr, Johannes/Lesczenski, Jörg/Ziegler, Dieter (Hrsg.), Vertrauensbildung als Auftrag. Von der deutsch-amerikanischen Treuhandgesellschaft zur KPMG AG, Berlin 2015.

Böhler, Jochen, Auftakt zum Vernichtungskrieg. Die Wehrmacht in Polen 1939, Frankfurt am Main 2006.

Böhler, Jochen, Der Überfall. Deutschlands Krieg gegen Polen, Frankfurt an Main 2009.

Böhler, Jochen, Die Judenverfolgung im deutsch besetzten Polen zur Zeit der Militärverwaltung 1. September bis 25. Oktober 1939, in: Młynarczyk, Jacek Andrzej/Böhler, Jochen (Hrsg.), Der Judenmord in den eingegliederten polnischen Gebieten, Osnabrück 2010, S. 79–98.

Böhler, Jochen, Europas „wilder Osten“, Gewalterfahrungen in Mitteleuropa 1917–1923, in: Osteuropa 64 (2014), Nr. 2, S. 141–156.

Böhler, Jochen, Civil war in Central Europe 1918–1921. The reconstruction of Poland (Habilitationsschrift), Jena 2019.

Böhler, Jochen/Borodziej, Włodzimierz/Puttkamer, Joachim von (Hrsg.), Legacies of Violence. Eastern Europe's First World War, München 2014.

Bömelburg, Hans-Jürgen (Hrsg.), Lohn der Gewalt. Beutepraktiken von der Antike bis zur Neuzeit, Paderborn 2011.

Bömelburg, Hans-Jürgen/Musial, Bogdan, Die deutsche Besatzungspolitik in Polen 1939–1945, in: Borodziej, Włodzimierz (Hrsg.), Deutsch-polnische Beziehungen 1939 – 1945 – 1949, Osnabrück 2000.

Bühler, Josef (Hrsg.), Das Generalgouvernement. Seine Verwaltung und seine Wirtschaft. Sammlung von Beiträgen der ersten wissenschaftlichen Vortragsreihe der Verwaltungsakademie des Generalgouvernements, Krakau 1943.

Chodakiewicz, Marek Jan, Between Nazis and Soviets. A Case Study of Occupation Politics in Poland, 1939–1947, Lanham 2004.

Chwalba, Andrzej (Hrsg.), Dzieje Krakowa. Kraków w latach 1939–1945, Bd. 5, Kraków 2002.

Chwalba, Andrzej, Okupacyjny Kraków w latach 1939–1945, Kraków 2011.

Conrad, Benjamin, Umkämpfte Grenzen, umkämpfte Bevölkerung. Die Entstehung der Staatsgrenzen der Zweiten Polnischen Republik 1918–1923, Stuttgart 2014.

Conze, Eckart u. a. (Hrsg.), Das Amt und die Vergangenheit. Deutsche Diplomaten im Dritten Reich und in der Bundesrepublik, München 2010.

Conze, Werner, Die ländliche Überbevölkerung in Polen, in: Gusti, D. (Hrsg.), Arbeiten des XIV: Internationalen Soziologen-Kongresses, Bukarest 1940, S. 40–48.

Crettol, Vincent/Halbeisen, Patrick, Die währungspolitischen Hintergründe der Goldtransaktionen der Schweizerischen Nationalbank im Zweiten Weltkrieg, Zürich 1999.

Creuzberger, Stefan/Gebbert, Dominik (Hrsg.), Die Ämter und ihre Vergangenheit. Ministerien und Behörden im geteilten Deutschland 1949–1972, Bonn 2019.

Curilla, Wolfgang, Der Judenmord in Polen und die deutsche Ordnungspolizei 1939–1945, Paderborn 2011.

Ćwikliński, Krzysztof, Proces. Sztuka w jednym akcie (Teatr Polskiego Radia), 2012.

Cyprian, Tadeusz/Sawicki, Jerzy, Siedem procesów przed Najwyższym Trybunałem Narodowym, Poznań 1962.

Czerniaków, Adam, Das Tagebuch des Adam Czerniaków. Im Warschauer Ghetto 1939–1942, München 2013.

Czerniaków, Adam/Fuks, Marian (bearbt.), Adama Czerniakowa dziennik getta warszawskiego 6 IX 1939-23 VII 1942, Warszawa 1983.

Czubiński, Antoni, Walka o granice wschodnie polski w latach 1918–1921, Opole 1993.

Dallin, Alexander, Deutsche Herrschaft in Russland 1941–1945. Eine Studie über Besatzungspolitik, Düsseldorf 1958.

Datner, Szymon, Zburzenie Warszawy, in: Straty wojenne Polski, Poznań 1962, S. 107–133.

Datner, Szymon/Leszczyński, Kazimierz (Hrsg.), Zbrodnie okupanta w czasie powstania warszawskiego w 1944 roku (w dokumentach), Warszawa 1962.

Davies, Norman, White Eagle, Red Star. The Polish-Soviet War 1919–1920, New York 1972.

Davies, Norman, Rising '44, London 2004.

Davies, Norman, Im Herzen Europas. Geschichte Polens, München 2006.

Dean, Martin, Die Beraubung der europäischen Juden im Vergleich, in: Goschler, Constantin/Ther, Philipp (Hrsg.), Raub und Restitution. „Arisierung“ und Rückerstattung des jüdischen Eigentums in Europa, Frankfurt am Main 2003, S. 26–41.

Decroll, Axel, Der Fiskus als Verfolger. Die steuerliche Diskriminierung der Juden in Bayern 1933–1941/42, München 2009.

Deresiewicz, Janusz, Okupacja niemiecka na ziemiach polskich włączonych do Rzeszy. 1939–1945, Poznań 1950.

Deuchler, Florens, Beute und Triumph. Zum kulturgeschichtlichen Umfeld antiker und mittelalterlicher Kriegstrophäen, Berlin/Boston 2015.

Dingell, Jeanne, Zur Tätigkeit der Haupttreuhandstelle Ost. Treuhandstelle Posen 1939–1945, Frankfurt am Main u.a. 2003.

Dmitrów, Edmund, Vergangenheitspolitik in Polen 1945–1989, in: Borodziej, Włodzimierz (Hrsg.), Deutsch-polnische Beziehungen 1939 - 1945 - 1949, Osnabrück 2000.

Dolibois, John E., Pattern of Circles. An Ambassador's Story, Kent u.a. 1989.

Dolibois, John E., The Class of 1945, in: World War II Chronicles XXXI (2005).

Domarus, Max, Hitler, Reden und Proklamationen 1932–1945, kommentiert von einem deutschen Zeitgenossen, Würzburg 1988.

Dopierała, Bogdan, Wokół polityki morskiej Drugiej Rzeczypospolitej. Skice historyczne, Poznań 1978.

Drozdowski, Marian, Polityka gospodarcza rzadu polskiego 1936–1939, Warszawa 1963.

Dąbrowski, Jan (Hrsg.), Kraków pod rządami wroga 1939–1945, Kraków 1946.

Eberhardt, Adam u. a., Szkody wyrządzone Polsce podczas II wojny światowej przez agresora niemieckiego. Historia dociekań i szacunków, in: Góralski, Witold M. (Hrsg.), Problem reparacji, odszkodowań i świadczeń w stosunkach polsko-niemieckich 1944–2000, Warszawa 2004, S. 11–54.

Eckert, Marian, Historia Polski 1914–1939, Warszawa 1990.

Eichholtz, Dietrich, Geschichte der deutschen Kriegswirtschaft 1939–1945. Nachdr. der Ausg., Berlin, Akad.-Verl., 1969–1996, erg. durch ein Vorw., kritische Randbemerkungen und ein Gesamtreg. Bd. 1, München 1999.

Eisenblätter, Gerhard, Grundlinien der Politik des Reiches gegenüber dem Generalgouvernement 1939–1944, Frankfurt am Main 1969.

Eisfeld, Alfred/Hausmann, Guido/Neuratz, Dietmar (Hrsg.), Besetzt, interniert, deportiert. Der Erste Weltkrieg und die deutsche, jüdische, polnische und ukrainische Zivilbevölkerung im östlichen Europa, Essen 2013.

Erinnerung und Zukunft e.V. (Hrsg.), Geschichte der Juden in Bremen und Umgebung, 2. Auflage, Bremen 2009.

Eulitz, Walter, Der Zollgrenzdienst. Seine Geschichte vom Beginn des 19. Jahrhunderts bis zur Gegenwart, Bonn 1968.

Fachschriftleitungen des Bibliographischen Instituts (Hrsg.), Schlag nach über Polen. Wissenswerte Tatsachen, Übersichten, Tabellen und Karten nebst einer sechsfarbigen Übersichtskarte von Polen, Leipzig 1939.

Fałkowski, Wojciech (Hrsg.), Raport o stratach wojennych Warszawy, Warszawa 2004.

Felber, Ulrike/Melichar, Peter (Hrsg.), Ökonomie der Arisierung. Grundzüge, Akteure und Institutionen, Bd. 10, Vermögensentzug während der NS-Zeit sowie Rückstellungen und Entschädigungen seit 1945 in Österreich Auflage, Wien 2004.

Fest, Joachim, Speer. Eine Biographie, Berlin 1999.

Fischer, Fritz, Griff nach der Weltmacht. Die Kriegszielpolitik des kaiserlichen Deutschland 1914/18, Düsseldorf 2014.

Fleischhauer, Ingeborg, Der deutsch-sowjetische Grenz- und Freundschaftsvertrag vom 28. September 1939. Die deutschen Aufzeichnungen über die Verhandlungen zwischen Stalin, Molotov und Ribbentrop in Moskau, in: VfZ 39 (1991), Nr. 3, S. 447–470.

Fraenkel, Ernst, The dual state. A contribution to the theory of dictatorship, New York u.a. 1941.

Frank, Hans, Deutsche Ordnung und polnische Wirtschaft. Die straffe deutsche Führung im Generalgouvernement, in: Schulungsbrief 8 (1941), Nr. 5/6.

Frei, Norbert, Vergangenheitspolitik. Die Anfänge der Bundesrepublik und die NS-Vergangenheit, München 1996.

Freundlich, Elisabeth, Die Ermordung einer Stadt namens Stanislau. NS-Vernichtungspolitik in Polen 1939–1945, Wien 1986.

Friedenberger, Martin, Fiskalische Ausplünderung. Die Berliner Steuer- und Finanzverwaltung und die jüdische Bevölkerung 1933–1945, Berlin 2008.

Die Reichsfinanzverwaltung im Nationalsozialismus (= Veröffentlichungen der Gedenk- und Bildungsstätte Haus der Wannsee-Konferenz), Bd. 1, Bremen 2002.

Friedländer, Saul, Das Dritte Reich und die Juden. Verfolgung und Vernichtung 1933–1945, Bonn 2006.

Friedrich, Klaus-Peter, Zusammenarbeit und Mittäterschaft in Polen 1939–1945, in: Dieckmann, Christoph/Quinkert, Babette/Tönsmeyer, Tatjana (Hrsg.), Kooperation und Verbrechen. Formen der „Kollaboration" im östlichen Europa 1939–1945, Göttingen 2003, S. 113–150.

Friedrich, Klaus-Peter (Hrsg.), Die Verfolgung und Ermordung der europäischen Juden durch das nationalsozialistische Deutschland 1933–1945. Polen Generalgouvernement August 1941–1945, Bd. 9, München 2014.

Friedrich, Klaus-Peter/Löw, Andrea (Hrsg.), Die Verfolgung und Ermordung der europäischen Juden durch das nationalsozialistische Deutschland 1933–1945. Polen September 1939-Juli 1941, Bd. 4, München 2011.

Fröhlich, Elke (Hrsg.), Die Tagebücher von Joseph Goebbels Teil I. Aufzeichnnungen 1923–1941, München 2006.

Fuchs, Gertraud, Die Vermögensverkehrsstelle als Arisierungsbehörde jüdischer Betriebe. (Diplomarbeit am Institut für Wirtschafts- und Sozialgeschichte der Wirtschaftsuniversität Wien), Wien 1989.

Galuba, Rafał, „Niech nas rozsądzi miecz i krew...". Konflikt polsko-ukraiński o Galicję Wschodnią w latach 1918–1919, Poznań 2004.

Geiss, Imanuel, Der polnische Grenzstreifen 1914–1918, in: Historische Studien (1960), Nr. 378.

Georg, Enno, Die wirtschaftlichen Unternehmungen der SS (= Schriftenreihe der Vierteljahreshefte für Zeitgeschichte), Bd. 7, Stuttgart 1963.

Getter, Marek, Straty ludzkie i materialne w Powstaniu Warszawskim, in: Biuletyn IPN 8-9 (2004), S. 62–74.

Gibson, Hugh, Poland, her problems and her future, New York 1920.

Gniazdowski, Mateusz, Damages Inflicted on Poland by the Germans During the Second World War. An Outline of Research and Estimates, in: Góralski, Witold M. (Hrsg.), Polish-German relations and the effects of the Second World War, Warsaw 2006, S. 13–44.

Gniazdowski, Mateusz, Losses inflicted on Poland by Germany during World War II. Assessments and Estimate – an Outline, in: The Polish Quarterly of International Affairs 1 (2007), S. 94–126.

Gondek, Leszek, W imieniu Rzeczypospolitej. Wymiar sprawiedliwości w Polsce w czasie II wojny światowej, Warszawa 2011.

Goschen, Seev, Eichmann und die Nisko-Aktion im Oktober 1939. Eine Fallstudie zur NS-Judenpolitik in der letzten Etappe vor der Endlösung, in: VfZ 1 (1981), Nr. 29, S. 74–96.

Gołębiowski, Jerzy Stanisław, COP. Dzieje industrializacji w rejonie bezpieczeństwa 1922–1939, Kraków 2000.

Grabowski, Waldemar, Delegatura Rządu Rzeczpospolitej Polskiej na Kraj, 1995.

Grimm, Hans, Volk ohne Raum, München 1931.

Groscurth, Helmuth/Krausnick, Helmut, Tagebücher eines Abwehroffiziers: 1938–1940. Mit weiteren Dokumenten zur Militäropposition gegen Hitler, Bd. 19, Stuttgart 1970.

Gross, Jan Tomasz, Nachbarn, München 2001.

Gross, Jan Tomasz, Golden Harvest, Oxford 2011.

Gross, Raphael, Die Ethik des wahrheitssuchenden Richters, in: Konitzern, Werner/Gross, Raphael (Hrsg.), Moralität des Bösen. Ethik und nationalsozialistische Verbrechen, Frankfurt am Main, New York 2009, S. 243–264.

Groth, Karl; Reinhardt, Fritz (Hrsg.), Die Reichsfinanzverwaltung (= Bücherei des Steuerrechts), Bd. 1, Berlin 1939.

Gruner, Wolf, Der geschlossene Arbeitseinsatz der deutschen Juden. Zur Zwangsarbeit als Element der Verfolgung 1938–1943 (= DOKUMENTE, TEXTE, MATERIALIEN Veröffentlicht vom Zentrum für Antisemitismusforschung der TU Berlin), Bd. 20, Berlin 1997.

Gruner, Wolf/Osterloh, Jörg, Das „Großdeutsche Reich" und die Juden. Nationalsozialistische Verfolgung in den „angegliederten" Gebieten, Frankfurt am Main 2010.

Grötemaker, Manfred/Saferling, Christoph (Hrsg.), Die Rosenburg. Das Bundesministerium der Justiz und die NS-Vergangenheit – eine Bestandsaufnahme, Bonn 2013.

Gumkowski, Janusz, Procesy Oświęcimskie, in: Gumkowski, J. (Hrsg.), Zbrodniarze hitlerowscy przed Najwyższym Trybunałem Narodowym, Warszawa 1967, S. 79–174.

Gumkowski, Janusz, Zbrodniarze hitlerowscy przed Najwyższym Trybunałem Narodowym, Warszawa 1967.

Guryanov, Aleksandr, Die sowjetische Repressionspolitik in den besetzten polnischen Gebieten, in: Młynarczyk, Jacek Andrzej (Hrsg.), Polen unter deutscher und sowjetischer Besatzung 1939–1945, Osnabrück 2009, S. 217–232.

Gójski, Andrzej, Etapy i cele niemieckiej polityki bankowej w GG. Plany niemieckie wobec Generalnego Gubernatorstwa w latach 1939–1945, in: Historia Bankowosci, Bank i Kredyt 67 (2004).

Góralski, Witold M. (Hrsg.), Problem reparacji, odszkodowań i świadczeń w stosunkach polsko-niemieckich 1944–2004. Dokumenty, tom 2, Warszawa 2004.

Główny Urząd Statystyczny (Hrsg.), Dane spisu powszechnego 1931 – Miasto Łódź, Warszawa 1937.

Główny Urząd Statystyczny Rzeczypospolitej Polskiej (Hrsg.), Statystyka Polski, Seria C, Warszawa 1931.

Główny Urząd Statystyczny Rzeczypospolitej Polskiej (Hrsg.), Mały Rocznik Statystyczny 1939, Warszawa 1939.

Główny Urząd Statystyczny Rzeczypospolitej Polskiej (Hrsg.), Rocznik polityczny i gospodarczy, Warszawa 1939.

Główny Urząd Statystyczny Rzeczypospolitej Polskiej (Hrsg.), Mały Rocznik Statystyczny wrzesień 1939 – czerwiec 1941, London 1941.

Hachtmann, Rüdiger (Hrsg.), Hitlers Kommissare. Sondergewalten in der nationalsozialistischen Diktatur, Göttingen 2006.

Halder, Franz, Hitler als Feldherr, München 1949.

Hammermann, Gabriele, Das Internierungslager Dachau 1945–1948, in: Dachauer Hefte 19 (2003), S. 48–70.

Harvey, Elisabeth, „Der Osten braucht dich!". Frauen und nationalsozialistische Germanisierungspolitik, Hamburg 2010.

Haunfelder, Bernd, Nordrhein-Westfalen. Land und Leute 1946–2006. Ein biographisches Handbuch. Münster 2006.

Heim, Susanne (Hrsg.), Die Verfolgung und Ermordung der europäischen Juden durch das nationalsozialistische Deutschland 1933–1945. Deutsches Reich August 1938 bis August 1939, Bd. 2, München 2009.

Heinemann, Isabel, „Rasse, Siedlung, deutsches Blut". Das Rasse- und Siedlungshauptamt der SS und die rassenpolitische Neuordnung Europas, Göttingen 2003.

Heinemann, Isabel, Wissenschaft und Homogenisierungsplanungen für Osteuropa. Konrad Meyer, der „Generalplan Ost" und die Deutsche Forschungsgemeinschaft, in: Heinemann, Isabel/Wagner, Patrick (Hrsg.), Wissenschaft-Planung-Vertreibung. Neuordnungskonzepte und Umsiedlungspolitik im 20. Jahrhundert, Bd. 1, Stuttgart 2006, S. 45–72.

Henke, Klaus-Dietmar, Die amerikanische Besetzung Deutschlands, München 1996.

Herbert, Ulrich, Best. Biographische Studien über Radikalismus, Weltanschauung und Vernunft 1903–1989, Bonn 1996.

Herbert, Ulrich, Werner Best. Biographische Studien über Radikalismus, Weltanschauung und Vernunft, Berlin 1997.

Herbert, Ulrich, Geschichte der Ausländerpolitik in Deutschland. Saisonarbeiter, Zwangsarbeiter, Gastarbeiter, Flüchtlinge, Bonn 2003.

Herbst, Ludolf/Weihe, Thomas/Krause, Detlef (Hrsg.), Die Commerzbank und die Juden 1933–1945, München 2004.

Hirschfeld, Gerhard/Krumeich, Gerd/Renz, Irina (Hrsg.), Enzyklopädie Erster Weltkrieg, Paderborn 2004.

Hitler, Adolf, Mein Kampf, München 1932.

Hockerts, Hans Günter/Holmann, Michael (Hrsg.), Akten der Reichskanzlei. Regierung Hitler, Bd. VI 1939, München 2012.

Hofer, Walther, Die Entfesselung des Zweiten Weltkrieges, Frankfurt am Main 1967.

Hoffmann, Jens, „Das kann man nicht erzählen". „Aktion 1005" - Wie die Nazis die Spuren ihrer Massenmorde in Osteuropa beseitigten, Hamburg 2008.

Hoffmann, Jens (Hrsg.), Diese außerordentliche deutsche Bestialität. Wie die Nazis die Spuren ihrer Massenmorde in Osteuropa beseitigten. Augenzeugenberichte und Gespräche, Berlin 2013.

Housden, Martyn, Hans Frank. Lebensraum and the Holocaust, New York 2003.

Huber, Ernst Rudolf, Die Rechtsstellung des Volksgenossen. Erläutert am Beispiel der Eigentumsordnung, in: ZgStW 96 (1936), S. 438–474.

Höltje, Christian, Die Weimarer Republik und das Ostlocarno-Problem 1919–1934, Würzburg 1958.

Höpker-Aschoff, Hermann, Geld und Gold, Jena 1939.

Internationaler Militärgerichtshof Nürnberg, Der Nürnberger Prozess. Gegen die Hauptkriegsverbrecher vor dem internationalen Militärgerichtshof vom 14. November 1945 bis 1. Oktober 1946, Bd. XXVII, Nürnberg 1947.

Internationaler Militärgerichtshof Nürnberg (Hrsg.), Der Nürnberger Prozess. Gegen die Hauptkriegsverbrecher vor dem internationalen Militärgerichtshof vom 14. November 1945 bis 1. Oktober 1946, Bd. XIII, Nürnberg 1947.

Internationaler Militärgerichtshof Nürnberg (Hrsg.), Der Nürnberger Prozess gegen die Hauptkriegsverbrecher vor dem internationalen Militärgerichtshof vom 14. November 1945 bis 1. Oktober 1946, Bd. I, Nürnberg 1947.

Internationaler Militärgerichtshof Nürnberg (Hrsg.), Der Nürnberger Prozess. Gegen die Hauptkriegsverbrecher vor dem internationalen Militärgerichtshof vom 14. November 1945 bis 1. Oktober 1946, Bd. XXII, 1947.

Internationaler Militärgerichtshof Nürnberg (Hrsg.), Der Prozess gegen die Hauptkriegsverbrecher vor dem Internationalen Militärgerichtshof, Nürnberg 14. November 1945 bis 1. Oktober 1946, Bd. XII, Nürnberg 1947.

Ivánka, Aleksander, Wspomnienia skarbowca 1927–1945, Warszawa 1964.

Jaczyńska, Agnieszka, Sonderlaboratorium SS. Zamojszczyzna „pierwszy obszar osiedleńczy w Generalnym Gubernatorstwie", Lublin 2012.

Jakubowski, Grzegorz, Sądownictwo powszechne w Polsce w latach 1944–1950, Warszawa 2002.

James, Harold/Barkai, Avraham, Die Deutsche Bank und die „Arisierung", München 2001.

Janicki, Tadeusz, Die deutsche Wirtschaftspolitik in den eingegliederten polnischen Gebieten 1939–1945, in: Młynarczyk, Jacek Andrzej (Hrsg.), Polen unter deutscher und sowjetischer Besatzung 1939–1945, Osnabrück 2008, S. 79–102.

Jankowski, Stanisław/Ciborowski, Adolf, „Warszawa 1945 i dziś", Warszawa 1971.

Jansen, Christian/Weckbecker, Arno, Der „Volksdeutsche Selbstschutz" in Polen 1939/40 (= Schriftenreihe der Vierteljahreshefte für Zeitgeschichte), Bd. 64, München 1992.

Janta-Połczyński, Tomasz, Niemiecka gospodarka pieniężna w GG i na okupowanych terechnach wschodnich, in: Ekonomista Polski 7 (1943), 85–93.

Jastrzębowski, Wacław, Gospodarka niemiecka w Polsce 1939–1944, Warszawa 1946.

Jaworski, Rudolf, Deutsch-Polnische Feindbilder 1919–1932, in: Schulbuchkommission, Gemeinsame deutsch-polnische (Hrsg.), Die deutsch-polnischen Beziehungen 1919–1932, Braunschweig 1985, S. 177–183.

Jaworski, Rudolf, Nationalwirtschaftliche Integrationsprobleme in Ostmitteleuropa 1918, in: Lemberg, Hans (Hrsg.), Das Jahr 1919 in der Tschechoslowakei und in Ostmitteleuropa, München 1993, S. 51–62.

Jonca, Karol (Hrsg.), Wojna polsko-sowiecka 1920 roku w dokumentach niemieckiej dyplomacji, Warszawa 2002.

Jucker, Michael, Beuteökonomie und deren Repräsentation als methodische und pluridisziplinäre Herausforderung, in: Bömelburg, Hans-Jürgen (Hrsg.), Lohn der Gewalt. Beutepraktiken von der Antike bis zur Neuzeit, Bd. 72, Paderborn 2011, S. 33–54.

Jureit, Ulrike, Das Ordnen von Räumen. Territorium und Lebensraum im 19. und 20. Jahrhundert, Hamburg 2012.

Jüngerkes, Sven, Deutsche Besatzungsverwaltung in Lettland 1941–1945. Eine Kommunikations- und Kulturgeschichte nationalsozialistischer Organisationen, Konstanz 2010.

Kaczmarek, Ryszard, Die deutsche wirtschaftliche Penetration in Polen (Oberschlesien), in: Overy, Richard J. (Hrsg.), Die „Neuordnung" Europas. NS-Wirtschaftspolitik in den besetzten Gebieten, Berlin 1997, S. 257–272.

Kaczmarek, Ryszard, Pod rządami gauleiterów. Elity i instancje władzy w rejencji katowickiej w latach 1939–1945, Katowice 1998.

Kaienburg, Hermann, Die Wirtschaft der SS, Berlin 2003.

Kamiński, Marek K., Konflikt polsko-czeski 1918–1921, Warszawa 2001.

Kampe, Norbert, „Besprechung über die Endlösung der Judenfrage". Das Protokoll der Wannsee-Konferenz am 20. Januar 1942, in: Einsicht 7 (2012), S. 16–39.

Kampe, Norbert/Klein, Peter (Hrsg.), Die Wannsee-Konferenz am 20. Januar 1942 : Dokumente, Forschungsstand, Kontroversen, Köln u.a. 2013.

Karpiński, Zygmunt, Losy polskiego złota podczas drugiej wojny światowej, Warszawa 1958.

Karski, Jan, Story of a Secret State, Boston 1944.

Kasten, Helmut, Die Neuordnung der Währung in den besetzten Gebieten und die Tätigkeit der Reichskreditkassen während des Krieges 1939–1940, Berlin 1941.

Kellermann, Volkmar, Schwarzer Adler. Weißer Adler. Die Polenpolitik der Weimarer Republik, Köln 1970.

Kershaw, Ian, Hitler. 1889–1945, München 2009.

Kershaw, Ian, Das Ende. Kampf bis in den Untergang. NS-Deutschland 1944/45, 1. Auflage, München 2013.

Kessler, Wolfgang, Grenzkampf und nationale Minderheiten in Polen 1919–1921, in: Lemberg, Hans (Hrsg.), Das Jahr 1919 in der Tschechoslowakei und Ostmitteleuropa, München 1993, S. 177–188.

Kilian, Jürgen; Caplan, Jane u. a. (Hrsg.), Krieg auf Kosten anderer. Das Reichsministerium der Finanzen und die wirtschaftliche Mobilisierung Europas für Hitlers Krieg (= Das Reichsfinanzministerium im Nationalsozialismus), Bd. 3, Berlin 2017.

Klafkowski, Alfons, Okupacja niemiecka w Polsce w świetle prawa narodów, Poznań 1946.

Klafkowski, Alfons, Ekspertyza podstaw prawnych roszczeń indywidualnych o odszkodowania wojenne, Warszawa 2000.

Klee, Ernst, Das Personenlexikon zum Dritten Reich. Wer war was vor und nach 1945, Frankfurt am Main 2003.

Klein, Peter, Die „Gettoverwaltung Litzmannstadt" 1940 bis 1944. Eine Dienststelle im Spannungsfeld von Kommunalbürokratie und staatlicher Verfolgungspolitik, Hamburg 2009.

Klein, Peter, Behördenbeamte oder Gefolgschaftsmitglieder? Arthur Greisers Personalpolitik in Posen, in: Lehnstaedt, Ştephan/Böhler, Jochen (Hrsg.), Gewalt und Alltag im besetzten Polen 1939–1945, Osnabrück 2012, S. 187–203.

Kleine, Jens/Krautbauer, Matthias, Goldbesitz der Privatpersonen in Deutschland. KLEINE – Finanzstudie: Analyse des Goldbesitzes und des Anlageverhaltens von Privatpersonen in Deutschland, in: RESEARCH CENTER FOR FINANCIAL SERVICES (2010).

Klemann, Hein/Kudryashov, Sergei, Ocupied Economies. An Economic History of Nazi-occupied Europe 1939–1945, New York and London 2012.

Klessmann, Christoph, Der Generalgouverneur Hans Frank, in: VfZ 19 (1971), Nr. 3, S. 245–260.

Klosiński, Tadeusz, Polityka przemyslowa okupanta w Genralnym Gubernatorstwie, Poznań 1947.

Knakiewicz, Zenobia, Deflacja polska w latach 1930–1935, Warszawa 1967.

Knopp, Guido, Bilder, die Geschichte machten, München 1992.

Kobierska-Motas, Elżbieta, Ekstradycja przestępców wojennych do Polski z czterech stref okupacyjnych Niemiec 1946–1950. Warszawa 1992.

Komorowski, Krzysztof, Warszawa walczy 1939–1945. Leksykon, Warszawa 2015.

Kosmala, Beate, Der deutsche Überfall auf Polen. Vorgeschichte und Kampfhandlungen, in: Borodziej, Włodzimierz (Hrsg.), Deutsch-polnische Beziehungen 1939 - 1945 - 1949, Osnabrück 2000.

Kotarba, Ryszard, Dziennik Hansa Franka i okoliczności jego pozyskania przez Polskę w roku 1947, in: Annales Universitatis Mariae Curie-Skłodowskiej LX (2005), 279–289.

Kotowski, Albert, Polens Politik gegenüber seiner deutschen Minderheit 1919–1939, Wiesbaden 1998.

Kowal, Stefan, Zur Sozialstruktur Großpolens im Zeitraum 1918–1939, in: Jahrbuch für Wirtschaftsgeschichte 1 (1978), S.67–91.

Kozyra, Waldemar, Okupacyjna administracja niemiecka na ziemiach Rzeczypospolitej Polskiej w latach 1939–1945, in: Annales Universitatis Mariae Curie-Skłodowska LX (2013), 35–51.

Kozłowski, Franciszek, Niemiecki eksperyment gospodarczy w Polsce 1939–1943, in: Ekonomista Polski 10 (1944).

Kranz, Alexander, Reichsstatthalter Arthur Greiser und die „Zivilverwaltung“ im Wartheland 1939/40. Die Bevölkerungspolitik in der ersten Phase der deutschen Besatzungsherrschaft in Polen, Potsdam 2010.

Krausnick, Helmut, Hitlers Einsatzgruppen, Frankfurt am Main 1985.

Krekeler, N., Zur Deutschtumspolitik des Auswärtigen Amtes in den durch den Versailler Vertrag abgetreten en Gebieten 1918–1933, Bonn 1971.

Krekeler, Norbert, Revisionsanspruch und geheime Ostpolitik der Weimarer Republik. Die Subventionierung der deutschen Minderheit in Polen 1919–1933, Stuttgart 1973.

Kretzschmann, Max, Die Reichskreditkassen, in: Bayrhoffer, Walther (Hrsg.), Deutsche Geldpolitik, Berlin 1941, S. 113–139.

Kreutzmüller, Christoph, Ausverkauf. Die Vernichtung der jüdischen Gewerbetätigkeit in Berlin 1930–1945, Berlin 2012.

Krähling, Katrin-Isabel, Das Devisenschutzkommando Belgien (Magisterarbeit), Konstanz 2005.

Król, Eugeniusz Cezary, Propaganda i indoktynacja narodowego socjalizmu w Niemczech 1919–1945. Studium organizacji, treści, metod i technik masowego oddziaływania, Warszawa 1999.

Krüger, Peter, Die Friedensordnung von 1919 und die Entstehung neuer Staaten in Ostmitteleuropa, in: Lemberg, Hans (Hrsg.), Das Jahr 1919 in der Tschechoslowakei und in Ostmitteleuropa, München 1993, S. 93–116.

Kubalski, Edward, Niemcy w Krakowie. Dziennik 1.9.1939-18.1.1945, Kraków 2011.

Kubicki, Leszek, Zbrodnie wojenne w świetle prawa polskiego, Warszawa 1963.

Kula, Witold, Życie gospodarcze ziem polskich pod okupacją. in: Dzieje Najnowsze 1 (1947), Nr. 1, ???.

Kuller, Christiane, Finanzverwaltung und Judenverfolgung. Die Entziehung jüdischen Vermögens in Bayern während der NS-Zeit, München 2008.

Kuller, Christiane, Der arrangierte Normenstaat. Die staatliche Finanzverwaltung und die wirtschaftliche Ausplünderung der deportierten Juden, in: Reichardt, S./Seibel, W. (Hrsg.), Der prekäre Staat. Herrschen und Verwalten im Nationalsozialismus, Frankfurt am Main 2011, 213–240.

Kuller, Christiane; Caplan, Jane u. a. (Hrsg.), Bürokratie und Verbrechen. Antisemitische Finanzpolitik und Verwaltungspraxis im nationalsozialistischen Deutschland (= Das Reichsfinanzministerium im Nationalsozialismus), Bd. 1, München 2013.

Kulski, Julian, Zarząd miejski Warszawy 1939–1944, Warszawa 1964.

Kułakowski, Tadeusz, Porces Józefa Bühlera, szefa rządu generalnego gubernatorstwa, in: Gumkowski, Janusz/Kułakowski, Tadeusz (Hrsg.), Zbrodniarze hitlerowscy przed Najwyższym Trybunałem Narodowym, Warszawa 1967, S. 175–266.

Landau, Zbigniew/Tomaszewski, Jerzy, Kapitały obce w Polsce 1918–1939. Materiały i dokumenty, Warszawa 1964.

Landau, Zbigniew/Tomaszewski, Jerzy, Wirtschaftsgeschichte Polens im 19. und 20. Jahrhundert, Berlin (Ost) 1986.

Lankheit, Klaus A., Fritz Reinhardt, in: Neue Deutsche Biografie, Bd. 21, Berlin 2003, S. 360f.

Lapter, Karol, Pakt Piłsudski-Hitler. Polsko-niemiecka deklaracja o niestosowaniu przemocy z 26 stycznia 1934, Warszawa 1962.

Lauxmann, Richard, Die Deutsche Post Osten, in: Du Prel, Maximilian (Hrsg.), Das Generalgouvernement, Würzburg 1942, S. 87–93.

Lehnstaedt, Stephan, Ostnieten oder Vernichtungsexperten? Die Auswahl deutscher Staatsdiener für den Einsatz im Generalgouvernement Polen 1939–1944, in: ZfG 55 (2007), Nr. 9, S. 701–721.

Lehnstaedt, Stephan, Okkupation im Osten. Besatzeralltag in Warschau und Minsk 1939–1944, München 2010.

Lehnstaedt, Stephan, Das Generalgouvernement als Mobilisierungsreserve. Anspruch und Realität nationalsozialistischer Ausbeutungspläne, in: Werner, Oliver (Hrsg.), Mobilisierung im Nationalsozialismus: Institutionen und Regionen in der Kriegswirtschaft und der Verwaltung des „Dritten Reiches" 1936 bis 1945, Paderborn 2013, S. 237–252.

Lehnstaedt, Stephan, Fluctuating between ‚Utilisation' and Exploitation. Occupied East Central Europa during the First Worl War, in: Böhler, Jochen/Borodziej, Włodzimierz/Puttkamer, Joachim von (Hrsg.), Legacies of Violence. Eastern Europe´s First World War, München 2014, S. 89–112.

Lehnstaedt, Stephan, Imperiale Ordnungen statt Germanisierung. Die Mittelmächte in Kongresspolen, 1915–1918, in: Osteuropa 64 (2014), Nr. 2, S. 221–232.

Lehnstaedt, Stephan, Imperiale Polenpolitik in den Weltkriegen. Eine vergleichende Studie zu den Mittelmächten und zu NS-Deutschland, Osnabrück 2017.

Lehnstaedt, Stephan, Der Kern des Holocaust. Belzec, Sobibór, Treblinka und die Aktion Reinhardt, München 2017.

Lehnstaedt, Stephan/Böhler, Jochen, Gewalt und Alltag im besetzten Polen 1939–1945, Osnabrück 2012.

Lemkin, Raphael, Axis Rule in Occupied Europe. Laws of Occupation. Analysis of Government. Washington D.C. 1944.

Leonhard, Jörn, Die Büchse der Pandora. Geschichte des Ersten Weltkriegs, München 2014.

Lerg, Winfried B., Max Winkler, der Finanztechniker der Gleichschaltung, in: Zeitungs-Verlag und Zeitschriften-Verlag 60 (1963), Nr. 13, S. 610–612.

Levin, Itamar, Walls around. The plunder of Warsaw Jewry during World War II and its aftermath, London 2004.

Lewiński, Jerzy, Proces Hansa Biebowa. Zagłada getta łódzkiego, Warszawa 1987.

Lindner, Erik (Red.), Presse- und Verlagsgeschichte im Zeichen der Eule. 125 Jahre Ullstein, Berlin 2002.

Linne, Karsten/Dierl, Florian (Hrsg.), Arbeitskräfte als Kriegsbeute. Der Fall Ost- und Südosteuropa 1939 –1945, Berlin 2011.

Lippelt, Helmut, „Politische Sanierung". Zur deutschen Politik gegenüber Polen 1925/26, in: VfZ 4 (1971), Nr. 19, S. 323–373..

Liulevicius, Vejas Gabriel, Kriegsland im Osten. Eroberung, Kolonisierung und Militärherrschaft im Ersten Weltkrieg 1914–1918, Hamburg 2002.

Liulevicius, Vejas Gabriel, The German myth of the East. 1800 to the present, Oxford 2009.

Loose, Ingo, Kredite für NS-Verbrechen. Die deutschen Kreditinstitute in Polen und die Ausraubung der polnischen und jüdischen Bevölkerung, München 2007.

Loose, Ingo, How to run a state. The question of know-how in public administration in the first years after Poland's rebirth in 1918, in: Kohlrausch, Martin/Steffen, Katrin/Wiederkehr, Stefan (Hrsg.), Expert Cultures in Central Eastern Europe. The Internationalization of Knowledge and the Transformation of Nation States since World War I. Osnabrück 2010, S. 145–159.

Loose, Ingo, Wartheland, in: Grunder, Wolf/Osterloh, Jörg (Hrsg.), Das „Großdeutsche Reich" und die Juden. Nationalsozialistische Verfolgung in den „angegliederten" Gebieten, Frankfurt am Main 2010, S. 229–261.

Lower, Wendy, Hitlers Helferinnen. Deutsche Frauen im Holocaust, Bonn 2014.

Łuczak, Czesław, Dyskryminacja Polaków w Wielkopolsce w okresie okupacji Hitlerowskiej. Wybór zródeł, Poznań 1966.

Łuczak, Czesław, Grabież polskiego mienia na Ziemiach Zachdnich Rzeczypospolitej „wcielonych" do Rzeszy 1939–1945, Poznań 1969.

Łuczak, Czesław, Wysiedlenia ludności polskiej na tzw. ziemiach wcielonych do Rzeszy 1939–1945, Poznań 1969.

Łuczak, Czesław, Polityka ludnościowa i ekonomiczna hitlerowskich Niemiec w okupowanej Polsce, Poznań 1979.

Łuczak, Czesław, Polityka ekonomiczna III Rzeszy w latach drugiej wojny światowej, Poznań 1982.

Łuczak, Czesław, Praca przymusowa Polaków w III Rzeszy, Poznań 1989.

Łuczak, Czesław, Położenie ludności polskiej w tzw. Kraju Warty w okresie hitlerowskiej okupacji, Poznań 1990.

Łuczak, Czesław, Polska i Polacy w Drugiej Wojnie Światowej, Poznań 1993.

Łuczak, Czesław, Praca przymusowa Polaków w III Rzeszy i na okupowanych przez nią terytoriach innych państw, Poznań 2001.

Łuczak, Czesław, Dzieje Polski 1939–1945. Kalendarium Wydarzeń, Poznań 2007.

Luther, Tammo, Volkstumspolitik des Deutschen Reiches 1933–1938. Die Auslanddeutschen im Spannungsfeld zwischen Traditionalisten und Nationalsozialisten, Stuttgart 2004.

Löw, Aandrea/Roth, Markus, Juden in Krakau unter deutscher Besatzung 1939–1945, Göttingen 2011.

Löw, Andrea, Juden im Getto Litzmannstadt. Lebensbedingungen, Selbstwahrnehmung, Verhalten, Göttingen 2006.

Löw, Andrea/Robusch, Kerstin/Walter, Stefanie, Deutsche – Juden – Polen. Geschichte einer wechselvollen Beziehung im 20. Jahrhundert, Frankfurt am Main u.a. 2004.

Machray, Robert, Poland 1914–1931, London 1932.

MacMillan, Margaret, Peacemakers. The Paris Confernece of 1919 and its Attempt to End War, London 2001.

Madajczyk, Czesław, Generalna Gubernia w Planach Hitlerowskich, Warszawa 1961.

Madajczyk, Czesław, Hitlerowski terror na wsi polskiej 1939–1945. Zestawienie wiekszych akcji represyjnych, Warszawa 1965.

Madajczyk, Czesław, Polityka III Rzeszy w okupowanej Polsce, Warszawa 1968.

Madajczyk, Czesław, Polityka III Rzeszy w okupowanej Polsce, Warszawa 1970.

Madajczyk, Czesław, Zamojszczyzna – Sonderlaboratorium SS. Zbiór dokumentów polskich i niemieckich z okresu okupacji hitlerowskiej, Warszawa 1977.

Madajczyk, Czesław, Die Okkupationspolitik Nazideutschlands in Polen 1939–1945, Berlin 1987.

Madajczyk, Czesław, Generalny Plan Wschodni – Zbiór dokumentów, Warszawa 1990.

Madajczyk, Czesław, Vom Generalplan Ost zum Generalsiedlungsplan, München 1994.

Majewski, Piotr, Kolaboracja, której nie było... Problem postaw społeczeństwa polskiego w warunkach okupacji niemieckiej 1939–1945, in: Dzieje Najnowsze (2004), Nr. 4, S. 693–749.

Mallmann, Klaus-Michael, Heinrich Hamann – Leiter des Grenzpolizeikommissariats Neu-Sandez, in: Mallmann, Klaus-Michael/Paul, Gerhard (Hrsg.), Karrieren der Gewalt. Nationalsozialistische Täterbiographien, Darmstadt 2004, S. 104–114.

Mallmann, Klaus-Michael/Böhler, Jochen/Matthäus, Jürgen (Hrsg.), Einsatzgruppen in Polen. Darstellung und Dokumentation, Darmstadt 2008.

Mallmann, Klaus-Michael/Paul, Gerhard (Hrsg.), Karrieren der Gewalt. Nationalsozialistische Täterbiographien, Darmstadt 2004.

Martin, Hans, Achtung! Ostmarken Rundfunk! Polnische Truppen haben heute Nacht die ostpreussische Grenze überschritten, Oldenburg i. O. 1932.

Mateńko, Wiktor, Zagadnienie Monopolów Skarbowych w Polsce, Warszawa 1939.

Matusak, Piotr, Przemysł na ziemiach polskich w latach II wojny światowej, Bd. 1, Warszawa 2009.

Mazower, Mark, Hitlers Imperium, Bonn 2010.

Mehl, Stefan, Das Reichsfinanzministerium und die Verfolgung der deutschen Juden, Berlin 1990.

Meinen, Insa, Die Deportation der Juden aus Belgien und das Devisenschutzkommando, in: Hürter, Johannes (Hrsg.), Besatzung, Kollaboration, Holocaust. Neue Studien zur Verfolgung und Ermordung der europäischen Juden (= Schriftenreihe der Vierteljahreshefte für Zeitgeschichte), Bd. 97, München 2008, S. 45–80.

Meyer, Kathrin, Die Internierung von NS-Funktionären in der US-Zone Deutschlands, in: Dachauer Hefte 19 (2003), S. 25–47.

Mick, Christoph, Vielerlei Kriege. Osteuropa 1918–1921, in: Beyrau, Dietrich/ Hochgeschwneder, Michael/Dieter, Langewiesche (Hrsg.), Formen des Krieges. Von der Antike bis zur Gegenwart, Paderborn 2007, S. 311–326.

Moll, Martin, „Führer-Erlasse" 1939–1945. Edition sämtlicher überlieferter, nicht im Reichsgesetzblatt abgedruckter, von Hitler während des Zweiten Weltkrieges schriftlich erteilter Direktiven aus den Bereichen Staat, Partei, Wirtschaft, Besatzungspolitik und Militärverwaltung , Stuttgart 1997.

Morawski, Wojciech, Centralny Okręg Przemysłowy, in: Mówią Wieki 3 (2008), 72–77.

Morawski, Wojciech, Od marki do złotego. Historia finansów Drugiej Rzeczypospolitej, Kraków 2008.

Moser, Jonny, Nisko. Die ersten Judendeportationen, Wien 2012.

Mroczka, Ludwik, Die Berufs- und Sozialstruktur der wichtigsten ethnischen Gruppen in Lodz und ihre Entwicklung in den Jahren 1918–1939, in: Hensel, Jürgen (Hrsg.), Polen, Deutsche und Juden in Lodz 1820–1939. Eine schwierige Nachbarschaft, Osnabrück 1999, S. 45–66.

Musial, Bogdan, Das Verfahren der Auslieferung von Kriegsverbrechern nach Polen und ihre gerichtliche Aburteilung 1945–1950. Zwei Fallstudien, MS, Universität Hannover, Hannover 1995.

Musial, Bogdan, Deutsche Zivilverwaltung und Judenverfolgung im Generalgouvernement. Eine Fallstudie zum Distrikt Lublin 1939–1944, Wiesbaden 1999.

Musial, Bogdan, NS-Kriegsverbrecher vor polnischen Gerichten, in: VfZ 47 (1999), Nr. 1, S. 25–56.

Musial, Bogdan, Recht und Wirtschaft im besetzten Polen (1939–1945), in: Bähr, Johannes/ Banken, Ralf (Hrsg.), Das Europa des „Dritten Reichs". Recht, Wirtschaft, Besatzung (= Das Europa der Diktatur), Bd. 5, Frankfurt am Main 2005, S. 31–58.

Mußfeld, Richard, Zur Reichsfluchtsteuer, in: Deutsche Steuerzeitung 6 (1940), S. 42.

Mußgnug, Dorothee, Die Reichsfluchtsteuer 1931–1953, Berlin 1993.

Müller, Hubert, Der Osten des Warthelandes, Litzmannstadt 1941.

Müller, Rolf-Dieter, Hitlers Ostkrieg und die deutsche Siedlungspolitik, Frankfurt am Main 1991.

Müller, Rolf-Dieter, Der Feind steht im Osten. Hitlers geheime Pläne für einen Krieg gegen die Sowjetunion im Jahr 1939, Berlin 2011.

Młynarczyk, Alicja, Zagadnienie reformy dochodów samorządów terytorialnych, in: ZESZYTY NAUKOWE UNIWERSYTETU SZCZECIŃSKIEGO 21 (2009), S. 7–22.

Młynarczyk, Jacek Andrzej; Mallmann, Klaus-Peter (Hrsg.), Judenmord in Zentralpolen. Der Distrikt Radom im Generalgouvernement 1939–1945 (= Veröffentlichungen der Forschungsstelle Ludwigsburg der Universität Stuttgart), Bd. 9, Darmstadt 2007.

Młynarczyk, Jacek Andrzej, Pomiędzy współpracą a zdradą. Problem kolaboracji w Generalnym Gubernatorstwie – próba syntezy, in: PAMIĘĆ I SPRAWIEDLIWOŚĆ 1 (2009), Nr. 14, S. 103–132.

Młynarczyk, Jacek Andrzej/Böhler, Jochen (Hrsg.), Der Judenmord in den eingegliederten polnischen Gebieten, Osnabrück 2010.

Młynarski, Feliks, Wspomnienia, Warszawa 1971.

Naasner, Walter, Neue Machtzentren in der deutschen Kriegswirtschaft 1942–1945. Die Wirtschaftsorganisation der SS, das Amt des Generalbevollmächtigten für den Arbeitseinsatz und das Reichsministerium für Bewaffnung und Munition/ Reichsministerium für Rüstung und Kriegsproduktion im nationalsozialistischen Herrschaftssystem (= Schriften des Bundesarchivs), Bd. 45, Boppard 1994.

Naasner, Walter, SS-Wirtschaft und SS-Verwaltung. Das SS-Wirtschafts-Verwaltungshauptamt und die unter seiner Dienstaufsicht stehenden wirtschaftlichen Unternehmungen und weitere Dokumente (= Schriften des Bundesarchivs), Bd. 45a, Düsseldorf 1998.

Nelson, Robert L., Utopias of Open Space. Forced Population Transfer Fantasies during the First World War, in: Böhler, Jochen/Borodziej, Włodzimierz/Puttkamer, Joachim von (Hrsg.), Legacies of Violence. Eastern Europe´s First World War, München 2014, S. 113–130.

Nentwig, Teresa, Hinrich Wilhelm Kopf (1893–1961). Ein konservativer Sozialdemokrat, Bd. 272, Veröffentlichungen der Historischen Kommission für Niedersachsen und Bremen, Hannover 2013.

Nietzsche, Friedrich, Der Wille zur Macht. Versuch einer Umwertung aller Werte, 8. Auflage, Stuttgart 1952.

Nützenadel, Alexander (Hrsg.), Das Reichsarbeitsministerium im Nationalsozialismus. Verwaltung – Politik – Verbrechen, Bonn 2018.

Oermann, Joseph, Sozialausgleichsabgabe, Lohnausgleichsabgabe, Ostarbeiterabgabe, Berlin 1942.

Olesiuk, Danuta/Wójcik, Anna, 70 lat Państwowego Muzeum na Majdanku, Lublin 2014.

Orłowski, Hubert, „Polnische Wirtschaft". Zum deutschen Polendiskurs der Neuzeit, Wiesbaden 1996.

Orłowski, M., Bank Emisyjny w Polsce, in: Państwo i Prawo 1 (1948).

Oshima, Michiyoshi, Die Bedeutung des Kabinettsbeschlusses vom 4. April 1933 für die autonome Haushaltsgebarung der Wehrmacht, in: Finanz Archiv 39 (1980), S. 193–235.

Osterhammel, Jürgen, Die Verwandlung der Welt. Eine Geschichte des 19. Jahrhunderts, Bonn 2010.

Osterhammel, Jürgen/Jansen, Jan C., Kolonialismus. Geschichte, Formen, Folgen, 8. Auflage, München 2017.

Ostrowski, Karol, Polityka finansowa Polski przedwrześniowej, Warszawa 1958.

Ostrowski, Karol, Finanse i prawo finansowe, in: Ryszka, Franciszek (Hrsg.), Historia państwa i prawa Polski 1918–1939, Warszawa 1962, 104–148.

Ostrowski, Karol, De politica tributoria dominationis Hitleris in his terris Poloniae, quae Generalgouvernement vocabantur, Kraków 1977.

Ostrowski, Karol, Hitlerowska Polityka Podatkowa w Generalnym Gubernatorstwie (= Zyszyzty Naukowe Uniwersytetu Jagiellońskiego 456), Bd. 79, Kraków 1977.

Overy, Richard J., Interrogations. The Nazi Elite in Allied Hands 1945, New York 2001.

Overy, Richard J., Die letzten zehn Tage. Europa am Vorabend des Zweiten Weltkriegs (24. August bis 3. September 1939), München 2009.

Paul, Gerhard, Der Untergang 1945 in Flensburg, Kiel 2012.

Paul, Gerhard, Idylle mit Schlagbaum. Auch Bilder können lügen: Warum wir den Beginn des Zweiten Weltkrieges vor 75 Jahren so falsch erinnern, in: Zeit Online 1. September (2014), http://www.zeit.de/2014/36/zweiter-weltkrieg-beginn-foto, abgerufen am 10.10.2017.

Paul, Gerhard, Bilder einer Diktatur. Zur Visual History des „Dritten Reiches", 2020.

Peicher, Karl, Die Ostbahn, in: Du Prel, Maximilian (Hrsg.), Das Generalgouvernement, Würzburg 1942, S. 81–86.

Perz, Bertrand, Die Verwertung des Opfergoldes aus den Vernichtungslagern der „Aktion Reinhard", in: Widerstandes, Dokumentationsarchiv des österreichischen (Hrsg.), Forschungen zum Nationalsozialismus und dessen Nachwirkungen in Österreich. Festschrift für Brigitte Bailer, Wien 2012, S. 131–153.

Perz, Bertrand/Sandkühler, Thomas, Auschwitz und die „Aktion Reinhard" 1942–1945. Judenmord und Raubpraxis in neuer Sicht, in: Zeitgeschichte 26 (1999), Nr. 5, S. 283–316.

Peter, Egon, Raubstaat Polen, Berlin 1939.

Petersen, Hans Christian, Bevölkerungsökonomie – Ostforschung – Politik . Eine biographische Studie zu Peter-Heinz Seraphim (1902–1979), Osnabrück 2007.

Piotrowski, Stanisław, Dziennik Hansa Franka, Bd. 1, Warszawa 1956.

Piotrowski, Stanisław, Dziennik Hansa Franka i dowody polskie przeciwko SS, Bd. 2, Warszawa 1970.

Plodeck, Oskar, Die Treuhandstelle im Generalgouvernement, in: Du Prel, Maximilian (Hrsg.), Das Generalgouvernement, Würzburg 1942, S. 110–114.

Pohl, Dieter, Von der „Judenpolitik" zum Judenmord. Der Distrikt Lublin des Generalgouvernements 1939–1944 (= Münchner Studien zur neueren und neuesten Geschichte), Bd. 3, Frankfurt am Main u.a. 1993.

Pohl, Dieter, Nationalsozialistische Judenverfolgung in Ostgalizien 1941–1944, München 1996.

Poliakov, Léon/Wulf, Josef, Das Dritte Reich und die Juden, Berlin 1955.

Polish Ministery of Information (Hrsg.), The German New Order in Poland, London 1942.

Polish Ministry of Foreign Affairs (Hrsg.), The German Occupation of Poland, London 1941.

Polish Ministry of Information (Hrsg.), The German Invasion of Poland. Polish Black book containing documents, authenticated reports and photographs, London 1942.

Polish Ministry of Information (Hrsg.), The Nazi Kultur in Poland. Written in Warsaw Under the German Occupation, London 1945.

Polnische Kommission für Kriegsverbrechen (Hrsg.), German Crimes in Poland, Warschau 1946.

Polonsky, Antony, Politics in Independent Poland 1919–1939. The Crisis of Constitutional Government, Oxford 1972.

Pospieszalski, Karol Marian, Polska pod niemieckim prawem, Poznań 1946.

Poznański, Jakub, Dziennik złódzkiego getta, Warszawa 2002.

Prinzhorn, Fritz, Deutsche Reichsgaue im Osten und Generalgouvernement Polen, Leipzig 1940.

Prusin, Alexander Victor, The Lands Between. Conflict in the East European Borderlands 1870–1992, Oxford 2010.

Präg, Werner/Jacobmeyer, Wolfgang, Das Diensttagebuch des deutschen Generalgouverneurs in Polen 1939–1945 (= Quellen und Darstellungen zur Zeitgeschichte), Bd. 20, Stuttgart 1975.

Pucher, Siegfried, „…in der Bewegung führend tätig." Odilo Globocnik, Kämpfer für den „Anschluss". Vollstrecker des Holocaust, Klagenfurt 1997.

Puchert, Berthold, Der Wirtschaftskrieg des deutschen Imperialismus gegen Polen 1925–1934, Berlin (Ost) 1963.

Puhl, Emil, Die Reichskreditkassen in Polen, in: Der Vierteljahresplan, 1939, S. 1179–1181.

Pöppmann, Dirk, Robert Kempner und Ernst von Weizsäcker im Wilhelmstraßenprozess, in: Wojak, Irmtrud/Meinl, Susanne (Hrsg.), Im Labyrinth der Schuld. Täter, Opfer, Ankläger, 2003, Jahrbuch zur Geschichte und Wirkung des Holocaust, S. 163–197.

Pöppmann, Dirk, Im Schatten Weizsäckers? Auswärtiges Amt und SS im Wilhelmstraßen-Prozess, in: Priemel, Kim C./Stiller, Alexa (Hrsg.), NMT. Die Nürnberger Militärtribunale zwischen Geschichte, Gerechtigkeit und Rechtschöpfung, Hamburg 2013, S. 320–352.

Radocki, Henryk, Centralny Okręk Przemysłowy we Polce, Warszawa 1939.

Rajca, Czesław, Eksploatacja wsi w dystrykcie lubelskim, Warszawa 1975.

Rajca, Czesław, Walka o chleb 1939–1944. Eksploatacja rolnictwa w Generalnym Gubernatorstwie, Lublin 1991.

Rauschenberger, Katharina/Renz, Werner (Hrsg.), Henry Ormond – Anwalt der Opfer. Plädoyers in NS-Prozessen, Frankfurt am Main 2015.

Rebentisch, Dieter, Führerstaat und Verwaltung im Zweiten Weltkrieg. Verfassungsentwicklung und Verwaltungspolitik 1939–1945, Stuttgart 1989.

Rebentisch, Dieter, Verfassungswandel und Verwaltungsstaat vor und nach der nationalsozialistischen Machtergreifung, in: Schulz, Gerhard u. a. (Hrsg.), Wege in die Zeitgeschichte: Festschrift zum 65. Geburtstag von Gerhard Schulz, Berlin 1989, 123–150, 136.

Reichhardt, Sven/Seibel, Wolfgang (Hrsg.), Der prekäre Staat. Herrschen und Verwalten im Nationalsozialismus, Frankfurt am Main 2011.

Reichskriminalpolizeiamt (Hrsg.), Sonderfahndungsbuch Polen, Berlin 1939.

Reichsstelle für Raumordnung (Hrsg.), Volk und Wirtschaft des deutschen Interessengebietes im ehemaligen Polen, Berlin 1940.

Reinhardt, Fritz, Die Aufgaben und Leistungen des Deutschen Zollgrenzschutzes, in: ZuV 19 (1939), S. 165.

Reinhardt, Fritz, Der neue Finanzplan. Gesetz und Durchführungsverordnung amtliche Einführungen – Wortlaut und Erläuterungen (= Bücherei des Steuerrechts), Bd. 15, Berlin, Wien 1939.

Reinhardt, Fritz, Der Deutsche Osten ruft. Erleichterungen der Aufbauarbeit durch steuerliche Maßnahmen, in: DStZ (1940).

Reinhardt, Fritz, Die Ost-Steuerhilfe. Berlin 1941.

Reinhardt, Fritz, Was geschieht mit unserem Geld? Finanzen, Kaufkraft, Währung. Nürnberg 1942.

Reinhardt, Fritz, Die Steuerreform 1954. Kommentar zum Steuerneuordnungsgesetz vom 16. Dez. 1954, Bad Wörishofen 1955.

Reinhardt, Fritz, ABC der Gebäude-Abschreibungen. Kommentar, München 1966.

Reinhardt, Fritz, Mehrwertsteuer. Dienst. Kommentar zum Umsatzsteuergesetz, München 1967.

Reinhold, Friedrich, Spuren des Nationalsozialismus im bayerischen Oberland, Norderstedt 2011.

Reitlinger, Gerald, Die Endlösung. Hitlers Versuch der Ausrottung der Juden Europas 1939–1945, Berlin 1979.

Reveille, Thomas/Tirana, Rifat, The Spoil of Europe. The Nazi Technique in Political and Economic Conquest, New York 1941.

Rochlin, Raphael Peter, Die Wirtschaft Polens von 1945 bis 1952 (= Sonderhefte des Deutsches Instituts für Wirtschaftsforschung), Bd. 20, Berlin 1953.

Roesler, Jörg, Lodz – Die Industriestadt als Schmelztiegel der Ethnien? Probleme des Zusammenlebens von Polen, Juden und Deutschen im „polnischen Manchester" (1865–1945), in: Jahrbuch für Forschungen zur Geschichte der Arbeiterbewegung II (2006).

Rogge, Klemens, Die Steuern des GG, Krakau 1941.

Rojek, Wojciech, Odyseja skarbu Rzeczypospolitej. Losy złota Banku Polskiego 1939–1950, Kraków 2000.

Rosenkötter, Bernhard, Treuhandpolitik. Die „Haupttreuhandstelle Ost" und der Raub polnischer Vermögen 1939–1945, Essen 2003.

Roth, Karl Heinz, „Generalplan Ost" - „Gesamtplan Ost". Forschungsstand, Quellenprobleme neue Ergebnisse, in: Rössler, Mechtild (Hrsg.), Der „Generalplan Ost". Hauptlinien der nationalsozialistischen Planungs- und Vernichtungspolitik, Berlin 1993, S. 25–117.

Roth, Markus, Herrenmenschen. Die deutschen Kreishauptleute im besetzten Polen – Karrierewege, Herrschaftspraxis und Nachgeschichte, Göttingen 2009.

Roth, Markus/Löw, Andrea, Das Warschauer Getto. Alltag und Widerstand im Angesicht der Vernichtung, München 2013.

Ruchniewicz, Krzyztof, Deutschland und das Problem der Nachkriegsentschädigungen für Polen, in: Hockerts, Hans Günter/Mosel, Claudia/Winstel, Tobias (Hrsg.), Grenzen der Wiedergutmachung. Die Entschädigung für NS-Verfolgte in West- und Osteuropa 1945–2000, Göttingen 2006, S. 667–739.

Rudorff, Andrea, Trzebinia, in: Benz, Wolfgang/Distel, Barbara (Hrsg.), Der Ort des Terrors. Geschichte der nationalsozialistischen Konzentrationslager, Bd. 5, München 2007, S. 304–307.

Runzheimer, Jürgen, Der Überfall auf den Sender Gleiwitz im Jahre 1939, in: VfZ 4 (1962), S. 408–426.

Runzheimer, Jürgen, Die Grenzzwischenfälle am Abend vor dem deutschen Angriff auf Polen, in: Benz, Wolfgang/Graml, Hermann (Hrsg.), Sommer 1939. Die Großmächte und der Europäische Krieg, Stuttgart 1979, S. 107–147.

Röhr, Werner (Hrsg.), Die faschistische Okkupationspolitik in Polen 1939–1945 (= Europa unterm Hakenkreuz), Bd. 2, Berlin 1989.

Sakowska, Ruta, Archiwum Ringelbluma. Getto warszawskie lipiec 1942 – styczeń 1943, Warszawa 1980.

Sandkühler, Thomas, „Endlösung" in Galizien. Der Judenmord in Ostpolen und die Rettungsinitiativen von Berthold Beitz 1941–1944, Bonn 1996.

Sandkühler, Thomas, Von der „Gegnerabwehr" zum Judenmord. Grenzpolizei und Zollgrenzschutz im NS, in: Gerlach, Christian (Hrsg.), "Durchschnittstäter" (= Beiträge zur Geschichte des Nationalsozialismus), Bd. 16, Berlin 2000, S. 95–154.

Schacht, Hjalmar, Polen von Polen gesehen, Berlin 1939.

Schelvis, Jules, Vernichtungslager Sobibór, Hamburg 2003.

Schenk, Dieter, Hans Frank. Hitlers Kronjurist und Generalgouverneur, Frankfurt am Main 2008.

Schenk, Dieter, Die Krakauer Burg. Die Machtzentrale des Generalgouverneurs Hans Frank 1939–1945, Berlin 2010.

Scherner, Jonas, Bericht zur deutschen Wirtschaftslage 1943/44. Eine Bilanz des Reichsministeriums für Rüstung und Kriegsproduktion über die Entwicklung der deutschen Kriegswirtschaft bis Sommer 1944, in: VfZ 55 (2007), Nr. 3, S. 499–546.

Scherner, Jonas, Der deutsche Importboom während des Zweiten Weltkriegs. Neue Ergebnisse zur Struktur der Ausbeutung des besetzten Europas auf der Grundlage einer Neuschätzung der deutschen Handelsbilanz, in: Historische Zeitschrift 294 (2012), 172–196.

Scherner, Jonas, Europas Beitrag zu Hitlers Krieg. Die Verlagerung von Industrieaufträgen der Wehrmacht in die besetzten Gebiete und ihre Bedeutung für die deutsche Rüstung im Zweiten Weltkrieg, in: Buchheim, Christoph/Boldorf, Marcel (Hrsg.), Europäische Volkswirtschaften unter deutscher Hegemonie 1938–1945, München 2012.

Schley, Jens (Hrsg.), Thüringen 1945. Januar bis Juni. Kriegsende und amerikanische Besatzung (= Quellen zur Geschichte Thüringens), Bd. 41, Erfurt 2016.

Schmelzer, Janis, Devisen für den Endsieg. Görings Geschäftsgruppe Devisen, die Schweiz und die deutsche Wirtschaft, Stuttgart 2003.

Schnabel, Gunnar/Tatzkow., Monika, Nazi looted art. Handbuch Kunstrestitution weltweit, Berlin 2007.

Schoeps, Julius H., Das Erbe der Mendelssohns. Biographie einer Familie, Frankfurt am Main 2010.

Schrag, Steven David, ASHCAN. Nazis, Generals and Bureaucrats as Guests at the Palace Hotel, Mondorf les Bains, Luxembourg, May-August 1945 (Dissertation), Toledo 2015.

Schulte, Jan Erik, Zwangsarbeit und Vernichtung. Das Wirtschaftsimperium der SS. Oswald Pohl und das SS-Wirtschafts-Verwaltungshauptamt 1933–1945, Paderborn 2001.

Schwaneberg, Sonja, Die wirtschaftliche Ausbeutung des Generalgouvernements, in: Młynarczyk, Jacek Andrzej (Hrsg.), Polen unter deutscher und sowjetischer Besatzung 1939–1945, Osnabrück 2009, S. 103–129.

Schwarz, Gudrun, Eine Frau an seiner Seite. Ehefrauen in der SS-Sippengemeinschaft, Hamburg 1997.

Schwerin von Krosigk, Lutz, Es geschah in Deutschland. Menschenbilder unseres Jahrhunderts, Tübingen/ Stuttgart 1951.

Schwerin von Krosigk, Lutz, Wie wurde der Zweite Weltkrieg finanziert, in: Bilanz des Zweiten Weltkriegs. Erkenntnisse und Verpflichtungen, Hamburg 1953, S. 311ff.

Schwerin von Krosigk, Lutz, Die große Zeit des Feuers, Bd. 2, Tübingen 1958.

Schwerin von Krosigk, Lutz, Staatsbankrott. Die Geschichte der Finanzpolitik des Deutschen Reiches von 1920 bis 1945, Göttingen 1974.

Schwerin von Krosigk, Lutz, Memoiren, Stuttgart 1977.

Schwerin von Krosigk, Lutz, „Gib mir das Recht zur Seite…". Die großen Schauprozesse von der Antike bis zur Gegenwart, München 1991.

Schürmann, Adalbert W., Der deutsche Osten ruft. Wirtschaftsraum und Wirtschaftskräfte der wiedergewonnenen Ostgebiete, Hamburg 1942.

Secomski, Kazimierz, Bilans zniszczeń wojennych, Warszawa 1964.

Seeber, Eva, Zwangsarbeiter in der faschistischen Kriegswirtschaft. Die Deportation und Ausbeutung polnischer Bürger unter besonderer Berücksichtigung der Lage der Arbeiter aus dem Generalgouvernement (1939–1945) (= Schriftenreihe des Instituts für Geschichte der europäischen Volksdemokratien an der Karl-Marx-Universität Leipzig), Bd. 3, Berlin 1964.

Segal, Simon, New Order in Poland, New York 1942.

Seidel, Robert, Deutsche Besatzungspolitik in Polen. Der Distrikt Radom 1939–1945, Paderborn 2006.

Sellin, Gerhard/Adam, Rudolf (Hrsg.), Das Steuerrecht in den eingegliederten Ostgebieten. Sammlung der in den eingegliederten Ostgebieten geltenden Verordnungen und Erlasse aller Steuerarten, Posen 1942.

Sellin, Gerhard/Adam, Rudolf (Hrsg.), Das Steuerrecht in den eingegliederten Ostgebieten. Sammlung der in den eingegliederten Ostgebieten geltenden Verordnungen und Erlasse aller Steuerarten, Posen 1942.

Senkowsky, Hermann, Die Grundlagen der Finanzverwaltung des Generalgouvernements, in: Bühler, Josef (Hrsg.), Das Generalgouvernement. Seine Verwaltung und seine Wirtschaft. Sammlung von Beiträgen der ersten wissenschaftlichen Vortragsreihe der Verwaltungsakademie des Generalgouvernements, Krakau 1943, S. 253–262.

Seraphim, Peter-Heinz, Polen und seine Wirtschaft, Königsberg 1937.

Seraphim, Peter-Heinz, Das Judentum im osteuropäischen Raum, Essen 1938.

Seraphim, Peter-Heinz, Die Wirtschaftsstruktur des Generalgouvernements, Krakau 1941.

Seraphim, Peter-Heinz, Bevölkerungs- und wirtschaftspolitische Probleme einer europäischen Gesamtlösung der Judenfrage, München 1943.

Seraphim, Peter-Heinz, Ostwärts der Oder und Neisse. Tatsachen aus Geschichte, Wirtschaft, Recht, Hannover 1949.

Serwański, Edward, Dulag 121 – Pruszków. Sierpień – październik 1944 roku, Poznań 1946.

Short, Neil, The Stalin and Molotov Lines. Soviet Western Defences 1928–1941, Oxford 2008.

Silberschein, Abraham, Die Judenausrottungen in Polen. Vervielfältigte Berichte, Genf 1946.

Skalniak, Franciszek, Bank Emisyjny w Polsce 1939–1945, Warszawa 1966.

Skalniak, Franciszek, Polityka pieniężna i budżetowa tzw. Generalnego Gubernatorstwa narzędziem finansowania potrzeb III Rzeszy, Warszawa 1976.

Skubiszewski, Krzysztof, Pieniądz na terytorium okupowanym, Poznań 1960.

Slutsch, Sergej, 17. September 1939. Der Eintritt der Sowjetunion in den Zweiten Weltkrieg. Eine historische und völkerrechtliche Bewertung, in: VfZ 48 (2000), Nr. 2, S. 219–254.

Smith, Arthur Lee, Hitler's gold. The story of the Nazi war loot, Oxford 1989.

Snyder, Timothy, Bloodlands. Europa zwischen Hitler und Stalin, München 2011.

Speer, Albert, Der Sklavenstaat. Meine Auseinandersetzungen mit der SS, Stuttgart 1981.

Speer, Albert, Erinnerungen, Berlin 2003.

Spieker, Frank, Hermann Höpker Aschoff – Vater der Finanzverfassung, Berlin 2004.

Spiker, Jürgen, Film und Kapital. Der Weg der deutschen Filmwirtschaft zum nationalsozialistischen Einheitskonzern, Berlin 1975.

Splettstösser, Johannes, Der deutsche Wirtschaftsraum im Osten, Berlin 1939.

Spät, Robert Michael, Für eine gemeinsame deutsch-polnische Zukunft? Hans Hartwig von Beseler als Generalgouverneur in Polen 1915–1918, in: Zeitschrift für Ostmitteleuropa-Forschung (2009), Nr. 58, 469–500.

Steinbacher, Sybille, „Musterstadt" Auschwitz. Germanisiserung und Judenmord in Ostoberschlesien, München 2000.

Stempin, Akardiusz, Deutsche Besatzungsmacht und Zivilbevölkerung in Polen im Ersten Weltkrieg. Polen, Juden und Deutsche im Vergleich, in: Eisfeld, Alfred/Hausmann, Guido/Neuratz, Dietmar (Hrsg.), Besetzt, interniert, deportiert. Der Erste Weltkrieg und die deutsche, jüdische, polnische und ukrainische Zivilbevölkerung im östlichen Europa, Essen 2013, S. 153–172.

Stempin, Akardiusz, Das vergessene Generalgouvernement. Die Deutsche Besatzungspolitik in Kongresspolen 1914–1918, Paderborn 2020.

Stengel, Katharina (Hrsg.), Vor der Vernichtung. Die staatliche Enteignung der Juden im Nationalsozialismus (= Wissenschaftliche Reihe des Fritz Bauer Instituts), Bd. 15, Frankfurt am Main 2007.

Steur, Claudia, Geschichtsmeile Wilhelmstraße, Berlin 2006.

Steur, Claudia/Nachama, Andreas (Hrsg.), Die Wilhelmstraße 1933–1945. Aufstieg und Untergang des NS-Regierungsviertels, Berlin 2012.

Stockhorst, Erich, Fünftausend Köpfe. Wer war was im 3. Reich, Kiel 1985.

Stowarzyszenie Urzędników Skarbowych Rzeczypospolitej Polskiej (Hrsg.), Odrodzona skarbowość polska. Zarys historyczny, Warszawa 1931.

Strippel, Andreas, NS-Volkstumspolitik und die Neuordnung Europas. Rassenpolitische Selektion der Einwandererzentralstelle des Chefs der Sicherheitspolizei und des SD 1939–1945, Paderbron 2011.

Strobel, Georg W., Die Wirtschaftsbeziehungen Deutschlands und Polens 1919–1932, in: Schulbuchkommission, Gemeinsame deutsch-polnische (Hrsg.), Die deutsch-polnischen Beziehungen 1919–1932, Braunschweig 1985, S. 109–124.

Stroop, Jürgen, Żydowska dzielnica mieszaniowa w Warszawie już nie istnieje!, hrsg. v. Krzysztof Findzinski (= Dokumenty), Bd. 38, Warszawa 2009.

Szarota, Tomasz, Warschau unter dem Hakenkreuz 1939–1944. 1.10.1939-31.7.1944, Paderborn 1985.

Tarnowska, Anna, Podstawy prawne skarbowości samorządowej w II RP, in: Prawo Budżetowa Państwa i Samorządu 2 (2013), S. 41–59.

Taylor, Edward, Polityka skarbowa i system podatkowy Rzeczypospolitej Polskiej, Poznań 1929.

Templin, Wolfgang, Der Kampf um Polen. Die abenteuerliche Geschichte der Zweiten Polnischen Republik 1918–1939, Bonn 2018.

Thieme, Sarah, Nationalsozialistischer Märtyrerkult. Sakralisierte Politik und Christentum im westfälischen Ruhrgebiet (1929–1939) (=Schriftenreihe Religion und Moderne), Bd. 9, Frankfurt/ New York 2017.

Thum, Gregor (Hrsg.), Traumland Osten. Deutsche Bilder vom östlichen Europa im 20. Jahrhundert, Göttingen 2006.

Tomaszewski, Jerzy, Historische Forschungen über die Struktur der Bevölkerung Polens im 19. und 20. Jahrhundert, in: Jahrbuch für Wirtschaftsgeschichte 3 (1975), S. 217–241.

Tomaszewski, Jerzy, Preludium zagłady. Wygnanie żydow polskich z Niemiec w 1938 r. Warszawa 1998.

Tooley, T. Hunt, National Identity and Weimar Germany. Upper Silesia and the Eastern Border 1918–1922, Lincoln 1997.

Tooze, Adam, Ökonomie der Zerstörung. Die Geschichte der Wirtschaft im Nationalsozialismus, München 2008.

Toppe, Andreas, Militär- und Kriegsvölkerrecht. Rechtsnorm, Fachdiskurs und Kriegspraxis in Deutschland 1899–1940, München 2008.

Traciewicz, Kazimierz, Przez trzy ognie, Kraków 1982.

Tuchel, Johannes, Konzentrationslager. Organisationsgeschichte und Funktion der „Inspektion der Konzentrationslager“ 1934–1938, Boppard am Rhein 1991, Schriften des Bundesarchivs 39.

Ueberschär, Gerd R./Müller, Rolf-Dieter, 1945. Das Ende des Krieges, Darmstadt 2005.

Uhl, Matthias/Christoforow, Vasilij Stepanowitsch/Makarow, Vladimir Gennadjewitsch (Hrsg.), Verhört! Die Befragungen deutscher Generale und Offiziere durch die sowjetischen Geheimdienste 1945–1952, Berlin 2015.

Ullmann, Hans-Peter, Der Deutsche Steuerstaat. Geschichte der öffentlichen Finanzen vom 18. Jahrhundert bis heute, München 2005.

Ullstein, Hermann, Das Haus Ullstein, Berlin 2013.

Umbreit, Hans, Deutsche Militärverwaltungen 1938/39 (= Beiträge zur Militär- und Kriegsgeschichte), Bd. 18, Stuttgart 1977.

Umbreit, Hans, Auf dem Weg zur Kontinentalherrschaft, in: Militärgeschichtlichen Forschungsamt (Hrsg.), Das Deutsche Reich und der Zweite Weltkrieg. Organisation und Mobilisierung des deutschen Machtbereichs, Bd. 5/1, München 1988, S. 3–348.

Unabhängige Expertenkommission Schweiz – Zweiter Weltkrieg (Hrsg.), Die Schweiz und die Goldtransaktionen im Zweiten Weltkrieg. Zwischenbericht, Bern 1998.

United Nations War Crimes Commission (Hrsg.), Law Reports of Trails of War Criminals. Selected and prepared by the United States War Crimes Commission, Bd. XIII, London 1949.

United Nations War Crimes Commission (Hrsg.), Law Reports of Trails of War Criminals. Selected and prepared by the United States War Crimes Commission, Bd. VII, London 1949.

United Nations War Crimes Commission (Hrsg.), Trials of War Criminals before the Nuernberg Military Tribunals under Control Council Law No. 10, Bd. XII, Nuernberg 1949.

United Nations War Crimes Commission (Hrsg.), Trials of War Criminals before the Nuernberg Military Tribunals under Control Council Law No. 10, Bd. XIII, Nuernberg 1949.

United Nations War Crimes Commission (Hrsg.), Trials of War Criminals before the Nuernberg Military Tribunals under Control Council Law No. 10, Bd. XIV, Nuernberg 1949.

United States War Department (Hrsg.), The German Campaign in Poland, September 1 to October 5 1939, Washington 1942.

Vogl, Joseph, Der Souveränitätseffekt, Zürich 2015.

Volkmann, Hans-Erich, Ökonomie und Expansion. Grundzüge der NS-Wirtschaftspolitik, München 2003.

Voß, Reimer, Steuern im Dritten Reich. Vom Recht zum Unrecht unter der Herrschaft des Nationalsozialismus, München 1995.

Wachsmann, Nikolaus, KL. A History of the Nazi Concentration Camps, New York 2015.

Wagner, Gerhard, Die Weimarer Republik und die Republik Polen 1919–1932, in: Schulbuchkommission, Gemeinsame deutsch-polnische (Hrsg.), Die deutsch-polnischen Beziehungen 1919–1932, Braunschweig 1985, S. 35–47.

Wagner, Thorsten, Aktion Reinhard, in: Benz, Wolfgang/Graml, Hermann (Hrsg.), Enzyklopädie des Nationalsozialismus, Stuttgart 1998, S. 354–355.

Wandel, Eckhard, Hans Schäffer – Steuermann in wirtschaftlichen und politischen Krisen 1886–1967, Stuttgart 1974.

Wasser, Bruno, Die Neugestaltung des Ostens. Ostkolonisation und Raumplanung der Nationalsozialisten in Polen während der deutschen Besetzung 1939–1944 unter besonderer Berücksichtigung der Zamojszczyzna im Distrikt Lublin. Dissertation an der Technischen Hochschule Aachen, 1992.

Weber, Claudia, Der Pakt. Stalin, Hitler und die Geschichte einer mörderischen Allianz 1939–1941, München 2019.

Weinfeld, Ignacy, Skarbowść Polska, Bd. 1, Warszawa 1939.

Weinstein, Frederick u. a. (Hrsg.), Aufzeichnungen aus dem Versteck. Erlebnisse eines polnischen Juden 1939–1946, Berlin 2006.

Weisz, Christoph (Hrsg.), OMGUS-Handbuch. Die amerikanische Militärregierung in Deutschland, München 1994.

Wermuth, Helga, Max Winkler. Ein Gehilfe staatlicher Pressepolitik in der Weimarer Republik, München 1975.

Westerhoff, Christian, Zwangsarbeit im Ersten Weltkrieg. Deutsche Arbeitskräftepolitik im besetzten Polen und Litauen 1914–1918, Paderborn 2011.

Widernik, Mieczysław, Porty Gdańska i Gdyni w życiu gospodarczym II Rzeczypospolitej, Gdańsk 1991.

Wieacker, Franz, Wandlungen der Eigentumsverfassung, Hamburg 1935.

Wierzbicki, Marek, Sowjetische Wirtschaftspolitik in den besetzten Ostgebieten Polens 1939–1941, in: Młynarczyk, Jacek Andrzej (Hrsg.), Polen unter deutscher und sowjetischer Besatzung 1939–1945, Osnabrück 2009, S. 131–156.

Wikowski, Andrzej, Stand der Forschung zum Finanzwesen Polens in der Zeit zwischen den Weltkriegen, in: Studia z Dziejów Państwa i Prawa Polskiego 8 (2003), S. 79–90.

Wildt, Michael, Generation des Unbedingten. Das Führungskorps des Reichssicherheitshauptamtes, Hamburg 2002.

Wildt, Michael, „Eine neue Ordnung der ethnographischen Verhältnisse". Hitlers Reichstagsrede vom 6. Oktober 1939, in: Zeithistorische Forschungen/Studies in Contemporary History 3 (2006), Nr. 1, S. 129–137.

Wilson, Timothy, Frontiers of violence. Conflict and identity in Ulster and Upper Silesia 1918–1922, Oxford 2010.

Wingendorf, Rolf, Polen. Volk zwischen Ost und West, Berlin 1939.

Winiarski, Bolesław, Polityka gospodarcza, Warszawa 2006.

Winkler, Heinrich August, Im Schatten von Versailles. Das deutsch-polnische Verhältnis während der Weimarer Republik, in: Kobylińska, Ewa/Lawaty, Andreas/Stephan, Rüdiger (Hrsg.), Deutsche und Polen. 100 Schlüsselbegriffe, München 1992, S. 95–103.

Winstone, Martin, The Dark Heart of Hitler's Europe. Nazi Rule in Poland Under the General Government, London 2014.

Wippermann, Wolfgang, Der „deutsche Drang nach Osten". Ideologie und Wirklichkeit eines politischen Schlagwortes, Darmstadt 1981.

Wippermann, Wolfgang, Die Deutschen und der Osten. Feindbild und Traumland, Darmstadt 2007.

Witte, Peter/Tyas, Stephen, A New Document on the Deportation and Murder of Jews during „Einsatz Reinhardt" 1942, in: Holocaust Genocide Studies 15 (2001), S. 468–486.

Wixforth, Harald, Flick und die „Neuordnung" der oberschlesischen Montanindustrie nach der Besetzung Polens, in: Bähr, Johannes (Hrsg.), Der Flick-Konzern im Dritten Reich, München 2008, S. 400–414.

Wolf, Gerhard, Die deutschen Minderheiten in Polen als Instrument der expansiven Außenpolitik Berlins, in: Kochanowsky, Jerzy/Sach, Maike (Hrsg.), Die „Volksdeutschen" in Polen, Frankreich, Ungarn und der Tschechoslowakei. Mythos und Realität, Osnabrück 2006, S. 41–75.

Wolf, Gerhard, Ideologie und Herrschaftsrationalität. Nationalsozialistische Germanisierungspolitik in Polen, Hamburg 2012.

Wróbel, Janusz, Wojenne losy polskiego złota, in: BIPN 8-9 (2002), S. 55–64.

Wróbel, Piotr, Imperiale Ordnungen statt Germanisierung. Die Mittelmächte in Kongresspolen, 1915–1918, in: Journal of Central European History 1 (2003), S. 125–149.

Zaborski, Zdzisław, Durchgangslager 121. Niemiecka zbrodnia specjalna. Pruszków 2010.

Zaremba, Marcin, Die große Angst. Polen 1944–1947: Leben im Ausnahmezustand, Paderborn 2016.

Żarnowski, Janusz, Sytuacja Polski w Latach 1935–1939, Warszawa 1969.

Zavelberg, Heinz Günter (Hrsg.), Die Kontrolle der Staatsfinanzen. Geschichte und Gegenwart 1714–1989 (Festschrift zur 275. Wiederkehr der Errichtung der Preußischen General-Rechen-Kammer), Frankfurt am Main 1964.

Zawadzki, Stanisław, Centralny Okręg Przemysłowy, in: Przegląd Geograficzny 35 (1963), S. 51–64.

Zeidler, Manfred, German-Soviet Economic Relations during the Hitler-Stalin Pact, in: Wegner, Bernd (Hrsg.), From Peace to War. Germany, Soviet Russia, and the World 1939–1941, Oxford 1997, S. 95–114.

Żerko, Stanisław, Stosunki polsko-niemieckie 1938–1939, Poznań 1998.

Zilch, Reinhold, Okkupation und Währung im Ersten Weltkrieg. Die deutsche Besatzungspolitik in Belgien und Russisch-Polen 1914–1918, Goldbach 1994.

Zülow, Kurt, Die Verlängerung der Reichsfluchtsteuer, in: Deutsche Steuerzeitung 4 (1938), S. 27.

Personenregister

Ortsregister

Dank

Ich danke einer Reihe von Personen, ohne deren Mithilfe und Unterstützung die Anfertigung dieser Studie nicht zustande gekommen wäre. Mein Dank gilt zunächst den Mitgliedern der Historikerkommission, die das Projekt zur Erforschung der Geschichte des Reichsfinanzministeriums im Nationalsozialismus begleitet und vorangetrieben haben: Jane Caplan, Hans Günter Hockerts, Werner Plumpe, J. Adam Tooze, Hans Peter Ullmann, Patrick Wagner und Ulrich Herbert, dem als meinem Doktorvater besonderer Dank für seine Betreuung, die freundliche Hilfe wie Ideengabe und die Geduld, Ermutigung und Motivation gilt. Ich danke ebenso Herrn Dietmar Neutatz für die hilfsbereite und wissenschaftliche Betreuung als Zweitgutachter.

Ferner danke ich meinen Kollegen und Kolleginnen Ralf Banken, Jürgen Kilian, Christiane Kuller, Stefanie Middendorf und Josephine Ulbricht, die im Rahmen des Projektes andere Themenkomplexe bearbeitet und Teilstudien angefertigt haben, für den wissenschaftlichen Austausch, die zahlreichen kritischen Anregungen sowie die inhaltliche wie praktische Unterstützung bei der Erstellung des Textkorpus.

Mein besonderer Dank gilt Katharina Brand, Alexander Walther und Jens Schley, die mich durch ihre differenzierten Anmerkungen, Ergänzungen und einen regen kritischen Diskurs mit zahlreichen zweckdienlichen Diskussionen bei der Anfertigung des Manuskripts begleitet haben und ohne deren Zuspruch und oftmals notwendigen Antrieb sowie das damit einhergehende liebevolle Verständnis in beschwerlicher Zeit ein solcher Arbeitsumfang nicht zu bewältigen gewesen wäre. Für seine Geduld wie Bereitschaft das Projekt von Beginn an auch finanziell zu unterstützen, mir zuzusprechen, moralisch Beistand zu leisten und die Anfertigung der Arbeit in technischer Hinsicht zu betreuen, danke ich Andreas Bräu. In Sachen Gestaltung und graphischer Umsetzung möchte ich mich bei Hannah Meyer für ihre Anregungen wie konkreten Entwürfe bedanken. Für das Lektorat danke ich Jörg Später und Martin Günzel.

Weiterer Dank gebührt Sophia und Marcus Großkopf, Franziska und Lennart Mühle, Caroline Mühle, Monika Szurlej, Jan Malecha, Ewa Chmielewska, Katharina Schubert, Nicole Lorentz, Anna Meier-Osiński, Kerstin Hofmann, Sonja Nilson, Nicole Tödtli, Katja Großhans und Stefan Herget für den menschlichen Zuspruch und die konkrete logistische Unterstützung des Vorhabens vor allem bei den umfangreichen Rechercheresen in Deutschland und Polen.

https://doi.org/10.1515/9783110718027-011

www.ingramcontent.com/pod-product-compliance
Lightning Source LLC
LaVergne TN
LVHW092114300926
849161LV00002B/130